한글 성명학

한글 성명학

발 행 일   2017년 5월 4일

지 은 이   박 기 순
펴 낸 이   손 형 국
펴 낸 곳   ㈜ 북랩
편 집 인   선일영   편 집   이종무, 권혁신, 송재병, 최예은
디 자 인   이현수, 이정아, 김민하, 한수희   제 작   박기성, 황동현, 구성우
마 케 팅   김회란, 박진관
출판등록   2004. 12. 1(제2012-000051호)
주   소   서울시 금천구 가산디지털 1로 168, 우림라이온스밸리 B동 B113, 114호
홈페이지   www.book.co.kr
전화번호   (02)2026-5777   팩 스   (02)2026-5747

ISBN   979-11-5987-264-8 03700(종이책)   979-11-5987-265-5 05700(전자책)

이 도서의 국립중앙도서관 출판예정도서목록(CIP)은 서지정보유통지원시스템 홈페이지(http://seoji.nl.go.kr)와
국가자료공동목록시스템(http://www.nl.go.kr/kolisnet)에서 이용하실 수 있습니다.
(CIP제어번호 : CIP2017010393)

(주)북랩 성공출판의 파트너

북랩 홈페이지와 패밀리 사이트에서 다양한 출판 솔루션을 만나 보세요!

홈페이지 book.co.kr   1인출판 플랫폼 해피소드 happisode.com
블로그 blog.naver.com/essaybook   원고모집 book@book.co.kr

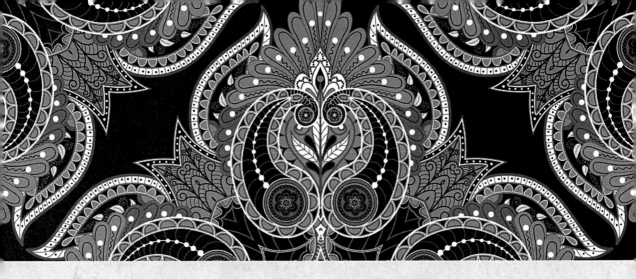

한 시간 만에
부와 명예를 불러오는
이름 짓는 법

한글 성명학

박기순 지음

북랩 book Lab

머리말

세계에서 가장 우수한 훈민정음 한글과 명리학문을 기초한 성명학이 가장 올바른 성명학이라는 것을 정립하고자 우리 민족의 뿌리이며 근본으로 얼과 혼이 담긴 우리 훈민정음 한글 초성·중성·종성으로 자음과 모음의 음양오행의 이치를 기준하여 이름을 부르고 읽고 말하는 소리의 음양오행의 이치와 쓰고 기록하는 숫자의 음양오행의 이치에 의해 발생하는 가장 맑고 깨끗하고 선명한 음양이나 목화토금수의 기운을 중심으로 모든 사람이나 역학자가 가장 쉽고 빠르고 정확하게 이름을 작명하고 이름의 길흉을 분석할 수가 있는 것이 '한글 성명학'이다.

대우주와 대자연에 존재하는 모든 만물과 사물의 이치로 하늘과 땅에 하루의 밤낮이 발생하는 음양의 이치와 1년 12개월 봄·여름·가을·겨울 사계절 24절기의 따뜻하고 덥고 서늘하고 추운 난서량한(暖暑涼寒)의 이치와 동서남북 방향의 이치와 1234567890 숫자의 이치가

발생하는 음양오행의 이치에 의해 이 세상에 존재하는 모든 만물과 사물이 사람을 만나 함께 하나의 공동체를 이루고 생명을 유지하고 존재하는 모든 이치를 응용하고 형상화하여 훈민정음 한글을 만들어내는 과정을 자세하게 설명한 고서의 국보 제70호 『훈민정음 해례본』에 근거하여 훈민정음 한글 초성·중성·종성으로 자음과 모음이 음양의 합으로 상합자의 이치로 만나 구성된 한글이 자체적으로 보유한 음양오행의 생극제화 이치를 중심으로 이름을 읽고 부르고 말하는 소리의 음양오행의 이치와 쓰고 기록하는 숫자의 음양오행의 이치와 이름의 뜻이 발생하는 음양오행의 기운으로 이름의 삼원 음양오행을 구성한 후에 명리학문의 대표적인 음양오행의 생극제화 상생상극의 이치를 기본적으로 응용하여 모든 만물과 사물의 이름이나 사람의 이름 아호 예명 개명 또는 개인이나 단체의 법인 회사 상호 로고를 작명하여 국가와 국민의 기를 살려 국운을 상승시키는 동시에 국민이 건강하게 부와 명예를 누리는데 기여하고자 한다.

예로부터 가정에서 신생아가 탄생하면 이름을 가정의 어른이나 동네의 한자를 공부한 학자를 통하여 이름을 작명한 것이 전통이었으나 현재는 역학자나 전문가들이 작명하는 시대로 그동안 일제강점기의 잔재로 일본 역학자 '구마사키 겐오'가 만든 한자 획수를 응용한 '81수 수리성명학'으로 이름을 작명하였으나 이제는 우리의 훈민정음 한글의 초성·중성·종성으로 자음과 모음이 자체적으로 보유한 음양오행의 생극제화 이치를 기초한 '한글 성명학'으로

우리 이름을 작명하고 이름의 길흉을 분석하는 성명학으로 누구나 쉽고 빠르고 정확하게 좋은 이름을 작명하는 것이 특징으로 현시대는 이름을 통하여 자신과 회사나 단체를 홍보하여 세계적으로 발전하고 성공하는 중요한 시대에 살고 있어 '광복 70주년'을 맞이하여 숭고한 선조들의 얼과 혼이 담긴 『훈민정음 해례본』에 의한 훈민정음 한글을 기초한 '한글 성명학'을 통하여 우리 민족의 뿌리와 근본을 살리는 것이 필요한 것이다.

우리나라는 고려 말 중국에서 명리학문이 들어와 연구하여 왔으며 훈민정음 한글이 명리학 문의 대표적인 대우주와 대자연에 존재하는 모든 만물과 사물의 음양이나 목화토금수나 사계 절 24절기나 방향이나 숫자의 이치를 기준하여 제자(制字)한 우수한 한글의 초성·중성·종성 으로 자음과 모음이 음양의 합으로 상합자의 이치로 만나 짝하여 발생한 한글의 음양이나 목화토금수의 이치를 정확하게 응용한 성명학이 없는 것이 안타까워 그동안 일제의 잔유물인 81수 수리성명학을 과감하게 버리고 이제는 훈민정음 한글을 기초한 '한글 성명학'으로 모든 사람들의 이름을 작명하고 길흉을 분석할 수가 있는 학문을 펼쳐 누구나 가장 쉽고 빠르고 정확하게 이름을 작명할 수 있는 것이다.

사람은 대우주와 대자연에 존재하는 모든 만물과 사물의 이치로 가장 대표적인 음양의 이치에 부응하고 순응하며 각각 생명을 유지하고 존재하는 하나의 구성원으로 목화토금수의 기운 성품 성질 성향 유형을 소유한 소우주의 이치로 태어나 매일 매년 맞이하는 하루의 밤낮으로 봄·여름·가을·겨울 사계절 24절기의 이치에 의해 발생하는 '때와 장소'의 생활환 경에 존재하는 음양오행의 생극제화 상생상극의 작용과 영향에 의해 정해진 생왕묘(生旺墓)의 이치에 따라 태어나 살다가 죽는 것이 원칙으로 누구를 막론하고 음양오행의 기와 질을 떠나 살 수가 없는 것이 법칙으로 이름도 음양오행의 기운 성품 성질 성향 유형으로 구성되어 있는 것이 법칙으로 『훈민정음 해례본』에 근거한 한글의 초성·중성·종성으로 자음과 모음 에 의한 음양오행의 이치를 기준하여 이름을 조상의 정해진 성씨, 중간 자, 끝 자를 초성으로 자음의 음양오행과 쓰고 기록하는 획수의 음양오행으로 이름의 삼원 음양오행을 구성하여 이름을 작명하여 음양오행의 생극제화 상생상극의 이치로 이름의 길흉을 분석하는 것이 장점이다.

　또한 역학자는 반드시 사람이 태어난 당시의 생년월일시를 기준하여 육십갑자 이치로 사주팔자를 구성하여 사람을 살리는 사주의 용신에 해당하는 한글의 초성 · 중성 · 종성으로 자음과 모음의 음양오행의 이치를 기준하여 초성으로 자음의 음양오행으로 이름의 삼원 음양오행을 구성하여 이름을 작명한 후에 이름의 삼원 음양오행이 자체적으로 보유한 음양오행의 생극제화 상생상극의 이치로 이름의 길흉을 분석하는 동시에 천간용신(天干用神)법을 응용하고 형상화하여 이름의 길흉을 분석하는 것이 '한글 성명학'이며 한자로 이름을 작명하는 경우도 한자의 뜻을 중요시하는 동시에 부수적으로 한자 획수를 훈민정음 한글 숫자의 음양오행의 이치를 기준하여 한자 획수로 한자 획수의 삼원 음양오행을 구성하여 한자 획수의 삼원 음양오행이 자체적으로 보유한 음양오행의 생극제화 상생상극의 이치를 통하여 이름의 길흉을 분석하는 동시에 세계인의 모든 이름도 『훈민정음 해례본』에 근거한 한글 초성 · 중성 · 종성으로 자음과 모음의 음양오행의 이치를 통하여 한글 이름과 동일하게 작명하고 길흉을 분석할 수 있는 것이 '한글 성명학'으로 앞으로 더욱 유능한 명리학자가 나타나 훈민정음 한글과 명리학문을 조합하여 더 좋은 '한글 성명학'이 탄생하기를 기원하며 훈민정음 한글을 통하여 국가 미래의 발전과 국민의 무한한 행복으로 부와 명예를 누리는 동시에 우리나라의 국운이 살아나 세계 제일의 대한민국으로 우뚝 서기를 바라는 마음이다.

차례

제1장

훈민정음 해례본의 원문 해석

훈민정음 해례본
예의(例義)편

"국지어음(國之語音) 이호중국(異乎中國) 여문자(與文字) 불상유통(不相流通) 우민(愚民) 유소욕언(有所慾言) 이종불득신기정자(而終不得伸其情者) 다의(多矣) 일위차민연(一爲此憫然) 신제이십팔자(新制二十八字) 여(予) 욕사인인(慾使人人) 이습(易習) 편어일용이(便於日用耳)"

훈민정음 해례본 예의편의 해석

"우리나라가 사용하는 글과 말소리는 서로가 달라 문자로는 서로가 소통하지 못하여 어리석은 백성들이 말하고 싶은 욕심을 가지고 있거나 뜻이 있는 백성들이 서로가 그 뜻을 펼치지 못하고 끝나는 것이 너무 많아 나는 이것을 불쌍히 여기어 새롭게 28글자의 훈민정음 한글을 만들어 사람들이 욕심을 가지고 매일 쉽게 익혀서 편리하게 사용하기를 바란다.고 세종대왕이 백성들에게 말하였다."

"ㄱ 아음 여군자초발성 병서 여규자초발성(ㄱ 牙音 如君字初發聲 並書 如虯字初發聲)"

"ㄱ은 어금닛소리로 군(君) 자가 처음에 보내는 소리 초성으로 자음과 똑같아 글씨를 나란히 쓰면 규(虯) 자의 처음에 보내는 소리 초성으로 자음과 똑같다."

"ㅋ 아음 여쾌자초발성(ㅋ 牙音 如快字初發聲)"

"ㅋ은 어금닛소리로 쾌(快) 자가 처음에 보내는 소리 초성으로 자음과 똑같다."

"ㆁ 아음 여업자초발성(ㆁ 牙音 如業字初發聲)"

"ㆁ은 어금닛소리로 업(業) 자가 처음에 보내는 소리 초성으로 자음과 똑같다."

"ㄷ 설음 여두자초발성 병서 여담자초발성(ㄷ 舌音 如斗字初發聲 並書 如覃字初發聲)"

"ㄷ은 혓소리로 두(斗) 자가 처음에 보내는 소리 초성으로 자음과 똑같으며 글씨를 나란히 쓰면 담(覃) 자가 처음에 보내는 소리 초성으로 자음과 똑같다."

"ㅌ 설음 여탄자초발성(ㅌ 舌音 如吞字初發聲)"

"ㅌ은 혓소리로 탄(吞) 자가 처음에 보내는 소리 초성으로 자음과 똑같다."

"ㄴ 설음 여나자초발성(ㄴ 舌音 如那字初發聲)"

"ㄴ은 혓소리로 나(那) 자가 처음에 보내는 소리 초성으로 자음과 똑같다."

"ㅂ 순음 여별자초발성 병서 여보자초발성(ㅂ 脣音 如彆字初發聲 並書 如步字初發聲)"

"ㅂ은 입술소리로 별(彆) 자가 처음에 보내는 소리 초성으로 자음과 똑같으며 글씨를 나란히 쓰면 보(步) 자가 처음에 보내는 소리 초성으로 자음과 똑같다."

"ㅍ 순음 여표자초발성(ㅍ 脣音 如漂字初發聲)"

"ㅍ은 입술소리로 표(漂) 자가 처음에 보내는 소리의 초성으로 자음과 똑같다."

"ㅁ 순음 여미자초발성(ㅁ 脣音 如彌字初發聲)"

"ㅁ은 입술소리로 미(彌) 자가 처음에 보내는 소리 초성으로 자음과 똑같다."

"ㅈ 치음 여즉자초발성 병서 여자자초발성(ㅈ 齒音 如卽字初發聲 並書 如慈字初發聲)"

"ㅈ은 잇소리로 즉(卽) 자가 처음에 보내는 소리 초성으로 자음과 똑같으며 글씨를 나란히 쓰면 자(慈) 자가 처음에 보내는 소리 초성으로 자음과 똑같다."

"ㅊ 치음 여침자초발성(ㅊ 齒音 如侵字初發聲)"

"ㅊ은 잇소리로 침(侵) 자가 처음에 보내는 소리 초성으로 자음과 똑같다."

"ㅅ 치음 여술자초발성 병서 여사자초발성(ㅅ 齒音 如戌字初發聲 並書 如邪字初發聲)"

"ㅅ은 잇소리로 술(戌) 자가 처음에 보내는 소리 초성으로 자음과 똑같으며 글씨를 나란히 쓰면 사(邪) 자가 처음에 보내는 소리 초성으로 자음과 똑같다."

"ㆆ 후음 여읍자초발성(ㆆ 喉音 如挹字初發聲)"

"ㆆ은 목구멍소리로 흡(挹) 자가 처음에 보내는 소리 초성으로 자음과 똑같다."

"ㅎ 후음 여허자초발성 병서 여홍자초발성(ㅎ 喉音 如虛字初發聲 並書 如洪字初發聲)"

"ㅎ은 목구멍의 소리로 허(虛) 자가 처음에 보내는 소리 초성으로 자음과 똑같으며 글씨를 나란히 쓰면 홍(洪) 자가 처음에 보내는 소리 초성으로 자음과 똑같다."

"ㅇ 후음 여욕자초발성(ㅇ 喉音 如欲字初發聲)"

"ㅇ은 목구멍소리로 욕(欲) 자가 처음에 보내는 소리 초성으로 자음과 똑같다."

"ㄹ 반설음 여려자초발성(ㄹ 半舌音 如閭字初發聲)"

"ㄹ은 반혓소리로 려(閭) 자가 처음에 보내는 소리 초성으로 자음과 똑같다."

"ㅿ 반치음 여양자초발성(ㅿ 半齒音 如穰字初發聲)"

"ㅿ은 반잇소리로 샹(穰) 자가 처음에 보내는 소리 초성으로 자음과 똑같다."

"ㆍ 여탄자중성(ㆍ 如呑字中聲)"

"ㆍ는 튼(呑) 자의 가운뎃소리 중성으로 모음과 똑같다."

"ㅡ 여즉자중성(ㅡ 如卽字中聲)"

"ㅡ는 즉(卽) 자의 가운뎃소리 중성으로 모음과 똑같다."

"ㅣ 여침자중성(ㅣ 如侵字中聲)"

"ㅣ는 침(侵) 자의 가운뎃소리 중성으로 모음과 똑같다."

"ㅗ 여홍자중성(ㅗ 如洪字中聲)"

"ㅗ는 홍(洪) 자의 가운뎃소리 중성으로 모음과 똑같다."

"ㅏ 여담자중성(ㅏ 如覃字中聲)"

"ㅏ는 땀(覃) 자의 가운뎃소리 중성으로 모음과 똑같다 하였다."

"ㅜ 여군자중성(ㅜ 如君字中聲)"

"ㅜ는 군(君) 자의 가운뎃소리 중성으로 모음과 똑같다."

"ㅓ 여업자중성(ㅓ 如業字中聲)"

"ㅓ는 업(業) 자의 가운뎃소리 중성으로 모음과 똑같다."

"ㅛ 여욕자중성(ㅛ 如欲字中聲)"

"ㅛ는 욕(欲) 자의 가운뎃소리 중성으로 모음과 똑같다."

"ㅑ 여양자중성(ㅑ 如穰字中聲)"

"ㅑ는 샹(穰) 자의 가운뎃소리 중성으로 모음과 똑같다."

"ㅠ 여슐자중성(ㅠ 如戌字中聲)"

"ㅠ는 슐(戌) 자의 가운뎃소리 중성으로 모음과 똑같다."

"ㅕ 여별자중성(ㅕ 如彆字中聲)"

"ㅕ는 별(彆) 자의 가운뎃소리 중성으로 모음과 똑같다."

"종성복용초성(終聲復用初聲)"

"마지막 소리의 종성에 다시 초성으로 자음을 사용하는 것이다."

"ㅇ 련서순음지하 칙위순경음 초성합용칙병서종성동 ㆍㅡㅗㅜㅛㅠ 부서초성지하 ㅣㅏ ㅓㅑㅕ 부서어우(ㅇ連書脣音之下 則爲脣輕音 初聲合用則並書終聲同 ㆍㅡㅗㅜㅛㅠ 附書初聲之下 ㅣㅏㅓㅑㅕ 附書於右)"

"ㅇ으로 연달아 입술소리의 아래쪽에 글씨를 쓰면 가벼운입술소리가 되는 것이 법칙이며 초성으로 자음을 합해서 나란히 글씨를 쓰는 것이 법칙으로 종성으로 자음도 똑같이 중성으로 모음의 ㆍㅡㅗㅜㅛㅠ는 초성으로 자음의 아래쪽에 붙여 글씨를 쓰고 중성으로 모음의 ㅣㅏㅓ ㅑㅕ는 초성으로 자음의 오른쪽에 붙여 글씨를 쓴다."

"범자필합이성음 좌가일점칙거성 이칙상성 무칙평성 입성가점동이촉급(凡字必合而成音 左加一點則去聲 二則上聲 無則平聲 入聲加點同而促急)"

"무릇 글자는 반드시 여럿이 모여 하나가 되어야 소리를 이루는데 거성의 가장 높은 소리는 왼쪽에 점을 하나 더하여 붙이는 것이 법칙이며 상성의 시작은 낮으나 끝이 높은 소리는 왼쪽에 점을 2개를 붙이는 것이 법칙이며 평성의 가장 낮은 소리는 점이 없는 것이 법칙이며 입성의 빠르게 끝을 막는 소리는 점을 더 붙이는 것은 똑같으나 소리가 매우 급하다."

위 내용은 훈민정음 한글 초성·중성·종성으로 자음에 중성으로 모음과 종성으로 자음을 응용하는 방법으로 훈민정음 한글의 문자와 소리가 초성·중성·종성으로 자음과 모음에 의해 발생하는 것에 대한 이해를 돕기 위한 내용이다.

훈민정음 해례본
제자해(制字解)

"천지지도(天地之道), 일음양오행이이(一陰陽五行而已), 곤복지간위태극(坤復之間爲太極), 이동정지후위음양(而動靜之後爲陰陽), 범유생류천지지간자(凡有生類在天地之間者), 사음양이하지(捨陰陽而何之), 고인지음성개유음양지리(故人之音聲皆有陰陽之理), 고인불찰이(顧人不察耳), 금정음지작(今正音之作), 초비지영이력색(初非智營而力索), 단인기성음이극기리이이(但因其聲音而極其理而已), 리기불이(理旣不二), 칙하득불여천지귀신동기용야(則何得不與天地鬼神同其用也), 정음이십팔자각상기형이제지(正音二十八字各象其形而制之), 초성범심칠자(初聲凡心十七字)"

"하늘과 땅의 이치는 처음부터 이미 하나의 음양오행의 이치로 음기가 회복하는 공간이 극도에 도달하여 고요하고 맑게 움직인 후에 음양의 이치로 하늘과 땅에 밝고 어두운 것이 되는데 하늘과 땅 사이에 모든 생명이 살아 움직이는 만물과 사물의 사람이나 동식물들이 생명을 유지하고 존재하는 자가 어찌 음양이 조화와 균형을 이루고 중화를 이루는 것을 버리고 평온하게 갈 수가 없다. 본래 사람이 말하는 모든 소리에는 음양의 이치가 존재하는데 사람이 귀로 듣고 관찰하고 살피지 못했을 뿐이다. 이제 올바른 소리를 만드는데 처음부터 슬기와

지혜로 힘써 찾은 것이 아니라 다만 소리의 원인을 이루고 있는 근본이 한계에 도달하는 이치를 찾았으나 그 이치가 이미 둘이 아니니 어찌 하늘과 땅의 귀신도 한가지로 동일하게 함께 사용하는 것이 법칙으로 올바른 소리의 28글자는 여러 가지의 모양과 그림으로 만들어 최초에 시작하는 소리(초성으로 자음)는 모두 17자라 하였다."

"아음ㄱ 상설근폐후지형(牙音ㄱ 象舌根閉喉之形)"

"ㄱ의 어금닛소리는 혀뿌리가 목구멍을 닫는 모양과 그림이다."

"설음ㄴ 상설부상악지형(舌音ㄴ 象舌附上腭之形)"

"ㄴ은 혓소리로 혀가 위 잇몸에 붙어 있는 모양과 그림이다."

"순음ㅁ 상구형(脣音ㅁ 象口形)"

"ㅁ의 입술소리는 입의 모양과 그림이다."

"치음ㅅ 상치형(齒音ㅅ 象齒形)"

"ㅅ의 잇소리는 이의 모양과 그림이다."

"후음ㅇ 상후형(喉音ㅇ 象喉形)"

"ㅇ의 목구멍소리는 목구멍의 모양과 그림이다."

"ㅋ비ㄱ 성출초려 고가획(ㅋ比ㄱ 聲出稍厲 故加劃)"

"ㅋ은 ㄱ에 견주어 본래 긋는 획을 더 붙인 것으로 ㅋ은 엄하고 ㄱ은 작은 소리가 나타난다."

"ㄴ이ㄷ ㄷ이ㅌ ㅁ이ㅂ ㅂ이ㅍ ㅅ이ㅈ ㅈ이ㅊ ㅇ이ㆆ ㆆ이ㅎ 기인성가획지의개동 이유 ㅇ위이(ㄴ而ㄷ ㄷ而ㅌ ㅁ而ㅂ ㅂ而ㅍ ㅅ而ㅈ ㅈ而ㅊ ㅇ而ㆆ ㆆ而ㅎ 其因聲加劃之義皆同 而唯ㅇ爲異)"

"ㄴ이 ㄷ, ㄷ이 ㅌ, ㅁ이 ㅂ, ㅂ이 ㅍ, ㅅ이 ㅈ, ㅈ이 ㅊ, ㅇ이 ㆆ, ㆆ이 ㅎ은 모두 그 소리의 원인에 따라 올바르게 획을 더 붙인 뜻은 같으나 오직 ㅇ이 다른 것이다."

"반설음ㄹ, 반치음ㅿ, 이상설치지형이이기체, 무가획지의언(半舌音ㄹ, 半齒音ㅿ, 而象舌齒之形 而異其體, 無加劃之義焉)"

"혀와 이가 반으로 떨어져 나가는 ㄹ과 ㅿ의 소리는 신체의 이와 혀의 모양과 그림이 틀려서 긋는 획을 붙이지 않는 것이 올바른 것이다."

"부인지유성본어오행(夫人之有聲本於五行)"

"모든 음양오행의 기운이 발생하는 근본과 원인은 사람이 입으로 말하는 소리에 의해서 근본적으로 발생하여 존재한다."

"고합제사시이불패 협지오음이불려(故合諸四時而不悖 叶之五音而不戾)"

"이미 모든 것이 여럿이 만나 하나가 되는 봄·여름·가을·겨울 사계절 24절기의 이치로 도리나 사리에 어긋나지 않으며 또한 5가지 소리가 발생하는 이치에 벗어나지 않고 맞는다."

"후수이윤(喉邃而潤) 수야(水也) 성허이통(聲虛而通) 여수지허명이류통야(如水之虛明而流通也) 어시위동(於時爲冬) 어음위우(於音爲羽)"

"입안의 깊숙한 목구멍에서 촉촉하게 젖이 니오는 목구멍소리는 후음(喉音)으로 음양오행으로 물(水)이 되는 이치이며 소리가 비어 허약하지만 두루 미치고 통하는 소리로 물이 밝게 흐르고 통하는 이치와 똑같아 사계절의 이치로는 겨울이 되고 오음으로는 우음(羽音)이 물(水)에 해당한다."

"아착이장(牙錯而長) 목야(木也) 성사후이실여목지생어수이유형야(聲似喉而實如木之生於水而有形也) 어시위춘(於時爲春) 어음위각(於音爲角)"

"입안의 잇몸의 어금니가 섞여 길게 벌어지면서 발생하는 어금닛소리는 아음(牙音)으로 어금니가 어긋나 길게 늘어져 음양오행으로 나무(木)가 되는 이치이며 소리가 가득 차 있어 목구멍소리와 비슷하여 그 형체가 물에 의해 나무가 태어나는 이치의 모양과 그림이 존재하여 사계절의 이치로는 봄이 되고 오음으로는 각음(角音)이 나무(木)에 해당한다."

"설예이동(舌銳而動) 화야(火也) 성전이양(聲轉而颺), 여화지전이양양야(如火之轉展而揚揚也), 어시위하(於時爲夏) 어음위징(於音爲徵)"

"입안의 혀가 빠르게 활동하여 움직여서 발생하는 혓소리의 설음(舌音)으로 음양오행으로 불(火)이 되는 이치이며 소리가 구르며 옮겨 붙어 변해서 날리는 소리로 불이 발달하여 구르며 위로 오르는 것과 같아 사계절의 이치로 여름이 되고 오음으로는 치음(徵音)이 불(火)에 해당한다."

"치강이단(齒剛而斷) 금야(金也) 성설이체(聲屑而滯) 여금지설쇄이단성야(如金之屑瑣而鍛成也) 어시위추(於時爲秋) 어음위상(於音爲商)"

"입안의 이빨은 굳세고 단단한 강철을 끊고 부수는 잇소리는 치음(齒音)으로 음양오행으로 쇠(金)가 되는 이치이며 소리가 이로 잘게 가루로 부수어 막혀 밖으로 빠져 나가는 소리로 쇠가 자질구레한 것은 부수어 불에 달구어 사물을 이루는 것과 같은 이치와 같아 사계절의 이치로 가을이 되고 오음으로는 상음(商音)이 쇠(金)에 해당한다."

"순방이합(脣方而合) 토야(土也) 성함이광(聲含而廣) 여토지함축만물이광대야(如土之含蓄萬物而

廣大也) **어시위계하**(於時爲季夏) **어음위궁**(於音爲宮)"

"동서남북 사방의 입술이 모여 하나가 되어 만나는 입술소리는 순음(脣音)으로 음양오행으로 흙(土)이 되는 이치이며 소리가 넓게 품어 머금는 소리로 흙이 만물을 넓고 크게 저장하고 감추어 품는 이치와 같아 사계절의 이치로 늦여름의 삼복더위가 되고 오음(音)으로는 궁음(宮音)이 흙(土)에 해당한다."

"**연수내생물지원**(然水乃生物之源) **화내성물지용**(火乃成物之用) **고오행지중**(故五行之中) **수화위대**(水火爲大)"

"그리하여 물(水)은 생명을 소유한 모든 만물과 사물이 태어나는 근원이 되고 불(火)은 모든 만물과 사물을 이루는 데 쓰이는 것으로 본래 목화토금수 중에서 가장 넓고 크게 두루 미치는 것이 물과 불(水火)의 음양이다."

"**후내출성지문**(喉乃出聲之門) **설내변성지관**(舌乃辨聲之管) **고오음지중**(故五音之中) **후활위주야**(喉舌爲主也)"

"목구멍은 소리가 시작되고 나타나는 근본의 뿌리가 되어 소리를 동서남북으로 보내는 관문이며 혀는 소리를 나누어 분별하는 대롱으로 본래 5가지 소리의 중심은 목구멍과 혀의 水火가 주체가 된다."

"**후거후이아차지 북동지위야 설치우차지 남서지위야 순거말 토무정위이기왕사계지의야**(喉居後而牙次之 北東之位也 舌齒又次之 南西之位也 脣居末 土無定位而寄旺四季之義也)"

"목구멍의 뒤쪽에 어금니가 그 뒤를 이어 차지하고 있어 위치가 북동쪽이며 또 혀와 이가 그 뒤를 이어 남서쪽에 위치하고 입술은 맨 끝을 차지하여 흙(土)은 정해진 동서남북 방향이 없이 왕성한 봄·여름·가을·겨울 사계절의 끝에 붙어 사계절이 올바르게 보내고 순환하는 뜻이 있다."

"**시 칙초성지중 자유음양오행방위지수야 우이성음청탁이언지**(是 則初聲之中 自有陰陽五行方位之數也 又以聲音淸濁而言之)"

"올바른 법칙에 의해 최초의 소리인 초성으로 자음에는 음양의 이치와 목화토금수의 이치와 동서남북 방향의 이치와 1234567890 숫자의 이치를 스스로 갖추고 존재하는 것이 법칙이며 또한 그 목소리가 맑고 선명하고 깨끗한 소리와 탁하고 흐린소리에 대하여 말한다."

"ㄱㄷㅂㅈ**ㅅㆆ** 위전청 ㅋㅌㅍㅊㅎ 위차청청 ㄲㄸㅃㅉㅆㆅ 위전탁 ㅇㄴㅁㅇㄹㅿ 위불청

불탁(ㄴㄷㅂㅅㅈㆆ 爲全淸 ㅋㅌㅍㅊㅎㅎ 爲次淸 ㄲㄸㅃㅉㅆㆅ 爲全濁 ㅇㄴㅁㅇㄹㅿ爲不淸不濁)"

"ㄱㄷㅂㅈ흥 은 완전히 맑고 선명한 깨끗한 소리가 되고 ㅋㅌㅍㅊㅎ흥은 다음으로 그 뒤를 이어 맑고 선명한 깨끗한 소리가 되고 ㄲㄸㅃㅉㅆ흥흥은 완전히 탁하고 흐린소리가 되고 ㅇㄴㅁ ㅇㄹㅿ은 맑고 선명하고 깨끗하거나 탁하고 흐린 것이 아니다."

"ㄴㅁㅇ 그성최불려 고차서수재어후 이상형제자칙위지시 ㅅㅈ 수개위전청 이 이ㅅ비 ㅈ 성불려 고역위제자지시(ㄴㄷㅇ 其聲最不勵 故次序雖在於後 而象形制字則爲之始 ㅅㅈ 雖皆爲全淸 而ㅅ比 ㅈ 聲不勵 故亦爲制字之始)"

"ㄴㅁㅇ은 그 소리가 엄하고 거세지 않아 본래 순서로는 뒤쪽에 있지만 그 모양과 그림으로 글자를 만든 것이 법칙으로 시초가 되고 ㅅㅈ은 비록 모두 완전하게 맑고 선명한 깨끗한 것이 되어 ㅅ을 ㅈ에 견주어 그 소리가 엄하고 거세지 않아 글자를 만드는 시초가 된다."

"유아지ㆁ 수설근폐후성기출비 이기성여ㅇ상사 고운서의여유다상혼용 금역취상어후 이불위아음제자시 개후속수이이아속목 ㆁ수재아이여ㅇ상사 유목지맹아생어수이유연 상다유기야(唯牙之ㆁ 雖舌根閉喉聲氣出鼻 而其聲與ㅇ相似 故韻書疑與喩多相混用 今亦取象於喉 而不爲牙音制字 始 盖喉屬水而牙屬木 ㆁ雖在牙而與ㅇ相似 猶木之萌芽生於水而柔軟 尙多水氣也)"

"오직 어금닛소리의 ㆁ은 비록 혀의 뿌리가 목구멍을 막아 나오는 소리의 기운이 코로 나타지만 그 소리가 ㅇ과 서로가 비슷하게 닮아서 본래 소리에 따라 글씨를 쓸 경우에 ㅇ과 ㅇ은 깨우치는 데 의심이 많아 서로가 섞여 사용하는데 모두 목구멍의 모양과 그림을 골랐지 처음부터 어금닛소리로 만들지 않았으며 대체적으로 목구멍은 물(水)에 속하고 어금니는 나무 (木)에 속하여 ㆁ이 비록 어금닛소리에 존재하지만 ㅇ과 서로가 비슷하게 닮아 오히려 물(水)에 서 나무(木)가 새싹을 돋우고 부드럽고 연약하게 태어나는 것과 같아 물(水) 기운이 많은 것을 바라는 것이다."

"ㄱ목지성질 ㅋ목지성장ㄲ은 목지노장 고지차내개취상어아야 전청병서칙위전탁 이기 전청지성응칙위전탁야(ㄱ木之成質 ㅋ木之盛長 ㄲ木之老壯 故至此乃皆取象於牙也 全淸幷書則爲全濁 以其全 淸之聲凝則爲全濁也)"

"ㄱ은 나무(木)의 성품을 이루고 ㅋ은 나무(木)가 오래도록 무성하고 울창하게 길게 자라난 형상이며 ㄲ은 나무(木)가 오래되어 굳센 기상의 형상으로 본래 모두가 어금니의 모양과 그림 을 골라 온전하게 맑고 선명하고 깨끗하나 함께 어우러져 나란히 글씨를 쓰면 완전하게 탁하고

흐린 것이 되는데 그것은 완전하게 맑고 선명한 깨끗한 소리가 엉기어 엄해져 완전하게 탁하고 흐린소리가 되는 것이 법칙이다."

"유후음차청위전탁자 개이ㆆ성심불위지응 ㅎ비ㆆ성천고응이위전탁야 ㅇ연서순음지하 칙위순경음자 이경음순사합이후성다야(唯喉音次淸爲全濁者 盖以ㆆ聲深不爲之凝 ㅎ比ㆆ聲淺故凝而爲全濁也 ㅇ連書脣音之下 則爲脣輕音者 以輕音脣乍合而喉聲多也)"

"오직 2번째로 맑고 선명한 깨끗한 소리의 목구멍소리는 완전하게 탁하고 흐린 자로 대체적으로 ㆆ은 소리가 깊어 엉기어 엄하지 않지만 ㅎ을 ㆆ에 비교하면 소리의 깊이가 얕아 본래 엉기고 엄하여 완전하게 탁하고 흐린소리가 되고 ㅇ은 입술소리의 아래쪽에 연결하여 글씨를 쓰는 것이 법칙으로 가벼운입술소리가 되는 자로 이것은 가벼운 소리로 입술이 잠깐 만나는 목구멍소리에 많다."

"중성범11자‧설축이성심천개어자야 형지원상야천지 ㅡ설소축이성불심불천 지벽어축야 형지평상호지야 ㅣ설불축성천 인생어인야 형지립상호인야(中聲凡11字‧舌縮而聲深 天開於子也 形之圓象乎天也 ㅡ舌小縮而聲不深不淺 地闢於丑也 形之平 象乎地也 ㅣ舌不縮聲淺 人生於寅也 形之立 象乎人也)"

"훈민정음 한글 초성‧중성‧종성으로 가운데 소리 중성으로 모음은 모두 11자로 ‧는 혀가 오그라져 나오는 깊은 소리로 하루의 시작인 0시 자시에 하늘이 열리기 시작하는 이치로 하늘의 태양이 둥근 모양과 그림을 형상화하였으며 ㅡ는 혀가 조금 오그라져 나오는 소리로 소리가 깊지가 않고 얕지도 않아 하루가 시작되어 01시 축시에 땅이 열리기 시작하는 이치로 땅이 바르고 평평한 모양과 그림을 형상화하였으며 ㅣ는 혀가 오그라지지 않고 나오는 얕은 소리로 하루가 시작되어 하늘과 땅이 열리고 새벽 03시 인시에 사람이 깨어나 일어나 서 있는 모양과 그림을 형상화하여 만들었다."

"차하팔성 일합일벽(此下八聲 一闔一闢)"

"이것은 아래 8가지 소리로 하나는 문이 닫히는 것이며 하나는 문이 열리는 것이다."

"ㅗ여 ‧동이구축기형칙 ‧여일합이성 취천지초교지의야 ㅏ여 ‧동이구장기형칙 ㅣ여 ‧합이성 취천지지용발어사물시인이성야(ㅗ與 ‧同而口蹙其形則 ‧與ㅡ合而成 取天地初交之義也 ㅏ與 ‧同而口張其形則 ㅣ與‧合而成 取天地之用發於事物侍人而成也)"

"ㅗ는 ‧와 함께 입이 쭈그러지고 오그라지는 모양이 원칙으로 ‧와 ㅡ가 모여 만나 이루어지는 문자와 소리로 이것은 하늘과 땅이 올바르게 최초로 만나 주고받는 이치의 뜻이며 ㅏ는 ㆍ이 함께 입 어귀가 크게 넓혀져 있는 모양과 그림이 원칙으로 ㅣ와 ㆍ이 함께 만나 이루어지는 문자와 소리로 이것은 하늘과 땅에 만물과 사물이 사람을 기다려 쓰고 부리고 보내는 것이 이루어지는 것을 골랐다."

"ㅗ여 ㅡ동이구축기형칙ㅡ여 ㆍ합이성 역취천지초교지의야 ㅓ여 ㅡ동이구장기형칙 ㆍ 여ㅣ합이성 역취천지지용발어사물시인이성야(ㅗ與 ㅡ同而口蹙其形則ㅡ與 ㆍ 合而成 亦取天地初交之 義也 ㅓ與 ㅡ同而口張形則 ㆍ與ㅣ合而成 亦取天地之用發於事物侍人而成也)"

"ㅗ는 ㅡ와 똑같이 입이 쭈그러지는 모양이 원칙으로 ㅡ에 ㆍ이 함께 만나 이루어지는 문자와 소리로 이것은 하늘과 땅에 올바르게 최초로 만나 주고받는 이치의 뜻이며 ㅓ는 ㅡ와 똑같이 입 어귀가 크게 넓어지는 모양이 원칙으로 ㆍ이 ㅣ와 함께 만나 이루어지는 문자와 소리로 모두 하늘과 땅에서 만물과 사물이 사람을 기다려 쓰고 부리고 보내는 것이 이루어지는 것을 골랐다."

"ㅛ여 ㅗ동이기어ㅣ ㅑ여 ㅏ동이기어ㅣ ㅠ여 ㅜ동이기어ㅣ ㅕ여 ㅓ동이기어ㅣ(ㅛ與 ㅗ同 而起於ㅣ ㅑ與 ㅏ同而起於ㅣ ㅠ與 ㅜ同而起於ㅣ ㅕ與 ㅓ於同而起於ㅣ)"

"ㅛ는 ㅗ와 한가지로 똑같이 ㅣ에서 일어나고 ㅑ는 ㅏ와 한가지로 똑같이 ㅣ에서 일어나고 ㅠ는 ㅜ와 한가지로 똑같이 ㅣ에서 일어나고 ㅕ는 ㅓ와 한가지로 똑같이 ㅣ에서 일어난다."

"ㅗㅏㅜㅓ 시어천지 위초출야 ㅛㅑㅠㅕ 기어ㅣ 이겸호인 위재출야(ㅗㅏㅜㅓ 始於天地 爲初出 也 ㅛㅑㅠㅕ 起於ㅣ 而兼乎人 爲再出也)"

"ㅏㅗㅜㅓ는 하늘과 땅이 근본이 되어 최초로 나타나는 것이 되고 ㅛㅑㅠㅕ는 ㅣ에서 일어 나 사람과 아울러 재차 2번째로 나타나는 것이다."

"ㅗㅏㅜㅓ지ㅡ기원자 취기초생지의야 ㅛㅑㅠㅕ지이기원자 취기재생지의야(ㅗㅏㅜㅓ之 ㅡ其圓者 取其初生之義也 ㅛㅑㅠㅕ之二其圓者 取其再生之義也)"

"ㅗㅏㅜㅓ는 하나의 둥근 자를 고른 것은 처음으로 올바르게 태어난다는 뜻이며 ㅛㅑㅠㅕ는 2개의 둥근 자를 고른 것은 재차 2번째로 올바르게 태어나는 것을 뜻한다."

"ㅗㅏㅛㅑ지원거상여외자 이기출어천이위양야 ㅜㅓㅠㅕ지원거하여내자 이기출어지이 위음야(ㅗㅏㅛㅑ之圓居上與外者 以其出於天而爲陽也 ㅜㅓㅠㅕ之圓居下與內者 以其出於地而爲陰也)"

"ㅗㅏㅛㅑ는 둥근 원이 위쪽과 밖에 차지하고 있는 자로 이것은 하늘에서 나타나 양이

되고 ㅜㅓㅠㅕ는 둥근 원이 아래쪽이나 안쪽에 차지하고 있는 자로 이것은 땅에서 나타나 음이다."

"ㆍ지관어팔성자 유양지통음이주류만물야 ㅛㅑㅠㅕ지개겸호인자 이인위만물지영이 능삼양의야 취상어천지인이삼재지도비의(ㆍ之貫於八聲者 猶陽之統陰而周流萬物也 ㅛㅑㅠㅕ之皆兼乎 人者 以人爲萬物之靈而能參兩義也 取象於天地人而三才之道備矣)"

"ㆍ은 8가지 소리에 꿰어가듯이 착용하여 이어가는 자로 마치 양의 큰 줄기가 음의 만물과 사물에 물이 흐르듯이 골고루 미치는 이치이며 ㅛㅑㅠㅕ는 모두가 사람을 겸하는 자로 사람이 만물의 영장이 되어 능히 음양의 이치에 올바르게 참여하는 하늘과 땅과 사람의 모양과 그림을 골라 사람이 가장 뛰어난 근본으로 재주와 재능과 도리를 갖추게 된다는 뜻이다."

"연삼재위만물지선이천우위삼재지시 유 ㆍㅡㅣ삼자위팔성지수 이 ㆍ우위삼자지관야(然 三才爲萬物之先而天又爲三才之始 猶 ㆍㅡㅣ三字爲八聲之首 而ㆍ又爲三字之冠也)"

"그리하여 먼저 가장 뛰어난 근본의 재주와 재능과 도리의 첫 번째가 만물이 되어 하늘이 가장 뛰어난 근본의 재주와 재능과 도리로 최초에 시작하는 것이 되어 마땅히 가장 대표적인 3개의 ㆍㅡㅣ 문자와 소리가 8가지 문자와 소리의 시초로 우두머리가 되어 ㆍ가 3개의 문자와 소리 중 가장 으뜸이다."

"ㅗ초생어천 천일생수지위야(ㅗ初生於天 天一生水之位也)"

"ㅗ는 하늘에서 최초로 태어나는 글자로 하늘에서 1의 숫자와 물(水)이 태어나는 자리다."(水)

"ㅏ차지 천삼생목지위야(ㅏ次之 天三生木之位也)"

"ㅏ는 재차 그 뒤를 이어가는 글자로 하늘에서 3의 숫자와 나무(木)가 태어나는 자리라 하였다."(木)

"ㅜ초생어지 지이생화지위야(ㅜ初生於地 地二生火之位也)"

"ㅜ는 땅에서 최초로 태어나는 글자로 땅에서 2의 숫자와 불(火)이 태어나는 자리다."(火)

"ㅓ차지 지사생금지위야(ㅓ次之 地四生金之位也)"

"ㅓ는 재차 그 뒤를 이어가는 글자로 땅에서 4의 숫자와 쇠(金)가 태어나는 자리다."(金)

"ㅛ재생어천 천칠성화지수야(ㅛ再生於天 天七成火之數也)"

"ㅛ는 하늘에서 재차 태어나는 글자로 하늘에서 7의 숫자와 불(火)을 이룬다."(火)

"ㅑ차지 천구성금지수야(ㅑ次之 天九成金之數也)"

"ㅑ는 재차 그 뒤를 이어가는 글자로 하늘에서 9의 숫자와 쇠(金)를 이룬다."(金)

"ㅠ재생어지 지육성수지수야(ㅠ再生於地 地六成水之數也)"

"ㅠ는 땅에서 거듭 태어나는 글자로 땅에서 6의 숫자와 물(水)을 이룬다."(水)

"ㅕ차지 지팔성목지수야(ㅕ次之 地八成木之數也)"

"ㅕ는 재차 그 뒤를 이어가는 글자로 땅에서 8의 숫자와 나무(木)를 이룬다."(木)

"수화미이호기 음양교합지초 고합 목금음양지정질 고벽(水火未離乎氣 陰陽交合之初 故闔 木金 陰陽之定質 故闢)"

"물과 불의 水火기운이 본래 헤어져 있는 것이 아니라 처음부터 음양이 서로 만나 합하여 맺어 간직하여 음양의 이치로 서로가 조화와 균형을 이루고 중화를 이루고 있는 것이며 나무와 쇠로 木金의 바탕과 성질도 본래 음양으로 정해져 서로가 피하고 멀리하나 음양의 이치로 서로가 조화와 균형을 이루고 중화를 이룬다."

"ㆍ천오생토지위야 ㅡ지십성토지수야(ㆍ天五生土之位也 ㅡ地十成土之數也)"

"ㆍ는 하늘에서 5의 숫자와 흙(土)이 태어나는 자리이며 ㅡ는 땅에서 10의 숫자와 흙(土)을 이루고 정해지는 이치다."(土)

"ㅣ독무위수자 개이인칙무극지진 이오지정 묘합이응 고미가이정위성수논야(ㅣ獨無位數 者 盖以人則無極之眞 二五之精 妙合而凝 固未可以定位成數論也)"

"ㅣ는 홀로 숫자와 자리가 이루고 정해진 것이 없는 자로 이것은 모든 사람이 변하지 않는 참됨은 끝이 없는 것이 원칙으로 음양이나 목화토금수의 정기(精氣)가 묘하게 모여 엉기어 굳이 정해진 숫자와 자리를 이루고 정해지는 사물의 이치를 헤아려 밝히고 말하는 것이 옳은 것이 아니다."(음양오행이 없음)

"시칙중성지중 역자유음양오행방위지수야(是則中聲之中 亦自有陰陽五行方位之數也)"

옳은 것은 중성으로 모음도 스스로 음양오행의 이치와 동서남북 방향의 이치와 1234567890 숫자의 이치가 존재하는 것이 법칙이다."

"이초성대중성이언지 음양 천도야 강유지도야(以初聲對中聲而言之 陰陽 天道也 剛柔 地道也)"

"초성으로 자음과 중성으로 모음을 대비하여 말하면 음양의 이치로 밝고 어두운 것은 하늘의 도리이고 이치이며 굳세면서 약하고 부드러우며 순종하는 것은 땅의 도리이며 이치다."

"중성자 ㅡ심 ㅡ천 ㅡ합 ㅡ벽 시칙음양분이오행지기구언 천지용야 초성자 혹허 혹실

혹양 혹체 혹중 혹경 시칙강유저이오행지질성언 지지공야(中聲者 一深 一淺 一闔 一闢 是則陰陽分
而五行之氣具焉 天之用也 初聲者 或虛 或實 或颺 或滯 或重 或輕 是則剛柔著而五行之質成焉 地之功也)"

"중성으로 모음은 하나는 깊고 하나는 얕고 하나는 열고 하나는 닫는 음양의 이치로 구분되
어 구성되는 것이 법칙으로 목화토금수의 기와 질의 성품을 올바르게 갖추고 있는 것을 하늘에
서 직접 주재(主宰)하여 다스리고 베풀어 쓰는 것이며 초성으로 자음은 혹은 비어 있고 혹은
가득 차 있고 혹은 날아가고 혹은 막혀 있고 혹은 무겁고 혹은 가벼운 것이 법칙으로 이것은
분명하게 굳세고 부드러운 목화토금수의 기와 질의 성품을 이루는 땅의 공이다."

"중성이심천합벽창지어전 초성이오음청탁화지어후 이위초역위종 역가견만물초생어
지 복귀어지야(中聲以深淺闔闢唱之於前 初聲以五音淸濁和之於後 而爲初亦爲終 亦可見萬物初生於地 復歸於地
也)"

"중성으로 모음이 깊고 얕고 닫고 열어 앞에서 부르면 초성으로 자음이 맑고 탁한 5가지
소리에 서로가 응하여 화답하여 뒤쪽에 위치하는 것이 되어 초성으로 자음이 마지막 소리의
종성이 되는 것 역시 땅에서 만물과 사물이 최초에 태어나는 것을 옳게 보고 다시 땅으로
돌아가는 이치다."

"이초중종합성지자언지 역유동정호근음양교변지의언(以初中終合成之字言之 亦有動靜互根陰陽
交變之義焉)"

"초성·중성·종성으로 자음과 모음이 합하여 만나 문자를 이루는 것에 대해 말하면 모두가
음양의 이치로 크게 맑고 고요하게 움직이는 것이 존재하여 서로가 그 근본에 따라 음양이
만나 변화되는 뜻이 여기에 있다."

"동자 천야 정자 지야 겸호동정지인야 개오행재천칙신지운야 재지칙질지성야 재인칙
인예신의지신지운야 간심비폐신질지성야(動者 天也 靜者 地也 兼互動靜之人也 盖五行在天則神之運也
在地則質之成也 在人則仁禮信義智神之運也 肝心脾肺腎質之成也)"

"크게 움직이고 활동하는 것은 하늘이고 크게 조용하고 고요한 것은 땅으로 아울러 서로가
크고 맑고 고요하게 움직이고 활동하는 것이 사람으로 대개 음양오행은 하늘에 존재하는
것이 법칙으로 불가사의하게 돌고 도는 것에 따라 땅에서는 꾸미지 않는 바탕과 성품을 이루고
존재하는 것이 법칙으로 사람도 인정·예의·신용·의리·지혜의 정신이나 혼(魂)이 불가사
의하게 돌고 돌아 신체의 간·심장·위장·폐·신장의 바탕과 성품을 이루며 생명을 유지하

고 존재하는 법칙이라 하여 목화토금수의 기와 질의 성품이 순환한다는 이치다."

"초성유발동지의 천지사야 종성유지정지의 지지사야 중성승초지생 접종지성 인지사야(初聲有發動之義 天之事也 終聲有止定之義 地之事也 中聲承初之生 接終之成 人之事也)"

"초성으로 자음이 올바르게 움직이는 것이 존재하는 것은 하늘이 하는 일이며 종성으로 자음은 올바르게 멈추는 것이 정해지는 것은 땅이 하는 일이며 중성으로 모음이 초성으로 사음을 계승하고 교차하여 태어나 종성을 이루는 것은 사람이 하는 일이다."

"개자운지요 재어중성 초종합이성음 역유천지생성만물 이기재성보상칙필뢰호인야(盖字韻之要 在於中聲 初終合而成音 亦有天地生成萬物 而其財成輔相則必賴乎人也)"

"대개 글자 소리의 울림을 맞추기 위한 요점은 중성으로 모음이 존재하여 초성·종성으로 자음과 합하여 소리를 이루는 것이 마치 하늘과 땅에 만물과 사물이 태어나 생명을 유지하고 존재하는 것을 이루어 사람에 의지하여 과도한 것을 억제하고 부족한 것을 보충하여 구제하는 것이 법칙이다."

"종성지 복용초성자 이기동이양자건야 정이음자역건야 건실분음양이무불군재야(終聲之 復用初聲者 以其動而陽者乾也 靜而陰者亦乾也 乾實分陰陽而無不君宰也)"

"종성에 초성으로 자음이 다시 돌아오는 자를 쓰는 것은 하늘의 양이 크게 움직이고 활동하는 이치이며 음의 땅이 크게 맑고 고요하고 정밀한 것 또한 하늘의 이치로 하늘의 군주가 넉넉하게 나누어 음양으로 구분하여 모든 것을 주재(主宰)하여 다스리지 않는 것이 없다."

"일원지기 주류불궁 시시지운 순환무단 고정이복원 동이복춘 초성지복위종 종성지복위초 역차의야(一元之氣 周流不窮 四時之運 循環無端 故貞而復元 冬而復春 初聲之復爲終 終聲之復爲初 亦此義也)"

"하나의 근본이 되고 으뜸이 되는 기운이 골고루 흘러 미치지 않는 곳이 없이 봄·여름·가을·겨울 사계절이 올바르게 돌고 돌아가며 순환하는 것이 끝이 없는 것처럼 본래 본디 그대로 정해지듯이 겨울이 봄으로 다시 돌아오는 것처럼 초성으로 자음이 다시 돌아와 종성으로 자음이 되고 종성으로 자음이 다시 돌아와 초성으로 자음이 되는 이것 역시 올바른 것이다."

"우 정음작이천지만물지리함비 기신의재 시태천계성심이가수언자호(吁 正音作而天地萬物之理咸備 其神矣哉 是殆天啓聖心而假手焉者乎)"

"아침 해가 크게 처음으로 솟아오르듯 올바른 소리의 훈민정음 한글을 만드는 데 하늘과

땅에 존재하는 모든 만물과 사물의 이치를 모두 다 두루 갖추어 그 신비로운 것을 성스러운 천지신명의 마음과 손을 빌려 만들었다."

訣曰

天地之化本一氣	陰陽五行相始終	物於兩間有形聲	元本無二理數通	正音制字尙其象
因聲之厲每加畫	音出牙舌脣齒喉	是爲初聲字十七	牙取舌根閉喉形	唯業似欲取義別
舌迺象舌附上腭	脣則實是取口形	齒喉直取齒喉象	知斯五義聲自明	又有半舌半齒音
取象同而體則異	那彌戌欲聲不厲	次序雖後象形始	配諸四時與冲氣	五行五音無不協
維喉爲水冬與羽	牙迺春木其音角	徵音夏火是舌聲	齒則商秋又是金	脣於位數本無定
土而季夏爲宮音	聲音又自有淸濁	要於初發細推尋	全淸聲是君斗彆	卽戌挹亦全淸聲
若迺快吞漂侵虛	五音各一爲次淸	全濁之聲叫覃步	又有慈邪亦有洪	全淸並書爲全濁
唯洪自虛是不同	業那彌欲及閭穰	其聲不淸又不濁	欲之連書爲脣輕	喉聲多而脣乍合
中聲十一亦取象	精義未可容易觀	吞擬於天聲最深	所以圓形如彈丸	卽聲不深又不淺
其形之平象乎地	侵象人立厥聲淺	三才之道斯爲備	洪出於天尙爲闔	象取天圓合地平
覃亦出天爲已闢	發於事物就人成	用初生義一其圓	出天爲陽在上外	欲穰兼人爲再出
二圓爲形見其義	君業戌彆出於地	據例自知何湏評	吞之爲字貫八聲	維天之用徧流行
四聲兼人亦有由	人參天地爲最靈	就三聲究至理	自有剛柔與陰陽	中是天用陰陽分
初迺地功剛柔彰	中聲唱之初聲和	天先乎地理自然	和者爲初亦爲終	物生復歸皆於坤
陰變爲陽陽變陰	一動一靜互爲根	初聲復有發生義	爲陽之動主於天	終聲比地陰之靜
字音於此止定焉	韻成要在中聲用	人能輔相天地宜	陽之爲用通於陰	至而伸則反而歸
初終雖云分兩儀	終用初聲義可知	正音之字只廿八	探賾錯綜窮深幾	指遠言近牖民易
天授何曾智巧				

"천지지화본일기 음양오행상시종 물어양간유형성 원본무이리수통(天地之化本一氣 陰陽五行相始終 物於兩間有形聲 元本無二理數通)"

"하늘과 땅에 만물을 생육하는 가장 근본이 되는 하나의 기운은 음양오행의 기운으로 서로가 시작되고 끝나는 이치로 만물과 사물이 짝하는 공간에는 형체와 소리가 존재하여 가장 으뜸이 되는 근본으로 2개의 이치가 존재할 수가 없기 때문에 통하는 것이다."

"정음제자상기상 인성지려매가획 음출아설순치후 시위초성자십칠(正音制字尙其象 因聲之厲每加畫 音出牙舌脣齒喉 是爲初聲字十七)"

"훈민정음 한글을 만드는데 그 모양과 그림을 높이 숭상하여 늘 괴로운 소리의 원인에 따라 획을 붙여 소리를 어금니·혀·입술·이·목구멍에서 옳게 나타나 초성으로 자음은 17가지 문자와 소리다."

"아취설근폐후형 유업사욕취의별(牙取舌根閉喉形 唯業似欲取義別)"

"어금닛소리는 혀의 뿌리가 목구멍이 닫히고 막히는 모양을 골라 오직 업(業)의 ㆁ이 욕(欲)의 ㅇ과 닮았으나 올바르게 나누어 구별하여야 한다."

"설내상설부상악(舌迺象舌附上腭)"

"혓소리는 혀가 잇몸의 위쪽에 붙는 모양과 그림이다."

"순칙실시취구형(脣則實是取口形)"

"입술소리는 실질적인 입의 올바른 모양과 그림을 골랐다."

"치후직취치후상 지사오의성자명(齒喉直取齒喉象 知斯五義聲自明)"

"잇소리와 목구멍소리는 곧고 바른 이와 목구멍의 모양과 그림을 골라 이 5가지 신체 구강의 구조와 이치를 알아야 올바른 5가지 소리를 스스로 밝게 안다."

"우유반설반치음 취상동이체칙이(又有半舌半齒音 取象同而體則異)"

"또 반혓소리와 반잇소리가 존재하는데 그 고른 모양과 그림은 똑같으나 문자는 다르다."

"나미술욕성불려 차서수후상형시 배제사시여충기 오행오음무불협(那彌戌欲聲不厲 次序雖後象形始 配諸四時與冲氣 五行五音無不協)"

"ㄴㅁㅅㅇ은 하고자 하는 소리가 엄하지 않아 순서로는 비록 뒤쪽에 있으나 모양과 그림이

처음부터 봄·여름·가을·겨울 사계절이 짝을 지어 빈 공간에 기운을 베풀어주어 목화토금
수나 5가지 궁상각치우 소리에 맞는다."

"유후위수동여우 아내춘목기음각 치음하화시설성 치칙상추우시금 순어위수본무정 토
이계하위궁음(維喉爲水冬與羽 牙迺春木其音角 徵音夏火是舌聲 齒則商秋又是金 脣於位數本無定 土而季夏爲宮
音)"

"우(羽)는 물(水)의 추운 겨울의 목구멍소리가 되는 것이며 각(角)은 나무(木)의 따뜻한 봄의
어금닛소리이며 치(徵)는 불(火)의 뜨거운 여름의 혓소리이며 상(商)은 쇠(金)의 서늘한 가을의
잇소리로 金이며 입술소리는 자리와 숫자의 근본이 정해진 것이 없어 궁(宮)은 흙(土)으로
삼복더위의 무더운 여름의 끝이다."

"성음우자유청탁 요어초발세추심 전청성시군두별 즉성읍역전청성 약내쾌탄표침허 오
음각일위차청(聲音又自有淸濁 要於初發細推尋 全淸聲是君斗彆 卽成挹亦全淸聲 若迺快吞漂侵虛 五音各一爲次
淸)"

"사람이 말하는 목소리에는 스스로 맑고 흐린 것이 존재하는 요점은 처음에 내보내는 소리
를 자세하게 생각해서 찾아 군(君) 두(斗) 별(彆)의 ㄱ,ㄴ,ㅂ이 온전하게 맑고 선명한 깨끗한
소리이며 즉(卽) 성(成) 읍(挹)의 ㅅ,ㅇ,ㆆ 역시 온전하게 맑고 선명한 깨끗한 소리이며 쾌(快)
탄(呑) 표(漂) 침(侵) 허(虛)의 ㅋ,ㅌ,ㅍ,ㅊ,ㅎ은 5가지 소리로 각각 모두가 2번째로 맑고 선명한
깨끗한 소리가 된다."

"전탁지성규담보 우유자사역유홍 전청병서위전탁 유홍자허시부동 업나미욕급려양 기
성불청우불탁 욕지운서위순경 후성다이순사합(全濁之聲叫覃步 又有慈邪亦有洪 全淸並書爲全濁 唯洪
自虛是不同 業那彌欲及閭穰 其聲不淸又不濁 欲之運書爲脣輕 喉聲多而脣乍合)"

"온전하게 탁하고 흐린소리는 규(叫) 담(覃) 보(步)의 ㄲ,ㄸ,ㅃ와 또 자(慈) 사(邪) 홍(洪)의 ㅉ,ㅆ,ㆅ
이 존재하여 온전하게 맑고 선명한 깨끗한 것을 나란히 글씨를 쓰면 온전하게 탁하고 흐린
것이 되어 오직 홍(洪)의 ㆅ과 허(虛)의 ㅎ은 똑같은 것이 아니며 업(業) 나(那) 미(彌) 욕(欲)의 ㅇ,ㄴ,ㅁ,
ㅇ과 려(閭) 양(穰)의 ㄹ,ㅿ 소리는 맑지도 않고 흐리지도 않아 욕(欲)처럼 ㅇ을 이어 글씨를
쓰면 가벼운입술소리가 되어 목구멍소리에 많지만 입술이 잠깐 닿아 발생하는 소리다."

"중성십일역취상 정의미가용역관 탄의어천성최심 소이원형여탄환 즉성불심우불천 기
형지평상호지 침상인립궐성천 삼재지도사위비(中聲十一亦取象 精義未可容易觀 吞擬於天聲最深 所以

圓形如彈丸 卽聲不深又不淺 其形之平象乎地 侵象人立厥聲淺 三才之道斯爲備)"

"중성으로 모음의 11자 역시 모두 모양과 그림을 보고 옳게 바꾸고 골랐으나 그 자세한 뜻을 알 수가 없을 것이나 탄(呑)의 ㆍ는 하늘의 가장 뛰어난 깊은 소리로 둥근 원형의 모양이 탄알과 같고 즉(卽)의 ㅡ의 소리는 깊이가 없고 또 얕지도 않아 그 모양이 평평한 땅의 모양과 그림이며 침(侵)의 ㅣ는 사람이 일어나 서 있는 모양과 그림의 얕은 소리로 뛰어난 재주와 재능과 근본과 노리를 모두 갖추었다."

"홍출어천상위합 상취천원합지평 담역출천위이벽 발어사물취인 용초생위일기원 출천위양재상외 욕양겸인위재출 이원위형견기의(洪出於天尙爲闔 象取天圓合地平 覃亦出天爲已闢 發於事物就人成 用初生義一其圓 出天爲陽在上外 欲穰兼人爲再出 二圓爲形見其義)"

"홍(洪) 자의 중성으로 모음의 ㅗ는 하늘을 크게 숭상하여 간직하여 나타나 하늘은 둥글고 평평한 땅이 만나는 모양과 그림을 골랐으며 담(覃) 자의 중성으로 모음의 ㅏ 역시 하늘이 열려 나타난 것이 되어 만물과 사물을 이루어 사람이 쫓고 보내는 것이 정해지는 것으로 모두 처음으로 올바르게 태어난 그 하나의 둥근 원을 쓰는 것은 하늘에서 나타나 양이 되어 위쪽이나 밖에 존재하며 욕(欲) 자의 중성으로 모음의 ㅛ와 양(穰) 자의 중성으로 모음의 ㅑ는 사람에 의해서 재차 나타나는 것이 되어 2개의 둥근 원으로 올바른 형체를 보는 것이다."

"군업술별출어지 거예자지하수평 탄지위자관팔성 유천지용편류행 사성겸인역유유 인참천지위최령(君業戌瞥出於地 據例自知何須評 吞之爲字貫八聲 維天之用徧流行 四聲兼人亦有由 人參天地爲最靈)"

"군(君) 자의 중성으로 모음의 ㅜ와 업(業) 자의 중성으로 모음의 ㅓ와 슐(戌) 자의 중성으로 모음의 ㅠ와 별(瞥) 자의 중성으로 모음의 ㅕ는 땅에 의지하여 나타나는 보기를 들어 모름지기 예를 들어 잘잘못을 살펴 정하여 스스로 깨닫고 알도록 사실에 근거하여 의논하여 ㆍ는 8가지 문자와 소리를 만드는데 엽전을 꿰듯이 착용되는 것은 하늘에서 사용하여 두루 널리 흘러가는 것이며 4가지 소리가 사람을 겸하는 것에 대한 곡절이 존재하는 이유는 사람이 하늘과 땅에서 가장 신령스럽게 참여하기 때문이다."

"차취삼성구지리 자유강유여음양 중시천용음양분 초내지공강유창 중성창지초성화 천선호지리자연 화자위초역위종 물생복귀개어곤 음변위양양변음 일동일정호위근(且就三聲 究至理 自有剛柔與陰陽 中是天用陰陽分 初迺地功剛柔彰 中聲唱之初聲和 天先乎地理自然 和者爲初亦爲終 物生復歸

皆於坤 陰變爲陽陽變陰 一動一靜互爲根)"

"또 초성·중성·종성의 3가지 소리가 끝에 이르는 그 이치와 도리가 스스로 존재하여 굳센 성품과 부드러운 성품이 음양의 이치이며 중성으로 모음도 올바르게 하늘이 음양으로 나누어 베풀어 쓰는 것이며 초성으로 자음도 땅에서 굳센 성품과 부드러운 성품을 밝고 뚜렷하게 드러내도록 직무를 수행하여 중성으로 모음이 부르면 초성으로 자음이 화답하는 것도 대우주와 대자연의 이치가 땅보다 하늘이 우선이라는 이치이며 화답하는 자가 초성으로 자음이 되고 또 종성이 되는 것은 모든 만물과 사물이 태어나 복귀하여 모두 땅으로 돌아가는 것이 음이 변하여 양이 되고 양이 변하여 음이 되는 것처럼 하나의 움직임과 하나의 고요함이 서로가 관계를 이루는 뿌리와 근본이다."

"초성복요유발생의 위양지동주어천 종성비지음지정 자음어차지정언 운성요재중성용 인능보상천지의 양지위용통어음 지이신칙반이귀(初聲復有發生義 爲陽之動主於天 終聲比地陰之靜 字音於此止定焉 韻成要在中聲用 人能輔相天地宜 陽之爲用通於陰 至而伸則反而歸)"

"초성으로 자음이 다시 돌아와 존재하여 올바르게 태어나서 일어나는 것이 되어 양이 크게 움직이는 것은 하늘이 주인이 되고 종성을 음의 땅에 비교하면 맑고 고요하고 정밀하게 글자의 소리가 멈추고 머물러 있는 것이 정해져 있어 소리의 울림을 이루기 위해 중성으로 모음이 존재하여 사용하는 것을 요하고 사람이 재능을 펼치도록 마땅히 하늘과 땅이 서로가 힘을 빌려주고 도와주는 것으로 양을 써서 통하여 음에 이르면 반대로 펼쳐지는 것이 법칙으로 다시 돌아온다."

"초종수운분양의 종용초성의가지 정음지자지입팔 탐색착종궁심기 지원언근유민역 천수하회지교위(初終雖云分兩儀 終用初聲義可知 正音之字只廿八 探賾錯綜窮深幾 指遠言近牖民易 天授何曾智巧爲)"

"초성과 종성을 비록 음양으로 나누어 이르는 것을 구분하면 종성에 초성으로 자음을 쓰는 뜻을 옳게 알아야 훈민정음 한글 초성·중성·종성으로 자음과 모음의 28자의 문자와 소리에 어지럽게 섞여 있는 깊숙한 이치와 도리를 찾아 매우 깊이 있게 살펴 정성을 다하여 끝냈지만 뜻은 멀고 말은 가까워 쉽게 백성들을 인도하도록 하늘에서 아름다운 슬기와 지혜와 기교를 모아 내려주어 베푼다."

훈민정음 해례본
초성해(初聲解)

正音初聲(정음초성) 卽韻書之字母也(즉운서지자모야) 聲音由此而生(성음유차이생) 故曰母(고왈모) 如牙音君字初聲是ㄱ(여아음구자초성시ㄱ) ㄱ與ㅜ而爲군(ㄱ여ㅜ이위군) 快字初聲是ㅋ(쾌자초성시ㅋ) ㅋ與ㅙ而爲·쾌(ㅋ여ㅙ이위·쾌) 虯字初聲是ㄲ(규자초성시ㄲ) ㄲ與ㅠ而爲뀨(ㄲ여ㅠ이위뀨) 業字初聲是ㆁ(업자초성시ㆁ) ㆁ與ㅓ而爲업之類(ㆁ여ㅓ이위업지류) 舌之斗吞覃那(설지두탄담나) 脣之彆漂步彌(순지별표보미) 齒之卽侵慈戌邪(치지즉침자술사) 喉之挹虛洪欲(후지읍홍욕) 半舌半齒之閭穰(반설반치지려양) 皆倣此(개방차)

훈민정음 해례본 초성해의 해석

"정음초성 즉운서지자모야 성음유차이생 고왈모(正音初聲 卽韻書之字母也 聲音由此而生 故曰母)"

"훈민정음 한글 초성으로 자음의 바른 소리는 곧 소리의 운으로 글자를 쓰는 어미가 되어 소리가 태어나는 것으로 본래 어머니다."

"여아음군자초성시ㄱ ㄱ여ㅜ이위군 쾌자초성시ㅋ ㅋ여ㅙ이위쾌 규자초성시ㄲ ㄲ여ㅠ 이위뀨 업자초성시ㆁ ㆁ여ㅓ이위업지류 설지두탄담나 순지별표보미 치지즉침자술사 후 지읍허홍욕 반설반치지려양 개방차(如牙音君字初聲是ㄱ ㄱ與ㅜ而爲군 快字初聲是ㅋ ㅋ與ㅙ而爲쾌 虯字初聲是ㄲ ㄲ與ㅠ而爲뀨 業字初聲是ㆁ ㆁ與ㅓ而爲업之類 舌之斗吞覃那 脣之彆漂步彌 齒之卽侵慈戌邪 喉之挹虛洪欲

半舌半齒之間穰 皆倣此)"

"어금닛소리는 군(君) 자의 초성으로 자음의 ㄱ이 옳은데 ㄱ에 군을 주어 군(君) 자가 되고, 쾌(快) 자의 초성으로 자음은 ㅋ이 옳은데 ㅋ에 쾌을 주어 쾌(快) 자가 되고, 뀨(虯) 자의 초성으로 자음은 ㄲ가 옳은데 ㄲ에 ㄲ을 주어 뀨(虯) 자가 되고, 업(業) 자의 초성으로 자음은 ㆁ이 옳은데 ㆁ에 업을 주어 업(業) 자와 비슷한 무리가 되고, 혓소리의 두(斗) 자의 ㄷ, 탄(呑) 자의 ㅌ, 담(覃), ㄸ 나(那) 자의 ㄴ이며 입술소리는 별(彆) 자의 ㅂ, 표(漂) 자의 ㅍ, 보(步) 자의 ㅃ, 미(彌) 자의 ㅁ이며 잇소리는 즉(卽) 자의 ㅈ, 침(侵) 자의 ㅊ, 자(慈) 자의 ㅉ, 술(戌) 자의 ㅅ, 사(邪) 자의 ㅆ이며 목구멍소리는 읍(挹) 자의 ㆆ, 허(虛) 자의 ㅎ, 홍(洪) 자의 ㅎㅎ, 욕(欲) 자의 ㅇ이며 반혓소리와 반잇소리는 려(閭) 자의 ㄹ, 양(穰) 자의 ㅿ으로 이것은 모두 똑같다."

訣曰

君快虯業其聲牙	舌聲斗吞及覃那	彆漂步彌則是脣	有卽侵慈戌邪
挹虛洪欲迺喉聲	閭爲半舌穰半齒	二十三字是爲母	聲生生皆自此

결왈(訣曰)의 해석

"군쾌규업기성아 설성두탄급담나 별표보미칙시순 치유즉침자술사 읍허홍욕내후성 려위반설양반치 이십삼자시위모 만성생생개자차(君快叫業其聲牙 舌聲斗吞及覃那 彆漂步彌則是脣 齒有卽侵慈戌邪 挹虛洪欲迺喉聲 閭爲半舌穰半齒 二十三字是爲母 萬聲生生皆自此)"

"ㄱㅋㄲㆁ의 군(君) 쾌(快) 규(虯) 업(業)은 어금닛소리(木), ㄷㅌㄸㄴ의 두(斗) 탄(吞) 및 담(覃) 나(那)의 혓소리(火), ㅂㅍㅃㅁ의 별(彆) 표(漂) 보(步) 미(彌)는 입술소리(土), ㅈㅊㅉㅅㅆ의 즉(卽) 침(侵) 자(慈) 술(戌), 사(邪)의 잇소리(金)이 존재하고 ㆆㅎㅎㅎㅇ의 읍(挹) 허(虛) 홍(洪) 욕(欲)은 곧 목구멍소리(水), ㄹ의 려(閭)는 반혓소리(火), ㅿ의 양(穰)은 반잇소리(金)가 되어 23가지 문자의 올바른 어미가 되어 수없이 많은 소리가 모두가 스스로 태어나고 태어나 시작된다."

훈민정음 해례본
중성해(中聲解)

中聲者(중성자) 居字韻之中(거자운지중) 合初終而成音(합초성이성음) 如呑字中聲是ㆍ(여탄자중성시ㆍ) ㆍ居ㅌㄴ之間而爲톤(ㆍ거ㅌㄴ지간이위톤) 卽字中聲是ㅡ(즉자중성시ㅡ) ㅡ居ㅈㄱ之間而爲즉(ㅡ거ㅈㄱ지간이위즉) 侵字中聲是ㅣ(침자중성시ㅣ) ㅣ居ㅊㅁ之間而爲침之類(ㅣ거ㅊㅁ지간위침지류) 洪覃君業欲穰戌彆(홍담군업욕양술별) 皆倣此(개방차) 二字合用者(두자합용자) ㅗ與ㅏ同出於ㆍ(ㅗ여ㅏ동출어ㆍ) 故合而爲ㅘ(고합이위ㅘ) ㅛ與ㅑ又同出於ㅣ(ㅛ여ㅑ우동출어ㅣ) 故合而爲ㆇ(고합이위ㆇ) ㅜ與ㅓ同出於ㅡ(ㅜ여ㅓ동출어ㅡ) 故合而爲ㅝ(고합이위ㅝ) ㅠ與ㅕ又同出於ㅣ(ㅠ여ㅕ우동출어ㅣ) 故合而爲ㆊ(고합이위ㆊ) 以其同出而爲類(이기동출이위류) 故相合而不悖也(고상합이불패야) 一字中聲之與ㅣ相合者十(일자중성지여ㅣ상합자십) ㅓㅢㅚㅐㅟㅖㅙㅒㆉㅖ是也ㅕ(ㅓㅢㅚㅐㅟㅖㅙㅒㆉㅖ시야) 二字中聲之與ㅣ相合者四(두자중성지여ㅣ상합자사) ㅙㅖㅙㅖ是也(ㅙㅖㅙㅖ시야) ㅣ於深淺闔闢之聲(ㅣ어침천합벽지성) 並能相隨者(병능상수자) 以其舌展聲淺而便於開口也(이기설전성천이편어개구야) 亦可見人之參贊開物而無所不通也(역가견인지참찬개물이무소불통야)

훈민정음 해례본 중성해의 해석

"중성자거자운지중 합초종이성음 여탄자중성시ㆍㆍ거ㅌㄴ지간이위톤 즉자중성시ㅡㅡ거ㅈㄱ지간이위즉 침자중성시ㅣㅣ거ㅊㅁ지간이위침지류(中聲者居字韻之中 合初終而成音 如吞字中聲是ㆍㆍ居ㅌㄴ之間而爲톤 卽字中聲是ㅡㅡ居ㅈㄱ之間而爲즉 侵字中聲是ㅣㅣ居ㅊㅁ之間而爲침之類)"

"중성으로 모음은 문자와 소리의 울림으로 중앙을 차지하고 있으면서 초성과 종성으로 자음과 합하여 소리를 이루는데 튼(呑) 자의 중성으로 모음은 ·로 ·가 ㅌ과 ㄴ의 틈 사이에 차지하고 있어 튼 자가 되고 즉(卽) 자의 중성으로 모음은 ㅡ로 ㅡ를 ㅈ과 ㄱ의 틈 사이에 차지하고 있어 즉 자가 되고 침(侵) 자의 중성으로 모음은 ㅣ로 ㅣ가 ㅊ과 ㅁ의 틈 사이에 차지하고 있으면서 침(侵) 자와 비슷한 무리의 문자가 된다."

"홍담군업욕양성별 개방차 이자합용자 ㅗ여ㅏ동출어·고합이위와 ㅛ여ㅑ우동출어ㅣ 고합이위ㅘ ㅜ여ㅓ동출어ㅣ 고합이위ㅝ ㅠ여ㅕ동출어ㅣ 고합이위ㅖ이기동출이위류 고 상합이불패야(洪覃君業欲穰成彆 皆倣此 二字合用者 ㅗ與ㅏ同出於· 故合而爲ㅘ ㅛ與ㅑ 又同出於ㅣ 故合而爲ㅘ ㅜ與ㅓ同出於ㅣ 故合而爲ㅝ ㅠ與ㅕ同出於ㅣ 故合而爲ㅖ 以其同出而爲類 故相合而不悖也)."

"중성으로 모음의 홍(洪)의 ㅗ, 담(覃)의 ㅏ, 군(君)의 ㅜ, 업(業)의 ㅓ, 욕(欲)의 ㅛ, 양(穰)의 ㅑ, 슐(戌)의 ㅠ, 별(彆)의 ㅕ의 문자와 소리도 모두 똑같이 모방하여 2자가 모여 하나가 되는 것을 쓰는 자로 중성으로 모음의 ㅗ에 ㅏ를 주어 ·에서 한가지로 나타나는 것으로 본래 합하여 만나 짝하여 '과'가 되고 ㅛ에 ㅑ를 주어 또 ㅣ에서 한가지로 나타나는 것으로 본래 합하여 만나 짝하여 '퍄'가 되고 ㅜ에 ㅓ를 주어 똑같이 ㅣ에서 나타나는 것이 본래 합하여 만나 짝하여 '궈'가 되고 ㅠ에 ㅕ를 주어 똑같이 ㅣ에서 타나나는 것이 본래 합하여 만나 짝하여 '꿰'가 되어 똑같이 나타나는 비슷한 종류가 되어 본래 서로가 합하는 기준에 벗어나지 않는다."

"ㅡ자중성지여ㅣ상합자십 ·ㅣㅢㅚㅐㅟㅔㅛㅑㅠㅖ시야 이자중성지여ㅣ상합자사 ㅙㅞ ㅙㅞ시야(一字中聲之與ㅣ相合者十 ·ㅣㅢㅚㅐㅟㅔㅛㅑㅠㅖ是也 二字中聲之與ㅣ相合者四 ㅙㅞㅙㅞ是也)"

"중성으로 모음의 ㅡ에 ㅣ를 주어 서로가 만나 합하는 자가 모두 10가지로 ㅓ,ㅢ,ㅚ,ㅐ,ㅟ, ㅔ,ㅛ,ㅑ,ㅠ,ㅖ가 올바른 것이며 중성으로 모음의 2자에 ㅣ를 주어 서로가 만나 짝하는 4자는 ㅙ,ㅞ,ㅙ,ㅞ 문자와 소리가 올바른 것이다."

"ㅣ어심천합벽지성 병능상수자 이기설전성천변어개구야 역가견인지삼찬개물이무소 불통야(ㅣ於深淺闔闢之聲 並能相隨者 以其舌展聲淺而便於開口也 亦可見人之參贊開物而無所不通也)"

"중성으로 모음의 ㅣ의 문자와 소리는 깊고 얕고 열고 닫는 소리에 아우르기를 잘해 서로가 잘 따를 수 있는 자로서 혀가 퍼지는 소리로 얕아 입을 벌리기가 편안한 것 또한 사람이 만물과 사물이 열리는 것에 직접 눈으로 옳게 보고 참여하여 돕는 것으로 일정한 장소에 관계없이 두루 미치고 통하지 않는 곳이 없다."

| 母字之音各有中 | 須就中聲尋闢闔 | 洪覃自呑可合用 | 君業出卽可合 |
| 欲之與穰戌與彆 | 各有所從義可推 | 侵之爲用最居多 | 於十四聲徧相隨 |

결왈(訣曰)의 해석

"모자지음각유중 수취중성심벽합 홍담자탄가합용 군업출즉역가합 욕지여양술여별 각유소종의가추 침지위용최거다 어십사성편상수(母字之音各有中 須就中聲尋闢闔 洪覃自呑可合用 君業出卽亦可合 欲之與穰戌與彆 各有所從義可推 侵之爲用最居多 於十四聲徧相隨)"

"어미에 해당하는 중성으로 모음은 문자와 소리가 여러 가지가 존재하는데 모름지기 열고 닫는 중성으로 모음의 소리를 찾으면 홍(洪) 자의 중성으로 모음의 ㅗ와 담(覃) 자의 중성으로 모음의 ㅏ는 스스로 탄(呑) 자의 ㆍ와 만나 합하여 쓰는 것이 옳고 군(君) 자의 중성으로 모음의 ㅜ와 업(業) 자의 중성으로 모음의 ㅓ가 나타나는 것 또한 옳게 합하는 것이며 욕(欲) 자의 중성으로 모음의 ㅛ, 양(穰) 자의 중성으로 모음의 ㅑ, 술(戌) 자의 중성으로 모음의 ㅠ, 별(彆) 자의 중성으로 모음의 ㅕ로 여러 가지가 있으나 옳게 따르는 뜻을 알 수가 있으며 침(侵) 자의 중성으로 모음의 ㅣ는 쓰는 곳이 가장 많아 14가지 소리의 한쪽에 치우쳐 서로가 따른다."

5

훈민정음 해례본
종성해(終聲解)

終聲者(종성자) 承初中而成字韻(승초중이성자운) 如卽字終聲是ㄱ(여즉자종성시ㄱ) ㄱ居즈終而爲즉(ㄱ거즈종이의즉) 洪字終聲是ㅇ(홍자종성시ㅇ) ㅇ居ᅘᅩᆼ終而爲ᅘᅩᆼ之類(ㅇ거ᅘᅩᆼ종이위ᅘᅩᆼ지류) 舌脣齒喉皆同(설순치후개동) 聲有緩急之殊(성유완급지수) 故平上去其終聲不類入聲之促急(고평상거기종성불류입성촉급) 不淸不濁之字(불청불탁지자) 其聲不厲(기성불려) 故用於終則宜於平上去(고용어종칙의어평상거) 全淸次淸全濁之字(전청차청전탁지자) 其聲爲厲(기성위려) 故用於終則宜於入(고용어종칙의어입) 所以ㅇㄴㅁㅇㄹㅿ六字爲平上去聲之終(소이ㅇㄴㅁㅇㄹㅿ육자위평상거성지종) 而餘皆爲入聲之終也(이여개위입성지종야) 然ㄱㆁㄷㄴㅂㅁㅅㄹ八字可足用也(연ㄱㆁㄷㄴㅂㅁㅅㄹ팔자가족용야) 如빗곶爲梨花(여빗곶위이화) 엿·의갗爲狐皮(엿·의갗위호피) 而ㅅ字可以通用(이ㅅ자가이통용) 故只用ㅅ字(고지용ㅅ자) 且ㅇ聲淡而虛(차ㅇ성담이허) 不必用於終(불필용어종) 而中聲可得成音也(이중성가득성음야) ㄷ如볃爲彆(ㄷ여볃위별) ㄴ如군爲君(ㄴ여군위군) ㅂ如업爲業(ㅂ여업위업) ㅁ如땀爲覃(ㅁ여땀위담) ㅅ如諺語·옷爲衣(ㅅ여언어·옷위의) ㄹ如諺語:실爲絲之類(ㄹ여언어:실위사지류) 五音之緩急(오음지완급) 亦各自爲對(역각자위대) 如牙之ㆁ與ㄱ爲對(여아지ㆁ여ㄱ위대) 而ㆁ促呼則變爲ㄱ而急(이ㆁ촉호칙변위ㄱ이급) ㄱ舒出則變爲ㆁ而緩(ㄱ서출칙변위ㆁ이완) 舌之ㄴㄷ(설지ㄴㄷ) 脣之ㅁㅂ(순지ㅁㅂ) 齒之ㅿㅅ(치지ㅿㅅ) 喉之ㅇㆆ(후지ㅇㆆ) 其緩急相對(기완급상대) 亦猶是也(역유시야) 且半舌之ㄹ(차반설지ㄹ) 當用於諺(당용어언) 而不可用於文(이불가용어문) 如入聲之彆字(여입성지별자) 終聲當用ㄷ(종성당용ㄷ) 而俗習讀爲ㄹ(이속습독위ㄹ) 盖ㄷ變而爲輕也(개ㄷ변이위경야) 若用ㄹ爲彆之終(약용ㄹ위별지종) 則其聲舒緩(칙기성서완) 不爲入也(불위입야)

"종성자 승초중이성자운 여즉자종성시ㄱ ㄱ거즈종이우즉 홍자종성ㅇ ㅇ거홛종이위홓지류 설순치후개동(終聲者 承初中而成字韻 如卽字終聲是ㄱ ㄱ居즈終而爲즉 洪字終聲是ㅇ ㅇ居홛終而爲홓之類 舌脣齒喉皆同)"

"종성으로 자음은 초성으로 자음과 종성으로 모음을 계승하여 문자와 소리를 이루는데 즉(卽) 자와 같이 올바른 종성으로 자음은 ㄱ이며 ㄱ이 즈 사의 끝에 차지하여 즉(卽) 자가 되고, 홍(洪) 자의 올바른 종성으로 자음은 ㅇ이며 ㅇ이 홛 자의 끝에 차지하여 홓(洪) 자와 비슷한 무리가 되어 혓소리 입술소리 잇소리 목구멍소리 모두 똑같다."

"성유완급지수 고평상거기종불류인성지촉급 불청불탁지자 기성불려 고용어종칙의어평상거 전청차청전탁지자 기성위려 고용어종칙의어인(聲有緩急之殊 故平上去其終聲不類入聲之促急 不淸不濁之字 其聲不厲 故用於終則宜於平上去 全淸次淸全濁之字 其聲爲厲 故用於終則宜於入)"

"소리에는 끊어지는 느리고 빠른 소리가 존재하여 본래 평성의 온화하게 가장 낮은 소리와 상성의 시작은 낮으나 끝이 높은 소리와 거성의 가장 높은 소리의 종성은 입성의 빠르게 끝을 막는 매우 급한 소리의 무리가 아니며 맑고 선명하고 깨끗하지 않거나 탁하고 흐리지 않는 문자는 그 소리가 엄하고 괴롭지 않아 본래 종성에 쓰면 평성의 가장 낮거나 상성의 시작은 낮으나 끝이 높거나 거성의 가장 높은 소리가 되는 것이 법칙으로 온전하게 맑고 선명한 깨끗한 문자와 그다음으로 맑고 선명한 깨끗한 문자나 온전하게 탁하고 흐린 문자는 그 소리가 엄하고 괴로워 본래 종성에 쓰이면 입성의 빠르게 끝을 막는 소리가 되는 것이 법칙이다."

"소이ㅇㄴㅁㅇㄹㅿ육자위평상거성지종 이여개위입성지종 연ㄱㆁㄷㄴㅂㅁㅅㄹ팔자가족용야야(所以ㅇㄴㅁㅇㄹㅿ六字爲平上去聲之終 而餘皆爲入聲之終也 然ㄱㆁㄷㄴㅂㅁㅅㄹ八字可足用也)"

"그러므로 ㅇㄴㅁㅇㄹㅿ의 6자가 평성의 가장 낮은 소리 상성의 시작은 낮으나 끝이 높은 소리 거성의 가장 높은 소리의 종성이 되고 나머지는 모두 입성의 빠르게 끝을 막는 소리의 종성이 되기 때문에 그리하여 ㄱㆁㄷㄴㅂㅁㅅㄹ 8자로 만족하게 사용한다."

"여빗곶위이화 엾의갗위호피 이ㅅ자가이통용 고지용ㅅ자 차ㅇ성담이허 불필용어종이중성가득성음야(如빗곶爲梨花 엾의갗爲狐皮 而ㅅ字可以通用 故只用ㅅ字 且ㅇ聲淡而虛 不必用於終 而中聲可得成音也)"

"빗곶은 배꽃이 되고 엿의갗은 여우의 가죽이 되듯 ㅅ 자를 써서 옳게 통하기 때문에 본래 ㅅ 자만 쓰는 것이며 또 ㅇ은 묽고 담백하면서 맑고 공허한 소리로 종성에 쓰지 않아도 중성만으로 소리를 이루는 것을 옳게 얻는다."

"ㄷ여변위별 ㄴ여군위군 ㅂ여업위업 ㅁ여땀위담 ㅅ여언어옷위야 ㄹ여언어실위사지류 (ㄷ如볃爲彆 ㄴ如군爲君 ㅂ如업爲業 ㅁ如땀爲覃 ㅅ如諺語·옷爲衣 ㄹ如諺語실爲絲之類)"

"종성으로 모음의 ㄷ은 볃 자가 별(彆)이 되는 것과 같고 ㄴ은 군 자의 군(君)이 되는 것과 같고 ㅂ은 업 자의 업(業)이 되는 것과 같고 ㅁ은 땀 자의 담(覃)이 되는 것과 같고 ㅅ은 속어로 ·옷 자가 옷이 되는 것과 같고 ㄹ은 속어로 실 자가 사(絲)가 되는 무리다."

"오음지완급 역각자위대 여아지ㆁ여ㄱ위대 이ㆁ촉호칙변위ㄱ이급 ㄱ서출칙변위ㆁ이완(五音之緩急 亦各自爲對 如牙之ㆁ與ㄱ爲對 而ㆁ促呼則變爲ㄱ而急 ㄱ舒出則變爲ㆁ而緩)"

"5가지 급하고 느린 소리 또한 각기 스스로 짝하여 어금닛소리는 ㆁ과 ㄱ이 짝하여 ㆁ을 재촉하여 부르면 ㄱ은 빠르게 변하고 ㄱ이 느리게 나타나면 ㆁ은 느리게 변하는 것이 법칙이다."

"설지ㄴㄷ 순지ㅁㅂ 치지ㅿㅅ 후지ㅇㅎ 기완급상대 역유시야 차반설지ㄹ 당용어언 이불가어문 여입성지별자 종성당용ㄷ 이속습독위ㄹ 개ㄷ변이위경야 약용ㄹ위별지종 칙기성서완 불위입야(舌之ㄴㄷ 脣之ㅁㅂ 齒之ㅿㅅ 喉之ㅇㅎ 其緩急相對 亦猶是也 且半舌之ㄹ 當用於諺 而不可用於文 如入聲之彆字 終聲當用ㄷ 而俗習讀爲ㄹ 盖ㄷ變而爲輕也 若用ㄹ爲彆之終 則其聲舒緩 不爲入也)"

"혓소리의 ㄴㄷ, 입술소리의 ㅁㅂ, 잇소리의 ㅿㅅ, 목구멍소리의 ㅇㅎ은 느리고 빠른 것이 서로가 짝이 되는 것 또한 똑같고 또 반혓소리의 ㄹ은 속어로 우리나라 말에 마땅히 사용하지만 한문에는 사용하지 않아 입성의 빠르게 끝을 막는 소리와 같은 별(彆) 자에 종성으로 자음에 당연히 ㄷ을 쓰고 풍습에 따라 읽는 소리는 ㄹ로 읽는 것은 소리를 맞추기 위해 ㄷ이 변해서 가벼운 소리가 되어 만약 ㄹ을 별(彆) 자의 종성으로 자음이 되면 그 소리가 느리고 느슨하여 입성의 빠르게 끝을 막는 소리가 되지 못한다."

不淸不濁用於終	爲平上去不爲入	全淸次淸及全濁	是皆爲入聲促急
初作終聲理固然	只將八字用不窮	唯有欲聲所當處	中聲成音亦可通
若書卽字終用君	洪彆亦以業斗終	君業覃終又何如	以那彆彌次第推
六聲通乎文與諺	戌閭用於諺衣絲	五音緩急各自對	君聲迺是業之促
斗彆聲緩爲那彌	穰欲亦對戌與挹	閭宜於諺不宜文	斗輕爲閭是俗習

결왈(訣曰)의 해석

"불청불탁어용종 위평상거불위입 전청차청급전탁 시개위입성촉급 초작종성리고연 지장팔자용불궁 유유욕성소당처 중성성음역가통(不淸不濁用於終 爲平上去不爲入 全淸次淸及全濁 是皆爲入聲促急 初作終聲理固然 只將八字用不窮 唯有欲聲所當處 中聲成音亦可通)"

"맑고 선명하고 깨끗하지 않거나 흐리고 탁하지 않는 것을 종성에 쓰면 평성의 가장 낮은 소리와 상성의 시작은 낮으나 끝이 높은 소리와 거성의 가장 높은 소리가 되나 입성의 빠르게 끝을 막는 소리는 되지 못해 온전하게 맑고 선명하여 깨끗하거나 그다음으로 맑고 선명하여 깨끗하거나 온전하게 탁하고 흐린소리는 모두 입성의 빠르게 끝을 막는 소리가 되어 초성으로 종성을 만드는 이치가 한결같아 8자를 써도 궁하지 않아 일정한 장소에서 소리를 내고자 하는 욕심이 있어도 중성으로 소리를 이루어 옳게 통한다."

"약서즉자종용군 홍별성역이업두종 군업담종우하여 이나별미차제추 육성통호문여언 술려용어언의사 오음완급각자대 군성내시업지촉 두별성완위나미 양욕역대술여읍 려의 어언불의문 두경위려시속습(若書卽字終用君 洪彆亦以業斗終 君業覃終又何如 以那彆彌次第推 六聲通乎文與諺 戌閭用於諺衣絲 五音緩急各自對 君聲迺是業之促 斗彆聲緩爲那彌 穰欲亦對戌與挹 閭宜於諺不宜文 斗輕爲閭是俗習)"

"만약 즉(卽) 자를 글씨를 쓰면 군(君) 자의 초성으로 자음의 ㄱ이 종성이 되고 홍(洪) 자는 업(業) 자의 초성으로 자음의 ㅇ이 종성이 되고 별(彆) 자 역시 두(斗) 자의 초성으로 자음의 ㄷ이 종성이 되고 군(君) 자는 나(那) 자의 초성으로 자음의 ㄴ이 종성이 되고 업(業) 자는 별(彆) 자의 초성으로 자음의 ㅂ이 종성이 되고 담(覃) 자는 미(彌) 자의 초성으로 자음의 ㅁ이

종성이 되듯이 옳게 차례대로 이어가는 6가지 소리가 속어의 우리나라 말과 한자에 탈 없이 통하기 때문에 질서정연하게 문으로 통하듯 슐(戌) 자의 초성으로 자음의 ㅅ과 려(閭) 자의 초성으로 자음의 ㄹ이 속어로 우리나라 말의 옷(衣) 자의 종성으로 ㅅ으로 사용하고 실(絲) 자의 종성으로 ㄹ을 사용하여 5가지 소리가 빠르고 느리게 각자가 스스로 짝하여 군(君) 자의 초성으로 자음의 ㄱ이나 업(業) 자의 초성으로 자음의 ㅇ은 소리가 오히려 급한 것이 옳고 두(斗) 자의 초성으로 자음의 ㄷ과 별(彆) 자의 초성으로 자음의 ㅂ이 느슨하고 느린 소리가 되어 나(那) 자의 초성으로 자음의 ㄴ과 미(彌) 자의 초성으로 자음의 ㅁ이 짝이 되고 양(穰) 자의 초성으로 자음의 ㅿ과 욕(欲) 자의 초성으로 자음의 ㅇ 역시 슐(戌) 자의 초성으로 자음의 ㅅ과 읍(挹) 자의 초성으로 자음의 ㆆ이 짝이 되는데 려(閭) 자의 초성으로 자음의 ㄹ은 마땅히 속어의 우리나라 말로서 한문에는 쓰지 않으며 두(斗) 자의 초성으로 자음의 ㄷ이나 려(閭) 자의 초성으로 자음의 ㄹ이 가볍게 되는 것은 풍속에 따라 만들어진 것이다."

훈민정음 해례본
합자해(合字解)

初中終三聲(초중종삼성) 合而成字(합이성자) 初聲或在中聲之上(초성혹재중성지상) 或在中聲之左(혹재중성지좌) 如君字ㄱ在ㅜ上(여군자ㄱ재ㅜ상) 業字ㆁ在ㅓ左之類(업자ㆁ재ㅓ좌지류) 中聲則圓者橫者在初聲之下(중성칙원자횡자재초성지하) ㆍㅡㅗㅛㅜㅠ是也(ㆍㅡㅗㅛㅜㅠ시야) 縱者在初聲之右(종자재초성지우) ㅣㅏㅑㅓㅕ是也(ㅣㅏㅑㅓㅕ시야) 如吞字ㆍ在ㅌ下(여탄자ㆍ재ㅌ하) 卽字ㅡ在ㅈ下(즉자ㅡ재ㅈ하) 侵字ㅣ在ㅊ右之類(침자ㅣ재ㅊ우지류) 終聲在初中之下(종성재초중지하) 如君字ㄴ在구下(여군자ㄴ재구하) 業字ㅂ在어下之類(업자ㅂ재어하지류) 初聲二字三字合用並書(초성두자삼자합용병서) 如諺語·싸爲地(여언어·싸위지) 짝爲隻(짝위척) ·쁨爲隙之類(·쁨위극지류) 各自並書(각자병서) 如諺語·혀爲舌而·쪄爲引(여언어·혀위설이·쪄위인) 괴·여爲我愛人而괴·ㆅ爲人愛我(괴·여위아애인이괴·ㆅ위인애아) 소·다爲覆物而쏘·다爲射之之類(소·다위복물이쏘·다위사지지류) 中聲二字三字合用(중성두자삼자합용) 如諺語·과爲琴柱(여언어·과위금주) ·홰爲炬之類(·홰위거지류) 終聲二字三字合用(종성이자삼자합용) 如諺語흙爲土(여언어흙위토) ·낛爲釣(·낛위조) 돐·뻬爲酉時之類(돐·뻬위유시지류) 其合用並書(기합용병서) 自左而右(자좌이우) 初中終聲皆同(초중성삼성개동) 文與諺雜用則有因字音而補以中終聲者(문여언잡용칙유인자음이보이중종성자) 如孔子ㅣ魯ㅅ:사룸之類(.여공자ㅣ노ㅅ:사룸지류) 諺語平上去入(언어평상거입) 如활爲弓而其聲平(여활위궁이기성평) :돌爲石而其聲上(:돌위석이기성상) ·갈爲刀而其聲去(·갈위도이기성거) ·붇爲筆而其聲入之類(·붇위필이기성입지류) 凡字之左(범자지좌) 加一點爲去聲(가일점위거성) 二點爲上聲(이점위상성) 無點爲平聲(무점위평성) 而文之入聲(이문지입성) 與去聲相似(여거성상사) 諺之入聲無定(언지임성무정) 或

한글 성명학

似平聲(혹사평성) 如긷爲柱(여긷위주) 녑爲脅(녑위협) 或似上聲(혹사상성) 如:낟爲穀(여:낟위곡) :
깁爲繒(:깁위증) 或似去聲(혹사거성) 如·몯爲釘(여·몯위정) ·입爲口之類(·입위구지류) 其加點則與平
上去同(기가점칙여평상거동) 平聲安而和(평성안이화) 春也(춘야) 萬物舒泰(만물서태) 上聲和而擧
(상성화이거) 夏也(하야) 萬物漸盛(만물점성) 去聲擧而壯(거성거이장) 秋也(추야) 萬物成熟(만물성
숙) 入聲促而塞(입성촉이색) 冬也(동야) 萬物閉藏(만물폐장) 初聲之ㆆ與ㅇ相似(초성지ㆆ여ㅇ상사)
於諺可以通用也(언어가이통용야) 半舌有輕重二音(반설유경중이음) 然韻書字母唯一(연운서자모유
일) 且國語雖不分輕重(차국어수불분경중) 皆得成音(개득성음) 若欲備用(약욕비용) 則依脣輕例(칙
의순경례) ㅇ連書ㄹ下(ㅇ연서ㄹ하) 爲半舌輕音(위반설경음) 舌乍附上腭(설사부상악) 、一起ㅣ聲
(、一기ㅣ성) 於國語無用(어국어무용) 兒童之言(아동지언) 邊野之語(변야지어) 或有之(혹유지) 當
合二字而用(당합이자이용) 如긔긴之類(여긔긴지류) 其先縱後橫(기선종후횡) 與他不同(여타부동)

훈민정음 합자해의 해석

"초중종삼성 합이성자 초성혹재중성지상 혹재중성지좌 여군자ㄱ재ㅜ상 업자ㅇ재ㅓ좌
류(初中終三聲 合而成字 初聲或在中聲之上 或在中聲之左 如君字ㄱ在ㅜ上 業字ㅇ在ㅓ左之類)"

"초성·중성·종성으로 자음과 모음의 3가지 소리가 합하여 문자를 이루는데 초성으로
자음은 중성으로 모음의 위쪽에 늘 존재하거나 또는 중성으로 모음의 왼쪽에 늘 존재하는데
군(君) 자는 초성으로 자음의 ㄱ이 중성으로 모음의 위쪽에 ㅜ가 존재하고 업(業) 자는 초성으로
자음의 ㅇ이 중성으로 모음의 왼쪽에 ㅓ가 존재하는 것과 같은 종류다."

"중성칙원자횡자재초성지하 、一ㅗㅛㅜㅠ시 종자재초성지우 ㅣㅏㅑㅓㅕ시야 여탄자
、재ㅌ하 즉자一재ㅈ하 침자ㅣ우지류 종성재초중지하 여군지ㄴ재구하 업자ㅂ재어하지
류(中聲則圓者橫者在初聲之下 、一ㅗㅛㅜㅠ是也 縱者在初聲之右 ㅣㅏㅑㅓㅕ是也 如呑字、在ㅌ下 卽字一在ㅈ下 侵
字ㅣ在ㅊ右之類 終聲在初中之下 如君字ㄴ在구下 業字ㅂ在어下之類)"

"중성으로 모음의 둥근 자와 가로로 된 자의 、一ㅗㅛㅜㅠ는 초성으로 자음의 아래쪽에
존재하는 것이 법칙이며 세로로 길게 늘어진 자의 ㅣㅏㅑㅓㅕ는 초성으로 자음의 오른쪽에
존재하는 것이 옳은 것으로 튼(呑) 자의 중성으로 모음의 、는 초성으로 자음인 ㅌ의 아래쪽에
존재하고 즉(卽) 자의 중성으로 모음의 一는 초성으로 자음인 ㅈ의 아래쪽에 존재하고 침(侵)
자의 중성으로 모음의 ㅣ는 초성으로 자음인 ㅊ의 오른쪽에 존재하는 비슷한 종류이며 종성으
로 자음은 초성·중성으로 자음과 모음의 아래쪽에 존재하는 군(君) 자의 종성으로 자음의

ㄴ이 초성·중성으로 자음과 모음에 의한 음양의 합으로 상합자의 이치로 만나 짝하여 완성된 군(君) 자의 아래쪽에 존재하고 업(業) 자는 종성으로 자음의 ㅂ이 초성·중성으로 자음과 모음이 음양의 합으로 상합자의 이치로 만나 짝하여 완성된 '어' 자의 아래쪽에 존재하는 비슷한 종류와 같다."

"초성이자삼자합용병서 여언어·짜위지 딱위척 ·뽐위극지류(初聲二字三字合用並書 如諺語· 짜爲地 딱爲隻 ·뽐爲隙之類)"

"초성으로 자음이 2자 3자를 합하여 글씨를 나란히 쓰는 속어로 ·짜 자는 땅(地) 고 딱 자는 짝(隻)이 되고 ·뽐 자는 틈(隙)이 되는 것과 비슷한 종류다."

"각자병서 여언어·혀위설이 ·혀위인 괴·여위아애인이괴·여위인애아 소·다위복물이 쏘· 다위사지지류(各自並書 如諺語·혀爲舌而 ·혀爲引 괴·여爲我愛人而괴·여爲人愛我 소·다爲覆物而 쏘·다 爲射之之類)"

"각각 스스로 나란히 글씨를 쓰면 속어와 똑같은 것으로 ·혀 자는 혀(舌)가 되고 ·혀 자는 끌어 당기는 인(引)이 되고 괴·여 자는 내가 다른 사람을 사랑하는 사람(我愛人)이 되고 괴·여 자는 다른 사람이 나를 사랑하는 것(人愛我)이 되고 소·다 자는 물건을 뒤집어 쏟아내는 것이 되고 쏘·다 자는 활을 쏘는 것과 비슷한 종류다."

"중성이자삼자합용 여언어 ·과위금주 ·홰위거지류(中聲二字三字合用 如諺語 ·과爲琴柱 ·홰爲炬之類)"

"중성으로 모음이 2자 3자를 합하여 쓰는 속어와 똑같은 거성으로 ·과 자는 거문고의 줄밑을 괴어 소리를 고르게 하는 거문고 기둥의 금주(琴柱)가 되고 거성으로 ·홰 자는 횃불(炬)과 비슷한 종류다."

"종성이자삼자합용 여완어 흙위토 ·낛위조 돐·뻬위유시지류 기합용병서 자좌이우 초중 종삼성개동 문여언잡용칙유인자음이보이중종성자잡 여공자ㅣ노ㅅ:사룜지류(終聲二字三字 合用 如諺語 흙爲土 ·낛爲釣 돐·뻬爲酉時之類其合用並書 自左而右 初中終三聲皆同 文與諺雜用則有因字音而補以 中終聲者 如孔子ㅣ魯ㅅ:사룜之類)"

"종성으로 자음이 2자 3자가 합하여 쓰는 속어와 똑같은 흙 자는 흙(土)이 되고 거성의 ·낛 자는 낚시(釣)가 되고 돐·뻬 자는 유시(酉時)가 되는 비슷한 종류와 같이 합해서 글씨를 쓸 때는 스스로 왼쪽에서 오른쪽으로 쓰는데 초성·중성·종성으로 자음과 모음의 3가지

소리가 모두 한가지로 똑같이 속어의 우리나라 말과 한문이 뒤섞여 쓰는 것이 법칙으로 문자와 소리의 원인에 따라 중성·종성을 보강하는 것과 같은 것으로 공자(孔子)에 중성으로 모음의 ㅣ 자를 써서 노(魯:孔子)ㅅ:사룸으로 상성으로 시작은 낮으나 끝이 높은 소리로 공자는 사람으로 쓰는 종류다."

"언어평상거입 여활위궁이기성평 :돌위석이기성상 ·갈위도이기성거 ·붇위필이기성입 지류(諺語平上去入 如활爲弓而其聲平 :돌爲石而其聲上 ·갈爲刀而其聲去 붇爲筆而其聲入之類)"

"속어의 우리나라 말에 평성의 가장 낮은 소리와 상성의 시작이 낮고 끝이 높은 소리와 거성의 가장 높은 소리와 입성의 빠르게 끝을 닫는 소리로 활은 점(ㆍ)이 없어 궁(弓)이 되어 평성의 가장 낮은 소리이며 :돌은 점(ㆍ)이 2개로 석(石)이 되어 상성의 시작은 낮으나 끝이 높은 소리이며 ·갈은 점(ㆍ)이 1개로 도(刀)가 되어 거성의 가장 높은 소리이며 ·붇은 점(ㆍ)이 1개로 필(筆)이 되어 입성의 빠르게 끝을 막는 소리가 되는 것과 비슷한 종류다."

"범자지좌 가일점위거성 이점위상성 무점위평성 이문지입성 여거성상사 언지입성무정 혹사평성 여긴위주 녑위협 혹사상성 여:낟위곡 :깁위증 혹사거성 여·몯위정 ·입위구지류 (凡字之左 加一點爲去聲 二點爲上聲 無點爲平聲 而文之入聲 與去聲相似 諺之入聲無定 或似平聲 如긷爲柱 녑爲脅 或似上聲 如:낟爲穀 :깁爲繒 或似去聲 如·몯爲釘 ·입爲口之類)"

"모든 글자의 왼쪽에 점(ㆍ) 1개를 붙이면 거성으로 가장 높은 소리가 되고 점(ㆍ)이 2개를 붙이면 상성의 시작은 낮으나 끝이 높은 소리이며 점(ㆍ)이 없으면 평성의 가장 낮은 소리가 되는데 입성의 끝을 빠르게 막는 소리는 한문의 거성으로 가장 높은 소리와 서로가 비슷하여 속어의 우리나라 말에 입성의 빠르게 닫는 소리는 정해진 것이 없어 혹은 평성의 가장 낮은 소리와 비슷하여 긷 자는 주(柱)가 되고 녑 자는 협(脅)이 되거나 혹은 점(ㆍ)이 2개인 상성의 시작은 낮으나 끝이 높은 소리와 비슷한 :낟 자는 곡(穀)이 되고 :깁 자는 증(繒)이 되거나 혹은 점(ㆍ)이 1개인 거성의 가장 높은 소리와 비슷한 ·몯 자는 정(釘)이 되고 ·입 자는 입(口)과 비슷한 종류다."

"기가점칙여평상거동 평성안이화 춘야 만물서태 상성화이거 하야 만물점성 거성거이 장 추야 만물성열 입성촉이색 동야 만물폐장(其加點則與平上去同 平聲安而和 春也 萬物舒泰 上聲和而 擧 夏也 萬物漸盛 去聲擧而壯 秋也 萬物成熟 入聲促而塞 冬也 萬物閉藏)"

"그 점(ㆍ)을 더 붙이는 것은 평성의 가장 낮은 소리와 상성의 시작은 낮으나 끝이 높은 소리와 거성의 가장 높은 소리에 똑같이 주는 것이 법칙으로 평성은 편안하며 온화한 가장 낮은 소리가 되는 것은 봄·여름·가을·겨울 사계절의 이치로 모든 만물과 사물의 가장 대표적인 초목이 봄에 크게 열리고 펼쳐지는 이치로 木으로 봄에 해당하며, 상성은 온화하게 일으켜 움직이기 시작하여 시작은 낮으나 끝이 높은 소리가 되는 것은 만물과 사물의 가장 대표적인 초목이 여름에 일어나 움직이기 시작하여 점점 많아져 무성해지는 이치로 火土공존의 이지로 여름에 해낭하고, 서성은 씩씩하게 일으켜 가장 높은 소리가 되는 것은 만물과 사물의 가장 대표적인 초목이 가을에 열매가 무르익어 풍성하게 결실하여 목적을 달성하는 것을 이루는 이치로 金으로 가을에 해당하고, 입성은 빠르게 막히는 끝을 닫는 소리가 되는 것은 만물과 사물의 가장 대표적인 초목의 핵인 씨앗의 생명을 강한 추위로 동결하여 품어 감추고 저장하여 닫아 간직하고 보호하는 이치로 水로 겨울에 해당한다.”

“초성지ㆆ여ㅇ상사 어언가이통용야 반설유경중이음 연운서자모유일 차국어수불분경중 개득성음 약욕비용 칙의순경례 ㅇ연서ㄹ하 위반설경음 설사부상월악 ㆍㅡ기ㅣ성 어국어무용 아동이언 변야지어 혹유지 당합이자이용 여기긱지류 기선종후횡 여타부동(初聲之ㆆ與ㅇ相似 於諺可以通用也 半舌有輕重二音 然韻書字母唯一 且國語雖不分輕重 皆得成音 若欲備用 則依脣輕例 ㅇ連書ㄹ下 爲半舌輕音 舌乍附上腭 ㆍㅡ起ㅣ聲 於國語無用 兒童之言 邊野之語 或有之 當合二字而用 如기긱之類 其先縱後橫 與他不同)”

“훈민정음 한글 초성으로 자음의 ㆆ과 ㅇ이 서로가 비슷하여 속어의 우리나라 말에는 옳게 통하여 사용할 수가 있으며 반헛소리는 가볍고 무거운 2가지 소리가 존재하지만 오직 하나 한글은 자음과 모음의 소리 울림으로 글씨를 쓰기 때문에 국어를 비록 가볍고 무거운 것으로 구분하지 않아도 모두 소리를 얻고 이룰 수가 있지만 만일 하고자 하는 것을 갖추어 쓰는 경우에는 곧 가벼운 입술에 의지하여 대부분이 ㅇ을 ㄹ의 아래쪽에 이어 쓰면 가벼운 반헛소리가 되는데 이것은 혀가 윗잇몸에 잠깐 붙었다 떨어지기 때문에 중성으로 모음의 ㆍ와 ㅡ의 소리가 ㅣ에서 일어나는 것은 국어에는 쓰지 않고 어린아이의 말이나 혹 변두리 지역의 말에 존재하는데 마땅히 2자를 짝지어 쓰기 때문에 ‘기’ 자나 ‘긱’ 자와 같이 비슷한 종류로 먼저 세로로 늘어지게 한 후에 가로로 지르는 것과 같이 다른 것과 똑같지 않다.”

初聲在中聲左上	挹欲於諺用相同	中聲十一附初聲	圓橫書下右書縱
欲書終聲在何處	初中聲下接着寫	初終合用各並書	中亦有合悉自左
諺之四聲何以辨	平聲則弓上則石	刀爲去而筆爲入	觀此四物他可識
音因左點四聲分	一去二上無點平	語入無定亦加點	文之入則似去
方言俚語萬不同	有聲無字書難通	一朝	制作侔神工
大東千古開矇矓			

결왈(訣曰)의 해석

"초성재중성좌상 읍욕어언용상동 중성십일부초성 원횡서하우서종 욕서종성재하처 초중성하접착사 초종합용각병서 중역유합실자좌(初聲在中聲左上 挹欲於諺用相同 中聲十一附初聲 圓橫書下右書縱 欲書終聲在何處 初中聲下接着寫 初終合用各並書 中亦有合悉自左)"

"초성으로 자음은 중성으로 모음의 위쪽이나 왼쪽에 존재하고 있어 읍(挹) 자의 ㆆ과 욕(欲) 자의 ㅇ은 속어의 우리나라 말에서 서로가 한가지로 똑같이 사용하기 때문에 중성으로 모음의 11자(ㆍㅡㅣㅏㅑㅓㅕㅗㅛㅜㅠ)를 초성으로 자음에 붙여 의지하게 하여 초성으로 자음의 둥근 원으로 가로로 글씨를 쓰는 경우에는 중성으로 모음을 아래쪽에 쓰고 중성으로 모음을 길게 늘어지게 쓰는 경우에는 초성으로 자음의 오른쪽에 쓰는 것으로 욕(欲) 자를 쓰려면 종성으로 자음을 어느 자리를 차지하여야 하나 초성·중성으로 자음과 모음의 아래쪽에 접착시켜 옮겨놓아야 하며 초성·종성으로 자음을 쓰려면 합하여 나란히 쓰고 중성으로 모음도 역시 합이 존재하기 때문에 자연적으로 왼쪽부터 나란히 글씨를 쓰는 것이다."

"언지사성하이변 평성칙궁상칙석 도위거이필위입 관차사물타가식 음인좌점사성분 일거이상무점평 어입무정역가점 문지입칙사거성 방언리어만불동 유성무자서난통 일조 제작모신공 대동천고개몽룡(諺之四聲何以辨 平聲則弓上則石 刀爲去而筆爲入 觀此四物他可識 音因左點四聲分 一去二上無點平 語入無定亦加點 文之入則似去聲 方言俚語萬不同 有聲無字書難通 一朝 制作侔神工 大東千古開矇矓)"

"속된 우리나라 말을 4가지 소리로 분명하게 구분하여 평성의 가장 낮은 소리는 활(弓)이 되고 상성의 시작은 낮으나 끝이 높은 소리는 돌(石)이 되고 거성의 가장 높은 소리는 칼(刀)이 되고 입성의 빠르게 끝을 막는 소리는 붓(筆)이 되어 이 4가지로 만물과 사물을 보면 다른 것도 옳게 알 수가 있어 소리의 원인에 따라 문자의 왼쪽에 점(˙)으로 4개 소리를 나누었는데 점(˙)이 1개는 가장 높은 소리로 거성이 되고 점(˙)이 2개는 시작은 낮으나 끝이 높은 소리로 상성이 되고 점(˙)이 없는 것은 가장 낮은 소리로 평성이 되나 우리말에 빠르게 끝을 막는 소리의 입성은 점(˙)을 더 붙이는 것 역시 정해진 것이 없으나 한문에는 빠르게 끝을 막는 소리의 입성과 가장 높은 소리의 거성과 비슷하여 속된 사투리 말에 똑같지 않은 말이 수없이 많아 소리는 존재하나 문자가 없어 통하는 데 어려움이 많았는데 어느 날 아침 힘을 쓰는 장인 정신으로 혼신을 다하여 필요한 것을 만들어 아주 먼 옛적부터 눈이 어두운 동방의 큰 우리나라에 꽃이 활짝 피듯이 밝게 통하고 열렸다."

훈민정음 해례본
용자례(用字例)

初聲(초성) ㄱ(ㄱ) 如:감爲柿(여:감위시) ·콜爲蘆(·콜위로) ㅋ(ㅋ) 如우·케爲未春稻(여우·케위미용도) 콩爲大豆(콩위대두) ㅇ(ㅇ) 如러·울爲獺(여러·울위달) 서·에爲流澌(서·에위류시) ㄷ(ㄷ) 如·뒤爲茅(여·뒤위모) ·담爲墻(·담위장) ㅌ(ㅌ) 如고·티爲繭(여고·티위견) 두텁爲蟾蜍(두텁위섬서) ㄴ(ㄴ) 如노로爲獐(여노로위장) 납爲猿(납위원). ㅂ(ㅂ) 如불爲臂(여불위비) :벌爲蜂(:벌위봉) ㅍ(ㅍ) 如·파爲葱(여·파위총) ·폴爲蠅(·폴위승) ㅁ(ㅁ) 如:뫼爲山(여:뫼위산) ·마爲薯萸(·마위서서) ㅸ(ㅸ) 如사·비爲蝦(如사·비위하) 드·븨爲瓠(드·븨위호) ㅈ(ㅈ) 如·자爲尺(여·자위척) 죠·히爲紙(죠·히위지) ㅊ(ㅊ) 如·체爲篩(여·체위사) ·채爲鞭(·채위편) ㅅ(ㅅ) 如·손爲手(여·손위수) :셤爲島(:셤위도) ㆆ(ㆆ) 如·부헝爲鵂鶹(여·부헝위휴류) ·힘爲筋(·힘위근) ㅇ(ㅇ) 如·비육爲鷄雛(여·비육위계추) ·ㅂ얌爲蛇(·ㅂ얌위사) ㄹ(ㄹ) 如·무뤼爲雹(여·무뤼위박) 어·름爲氷(어·름위빙) ㅿ(ㅿ) 如아ㅿ爲弟(여아ㅿ위제) :너싀爲鴇(:너싀위보) 中聲(중성) ·(·) 如·톡爲頤(여·톡위이) ·풋爲小豆(·풋위소두) 드리爲橋(드리위교) ·ㄱ래爲楸(·ㄱ래위추) ㅡ(ㅡ) 如·믈爲水(여·믈위수) ·발·측爲跟(·발·측위근) 그력爲雁(그력위안) 드·레爲汲器(드·레위급기) ㅣ(ㅣ) 如·깃爲巢(여·깃위소) :밀爲蠟(:밀위납) ·피爲稷(·피위직) ·키爲箕(·키위기) ㅗ(ㅗ) 如·논爲水田(여·논위수전) ·톱爲鉅(·톱위거) 호·미爲鉏(호·미위서) 벼·로爲硯(벼·로위연) ㅏ(ㅏ) 如·밥爲飯(여·밥위반) ·낟爲鎌(·낟위겸) 이·아爲綜(이·아위종) 사·ㅿ爲鹿(사·ㅿ위록) ㅜ(ㅜ) 如숫爲炭(여숫위탄) ·울爲籬(·울위리) 누·에爲蚕(누·에위천) 구·리爲銅(구·리위동) ㅓ(ㅓ) 如브섭爲竈(여브섭위조) :널爲板(:널위판) 서·리爲霜(서·리위상) 버·들爲柳(버·들위류) ㅛ(ㅛ) 如:죵爲奴(여:죵위노) ·고욤爲梬(·고욤위영) ·쇼爲牛(·쇼위우) 삽됴爲蒼朮菜(삽됴위창출채) ㅑ(ㅑ) 如남샹爲

龜(여남샹위구) 약爲鼅鼄(약위구벽) 다·야爲匜(다·야위이) 쟈감爲蕎麥皮(쟈감위교맥피) ㅠ(ㅠ) 如율·믜爲薏苡(여율의위의이) 쥭爲飯乘(쥭위반초) 슈·룹爲雨繖(슈·룹위우산) 쥬련爲帨(쥬련위세) ㅕ(ㅕ) 如·엿爲飴餹(여·엿위이당) ·뎔爲佛寺(·뎔위불사) ·벼爲稻(·벼위도) :져비爲燕(:져비위연) 終聲(종성) ㄱ(ㄱ) 如닥爲楮(여닥위저) 독爲甕(독위옹) ㆁ(ㆁ) 如:굼벙爲蠐螬(여:굼벙위제조) ·올챵爲蝌蚪(·올챵위과두) ㄷ(ㄷ) 如·갇爲笠(여·갇위립) 싣爲楓(싣위풍) ㄴ(ㄴ) 如·신爲屨(여·신위구) ·반되爲螢(·반되위형) ㅂ(ㅂ) 如섭爲薪(여섭위신) ·굽爲蹄(·굽위제) ㅁ(ㅁ) 如:범爲虎(여:범위호) :심爲泉(:심위천) ㅅ(ㅅ) 如:잣爲海松(여:잣위해송) ·못爲池(·못위지) ㄹ(ㄹ) 如·돌爲月(여·돌위월) :별爲星之類(:별위성지류)

"초성 ㄱ 여:감위시 ·글위로 ㅋ 여우·케위미용도 콩爲大豆 ㆁ 여러·울위달 서·에위류시

(初聲 ㄱ 如:감爲柿 ·글爲蘆 ㅋ 如우·케爲未春稻 콩爲大豆 ㆁ 如러·울爲獺 서·에爲流澌)"

"훈민정음 한글 초성으로 자음은 ㄱ으로 ':감' 자는 점(ㆍ)이 2개로 상성의 시작은 낮으나 끝이 높은 소리에 해당하며 한자로 감나무 시(柿) 자와 똑같아 지금의 감이 되고 'ㆍ글' 자는 점(ㆍ)이 하나로 거성의 가장 높은 소리에 해당하며 한자로 갈대 로(蘆) 자와 똑같아 지금의 갈대가 되고 ㅋ의 '우ㆍ케' 자는 한자로 미용도(未春稻)와 똑같아 지금의 쌀을 찧는 것이 되고 '콩' 자는 한자로 대두(大豆) 자와 똑같아 지금의 콩이 되고 ㆁ의 '러ㆍ울' 자는 한자로 수달의 달(獺) 자와 똑같아 지금의 수달이 되고 '서ㆍ에' 자는 한자로 흐르는 물의 시(澌) 자와 류(流) 자와 똑같아 지금의 시냇물이 된다."

"또한 훈민정음 한글 초성·중성·종성으로 자음과 모음의 초성으로 자음의 ㄱㅋㆁ은 아음 (牙音)의 어금닛소리로 가장 맑고 깨끗하고 선명한 문자와 소리가 음양오행의 이치로 木에 해당하는 동시에 초성·중성·종성으로 자음과 모음의 음양오행의 이치로 평성으로 가장 낮은 소리의 ':감' 자는 점(ㆍ)이 2개로 상성으로 시작은 낮으나 끝이 높은 소리로 초성으로 자음의 음양오행의 이치로 木의 ㄱ에 중성으로 모음의 음양오행의 이치로 木의 ㅏ에 종성으로 자음의 음양오행의 이치로 土의 ㅁ이 음양의 합으로 상합자의 이치로 만나 짝하여 완성된 문자와 소리가 자체적으로 보유한 음양오행의 생극제화 상극의 이치로 木剋土의 이치가 발생 하여 최종적으로 木이 강하게 발생하는 문자와 소리이며 또 'ㆍ글' 자는 점(ㆍ)이 하나로

거성의 가장 높은 소리로 초성으로 자음의 음양오행의 이치로 木의 ㄱ에 중성으로 모음의 음양오행의 이치로 土의 ㆍ에 종성으로 자음의 음양오행의 이치로 火의 ㄹ이 음양의 합으로 상합자의 이치로 만나 짝하여 완성된 문자와 소리가 자체적으로 보유한 음양오행의 생극제화 상생의 이치로 木生火 火生土의 이치가 발생하여 최종적으로 土가 강하게 발생하는 문자와 소리이며 또 '우ㆍ케'의 '우' 자는 초성으로 자음의 음양오행의 이치로 水의 ㅇ에 중성으로 모음의 음양오행의 이치로 火의 ㅜ가 음양의 합으로 상합자의 이치로 만나 짝하여 완성된 문자와 소리가 자체적으로 보유한 음양오행의 생극제화 상극의 이치로 水剋火의 이치가 발생하여 최종적으로 水가 강하게 발생하는 문자와 소리이며 또 'ㆍ케' 자는 점(ㆍ)이 하나로 거성의 가장 높은 소리로 초성으로 자음의 음양오행의 이치로 木의 ㅋ에 중성으로 모음의 음양오행의 이치로 金의 ㅔ가 음양의 합으로 상합자의 이치로 만나 짝하여 완성된 문자와 소리가 자체적으로 보유한 음양오행의 생극제화 상극의 이치로 金剋木의 이치가 발생하여 최종적으로 金이 강하게 발생하는 문자와 소리이나 종합적으로 '우ㆍ케' 자가 보유한 음양오행의 생극제화 상생의 이치로 金生水 水生木 木生火의 이치가 발생하여 최종적으로 火가 강하게 발생하는 문자와 소리가 되고 또 '콩' 자는 초성으로 자음의 음양오행의 이치로 木의 ㅋ에 중성으로 모음의 음양오행의 이치로 水의 ㅗ에 종성으로 자음의 음양오행의 이치로 木의 ㅇ이 음양의 합으로 상합자의 이치로 만나 짝하여 완성된 문자가 자체적으로 보유한 음양오행의 생극제화 상생의 이치로 水生木의 이치가 발생하여 최종적으로 木이 강하게 발생하는 문자와 소리이며 또 ㅇ의 '러ㆍ울'의 '러' 자는 초성으로 자음의 음양오행의 이치로 火의 ㄹ에 중성으로 모음의 음양오행의 이치로 金의 ㅓ가 음양의 합으로 상합자의 이치로 만나 짝하여 완성된 문자와 소리가 자체적으로 보유한 음양오행의 생극제화 상극의 이치로 火剋金의 이치가 발생하여 최종적으로 火가 강하게 발생하는 문자와 소리가 되고 'ㆍ울' 자는 점(ㆍ)이 하나로 거성의 가장 높은 소리로 초성으로 자음의 음양오행의 이치로 木의 ㅇ에 중성으로 모음의 음양오행의 이치로 火의 ㅜ에 종성으로 자음의 음양오행의 이치로 火의 ㄹ이 음양의 합으로 상합자의 이치로 만나 짝하여 완성된 문자와 소리가 자체적으로 보유한 음양오행의 생극제화 상생의 이치로 木生火의 이치가 발생하여 최종적으로 火가 강하게 발생하는 문자와 소리이나 종합적으로 '러ㆍ울' 자가 보유한 음양오행의 생극제화 상생상극의 이치로 木生火 火剋金의 이치가

발생하여 최종적으로 火가 강하게 발생하는 문자와 소리가 되고 또 '서·에' 자의 '서' 자는 초성으로 자음의 음양오행의 이치로 金의 ㅅ에 중성으로 모음의 음양오행의 이치로 金의 ㅓ가 음양의 합으로 상합자의 이치로 만나 짝하여 완성된 문자와 소리가 모두 金으로 자체적으로 보유한 음양오행의 생극제화 이치가 발생하지 않아 최종적으로 金이 강하게 발생하는 문자와 소리가 되고 '·에' 자는 점(·)이 하나로 거성의 가장 높은 소리로 초성으로 자음의 음양오행의 이치로 木의 ㅇ에 중성으로 모음의 음양오행의 이치로 金의 ㅖ가 음양의 합으로 상합자의 이치로 만나 짝하여 완성된 문자와 소리가 자체적으로 보유한 음양오행의 생극제화 상극의 이치로 金剋木의 이치가 발생하여 최종적으로 金이 강하게 발생하는 문자와 소리이나 '서·에' 자가 종합적으로 보유한 음양오행의 생극제화 상극의 이치로 金剋木의 이치가 발생하여 최종적으로 金이 강하게 발생하는 문자와 소리가 된다는 뜻이다."

"ㄷ 여·뒤위모 ·담위장 ㅌ 여고·티위견 두텁위섬서 ㄴ 여노로위장 납위원(ㄷ 如·뒤爲茅 ·담 爲墻 ㅌ 如고·티爲繭 두텁爲蟾蜍 ㄴ 如노로爲獐 납爲猿)"

"초성으로 자음의 ㄷ으로 '·뒤' 자는 점(·)이 하나로 거성으로 가장 높은 소리로 한자로 띠나 띠 집 모(茅) 자와 똑같아 지금의 띠나 끈이 되고 '·담' 자는 점(·)이 하나로 거성으로 가장 높은 소리로 한자로 담 장(墻) 자와 똑같아 지금의 담장되며 초성으로 자음의 ㅌ으로 '고·티' 자는 한자로 고치 견(繭) 자와 똑같아 지금의 누에고치가 되고 '두텁' 자는 한자로 두꺼비 섬(蟾) 자와 두꺼비 서(蜍) 자와 똑같아 지금의 두꺼비가 되고 ㄴ의 '노로' 자는 한자로 노루 장(獐) 자와 똑같아 지금의 노루가 되고 '납' 자는 한자로 원숭이 원(猿) 자와 똑같아 지금의 원숭이가 된다."

"또한 훈민정음 한글 초성·중성·종성으로 자음과 모음의 초성으로 자음의 ㄷㅌㄴ은 설음(舌音)의 혓소리로 가장 맑고 깨끗하고 선명한 문자와 소리가 음양오행의 이치로 火에 해당하는 동시에 초성·중성·종성으로 자음과 모음의 음양오행의 이치로 '·뒤' 자는 점(·)이 하나로 거성의 가장 높은 소리로 초성으로 자음의 음양오행의 이치로 火의 ㄷ에 중성으로 모음의 음양오행의 이치로 火의 'ㅟ'가 음양의 합으로 상합자의 이치로 만나 짝하여 완성된 문자와 소리가 자체적으로 보유한 음양오행의 생극제화 이치가 모두 火가 되어 발생하지 않아 최종적으로 火가 강하게 발생하는 문자와 소리이며 또 '·담' 자는 점(·)이 하나로 거성의 가장

높은 소리로 초성으로 자음의 음양오행의 이치로 火의 ㄷ에 중성으로 모음의 음양오행의 이치로 木의 ㅏ에 중성으로 자음의 음양오행의 이치로 土의 ㅁ이 음양의 합으로 상합자의 이치로 만나 짝하여 완성된 문자와 소리가 자체적으로 보유한 음양오행의 생극제화 상생의 이치로 木生火 火生土의 이치가 발생하여 최종적으로 土가 강하게 발생하나 '담' 자가 종합적으로 보유한 음양오행의 생극제화 상생의 이치로 木生火 火生土의 이치가 발생하여 최종적으로 土가 강하게 발생하는 문자와 소리가 되고 또 '고·티' 자의 '고' 자는 초성으로 자음의 음양오행의 이치로 木의 ㄱ에 중성으로 모음의 음양오행의 이치로 水의 ㅗ가 음양의 합으로 상합자의 이치로 만나 짝하여 완성된 문자와 소리가 자체적으로 보유한 음양오행의 생극제화 상생의 이치로 水生木의 이치가 발생하여 최종적으로 木이 강하게 발생하는 문자와 소리이며 '·티' 자는 점(·)이 하나로 거성의 가장 높은 소리로 초성으로 자음의 음양오행의 이치로 火의 ㅌ에 중성으로 모음이 음양오행이 정해지지 않은 ㅣ가 음양의 합으로 상합자의 이치로 만나 짝하여 완성된 문자와 소리가 자체적으로 보유한 음양오행의 생극제화 상생상극의 이치가 발생하지 않아 최종적으로 火가 강하게 발생하는 문자와 소리가 되나 '고티' 자가 종합적으로 보유한 음양오행의 생극제화 상생의 이치로 木生火의 이치가 발생하여 최종적으로 火가 강하게 발생하는 문자와 소리가 되고 또 '두텁' 자의 '두' 자는 초성으로 자음의 음양오행의 이치로 火의 ㄷ에 중성으로 모음의 음양오행의 이치로 火의 ㅜ이 음양의 합으로 상합자의 이치로 만나 짝하여 완성된 문자와 소리가 자체적으로 보유한 음양오행의 생극제화 이치가 모두 火로 발생하지 않아 최종적으로 火가 강하게 발생하는 문자와 소리가 되고 '텁' 자는 초성으로 자음의 음양오행의 이치로 火의 ㅌ에 중성으로 모음의 음양오행의 이치로 木의 ㅓ에 종성으로 자음의 음양오행의 이치로 土의 ㅂ이 음양의 합으로 상합자의 이치로 만나 짝하여 완성된 문자와 소리가 자체적으로나 종합적으로 보유한 음양오행의 생극제화 상생의 이치로 木生火 火生土의 이치가 발생하여 최종적으로 土가 강하게 발생하는 문자와 소리가 되고 또 '노로' 자의 '노로' 자는 초성으로 자음의 음양오행의 이치로 火의 ㄴㄹ에 중성으로 모음의 음양오행의 이치로 水의 ㅗ가 음양의 합으로 상합자의 이치로 만나 짝하여 완성된 문자와 소리가 자체적으로나 종합적으로 보유한 음양오행의 생극제화 상극의 이치로 水剋火의 이치가 발생하여 최종적으로 水가 강하게 발생하는 문자와 소리가 되고 또 '납' 자는 초성으

로 자음의 음양오행의 이치로 火의 ㄴ에 중성으로 모음의 음양오행의 이치로 木의 ㅏ에 종성으로 자음의 음양오행의 이치로 土의 ㅂ이 음양의 합으로 상합자의 이치로 만나 짝하여 완성된 문자와 소리가 자체적으로나 종합적으로 보유한 음양오행의 생극제화 상생의 이치로 木生火 火生土의 이치가 발생하여 최종적으로 土가 강하게 발생하는 문자와 소리가 된다는 뜻이다."

"ㅂ 여·불위비 :벌위봉 ㅍ 여·파위총 ·폴위승 ㅁ 여:뫼위산 ·마위서서 ㅸ 여사·비위하 드·븨위호(ㅂ 如불爲臂 :벌爲蜂 ㅍ 如·파爲蔥 ·폴爲蠅 ㅁ 如:뫼爲山 ·마爲薯藇 ㅸ 如사·비爲蝦 드·븨爲瓠)"

"초성으로 자음이 ㅂ으로 '불' 자는 한자로 팔 비(臂) 자와 똑같아 지금의 팔이 되고 ':벌' 자는 점(·)이 2개로 상성으로 시작은 낮으나 끝이 높은 소리로 한자로 벌 봉(蜂) 자와 똑같아 지금의 벌이 되고 ㅍ의 ':파' 자는 점(·)이 2개로 상성의 시작은 낮으나 끝이 높은 소리로 한자로 파 총(蔥) 자와 똑같아 지금의 파가 되고 '·폴' 자는 점(·)이 하나로 거성의 가장 높은 소리로 한자로 파리 승(蠅) 자와 똑같아 지금의 파리가 되고 ㅁ의 ':뫼' 자는 점(·)이 2개로 상성의 시작은 낮으나 끝이 높은 소리로 한자로 뫼 산(山) 자와 똑같아 지금의 산이 되고 '·마' 자는 점(·)이 하나로 거성의 가장 높은 소리로 한자로 참마 서(薯) 자와 우거지다 서(藇) 자와 똑같아 지금의 마가 되고 ㅸ의 '사·비' 자는 한자로 새우 하(蝦) 자와 똑같아 지금의 새우가 되고 '드·븨' 자는 한자로 표주박 호(瓠) 자와 똑같아 지금의 호박이나 표주박이 된다."

"또한 훈민정음 한글 초성·중성·종성으로 자음과 모음의 초성으로 자음의 ㅂㅍㅁㅸ은 순음(脣音)의 입술소리로 가장 맑고 깨끗하고 선명한 문자와 소리가 음양오행의 이치로 土에 해당하나 火土 공존의 이치로 양에 해당하는 동시에 초성·중성·종성으로 자음과 모음의 음양오행의 이치로 '불' 자는 초성으로 자음의 음양오행의 이치로 土의 ㅂ에 중성으로 모음의 음양오행의 이치로 土의 ·에 종성으로 자음의 음양오행의 이치로 火의 ㄹ이 음양의 합으로 상합자의 이치로 만나 짝하여 완성된 문자와 소리가 자체적으로 보유한 음양오행의 생극제화 상생의 이치로 火生土의 이치가 발생하여 최종적으로 土가 강하게 발생하는 문자와 소리가 되고 또 ':벌' 자는 점(·)이 2개로 상성의 시작은 낮으나 끝이 높은 소리로 초성으로 자음의 음양오행의 이치로 土의 ㅂ에 중성으로 모음의 음양오행의 이치로 金의 ㅓ에 종성으로 자음의 음양오행의 이치로 火의 ㄹ이 음양의 합으로 상합자의 이치로 만나 짝하여 완성된 문자와

소리가 자체적으로 보유한 음양오행의 생극제화 상생의 이치로 火生土 土生金의 이치가 발생하여 최종적으로 金이 강하게 발생하는 문자와 소리가 되고 또 '·파' 자는 점(·)이 하나로 거성의 가장 높은 소리로 초성으로 자음의 음양오행의 이치로 土의 ㅍ에 중성으로 모음의 음양오행의 이치로 木의 ㅏ가 음양의 합으로 상합자의 이치로 만나 짝하여 완성된 문자와 소리가 자체적으로 보유한 음양오행의 생극제화 상극의 이치로 木剋土의 이치가 발생하여 최종적으로 木이 강하게 발생하는 문자와 소리가 되고 또 '·폴' 자는 점(·)이 하나로 거성의 가장 높은 소리로 초성으로 자음의 음양오행의 이치로 土의 ㅍ에 중성으로 모음의 음양오행의 이치로 土의 ·에 종성으로 자음의 음양오행의 이치로 火의 ㄹ이 음양의 합으로 상합자의 이치로 만나 짝하여 완성된 문자와 소리가 자체적으로 보유한 음양오행의 생극제화 상생의 이치로 火生土의 이치가 발생하여 최종적으로 土가 강하게 발생하는 문자와 소리가 되고 또 ':뫼' 자는 점(·)이 2개로 상성의 시작은 낮으나 끝이 높은 소리로 초성으로 자음의 음양오행의 이치로 土의 ㅁ에 중성으로 모음의 음양오행의 이치로 水의 ㅚ가 음양의 합으로 상합자의 이치로 만나 짝하여 완성된 문자와 소리가 자체적으로 보유한 음양오행의 생극제화 상극의 이치로 土剋水의 이치가 발생하여 최종적으로 土가 강하게 발생하는 문자와 소리가 되고 또 '·마' 자는 점(·)이 하나로 거성의 가장 높은 소리로 초성으로 자음의 음양오행의 이치로 土의 ㅁ에 중성으로 모음의 음양오행의 이치로 木의 ㅏ가 음양의 합으로 상합자의 이치로 만나 짝하여 완성된 문자와 소리가 자체적으로 보유한 음양오행의 생극제화 상극의 이치로 木剋土의 이치가 발생하여 최종적으로 木이 강하게 발생하는 문자와 소리가 되고 또 '사·비' 의 '사' 자는 초성으로 자음의 음양오행의 이치로 金의 ㅅ에 중성으로 모음의 음양오행의 이치로 木의 ㅏ가 음양의 합으로 상합자의 이치로 만나 짝하여 완성된 문자와 소리가 자체적으로 보유한 음양오행의 생극제화 상극의 이치로 金剋木의 이치가 발생하여 최종적으로 金이 강하게 발생하는 문자와 소리가 되고 '·비' 자는 점(·)이 하나로 거성으로 가장 높은 소리로 초성으로 자음의 음양오행의 이치로 土의 ㅸ에 중성으로 모음의 음양오행의 이치로 음양오행이 정해지지 않은 ㅣ가 음양의 합으로 상합자의 이치로 만나 짝하여 완성된 문자와 소리가 자체적으로 보유한 음양오행의 생극제화 상생상극의 이치가 발생하지 않아 최종적으로 土가 강하게 발생하는 문자와 소리가 되나 '사·비' 자가 종합적으로 보유한 음양오행의 생극제화

상생상극의 이치로 土生金 金剋木의 이치가 발생하여 최종적으로 金이 강하게 발생하는 문자와 소리가 되고 또 '드·븨' 자의 '드' 자는 초성으로 자음의 음양오행의 이치로 火의 ㄷ에 중성으로 모음의 음양오행의 이치로 土의 ㅡ가 음양의 합으로 상합자의 이치로 만나 짝하여 완성된 문자와 소리가 자체적으로 보유한 음양오행의 생극제화 상생의 이치로 火生土의 이치가 발생하여 최종적으로 土가 강하게 발생하는 문자와 소리가 되고 '·븨' 자는 점(·)이 하나로 거성으로 가장 높은 소리로 초성으로 자음의 음양오행의 이치로 ㅗ의 ㅸ에 중성으로 모음의 음양오행의 이치로 土의 ㅢ가 음양의 합으로 상합자의 이치로 만나 짝하여 완성된 문자와 소리가 자체적으로 보유한 음양오행의 생극제화 상생상극의 이치가 모두 土로 발생하지 않아 최종적으로 土가 강하나 '드·븨' 자가 종합적으로 보유한 음양오행의 생극제화 상생의 이치로 火生土의 이치가 발생하여 최종적으로 土가 강하게 발생하는 문자와 소리가 된다는 뜻이다."

"ㅈ 여·자위척 죠·히위지 ㅊ 여·체위사 ·채위편 ㅅ 여·손위수 :셤위도(ㅈ 如·자爲尺 죠·히爲紙 ㅊ 如·체爲篩 ·채爲鞭 ㅅ 如·손爲手 :셤爲島)"

"초성으로 자음이 ㅈ으로 '·자' 자는 점(·)이 하나로 거성의 가장 높은 소리로 한자로 자 척(尺) 자와 똑같아 지금의 길이를 재는 자가 되고 '죠·히' 자는 한자로 종이 지(紙) 자와 똑같아 지금의 종이가 되고 ㅊ의 '·체' 자는 점(·)이 하나로 거성의 가장 높은 소리로 한자로 곡식의 씨앗을 치거나 고르는 데 사용하는 기구 사(篩) 자와 똑같아 지금의 체가 되고 '·채' 자는 점(·)이 하나로 거성의 가장 높은 소리로 한자로 매질하는 채찍 편(鞭) 자와 똑같아 지금의 채찍이 되고 ㅅ의 '·손' 자는 점(·)이 하나로 거성의 가장 높은 소리로 한자로 손 수(手) 자와 똑같아 지금의 사람 손이 되고 ':셤' 자는 점(·)이 2개로 상성으로 시작은 낮으나 끝이 높은 소리로 한자로 섬 도(島) 자와 똑같아 지금의 섬이 된다."

"또한 훈민정음 한글 초성·중성·종성으로 자음과 모음의 초성으로 자음의 ㅈㅊㅅ은 치음(齒音)의 잇소리로 가장 맑고 깨끗하고 선명한 문자와 소리가 음양오행의 이치로 金에 해당하는 동시에 초성·중성·종성으로 자음과 모음의 음양오행의 이치로 '·자' 자는 점(·)이 하나로 거성의 가장 높은 소리로 초성으로 자음의 음양오행의 이치로 金의 ㅈ에 중성으로 모음의 음양오행의 이치로 木의 ㅏ가 음양의 합으로 상합자의 이치로 만나 짝하여 완성된 문자와 소리가 자체적으로 보유한 음양오행의 생극제화 상극의 이치로 金剋木의 이치가 발생하여

최종적으로 金이 강하게 발생하는 문자와 소리가 되고 또 '죠·히' 자의 '죠' 자는 초성으로 자음의 음양오행의 이치로 金의 ㅈ에 중성으로 모음의 음양오행의 이치로 火의 ㅛ가 음양의 합으로 상합자 이치로 만나 짝하여 완성된 문자와 소리가 자체적으로 보유한 음양오행의 생극제화 상극의 이치로 火剋金의 이치가 발생하여 최종적으로 火가 강하게 발생하는 문자와 소리가 되고 '·히' 자는 점(·)이 하나로 거성의 가장 높은 소리로 초성으로 자음의 음양오행의 이치로 水의 ㅎ에 중성으로 모음의 음양오행의 이치로 土의 ㅔ가 음양의 합으로 상합자의 이치로 만나 짝하여 완성된 문자와 소리가 자체적으로 보유한 음양오행의 생극제화 상극의 이치로 土剋水의 이치가 발생하여 최종적으로 土가 강하게 발생하는 문자와 소리이나 '죠·히' 자가 종합적으로 보유한 음양오행의 생극제화 상생의 이치로 火生土 土生金 金生水의 이치가 발생하여 최종적으로 水가 강하게 발생하는 문자와 소리가 되고 또 '·체' 자는 점(·)이 하나로 거성의 가장 높은 소리로 초성으로 자음의 음양오행의 이치로 金의 ㅊ에 중성·종성으로 모음의 음양오행의 이치로 金의 ㅔ가 음양의 합으로 상합자의 이치로 만나 짝하여 완성된 문자와 소리가 자체적으로 보유한 음양오행의 생극제화 이치가 모두 金으로 발생하지 않아 최종적으로 金이 강하게 발생하는 문자와 소리가 되고 '·채' 자는 점(·)이 하나로 거성의 가장 높은 소리로 초성으로 자음의 음양오행의 이치로 金의 ㅊ에 중성·종성으로 모음의 음양오행의 이치로 木의 ㅐ가 음양의 합으로 상합자의 이치로 만나 짝하여 완성된 문자와 소리가 자체적으로 보유한 음양오행의 생극제화 상극의 이치로 金剋木의 이치가 발생하여 최종적으로 金이 강하게 발생하는 문자와 소리가 되고 또 ㅅ의 '·손' 자는 점(·)이 하나로 거성의 가장 높은 소리로 초성으로 자음의 음양오행의 이치로 金의 ㅅ에 중성으로 모음의 음양오행의 이치로 水의 ㅗ에 종성으로 자음의 음양오행의 이치로 火의 ㄴ이 음양의 합으로 상합자의 이치로 만나 짝하여 완성된 문자와 소리가 자체적으로 보유한 음양오행의 생극제화 상생상극의 이치로 金生水 水剋火의 이치가 발생하여 최종적으로 水가 강하게 발생하는 문자와 소리가 되고 또 ':셤' 자는 점(·)이 2개로 상성의 시작은 낮으나 끝이 높은 소리로 초성으로 자음의 음양오행의 이치로 金의 ㅅ에 중성으로 모음의 음양오행의 이치로 木의 ㅕ에 종성으로 자음의 음양오행의 이치로 土의 ㅁ이 음양의 합으로 상합자의 이치로 만나 짝하여 완성된 문자와 소리가 자체적으로 보유한 음양오행의 생극제화 상생상극의 이치로 土生金 金剋木의

이치가 발생하여 최종적으로 金이 강하게 발생하는 문자와 소리가 된다는 뜻이다."

"ㅎ 여·부헝위휴류 ·힘위근 ㅇ 여·비육위계추 ·ᄇᆞ얌위사(ㅎ 如·부헝爲鵂鶹 ·힘爲筋 ㅇ 如·비육爲鷄雛 ·ᄇᆞ얌爲蛇)"

"초성으로 자음이 ㅎ으로 '·부헝' 자는 점(·)이 하나로 거성의 가장 높은 소리로 한자로 수리부엉이 휴(鵂) 자와 올빼미 류(鶹) 자와 똑같아 지금의 부엉이가 되고 '·힘' 자는 점(·)이 하나로 거성의 가장 높은 소리로 한자로 힘줄 근(筋) 자와 똑같아 지금의 힘줄이나 힘이 되고 ㅇ의 '·비육'은 점(·)이 하나로 거성의 가장 높은 소리로 한자로 닭 계(鷄) 자와 병아리 추(雛) 자와 똑같아 지금의 닭과 닭고기가 되고 '·ᄇᆞ얌' 자는 점(·)이 하나로 거성의 가장 높은 소리로 한자로 뱀 사(蛇) 자와 똑같아 지금의 뱀이 된다."

"또한 훈민정음 한글 초성·중성·종성으로 자음과 모음의 초성으로 자음의 ㅎㅇ은 후음(喉音)의 목구멍소리로 가장 맑고 깨끗하고 선명한 문자와 소리가 음양오행의 이치로 水에 해당하는 동시에 초성·중성·종성으로 자음과 모음의 음양오행의 이치로 '·부헝' 자의 '·부' 자는 점(·)이 하나로 거성의 가장 높은 소리로 초성으로 자음의 음양오행의 이치로 土의 ㅂ에 중성·종성으로 모음의 음양오행의 이치로 火의 ㅜ가 음양의 합으로 상합자의 이치로 만나 짝하여 완성된 문자와 소리가 자체적으로 보유한 음양오행의 생극제화 상생의 이치로 火生土의 이치가 발생하여 최종적으로 土가 강하게 발생하는 문자와 소리가 되고 '헝' 자는 초성으로 자음의 음양오행의 이치로 水의 ㅎ에 중성으로 모음의 음양오행의 이치로 金의 ㅓ와 종성으로 자음의 음양오행의 이치로 木의 ㅇ이 음양의 합으로 상합자의 이치로 만나 짝하여 완성된 문자와 소리가 자체적으로 보유한 음양오행의 생극제화 상생의 이치로 金生水 水生木의 이치가 발생하여 木이 강하나 '·부헝' 자가 종합적으로 보유한 음양오행의 생극제화 상생의 이치가 木生火 火生土 土生金 金生水의 이치가 발생하여 최종적으로 水가 강하게 발생하는 문자와 소리가 되고 또 '·힘' 자는 점(·)이 하나로 거성의 가장 높은 소리로 초성으로 자음의 음양오행의 이치로 水의 ㅎ에 중성으로 모음의 음양오행의 이치로 음양오행이 정해지지 않은 ㅣ와 종성으로 자음의 음양오행의 이치로 土의 ㅁ이 음양의 합으로 상합자의 이치로 만나 짝하여 완성된 문자와 소리가 자체적으로 보유한 음양오행의 생극제화 상극의 이치로 土剋水의 이치가 발생하여 최종적으로 土가 강하게 발생하는 문자와 소리가 되고 또 '·비육' 자의 '·비'

자는 점(·)이 하나로 거성의 가장 높은 소리로 초성으로 자음의 음양오행의 이치로 土의 ㅂ에 중성·종성으로 모음의 음양오행의 이치로 음양오행이 정해지지 않은 ㅣ가 음양의 합으로 상합자의 이치로 만나 짝하여 완성된 문자와 소리가 자체적으로 보유한 음양오행의 생극제화 이치가 모두 土로 발생하지 않아 최종적으로 土가 강하게 발생하는 문자와 소리가 되고 '육' 자는 초성으로 자음의 음양오행의 이치로 水의 ㅎㅇ에 중성으로 모음의 음양오행의 이치로 水의 ㅠ와 종성으로 자음의 음양오행의 이치로 木의 ㄱ이 음양의 합으로 상합자의 이치로 만나 짝하여 완성된 문자와 소리가 자체적으로 보유한 음양오행의 생극제화 상생의 이치로 水生木의 이치가 발생하여 木이 강하나 '·비육' 자가 종합적으로 보유한 음양오행의 생극제화 상생상극의 이치로 水生木 木剋土의 이치가 발생하여 최종적으로 木이 강하게 발생하는 문자와 소리가 되고 또 '·부얌' 자의 '·부' 자는 점(·)이 하나로 거성의 가장 높은 소리로 초성으로 자음의 음양오행의 이치로 土의 ㅂ에 중성·종성으로 모음의 음양오행의 이치로 土의 ·이 음양의 합으로 상합자의 이치로 만나 짝하여 완성된 문자와 소리가 자체적으로 보유한 음양오행의 생극제화 이치가 모두 土로 발생하지 않아 최종적으로 土가 강하게 발생하는 문자와 소리가 되고 '얌' 자는 초성으로 자음의 음양오행의 이치로 水의 ㅇ에 중성으로 모음의 음양오행의 이치로 金의 ㅑ에 종성으로 자음의 음양오행의 이치로 土의 ㅁ이 음양의 합으로 상합자의 이치로 만나 짝하여 완성된 문자와 소리가 자체적으로 보유한 음양오행의 생극제화 상생의 이치로 土生金 金生水의 이치가 발생하여 최종적으로 水가 강하게 발생하는 문자와 소리이나 '·부얌' 자가 종합적으로 보유한 음양오행의 생극제화 상생의 이치로 土生金 金生水의 이치가 발생하여 최종적으로 水가 강하게 발생하는 문자와 소리가 발생한다는 뜻이다."

"ㄹ 여·무뤼위박 어·름위빙(ㄹ 如·무뤼爲雹 어·름爲氷)"

"초성으로 자음이 ㄹ로 '·무뤼' 자는 점(·)이 하나로 거성의 가장 높은 소리로 한자로 누리 우박 박(雹) 자와 똑같아 지금의 우박이 되고 '어·름' 자는 한자로 얼음 빙(氷) 자와 똑같아 지금의 얼음이 된다."

"또한 훈민정음 한글 초성·중성·종성으로 자음과 모음의 초성으로 자음의 ㄹ은 반설음(半舌音)의 혓소리로 가장 맑고 깨끗하고 선명한 문자와 소리가 음양오행의 이치로 火에 해당하는 동시에 초성·중성·종성으로 자음과 모음의 음양오행의 이치로 '·무뤼' 자의 '·무' 자는 점(ㆍ)이 하나로 거성의 가장 높은 소리로 초성으로 자음의 음양오행의 이치로 土의 ㅁ에 중성·종성으로 모음의 음양오행의 이치로 火의 ㅜ가 음양의 합으로 상합자의 이치로 만나 짝하여 완성된 문자와 소리가 자체적으로 보유한 음양오행의 생극제화 상생의 이치로 火生土의 이치가 발생하여 최종적으로 土가 강하게 발생하는 문자와 소리가 되고 '뤼' 자는 초성으로 자음의 음양오행의 이치로 火의 ㄹ에 중성·종성으로 모음의 음양오행의 이치로 火의 ㅟ가 음양의 합으로 상합자의 이치로 만나 짝하여 완성된 문자와 소리가 자체적으로 보유한 음양오행의 생극제화 상생의 이치로 火生土의 이치가 발생하여 최종적으로 土가 강하게 발생하는 문자와 소리이나 'ㆍ무뤼' 자가 종합적으로 보유한 음양오행의 생극제화 상생의 이치로 火生土의 이치가 발생하여 최종적으로 土가 강하게 발생하는 문자와 소리가 되고 또 '어ㆍ름' 자의 '어' 자는 초성으로 자음의 음양오행의 이치로 水의 ㅇ에 중성·종성으로 모음의 음양오행의 이치로 金의 ㅓ가 음양의 합으로 상합자의 이치로 만나 짝하여 완성된 문자와 소리가 자체적으로 보유한 음양오행의 생극제화 상생의 이치로 金生水의 이치가 발생하여 최종적으로 水가 강하게 발생하는 문자와 소리가 되고 'ㆍ름' 자는 점(ㆍ)이 하나로 거성의 가장 높은 소리의 초성으로 자음의 음양오행의 이치로 土의 ㄹ이 중성으로 土의 ㅡ와 종성으로 자음의 음양오행의 이치로 土의 ㅁ이 음양의 합으로 상합자의 이치로 만나 짝하여 완성된 문자와 소리가 자체적으로 보유한 음양오행의 생극제화 상생의 이치로 土生金의 이치가 발생하여 최종적으로 金이 강하게 발생하는 문자와 소리이나 '어ㆍ름' 자가 종합적으로 보유한 음양오행의 생극제화 상생의 이치로 土生金 金生水의 이치가 발생하여 최종적으로 水가 강하게 발생하는 문자와 소리가 된다는 뜻이다."

"△ 여아ᅀᆞ위제 :너싀위보(△ 如아ᅀᆞ爲弟 :너싀爲鴇)"

"초성으로 자음이 ㅿ으로 '아ᅀᆞ' 자는 한자로 아우 제(弟) 자와 똑같아 지금의 동생이 되고 ':너싀' 자는 점(ㆍ)이 2개로 상성의 시작은 낮으나 끝이 높은 소리로 한자로 능에 보(鴇) 자와 똑같아 지금의 너새로 기러기와 비슷한 큰 새가 된다."

"또한 훈민정음 한글 초성·중성·종성으로 자음과 모음의 초성으로 자음의 ㅿ은 반치음(半齒音)의 잇소리로 가장 맑고 깨끗하고 선명한 문자와 소리가 음양오행의 이치로 金에 해당하는 동시에 초성·중성·종성으로 자음과 모음의 음양오행의 이치로 '아ᅀᆞ' 자의 '아' 자는 초성으

로 자음의 음양오행의 이치로 水의 ㅇ에 중성·종성으로 모음의 음양오행의 이치로 木의 ㅏ가 음양의 합으로 상합자의 이치로 만나 짝하여 완성된 문자와 소리가 자체적으로 보유한 음양오행의 생극제화 상생의 이치로 水生木의 이치가 발생하여 최종적으로 木이 강하게 발생하는 문자와 소리가 되고 '슈' 자는 초성으로 자음의 음양오행의 이치로 金의 ㅿ에 중성·종성으로 자음의 음양오행의 이치로 土의 ·이 음양의 합으로 상합자의 이치로 만나 짝하여 완성된 문자와 소리가 자체적으로 보유한 음양오행의 생극제화 상생의 이치로 土生金의 이치가 발생하여 최종적으로 金이 강하게 발생하는 문자와 소리이나 '아슈' 자가 종합적으로 보유한 음양오행의 생극제화 상생의 이치로 土生金 金生水 水生木의 이치가 발생하여 최종적으로 木이 강하게 발생하는 문자와 소리가 되고 또 ':너싀' 자의 ':너' 자는 점(·)이 2개로 상성의 시작은 낮으나 끝이 높은 소리의 초성으로 자음의 음양오행의 이치로 火의 ㄴ에 중성·종성으로 모음의 음양오행의 이치로 金의 ㅓ가 음양의 합으로 상합자의 이치로 만나 짝하여 완성된 문자와 소리가 자체적으로 보유한 음양오행의 생극제화 상극의 이치로 火剋金의 이치가 발생하여 최종적으로 火가 강하게 발생하는 문자와 소리가 되고 '싀' 자는 초성으로 자음의 음양오행의 이치로 金의 ㅿ에 중성·종성의 모음의 음양오행의 이치로 음양오행이 정해지지 않은 ㅣ가 음양의 합으로 상합자의 이치로 만나 짝하여 완성된 문자와 소리가 자체적으로 보유한 음양오행의 생극제화 상생상극의 이치가 모두 金으로 발생하지 않아 최종적으로 金이 강하게 발생하는 문자와 소리이나 ':너싀' 자가 종합적으로 보유한 음양오행의 생극제화 상극의 이치로 火剋金의 이치가 발생하여 최종적으로 火가 강하게 발생하는 문자와 소리가 된다는 뜻이다."

이상은 훈민정음 한글 초성·중성·종성의 초성으로 자음에 의해 발생하는 문자에 처음으로 음양오행의 기운이 발생하는 이치로 木은 ㄱㅋㅇ, 火는 ㄷㅌㄴㄹ, 土는 ㅂㅍㅁㅸ, 金은 ㅈㅊㅅㅿ, 水는 ㆆㅇ으로 구분하여 응용하여 한글이 초성·중성·종성으로 자음과 모음이 음양의 합으로 상합자의 이치로 만나 짝하여 발생하는 문자와 소리에는 반드시 자체적으로 보유한 음양오행의 생극제화 상생상극의 이치에 따라 가장 맑고 깨끗하고 선명한 음양이나 목화토금수의 기운이 강하게 발생한다는 뜻이다.

"중성 · 如·톡위이 ·풋위소두 드리위교 ·그래위추(中聲、如·톡爲頤·풋爲小豆 드리爲橋·그래爲楸)"

"중성으로 모음이 ᆞ 자로 'ᆞ 특' 자는 점(ᆞ)이 하나로 거성의 가장 높은 소리로 한자로 '턱 이(頤)' 자와 똑같아 지금 사람의 턱이 되고 'ᆞ 풋' 자는 점(ᆞ)이 하나로 거성의 가장 높은 소리로 한자로 작은 콩인 '소두(小豆)' 자와 똑같아 지금의 작은 콩과 팥이 되고 '드리' 자는 한자로 '다리 교(橋)' 자와 똑같아 지금의 다리가 되고 'ᄀ래' 자는 한자로 '가래나무 추(楸)' 자와 똑같아 지금의 개오동나무나 멍석에 곡식을 골고루 펴서 말리는 데 사용하는 지금의 고부래나 3명이 삽에 줄을 매달아 논두렁을 파거나 다듬는데 사용하는 기레기 된다."

"또한 훈민정음 한글 초성·중성·종성으로 자음과 모음의 중성으로 모음의 가장 대표적인 'ᆞ' 자는 가장 맑고 깨끗하고 선명한 문자와 소리가 음양오행의 이치로 土에 해당하는 동시에 초성·중성·종성으로 자음과 모음의 음양오행의 이치로 'ᆞ 특' 자는 점(ᆞ)이 하나로 거성의 가장 높은 소리로 초성으로 자음의 음양오행의 이치로 火의 ㅌ에 중성으로 모음의 음양오행의 이치로 土의 ᆞ와 종성으로 자음의 음양오행의 이치로 木의 ㄱ이 음양의 합으로 상합자의 이치로 만나 짝하여 완성된 문자와 소리가 자체적으로 보유한 음양오행의 생극제화 상생의 이치로 木生火 火生土의 이치가 발생하여 최종적으로 土가 강하게 발생하는 문자와 소리가 되고 또 'ᆞ 풋' 자는 점(ᆞ)이 하나로 거성의 가장 높은 소리로 초성으로 자음의 음양오행의 이치로 土의 ㅍ에 중성으로 모음의 음양오행의 이치로 土의 ᆞ와 종성으로 자음의 음양오행의 이치로 金의 ㅅ이 음양의 합으로 상합자의 이치로 만나 짝하여 완성된 문자와 소리가 자체적으로 보유한 음양오행의 생극제화 상생의 이치로 土生金의 이치가 발생하여 최종적으로 金이 강하게 발생하는 문자와 소리가 되고 또 '드리' 자의 '드' 자는 초성으로 자음의 음양오행의 이치로 火의 ㄷ에 중성·종성으로 모음의 음양오행의 이치로 土의 ᆞ가 음양의 합으로 상합자의 이치로 만나 짝하여 완성된 문자와 소리가 자체적으로 보유한 음양오행의 생극제화 상생의 이치로 火生土의 이치가 발생하여 최종적으로 土가 강하게 발생하는 문자와 소리가 되고 '리' 자는 초성으로 자음의 음양오행의 이치로 火의 ㄹ에 중성·종성으로 모음의 음양오행의 이치로 음양오행이 정해지지 않은 ㅣ가 음양의 합으로 상합자의 이치로 만나 짝하여 완성된 문자와 소리가 자체적으로 보유한 음양오행의 생극제화 상생상극의 이치가 모두 火로 발생하지 않아 최종적으로 火가 강하게 발생하는 문자와 소리이나 '드리' 자가 종합적으로 보유한 음양오행의 생극제화 상생의 이치로 火生土의 이치가 발생하여 최종적으로 土가 강하게 발생

하는 문자와 소리가 되고 또 '·ㄱ래' 자의 '·ㄱ' 자는 점(·)이 하나로 거성의 가장 높은 소리로 초성으로 자음의 음양오행의 이치로 木의 ㄱ에 중성·종성으로 모음의 음양오행의 이치로 土의 ·이 음양의 합으로 상합자의 이치로 만나 짝하여 완성된 문자와 소리가 자체적으로 보유한 음양오행의 생극제화 상극의 이치로 木剋土의 이치가 발생하여 최종적으로 木이 강하게 발생하는 문자와 소리가 되고 '래' 자는 초성으로 자음의 음양오행의 이치로 火의 ㄹ에 중성·종성으로 모음의 음양오행의 이치로 木의 ㅐ가 음양의 합으로 상합자의 이치로 만나 짝하여 완성된 문자와 소리가 자체적으로 보유한 음양오행의 생극제화 상극의 이치로 木剋土의 이치가 발생하여 최종적으로 木이 강하게 발생하는 문자와 소리이나 '·ㄱ래' 자가 종합적으로 보유한 음양오행의 생극제화 상극의 이치로 木剋土의 이치가 발생하여 최종적으로 木이 강하게 발생하는 문자와 소리가 된다는 뜻이다."

"一 여·믈위수 ·발·측위근 그력위안 드·레위급기(一 如 ·믈爲水 ·발 ·측爲跟 그력爲雁 드 ·레爲汲器)"

"중성으로 모음이 一로 '·믈' 자는 점(·)이 하나로 거성의 가장 높은 소리로 한자로 '물 수(水)' 자와 똑같아 지금의 물이 되고 '·발·측'은 점(·)이 하나로 거성의 가장 높은 소리로 한자로 '발꿈치 근(跟)' 자와 똑같아 지금 사람의 발꿈치가 되고 '그력' 자는 한자로 '기러기 안(雁)' 자와 똑같아 지금의 기러기가 되고 '드·레' 자는 한자로 '물을 긷다 급(汲)' 자와 '그릇 기(器)' 자와 똑같아 지금의 물을 뜨고 나르는 두레박이 된다."

"또한 훈민정음 한글 초성·중성·종성으로 자음과 모음의 중성으로 모음의 가장 대표적인 '一' 자는 가장 맑고 깨끗하고 선명한 문자와 소리가 음양오행의 이치로 土에 해당하는 동시에 초성·중성·종성으로 자음과 모음의 음양오행의 이치로 '·믈' 자는 점(·)이 하나로 거성의 가장 높은 소리로 초성으로 자음의 음양오행의 이치로 土의 ㅁ에 중성으로 모음의 음양오행의 이치로 土의 一와 종성으로 자음의 음양오행의 이치로 火의 ㄹ이 음양의 합으로 상합자의 이치로 만나 짝하여 완성된 문자와 소리가 자체적으로 보유한 음양오행의 생극제화 상생의 이치로 火生土의 이치가 발생하여 최종적으로 土가 강하게 발생하는 문자와 소리가 되고 또 '·발·측' 자의 '·발' 자는 점(·)이 하나로 거성의 가장 높은 소리로 초성으로 자음의 음양오행의 이치로 土의 ㅂ에 중성으로 모음의 음양오행의 이치로 木의 ㅏ와 종성으로 자음의 음양오행의 이치로 火의 ㄹ이 음양의 합으로 상합자의 이치로 만나 짝하여 완성된 문자와 소리가 자체적으로 보유한 음양오행의 생극제화 상생의 이치로 木生火 火生土의 이치가 발생하여 최종적으로 土가 강하게 발생하는 문자와 소리가 되고 'ㆍ측' 자는 점(ㆍ)이 하나로 초성으로 자음의 음양오행의 이치로 金의 ㅊ에 중성으로 모음의 음양오행의 이치로 土의 ㅡ와 종성으로 자음의 음양오행의 이치로 木의 ㄱ이 음양의 합으로 상합자의 이치로 만나 짝하여 완성된 문자와 소리가 자체석으로 보유한 음양오행의 생극제화 상생싱극의 이치로 土生金 金尅木의 이치가 발생하여 최종적으로 金이 강하게 발생하는 문자와 소리이나 'ㆍ발ㆍ측' 자가 종합적으로 보유한 음양오행의 생극제화 상생의 이치로 木生火 火生土 土生金의 이치가 발생하여 최종적으로 金이 강하게 발생하는 문자와 소리가 되고 또 '그럭' 자의 '그' 자는 초성으로 자음의 음양오행의 이치로 木의 ㄱ에 중성ㆍ종성으로 모음의 음양오행의 이치로 土의 ㅡ가 음양의 합으로 상합자의 이치로 만나 짝하여 완성된 문자와 소리가 자체적으로 보유한 음양오행의 생극제화 상극의 이치로 木尅土의 이치가 발생하여 최종적으로 木이 강하게 발생하는 문자와 소리가 되고 '럭' 자는 초성으로 자음의 음양오행의 이치로 火의 ㄹ에 중성으로 모음의 음양오행의 이치로 木의 ㅕ에 종성으로 자음의 음양오행의 이치로 木의 ㄱ이 음양의 합으로 상합자의 이치로 만나 짝하여 완성된 문자와 소리가 자체적으로 보유한 음양오행의 생극제화 상생의 이치로 木生火의 이치가 발생하여 최종적으로 火가 강하게 발생하는 문자와 소리이나 '그럭' 자가 종합적으로 보유한 음양오행의 생극제화 상생의 이치로 木生火 火生土의 이치가 발생하여 최종적으로 土가 강하게 발생하는 문자와 소리가 되고 또 '드ㆍ레' 자의 '드' 자는 초성으로 자음의 음양오행의 이치로 火의 ㄷ에 중성ㆍ종성으로 모음의 음양오행의 이치로 土의 ㅡ가 음양의 합으로 상합자의 이치로 만나 짝하여 완성된 문자와 소리가 자체적으로 보유한 음양오행의 생극제화 상생의 이치로 火生土의 이치가 발생하여 최종적으로 土가 강하게 발생하는 문자와 소리가 되고 'ㆍ레' 자는 점(ㆍ)이 하나로 거성의 가장 높은 소리로 초성으로 자음의 음양오행의 이치로 火의 ㄹ에 중성ㆍ종성으로 모음의 음양오행의 이치로 金의 ㅖ가 음양의 합으로 상합자의 이치로 만나 짝하여 완성된 문자와 소리가 자체적으로 보유한 음양오행의 생극제화 상극의 이치로 火尅金의 이치가 발생하여 최종적으로 火가 강하게 발생하는 문자와 소리이나 '드ㆍ레' 자가 종합적으로 보유한 음양오행의 생극제화 상생의 이치로

火生土 土生金의 이치가 발생하여 최종적으로 金이 강하게 발생하는 문자와 소리가 된다는 뜻이다."

"ㅣ 如·깃위소 :밀위납 ·피위직 ·키위기(ㅣ 如·깃爲巢 :밀爲蠟 ·피爲稷 ·키爲箕)"

"중성으로 모음이 ㅣ로 '·깃' 자는 점(·)이 하나로 거성의 가장 높은 소리로 한자로 '새집 소(巢)' 자와 똑같은 지금의 새집이 되고 ':밀' 자는 점(·)이 2개로 상성의 시작은 낮으나 끝이 높은 소리로 한자로 '밀 납(蠟)' 자와 똑같아 지금의 벌집이 되고 '·피' 자는 점(·)이 하나로 거성의 가장 높은 소리로 한자로 '기장 직(稷)' 자와 똑같아 지금의 조의 기장이 되고 '·키' 자는 점(·)이 하나로 거성의 가장 높은 소리로 한자로 '키 기(箕)' 자와 똑같아 지금의 농촌에서 사용하는 삼태기나 곡식의 티끌이나 작은 돌을 골라내는 데 사용하는 키가 된다."

"또한 훈민정음 한글 초성·중성·종성으로 자음과 모음의 중성으로 모음의 가장 대표적인 'ㅣ' 자는 가장 맑고 깨끗하고 선명한 문자와 소리가 음양오행의 이치로 방위나 숫자의 이치가 정해지지 않아 음양오행의 기운이 발생하지 않는 중성자로서 중성·종성에 자음과 모음으로 동시에 응용하는 문자로 초성·중성·종성으로 자음과 모음의 음양오행의 이치로 '·깃' 자는 점(·)이 하나로 거성의 가장 높은 소리의 초성으로 자음의 음양오행의 이치로 木의 ㄱ에 중성으로 모음의 음양오행의 이치로 음양오행이 정해지지 않은 ㅣ와 종성으로 자음의 음양오 행의 이치로 金의 ㅅ이 음양의 합으로 상합자의 이치로 만나 짝하여 완성된 문자와 소리가 자체적으로 보유한 음양오행의 생극제화 상극의 이치로 金헨木의 이치가 발생하여 최종적으 로 金이 강하게 발생하는 문자와 소리가 되고 또 ':밀' 자는 점(·)이 2개로 상성의 시작은 낮으나 끝이 높은 소리로 초성으로 자음의 음양오행의 이치로 土의 ㅁ에 중성으로 모음의 음양오행의 이치로 음양오행이 정해지지 않은 ㅣ와 종성으로 자음의 음양오행의 이치로 火의 ㄹ이 음양의 합으로 상합자의 이치로 만나 짝하여 완성된 문자와 소리가 자체적으로 보유한 음양오행의 생극제화 상생의 이치로 火生土의 이치가 발생하여 최종적으로 土가 강하게 발생 하는 문자와 소리가 되고 또 '·피' 자는 점(·)이 하나로 거성의 가장 높은 소리로 초성으로 자음의 음양오행의 이치로 土의 ㅍ에 중성·종성으로 모음의 음양오행의 이치로 음양오행이 정해지지 않은 ㅣ가 음양의 합으로 상합자의 이치로 만나 짝하여 완성된 문자와 소리가 자체적 으로 보유한 음양오행의 생극제화 상생상극의 이치가 발생하지 않아 최종적으로 土가 강하게 발생하는 문자와 소리가 되고 또 '·키' 자는 점(·)이 하나로 거성의 가장 높은 소리로 초성으로 자음의 음양오행의 이치로 木의 ㅋ에 중성·종성으로 모음의 음양오행의 이치로 음양오행이 정해지지 않는 ㅣ가 음양의 합으로 상합자의 이치로 만나 짝하여 완성된 문자와 소리가 자체적으로 보유한 음양오행의 생극제화 상생상극의 이치가 모두 木으로 발생하지 않아 최종적으로 木이 강하게 발생하는 문자와 소리가 된다는 뜻이다."

"ㅗ 여·논위수전 ·톱위거 호·미위서 벼·로위연(ㅗ 如·논爲水田 ·톱爲鉅 호·미爲鉏 벼·로爲硯)"

"중성으로 모음이 ㅗ의 '·논' 자는 점(·)이 하나로 거성의 가장 높은 소리로 한자로 '물이 있는 밭의 수전(水田)' 자와 똑같아 지금의 '물을 가두어 벼농사를 재배하는 논이 되고 '톱' 자는 한자로 '클 거(鉅)' 자와 '톱 거(鋸)' 자와 똑같아 지금의 나무를 자르는 톱이 되고 '호·미' 자는 한자로 '호미 서(鉏)' 자와 똑같아 지금의 밭에서 고랑 파고 고르는 풀을 뽑을 때 사용하는 호미가 되고 '벼·로' 자는 한자로 '벼루 돌 연(硯)' 자와 똑같아 지금의 붓글씨를 쓰기 위해 먹을 가는 벼루가 된다."

"또한 훈민정음 한글 초성·중성·종성으로 자음과 모음의 중성으로 모음의 'ㅗ' 자는 가장 맑고 깨끗하고 선명한 문자와 소리로 음양오행의 이치로 水에 해당하는 동시에 초성·중성·종성으로 자음과 모음의 음양오행의 이치로 '·논' 자는 점(·)이 하나로 거성의 가장 높은 소리로 초성으로 자음의 음양오행의 이치로 火의 ㄴ에 중성으로 모음의 음양오행의 이치로 水의 ㅗ에 종성으로 자음의 음양오행의 이치로 火의 ㄴ이 음양의 합으로 상합자의 이치로 만나 짝하여 완성된 문자와 소리가 자체적으로 보유한 음양오행의 생극제화 상극의 이치로 水剋火의 이치가 발생하나 火가 강하여 화다수증(火多水烝)의 이치로 최종적으로 火가 강하게 발생하는 문자와 소리가 되고 또 '·톱' 자는 점(·)이 하나로 거성의 가장 높은 소리로 초성으로 자음의 음양오행의 이치로 火의 ㅌ에 중성으로 모음의 음양오행의 이치로 水의 ㅗ와 종성으로 자음의 음양오행의 이치로 土의 ㅂ이 음양의 합으로 상합자의 이치로 만나 짝하여 완성된 문자와 소리가 자체적으로 보유한 음양오행의 생극제화 상생상극의 이치로 火生土 土剋水의 이치가 발생하여 최종적으로 土가 강하게 발생하는 문자와 소리가 되고 또 '호·미' 자의 '호' 자는 초성으로 자음의 음양오행의 이치로 水의 ㅎ에 중성·종성으로 모음의 음양오행의 이치로 水의 ㅗ가 음양의 합으로 상합자의 이치로 만나 짝하여 완성된 문자와 소리가 자체적으

로 보유한 음양오행의 생극제화 이치가 모두 水로 발생하지 않아 최종적으로 水가 강하게 발생하는 문자와 소리가 되고 '·믜' 자는 점(·)이 하나로 거성의 가장 높은 소리로 초성으로 자음의 음양오행의 이치로 土의 ㅁ과 중성·종성으로 모음의 음양오행의 이치로 土의 ㅓ이 음양의 합으로 상합자의 이치로 만나 짝하여 완성된 문자와 소리가 자체적으로 보유한 음양오행의 생극제화 상생상극의 이치가 모두 土로 발생하지 않아 최종적으로 土가 강하나 '호·믜' 자가 종합적으로 보유한 음양오행의 생극제화 상극의 이치로 土剋水의 이치가 발생하여 최종적으로 土가 강하게 발생하는 문자와 소리가 되고 또 '벼·로' 자의 '벼' 자는 초성으로 자음의 음양오행의 이치로 土의 ㅂ에 중성·종성으로 모음의 음양오행의 이치로 木의 ㅕ가 음양의 합으로 상합자의 이치로 만나 짝하여 완성된 문자와 소리가 자체적으로 보유한 음양오행의 생극제화 상극의 이치로 木剋土의 이치가 발생하여 최종적으로 木이 강하게 발생하는 문자와 소리가 되고 '·로' 자는 점(·)이 하나로 거성의 가장 높은 소리로 초성으로 자음의 음양오행의 이치로 火의 ㄹ에 중성·종성으로 모음의 음양오행의 이치로 水의 ㅗ가 음양의 합으로 상합자의 이치로 만나 짝하여 완성된 문자와 소리가 자체적으로 보유한 음양오행의 생극제화 상극의 이치로 水剋火의 이치가 발생하여 최종적으로 水가 강하게 발생하는 문자와 소리이나 '벼·로' 자가 종합적으로 보유한 음양오행의 생극제화 상생의 이치로 水生木 木生火 火生土의 이치가 발생하여 최종적으로 土가 강하게 발생하는 문자와 소리가 된다는 뜻이다."

"ㅏ 如·밥위반 ·낟위겸 이·아위죵 사·슴위록(ㅏ 如·밥爲飯 ·낟爲鎌 이·아爲綜 사·슴爲鹿)"

"중성으로 모음이 ㅏ 의 '·밥' 자는 점(·)이 하나로 거성의 가장 높은 소리로 한자로 '밥 반(飯)' 자와 똑같아 지금의 밥이 되고 '·낟' 자는 점(·)이 하나로 가장 높은 소리로 한자로 '낫 겸(鎌)' 자와 똑같은 지금의 풀을 베고 깎는 낫이 되고 '이·아' 자는 한자로 '바디 종(綜)' 자와 똑같아 지금의 베를 짜는 기구의 부속으로 바디가 되고 '사·슴' 자는 한자로 '사슴 록(鹿)' 자와 똑같아 지금의 사슴이 된다."

"또한 훈민정음 한글 초성·중성·종성으로 자음과 모음의 중성으로 모음의 'ㅏ' 자는 가장 맑고 깨끗하고 선명한 문자와 소리가 음양오행의 이치로 木에 해당하는 동시에 초성·중성·종성으로 자음과 모음의 음양오행의 이치로 '·밥' 자는 점(·)이 하나로 거성의 가장 높은 소리로 초성으로 자음의 음양오행의 이치로 土의 ㅂ에 중성으로 모음의 음양오행의 이치로

木의 ㅏ와 종성으로 자음의 음양오행의 이치로 土의 ㅂ이 음양의 합으로 상합자의 이치로 만나 짝하여 완성된 문자와 소리가 자체적으로 보유한 음양오행의 생극제화 상극의 이치로 木剋土의 이치가 발생하나 土가 강하여 토다목절(土多木折)의 이치가 발생하여 최종적으로 土가 강하게 발생하는 문자와 소리가 되고 또 '·낟' 자는 점(·)이 하나로 거성의 가장 높은 소리로 초성으로 자음의 음양오행의 이치로 火의 ㄴ에 중성으로 모음의 음양오행의 이치로 木의 ㅏ와 종성으로 자음의 음양오행의 이치로 火의 ㄷ이 음양의 합으로 상합자의 이치로 만나 짝하여 완성된 문자와 소리가 자체적으로 보유한 음양오행의 생극제화 상생의 이치로 木生火의 이치가 발생하여 최종적으로 火가 강하게 발생하는 문자와 소리가 되고 또 '이·아' 자의 '이' 자는 초성으로 자음의 음양오행의 이치로 水의 ㅇ에 중성·종성으로 모음의 음양오행의 이치로 음양오행이 정해지지 않은 ㅣ가 음양의 합으로 상합자의 이치로 만나 짝하여 완성된 문자와 소리가 자체적으로 보유한 음양오행의 생극제화 이치가 모두 水로 발생하지 않아 水가 강하게 발생하는 문자와 소리가 되고 '·아' 자는 점(·)이 하나로 거성의 가장 높은 소리로 초성으로 자음의 음양오행의 이치로 木의 ㅇ에 중성·종성으로 모음의 음양오행의 이치로 木의 ㅏ가 음양의 합으로 상합자의 이치로 만나 짝하여 완성된 문자와 소리가 자체적으로 보유한 음양오행의 생극제화 상생상극의 이치가 모두木으로 발생하지 않아 木이 강하게 발생하는 문자와 소리가 되나 '이·아' 자가 종합적으로 보유한 음양오행의 생극제화 상생의 이치로 水生木의 이치가 발생하여 최종적으로 木이 강하게 발생하는 문자와 소리가 되고 또 '사·슴' 자의 '사' 자는 초성으로 자음의 음양오행의 이치로 金의 ㅅ에 중성·종성으로 모음의 음양오행의 이치로 木의 ㅏ가 음양의 합으로 상합자의 이치로 만나 짝하여 완성된 문자와 소리가 자체적으로 보유한 음양오행의 생극제화 상극의 이치로 金剋木의 이치가 발생하여 최종적으로 金이 강하게 발생하는 문자와 소리가 되고 '·슴' 자는 점(·)이 하나로 거성의 가장 높은 소리로 초성으로 자음의 음양오행의 이치로 金의 ㅅ에 중성으로 모음의 음양오행의 이치로 土의 ·와 종성으로 자음의 음양오행의 이치로 土의 ㅁ이 음양의 합으로 상합자의 이치로 만나 짝하여 완성된 문자와 소리가 자체적으로 보유한 음양오행의 생극제화 상생의 이치로 土生金의 이치가 발생하여 최종적으로 金이 강하게 발생하는 문자와 소리이나 '사·슴' 자가 종합적으로 보유한 음양오행의 생극제화 상생상극의 이치로 土生金 金剋木의 이치가

발생하여 최종적으로 金이 강하게 발생하는 문자와 소리가 된다는 뜻이다."

"ㅜ 如숫위탄 ·울위리 누·에위쳔 구·리爲銅(ㅜ 如숫爲炭 ·울爲籬 누·에爲蚕 구·리爲銅)"

"중성으로 모음이 ㅜ의 '숫' 자는 한자로 '숯 탄(炭)' 자와 똑같아 지금의 나무를 태워 만드는 숯이 되고 '·울' 자는 점(ㆍ)이 하나로 거성의 가장 높은 소리로 한자로 '울타리 리(籬)' 자와 똑같아 지금의 집의 담장이나 경계선으로 쓰는 울타리가 되고 '누·에' 자는 한자로 '누에 전(蚕)' 자와 똑같아 지금의 뽕나무를 먹고 자라는 누에고치가 되고 '구·리' 자는 한자로 '구리 동(銅)' 자와 똑같아 지금의 전선으로 사용하는 금속으로 구리가 된다."

"또한 훈민정음 한글 초성·중성·종성으로 자음과 모음의 중성으로 모음의 'ㅜ' 자는 가장 맑고 깨끗하고 선명한 문자와 소리가 음양오행의 이치로 火에 해당하는 동시에 초성·중성·종성으로 자음과 모음의 음양오행의 이치로 '숫' 자는 초성으로 자음의 음양오행의 이치로 金의 ㅅ에 중성으로 모음의 음양오행의 이치로 火의 ㅜ와 종성으로 자음의 음양오행의 이치로 金의 ㅅ이 음양의 합으로 상합자의 이치로 만나 짝하여 완성된 문자와 소리가 자체적으로 보유한 음양오행의 생극제화 상극의 이치로 火剋金의 이치가 발생하여 최종적으로 金이 강하게 발생하는 문자와 소리가 되고 또 '·울' 자는 점(ㆍ)이 하나로 거성의 가장 높은 소리로 초성으로 자음의 음양오행의 이치로 水의 ㅇ에 중성으로 모음의 음양오행의 이치로 火의 ㅜ와 종성으로 자음의 음양오행의 이치로 火의 ㄹ이 음양의 합으로 상합자의 이치로 만나 짝하여 완성된 문자와 소리가 자체적으로 보유한 음양오행의 생극제화 상극의 이치로 水剋火의 이치가 발생하여 최종적으로 水가 강하게 발생하는 문자와 소리가 되고 또 '누·에' 자의 '누' 자는 초성으로 자음의 음양오행의 이치로 火의 ㄴ에 중성·종성으로 모음의 음양오행의 이치로 火의 ㅜ가 음양의 합으로 상합자의 이치로 만나 짝하여 완성된 문자와 소리가 자체적으로 보유한 음양오행의 생극제화 이치가 발생하지 않아 최종적으로 火가 강하게 발생하는 문자와 소리가 되고 '·에' 자는 점(ㆍ)이 하나로 거성의 가장 높은 소리로 초성으로 자음의 음양오행의 이치로 水의 ㅇ에 중성·종성으로 모음의 음양오행의 이치로 金의 ㅔ가 음양의 합으로 상합자의 이치로 만나 짝하여 완성된 문자와 소리가 자체적으로 보유한 음양오행의 생극제화 상생의 이치로 金生水의 이치가 발생하여 최종적으로 水가 강하게 발생하는 문자와 소리가 되나 '누·에' 자가 종합적으로 보유한 음양오행의 생극제화 상생상극의 이치로 金生水

水剋火의 이치가 발생하여 최종적으로 水가 강하게 발생하는 문자와 소리가 되고 또 '구·리'
자의 '구' 자는 초성으로 자음의 음양오행의 이치로 木의 ㄱ에 중성·종성으로 모음의 음양오
행의 이치로 火의 ㅜ가 음양의 합으로 상합자의 이치로 만나 짝하여 완성된 문자와 소리가
자체적으로 보유한 음양오행의 생극제화 상생의 이치로 木生火의 이치가 발생하여 최종적으
로 火가 강하게 발생하는 문자와 소리가 되고 '·리' 자는 점(·)이 하나로 거성의 가장 높은
소리로 초성으로 자음의 음양오행의 이치로 火의 ㄹ에 중성·종성으로 모음의 음양오행의
이치로 음양오행이 정해지지 않은 ㅣ와 음양의 합으로 상합자의 이치로 만나 짝하여 완성된
문자와 소리가 자체적으로 보유한 음양오행의 생극제화 상생상극의 이치가 모두 火로 발생하
지 않아 최종적으로 火가 강하게 발생하는 문자와 소리가 되나 '구·리' 자가 종합적으로
보유한 음양오행의 생극제화 상생의 이치로 木生火의 이치가 발생하여 최종적으로 火가 강하
게 발생하는 문자와 소리가 된다는 뜻이다."

"ㅕ 여브섭위조 :널위판 서·리爲霜 버·들爲柳(ㅕ 如브섭爲竈 :널爲板 서·리爲霜 버·들爲柳)"

"중성으로 모음이 ㅕ의 '브섭' 자는 한자로 '부엌 조(竈)' 자와 똑같아 지금의 주방으로 부엌이
되고 ':널' 자는 점(·)이 2개로 상성의 시작은 낮으나 끝이 높은 소리로 한자로 '널빤지 판(板)'
자와 똑같아 지금의 나무로 만든 널빤지가 되고 '서·리' 자는 한자로 '서리 상(霜)' 자와 똑같아
지금의 가을에 땅속에 하얗게 내리는 서리가 되고 '버·들' 자는 한자로 '버들 류(柳)' 자와
똑같아 지금의 능수버들 버드나무가 된다."

"또한 훈민정음 한글 초성·중성·종성으로 자음과 모음의 중성으로 모음의 'ㅕ' 자는 가장
맑고 깨끗하고 선명한 문자와 소리가 음양오행의 이치로 金에 해당하는 동시에 초성·중성·
종성으로 자음과 모음의 음양오행의 이치로 '브섭' 자의 '브' 자는 초성으로 자음의 음양오행의
이치로 土의 ㅂ에 중성·종성으로 모음의 음양오행의 이치로 土의 ㅡ가 음양의 합으로 상합자
의 이치로 만나 짝하여 완성된 문자와 소리가 자체적으로 보유한 음양오행의 생극제화 이치가
모두 土로 발생하지 않아 최종적으로 土가 강하게 발생하는 문자와 소리가 되고 '섭' 자는
초성으로 자음의 음양오행의 이치로 金의 ㅿ에 중성으로 모음의 음양오행의 이치로 金의
ㅕ와 종성으로 모음의 음양오행의 이치로 土의 ㅂ이 음양의 합으로 상합자의 이치로 만나
짝하여 완성된 문자와 소리가 자체적으로 보유한 음양오행의 생극제화 상생의 이치로 土生金

의 이치가 발생하여 최종적으로 金이 강하게 발생하는 문자와 소리이나 '브섭' 자가 종합적으로 보유한 음양오행의 생극제화 상생의 이치로 土生金의 이치가 발생하여 최종적으로 金이 강하게 발생하는 문자와 소리가 되고 또 ':널' 자는 점(ㆍ)이 2개로 상성의 시작은 낮으나 끝이 높은 소리로 초성으로 자음의 음양오행의 이치로 火의 ㄴ에 중성으로 모음의 음양오행의 이치로 金의 ㅕ와 종성으로 자음의 음양오행의 이치로 火의 ㄹ이 음양의 합으로 상합자의 이치로 만나 짝하여 완성된 문자와 소리가 자체적으로 보유한 음양오행의 생극제화 상극의 이치로 火剋金의 이치가 발생하여 최종적으로 火가 강하게 발생하는 문자와 소리가 되고 또 '서ㆍ리' 자의 '서' 자는 초성으로 자음의 음양오행의 이치로 金의 ㅅ에 중성ㆍ종성으로 모음의 음양오행의 이치로 金의 ㅕ가 음양의 합으로 상합자의 이치로 만나 짝하여 완성된 문자와 소리가 자체적으로 보유한 음양오행의 생극제화 이치가 모두 金으로 발생하지 않아 최종적으로 金이 강하게 발생하는 문자와 소리가 되고 'ㆍ리' 자는 점(ㆍ)이 하나로 거성의 가장 높은 소리로 초성으로 자음의 음양오행의 이치로 火의 ㄹ이 중성ㆍ종성으로 모음의 음양오행의 이치로 음양오행이 정해지지 않은 ㅣ가 음양의 합으로 상합자의 이치로 만나 짝하여 완성된 문자와 소리가 자체적으로 보유한 음양오행의 생극제화의 이치가 모두 火로 발생하지 않아 최종적으로 火가 강하게 발생하는 문자와 소리이나 '서ㆍ리' 자가 종합적으로 보유한 음양오행의 생극제화 상극의 이치로 火剋金의 이치가 발생하여 최종적으로 火가 강하게 발생하는 문자와 소리가 되고 또 '버ㆍ들' 자의 '버' 자는 초성으로 자음의 음양오행의 이치로 土의 ㅂ에 중성ㆍ종성으로 모음의 음양오행의 이치로 金의 ㅕ가 음양의 합으로 상합자의 이치로 만나 짝하여 완성된 문자와 소리가 자체적으로 보유한 음양오행의 생극제화 상생의 이치로 土生金의 이치가 발생하여 최종적으로 金이 강하게 발생하는 문자와 소리가 되고 'ㆍ들' 자는 점(ㆍ)이 하나로 거성의 가장 높은 소리로 초성으로 자음의 음양오행의 이치로 火의 ㄷ에 중성으로 모음의 음양오행의 이치로 土의 ㅡ와 종성으로 자음의 음양오행의 이치로 火의 ㄹ이 음양의 합으로 상합자의 이치로 만나 짝하여 완성된 문자와 소리가 자체적으로 보유한 음양오행의 생극제화 상생의 이치로 火生土의 이치가 발생하여 최종적으로 土가 강하게 발생하는 문자와 소리이나 '버ㆍ들' 자가 종합적으로 보유한 음양오행의 생극제화 상생의 이치로 火生土 土生金의 이치가 발생하여 최종적으로 金이 강하게 발생하는 문자와 소리가

된다는 뜻이다."

"ㅛ 여:종위노 ·고욤위영 ·쇼爲牛 삽됴위창출채(ㅛ 如:종爲奴 ·고욤爲樅 ·쇼爲牛 삽됴爲蒼朮菜)"

"중성으로 모음이 ㅛ의 ':종' 자는 점(·)이 2개로 상성의 시작은 낮으나 끝이 높은 소리로 한자로 '종 노(奴)' 자와 똑같아 지금의 노예가 되고 '·고욤' 자는 한자로 '고욤나무 염(樅)' 자와 똑같아 지금의 고욤이 되고 '·쇼' 자는 점(·)이 하나로 가장 높은 소리로 한자로 소 우(牛) 자와 똑같아 지금의 소가 되고 '삽됴' 자는 한자로 '푸를 창(蒼)' 자나 '차조 출(朮)' 자나 '나물 채(菜)' 자와 똑같아 지금의 푸른 청색의 나물이나 채소가 된다."

"또한 훈민정음 한글 초성·중성·종성으로 자음과 모음의 중성으로 모음의 'ㅛ' 자는 가장 맑고 깨끗하고 선명한 문자와 소리가 음양오행의 이치로 火에 해당하는 동시에 초성·중성·종성으로 자음과 모음의 음양오행의 이치로 ':종' 자는 점(·)이 2개로 상성의 시작은 낮으나 끝이 높은 소리로 초성으로 자음의 음양오행의 이치로 金의 ㅈ에 중성으로 모음의 음양오행의 이치로 火의 ㅛ와 종성으로 자음의 음양오행의 이치로 木의 ㅇ이 음양의 합으로 상합자의 이치로 만나 짝하여 완성된 문자와 소리가 자체적으로 보유한 음양오행의 생극제화 상생상극의 이치로 木生火 火剋金의 이치가 발생하여 최종적으로 火가 강하게 발생하는 문자와 소리가 되고 또 '·고욤' 자의 '·고' 자는 점(·)이 하나로 거성의 가장 높은 소리로 초성으로 자음의 음양오행의 이치로 木의 ㄱ이 중성·종성으로 모음의 음양오행의 이치로 水의 ㅗ가 음양의 합으로 상합자의 이치로 만나 짝하여 완성된 문자와 소리가 자체적으로 보유한 음양오행의 생극제화 상생의 이치로 水生木의 이치가 발생하여 최종적으로 木이 강하게 발생하는 문자와 소리가 되고 '욤' 자는 초성으로 자음의 음양오행의 이치로 水의 ㅇ이 중성으로 모음의 음양오행의 이치로 火의 ㅛ와 종성으로 자음의 음양오행의 이치로 土의 ㅁ이 음양의 합으로 상합자의 이치로 만나 짝하여 완성된 문자와 소리가 자체적으로 보유한 음양오행의 생극제화 상생상극의 이치로 火生土 土剋水의 이치가 발생하여 최종적으로 土가 강하게 발생하는 문자와 소리이나 '·고욤' 자가 종합적으로 보유한 음양오행의 생극제화 상생의 이치가 水生木 木生火 火生土의 이치가 발생하여 최종적으로 土가 강하게 발생하는 문자와 소리가 되고 또 '·쇼' 자는 점(·)이 하나로 거성의 가장 높은 소리로 초성으로 자음의 음양오행의 이치로 金의 ㅅ이 중성·종성으로 모음의 음양오행의 이치로 火의 ㅛ가 음양의 합으로 상합자의 이치로 만나 짝하여 완성된 문자와 소리가 자체적으로 보유한 음양오행의 생극제화 상극의 이치로 火剋金

의 이치가 발생하여 최종적으로 火가 강하게 발생하는 문자와 소리가 되고 또 '삽됴' 자의 '삽' 자는 초성으로 자음의 음양오행의 이치로 金의 ㅅ이 중성으로 모음의 음양오행의 이치로 木의 ㅏ와 종성으로 자음의 음양오행의 이치로 土의 ㅂ이 음양의 합으로 상합자의 이치로 만나 짝하여 완성된 문자와 소리가 자체적으로 보유한 음양오행의 생극제화 상생상극의 이치로 土生金 金剋木의 이치가 발생하여 최종적으로 金이 강하게 발생하는 문자와 소리가 되고 '됴' 자는 초성으로 자음의 음양오행의 이치로 火의 ㄷ에 중성·종성으로 모음의 음양오행의 이치로 火의 ㅛ가 음양의 합으로 상합자의 이치로 만나 짝하여 완성된 문자와 소리가 자체적으로 보유한 음양오행의 생극제화 상생상극의 이치가 모두 火로 발생하지 않아 최종적으로 火가 강하게 발생하는 문자와 소리이나 '삽됴' 자가 종합적으로 보유한 음양오행의 생극제화 상생의 이치로 木生火 火生土 土生金의 이치가 발생하여 최종적으로 金이 강하게 발생하는 문자와 소리가 된다는 뜻이다."

"ㅑ 여남샹위구 약위구벽 다·야위이 쟈감위교맥피(ㅑ 如남샹爲龜 약爲鼅鼊 다·야爲匜 쟈감爲蕎麥皮)"

"중성으로 모음이 ㅑ의 '남샹' 자는 한자로 '나라 이름 거북 구(龜)' 자와 똑같아 지금의 바다에 사는 거북이가 되고 '약' 자는 한자로 '개구리 구(鼅)' 자와 '거북 벽(鼊)' 자와 똑같아 지금의 개구리와 거북이와 비슷한 남생이가 약이 되고 '다·야' 자는 한자로 '손대야 이(匜)' 자와 똑같아 지금의 얼굴을 씻는 그릇의 세숫대야가 되고 '쟈감' 자는 한자로 '메밀 교(蕎)' 자와 '보리 맥(麥)' 자와 '껍질 피(皮)' 자와 똑같아 지금의 껍질이 있는 곡식으로 메밀과 보리가 된다."

"또는 훈민정음 한글 초성·중성·종성으로 자음과 모음의 중성으로 모음의 'ㅑ' 자는 가장 맑고 깨끗하고 선명한 문자와 소리가 음양오행의 이치로 金에 해당하는 동시에 초성·중성·종성으로 자음과 모음의 음양오행의 이치로 '남샹' 자의 '남' 자는 초성으로 자음의 음양오행의 이치로 火의 ㄴ에 중성으로 모음의 음양오행의 이치로 木의 ㅏ와 종성으로 자음의 음양오행의 이치로 土의 ㅁ이 음양의 합으로 상합자의 이치로 만나 짝하여 완성된 문자와 소리가 자체적으로 보유한 음양오행의 생극제화 상생의 이치로 木生火 火生土의 이치가 발생하여 최종적으로 土가 강하게 발생하는 문자와 소리가 되고 '샹' 자는 초성으로 자음의 음양오행의 이치로

金의 ㅅ에 중성으로 모음의 음양오행의 이치로 金의 ㅑ와 종성으로 자음의 음양오행의 이치로 木의 ㅇ이 음양의 합으로 상합자의 이치로 만나 짝하여 완성된 문자와 소리가 자체적으로 보유한 음양오행의 생극제화 상극의 이치로 金尅木의 이치가 발생하여 최종적으로 金이 강하게 발생하는 문자와 소리이나 '남샹' 자가 종합적으로 보유한 음양오행의 생극제화 상생의 이치로 木生火 火生土 土生金의 이치가 발생하여 최종적으로 金이 강하게 발생하는 문자와 소리가 되고 또 '약' 자는 초성으로 사음의 음양오행의 이치로 水의 ㅇ에 중성으로 모음의 음양오행의 이치로 金의 ㅑ와 종성으로 자음의 음양오행의 이치로 木의 ㄱ이 음양의 합으로 상합자의 이치로 만나 짝하여 완성된 문자와 소리가 자체적으로 보유한 음양오행의 생극제화 상생의 이치로 金生水 水生木의 이치가 발생하여 최종적으로 木이 강하게 발생하는 문자와 소리가 되고 또 '다·야' 자의 '다' 자는 초성으로 자음의 음양오행의 이치로 火의 ㄷ에 중성·종성으로 모음의 음양오행의 이치로 木의 ㅏ가 음양의 합으로 상합자의 이치로 만나 짝하여 완성된 문자와 소리가 자체적으로 보유한 음양오행의 생극제화 상생의 이치로 木生火의 이치가 발생하여 火가 강하게 발생하는 문자와 소리가 되고 '·야' 자는 점(·)이 하나로 거성의 가장 높은 소리로 초성으로 자음의 음양오행의 이치로 水의 ㅇ에 중성·종성으로 모음의 음양오행의 이치로 金의 ㅑ가 음양의 합으로 상합자의 이치로 만나 짝하여 완성된 문자와 소리가 자체적으로 보유한 음양오행의 생극제화 상생의 이치로 金生水의 이치가 발생하여 최종적으로 水가 강하게 발생하는 문자와 소리이나 '다·야' 자가 종합적으로 보유한 음양오행의 생극제화 상생의 이치로 金生水 水生木 木生火의 이치가 발생하여 최종적으로 火가 강하게 발생하고 또 '쟈감' 자의 '쟈' 자는 초성으로 자음의 음양오행의 이치로 金의 ㅈ에 중성·종성으로 모음의 음양오행의 이치로 金의 ㅑ가 음양의 합으로 상합자의 이치로 만나 짝하여 완성된 문자와 소리가 자체적으로 보유한 음양오행의 생극제화 이치가 모두 金으로 발생하지 않아 金이 강하게 발생하는 문자와 소리가 되고 '감' 자는 초성으로 자음의 음양오행의 이치로 木의 ㄱ에 중성으로 모음의 음양오행의 이치로 음양오행이 정해지지 않은 ㅣ와 종성으로 자음의 음양오행의 이치로 土의 ㅁ이 음양의 합으로 상합자의 이치로 만나 짝하여 완성된 문자와 소리가 자체적으로 보유한 음양오행의 생극제화 상극의 이치로 木尅土의 이치가 발생하여 최종적으로 木이 강하게 발생하는 문자와 소리이나 '쟈감' 자가 종합적으로 보유한 음양

오행의 생극제화 상생상극의 이치로 土生金 金剋木의 이치가 발생하여 최종적으로 金이 강하게 발생하는 문자와 소리가 된다는 뜻이다."

"ㅠ 여율믜위의이 죽위반초 슈·룹위우산 쥬련위세(ㅠ 如율믜爲薏苡 죽爲飯乘 슈·룹爲雨繖 쥬련爲帨)"

"중성으로 모음이 ㅠ의 '율믜' 자는 한자로 '율무 의(薏)' 자와 '율무 이(苡)' 자와 똑같아 지금의 율무가 되고 '죽' 자는 한자로 '밥 반(飯)' 자와 '어그러질 괴(乖)' 자와 '초(乘)' 자와 똑같아 지금의 밥으로 죽을 끓여 먹는 죽이 되고 '슈·룹' 자는 한자로 '비 우(雨)' 자와 '우산 산(繖)' 자와 똑같아 지금의 우산이 되고 '쥬련' 자는 한자로 '수건 세(帨)' 자 똑같아 지금의 얼굴이나 손을 닦는 수건이나 타올이 된다."

"또한 훈민정음 한글 초성·중성·종성으로 자음과 모음의 중성으로 모음의 'ㅠ' 자는 가장 맑고 깨끗하고 선명한 문자와 소리가 음양오행의 이치로 水가 발생하는 동시에 초성·중성·종성으로 자음과 모음의 음양오행의 이치로 '율믜' 자의 '율' 자는 초성으로 자음의 음양오행의 이치로 水의 ㅇ에 중성으로 모음의 음양오행의 이치로 水의 ㅠ와 종성으로 자음의 음양오행의 이치로 火의 ㄹ이 음양의 합으로 상합자의 이치로 만나 짝하여 완성된 문자와 소리가 자체적으로 보유한 음양오행의 생극제화 상극의 이치로 水剋火의 이치가 발생하여 최종적으로 水가 강하게 발생하는 문자와 소리가 되고 '믜' 자는 초성으로 자음의 음양오행의 이치로 土의 ㅁ에 중성·종성으로 모음의 음양오행의 이치로 土의 ㅢ가 음양의 합으로 상합자의 이치로 만나 짝하여 완성된 문자와 소리가 자체적으로 보유한 음양오행의 생극제화 상극의 이치로 土剋水의 이치가 발생하여 土가 강하게 발생하는 문자와 소리이나 '율믜' 자가 종합적으로 보유한 음양오행의 생극제화 상생상극의 이치로 火生土 土剋水의 이치가 발생하여 최종적으로 土가 강하게 발생하는 문자와 소리가 되고 또 '죽' 자는 초성으로 자음의 음양오행의 이치로 金의 ㅈ에 중성으로 모음의 음양오행의 이치로 水의 ㅠ와 종성으로 자음의 음양오행의 이치로 木의 ㄱ이 음양의 합으로 상합자의 이치로 만나 짝하여 완성된 문자와 소리가 자체적으로 보유한 음양오행의 생극제화 상생의 이치로 金生水 水生木의 이치가 발생하여 최종적으로 木이 강하게 발생하는 문자와 소리가 되고 또 '슈·룹' 자의 '슈' 자는 초성으로 자음의 음양오행의 이치로 金의 ㅅ에 중성·종성으로 모음의 음양오행의 이치로 水의 ㅠ가 음양의 합으로 상합자의 이치로 만나 짝하여 완성된 문자와 소리가 자체적으로 보유한 음양오행의 생극제화 상생의 이치로 金生水의 이치가 발생하여 최종적으로 水가 강하게 발생하는 문자와 소리가 되고 '·릅' 자는 점(·)이 하나로 거성의 가장 높은 소리로 초성으로 자음의 음양오행의 이치로 火의 ㄹ에 중성으로 모음의 음양오행의 이치로 火의 ㅜ와 종성으로 자음의 음양오행의 이치로 土의 ㅂ이 음양의 합으로 상합자의 이치로 만나 짝하여 완성된 문자와 소리가 자체적으로 보유한 음양오행의 생극제화 상생의 이치로 火生土의 이치가 발생하여 최종직으로 土가 강하게 발생하는 문자와 소리이나 '슈·릅' 자가 종합적으로 보유한 음양오행의 생극제화 상생의 이치로 火生土 土生金 金生水의 이치가 발생하여 최종적으로 水가 강하게 발생하는 문자와 소리가 되고 또 '쥬련' 자의 '쥬' 자는 초성으로 자음의 음양오행의 이치로 金의 ㅈ에 중성·종성으로 모음의 음양오행의 이치로 水의 ㅠ가 음양의 합으로 상합자의 이치로 만나 짝하여 완성된 문자와 소리가 자체적으로 보유한 음양오행의 생극제화 상생의 이치로 金生水의 이치가 발생하여 최종적으로 水가 강하게 발생하는 문자와 소리가 되고 '련' 자는 초성으로 자음의 음양오행의 이치로 火의 ㄹ에 중성으로 모음의 음양오행의 이치로 木의 ㅕ와 종성으로 자음의 음양오행의 이치로 火의 ㄴ이 음양의 합으로 상합자의 이치로 만나 짝하여 완성된 문자와 소리가 자체적으로 보유한 음양오행의 생극제화 상생의 이치로 木生火의 이치가 발생하여 최종적으로 火가 강하게 발생하는 문자와 소리이나 '쥬련' 자가 종합적으로 보유한 음양오행의 생극제화 상생의 이치로 金生水 水生木 木生火의 이치가 발생하여 최종적으로 火가 강하게 발생하는 문자와 소리가 된다는 뜻이다."

"ㅕ 여·엿위이당 ·뎔위불사 ·벼위도 :져비위연(ㅕ 如 ·엿爲飴餹 ·뎔爲佛寺 ·벼爲稻 :져비爲燕)"

"중성으로 모음이 ㅕ의 '·엿' 자는 점(·)이 하나로 거성의 가장 높은 소리로 한자로 '엿 이(飴)' 자와 '엿 당(餹)' 자와 똑같아 지금의 엿이 되고 '·뎔' 자는 점(·)이 하나로 거성의 가장 높은 소리로 한자로 '부처 불(佛)' 자와 '절 사(寺)' 자와 똑같아 지금의 절이나 사찰이 되고 '·벼' 자는 점(·)이 하나로 거성의 가장 높은 소리로 한자로 벼 도(稻) 자와 똑같아 지금의 벼가 되고 ':져비'는 점(·)이 2개로 상성의 시작은 낮으나 끝이 높은 소리로 한자로 '제비 연(燕)' 자와 똑같아 지금의 제비가 된다."

"또한 훈민정음 한글 초성·중성·종성으로 자음과 모음의 중성으로 모음의 'ㅕ' 자는 가장

맑고 깨끗하고 선명한 문자와 소리가 음양오행의 이치로 木에 해당하는 동시에 초성·중성·종성으로 자음과 모음의 음양오행의 이치로 '·엿' 자는 점(·)이 하나로 거성의 가장 높은 소리로 초성으로 자음의 음양오행의 이치로 水의 ㅇ에 중성으로 모음의 음양오행의 이치로 木의 ㅕ와 종성으로 자음의 음양오행의 이치로 金의 ㅅ이 음양의 합으로 상합자의 이치로 만나 짝하여 완성된 문자와 소리가 자체적으로 보유한 음양오행의 생극제화 상생의 이치로 金生水 水生木의 이치가 발생하여 최종적으로 木이 강하게 발생하는 문자와 소리가 되고 또 '·뎔' 자는 점(·)이 하나로 거성의 가장 높은 소리로 초성으로 자음의 음양오행의 이치로 火의 ㄷ에 중성으로 모음의 음양오행의 이치로 木의 ㅕ와 종성으로 모음의 음양오행의 이치로 火의 ㄹ이 음양의 합으로 상합자의 이치로 만나 짝하여 완성된 문자와 소리가 자체적으로 보유한 음양오행의 생극제화 상생의 이치로 木生火의 이치가 발생하여 최종적으로 火가 강하게 발생하는 문자와 소리가 되고 또 '·벼' 자는 점(·)이 하나로 거성의 가장 높은 소리로 초성으로 자음의 음양오행의 이치로 土의 ㅂ에 중성·종성으로 모음의 음양오행의 이치로 木의 ㅕ가 음양의 합으로 상합자의 이치로 만나 짝하여 완성된 문자와 소리가 자체적으로 보유한 음양오행의 생극제화 상극의 이치로 木剋土의 이치가 발생하여 최종적으로 木이 강하게 발생하는 문자와 소리가 되고 또 ':겨비' 자의 ':겨' 자는 점(·)이 2개로 상성의 시작은 낮으나 끝이 높은 소리로 초성으로 자음의 음양오행의 이치로 金의 ㅈ에 중성·종성으로 모음의 음양오행의 이치로 木의 ㅕ가 음양의 합으로 상합자의 이치로 만나 짝하여 완성된 문자와 소리가 자체적으로 보유한 음양오행의 생극제화 상극의 이치로 金剋木의 이치가 발생하여 최종적으로 金이 강하게 발생하는 문자와 소리가 되고 '비' 자는 초성으로 자음의 음양오행의 이치로 土의 ㅂ에 중성·종성으로 모음의 음양오행의 이치로 음양오행이 정해지지 않은 ㅣ와 음양의 합으로 상합자의 이치로 만나 짝하여 완성된 문자와 소리가 자체적으로 보유한 음양오행의 생극제화 이치가 발생하지 않아 최종적으로 土가 강하게 발생하는 문자와 소리이나 ':겨비' 자가 종합적으로 보유한 음양오행의 생극제화 상생상극의 이치로 土生金 金剋木의 이치가 발생하여 최종적으로 金이 강하게 발생하는 문자와 소리가 된다는 뜻이다."

이상은 훈민정음 한글의 초성·중성·종성으로 중성으로 모음에 의해 한글이 초성으로 자음을 상합자의 이치로 만나 짝하여 음양오행의 기운이 발생하는 이치로 중성으로 모음의 가장 대표적인 ·ㅡㅣ 자는 하늘과 땅과 사람을 말하는 천지인(天地人)의 이치로 '·' 자는 하늘로 火이나 현재는 사용하지 않아 음양오행이 없고 ㅡ 자는 평평한 땅으로 현재 사용하는 문자로 만물과 사물의 음양오행의 이치로 土이며 ㅣ 자는 사람으로 木이나 사람은 무극의 정수로 음양오행이나 위치나 숫자를 논할 수가 없이 모든 만물과 사물을 만나 하나의 공동체를 이루는 중성자로서 음양오행이 없는 것이 특징으로 중성으로 모음의 문자에 음양오행이 발생하는 이치는 木은 ㅏㅕ, 火는 ㅛㅜ, 土는 ㅡ, 金은 ㅓㅑ, 水는 ㅗㅠ가 기본이 되어 또 다시 ㅣ 자를 응용하여 "木은 ㅐㅖㅘㅙ, 火는 ㅟㅝㅞ, 土는 ㅢ, 金은 ㅔㅒ, 水는 ㅚ가 발생하여 초성으로 자음과 음양의 합으로 상합자의 이치로 만나 짝하여 완성된 문자와 소리를 이루는 동시에 중성으로 모음이 종성이 되어 완성된 문자와 소리를 이루는 것이 특징으로 한글의 초성·중성·종성으로 자음과 모음이 자체적으로 보유한 음양오행의 생극제화 상생상극의 이치에 따라 가장 맑고 깨끗하고 선명한 음양이나 목화토금수의 기운이 발생한다는 뜻이다.

　"終聲 ㄱ 여닥위저 독위옹(終聲 ㄱ 如닥爲楮 독爲甕)"

　"종성으로 자음의 ㄱ을 응용하는 '닥' 자는 한자로 '닥나무 저(楮)' 자와 똑같아 지금의 닥나무가 되고 '독' 자는 한자로 '독 옹(甕)' 자와 똑같아 지금의 집 뒤켠이나 옥상의 장독에 놓아둔 단지나 옹기가 된다."

　"또한 훈민정음 한글 초성·중성·종성으로 자음과 모음으로 종성으로 자음의 ㄱ 자는 가장 맑고 깨끗하고 선명한 문자와 소리가 음양오행의 이치로 木이 발생하는 동시에 초성·중성·종성으로 자음과 모음의 음양오행의 이치로 '닥' 자는 초성으로 자음의 음양오행의 이치로 火의 ㄷ에 중성으로 모음의 음양오행의 이치로 木의 ㅏ와 종성으로 木의 ㄱ이 음양의 합으로 상합자의 이치로 만나 짝하여 완성된 문자와 소리가 자체적으로 보유한 음양오행의 생극제화 상생의 이치로 木生火의 이치가 발생하여 최종적으로 火가 강하게 발생하는 문자와 소리가 되고 또 '독' 자는 초성으로 자음의 음양오행의 이치로 火의 ㄷ에 중성으로 모음의 음양오행의 이치로 水의 ㅗ와 종성으로 자음의 음양오행의 이치로 木의 ㄱ이 음양의 합으로 상합자의 이치로 만나 짝하여 완성된 문자와 소리가 자체적으로 보유한 음양오행의 생극제화 상생의 이치로 水生木 木生火의 이치가 발생하여 최종적으로 火가 강하게 발생하는 문자와 소리가 된다는 뜻이다."

"ㅇ"여:굼벙위제조"·올창위과두(如:굼벙爲蠐螬 ·올창爲蝌蚪)"

"종성으로 자음의 ㅇ을 응용하는 ':굼벙' 자는 점(·)이 2개로 상성의 시작은 낮으나 끝이 높은 소리로 한자로 '굼뱅이 제(蠐)' 자와 '굼뱅이 조(螬)' 자와 똑같아 지금의 굼뱅이가 되고 '·올창' 자는 점(·)이 하나로 거성의 가장 높은 소리로 한자로 '올챙이 과(蝌)' 자와 '올챙이 두(蚪)' 자와 똑같아 지금의 개구리의 알에서 깨어나 성장하여 개구리가 되는 올챙이가 된다."

"또한 훈민정음 한글 초성·중성·종성으로 자음과 모음으로 종성으로 자음의 'ㅇ' 자는 가장 맑고 깨끗하고 선명한 문자와 소리가 음양오행의 이치로 木이 발생하는 동시에 초성·중성·종성으로 자음과 모음의 음양오행의 이치로 ':굼벙' 자의 ':굼' 자는 점(·)이 2개로 상성의 시작은 낮으나 끝이 높은 소리로 초성으로 자음의 음양오행의 이치로 木의 ㄱ에 중성으로 모음의 음양오행의 이치로 火의 ㅜ와 종성으로 자음의 음양오행의 이치로 木의 ㅇ이 음양의 합으로 상합자의 이치로 만나 짝하여 완성된 문자와 소리가 자체적으로 보유한 음양오행의 생극제화 상생의 이치로 木生火의 이치가 발생하여 최종적으로 火가 강하게 발생하는 문자와 소리가 되고 '벙' 자는 초성으로 자음의 음양오행의 이치로 土의 ㅂ에 중성으로 모음의 음양오행의 이치로 金의 ㅓ와 종성으로 자음의 음양오행의 이치로 木의 ㅇ이 음양의 합으로 상합자의 이치로 만나 짝하여 완성된 문자와 소리가 자체적으로 보유한 음양오행의 생극제화 상생상극의 이치로 土生金 金剋木의 이치가 발생하여 최종적으로 金이 강하게 발생하는 문자와 소리이나 ':굼벙' 자가 종합적으로 보유한 음양오행의 생극제화 상생의 이치로 木生火 火生土 土生金의 이치가 발생하여 최종적으로 金이 강하게 발생하는 문자와 소리가 되고 또 '·올창' 자의 '·올' 자는 점(·)이 하나로 거성의 가장 높은 소리로 초성으로 자음의 음양오행의 이치로 水의 ㅇ에 중성으로 모음의 음양오행의 이치로 水의 ㅗ와 종성으로 자음의 음양오행의 이치로 火의 ㄹ이 음양의 합으로 상합자의 이치로 만나 짝하여 완성된 문자와 소리가 자체적으로 보유한 음양오행의 생극제화 상극의 이치로 水剋火의 이치가 발생하여 최종적으로 水가 강하게 발생하는 문자와 소리가 되고 '창' 자는 초성으로 자음의 음양오행의 이치로 金의 ㅊ에 중성으로 모음의 음양오행의 이치로 木의 ㅏ와 중성으로 자음의 음양오행의 이치로 木의 ㅇ이 음양의 합으로 상합자의 이치로 만나 짝하여 완성된 문자와 소리가 자체적으로 보유한 음양오행의 생극제화 상극의 이치로 金剋木의 이치가 발생하여 최종적으로 木이 강하게 발생하는 문자와 소리이나 'ᆞ올창' 자가 종합적으로 보유한 음양오행의 생극제화 상생의 이치로 金生水 水生木 木生火의 이치가 발생하여 최종적으로 火가 강하게 발생하는 문자와 소리가 된다는 뜻이다."

"ㄷ 여·갇위립 싣위풍(ㄷ 如 ·갇爲笠 싣爲楓)"

"종성으로 자음의 ㄷ을 응용하는 'ᆞ갇' 자는 점(ᆞ)이 하나로 거성의 가장 높은 소리로 한자로 '삿갓 립(笠)' 자와 똑같아 옛날에는 남자들이 모자 대용으로 머리에 쓰고 다녔지만 지금은 찾아보기가 힘든 갓이 되고 '싣' 자는 한자로 '단풍나무 풍(楓)' 자와 똑같아 지금의 단풍나무가 된다."

"또한 훈민정음 한글 초성·중성·종성으로 자음과 모음으로 종성으로 자음의 'ㄷ' 자는가 장 맑고 깨끗하고 선명한 문자와 소리가 음양오행의 이치로 火가 발생하는 동시에 초성·중성·종성으로 자음과 모음의 음양오행의 이치로 'ᆞ갇' 자는 점(ᆞ)이 하나로 거성의 가장 높은 소리로 초성으로 자음의 음양오행의 이치로 木의 ㄱ에 중성으로 모음의 음양오행의 이치로 木의 ㅏ와 종성으로 자음의 음양오행의 이치로 火의 ㄷ이 음양의 합으로 상합자의 이치로 만나 짝하여 완성된 문자와 소리가 자체적으로 보유한 음양오행의 생극제화 상생의 이치로 木生火의 이치가 발생하여 최종적으로 火가 강하게 발생하는 문자와 소리가 되고 또 '싣' 자는 초성으로 자음의 음양오행의 이치로 金의 ㅅ에 중성으로 모음의 음양오행의 이치로 음양오행이 정해지지 않은 ㅣ와 종성으로 자음의 음양오행의 이치로 火의 ㄷ이 음양의 합으로 상합자의 이치로 만나 짝하여 완성된 문자와 소리가 자체적으로 보유한 음양오행의 생극제화 상극의 이치로 火剋金의 이치가 발생하여 최종적으로 火가 강하게 발생하는 문자와 소리가 된다는 뜻이다."

"ㄴ 여·신위구· 반되위형(ㄴ 如 ·신爲屨 ·반되爲螢)"

"종성으로 자음의 ㄴ을 응용하는 'ᆞ신' 자는 점(ᆞ)이 하나로 거성의 가장 높은 소리로 한자로 '신 구(屨)' 자와 똑같아 지금의 신발이 되고 'ᆞ반되' 자는 점(ᆞ)이 하나로 거성의 가장 높은 소리로 한자로 '반디 형(螢)' 자와 똑같아 지금의 반딧불이 된다."

"또한 훈민정음 한글 초성·중성·종성으로 자음과 모음의 종성으로 자음의 'ㄴ' 자는 가장 맑고 깨끗하고 선명한 문자와 소리가 음양오행의 이치로 火가 발생하는 동시에 초성·중성·

종성으로 자음과 모음의 음양오행의 이치로 'ㆍ신' 자는 점(ㆍ)이 하나로 거성의 가장 높은 소리로 초성으로 자음의 음양오행의 이치로 金의 ㅅ에 중성으로 모음의 음양오행의 이치로 음양오행이 정해지지 않은 ㅣ와 종성으로 자음의 음양오행의 이치로 火의 ㄴ이 음양의 합으로 상합자의 이치로 만나 짝하여 완성된 문자와 소리가 자체적으로 보유한 음양오행의 생극제화 상극의 이치로 火剋金의 이치가 발생하여 최종적으로 火가 강하게 발생하는 문자와 소리가 되고 또 'ㆍ반되' 자의 'ㆍ반' 자는 점(ㆍ)이 하나로 거성의 가장 높은 소리로 초성으로 자음의 음양오행의 이치로 土의 ㅂ에 중성으로 모음의 음양오행의 이치로 木의 ㅏ와 종성으로 자음의 음양오행의 이치로 火의 ㄴ이 음양의 합으로 상합자의 이치로 만나 짝하여 완성된 문자와 소리가 자체적으로 보유한 음양오행의 생극제화 상생의 이치로 木生火 火生土의 이치가 발생하여 최종적으로 土가 강하게 발생하는 문자와 소리가 되고 '되' 자는 초성으로 자음의 음양오행의 이치로 火의 ㄷ이 중성ㆍ종성으로 모음의 음양오행의 이치로 水의 ㅚ가 음양의 합으로 상합자의 이치로 만나 짝하여 완성된 문자와 소리가 자체적으로 보유한 음양오행의 생극제화 상극의 이치로 水剋火의 이치가 발생하여 최종적으로 水가 강하게 발생하는 문자와 소리이나 'ㆍ반되' 자가 종합적으로 보유한 음양오행의 생극제화 상생의 이치로 水生木 木生火 火生土의 이치가 발생하여 최종적으로 土가 강하게 발생하는 문자와 소리가 된다는 뜻이다."

"ㅂ 여섭위신 ·굽위제(ㅂ 如섭爲薪 ·굽爲蹄)"

"종성으로 자음의 ㅂ을 응용하는 '섭' 자는 한자로 '섭나무 신(薪)' 자와 똑같아 지금의 땔감나무가 되고 'ㆍ굽' 자는 점(ㆍ)이 하나로 거성의 가장 높은 소리로 한자로 '굽 제(蹄)' 자와 똑같아 지금의 말발굽이 된다."

"또한 훈민정음 한글 초성ㆍ중성ㆍ종성으로 자음과 모음의 종성으로 자음의 'ㅂ' 자는 가장 맑고 깨끗하고 선명한 문자와 소리가 음양오행의 이치로 土가 발생하는 동시에 초성ㆍ중성ㆍ종성으로 자음과 모음의 음양오행의 이치로 '섭' 자는 초성으로 자음의 음양오행의 이치로 金의 ㅅ에 중성으로 모음의 음양오행의 이치로 金의 ㅓ와 종성으로 자음의 음양오행의 이치로 土의 ㅂ이 음양의 합으로 상합자의 이치로 만나 짝하여 완성된 문자와 소리가 자체적으로 보유한 음양오행의 생극제화 상생의 이치로 土生金의 이치가 발생하여 최종적으로 金이 강하게 발생하는 문자와 소리가 되고 또 'ㆍ굽' 자는 점(ㆍ)이 하나로 거성의 가장 높은 소리로 초성으로 자음의 음양오행의 이치로 木의 ㄱ에 중성으로 모음의 음양오행의 이치로 火의 ㅜ와 종성으로 자음의 음양오행의 이치로 土의 ㅂ이 음양의 합으로 상합자의 이치로 만나 짝하여 완성된 문자와 소리가 자체적으로 보유한 음양오행의 생극제화 상생의 이치로 木生火 火生土의 이치가 발생하여 최종적으로 土가 강하게 발생하는 문자와 소리가 된다는 뜻이다."

　"ㅁ 여:범위호 :심위천(ㅁ 如:범爲虎 :심爲泉)"

　"종성으로 자음의 ㅁ을 응용하는 ':범' 자는 점(·)이 2개로 상성의 시작은 낮으나 끝이 높은 소리로 한자로 '범 호(虎)' 자와 똑같아 지금의 호랑이가 되고 ':심' 자는 점(·)이 2개로 상성의 시작은 낮으나 끝이 높은 소리로 한자로 '샘 천(泉)' 자와 똑같아 지금의 샘이나 땅에서 솟아나는 샘물이 된다."

　"또한 훈민정음 한글 초성·중성·종성으로 자음과 모음의 종성으로 자음의 'ㅁ' 자는 가장 맑고 깨끗하고 선명한 문자와 소리가 음양오행의 이치로 土가 발생하는 동시에 초성·중성· 종성으로 자음과 모음의 음양오행의 이치로 ':범' 자는 점(·)이 2개로 상성의 시작은 낮으나 끝이 높은 소리로 초성으로 자음의 음양오행의 이치로 土의 ㅂ에 중성으로 모음의 음양오행의 이치로 金의 ㅓ와 종성으로 자음의 음양오행의 이치로 土의 ㅁ이 음양의 합으로 상합자의 이치로 만나 짝하여 완성된 문자와 소리가 자체적으로 보유한 음양오행의 생극제화 상생의 이치로 土生金의 이치가 발생하여 최종적으로 金이 강하게 발생하는 문자와 소리가 되고 또 ':심' 자는 점(·)이 2개로 상성의 시작은 낮으나 끝이 높은 소리로 초성으로 자음의 음양오 행의 이치로 金의 ㅅ에 중성으로 모음의 음양오행의 이치로 土의 ㅓ와 종성으로 자음의 음양오 행의 이치로 土의 ㅁ이 음양의 합으로 상합자의 이치로 만나 짝하여 완성된 문자와 소리가 자체적으로 보유한 음양오행의 생극제화 상생의 이치로 土生金의 이치가 발생하여 최종적으 로 金이 강하게 발생하는 문자와 소리가 된다는 뜻이다."

　"ㅅ 여:잣위해송 ·못위지(ㅅ 如:잣爲海松 ·못爲池)"

　"종성으로 자음의 ㅅ을 응용하는 ':잣' 자는 점(·)이 2개로 상성의 시작은 낮으나 끝이 높은 소리로 한자로 '풍부한 해(海)' 자와 '소나무 송(松)' 자와 똑같아 지금의 소나무에 피는 곰솔이나 잣이 되고 '·못' 자는 점(·)이 하나로 거성의 가장 높은 소리로 한자로 '못 지(池)' 자와 똑같아 지금의 연못이 된다."

"또한 훈민정음 한글 초성·중성·종성으로 자음과 모음의 종성으로 자음의 'ㅅ' 자는 가장 맑고 깨끗하고 선명한 문자와 소리가 음양오행의 이치로 金이 발생하는 동시에 초성·중성·종성으로 자음과 모음의 음양오행의 이치로 ':잣' 자는 점(ㆍ)이 2개로 상성의 시작은 낮으나 끝이 높은 소리로 초성으로 자음의 음양오행의 이치로 金의 ㅈ에 중성으로 모음의 음양오행의 이치로 木의 ㅏ와 종성으로 자음의 음양오행의 이치로 金의 ㅅ이 음양의 합으로 상합자의 이치로 만나 짝하여 완성된 문자와 소리가 자체적으로 보유한 음양오행의 생극제화 상극의 이치로 金剋木의 이치가 발생하여 최종적으로 金이 강하게 발생하는 문자와 소리가 되고 또 'ㆍ못' 자는 점(ㆍ)이 하나로 거성의 가장 높은 소리로 초성으로 자음의 음양오행의 이치로 土의 ㅁ에 중성으로 모음의 음양오행의 이치로 水의 ㅗ와 종성으로 자음의 음양오행의 이치로 金의 ㅅ이 음양의 합으로 상합자의 이치로 만나 짝하여 완성된 문자와 소리가 자체적으로 보유한 음양오행의 생극제화 상생의 이치로 土生金 金生水의 이치가 발생하여 최종적으로 水가 강하게 발생하는 문자와 소리가 된다는 뜻이다."

"ㄹ 여·돌위월 :별위성지류(ㄹ 如 ·돌 爲月 :별爲星之類)**"**

"종성으로 자음의 ㄹ을 응용하는 'ㆍ돌' 자는 점(ㆍ)이 하나로 거성의 가장 높은 소리로 한자로 '달 월(月)' 자와 똑같아 지금의 1개월 한달이 되고 ':별' 자는 점(ㆍ)이 2개로 상성의 시작은 낮으나 끝이 높은 소리로 한자로 '별 성(星)' 자와 똑같이 비슷한 지금의 하늘에 반짝이는 수많은 별이 된다."

"또한 훈민정음 한글 초성·중성·종성으로 자음과 모음의 종성으로 자음의 'ㄹ' 자는 가장 맑고 깨끗하고 선명한 문자와 소리가 음양오행의 이치로 火가 발생하는 동시에 초성·중성·종성으로 자음과 모음의 음양오행의 이치로 'ㆍ돌' 자는 점(ㆍ)이 하나로 거성의 가장 높은 소리로 초성으로 자음의 음양오행의 이치로 火의 ㄷ에 중성으로 모음의 음양오행의 이치로 土의 ㆍ와 종성으로 자음의 음양오행의 이치로 火의 ㄹ이 음양의 합으로 상합자의 이치로 만나 짝하여 완성된 문자와 소리가 자체적으로 보유한 음양오행의 생극제화 상생의 이치로 火生土의 이치가 발생하여 최종적으로 土가 강하게 발생하는 문자와 소리가 되고 또 ':별' 자는 점(ㆍ)이 2개로 상성의 시작은 낮으나 끝이 높은 소리로 초성으로 자음의 음양오행의 이치로 土의 ㅂ에 중성으로 모음의 음양오행의 이치로 木의 ㅕ와 종성으로 자음의 음양오행의 이치로 火의 ㄹ이 음양의 합으로 만나 짝하여 완성된 문자와 소리가 자체적으로 보유한 음양오행의 생극제화 상생의 이치로 木生火 火生土의 이치가 발생하여 최종적으로 土가 강하게 발생하는 문자와 소리가 된다는 뜻이다."

8

정인지 서(鄭麟趾 序)

有天地自然之聲(유천지자연지성)　則必有天地自然之文(칙필유천지자연지문)　所以古人因聲制字(소
이고인인성제자)　以通萬物之情(이통만물지정)　以載三才之道(이재삼재지도)　而後世不能易也(이후
새불능역야)　然四方風土區別(연사방풍토구별)　聲氣亦隨而異焉(성기역수이이언)　蓋外國之語(개외
국지어)　有其聲而無其字(유기성이무기자)　假中國之字以通其用(가중국지자이통기용)　是猶枘鑿之鉏
鋙也(시유예착지서어야)　豈能達而無礙乎(개능달이무애호)　要皆各隨所處而安(요개각수소처이안)
不可强之使同也(불가강지사동야)　吾東方禮樂文章(오동방예락문장)　侔擬華夏(모의화하)　但方言俚
語(단방언리어)　不與之同(불여지동)　學書者患其旨趣之難曉(학서자환기지취지난효)　治獄者病其曲
折之難通(치옥자병기곡절지난통)　昔新羅薛聰(석신라설총)　始作吏讀(시작이두)　官府民間至今行之
(관부민간지금행지)　然皆假字而用(연개가자이용)　或澁或窒(혹삽혹질)　非但鄙陋無稽而已(비단비루
무계이이)　至於言語之間(지어언어지간)　則不能達其萬一焉(칙불능달기만일언)　癸亥冬(계해동)　我殿
下創制正音二十八字(아전하창제정음이십팔자)　略揭例義以示之(략게례의이시지)　名曰訓民正音(명
왈훈민정음)　象形而字倣古篆(상형이자방고전)　因聲而音叶七調(인성이음협칠조)　三極之義(삼극삼
의)　二氣之妙(이기지묘)　莫不該括(막불해괄)　以二十八字而轉換無窮(이이십팔자이전환무궁)　簡而要
(간이요)　精而通(정이통)　故智者不終朝而會(고지자부종조이회)　愚者可浹旬而學(우자가협순이학)
以是解書(이시해서)　可以知其(가이지기)　義(의)　以是聽訟(이시청송)　可以得其情(가이득기정)　字韻
則淸濁之能辨(자운칙청탁지능변)　樂歌則律呂之克諧(악가칙율려지극해)　無所用而不備(무소용이불
비)　無所往而不達(무소왕이불달)　雖風聲鶴唳(수풍성학려)　鷄鳴狗吠(계명구폐)　皆可得而書矣(개가

득이서의) 遂(수) 命詳加解釋(명상가해석) 以喩諸人(이유제인) 於是(어시) 臣與(신여) 集賢殿 應敎 臣 崔恒(집현전 응교 신 최항) 副校理 臣 朴彭年(부교리 신 박팽년) 臣 申叔舟(신 신숙주) 修撰 臣 成三問(수찬 신 성삼문) 敦寧府注簿 臣 姜希顔(돈녕부주부 신 강희안) 行集賢殿 副修撰 臣 李塏(행집현전 부수찬 신 이개) 臣 李善老(신 이선노) 等(등) 謹(근) 作諸解及例(작제해급례) 以敍其梗槩(이서기경개) 庶使觀者不師而自悟(서사관자불사이자오) 若其淵源精義之妙(약기연원정의지묘) 則非臣等之所能發揮也(칙비신등지소능발휘야) 恭惟我(공유아) 殿下(전하) 天縱之聖(천종지성) 制度施爲超越百王(제도시위초월백왕) 正音之作(정음지작) 無所祖述(무소조술) 而成於自然(이성어자연) 豈以其至理之無所不在(개이기지리지무소부재) 而非人爲之私也(이비인위지사야) 夫東方有國(부동방유국) 不爲不久(불위불구) 而開物成務之大智(이개물성무지대지) 蓋有待於今日也歟(개유대어금일야여) 正統十一年九月上澣(정통십일년구월상한) 資憲大夫(자헌대부) 禮曹判書(예조판서) 集賢殿(집현전) 大提學(대제학) 知春秋館事(지춘추관사) 世子右賓客(세자우빈객) 臣 鄭麟趾(신 정인지) 拜手(배수) 稽首謹書(계수근서)

정인지 차례의 해석

"유천지자연지성 칙필유천지자연지문 소이고인인성제자 이통만물지정 이재삼재지도 이후세부능역야(有天地自然之聲 則必有天地自然之文 所以古人因聲制字 以通萬物之情 以載三才之道 而後世不能易也)"

"우리가 살아가는 하늘과 땅에는 반드시 문자와 소리가 존재하는 것이 법칙으로 예로부터 사람이 말하는 소리의 원인을 이루는 근본을 찾아 문자를 만들어 모든 만물과 사물의 뜻이 두루두루 미치고 통하게 하는 뜻으로 사람이 뛰어난 도리의 재주와 재능과 근본을 모두 갖추고 이어가는 것을 실어 나름으로 새롭게 바뀌며 다가오는 다음 세대의 사람들은 능력이 있어도 쉽게 바꾸지 못하는 것이다."

"연사방풍토구별 성기역수이이언 개외국지어 유기성이무기자 가중국문자이통기용 시유예착지서어야 개능달이무애호 요개각수소처이안 불가강지사동야 오동방예낙문장 모의화하 단방언리어 불여지동 학서자환기지취지난효 치옥자병기곡절지난통(然四方風土區別 聲氣亦隨而異焉 蓋外國之語 有其聲而無其字 假中國之字以通其用 是猶枘鑿之鉏鋙也 豈能達而無礙乎 要皆各隨所處而安 不可强之使同也 吾東方禮樂文章 侔擬華夏 但方言俚語 不與之同 學書者患其旨趣之難曉 治獄者病其曲折之難通)"

"그리하여 동서남북의 기후와 지역에 따라 나누어지고 소리의 기운도 다르고 따르는 것도

다른데 대개 외국어는 소리는 있으나 문자가 없어 임시로 중국 문자를 빌려 사용하며 두루 미치고 소통하며 살아가지만 이것이 마치 찧을 곡식 자루를 호미로 뚫어 놓은 것과 같이 어긋나 맞지 않아 능히 통달해서 잘해도 어찌 꺼리고 막히는 것이 없지 않겠는가. 각자에게 바라는 것은 일정한 장소에서 편안하게 따라가지만 강제로 똑같게 쫓아갈 수는 없다. 동방의 우리나라는 예절과 즐기는 풍류와 문장이 여름에 꽃이 가지런히 화려하게 피는 것과 같지만 무릇 말이 방언이나 저속한 말이 똑같지 않아 사람들이 중국 문자를 배우고 쓰는 데 근심 걱정이 많아 그 뜻에 미치지 못하여 깨닫는 데 어려움이 많아 옥사를 다스리거나 질병이 있는 사람의 복잡한 사정이나 까닭을 서로가 소통하지 못하는 어려움이 있다."

"석신라설총 시작이두 관부민간지금행지 연개가자이용 혹삽혹질 비단비루무계이이 지어언어지간 칙불능달기만일언 계해동 아 전하창제이십팔자 약계례의이시지 명왈훈민정음(昔新羅薛聰 始作吏讀 官府民間至今行之 然皆假字而用 或澁或窒 非但鄙陋無稽而已 至於言語之間 則不能達其萬一焉 癸亥冬 我 殿下創制正音二十八字 略揭例義以示之 名曰訓民正音)"

옛날 신라시대부터 '설총'이라는 사람이 한문에 토를 달아(吏讀) 한문을 읽기 시작하여 지금까지 관청이나 백성들 사이에서 좋게 쓰여 임시적으로 글자를 빌려 두루 미치게 사용하였으나 말이 막히고 말하기를 꺼려 다만 견문이 좁아 어리석게 되어 머무르는 것이 없어 말로는 만 번에 한 번도 소통하지 못하는 것이 법칙이었다. 계해년 겨울 우리의 세종대왕은 올바른 소리 28글자를 처음으로 만들어 대략 옳게 보기를 들어 보이시며 이것을 소리로 백성을 인도한다는 뜻으로 '훈민정음'이라 이름을 지었다."

"상형이자방고전 인성이음협칠조 삼극지의 이기지묘 막불해괄 이이십팔자이전환무궁 간이요 정이통 고지자부종조이회 우자가협순이학 이시해서 가이지기의 이시청송 가이득기정 자운칙청탁지능변 악가칙율려지극해 무소용 이불비 무소왕이불달 수풍성학려 계명구폐 개가득이서의 수 명상가해석 이유제인(象形而字倣古篆 因聲而音叶七調 三極之義 二氣之妙 莫不該括 以二十八字而轉換無窮 簡而要 精而通 故智者不終朝而會 愚者可浹旬而學 以是解書 可以知其義 以是聽訟 可以得其情 字韻則淸濁之能辨 樂歌則律呂之克諧 無所用 而不備 無所往而不達 雖風聲鶴唳 鷄鳴狗吠 皆可得而書矣 遂 命詳加解釋 以喩諸人)"

"훈민정음 한글의 문자는 옛 고대 한자의 한 체의 모양을 본뜨고 모방하였으며 소리의 원인을 이루는 근본을 7번 고르고 조절하여 맞추어 올바른 천지인의 이치와 오묘한 음양의 이치가 갖추어진 모든 것을 묶어 담지 않은 것이 없는 훈민정음 한글 28자는 바뀌고 변하는 것이 끝이 없어 대쪽에 간편하게 원하는 것을 세밀하고 아름답게 통하게 하는 문자로서 본래 슬기와 지혜가 좋은 사람은 아침에 시작해서 끝마치나 그렇지 못한 사람들을 모아 열흘이나 10번을 배우고 익혀 올바르게 글씨를 쓰고 해석하거나 뜻을 알고 깨닫게 하여 올바르게 관청에 하소연하여 그 뜻을 얻을 수가 있으며 문자와 소리로 맑고 선명하고 깨끗하거나 탁하고 흐린 것을 능히 분별할 수가 있으며 노랫가락의 음률에도 잘 어울려 즐겁게 노래를 부를 수가 있어 사용하는 데 장소를 갖추지 않아도 되고 일정한 장소에 관계없이 통달하지 않는 것이 없어 비록 문자로써 올바르게 강아지가 짖고 닭이 울고 학이 울고 바람이 부는 소리까지 모두 얻을 수가 있어 이르되 모든 사람들에게 더 자세하게 해석하여 깨우치도록 하라고 명령을 내리셨다."

"어시 신여 집현전 응교 신 최항 부교리 신 박팽년 신 신숙주 수찬 신 성삼문 돈녕부주부 신 강희안 행 집현전 부수찬 신 이개 신 이선노 등 근 작제해급례 이서기경개 서사관자불 사이자오 약기연원정의지묘 칙비신등지소능발휘야(於是 臣與 集賢殿 應教 臣 崔恒 副校理 臣 朴彭年 臣 申叔舟 修撰 臣 成三問 敦寧府注簿 臣 姜希顏 行 集賢殿 副修撰 臣 李塏 臣 李善老 等 謹 作諸解及例 以敍其梗槩 庶使觀者不師而自悟 若其淵源精義之妙 則非臣等之所能發揮也)"

"옳고 바르게 신을 돕고 따르는 집현전 위원인 당시의 응교(정4품) '최항' 신하, 부교리(정5품) '박팽년' 신하, 부교리(정5품) '신숙주' 신하, 수찬(정6품) '성삼문' 신하, 돈녕부 주부(정6품) '강희안' 신하, 집현전 부수찬(정6품) '이개' 신하, 부수찬(정6품) '이선노' 신하 이외에 많은 사람들이 도와 주어 삼가 정중하게 순서와 차례를 정하여 대부분 보기를 들어 모든 것을 해석하여 만들어 많이 보는 자는 스승 없이도 스스로 깨우치도록 하였는데 이는 그 만물과 사물이 끊어지지 않고 흐르는 자세하고 오묘한 근본과 이치를 우리 신하들은 일정한 장소에서 그 능력을 발휘할 수가 없는 것이 법칙이다."

"공유아 전하 천종지성 제도시위초월백왕 정음지작 무소조술 이성어자연 개이기지리 지무소불재 이비인위지사야 부동방유국 불위불구 이개물성무지 대지 개유대어금일야여 (恭惟我 殿下 天縱之聖 制度施爲超越百王 正音之作 無所祖述 而成於自然 豈以其至理之無所不在 而非人爲之私也 夫東 方有國 不爲不久 而開物成務之 大智 蓋有待於今日也歟)"

"나와 우리는 공손하게 생각하건데 세종대왕은 한계를 뛰어넘는 법도와 도리를 만들어

널리 전하는 군주로서 백에 하나에 해당하는 임금으로 하늘에서 뛰어난 사람을 내려보내 '훈민정음'의 올바른 소리와 문자를 만들어 선인의 설을 본받지 않은 우리가 살아가는 대우주와 대자연에 존재하는 모든 이치로 이루어진 것으로 대개 그 도리와 이치가 존재하지 않는 곳이 없는 사람을 위해 만든 것이지 사사로운 개인의 욕망을 위해 만든 것이 아니며 동방에 우리나라가 존재한 것이 그리 오래되지 않은 것이 아니지만 끝없는 노력으로 만물이 열리고 통하는 모든 것을 이루는 일들이 오늘에서야 넓고 큰 뛰어난 슬기와 지혜를 숭상하여 갖추어 감추고 기다리는 일이 있었다."

"정통십일년구월상한 자헌대부 예조판서 집현전 대제학 지춘추관사 세자우빈객 신 정인지 배수계수근서(正統十一年九月上澣 資憲大夫 禮曹判書 集賢殿 大提學 知春秋館事 世子右賓客 臣 鄭麟趾 拜手稽首謹書)"

"정통 11년 9월 상한(1446년 9월 초하루부터 열흘 사이)으로 당시의 직책 자헌대부(資憲大夫:정이품 문무관의 품계) 예조판서(禮曹判書:예조의 정이품 벼슬) 집현전(集賢殿: 조선 초기 경적(經籍) 전고(典故) 진강(進講) 등을 맡아 업무를 보던 관아) 대제학(大提學:홍문관, 예문관의 정2품 벼슬) 지춘추관사(知春秋館事: 정2품 벼슬) 세자 저하의 우빈객(右賓客:왕의 자손인 세자를 교육시키는 직책) 충신 정인지는 삼가 손 모아 머리 숙여 절하는 심정으로 쓴다 하였다."

이상은 국보 제70호 『훈민정음 해례본』을 해석한 내용으로 우리나라의 근본을 살리고 뿌리가 담기고 선조들의 숭고한 얼과 혼이 담긴 우리의 '국어' 한글이 초성·중성·종성으로 자음과 모음을 대우주와 대자연에 존재하는 모든 만물과 사물의 이치로 하늘과 땅과 사람이 존재하는 천지인(天地人)의 이치와 하루의 밤낮이 존재하는 음양의 이치와 만물과 사물이 목화토금수의 기운 성품 성질 성향 유형으로 존재하는 이치와 1년 봄·여름·가을·겨울 사계절 24절기의 이치와 동서남북이 존재하는 방향의 이치와 1234567890 수(數)가 존재하는 숫자의 이치와 또 대우주와 대자연에 존재하는 모든 만물과 사물의 대표적인 사람이나 동식물이 1년 봄·여름·가을·겨울 사계절 24절기의 이치에 의해 발생하는 음양이나 목화토금수의 기운작용과 영향에 의해 생명을 유지하고 존재하며 발생하는 그 모양이나 그림을 형상화하여 '훈민정음 한글'을 만들어 한글을 읽고 말하는 소리의 음양오행의 이치와 쓰고 기록하는 숫자의 음양오행의 이치에 의해 발생하는 가장 맑고 깨끗하고 선명한 목화토금수 기운이 발생하는 이치를 자세히 기록한 내용으로 우리는 이러한 '훈민정음' 자료를 중요시하여 국가적이나 범국민적으로 한글을 국제화시키는 동시에 세계의 모든 국어를 한글로 번역하여 한글에 의해 발생하는 음양오행의 이치를 통하여 세계의 각국의 국어의 기운을 분석하는 기준으로 삼는 동시에 훈민정음 한글을 세계의 국어로 승화시키는 것이 중요하며 또한 세계 각국의 모든 사람들이 소유한 이름도 한글이 발생하는 음양오행의 이치를 응용하여 작명하고 분석할 수가 있는 것이 법칙으로 훈민정음 한글 음양이나 목화토금수의 이치로 가장 기준이 되고 표준이 되는 것을 만들어 놓은 것이 바로 이 '한글 성명학'이다.

제2장

훈민정음 한글과 음양오행

『훈민정음 해례본』에 의거하여 새롭게 만들어진 '한글 성명학'은 우리의 순수한 한글 이름이나 세계인의 모든 사람들의 이름을 쉽게 작명하고 분석하는 성명학으로 이름을 작명하는 과정에서 우리의 국어인 한글의 초성·중성·종성으로 자음과 모음이 보유한 음양오행의 생극제화 이치로 작명하여 사람의 이름을 부르고 읽고 말하는 소리의 음양오행의 이치와 쓰고 기록하는 숫자의 음양오행의 이치에 따라 가장 맑고 깨끗하고 선명한 음양이나 목화토금수의 기운 성품 성실 성향 유형이 발생하는 것이 법칙으로 한글의 초성·중성·종성으로 자음과 모음을 올바르고 정확하게 응용하여 작명하는 것이 '한글 성명학'이다. 『훈민정음 해례본』에서는 훈민정음 한글의 초성·중성·종성으로 자음과 모음이 만들어지는 과정을 예의(例義) 제자해(制字解) 초성해(初聲解) 중성해(中聲解) 종성해(終聲解) 합자해(合字解) 용자례(用字例)로 구분하여 한글의 초성·중성·종성으로 자음과 모음이 만들어지는 과정을 대우주와 대자연에 존재하는 모든 만물과 사물의 이치로 음양오행이나 사계절의 24절기나 동서남북의 방향이나 숫자의 이치와 또 만물과 사물이 사람을 만나 하나의 공동체를 이루고 생명을 유지하고 존재하며 살아가는 모든 이치를 있는 그대로를 응용하고 형상화하여 제작하여 음양이나 목화토금수의 기운이 발생하는 이치와 근거를 자세히 기록하고 있는 고서로 앞으로 한글의 초성·중성·종성으로 자음과 모음을 올바르게 응용하는 것을 중요하게 제시하는 문서로 우리의 한글은 초성·중성·종성의 자음과 모음으로 구성되는데 초성·종성의 자음은 'ㄱㄴ ㄷㄹㅁㅂㅅㅇㅈㅊㅋㅌㅍㅎ'에 의해 한글이 만들어지고 끝나고 시작하는 이치가 성립되어 한글의 초성으로 자음을 읽고 말하는 소리의 이치에 의해 발생하는 음양이나 목화토금수의 기운이 시작되는 것이 법칙으로 '나무(木)는 ㄱㅋㄲ, 불(火)은 ㄴㄷㄹㅌㄸ, 흙(土)은 ㅁㅂㅍㅃ, 쇠(金)는 ㅅㅈㅊㅆㅉ, 물(水)은 ㅇㅎ'으로 구분되며 다시 문자로 구분하면 '나무(木)는 가, 카, 까 불(火)은 나, 다, 라, 타, 따 흙(土)은 마, 바, 파, 빠 쇠(金)는 사, 자, 차, 싸, 짜 물(水)은 아, 하'로 구분되어 음양이나 목화토금수의 기운이 발생하는 것이 법칙이다.

그러나 한글 중성으로 모음의 'ㅏㅑㅓㅕㅗㅛㅜㅠㅡㅣㅐㅒㅔㅖㅢㅓㅕㅘㅞㅙ'는 초성·종성으로 자음과 음양의 합으로 상합자의 이치로 만나 짝하여 하나의 한글이 만들어지는 것이 법칙으로 한글은 똑같이 초성·중성·종성으로 초성으로 자음에 의해 음양이나 목화토금수의 기운이 정해져 시작하는 것이 원칙이나 중성·종성으로 모음에 의해 또다시 음양이나 목화토

금수의 기운이 발생하여 음양오행의 생극제화 상생상극의 이치에 따라 음양오행의 기운 변화가 발생하는 것이 법칙으로 한글의 초성·중성·종성으로 자음과 모음은 스스로 음양이나 목화토금수의 기운을 소유하여 자체적으로 보유한 음양오행의 기운이 발생하여 음양오행의 생극제화 상생상극의 이치가 자동적으로 발생하는 것이 특징으로 음양오행의 생극제화 상생상극의 이치에 따라 가장 뛰어난 맑고 깨끗하고 선명한 음양이나 목화토금수의 기운이 강하게 발생하는 것이 법칙이라는 것을 알아 한글을 올바르게 응용하는 것이 중요하다는 것을 명심하여야 한다.

『훈민정음 해례본』에서는 한글의 초성·중성·종성으로 자음과 모음에 의해 음양이나 목화토금수가 발생하는 이치에 대하여 자세히 기록하였는데 다음과 같다.

"이초중종합성지자언지 역유동정호근음양교변지의언 동자 천야 정자 지야 겸호동정자 인야 개오행재천칙신지운야 재지칙질지성야 재인칙인예신의지신지운야 간심비폐신질지성야 초성유발동지의 천지사야 종성유지정지의 지지사야 중성승초지생 접종지성 인지사야 개자운지요(以初中終合成之字言之 亦有動靜互根陰陽交變之義焉 動者 天也 靜者 地也 兼乎動靜者 人也 盖五行在天則神之運也 在地則質之成也 在人則仁禮信義智神之運也 肝心脾肺腎質之成也 初聲有發動之義 天之事也 終聲有止定之義 地之事也 中聲承初之生 接終之成 人之事也 盖字韻之要)"라 하여 한글의 초성·중성·종성의 자음과 모음이 합하여 하나가 되어야 소리와 글자를 이루며 또한 올바르게 음양이 서로가 주고받아 변하여 고요하고 움직이는 것이 존재하는데 움직이고 활동하는 것은 하늘의 양으로 초성으로 자음이며 고요하고 맑은 것은 땅의 음으로 중성이며 아울러 고요하게 활동하며 움직이는 자가 사람의 종성으로 천지인의 이치가 숨겨져 있어 하늘에 존재하는 불가사의한 정신이나 혼에 의해 돌고 도는 것이 법칙이며 땅에서는 음양이나 목화토금수의 기운 성품 성질 성향 유형을 이루어 가는 것이 법칙으로 사람의 성품이 木은 인정, 火는 정직, 土는 신용, 金은 의리, 水는 지혜의 정신이나 혼이 돌고 또 오장육부의 바탕과 성질도 木은 간장, 火는 심장, 土는 위장, 金은 폐장, 水는 신장을 이루고 존재하기 때문에 한글의 초성으로 자음은 꿈과 이상의 욕망과 생각이 올바르게 활동하는 것이 존재하는 것은 하늘이 하는 일이며 종성으로 자음은 멈추고 정해지는 것이 올바르게 존재하는 것은 땅이 하는 일이며 중성으로 모음이 초성으로 자음을 이어 받아 태어나 접하여 종성을 이루는 것은 사람이 하는 일로서 모두가 글자로 소리를 구하고 원하는 것이라 하였다.

이것은 한글이 초성·중성·종성의 자음과 모음이 음양의 합으로 상합자의 이치로 만나 짝하여 한글이 만들어지는 것이 바로 천지인의 이치로 초성으로 자음은 하늘에 의해 한글의 시작이 되어 우두머리가 되어 모든 것을 주재(主宰)하는 이치가 되며 중성으로 모음은 땅으로 하늘에 의해 한글의 기운 성품 성질 성향 유형을 이루고 정해지는 동시에 한글의 끝이 되기도 하며 종성으로 자음은 하늘과 땅에서 한글의 기운 성품 성질 성향 유형이 정해진 것을 사람에 의해 모든 것이 이루어지는 이치로 사람이 최종적으로 훈민정음 한글을 사용하여 무한대의 꿈과 이상의 목표를 세우고 성공을 이루는 이치가 성립되어 한글의 초성·중성·종성으로 자음과 모음에 의해 발생하는 음양이나 목화토금수의 기운이 초성으로 자음에 의해 음양이나 목화토금수의 기운 성품 성질 성향 유형이 정해지는 것이 법칙이나 중성으로 모음에 의해 또다시 음양이나 목화토금수의 기운 성품 성질 성향 유형이 파생되어 발생하여 나타나는 것이 법칙으로 최종적으로 종성으로 자음에 의해 그 음양이나 목화토금수의 기운 성품 성질 성향 유형이 결정되어 한글의 문자가 끝나는 동시에 다시 한글의 문자가 끊임없이 발생하여 꿈과 이상의 목표를 이루는 글귀를 무한대로 이어가는 것이 법칙으로 한글이 자체적으로 보유한 음양오행의 기운이 발생하는 음양오행의 생극제화 상생상극의 이치에 따라 순환상생 을 이루어 서로가 조화와 균형을 이루고 중화를 이루고 있는 것이 법칙이다.

1

훈민정음 한글 초성으로
자음과 음양오행

훈민정음 한글 초성·중성·종성으로 자음과 모음의 초성으로 자음이 발생하는 음양오행의 기운이 발생하는 것에 대해서 정확하게 이해를 돕고자 한다.

한글은 사람이 말하는 소리의 음양오행의 이치에 따라 초성·중성·종성으로 자음과 모음이 음양의 합으로 상합자의 이치로 만나 짝하여 구성되어 있는데 이 자음과 모음이 만들어진 과정을 『훈민정음 해례본』 '제자해'에서는 대우주와 대자연의 이치를 통하여 자세히 기록하고 있다. 『훈민정음 해례본』에 "부인지유성본어오행(夫人之有聲本於五行)"이라 하여 사람이 말하는 소리에는 근본적으로 목화토금수의 기운이 존재한다고 기록하였는데 이것은 대우주와 대자연에 존재하는 모든 만물과 사물의 이치로 사람이나 동식물은 주변에서 발생하는 맑고 깨끗하고 선명한 착한 좋은 소리와 흐리고 더러운 믭고 불길한 나쁜 소리에 가장 빠르게 민감하게 생각하고 판단하여 몸이 순간적으로 반응하면서 활동을 시작하여 길흉화복이 결정되는 일이 발생한다는 이치로 한글의 초성·중성·종성으로 자음과 모음이 음양의 합으로 상합자의 이치로 만나 짝하여 만들어진 한글을 읽고 말하고 소리의 음양오행의 이치와 쓰고 기록하는 숫자의 음양오행의 이치에 의해 발생하는 음양이나 목화토금수의 기운이 발생하는 이치를 중요시하고 있다는 것에 주목하여야 한다. 이것은 세계 각국 국어의 소리에는 『훈민정음 해례본』에 의해 반드시 음양이나 목화토금수의 기운이 존재한다는 것을 알아야 한다.

『훈민정음 해례본』'제자해'에서는 "천지지도 일음양오행이이 곤복지간위태극 이동정지후 위음양 범유생류재천지지간자 사음양이하지 고인지성음 개유음양지리 고인불찰이 금정음지 작 초비지영이력색 단인기성음이극기리이이 리기불이 칙하득불여천지귀신동기용야(天地之道 一陰陽五行而已 坤復之間爲太極 而動靜之後爲陰陽 凡有生類在天地之間者 捨陰陽而何之 故人之聲音 皆有陰陽之理 顧人不察耳 今正音之作 初非智營而力索 但因其聲音而極其理而已 理旣不二 則何得不與天地鬼神同其用也)"이라 하 여 하늘과 땅의 이치는 음양과 목화토금수이며 음기(陰氣)가 회복하는 공간이 극도에 도달하는 것을 만들어야 고요하고 맑게 움직인 후에 음양의 이치로 하늘과 땅에 밝고 어두운 것이 구분되어 하늘과 땅 사이에 모든 생명이 살아 움직이는 만물과 사물의 사람이나 동식물들이 생명을 유지하고 존재하는 자가 어찌 음양의 조화와 균형을 이루고 중화를 이루는 것을 버리고 평온하게 살아갈 수가 없으며 본래 사람이 말하는 모든 소리에는 음양의 이치가 존재하는데 사람이 귀로 듣고 관찰하고 살피지 못했을 뿐이다 이제 올바른 소리를 만드는데 처음부터 슬기와 지혜로 힘써 찾은 것이 아니라 다만 소리의 원인을 이루고 있는 근본이 한계에 도달하 는 이치를 찾았으나 그 이치가 이미 둘이 아니라 하늘과 땅의 귀신도 한가지로 동일하게 함께 사용하는 것이 훈민정음 한글이라 하였으며 또 "부인지유성 본어오행 고합제사시이불패 협지오음이불려 후수이윤 수야 성허이통 여수허명이류통야 어시위동 어음위우 아착이장 목야 성사후이실 여목지생어수이유형야 어시위춘 어음위각 설예이동 화야 성전이양 여화지전전이 양양야 어시위하 어음위징 치강이단 금야 성설이체 여금지설쇄이단성야 어시위추 어음위상 순방이합 토야 성함이광 여토지함축만물이광대야 어시위계하 어음위궁 연수내생물지원 화내 성물지용 고오행지중 수화위대 후내출성지문 설내변성지관 고오음지중 후설위주야 후거후이 아차지 북동지위야 설치우차지 남서지위야 순거말 토무정위이기왕사계지의야 시칙초성지중 자유음양오행방위지수야 우이성음청탁이언지(夫人之有聲本於五行 故合諸四時而不悖 叶之五音而不戾 喉 邃而潤 水也 聲虛而通 如水虛明而流通也 於時爲冬 於音爲羽 牙錯而長 木也 聲似喉而實如木之生於水而有形也 於時爲 春 於音爲角 舌銳而動 火也 聲轉而颺 如火之轉展而揚揚也 於時爲夏 於音爲徵 齒剛而斷 金也 聲屑而滯 如金之屑瑣而 鍛成也 於時爲秋 於音爲商 脣方而合 土也 聲含而廣 如土之含蓄萬物而廣大也 於時爲季夏 於音爲宮 然水乃生物之源火 乃成物之用 故五行之中 水火爲大 喉乃出聲之門 舌乃辨聲之管 故五音之中 喉舌爲主也 喉居後而牙次之 北東之位也 舌齒又次之 南西之位也 脣居末 土無定位而寄旺四季之義也 是則初聲之中 自有陰陽五行方位之數也 又以聲音淸濁而言 之)"라 하여 사람이 말하는 소리에는 목화토금수의 기운이 존재하여 본래 봄·여름·가을·겨

울 사계절과 궁상각치우 5가지 소리에 어긋나지 않으며 목구멍은 깊고 촉촉이 젖어 있어 물(水)이며 소리가 비어 통하고 물이 밝게 흘러 통하니 사계절의 이치로 겨울이며 소리는 우(羽)를 만들고 어금니는 섞여 길어 나무(木)이며 소리를 목구멍소리와 비슷하나 가득하여 나무가 물에 의해서 태어나는 모양과 그림으로 사계절의 이치로 봄이며 소리는 각(角)을 만들고 혀는 예민하고 빠르게 활동하니 불(火)이며 소리가 구르며 날리니 불이 발달하여 구르며 위로 불타오르니 사계절의 이치로 여름이며 소리는 치(徵)를 만들고 이는 단단하고 끊으니 쇠(金)이며 소리가 가루가 되어 막혀 쇠의 부스러기를 불에 불리는 것을 이루어 사계절의 이치로 가을이며 소리는 상(商)을 만들고, 입술은 동서남북으로 합쳐지니 흙(土)이며 소리가 넓게 머금어 땅이 크고 넓게 만물을 품어 모으니 사계절의 이치로 늦은 여름으로 삼복더위이며 소리를 궁(宮)을 만들어 그리하여 물(水)은 만물이 태어나는 근원이며 불(火)은 만물이 성장하여 이루고 정하여 목화토금수 중에서 음양의 물과 불(水火)이 가장 큰 것을 만들고 목구멍은 소리가 나타나는 문이며 혀는 소리를 변경시키는 대롱으로 궁상각치우 5가지 소리 중에 목구 멍소리와 혓소리가 주인으로 기본을 만드는데 목구멍은 뒤쪽에 있고 어금니가 그 뒤를 이어 위치하여 방향이 북동쪽의 자리이며 혀와 이는 또 그 뒤를 이어 위치하여 방향이 동서쪽의 자리이며 입술은 끝을 차지하고 있어 흙(土)으로 방향이 정해진 것이 없으나 봄·여름·가을· 겨울 사계절의 이치로 가장 왕성한 곳에 붙어 있는 것이 옳으며 초성으로 자음은 올바르게 스스로 하늘과 땅이나 하루 밤낮의 음양이나 목화토금수나 동서남북의 방향이나 1234567890 의 숫자가 존재하는 것이 법칙이라고 기록하였다. 이것은 대우주와 대자연에 존재하는 모든 만물과 사물의 이치로 하루의 밤낮이 발생하는 음양오행의 이치와 4개의 방향의 이치에 의해 각종 만물과 사물의 사람이나 동식물들이 음양이나 목화토금수의 기와 질의 작용에 의해 발생하는 1년 봄·여름·가을·겨울 사계절 24절기의 이치에 의한 따뜻하고 덥고 서늘하고 추운 기운에 순응하며 생명을 유지하고 존재하는 이치를 그대로 응용하고 형상화하였다는 뜻으로 한글의 초성으로 자음에는 가장 맑고 깨끗하고 선명한 음양이나 목화토금수의 기운이 존재한다는 이치로 훈민정음 한글 초성·중성·종성으로 자음과 모음에 의해 발생하는 음양 이나 목화토금수 기운이 존재하는 동시에 한글이 자체적으로 보유한 음양오행의 생극제화 상생상극의 이치에 의해 가장 맑고 깨끗하고 선명한 음양오행의 기운이 발생하는데 그 이치는

다음과 같다.

음양의 이치에 대하여 『훈민정음 해례본』에서는 한글의 초성으로 자음에 대해 다음과 같이 자세히 기록하였는데 "시칙초성지중 자유음양오행방위지수야 우이성음청탁이언지 ㄱㄷㅂㅈㅅㆆ 위전청 ㅋㅌㅍㅊㅎ 위차청 ㄲㄸㅃㅉㅆㆅ 위전탁 ㅇㄴㅁㅇㄹㅿ 위불청불탁(是則初聲 之中 自有陰陽五行方位之數也 又以聲音淸濁而言之 ㄱㄷㅂㅈㅅㆆ 爲全淸 ㅋㅌㅍㅊㅎ 爲次淸 ㄲㄸㅃㅉㅆㆅ 爲全濁 ㅇㄴㅁㅇㄹㅿ 爲不淸不濁)"이라 하여 한글의 초성으로 자음 중에는 옳고 바르게 스스로 하늘과 땅에 동서남북 4개의 방향에 하루의 밤낮이 발생하는 음양의 이치에 의해 목화토금수의 기운이나 숫자가 존재하여 말하거나 글을 읽거나 노래를 부르는 경우에 발생하는 소리에는 음양의 맑고 흐린 것이 나타나는데 ㄱㄷㅂㅈㅅㆆ은 맑은 것을 만들어 양중의 양이며 ㅋㅌㅍㅊㅎ은 그 뒤를 이어 맑은 것을 만들어 양중의 음이며 ㄲㄸㅃㅉㅆㆅ은 흐린 것을 만들어 음중의 음이며 ㅇㄴㅁㅇㄹㅿ은 맑고 깨끗하지도 않고 탁하고 흐리지 않는 것을 만든다 하여 음중의 양으로 구분할 수가 있어 한글의 초성으로 자음에 의해 맑고 깨끗한 소리와 흐린소리로 구분하여 음양의 기운이 발생한다는 것이다. 그러므로 한글의 초성으로 자음은 대우주와 대자연에 존재하는 모든 만물과 사물의 이치로 하늘과 땅에 밤낮이 존재하는 음양의 이치와 만물과 사물의 동식물이나 사람이 목화토금수의 기운 성품 성질 성향 유형으로 구성되어 끊임없이 발생하는 봄·여름·가을·겨울 사계절 24절기에 의해 따뜻하고 덥고 서늘하고 추운 기운이 발생하는 이치와 동서남북의 4개 방향이 존재하는 이치와 1234567890의 숫자가 존재하는 이치에 따라 각각 생명을 유지하고 존재하는 모든 이치를 응용하고 형상화하여 만들어졌으며 또한 중성으로 모음은 대우주와 대자연에 존재하는 만물과 사물의 이치로 하늘과 땅에 밤낮으로 하루가 존재하는 음양의 이치와 1년 12개월 봄·여름·가을·겨울 사계절의 24절기가 발생하는 '때와 장소'의 생활환경 속에서 각종 만물과 사물의 동식물들이 태어나 사람을 만나 함께 어우러져 하나의 큰 공동체를 이루고 생명을 유지하고 존재하면서 살아가는 이치로 음양의 이치로 음의 땅에서 음양오행의 이치와 동서남북의 방향의 이치와 1234567890의 숫자의 이치가 존재하여 목화토금수의 기운 성품 성질 성향 유형이 발생하여 만물과 사물의 대표적인 초목이 새봄에 씨앗이 새싹을 돋우고 여름에 튼튼하게 성장하여 꽃이 피어 가을에 튼튼한 씨앗을 풍성하게 결실하여 겨울에 그 씨앗의 생명을 보호하여 새봄에 다시 태어나 끊임없이 생명을 유지하고 존재하는 이치와 또 각종 만물과 사물의 동식물들이 새롭게 태어나

사람을 만나 함께 어우러져 공존공생하며 생명을 유지하며 존재하는 순환상생의 이치를 반복하는 모든 이치를 응용하고 형상화하여 만들어 중성으로 자음도 음양이나 목화토금수로 구분하여 한글의 초성·중성·종성으로 자음과 모음에는 반드시 우리가 살아가는 데 가장 중요한 음양오행의 이치와 사계절의 이치와 동서남북의 이치와 숫자의 이치에 의해 가장 맑고 깨끗하고 선명한 목화토금수의 기운이 존재한다고 기록하였다.

또한 사람도 대우주와 대자연에 존재하는 만물과 사물의 구성원으로 소우주의 이치로 태어나 만물의 영장으로 음양이나 목화토금수의 기운 성품 성질 성향 유형을 갖추어 구성 된 우리 몸의 오장육부가 순환상생의 작용에 의해 생명을 유지하고 존재하면서 입으로 말하는 신체 구강 구조의 모양을 응용하고 형상화하여 음양이나 목화토금수 기운으로 구분하여 대우주와 대자연에 존재하는 모든 만물과 사물이 태어나 생동하다 사라지는 생왕묘(生旺墓) 이치를 응용하여 신체의 잇몸에서 길게 성장하여 자라나는 어금니는 木, 빠르고 바쁘게 움직이며 활동하는 혀는 火, 왕성하여 무성한 둥근 입술은 土, 딱딱하게 굳히고 결실하는 단단한 치아는 金, 물이 촉촉하게 흐르며 왕래하는 목구멍은 水로 응용하고 형상화하여 각각 음양이나 목화토금수로 구분하여 한글을 읽고 쓰고 말하는 순간에 발생하는 소리에는 반드시 음양이나 목화토금수 기운이 발생한다는 것을 응용하여 훈민정음 한글이 만들어졌다는 데 놀라지 않을 수가 없는 것이다. 이것은 양의 하늘의 주재(主宰)에 의해 대우주와 대자연에 존재하는 모든 만물과 사물의 음양의 이치로 하루의 밤낮이 발생하고 1년 봄·여름·가을·겨울 사계절 24절기에 의해 발생하는 따뜻하고 덥고 서늘하고 추워 얼어붙는 목화토금수의 기운 성품 성질 성향 유형의 작용과 영향에 의해 생명을 유지하고 존재하며 살아가는 이치를 그대로 적용하였다는 것을 알 수가 있다. 대우주와 대자연에 존재하는 모든 만물과 사물의 사람이나 동식물은 근본적으로 씨족의 혈통에 의해 부모의 음양에 의해서 잉태되어 파생되어 음양의 남녀인 아들과 딸로 태어나 성장하여 성인이 되어 음양의 암수로 짝을 만나 결혼하여 하나의 부부가 되어 후대의 자손을 음양의 이치로 아들과 딸을 낳고 대대손손 대를 이어가다가 늙어 죽는 것을 대우주와 대자연에 존재하는 생왕묘의 이치에 의해 육체는 사라지나 이름을 남기는 것이 법칙으로 가장 똑똑한 만물의 영장인 사람도 모든 만물과 사물의 이치로 가장 대표적인 초목이 튼튼한 씨앗에서 발아되어 어린 새싹을 돋우고 태어나 왕성하게 성장하여 꽃을 피우고 열매를 결실하고 난 후에 죽으나 그 열매의 씨앗은 겨울에 생명을 보호하였다가 새봄에 다시 발아되어 어린 새싹을 돋우고 태어나는 것과 동일한 생왕묘(生旺墓)의 이치에 의해 이 세상에 태어나 가장 똑똑한 만물의 영장으로 살아가는 것이 사람으로 사람이 바로 초목과 똑같은 생왕묘(生旺墓)의 이치로 나무(木)인 초목의 기운 성품 성질 성향 유형에 해당하며 또한 사람이 입으로 말하는 근본이 바로 소우주의 이치로 오장육부의 육체가 100%가 수분이라 해도 과언 이 아닌 水生木의 이지로 신체의 육체가 태어나 구성되어 존재하는데 사람의 육체가 목화토금 수의 기운 성품 성질 성향 유형을 이루고 생명을 유지하는데 水에 해당하는 물을 먹고 물로 만든 음식을 먹고 캄캄한 밤에 잠자고 쉬고 꿈과 이상을 실현하기 위해 배우고 공부하며 살아가는 것이 水生木의 이치이며 木에 해당하는 신체의 육체와 모발이 성장하여 자라면서 말을 배워 입으로 대화하며 자기의 꿈과 이상의 목표를 달성하기 위해 노력하는 소리가 발생하 는 이치가 바로 木生火의 이치이며 또 대화하며 소리에 의해 반응하여 판단하여 꿈과 이상의 목표를 달성하기 위해 몸으로 직접 밤낮을 가리지 않고 움직이면서 부지런하게 활동하여 삶의 여유로운 것이 火生土의 이치이며 왕성한 활동을 통하여 실패와 성공을 반복하며 크고 작게 상처를 받아 다치고 병들거나 풍성하게 결실하여 사회적으로 부와 명예를 얻는 것이 土生金의 이치이며 그 실패와 성공을 통하여 반성하고 노력하여 꿈과 이상의 목표를 달성하기 위해 먹고 쉬고 잠자고 공부하고 노력하여 재충전하여 모든 것을 이루고 해결하는 것이 바로 金生水의 이치이며 새롭게 배우고 노력하여 새로운 꿈 이상의 목표를 다시 세우고 다짐하는 것이 水生木 의 이치로 사람이 생활하는 모든 생활환경에 존재하는 것이 바로 음양이나 목화토금수의 기운이 끊임없이 막히지 않고 흐르는 순환상생의 이치가 존재하도록 사람에게 작용하고 영향을 주는 것이 음양오행의 기운으로 모든 만물과 사물의 사람이나 동식물은 그 음양이나 목화토금수 의 작용과 영향을 떠나서 생명을 유지하고 존재하며 살아갈 수가 없는 것이 법칙이다.

이러한 이치로 사람의 신체의 구강 구조를 목화토금수로 구분하여 木은 잇몸에서 길게 자라나는 어금니의 길이 火는 빠르게 움직이고 활동하는 혀 土는 동그란 입술 金은 단단하고 튼튼한 이 水는 목구멍으로 촉촉하게 물이 흘러 넘어가는 이치를 형상화하여 대우주와 대자연 에 존재하는 모든 만물과 사물의 이치로 음양이나 목화토금수 기운으로 구분하였다는 것을 알 수가 있는데 만물과 사물의 이치로 가장 대표적인 나무(木)의 초목이 단단한 씨앗에서

발아되어 새싹이 돋아나는 이치이며 火는 초목이 튼튼하게 뼈대의 줄기를 갖추고 성장하여
꽃이 피어나기 시작하는 이치이며 土는 초목이 왕성하고 무성하게 성장하여 꽃이 만발하여
결실할 준비를 마치는 이치이며 金은 초목의 꽃이 떨어지고 씨앗의 열매가 달려 단단하게
익어 풍성하게 결실하는 이치이며 水는 초목의 핵인 단단한 씨앗이나 뿌리의 생명을 동결시켜
수장하고 저장하여 보호하는 이치와 동일한 것으로 이것은 나무(木)의 아(牙)는 어금니가 성장
하는 이치로 긴 어금니, 불(火)의 설(舌)은 활발하게 활동하는 이치로 혀, 흙(土)의 순(脣)은
입으로 왕성하고 무성하게 이루는 이치로 입술, 쇠(金)의 치(齒)는 이가 단단하고 튼튼하여
굳는 이치로 이, 물(水)의 후(喉)는 물과 음식으로 생명을 유지하는 이치로 목구멍의 모양을
기본적으로 형상화하여 소리가 발생하는 이치에 의해 각각 특징이 있는 5가지 소리가 발생하
는 것을 기준하여 한글의 초성·중성·종성으로 자음과 모음을 만들어 사람들이 입으로 말하
고 읽는 경우에 가장 맑고 깨끗하고 선명한 목화토금수의 기운이 확실하게 발생하는 것을
알 수가 있다.

2

훈민정음 한글 중성으로
모음과 음양오행

　『훈민정음 해례본』 '제자해'에서 훈민정음 한글 중성으로 모음의 음양오행에 대하여 다음과 같이 자세히 기록하였는데 "중성범십일자 ·설축이성심 천개어자야 형지원 상호천야 ㅡ설소축이성불심불천 지벽어축야 형지평 상호지야 ㅣ설불축이성천 인생어인야 형지립 상호인야 (中聲凡十一字 ·舌縮而聲深 天開於子也 形之圓象乎天也 ㅡ舌小縮而聲不深不淺 地闢於丑也 形之平 象乎地也 ㅣ舌不縮而聲淺 人生於寅也 形之立 象乎人也)"라 하여 중성으로 모음의 대표적인 11자 중 ·ㅡㅣ를 대우주와 대자연에 존재하는 모든 만물과 사물의 이치로 하늘과 땅과 사람이 존재하는 천지인의 이치를 응용하여 둥근 모양의 ·는 하늘(天)이 음양의 이치에 따라 밤인 자시(子時)에 하늘과 땅이 열리는 동시에 하늘이 둥근 모양을 형상화하여 응용하였고 평평한 모양의 ㅡ는 땅(地)이 밤인 축시(丑時)에 땅이 열리는 동시에 땅이 넓고 평평한 모양을 형상화하여 응용하였고 우뚝 서 있는 모양의 ㅣ는 사람(人)이 하루의 낮이 시작되는 인시(寅時)에 잠에서 깨어나 활동을 시작하기 위해 사람이 일어서 있는 모양을 형상화하는 것을 기본적으로 응용하여 천지인(天地人)의 이치로 하늘과 땅과 사람의 모양을 형상화하고 응용하여 만들어 중성으로 모음의 가장 대표적인 ·ㅡㅣ 3자가 초성·종성으로 자음을 만나 음양의 합으로 상합자의 이치에 따라 만나 짝하여 함께 어우러져 한글이 발생하는 이치로 초성·중성·종성의 초성으로 자음은 하늘로

양이며 중성으로 모음은 땅으로 음이며 종성으로 자음은 사람으로 중성자가 되어 음양의
이치와 천지인의 이치로 구분되어 있는 것이 훈민정음 한글의 특징이다.

또 한글 초성·중성·종성으로 자음과 모음을 음양의 이치에 대하여 자세히 기록하였는데
"초성유발동지의 천지사야 종성유지정지의 지지사야 중성승초지생 접종지성 인지사야 개자
운지요 재어중성 초종합이성음 역유천지생성만물 이기재성보상칙필뢰호인야 종성지복용초
성자 이기동이양자건야 정이음자역건야 건실분음양이무불군재야 일원지기 주류불궁 사시지
운 순환무단 고정이복원 동이복춘 초성지복위종 종성지복위초 역차의야 우 정음작이천지만물
지리함비 기신의재 시태천계 성심이가수언자호(初聲有發動之義 天之事也 終聲有止定之義 地之事也 中聲
承初之生 接終之成 人之事也 盖字韻之要 在於中聲 初終合而成音 亦猶天地生成萬物 而其財成輔相則必賴乎人也 終聲
之復用初聲者 以其動而陽者乾也 靜而陰者亦乾也 乾實分陰陽而無不君宰也 一元之氣 周流不窮 四時之運 循環無端
故貞而復元 冬而復春 初聲之復爲終 終聲之復爲初 亦此義也 旰 正音作而天地萬物之理咸備 其神矣哉 是殆天啓 聖心而
假手焉者乎)"라 하여 초성으로 자음이 움직이고 활동하는 것은 하늘의 일이며 종성으로 자음에
의해 소리가 멈추는 것이 정해지는 것은 땅의 일이며 중성으로 모음이 초성의 자음을 이어받아
사귀어 종성을 이루는 것은 사람의 일인데 이것이 바로 음양의 이치와 천지인의 이치로 구분하
여 문자와 소리가 발생하는데 중성으로 모음이 초성으로 자음과 음양의 합으로 상합자의
이치로 만나 짝하여 하나가 되어 소리와 문자를 이루는 것은 하늘과 땅에 만물과 사물이
태어나 반드시 사람을 만나 서로가 의지하고 도우며 이익을 이루는 이치이며 종성에 초성으로
자음을 다시 쓰는 것은 하늘이 움직여 양이 되고 고요하여 음이 되는 것도 또한 하늘이니
하늘은 음양을 가득히 채워 나누어 주재(主宰)하여 다스리지 않는 것이 없으며 하나의 으뜸이
되는 기운은 골고루 흐르며 끝나는 것이 없는 것이 봄·여름·가을·겨울 사계절 24절기가
끝나는 것이 없이 올바르게 주기적으로 돌고 도는 것도 본래 곧게 본디 그대로 회복하는
것으로 겨울이 봄으로 다시 돌아오는 이치로 초성으로 자음이 다시 종성을 만들고 종성으로
자음이 다시 초성을 만드는 이치가 또한 하늘의 뜻이고 이치이며 크게 천지 만물의 모든
이치를 갖추어 올바른 소리를 만드는데 불가사의한 혼과 정신을 하늘에서 처음으로 성스럽게
마음을 열어 이에 힘을 빌렸다 하여 음양의 이치로 구분하여 초성으로 자음이 양이 되는
것이다. 또한 중성으로 모음을 소리가 맑고 깨끗하고 흐리고 더러운 음양으로 구분하여 자세
히 기록하였는데 "차하팔성 일합일벽 ㅗ여·ㅏ동이구축 기형칙·ㅓ여ㅡ합이성 취천지초교지의야

ㅏ여·동이구장 기형칙 ㅣ여·합이성 취천지지용발어사물대인이성야 ㅜ여ㅡ동이구축 기형칙 ㅡ여·합이성 역취천지초교지의야 ㅕ여ㅡ동이구장 기형칙·여ㅣ합이성 역취천지지용발어사물대인이성야(此下八聲 一闔一闢 ㅗ與·同而口蹙 其形則·與一合而成 取天地初交之義也 ㅏ與·同而口張 其形則·與ㅣ合而成 取天地之用發於事物待人而成也 ㅜ與一同而口蹙 其形則一與·合而成 亦取天地初交之義也 ㅕ與一同而口張 其形則·與ㅣ合而成 亦取天地之用發於事物待人而成也)"라 하여 중성으로 모음을 ㅏㅑㅓㅕㅗㅛㅜㅠ 8글자로 나누어 음양의 이치로 구분하여 놓았는데 하나는 열리고 하나는 닫히는 음양의 이치를 응용하여 ㅗ는 ㅡ가 ·를 만나 하늘과 땅이 처음 올바르게 주고받는 이치로 입이 오그라지는 모양의 형상이며, ㅏ는 ㅣ가 ·를 만나 하늘과 땅에 만물과 사물이 생겨 사람을 만나 어우러지는 이치로 입이 크게 넓게 베푸는 모양의 형상이며, ㅜ는 ㅡ가 ·를 만나 또 하늘과 땅이 처음으로 올바르게 주고받는 이치로 입이 오그라지는 모양의 형상이며, ㅕ는 ㅣ가 ·를 만나 하늘과 땅에 만물과 사물이 생겨 또다시 사람을 만나 어우러지는 이치로 입이 넓고 크게 베푸는 모양의 형상을 응용하여 음양으로 구분하였으며 또 "ㅛ여ㅗ동이기어ㅣ ㅑ여ㅏ동이기어ㅣ ㅠ여ㅜ동이기어ㅣ ㅕ여ㅓ동이기어ㅣ(ㅛ與ㅗ同而起於ㅣ ㅑ與ㅏ同而起於ㅣ ㅠ與ㅜ同而起於ㅣ ㅕ與ㅓ同而起於ㅣ)"라 하여 중성으로 모음의 ㅛㅑㅠㅕ는 ㅣ에서 소리가 일어난다는 이치로 사람(人)에 의해서 발생하는 중성으로 모음이라 하였으며 또 "ㅗㅏㅜㅕ시어천지 위초출야 ㅛㅑㅠㅕ기어ㅣ이겸호인 위재출야 ㅗㅏㅜㅕ지일기원자 취기초생지의야 ㅛㅑㅠㅕ지이기원자 취기재생지의야 ㅗㅏㅛㅑ지원거상여외자 이기출어천이위양야 ㅜㅕㅠㅕ지원거하여내자 이기출어지이위음야(ㅗㅏㅜㅕ始於天地 爲初出也 ㅛㅑㅠㅕ起於ㅣ而兼乎人 爲再出也 ㅗㅏㅜㅕ之一其圓者 取其初生之義也 ㅛㅑㅠㅕ之二其圓者 取其再生之義也 ㅗㅏㅛㅑ之圓居上與外者 以其出於天而爲陽也 ㅜㅕㅠㅕ之圓居下與內者 以其出於地而爲陰也)"라 하여 ㅗㅏㅜㅕ는 하늘과 땅이 근본이 되어 땅에서 처음 나타난 것을 만들었으며 ㅛㅑㅠㅕ는 거듭 사람에 의해서 일어나 나타난 것을 만들었으며 ㅗㅏㅜㅕ는 1개의 동그란 자를 골라 처음으로 올바르게 태어났으며 ㅛㅑㅠㅕ는 2개의 동그란 자를 골라 재차 올바르게 태어났으며 ㅗㅏㅛㅑ는 동그란 원을 위쪽이나 밖에 주어 존재하는 자로서 하늘에서 나타나 양이 되며 ㅜㅕㅠㅕ는 동그란 원을 아래쪽이나 안쪽에 주어 존재하는 자로서 땅에서 나타나는 음이 되는 것이라 하여 훈민정음 한글의 중성으로 모음도 음양으로 각각 구분하여 중성으로 모음의 ㅗㅏㅛㅑ는 하늘과 땅에서 처음으로 나타난 이치로 양이며 ㅜㅕㅠㅕ는 하늘과 땅에 의해 사람이 존재하는 이치로 나타난 이치로 음이 되는 이치로 ㅗㅏㅛㅑ는 양이고 ㅜㅕㅠㅕ는

음이라는 뜻이다. 또 "·지관어팔성자 유양지통음이주류만물야 ㅛㅑㅠㅕ지개겸호인자 이인위 만물지령이능삼양의야 취상어천지인이삼재지도비의 연삼재위만물지선 이천우위삼재지시 유 ·ㅡㅣ삼자위팔성지수 이·우위삼자지관야(·之貫於八聲者 猶陽之統陰而周流萬物也 ㅛㅑㅠㅕ之皆兼乎 人者 以人爲萬物之靈而能參兩儀也 取象於天地人而三才之道備矣 然三才爲萬物之先 而天又爲三才之始 猶·ㅡㅣ三字 爲八聲之首 而·又爲三字之冠也)"라 하여 둥근 모양의 ·는 8개의 소리에 꿰어 착용하는 자로서 마치 양이 큰 줄기로 음의 만물과 사물에 두루 미치며 흘러가듯이 8글자에 모두 사용된다는 것을 말하고 ㅛㅑㅠㅕ는 아울러 모든 사람이 만물의 영장으로 능히 양의(兩儀)로 음양의 이치에 참여하는 것으로 하늘과 땅과 사람인 천지인의 모양을 형상화하여 삼재(三才)인 사람의 뛰어난 재주와 재능의 도리와 이치를 갖추어 사람의 먼저 뛰어난 재주와 재능으로 만물과 사물을 만들고 또 하늘이 뛰어난 재주와 재능의 근본을 시작하는 것을 만드는 것이 ·ㅡㅣ 3자가 8가지 소리의 시초를 만드는 것이며, 또 ·ㅡㅣ 3자가 가장 으뜸이 되는 것을 만든다 하여 훈민정음 한글의 중성으로 모음 중에서 가장 으뜸이 되는 모음의 대표자가 ·ㅡㅣ라는 것으로 중성으로 모음의 ㅏㅑㅓㅕㅗㅛㅜㅠㅐㅒㅔㅖㅢㅚㅟㅘㅞㅙ 자는 대표자가 되는 ·ㅡㅣ 3개 의 글자를 가지고 응용하여 만들어졌다는 것을 알 수가 있다.

그리고 중성으로 모음을 대우주와 대자연에 존재하는 모든 만물과 사물의 하늘(天)과 땅(地) 의 이치를 통하여 음양이나 목화토금수로 구분하여 자세히 기록하여 놓았는데 그 내용은 아래와 같다.

"ㅗ초생어천 천일생수지위야(ㅗ初生於天 天一生水之位也)"라 하여 ㅗ는 하늘에서 처음 발생하는 문자로 하늘에서 1의 숫자와 물(水)이 태어나는 자리로 음양오행의 이치로 물(水)로 음이라 하였다.

"ㅏ차지 천삼생목지위야(ㅏ次之 天三生木之位也)"라 하여 ㅏ는 그 뒤를 이어 태어나는 문자로 하늘 에서 3의 숫자와 나무(木)가 태어나는 자리로 음양오행의 이치로 나무(木)로 양이라 하였다.

"ㅜ초생어지 지이생화지위야(ㅜ初生於地 地二生火之位也)"라 하여 ㅜ는 땅에서 처음 발생하는 문자 로 땅에서 2의 숫자와 불(火)이 태어나는 자리로 음양오행의 이치로 불(火)로 양이라 하였다.

"ㅓ차지 지사생금지위야(ㅓ次之 地四生金之位也)"라 하여 ㅓ는 그 뒤를 이어 태어나는 문자로 땅에서 4의 숫자와 쇠(金)가 태어나는 자리로 음양오행의 이치로 쇠(金)로 음이라 하였다.

"ㅛ재생어천 천칠성화지수야(ㅛ再生於天 天七成火之數也)"라 하여 ㅛ는 하늘에서 재차 두 번째로 발생하는 문자로 하늘에서 7의 숫자와 불(火)을 이루어 음양오행의 이치로 불(火)로 양이라 하였다.

"ㅑ차지 천구성금지수야(ㅑ次之 天九成金之數也)"라 하여 ㅑ는 그 뒤를 이어 태어나는 문자로 하늘에서 9의 숫자와 쇠(金)를 이루어 음양오행의 이치로 쇠(金)로 음이라 하였다.

"ㅠ재생어지 지육성수지수야(ㅠ再生於地 地六成水之數也)"라 하여 ㅠ는 땅에서 재차 두 번째로 발생하는 문자로 땅에서 6의 숫자와 물(水)을 이루어 음양오행의 이치로 물(水)로 음이라 하였다.

"ㅕ차지 지팔성목지수야(ㅕ次之 地八成木之數也)"라 하여 ㅕ는 그 뒤를 이어 태어나는 문자로 땅에서 8의 숫자와 나무(木)를 이룬다 하여 음양오행의 이치로 나무(木)는 양이라 하여 木은 ㅏㅕ가 되고 火는 ㅜㅛ가 되며 金은 ㅓㅑ가 되고 水는 ㅗㅠ가 된다고 기록하였으며 또 "수화미리호기 음양교합지초 고합(水火未離乎氣 陰陽交合之初 故闔)"라 하여 음양의 水火 물과 불의 기운이 떨어지지 못하는 것은 처음에 음양의 이치로 합하여 서로가 조화와 균형을 이루고 중화를 이루어 간직하는 것이라 하여 음양의 조화의 이치로 수화기제(水火旣濟)의 이치가 중요함을 강조하였으며, 또 "목금음양지정질 고벽(木金陰陽之定質 故闢)"이라 하여 나무(木)와 쇠(金)도 음양의 이치로 그 기운 성품 성질 성향 유형이 정해져 본래 열렸다 하여 木金도 음양의 이치로 구분하여 木은 양, 金은 음으로 정해졌다고 기록하였으며 또 "ㆍ천오생토지위야 ㅡ지십성토지수야(ㆍ天五生土之位也 ㅡ地十成土之數也)"라 하여 둥근 모양의 ㆍ는 하늘에서 태어나는 문자로 하늘에서 5의 숫자와 흙(土)이 태어나는 자리라 하고 평평한 모양의 ㅡ는 땅에서 태어나는 문자로 땅에서 10의 숫자와 흙(土)을 이룬다 하여 음양오행의 이치로 흙(土)으로 중성자라 하였으며 또 "ㅣ독무위수자 개이인칙무극지진 이오지정 묘합이응 고미가이정위성수론야(ㅣ獨無位數者 盖以人則無極之眞 二五之精 妙合而凝 固未可以定位成數論也)"라 하여 우뚝 서 있는 모양의 ㅣ는 홀로 자리와 숫자가 정해진 것이 없는 자로서 대개 사람의 진실한 마음이 변하지 않고 끝이 없이 살아가는 것이 법칙으로 음양이나 목화토금수의 기운이 자세하고 묘하게 합쳐져 엉기어 숫자와 자리를 이루는 것을 이야기하는 것은 옳지 않은 것이라 하여 ㅣ가 사람이 일어나 서 있는 모양을 형상화하여 만들어졌으나 음양오행이나 방위나 숫자가 정해진 것이 없이 가장 많이 쓰이는 것이 특징으로 음양오행을 논하지 않는 것이 옳은 것이라 기록하여 유일하게 음양이나

목화토금수가 없는 중성자가 되는 문자가 되어 주의하여 응용하여야 한다.

또한 중성으로 모음의 ㅐㅒㅔㅖㅢㅝㅞㅘㅞㅙ도 음양이나 목화토금수 기운으로 구분하여 응용하는 방법이 『훈민정음 해례본』에 기록되지 않았으나 대표적인 ·ㅡㅣ와 木의 ㅏㅕ, 火의 ㅛㅜ, 土의 ㅡ, 金의 ㅓㅑ, 水의 ㅗㅠ, 음양오행이 정해진 것이 없는 ㅣ를 응용하여 중성으로 모음의 음양이나 목화토금수의 기운이 정해지는데 아래와 같다.

ㅐ는 木인 ㅏ에 음양오행이 정해지지 않은 ㅣ를 용용 양의 木,

ㅒ는 金인 ㅑ에 음양오행이 정해지지 않은 ㅣ를 응용 음의 金,

ㅔ는 金인 ㅓ에 음양오행이 정해지지 않은 ㅣ를 응용 음의 金,

ㅖ는 木인 ㅕ에 음양오행이 정해지지 않은 ㅣ를 응용 양의 木,

ㅢ는 土인 ㅡ에 음양오행이 저해지지 않은 ㅣ를 응용 양의 土,

ㅟ는 火인 ㅜ에 음양오행이 정해지지 않은 ㅣ를 응용 양의 火,

ㅝ는 火인 ㅜ에 金인 ㅓ를 응용하였으나 음양오행의 생극제화 상극으로 火剋金의 이치가 발생하여 양의 火,

ㅞ는 火인 ㅜ에 金인 ㅔ를 응용하였으나 음양오행의 생극제화 상극으로 火剋金의 이치가 발생하여 양의 火,

ㅚ는 水인 ㅗ와 음양오행이 정해지지 않은 ㅣ를 응용 음의 水,

ㅘ는 水인 ㅗ에 木인 ㅏ를 응용 水生木의 이치로 양의 木,

ㅙ는 水인 ㅗ에 木인 ㅐ를 응용 水生木의 이치로 양의 木이 되는 것이 특징으로 이것은 『훈민정음 해례본』의 '제자해'에 기록된 음양이나 목화토금수의 기운이 발생하는 이치를 기준한 것으로 앞으로 훈민정음 한글의 초성·중성·종성으로 자음과 모음의 응용에 참고하여야 한다.

- 木 : ㅏㅕㅐㅖㅘㅙ   3, 8 동쪽
- 火 : ㅛㅜㅟㅝㅞ   2, 7 남쪽
- 土 : ·ㅡㅢ   5, 10 중앙
- 金 : ㅓㅑㅔㅒ   4, 9 서쪽
- 水 : ㅗㅠㅚ   1, 6 북쪽

위와 같이 『훈민정음 해례본』에 의거하여 훈민정음 한글 초성·중성·종성으로 초성으로 자음에 의해 음양이나 목화토금수의 기운이 시작되는 동시에 중성·종성으로 모음과 자음에 의해 또다시 음양의 이치로 파생되어 음양이나 목화토금수의 기운이 정해지는 것이 법칙으로 한글에는 자체적으로 보유한 음양오행의 생극제화 상생상극의 이치가 자동적으로 발생하는 것이 특징으로 앞으로 한글을 응용하는 데 있어서 참고하여야 한다. 이것은 훈민정음 한글의 초성·종성으로 자음에 의해 음양이나 목화토금수의 음양오행이 결정되지만 중성·종성으로 어떠한 모음과 자음을 응용하느냐에 따라 또다시 음양이나 목화토금수의 기운 변화가 발생하여 사람에게 작용하고 영향을 미친다는 것을 알아 올바르게 응용하는 것이 중요하다.

3

훈민정음 한글
음양오행의 변화

『훈민정음 해례본』에 근거하여 훈민정음 한글 초성·중성·종성으로 자음과 모음의 자음이 ㄱㄴㄷㄹㅁㅂㅅㅇㅈㅊㅋㅌㅍㅎ으로 시작되어 한글이 만들어지는 동시에 음양이나 목화토금수의 기운이 결정되는 것이 법칙이나 똑같은 초성으로 자음의 ㄱ을 응용한 글자라도 중성·종성으로 모음과 자음의 ㅏㅑㅓㅕㅗㅛㅜㅠㅡㅣㅔㅖㅐㅒㅢㅟㅚㅞㅙㅘㅝㅞㅙㅘ ㄱㄴㄷㄹㅁㅂㅅㅇㅈㅊㅋㅌㅍㅎ중 어떠한 모음과 자음을 응용하였느냐에 따라 파생되어 음양이나 목화토금수의 기운의 변화가 발생하는 것이 법칙으로 다음과 같다.

훈민정음 한글 초성·중성·종성으로 자음과 모음의 초성으로 자음이 ㄱ으로 시작되는 '가' 자는 초성으로 자음의 ㄱ을 기준하여 음양이나 목화토금수의 이치로 양의 나무(木)에 해당하는 것이 법칙이나 중성으로 모음의 방향이나 숫자의 음양오행의 이치로 양의 나무(木)에 해당하는 ㅏ를 응용한 '가' 자는 자음과 모음의 음양오행의 이치로 모두 木으로 자체적으로 보유한 음양오행의 생극제화 상생상극의 이치가 발생하지 않은 한글로 '가' 자는 양의 木으로 양에 양중의 양에 해당하는 한글이며 '거' 자는 중성으로 모음이 방향이나 숫자의 음양오행의 이치로 음에 해당하는 金인 ㅓ를 응용하여 '거' 자는 자체적으로 보유한 음양오행의 생극제화 상극의 이치로 金剋木의 이치가 발생하여 '거' 자가 초성으로 자음의 음양오행의 이치로 ㄱ을 응용하여 木으로 양에 해당하는 것은 똑같으나 중성으로 모음을 음에 해당하는 金을 응용하여 양중의 음에 해당하는 한글이 발생하는 이치로 '가' 자는 양의 木이지만 '거' 자는 음의 金으로 음양의 이치로 각각 구분되어 나타나는 동시에 '가' 자는 木이 강한 한글이며 '거' 자는 金이 강한 한글이 발생하는 것이 법칙으로 한글 이름을 작명하는 경우에 각별히 주의하여 응용하여 야 한다는 것을 명심하여야 한다. 그러므로 초성으로 자음의 음양오행의 이치로 木인 ㄱ에 중성으로 모음의 음양오행의 이치로 木인 ㅕ를 응용하는 '겨' 자는 모두가 木으로 자체적으로 보유한 음양오행의 생극제화 상생상극의 이치가 발생하지 않는 글자로 양의 木에 해당하고 '갸' 자는 초성·중성으로 자음과 모음의 음양오행의 이치로 木인 ㄱ에 金인 ㅑ를 응용하여 자체적으로 보유한 음양오행의 생극제화 상극의 이치로 金剋木의 이치가 발생하여 음의 金에 해당하고 '교' 자는 초성·중성으로 자음과 모음의 음양오행의 이치로 木인 ㄱ에 火인 ㅛ를 응용하여 자체적으로 보유한 음양오행의 생극제화 상생의 이치로 木生火의 이치가 발생하여 양의 火에 해당하고 '고' 자는 초성·중성으로 자음과 모음의 음양오행의 이치로 木인 ㄱ에 水인 ㅗ를 응용하여 자체적으로 보유한 음양오행의 생극제화 상생의 이치로 水生木의 이치가 발생하여 양의 木에 해당하고 '구' 자는 초성·중성으로 자음과 모음의 음양오행의 이치로 木인 ㄱ에 火인 ㅜ를 응용하여 자체적으로 보유한 음양오행의 생극제화 상생의 이치로 木生火 의 이치가 발생하여 양의 火에 해당하고 '규' 자는 초성·중성으로 자음과 모음의 음양오행의 이치로 木인 ㄱ에 水인 ㅠ를 응용하여 자체적으로 보유한 음양오행의 생극제화 상생의 이치로 水生木의 이치가 발생하여 양의 木에 해당하는데 천지인의 이치로 중성으로 모음의 대표적인 ·ㅡㅣ는 현재 ·은 하늘과 땅이 동그란 원형의 모양을 형상화하여 어두운 밤인 자시에 하루가 시작되어 하늘이 열리는 이치로 양이나 사용하지 않고 있으며 ㅡ는 땅이 넓고 평평한 모양을 형상으로 어두운 밤 자시와 함께 축시에 열리는 이치로 음에 해당하고 ㅣ는 사람이 새벽에 잠에서 깨어나는 일어서 있는 모양을 형상화하여 인시에 하루가 시작되는 이치로 양에 해당하 는 것이 특징으로 '그' 자와 '기' 자는 똑같이 초성으로 자음의 음양오행의 이치로 ㄱ은 木에 해당하지만 중성으로 모음이 음에 해당하는 ㅡ를 응용한 '그' 자는 음이 되며 중성으로 모음이 양인 ㅣ를 응용한 '기' 자는 양이 되어 음양으로 구분되어 한글이 발생하는 동시에 자체적으로 보유한 음양오행의 생극제화 상극의 이치로 木剋土의 이치가 발생하여 양의 木이 강하게

발생하는 한글로 모두가 양에 해당하는 것이 특징이다. 또 '애'와 '에' 자는 초성으로 자음의 음양오행의 이치로 水인 ㅇ에 중성으로 모음의 음양오행의 이치로 木에 해당하는 ㅐ,ㅖ를 응용하여 자체적으로 보유한 음양오행의 생극제화 상생의 이치로 水生木의 이치가 발생하여 음의 水이나 양의 木이 강한 한글이 발생하는 것이 법칙으로 '내대래태때 녜데례테떼' 자는 초성으로 자음의 음양오행의 이치로 火인 ㄴㄷㄹㅌㄸ에 중성으로 모음의 음양오행의 이치로 木인 ㅐ,ㅖ를 응용하여 자체적으로 보유한 음양오행의 생극제화 상생의 이치로 木生火의 이치가 발생하여 양의 木이나 火가 강한 한글이 발생하며 또 초성으로 자음의 음양오행의 이치로 金인 ㅅㅈㅊㅆㅉ에 중성으로 모음의 음양오행의 이치로 木인 ㅘㅙ를 응용한 '쇄쇄 좌좨 촤쵀 쏴쐐 쫘쫴' 자는 자체적으로 보유한 음양오행의 생극제화 상극의 이치로 金剋木의 이치가 발생하여 음의 金이 강한 한글이며 또 중성으로 모음의 음양오행의 이치로 火인 ㅟㅝㅞ를 응용한 '쉬숴쉐 쥐쥐줴 취춰췌 쒸쒀쒜 쮜쮜쮀' 자는 자체적으로 보유한 음양오행의 생극제화 상극의 이치로 火剋金의 이치가 발생하여 음의 金이나 양의 火가 강한 한글이 발생하는 것이 법칙으로 중성으로 모음의 ㅏㅑㅓㅕㅗㅛㅜㅠㅡㅣㅐㅒㅔㅖㅢㅚㅘㅙㅟㅝㅞ 21글자 모두 음양이나 목화토금수의 기운으로 골고루 분포되어 있는 것이 특징으로 중성으로 모음이 되는 동시에 종성으로 자음의 역할도 한다는 것이 특이하다. 이러한 이치로 한글의 초성·중성·종성으로 자음과 모음에 의해 발생하는 한글은 자체적으로 음양이나 목화토금수 기운을 보유하여 자동적으로 음양오행의 생극제화 상생상극의 이치가 발생하기 때문에 기본적으로 음양오행의 생극제화 상생상극의 이치를 응용하여 자세히 분석하여 정확하게 음양이나 목화토금수의 기운을 결정하여 한글을 응용하여야 한다.

한글의 초성·중성·종성으로 자음과 모음이 자체적으로 보유한 음양오행의 생극제화 상생상극의 이치로 자음의 ㄱ에 중성으로 모음의 음양오행의 이치로 3, 8 木인 ㅏ, ㅕ를 응용한 한글의 '가'와 '겨' 자는 모두 木으로 木 기운이 강하고 2, 7 火인 ㅠ,ㅜ를 응용한 '규'와 '구' 자는 木生火의 이치로 火 기운이 강하고 5, 10 土인 ㅡ를 응용한 '그' 자는 木剋土의 이치로 木 기운이 강하고 4, 9 金인 ㅓ, ㅑ를 응용한 '거'와 '갸' 자는 金剋木의 이치로 金 기운이 강하고 1, 6 水인 ㅗ, ㅛ를 응용한 '고'와 '교' 자는 水生木의 이치로 木 기운이 강한 한글이 발생하는 것이 법칙으로 중성으로 모음에 따라 파생되어 음양오행의 기운 변화가 발생하는 것을 알아 정확하게 응용하여야 한다. 또한 한글이 초성·중성·종성으로 자음과 모음이 음양의 합으로 상합자의 이치로 하나의 문자가 구성되는 이치에 따라 자체적으로 보유한 음양오행의 생극제화 상생상극의 이치를 응용하여 최종적으로 발생하는 음양오행의 기운을 분석하는 방법으로 초성·중성·종성으로 자음과 모음에 의한 음양오행의 이치로 '강' 자는 초성으로 자음의 음양오행으로 木에 해당하는 ㄱ에 중성으로 모음의 음양오행의 이치로 3, 8 木에 해당하는 ㅏ와 종성으로 자음의 음양오행의 이치로 1, 6 水에 해당하는 ㅇ을 응용한 '강' 자가 자체적으로 보유한 음양오행의 생극제화 상생의 이치로 水生木의 이치가 발생하여 양의 木 기운이 강하게 발생하며 또 '영' 자는 초성·중성·종성으로 자음과 모음의 음양오행의 이치로 水에 해당하는 ㅇ에 중성으로 모음의 음양오행의 이치로 3, 8 木에 해당하여 ㅕ와 종성으로 자음의 음양오행의 이치로 水에 해당하는 ㅇ을 응용한 '영' 자는 자체적으로 보유한 음양오행의 생극제화 상생의 이치로 水生木이 발생하여 양의 木 기운이 강하게 발생하며 또 '군' 자는 초성·중성·종성으로 자음과 모음의 음양오행의 이치로 ㄱ으로 木이나 중성의 모음의 음양오행의 이치로 2, 7 火에 해당하는 ㅜ와 종성으로 자음의 음양오행의 이치로 火에 해당하는 ㄴ을 응용한 '군' 자는 자체적으로 보유한 음양오행의 생극제화 상생의 이치로 木生火의 이치가 발생하여 양의 火 기운이 강하게 발생하며 또 '청' 자는 초성·중성·종성으로 자음과 모음의 음양오행의 이치로 金인 ㅊ에 5, 10 土인 ㅓ와 水인 ㅇ을 응용하여 자체적으로 보유한 음양오행의 생극제화 상생의 이치로 土生金 金生水의 이치가 발생하여 음의 水 기운이 강하게 발생하고 '업' 자는 초성·중성·종성으로 자음과 모음의 음양오행의 이치로 水인 ㅇ에 4, 9 金인 ㅓ와 土인 ㅂ을 응용하여 자체적으로 보유한 음양오행의 생극제화 상생의 이치로 土生金 金生水의 이치가 발생하여 水 기운이 강하고 '설' 자는 초성·중성·종성으로 자음과 모음의 음양오행의 이치로 金인 ㅅ에 4, 9 金인 ㅓ와 火인 ㄹ이 상합자의 이치로 만나 짝하여 자체적으로 보유한 음양오행의 생극제화 상극의 이치로 火剋金의 이치가 발생하여 양의 火가 강하고 '탄' 자는 초성·중성·종성으로 자음과 모음의 음양오행의 이치로 火의 ㅌ에 3, 8 木인 ㅏ에 火인 ㄴ을 응용하여 자체적으로 보유한 음양오행의 생극제화 상생의 이치로 木生火의 이치가 발생하여 양의 火가 강하고 '보' 자는 초성·중성·종성으로 자음과 모음의 음양오행의 이치로 土인 ㅂ에 1, 6 水인 ㅗ를 응용하여 자체적으로 보유한 음양오행의

생극제화 상극의 이치로 土剋水의 이치가 발생하여 양의 土가 강하고 '표' 자는 초성·중성·종성의 자음과 모음의 음양오행의 이치로 土의 ㅍ에 2, 7 火인 ㅛ를 응용하여 자체적으로 보유한 음양오행의 생극제화 상생의 이치로 火生土의 이치가 발생하여 양의 土가 강하고 '술' 자는 초성·중성·종성으로 자음과 모음의 음양오행의 이치로 金인 ㅅ에 2, 7 火인 ㅜ에 火인 ㄹ을 응용하여 자체적으로 보유한 음양오행의 생극제화 상극의 이치로 火剋金의 이치가 발생하여 양의 火가 강하고 '욕' 자는 초성·중성·종성으로 자음과 모음의 음양오행의 이치로 水인 ㅇ에 2, 7 火인 ㅛ에 木인 ㄱ을 응용하여 자체적으로 보유한 음양오행의 생극제화 상생의 이치로 水生木 木生火의 이치가 발생하여 양의 火가 강하고 '령' 자는 초성·중성·종성으로 자음과 모음의 음양오행의 이치로 火의 ㄹ에 3, 8 木의 ㅕ와 水의 ㅇ을 응용하여 자체적으로 보유한 음양오행의 생극제화 상생의 이치로 水生木 木生火의 이치가 발생하여 양의 火가 강하고 또 '홍' 자는 초성·중성·종성으로 자음과 모음의 음양오행의 이치로 水의 ㅎ에 1, 6 水의 ㅗ에 水의 ㅇ을 응용하여 모두 水로 자체적으로 보유한 음양오행의 생극제화 이치가 발생하지 않아 음의 水가 강하고 '훈' 자는 초성·중성·종성으로 자음과 모음의 음양오행의 이치로 水의 ㅎ에 2, 7 火의 ㅜ에 火의 ㄴ을 응용하여 자체적으로 보유한 음양오행의 생극제화 상극의 이치로 水剋火의 이치가 발생하여 음의 水가 강하고 '침' 자는 초성·중성·종성으로 자음과 모음의 음양오행의 이치로 金의 ㅊ에 음양오행이 정해지지 않은 ㅣ와 土의 ㅁ을 응용하여 자체적으로 보유한 음양오행의 생극제화 상생의 이치로 土生金의 이치가 발생하여 음의 金이 강하고 '휘' 자는 초성·중성·종성으로 자음과 모음의 음양오행의 이치로 水의 ㅎ에 2, 7 火의 'ㅟ'를 응용하여 자체적으로 보유한 음양오행의 생극제화 상극의 이치로 水剋火의 이치가 발생하여 음의 水가 강하고 또 초성·중성·종성으로 자음과 모음의 음양오행의 이치로 水의 ㅇ에 1, 6 水의 'ㅚ'를 응용한 '외' 자는 모두 水로 자체적으로 음양오행의 생극제화의 이치가 발생하지 않아 음의 水가 강하고 '뫼' 자는 초성·중성·종성으로 자음과 모음의 음양오행의 이치로 土의 ㅁ에 水의 'ㅚ'를 응용하여 자체적으로 보유한 음양오행의 생극제화 상극의 이치로 土剋水의 이치가 발생하여 음이나 양의 土가 강하고 '의' 자는 초성·중성·종성으로 자음과 모음의 음양오행의 이치로 水의 ㅇ에 5, 10 土의 'ㅢ'를 응용하여 자체적으로 보유한 음양오행의 생극제화 상극의 이치로 土剋水의 이치가 발생하여 양의 土가 강한 한글이 발생하는 것이

법칙으로 위와 같이 『훈민정음 해례본』에 근거하여 우리나라 국어의 훈민정음 한글은 초성·중성·종성으로 자음과 모음의 음양오행의 이치에 따라 자체적으로 보유한 음양오행의 생극제화 상생상극의 이치에 따라 최종적으로 강한 음양오행의 기운이 발생하는 것이 법칙으로 초성으로 자음의 ㄱㄴㄷㄹㅁㅂㅅㅇㅈㅊㅋㅌㅍㅎ(ㄲㄸㅃㅆㅉ)에 중성으로 모음의 ㅡㅣㅏㅑㅓㅕㅗㅛㅜㅠ ㅐㅒㅔㅖㅢㅟㅚㅝㅘㅞ(ㆍㅙㆌ)를 종성으로 자음을 응용하는 경우에 반드시 『훈민정음 해례본』에 기록한 음양오행의 이지를 중요시하는 것이 우선이며 앞으로 이름을 작명하는 경우에도 한글이 자체적으로 보유한 음양오행의 생극제화 상생상극의 이치에 따라 최종적으로 발생하는 음양이나 목화토금수의 기운을 참고하여 작명하는 것이 최상이며 이것이 바로 우리 민족의 뿌리가 되는 근본을 찾는 길이며 또 훈민정음 한글의 우수성을 세계에 알려 한글을 세계화시켜 국운이 살아나 세계 최고의 대한민국으로 우뚝 서게 되는 길이라는 것이다.

훈민정음 한글 초성으로
자음의 사계절과 방향

『훈민정음 해례본』의 '제자해'에서는 대우주와 대자연에 존재하는 모든 만물과 사물의 이치를 응용하고 형상화하여 세계에서 가장 우수한 '훈민정음'을 만들어 한글을 읽고 말하는 소리와 쓰고 기록하는 숫자의 음양오행의 이치를 근본으로 음양이나 목화토금수의 기운이 발생하는 것이 법칙으로 우리가 살아가면서 매일 접하는 하늘과 땅에서 끊임없이 하루의 밤낮이 발생하는 음양의 이치와 또 봄·여름·가을·겨울 사계절 24절기가 발생하여 따뜻하고 덥고 서늘하고 추운 음양이나 목화토금수의 기운이 발생하고 또 하늘과 땅이 동서남북의 사방팔방으로 나뉘어 존재하는 방향의 이치를 기준하여 한글을 읽고 말하는 소리의 이치에 의해 발생하는 음양오행의 기운으로 소리의 대표 오음(五音)의 궁상각치우(宮商角徵羽)와 비교하여도 조금도 손색이 없다고 아래와 같이 기록하여 한글의 초성·중성·종성으로 초성으로 자음이 발생하는 음양이나 목화토금수의 기운에 대하여 자세히 설명하고 있다.

"부인지유성 본어오행 고합제사시이불패 협지오음이불려(夫人之有聲 本於五行 故合諸四時而不悖 叶之五音而不戾)"이라 하여 사람의 소리에는 근본적으로 목화토금수의 기운이 존재하는 이치가 봄·여름·가을·겨울 사계절이나 소리의 가장 대표적인 궁상각치우 5가지 소리의 이치에 어긋나지 않는다고 기록하여 소리의 이치에 따라 목화토금수의 기운이 발생하는 것을 중요시한 내용으로 한글 초성으로 자음의 ㄱㅋ은 어금닛소리로 "ㄱㅋ 아착이장 목야 성사후이실 여목지생어수이유형야 어시위춘 어음위각(ㄱㅋ 牙錯而長 木也 聲似喉而實 如木之生於水而有形也 於時爲 春 於音爲角)"이라 하여 초성으로 자음의 ㄱㅋ은 잇몸의 어금니가 섞여 길게 벌어지면서 발생하는 소리로 아음(牙音)의 어금닛소리로 어금니가 섞이어 길게 성장하여 늘어져 음양오행의 이치로 나무로 木이며 어금닛소리는 목구멍이 가득 차 있는 소리로 목구멍소리와 비슷하며 그 형체가 물에 의해 나무(木)가 태어나 존재하는 이치와 같아 사계절의 이치로 봄이 되며 오음(五音)으로는 각음(角音)이 된다 하여 만물과 사물의 사계절이나 방향의 음양오행의 이치로 木에 해당한다 하였다.

초성으로 자음의 ㄴㄷㄹㅌ의 혓소리는 "ㄴㄷㄹㅌ 설예이동 화야 성전이양 여화지전전이양 양야 어시위하 어음위미(ㄴㄷㄹㅌ 舌銳而動 火也 聲轉而颺 如火之轉展而揚揚也 於時爲夏 於音爲徵)"이라 하여 ㄴㄷㄹㅌ은 혀가 재빠르게 움직여 발생하는 소리로 설음(舌音)의 혓소리는 소리가 구르고 회전하며 날리는 소리이며 불이 펴져 회전하며 하늘 위로 올라가는 것과 같아 사계절의 이치로 여름이 되고 오음(五音)으로는 치음(徵音)이 된다 하여 만물과 사물의 사계절이나 방향의 음양오행의 이치로 火에 해당한다 하였다.

ㅁㅂㅍ의 입술소리로 "ㅁㅂㅍ 순방이합 토야 성함이광 여토지함축만물이광대야 어시위계하 어음위궁(ㅁㅂㅍ 脣方而合 土也 聲含而廣 如土之含蓄萬物而廣大也 於時爲季夏 於音爲宮)"이라 하여 초성으로 자음의 ㅁㅂㅍ은 동그란 입술이 동서남북으로 합쳐지면서 발생하는 소리로 순음(脣音)의 입술소리는 입술이 동서남북으로 합쳐져 음양오행의 이치로 흙으로 土이며 소리는 넓게 품고 머금어 땅이 만물을 넓고 크게 쌓아서 품고 있는 것과 같아 사계절의 이치로 늦여름의 삼복더위가 되고 오음(五音)으로는 궁음(宮音)이 된다 하여 만물과 사물의 사계절이나 방향의 음양오행의 이치로 土에 해당한다 하였다.

ㅅㅈㅊ의 잇소리는 "ㅅㅈㅊ 치강이단 금야 성설이체 여금지설쇄이단성야 어시위추 어음위상(ㅅㅈㅊ 齒剛而斷 金也 聲屑而滯 如金之屑瑣而鍛成也 於時爲秋 於音爲商)"이라 하여 초성으로 자음의 ㅅㅈㅊ은 단단하고 튼튼한 이빨이 단단한 것을 끊어내며 발생하는 소리로 치음(齒音)의 잇소리는 이빨은 굳세고 단단하여 끊어내어 음양오행의 이치로 쇠로 金이며 잇소리는 부스러기 가루가 밖으로 빠지는 소리로 자질구레한 쇠를 가루로 부수어 불에 불려서 각종 기물을 이루는 것과 같아 사계절의 이치로 가을이 되고 오음(五音)으로는 상음(商音)이 된다 하여 만물과 사물

의 사계절이나 방향의 음양오행의 이치로 金에 해당한다 하였다.

ㅇㅎ의 목구멍소리는 "ㅇㅎ 후수이윤 수야 성허이통 여수허명이류통야 어시위동 어음위우(ㅇㅎ 喉邃而潤 水也 聲虛而通 如水之虛明而流通也 於時爲冬 於音爲羽)"라 하여 초성으로 자음의 ㅇㅎ은 깊숙한 목구멍이 촉촉하게 젖어 있어 음양오행의 이치로 물로 水이며 후음(喉音)의 목구멍소리는 소리가 비어 통하지 않는 곳이 없는 것은 물이 맑고 밝게 흐르고 통하여 미치지 않는 곳이 없어 사계절의 이치로 겨울이 되고 오음(五音)으로는 우음(羽音)이 된다 하여 만물과 사물의 사계절이나 방향의 음양오행의 이치로 水에 해당한다고 기록하여 훈민정음 한글이 대우주와 대자연에 존재하는 모든 만물과 사물의 이치를 응용하여 만들어 소리의 대표적인 궁상각치우(宮商角徵羽)의 소리가 발생하는 동시에 목화토금수의 기운이 발생하는 이치를 확실하게 증거를 제시하고 있다.

또한 훈민정음 한글이 동서남북 4개의 방향의 이치에 대해 다음과 같이 기록하였다.

"후거후이아차지북동지위야(喉居後而牙次之北東之位也)"라 하여 목구멍과 어금니가 북동쪽이 되는 이치는 물(水)의 목구멍이 있는 뒤쪽에 나무(木)의 어금니가 그 뒤를 이어 가기 때문에 방향의 음양오행의 이치로 물(水)는 북쪽이며 나무(木)은 동쪽이다.

"설치우차지남서지위야(舌齒又次之南西之位也)"라 하여 혀와 이가 남서쪽이 되는 이치는 불(火)의 혀와 쇠(金)의 이가 다시 그 뒤를 이어 가기 때문에 방향의 음양오행의 이치로 불(火)는 남쪽이며 쇠(金)은 서쪽이다.

"순거말 토무정위이기왕사계지의야(脣居末 土無定位而寄旺四季之義也)"라 하여 입술이 맨 끝에 있어 흙(土)의 땅은 정해진 동서남북의 방향이 없이 봄·여름·가을·겨울 사계절이 가장 왕성한 곳에 붙어 올바르게 이어주고 보내주기 때문에 방향의 음양오행의 이치로 흙(土)은 중앙(中央)이다.

"시 칙초성지중 자유음양오행방위지수야(是 則初聲之中 自有陰陽五行方位之數也)"라 하여 옳고 바른 것은 초성으로 자음은 음양이나 목화토금수나 동서남북의 방향이나 1234567890의 숫자의 이치에 의해 스스로 목화토금수의 기운이 존재하는 것이 법칙이라고 확실하게 근거로 제시하고 있어 훈민정음 한글 초성·중성·종성으로 초성으로 자음이 대우주와 대자연의 이치에 따라 발생하는 음양오행의 중요성을 강조한 내용이다.

5

훈민정음 한글 초성·중성으로
자음·모음과 숫자

　훈민정음 한글 초성·중성·종성으로 자음과 모음이 1234567890의 숫자의 이치에 의해 음양이나 목화토금수의 기운이 발생하는 이치를 살펴보면 다음과 같다.

　『훈민정음 해례본』 '제자해'에서는 "시 칙초성지중 자유음양오행방위지수야 시 칙중성지중 역자유음양오행방위지수야(是 則初聲之中 自有陰陽五行方位之數是 則 中聲之中 亦自有陰陽五行方位之數也)"라 하여 한글 초성·중성·종성으로 자음과 모음은 스스로 음양의 이치나 목화토금수의 이치나 동서남북의 이치나 숫자의 이치가 존재하여 목화토금수의 기운이 발생한다고 자세히 기록하여 초성·중성·종성으로 자음과 모음의 한글을 쓰고 기록하는 경우에 발생하는 숫자의 이치에 의해 음양이나 목화토금수의 기운이 발생하는 것이 법칙으로 한글을 쓰고 기록하는 획수가 자동적으로 정해지는데 초성으로 자음의 ㄱㄴㅇ은 1획, ㄷㅅㅈㅋ은 2획, ㄹㅁㅊㅌㅎ은 3획, ㅂㅍ은 4획으로 모두가 숫자의 이치로 시작하는 숫자로 성수(成數)가 되는 이치로 양의 숫자에 해당하는 것이 법칙이며 또 중성으로 모음을 쓰고 기록하는 획수가 ㅡㅣ는 1획, ㅏㅓㅗㅜㅢ는 2획, ㅐㅑㅔㅖㅛㅠㅠ는 3획, ㅒㅖㅘㅝ는 4획, ㅙㅞ는 5획으로 모두가 숫자의 이치로 시작하는 숫자로 성수(成數)가 되어 양의 숫자에 해당하여 양기가 발생하는 것이 법칙이다. 단, 초성으로 자음의 ㄲㄸㅃㅆㅉ은 ㄱㄷㅂㅅㅈ의 문자가 중복되어 발생하는 초성으로 자음의

한글 성명학

획수가 ㄲ이 2획, ㄸㅆㅉ은 4획으로 모두가 숫자의 이치로 양의 숫자에 해당하나 ㅃ이 8획으로 음의 숫자에 해당하는 것이 특징으로 훈민정음 한글의 초성·중성·종성으로 자음과 모음의 획수가 모두 양의 숫자에 해당하는 것이 원칙으로 숫자의 음양오행의 이치로 가장 맑고 깨끗하고 선명한 목화토금수의 기운이 발생하는 것이 법칙에 따라 '그' 자는 2획, '가' 자는 3획, '녹' 자는 4획, '숙' 자는 5획, '숫' 자는 6획, ,'명' 자는 7획, '병' 자는 8획, '멸' 자는 9획이 발생하여 한글의 숫자의 이치에 따라 3, 8획수는 木, 2, 7획수는 火, 5, 10획수는 土, 4, 9획수는 金, 1, 6획수는 水의 기운이 발생한다는 것을 알아 응용하여야 한다.

다음은 대우주와 대자연에 존재하는 모든 만물과 사물의 이치에 의해 중성으로 모음의 숫자의 이치에 의해 발생하는 음양이나 목화토금수의 기운에 대해 다음과 같이 자세히 기록하였다.

"ㅗ초생어천 천일생수지위야(ㅗ初生於天 天一生水之位也)"라 하여 중성으로 모음의 ㅗ는 하늘에서 처음으로 태어나는 자로 하늘에서 1의 숫자와 물의 水가 태어나는 자리라 하여 만물과 사물의 방향의 음양오행의 이치로 水에 해당한다.

"ㅠ재생어지 지육성수지수야(ㅠ再生於地 地六成水之數也)"라 하여 중성으로 모음의 ㅠ는 땅에서 재차 태어나는 자로 땅에서 6의 숫자와 물의 水를 이룬다 하여 만물과 사물의 숫자의 음양오행의 이치로 水에 해당한다 하여 ㅗ, ㅠ가 1, 6의 숫자가 방향이나 숫자의 음양오행의 이치로 水가 되는 것이 법칙이다.

"ㅏ차지 천삼생목지위야(ㅏ次之 天三生木之位也)"라 하여 중성으로 모음의 ㅏ는 그 뒤를 이어 2번째로 하늘에서 3의 숫자와 나무의 木이 태어나는 자리라 하여 만물과 사물의 방향의 음양오행의 이치로 木에 해당한다.

"ㅕ차지 지팔성목지수야(ㅕ次之 地八成木之數也)"라 하여 중성으로 모음의 ㅕ는 재차 2번째로 땅에서 8의 숫자와 나무의 木을 이룬다 하여 만물과 사물의 숫자의 음양오행의 이치로 木에 해당한다 하여 ㅏ, ㅕ의 3, 8의 숫자가 방향이나 숫자의 음양오행의 이치로 木이 되는 것이 법칙이다.

"ㅜ초생어지 지이성화지위야(ㅜ初生於地 地二成火之位也)"라 하여 중성으로 모음의 ㅜ는 땅에서 처음으로 태어나는 자로 땅에서 2의 숫자와 불의 火를 이루는 자리라 하여 만물과 사물의 방향의 음양오행의 이치로 火에 해당한다.

"ㅛ재생어천 천칠성화지수야(ㅛ再生於天 天七成火之數也)"라 하여 중성으로 모음의 ㅛ는 하늘에서 재차 2번째로 태어나는 자로 하늘에서 7의 숫자와 불의 火를 이룬다 하여 만물과 사물의 숫자의 음양오행의 이치로 火에 해당한다 하여 ㅜ, ㅛ가 2, 7의 숫자가 방향이나 숫자의 음양오행의 이치로 火가 되는 것이 법칙이다.

"ㅓ차지 지사생금지위야(ㅓ次之 地四生金之位也)"라 하여 중성으로 모음의 ㅓ는 땅에서 ㅗ 뒤를 이어가는 자로 땅에서 4의 숫자와 쇠의 金이 태어나는 자리라 하여 만물과 사물의 방향의 음양오행의 이치로 金에 해당한다.

"ㅑ차지 천구성금지수야(ㅑ次之 天九成金之數也)"라 하여 중성으로 모음의 ㅑ는 그 뒤를 이어가는 자로 하늘에서 9의 숫자와 쇠의 金을 이룬다 하여 만물과 사물의 숫자의 음양오행의 이치로 金에 해당한다 하여 ㅓ, ㅑ의 4, 9의 숫자가 만물과 사물의 방향이나 숫자의 음양오행의 이치로 金이 되는 것이 법칙이다.

"ㆍ천오생토지야(ㆍ天五生土之位也)"라 하여 중성으로 모음의 ㆍ은 하늘에서 5의 숫자와 흙의 土가 태어나는 자리라 하여 만물과 사물의 방향의 음양오행의 이치로 土에 해당한다 하였다.

"ㅡ지십성토지수야(ㅡ地十成土之數也)"라 하여 ㅡ는 땅에서 10의 숫자와 흙의 土를 이룬다 하여 만물과 사물의 숫자의 음양오행의 이치로 土에 해당한다 하여 ㆍ, ㅡ의 5, 10의 숫자가 만물과 사물의 방향이나 숫자의 음양오행의 이치로 土가 되는 것이 법칙이라고 기록하여 확실하게 그 근거를 제시하여 앞으로 방향이나 숫자의 이치를 응용하는 과정에서 변함이 없어야 한다는 것을 알아야 한다.

이러한 이치와 근거로 한글 초성으로 자음은 양, 중성으로 모음은 음으로 구분되면서 음양오행의 기운이 구분되어 초성·중성으로 자음과 모음을 쓰고 기록하는 획수에 의해 1에서 5의 획수가 구성되어 시작하는 성수(成數)인 양의 숫자가 발생하는 것이 법칙으로 숫자의 이치로 보아도 한글의 초성·중성으로 자음과 모음에 의해 숫자의 시초가 되어 가장 맑고 깨끗하고 선명한 목화토금수의 기운이 발생하는 것을 알 수가 있다. 이것은 한글이 초성·중성·종성으로 자음과 모음이 음양의 합으로 상합자의 이치로 만나 짝하여 파생되어 하나의 완성된 문자를 쓰고 기록하는 경우에 발생하는 숫자의 이치에 따라 새롭게 시작하는 성수(成數)

의 1에서 5의 획수로 시작되어 6에서 10 이상의 완성수(完成數)의 획수로 음의 숫자가 발생하면서 음양의 조화와 균형을 이루고 중화를 이루는 동시에 문자의 뜻과 읽고 말하는 소리와 쓰고 기록하는 획수의 이치에 의해 발생하는 음양오행의 기운 작용과 영향에 따라 우리가 살아가는 모든 생활환경에 필요한 근본이 된다는 것이다. 그러므로 숫자의 이치에 따라 초성·중성·종성으로 자음과 모음은 음양의 합으로 상합자의 이치로 만나 짝하여 특별한 한글 이외에는 양의 시작하는 성수(成數)가 발생하는 한글이 탄생하는 것이 법칙으로 초성·중성·종성으로 자음과 모음에 의해 파생되어 1에서 10 이상의 완성수(完成數)가 발생하는 문자가 만들어지면서 그 완성된 문자의 완성된 획수에 의해 음양이나 목화토금수나 동서남북의 방향이나 1234567890의 숫자의 이치에 따라 가장 맑고 깨끗하고 선명한 목화토금수의 기운이 발생하기 때문에 훈민정음 한글이 대우주와 대자연에 존재하는 가장 우수한 문자라는 것을 증명하고 있는 것이다.

대우주와 대자연에 존재하는 모든 만물과 사물의 이치로 가장 대표적이면서 가장 중요한 천지인의 이치와 음양의 이치에 의해 한글 초성·중성·종성으로 자음과 모음을 만들어 양에 해당하는 초성으로 자음과 음에 해당하는 중성으로 모음이 음양의 합으로 상합자의 이치로 만나 짝하여 완성되는 문자로 모든 사람들이 자유자재로 자신의 꿈과 이상의 상상을 마음대로 표현하는 이치로 초성·중성·종성으로 자음과 모음은 각각 그 뜻이 없으나 음양의 합으로 상합의 이치로 만나 짝하는 초성·중성·종성으로 자음과 모음에 의해 파생되어 하나 또는 여러 가지의 글귀가 구성되면서 본인이 상상하고 목표하는 뜻을 표현하여 읽고 말하고 쓰고 기록하는 소리와 획수의 음양오행의 이치에 의해 가장 맑고 깨끗하고 선명한 음양이나 목화토금수의 기운이 확실하게 나타나는 것을 알 수가 있으며 또한 한글의 뜻으로도 1자, 2자, 3자 4자, 5자 또는 그 이상으로 문자가 만나면 하나의 글귀가 형성되어 뜻이 자동으로 발생하는 것이 법칙으로 『훈민정음 해례본』에 근거한 숫자의 이치로 분석하면 한글 초성으로 자음이 모두가 시작하는 숫자의 획수인 1에서 5에 해당하고 중성으로 모음도 모두가 시작하는 숫자의 획수인 1에서 5에 해당하여 모두가 양에 해당하는 숫자의 이치가 발생하는 것이 놀라운 일이며 초성·중성·종성으로 자음과 모음이 합하여 하나의 문자를 쓰고 기록하는 경우에 양수(陽數)와 음수(陰數)인 1에서 10 이상의 음양의 숫자가 발생하여 음양의 이치로 서로가 조화와 균형을 이루고 중화를 이루고 있는 것을 볼 때에 우리나라 훈민정음 한글은 이 세상에 존재하는 어떠한 이치와 비교하여도 통하는 것이 법칙으로 세계에서 가장 우수한 동시에 확실하게 가장 맑고 깨끗하고 선명한 음양이나 목화토금수의 기운이 발생하는 것을 알 수가 있어 세계에서 가장 우수한 국어가 훈민정음 한글이라는 것을 알 수가 있는 것이다. 또한 우리나라 순수한 한글 이름은 씨족과 혈통을 중요시하여 조상의 정해진 성씨를 기준하여 이름이 성씨와 중간 자와 끝 자의 3자로 이름이 구성되어 사용하고 있는데 우리나라의 이름 3자가 기본으로 구성되어 존재하는 이치도 우리나라가 동방목국(東方木局)으로 숫자의 이치로 3, 8 木에 해당하기 때문이라는 것도 우연히 아니며 훈민정음 한글이 숫자의 이치로 3가지의 초성·중성·종성으로 자음과 모음이 음양의 합으로 상합자의 이치로 만나 짝하여 각각 파생되어 음양의 이치에 따라 좋고 나쁜 뜻의 문자가 완성되는 이치도 우연이 아니며 사람이 조상의 음양의 부모에 의해 음양의 합으로 아들과 딸이 태어나 음양의 후손을 낳아 대를 이어가며 생명을 유지하고 존재하는 이치와 동일한 이치로 이것이 바로 천지인(天地人)의 이치이며 음양의 이치로 대우주와 대자연에 존재하는 모든 만물과 사물의 사람이나 동식물과 각종 물류의 세계가 함께 어우러져 음양오행의 기와 질을 갖추고 하나의 공동체를 이루고 생명을 유지하고 존재하며 살아가면서 발생하는 생왕묘(生旺墓)의 이치와 동일한 이치로 이것이 바로 대우주와 대자연에 존재하는 모든 만물과 사물의 이치로 가장 대표적인 초목과 똑같은 생왕묘(生旺墓)의 이치로 살아가는 것이 사람으로 사람이 바로 초목으로 나무로 木의 기운 성품 성질 성향 유형이며 우리의 훈민정음 한글 자체가 대우주와 대자연에 존재하는 모든 만물과 사물의 음양의 이치에 따라 가장 대표적인 초목이 태어나 사람을 만나 함께 어우러져 생명을 유지하고 존재하는 이치와 형상을 응용하여 만들어져 나무의 木에 해당하는 문자이며 숫자의 이치도 3, 8 木에 해당하는 이치이며 육친의 이치로 비견, 겁(比肩, 劫)에 해당하는 것을 볼 때에 사람의 기운을 가장 강하게 만들고 있는 것이 바로 훈민정음 한글이라는 것을 알 수가 있다.

훈민정음 한글 소리와
음양오행

　우리나라 훈민정음 한글은 초성·중성·종성의 자음과 모음으로 구성되는데 이것을 음양의 이치로 분석하면 양기의 초성으로 자음이 초음(初音)이며 음기의 중성으로 모음이 중음(中音)이며 양기의 종성으로 자음이 종음(終音)으로 구성되어 음양의 합으로 상합자의 이치로 만나 짝하여 음양의 이치로 파생되어 양기에 해당하는 초성으로 자음에 의해 끝나는 종음(終音)이 발생하는 것이 법칙으로 한글은 초성·중성·종성으로 자음과 모음으로 구성되는데 사람의 이름도 정해진 성씨를 기준하여 외자인 2자나 3자 이상으로 또는 정해진 성씨가 2자 이상인 경우에는 2자, 3자나 4자 이상의 이름도 한글 초성·중성·종성으로 자음과 모음에 의해 초음·중음·종음으로 구분되는 것이 법칙으로 한글 이름을 음양이나 목화토금수의 기운을 분석하여 이름의 길흉을 분석할 수가 있는 것이 한글의 특징이며 우수성으로 앞으로 세계화하는데 초석이 되는 동시에 근본이 되어 무궁무진하게 발전하게 되는 것이다. 한글 초성·중성·종성으로 자음과 모음을 만드는 과정에서 대우주와 대자연에 존재하는 모든 만물과 사물의 이치는 물론이고 사람이 말하는 기능인 신체의 구강에 대한 구조를 응용하고 형상화하여 사람이 소우주의 이치로 태어나 음양오행의 기와 질의 성품을 갖추고 생명을 유지하는 사람이 입과 귀로 말하는 말로서 자신의 뜻과 상대의 뜻을 서로가 듣고 대화하며 발생하는 강하고 약하고 선하고 악하고 의지하고 배려하는 음양의 소리에 따라 음양오행의 기운이 발생하여 사람이 생활하는 모든 면의 길흉화복에 작용하는 것이 법칙이다.

『훈민정음 해례본』 '제자해'에서는 "부인지성 본어오행 고합제사시이불패 협지오음이불려(夫人之有聲 本於五行 故合諸四時而不悖 叶之五音而不戾)"라 하여 사람이 말하는 소리에는 반드시 목화토금수 기운의 근본이 존재하여 봄·여름·가을·겨울 사계절의 이치와 궁상각치우의 5가지 소리가 발생하는 이치에 조금도 어그러지지 않고 맞는다 하였고, "후수이윤 수야 성허이통 여수허명이류통야 어시위동 어음위우(喉邃而潤 水也 聲虛而通 如水虛明而流通也 於時爲冬 於音爲羽)"라 하여 목구멍은 깊이 젖어 있어 물(水)이며 소리가 비어 있어 두루 통하는 것은 물이 맑고 밝게 흐르며 두루 통하지 않는 곳이 없어 사계절은 겨울이며 5가지 소리는 우(羽)라 하였고 "아착이장 목야 성사후이실 여목지생어수이유형야 어시위춘 어음위각(牙錯而長 木也 聲似喉而實 如木之生於水而有形也 於時爲春 於音爲角)"라 하여 어금니는 길게 섞이어 있어 나무(木)이며 소리가 목구멍소리와 비슷하나 가득 차 있어 나무가 물에서 태어나는 모양이 존재하여 나무(木)이며 사계절은 봄이며 5가지 소리는 각(角)이라 하였고 "설예이동 화야 성전이양 여화지전전이양양야 어시위하 어음위미(舌銳而動 火也 聲轉而颺 如火之轉展而揚揚也 於時爲夏 於音爲徵)"라 하여 혀는 날카롭게 움직이니 불(火)이며 소리가 구르면서 날리는 소리로 불이 구르며 퍼지며 뜨겁게 위로 오르니 사계절은 여름이며 5가지 소리는 치(徵)라 하였고 "치강이단 금야 성설이체 여금지설쇄이단성야 어시위추 어음위상(齒剛而斷 金也 聲屑而滯 如金之屑瑣而鍛成也 於時爲秋 於音爲商)"라 하여 이는 굳세고 단단한 것을 끊으니 쇠(金)이며 소리가 가루가 되어 막히는 소리이며 쇠는 자질구레한 가루를 불에 불려 각종 기물을 이루니 사계절은 가을이며 5가지 소리는 상(商)이라 하였고 "순방이합 토야 성함이광 여토지함축만물이광대야 어시위계하 어음위궁(脣方而合 土也 聲含而廣 如土之含蓄萬物而廣大也 於時爲季夏 於音爲宮)"라 하여 입술은 동서남북으로 둥그렇게 모여 흙(土)이며 소리가 넓게 머금고 품는 소리이며 흙은 넓고 크게 만물을 머금어 품어 쌓으니 사계절은 긴 여름의 삼복더위이며 5가지 소리는 궁(宮)이라 하였고 "연수내생물지원 화내성물지용 고오행지중 수화위대(然水乃生物之源 火乃成物之用 故五行之中 水火爲大)"라 하여 물(水)은 만물이 태어나는 근원이며 불(火)은 만물과 사물을 이루는 데 쓰이는 것이 본래 목화토금수 중에서 물과 불 水火의 음양이 가장 크게 쓰는 것이라 하여 음양이 서로가 조화와 균형을 이루고 중화를

이루는 것이 가장 중요하다 하였고 "후내출성지문 설내변성지관 고오음지중 후설위주야(喉乃出聲之門 舌乃辨聲之管 故五音之中 喉舌爲主也)"라 하여 목구멍은 소리가 나타나는 문이며 혀는 소리가 변하는 대롱으로 본래 5가지 소리는 목구멍과 혀가 주체가 되어 소리를 만드는 것이며 "후거후이아차지 북동지위야 설이우차지 남서지위야 순거말 토무정위이기와사계지의야(喉居後而牙次之 北東之位也 舌齒又次之 南西之位也 脣居末 土無定位而寄旺四季之義也)"라 하여 목구멍은 뒤쪽에 있고 그 뒤를 이어 어금니가 있어 자리가 북동쪽이며 혀와 이가 또 그 뒤를 이어 자리가 남서쪽이며 입술은 끝에 있으니 자리가 정해진 것이 없이 올바르게 봄·여름·가을·겨울 사계절의 세력이 왕성하게 주고 보내는 이치이며 "시칙초성지중 자유음양오행방위지수야(是則初聲之中 自有陰陽五行方位之數也)"라 하여 소리에는 스스로 올바른 음양이나 목화토금수나 동서남북이나 숫자의 이치가 존재하여 사람이 소우주의 이치로 태어나 한글 초성으로 자음의 음양오행의 기운 성품 성질 성향 유형으로 몸의 신체와 머리카락과 잇몸의 어금니가 태어나 시작하여 자라나는 이치에 의해 발생하는 어금닛소리의 ㄱㅋ은 나무의 木에 해당하고 몸의 입속의 혀가 성장하여 말하는 경우에 혀가 빠르게 움직이는 이치에 의해 발생하는 혓소리의 ㄴㄷㄹㅌ은 불의 火에 해당하고 위와 아래의 2개의 동그란 입술이 동서남북에 관계없이 윗입술과 아랫입술이 벌어지고 닫히는 왕성한 활동의 이치로 발생하는 입술소리의 ㅁㅂㅍ은 흙의 土에 해당하고 단단한 이가 교차하면서 끊고 부수어 으깨어 먹고 결실하는 이치로 발생하는 잇소리의 ㅅㅈㅊ은 쇠의 金에 해당하고 촉촉한 젖어 물과 음식이 왕래하고 저장하여 생명을 유지하는 목구멍에서 소리가 나오는 근본의 이치로 발생하는 목구멍소리의 ㅇㅎ은 물의 水에 해당하는 이치로 초성·중성·종성으로 자음과 모음에 의한 한글을 입으로 읽고 말하고 부르는 어금니·혀·입술·이·목구멍의 신체 구조에 의해서 나오는 입으로 말하는 소리는 일시적으로 호흡이 제한되어 발생하는 소리로 가장 맑고 깨끗하고 선명한 음양이나 목화토금수의 기운이 발생하는 소리이며 중성으로 모음이 발생하는 소리도 어금니·혀·입술·이·목구멍의 신체 구조에 의해 초성으로 자음을 이어가는 소리에 의해 가장 맑고 깨끗하고 선명한 음양이나 목화토금수의 기운이 발생하는 것이 특징이다. 또한 음양오행의 이치로는 한글 초성·중성·종성으로 자음이 양, 모음이 음으로 사람의 신체를 5가지 목화토금수의 기운 성품 성질 성향 유형을 응용하여 자음과 모음이 음양의 합으로 상합자의 이치로 만나 분열의 법칙에 의해 파생되어

수없이 많은 각각 다른 소리가 발생하며 음양오행의 기운이 발생하는 것이 법칙으로 한글을 읽고 말하는 소리의 음양오행의 이치에 의해 맑고 깨끗하고 선명한 목화토금수의 기운을 대표하는 5가지 소리의 궁상각치우(宮商角徵羽)로 구분하여 木의 ㄱㅋ, 가카는 각(角) 소리이며 火의 ㄴㄷㄹㅌ, 나다라타는 치(徵) 소리이며 土의 ㅁㅂㅍ, 마바파는 궁(宮) 소리이며 金의 ㅅㅈㅊ, 사자차는 상(商) 소리이며 水의 ㅇㅎ, 아하는 우(羽) 소리의 오음(五音)이 발생하면서 초성으로 자음 ㄱㄴㄷㄹㅁㅂㅅㅇㅈㅊㅋㅌㅍㅎ이 중성으로 모음이 3, 8 木에 해당하는 ㅏ를 응용한 가나다라마바사아자차카타파하 14개의 문자로 파생되어 음양이나 목화토금수 기운이 기본적으로 발생하는 동시에 자체적으로 보유한 음양오행의 생극제화 상생상극의 이치에 따라 가장 맑고 깨끗하고 선명한 음양오행의 기운이 발생하는 것이 법칙으로 가카는 모두 木으로 자체적으로 음양오행의 생극제화 상생상극의 이치가 발생하지 않아 木, 나다라타는 木生火의 이치가 발생하여 火, 마바파는 木剋土의 이치가 발생하여 木, 사자차는 金剋木의 이치가 발생하여 金, 아하는 水生木의 이치가 발생하여 木 기운이 강한 문자가 발생하는 것이 법칙이다. 이것을 세분하면 木에 해당하는 ㄱㅋ, 가카는 목구멍이 닫혔다가 열리면서 어금니의 잇몸이 벌어져 혀의 뿌리에서부터 나오는 소리에는 바람이 입 밖으로 발생하는 것이 특징으로 모든 소리의 근본으로 水生木의 이치로 木이며 火에 해당하는 ㄴㄷㄹㅌ, 나다라타는 어금니의 잇몸이 벌어지며 혀가 빠르게 말리고 펴지면서 강하게 마주치면서 발생하는 소리로 바람이 없는 것이 특징으로 木生火의 이치로 火이며 土에 해당하는 ㅁㅂㅍ, 마바파는 동그란 윗입술과 아랫입술이 마주치고 벌어지면서 입안에서 시작하여 입술의 작용에 의해서 발생하는 소리로 바람이 약한 것이 특징으로 火生土의 이치로 土이며 金에 해당하는 ㅅㅈㅊ, 사자차는 혀가 입의 천장에서 시작하여 어금니가 맞물리며 입 밖으로 바람이 새어나가는 소리가 발생하는 것이 특징으로 土生金의 이치로 金이며 水에 해당하는 ㅇㅎ, 아하는 어금니 끝의 깊숙한 목구멍에서부터 시작되어 입이 벌어지면서 강하게 입 밖으로 바람이 새어나가는 소리가 발생하는 것이 특징으로 金生水의 이치로 水로 다시 水生木의 이치로 木의 ㄱㅋ, 가카로 이어지면서 음양이나 목화토금수의 기운이 발생하는 것이 특징으로 자체적으로 음양오행의 생극제화 상생상극의 이치가 존재하여 서로가 순환하며 서로가 조화와 균형을 이루고 중화를 이루는 이치가 자동적으로 성립되는 것을 알 수가 있는 것이 특징이다. 또한 대우주와 대자연에

존재하는 만물과 사물의 음양오행이나 사계절이나 방향이나 숫자의 이치로 사람을 체질적으로 목화토금수의 기운 성품 성질 성향 유형으로 분류하면 木은 곡직(曲直)으로 생기발육(生起發育)의 기상으로 태어나 길게 위로 돋아나는 기운으로 丨이며 火는 염상(炎上)으로 상승(上昇)과 분산(分散)의 기상으로 빛과 열기를 통하여 성장시키고 소멸시키는 기운으로 ▽이며 土는 가색(稼穡)으로 생육(生育)과 육성(育成)의 기상으로 변하지 않는 평평한 땅을 통하여 저장하고 수장하는 기운으로 ○이며 金은 종혁(從革)으로 숙살(肅殺)과 굳어 결실하고 가두어 죽이는 기운으로 차가운 냉기를 통하여 변화시켜 수확과 결실하는 기운으로 □이며 水는 윤하(潤下)로 유연성으로 물이 위에서 아래로 자윤(滋潤)의 기상으로 유유히 흐르는 수맥을 통하여 만물과 사물의 모든 생명을 소생하거나 썩혀 죽이는 기운으로 △의 형상이다. 이러한 자연적인 모양과 형상을 기초하여 한글의 초성·중성·종성으로 자음과 모음의 기본적인 문자의 모양을 대우주와 대자연에 존재하는 모든 만물과 사물의 천지인의 이치와 음양의 이치와 목화토금수의 이치와 사계절의 24절기 이치와 동서남북 방향의 이치와 1234567890 숫자의 이치를 응용하고 형상화하여 초성·중성·종성으로 자음과 모음을 만들어 음양의 합으로 상합자의 이치에 의해 발생하는 한글에는 자체적으로 음양오행의 기운이 존재하여 음양오행의 생극제화 상생상극의 이치가 자동적으로 발생하여 기운이 순환상생하여 사람들이 한글을 읽고 말하고 쓰고 기록하는 형식으로 자신의 뜻과 포부를 전달하고 기록하여 문자와 소리로 서로가 기본적으로 보유한 의사와 뜻을 서로가 소통하여 부와 명예의 목적을 달성하는 이치로 우리나라 훈민정음 한글이 세계에서 가장 우수하게 음양이나 목화토금수의 기운이 확실하게 발생하는 문자로 그 우수성을 인정받아 유네스코 세계유산으로 인정받아 영구히 보존하여 그 가치를 높이고 있어 앞으로 훈민정음 한글을 세계화시키는 데 국가와 전 국민이 함께 노력하여야 한다.

대우주와 대자연에 존재하는 모든 만물과 사물의 이치를 근본으로 한 '훈민정음 한글'로 우리나라 국호인 '대한민국'이라는 4자를 국호의 삼원 음양오행을 구성하여 분석하면 '대한민국'은 초성·중성·종성으로 자음과 모음의 음양오행의 이치로 '대'는 초성으로 자음의 ㄷ은 火, 중성으로 모음의 ㅐ인 木을 응용하여 자체적으로 木生火의 이치가 발생하여 로 火, '한'은 초성으로 자음이 ㅎ은 水, 중성으로 모음의 ㅏ는 木, 종성으로 자음의 ㄴ은 火로 자체적으로 水生木 木生火의 이치가 발생하여 火, '민'은 초성으로 자음이 ㅁ은 土, 중성으로 모음이 음양오행이 정해지지 않은 ㅣ를 응용하고 종성으로 자음의 ㄴ은 火로 자체적으로 火生土의 이치가 발생하여 土, '국'은 초성으로 자음의 ㄱ은 木, 중성으로 모음의 ㅜ는 火, 종성으로 자음이 ㄱ은 木으로 자체적으로 木生火의 이치가 발생하여 종합적으로 木生火 火生土의 이치가 발생하는 동시에 火土공존의 이치로 양기가 강하게 발생하는 국호이며 또 훈민정음 한글 숫자 음양오행의 이치로 '대'는 초성으로 자음의 음양오행으로 ㄷ은 火에 해당하고 획수는 5획으로 土, '한'은 자음으로 ㅎ은 음양오행으로 水에 해당하고 획수는 6획으로 水, '민'은 자음으로 ㅁ은 음양오행으로 土에 해당하고 획수는 5획으로 土, '국'은 자음으로 ㄱ은 음양오행으로 木에 해당하고 획수는 4획으로 金에 해당하여 '대한민국' 국호는 훈민정음 한글 초성으로 자음의 음양오행의 이치로 국호의 삼원 음양오행이 火水土木이 구성되어 자체적으로 보유한 음양오행의 생극제화 상생상극의 이치로 水生木 木生火 火生土로 순환상생하고 숫자 음양오행의 이치로 국호 획수의 삼원 음양오행이 土水土金이 구성되어 자체적으로 보유한 음양오행의 생극제화 상생상극의 이치로 土生金 金生水로 순환상생하여 '대한민국'의 국호는 소리와 숫자 음양오행의 이치로 종합적으로 보유한 음양오행의 생극제화 상생상극의 이치로 水生木 木生火 火生土 土生金 金生水의 이치로 막힘이 없이 흐르는 순환상생의 이치를 이루고 있어 음양이나 목화토금수의 이치로 서로가 조화와 균형을 이루어 중화를 이루는 동시에 숫자의 이치로 시작하는 성수와 완성수가 모두가 존재하면서 火土공존의 이치가 발생하여 우리나라가 동방목국(東方木局)의 아름다운 나라에 꽃이 만발한 최상의 형상으로 우리나라 '대한민국' 국호는 상당히 좋다는 것을 알 수가 있으며 또한 국호 '한국'도 국호의 삼원 음양오행으로 분석하면 '한'은 자음의 ㅎ은 음양오행으로 水에 해당하고 획수는 6획으로 水, '국'은 자음의 ㄱ은 음양오행으로 木에 해당하고 획수는 4획으로 金으로 '한국' 국호의 삼원 음양오행이 자음의 음양오행으로 水木으로 구성되어 '한국' 국호가 자체적으로 보유한 음양오행의 생극제화 상생상극의 이치로 水生木으로 순환상생하는 이치가 발생하고 숫자의 이치도 水金로 구성되어 자체적으로 보유한 음양오행의 생극제화 상생의 이치로 金生水로 순환상생의 이치가 발생하여 종합적으로 보유한 음양오행의 생극제화 상생상극의 이치로 金生水 水生木의 이치가 발생하여 막히지 않고 흐르는 순환상생의 이치가 발생하는 동시에 숫자의 이치로 시작하는 성수와 완성수가 모두 존재하는 국호로 '한'은 초성으로 자음의 음양오행으로 ㅎ은 水, 중성으

로 모음의 음양오행으로 木인 ㅏ에 종성으로 자음의 음양오행으로 火인 ㄴ을 응용하여 자체적으로 水生木 木生火의 이치로 火. '국'은 초성으로 자음의 ㄱ은 木, 중성으로 ㅜ는 火, 종성으로 자음의 ㄱ이 木을 응용하여 자체적으로 보유한 음양오행의 생극제화 상생상극의 이치로 水生木 木生火의 이치가 발생하여 火가 강한 동시에 순환상생의 이치를 이루어 서로가 조화와 균형을 이루고 중화를 이루는 동시에 동방목국(東方木局)의 우리나라에 꽃이 만발한 최상의 목화통명(木火通明)의 형상으로 상당히 좋은 국호가 되는 것을 알 수가 있는 것이다. 한자도 '한국(韓國)'은 한자의 뜻으로 춘추전국시대의 제후의 나라로 국가 중에서 왕을 뜻하여 미래에 세계의 중심이 된다는 뜻이며 한자로 '한(韓)'의 한자 획수는 17획으로 10획을 제외한 7획이 음양오행으로 火, '국(國)'의 한자 획수로 11획으로 10획을 제외한 1획이 음양오행으로 水에 해당하여 '한국(韓國)' 국호를 훈민정음 한글 숫자 음양오행의 이치로 국호의 삼원 음양오행이 水火가 구성되어 '한국(韓國)' 국호 획수가 자체적으로 보유한 음양오행의 생극제화 상생상극의 이치로 水剋火의 이치가 발생하나 이것은 음양의 이치로 서로가 조화와 균형을 이루고 중화를 이루는 최상의 형상으로 수화기제(水火旣濟)의 이치가 발생하는 국호에 해당하여 상당히 좋은 국호이며 또 한자의 국호로 '대한민국(大韓民國)'은 한자의 뜻으로 백성을 위한 세계에서 가장 큰 나라를 뜻하여 국민의 무한한 잠재력으로 장차 세계의 중심이 된다는 뜻이며 한자 획수로는 '대(大)'는 3획으로 木, '한(韓)'은 17획으로 10의 숫자를 제외한 7획은 火, '민(民)'은 5획으로 土, '국(國)'은 11획으로 10획을 제외한 1획은 水로서 '대한민국(大韓民國)' 국호가 훈민정음 한글 숫자 음양오행의 이치로 한자 획수의 삼원 음양오행이 木火土水가 구성되어 한자 획수가 자체적으로 보유한 음양오행의 생극제화 상생상극의 이치로 水生木 木生火 火生土의 이치를 이루는 동시에 자동적으로 土生金이 발생하여 음양오행의 기운이 막히지 않고 흐르는 순환상생의 이치가 발생하여 서로가 조화와 균형을 이루고 중화를 이루고 있기 때문에 우리나라가 축인간방(丑寅艮方)으로 동방목국(東方木局), 동방예의지국(東方禮儀之國)의 작은 나라이나 국호가 자체적으로 보유한 음양오행의 생극제화 상생의 이치로 木生火의 이치가 발생하여 火가 용신으로 목화통명(木火通明)이라는 최상의 형상이 발생하는 동시에 장차 음양오행의 이치로 火, 金에 해당하는 우주·전기·전자·통신·과학·화공·항공·에너지·연예·철강·금속·스포츠 분야에서 앞으로 무궁무진한 성장과 발전을 이루는 국가가 되어 세계의 중심이 될 것이

확실하다는 예상이다.

　'광복 제70주년'을 맞이하여 우리나라와 국민의 기를 살리는 소중한 우리의 근본이며 뿌리가 되는 우리나라 훈민정음 한글이 세계에서 가장 우수하게 대우주와 대자연에 존재하는 모든 만물과 사물의 천지인의 이치와 음양오행의 이치와 사계절 24절기의 이치와 방향의 이치와 숫자의 이치에 의해 가장 맑고 깨끗하고 선명한 음양오행의 기운 성품 성질 성향 유형이 확실하게 발생하는 문자가 바로 우리의 훈민정음 한글이기 때문에 우리는 그 우수성을 높이 평가하여 국가적으로 세계에 그 우수성을 알리는 동시에 『훈민정음 해례본』을 통하여 우리부터 한글을 올바르고 정확하게 연구하고 배우고 응용하여 순수한 우리 한글로 국가와 국민의 기를 살려 세계 최강국이 되는 동시에 국가적으로 훈민정음 한글이 세계의 공통어가 될 수 있도록 하는 것이 최종 목적으로 이 세상에[존재하는 모든 만물과 사물의 이름을 짓거나 사람의 이름 · 아호 · 예명 · 개명이나 개인 · 법인단체 · 회사 · 상호 · 로고를 작명하는 동시에 한글 초성 · 중성 · 종성으로 자음과 모음의 음양오행의 이치를 통하여 국가가 발전하고 국민이 건강하고 편안하게 부와 명예를 누리는 데 많이 이용되어야 한다는 생각이다.

제3장

이름

1

이름의
중요성

이름은 대우주와 대자연에 존재하는 모든 만물과 사물의 대표적인 음양의 이치로 대우주에 해당하는 양의 하늘에 속해 있는 해와 달과 별의 수많은 위성 그리고 대자연에 해당하는 음의 땅에 속해 있는 각종 사람이나 동식물이나 수많은 물류에는 반드시 정해진 목화토금수의 기운 성품 성질 성향 유형에 따라 고유의 이름이 붙여져 응용되고 사용하고 있는 것이 법칙으로 그 이름은 대우주와 대자연에 존재하는 음양오행의 이치에 의해 발생하는 하루의 밤낮과 1년 봄·여름·가을·겨울 사계절 24절기의 이치에 의한 따뜻하고 포근하며 뜨겁고 무덥고 차고 서늘하고 추워 얼어붙는 기운 작용과 영향에 의한 '때와 장소'의 생활환경에 따라 음양오행의 기운 성품 성질 성향 유형이 정해져 끊임없이 새로운 생명이 태어나 존재하다 소멸되는 것이 대우주와 대자연의 법칙으로 모든 만물이나 사물은 각각 정해진 '때와 장소'의 생활환경이 발생하는 음양오행의 기운 작용에 순응하며 생명을 유지하고 존재하도록 고유의 이름을 붙여 사용되고 응용하는 것이 법칙으로 그 이름도 모든 만물과 사물의 이치와 함께 하나의 큰 공동체를 이루고 존재하며 생명이 오래도록 유지되어 기억되도록 이름을 작명하는 것이 가장 현명하고 올바른 정통성명학이라는 것이다. 또한 모든 만물과 사물의 이름을 작명하는 방법도 대우주와 대자연에 존재하는 모든 만물과 사물의 음양오행의 이치에 따라 생사가

결정되는 것이 법칙으로 앞으로 『훈민정음 해례본』에 의한 한글로 이름을 부르고 읽고 말하는 소리의 음양오행의 이치와 이름을 쓰고 기록하는 숫자의 음양오행의 이치를 가준하여 모든 이름을 작명하는 것이 최상의 방법이라는 것이다.

대우주는 변화가 없지만 대자연은 진화의 법칙에 따라 세계 인류 문명의 발전은 끊임없이 새롭게 변화하는 환경 속에서 끊임없이 새롭게 탄생하는 새로운 만물과 사물의 각종 사람이나 동식물이나 물류는 반드시 목화토금수의 기운 성품 성질 성향 유형이 정해져 새로운 생명을 갖추고 태어나 주변의 생활환경에 순응하며 각각 정해진 생왕묘의 이치에 따라 생명을 유지하고 존재하다가 소멸되는 것이 법칙으로 그 만물과 사물이 시대의 변화에 부응하여 인기가 있거나 필요에 따라 영구히 오래도록 생명을 유지하고 존재하거나 시대변화에 부응하지 못하거나 인기가 없거나 필요 없는 것은 생명을 오래 유지하지 못하고 버려지거나 소멸되어 기억 속에서 사라지는 것이 법칙으로 그 만물과 사물은 존재하지 않으나 그 이름은 영원히 우리가 존재하는 대우주와 대자연에 존재하는 것이 법칙으로 대우주와 대자연에 존재하는 모든 만물과 사물의 천지인의 이치와 음양오행의 이치와 사계절의 이치와 방향의 이치와 숫자의 이치에 의해 발생하는 정해진 음양오행의 기운 성품 성질 성향 유형에 따라 새로운 고유의 이름을 작명하여 그 이름이 대우주와 대자연에 영원히 존재하도록 하는 것이 최상으로 서로가 밀접한 관계를 이루며 하나의 큰 공동체를 형성하여 각각 정해진 '때와 장소'의 생활환경에 따라 생명을 유지하면서 살아가는 것이 법칙으로 모두가 정해진 음양오행의 기운 성품 성질 성향 유형으로 씨족의 계통에 따라 대대손손 대를 이어 새롭게 태어나 생명을 유지하고 존재하면서 그에 맞는 고유의 이름이 붙여져 사용하고 있는 것이 사실이다. 심지어는 대우주와 대자연에 존재하는 양에 해당하는 하늘의 해와 달과 수많은 별들도 각각 고유의 이름을 소유하고 있으면서 양의 밝은 기운을 발생하며 현재까지 존재하고 있으며 음에 해당하는 땅은 모든 만물과 사물의 각종 사람이나 동식물이나 물류가 끊임없이 각양각색의 음양오행의 기운 성품 성질 성향 유형을 갖추고 태어나 각각 생명을 유지하고 존재하는 이름을 소유하고 있는 것이 법칙으로 사람이 만물과 사물의 동식물이나 물류를 만나면 그 이름의 기운 성품 성질 성향 유형을 통하여 생각하고 판단하는 것을 원칙으로 삼아 필요에 따라 배우고 기억하고 사용하고 사육하고 응용하는 일들이 발생하거나 필요가 없는 것은 생각하지도 않고 사용하지 않는 동시에 가까이하지 않고 아예 소멸시키거나 기억도 하지 않고 접근하지 않는 것이 원칙으로 이것이 시대의 변천에 따라 발생하는 음양오행의 기운 성품 성질 성향 유형의 작용에 의해 정해진 이름이 발생하는 힘으로 매우 중요한 것으로 세계인의 모두가 공동으로 인정하고 통용되는 아주 중요한 가치가 있는 것으로 대우주와 대자연에 존재하는 모든 만물과 사물의 각종 사람이나 동식물이나 물류가 자체적으로 보유한 음양오행의 기운 성품 성질 성향 유형의 작용에 의한 명칭에 따라 사람에게 각인되어 인류 문명을 발진시켜 깜짝 놀라거나 또는 필요에 따라 소유하여 친근감을 가지고 접근하거나 무서워 회피하는 일들이 발생하는데 친근감이 있거나 필요하면 직접 소유하여 소장하거나 양육하여 만족하는 일들이 발생하거나 필요가 없으면 회피하거나 접근하지 않는 것이 특징으로 결과적으로 대우주와 대자연에 존재하는 모든 만물과 사물의 이치로 각각 정해진 음양오행의 기운 성품 성질 성향 유형에 따라 고유의 이름을 작명하여 그 이름에 따라 사람들이 생각하고 고민하고 판단하여 신뢰가 형성되어야 모든 만물과 사물의 세계와 인간사회가 하나의 큰 공동체의 대자연을 이루어 그 대자연의 이치에 따라 각각 생명을 유지하고 존재하면서 개인은 물론이고 사회가 발전하여 세계 인류 문명이 진화되어 점차적으로 세계가 하나가 되는 세계가 펼쳐지게 되는 것이다. 또한 만물의 영장인 사람도 끊임없이 대우주와 대자연에 존재하는 만물과 사물의 구성원으로 하루 낮밤의 음양의 이치와 매년 봄·여름·가을·겨울 사계절 24절기에 의한 따뜻하고 덥고 서늘하고 추운 목화토금수의 기운 작용과 영향에 의해 발생하는 '때와 장소'의 생활환경에 순응하고 적응하며 정해진 생왕묘의 이치에 의해 생사가 좌우되는 것이 원칙으로 끊임없이 변화하는 인류 문명의 발전과 변화 속에서 새로운 사람이 정해진 생왕묘의 이치에 의해 새롭게 탄생하여 성장하고 소멸하여 없어지는 반복적인 순환상생의 과정을 거치면서 무한대로 진화되어 대를 이어 대대손손 생명을 유지하고 존재하며 각자가 소유한 꿈과 이상의 목표를 달성하고 소멸되어 영원히 사라지는 것이 원칙이나 그 이름은 영원히 존재하는 것이 법칙으로 앞으로 새롭게 태어나는 모든 만물과 사물의 각종 사람이나 동식물이나 물류의 새로운 이름은 대우주와 대자연에 존재하는 만물과 사물의 이치로 끊임없이 발생하는 하루의 낮밤이 발생하는 음양의 이치에 의한 사계절 24절기의 이치와 방향의 이치와 숫자의 이치에 따라 발생하는 목화토금수 의 기운 성품 성질 성향 특성 모양 색상 쓰임새 등의 유형을 참고하여 이름을 작명하는 것이

최상이며 또한 이 세상에 태어난 근거인 국가를 구분하지 않고 출생한 당시의 '때와 장소'의 생활환경을 말하는 출생한 당시의 연월일시를 기준하여 사주팔자를 구성하여 사주의 용신에 해당하는 음양오행을 기준하여 세계에서 가장 우수한 훈민정음 한글 초성·중성·종성으로 자음과 모음의 음양오행의 이치에 의해 발생하는 가장 맑고 깨끗하고 선명한 음양이나 목화토 금수의 기운을 응용하여 사람의 이름·아호·예명·개명하거나 개인이나 단체의 법인 회사 상호 로고를 작명하는 동시에 모든 만물과 사물의 각종 동식물이나 물류의 이름을 작명하는 것이 최상의 방법이다.

이름의
작명

    지금까지 이름을 작명하는 역학자나 작명을 공부한 사람들이 특별하게 사용한 성명학이 일제 잔재인 일본의 역학자인 '구마사키 겐오'가 만든 한자 획수를 응용한 81수 수리성명학으로 이 성명학은 명리학문의 대표적인 대우주와 대자연에 존재하는 모든 만물과 사물의 이치로 음양의 이치와 목화토금수의 이치와 봄·여름·가을·겨울 사계절 24절기의 이치와 동서남북 방향이나 숫자의 이치와 전혀 근거가 없는 성명학이다. 81수 수리성명학은 『훈민정음 해례본』에 의한 훈민정음 한글 초성·중성·종성으로 자음과 모음의 음양오행의 이치와 숫자의 이치와 전혀 맞지 않는 숫자를 응용한 음양오행의 기운으로 작명하는 일본인이 만든 81수 수리성명학으로 이것은 대우주와 대자연에 존재하는 만물과 사물의 음양오행이나 사계절이나 방향이나 숫자의 이치와 전혀 관계가 없는 성명학으로 오로지 한자를 쓰고 기록하며 발생하는 1234567890 숫자에 의한 한자 획수를 기준하여 한자 획수의 숫자에 의한 목화토금수의 기운으로 작명하는 방법으로 사람의 이름 3글자를 기준하여 이름의 삼원오행을 기준하여 음양오행의 생극제화의 이치를 응용하였으나 대우주와 대자연에 존재하는 모든 만물과 사물의 음양오행이나 사계절이나 방향이나 숫자의 이치를 응용하고 형상화하여 만든 한글의 초성·중성·종성으로 자음과 모음의 음양오행의 이치에 의해 발생하는 소리의 이치와 쓰고 기록하는

숫자의 이치와 한글의 뜻을 무시한 오로지 한자를 쓰고 기록하는 한자 획수를 응용하여 작명하는 성명학으로 우리의 한글과 명리학문의 음양오행의 이치와 전혀 다른 잘못된 숫자의 이치로 순서를 기준하여 1, 2는 木, 3, 4는 火, 5, 6은 土, 7, 8은 金, 9, 0은 水로 잘못 응용하여 발생하는 음양오행의 생극제화 상생상극의 이치로 작명하는 방법으로 이것은 대우주와 대자연에 존재하는 모든 만물과 사물의 하루의 낮밤이 발생하는 음양의 이치와 목화토금수의 이치와 사계절 24절기의 이치와 방향의 이치와 숫자의 이치를 무시한 잘못된 숫자의 이치로 작명하는 방법으로 역학자라면 누구나 출생할 당시의 '때와 장소'의 생년월일시를 기준한 사주팔자를 기준하여 사주 주인공과 사주의 용신을 중요시하지 않고 작명하는 잘못된 성명학이다. 이것은 대우주와 대자연에 존재하는 만물과 사물의 천지인의 이치와 음양오행의 이치와 사계절 24절기의 이치와 방향의 이치와 숫자의 이치로 제자(制字)한 우리의 우수한 훈민정음 한글을 완전히 무시하여 한글의 초성·중성·종성으로 자음과 모음에 의해 발생하는 소리의 음양오행의 이치와 쓰고 기록하는 숫자의 음양오행의 이치와 뜻을 완전히 무시하고 오로지 우리나라의 국운을 꺾겠다는 일념으로 한자를 중요시하여 작명하여 이름의 길흉을 판단하였는데 그 81수리 해설의 길흉의 풀이도 사람이 살아가면서 발생하는 인간관계의 근본인 육친의 이치로 풀이한 내용이 사람의 사주팔자와 대운 사계절의 이치의 작용에 의해 살아가는 과정을 완전히 무시한 대우주와 대자연에 존재하는 만물과 사물의 이치와 전혀 근거가 없는 것이 81수 수리성명학이다.

훈민정음 한글은 국보 제70호 『훈민정음 해례본』에 근거하여 학술적으로 세계적으로 유일하게 대우주와 대자연에 존재하는 모든 만물과 사물의 이치로 음양의 이치와 목화토금수의 이치와 사계절 24절기의 이치와 방향의 이치와 숫자의 이치에 의해 만들어진 훌륭한 문자로 인정받아 유네스코 세계문화유산으로 지정받아 보호받고 있는 문서에 의해 한글을 읽고 말하는 소리의 음양오행의 이치와 쓰고 기록하는 숫자의 음양오행의 이치에 의해 발생하는 음양이나 목화토금수의 기운이 명리학문의 가장 대표적인 음양의 이치와 목화토금수의 이치와 사계절의 이치와 방향의 이치와 숫자의 이치와 동일하게 만들어졌다는 것은 이 세상에 존재하는 모든 만물과 사물의 구성원으로 소우주의 이치로 태어나 만물의 영장으로 사람이 사용하고 응용하는 문자로 음양의 이치에 의해 발생하는 봄·여름·가을·겨울 사계절 24절기의 작용과 영향에 의한 목화토금수의 기운이 발생한다는 것을 증명하고 있는 것이 훈민정음 한글이다.

이렇게 훈민정음 한글은 대우주와 대자연에 존재하는 모든 만물과 사물의 모든 이치를 응용하여 만들었다는 것을 자세히 기록한 문서가 바로 우리 민족의 얼과 혼이 담기고 뿌리가 담긴 고서가 바로 **국보 제70호『훈민정음 해례본』**으로 초성·중성·종성으로 자음과 모음에 의한 한글을 읽고 말하는 소리의 음양오행의 이치와 쓰고 기록하는 숫자의 음양오행의 이치에 의해 발생하는 가장 맑고 깨끗하고 선명한 음양이나 목화토금수의 기운이 발생하는 것을 알 수가 있다. 81수 수리성명학에서는 훈민정음 한글을 제작된 과정을 완전히 무시하여 마음대로 령성(靈聲)이라 하여 음양오행의 이치로 ㄱㅋ은 木, ㄴㄷㄹㅌ은 火, ㅇㅎ은 土, ㅅㅈㅊ은 金, ㅁㅂㅍ은 水로 틀리게 응용하여 작명하고 있으며 또한 숫자의 이치도 전혀 다르게 순서를 기준하여 1, 2는 木, 3, 4는 火, 5, 6은 土, 7, 8은 金, 9, 10은 水로 틀리게 응용하여 작명하고 있는 것도 우리의 『훈민정음 해례본』의 한글을 생각하면 한심한 노릇이라는 것이다. 『훈민정음해례본』이나 명리학문이나 모든 역학에서는 대우주와 대자연에 존재하는 모든 만물과 사물의 이치로 세계가 공통으로 사용하는 숫자가 발생하는 이치를 천일생수(天一生水)하는 단계인 태역(太易), 지이생화(地二生火)하는 태초(太初), 인삼생목(人三生木)하는 태시(太始), 택사생금(澤四生金)하는 태소(太素), 산오생토(山五生土)하는 태극(太極)의 이치로 발생하는 성수(成數)와 완성수(完成數)로 구분하여 음양이나 목화토금수의 기운으로 양의 숫자 1·2·3·4·5는 시작하는 숫자로 성수(成數)로 응용하고 음의 숫자 6·7·8·9·0은 끝나는 숫자로 완성수(完成數)로 응용하여 물(水)은 1에서 生하여 6에서 완성되어 1·6 숫자는 물(水)이 되고 불(火)은 2에서 生하여 7에서 완성되어 2·7 숫자는 불(火)이 되고 나무(木)는 3에서 生하여 8에서 완성되어 3·8 숫자는 나무(木)가 되고 쇠(金)는 4에서 生하여 9에서 완성되어 4·9 숫자는 쇠(金)가 되고 흙(土)은 5에서 生하여 10에서 완성되어 5·10 숫자는 흙(土)이 되어 음양이나 목화토금수의 숫자의 이치에 따라 순서가 결정되어 사용하여 이것을 1·6은 水 2·7은 火 3·8은 木 4·9는 金 5·10은 土로 현재까지 변함이 없이 응용하고 있는 것과 완전히 다르다는 것이 문제다.

다음은 『훈민정음 해례본』의 숫자의 이치에 의해 초성·중성·종성으로 자음과 모음의

중성으로 모음의 음양오행의 이치 대해 근본적으로 똑같이 기록되어 있는데 내용은 아래와 같다.

"ㅏ차지 천삼생목지위야 ㅕ차지 지팔성목지수야(ㅏ次之 天三生木之位也, ㅕ次之 地八成木之數也)"라 하여 ㅏ, ㅕ는 하늘과 땅에서 처음으로 태어난 3·8의 숫자와 나무(木)가 태어나는 자리를 이룬다 하여 만물과 사물의 음양오행의 이치로 3·8은 나무(木)이며 "ㅜ초생어지 지이생화지위야 ㅛ재생어천 천칠성화지수야(ㅜ初生於地 地二生火之位也, ㅛ再生於天 天七成火之數也)"라 하여 ㅜ, ㅛ는 하늘과 땅에서 처음으로 태어난 2,7의 숫자와 불(火)이 태어나는 자리를 이룬다 하여 만물과 사물의 음양오행의 이치로 2,7은 불(火)이며 "、천오생토지위야 ㅡ지십성토지수야(、天五生土之位也 ㅡ地十成土之數也)"라 하여 、, ㅡ는 하늘과 땅에서 처음으로 태어난 5,10의 숫자와 흙(土)이 태어나는 자리를 이룬다 하여 만물과 사물의 음양오행의 이치로 5,10은 흙(土)이며 "ㅓ차지 지사생금지위야 ㅑ천구성금지수야(ㅓ次之 地四生金之位也, ㅑ次之 天九成金之數也)"라 하여 ㅓ, ㅑ는 하늘과 땅에서 처음으로 태어난 4,9의 숫자와 쇠(金)가 태어나는 자리를 이룬다 하여 만물과 사물의 음양오행의 이치로 4,9는 쇠(金)이며 "ㅗ초생어천 천일생수지위야 ㅠ재생어지 지육성수지수야(ㅗ初生於天 天一生水之位也, ㅠ再生於地 地六成水之數也)"라 하여 ㅗ, ㅠ는 하늘과 땅에서 처음으로 태어난 1,6의 숫자와 물(水)이 태어나는 자리를 이룬다 하여 만물과 사물의 음양오행의 이치로 1,6수는 물(水)이며 "ㅣ독무위수자 개이인칙무극지진 이오지정 묘합이응 고미가이정위성수론야(ㅣ獨無位數者 盖以人則無極之眞 二五之精 妙合而凝 固未可以定位成數論也)"라 하여 ㅣ는 홀로 위치와 숫자가 없는 자로 사람은 모두가 끝없이 변하지 않는 것을 모범으로 삼아 자세하게 음양이나 목화토금수가 묘하게 모여 엉기어 한결같이 정해진 자리와 숫자를 말하는 것이 아니라 하였으며 "시칙중성지중 역자유음양오행방위지수야(是則中聲之中 亦自有陰陽五行方位之數也)"라 하여 중성으로 모음 중에 스스로 올바르게 음양 목화토금수 방향 숫자가 있으며 "이초성대중성이언지 음양 천도야 강유 지도야(以初聲對中聲而言之 陰陽 天道也 剛柔 地道也)" 초성으로 자음이 중성으로 모음을 만나 짝하여 글과 문자를 말하는 것이 하늘의 이치로는 음양이며 땅의 이치로 강하고 부드러운 것이라 하였다. 그러므로 앞으로 명리학문을 비롯하여 모든 곳에 훈민정음 한글의 초성·중성·종으로 자음과 모음을 음양이나 목화토금수의 이치를 응용하는 과정에서 지금부터는 세종대왕 1443년 제작된 국보 제70호 『훈민정음 해례본』에 근거하여 훈민정음 한글의 초성·중성·종성으로 자음과 모음에 의한 음양오행의 이치로 발생하는 한글을 읽고 말하는 소리의 음양오행의 이치와 쓰고 기록하는 숫자의 음양오행의 이치에 의해 발생하는 1·6은 水, 2·7은 火, 3·8은 木, 4·9는 金, 5·10은 土로 가장 맑고 깨끗하고 선명한 목화토금수의 기운으로 구분하여 응용하는 동시에 훈민정음 한글의 초성·중성·종성으로 자음과 모음에 의해 발생하는 음양이나 목화토금수의 이치를 올바르게 익혀 순수한 우리의 훈민정음 한글이 발생하는 읽고 말하는 소리의 음양오행 이치와 쓰고 기록하는 숫자의 음양오행 이치와 한글 뜻의 음양오행 이치를 중심으로 세계의 모든 이름을 우리의 훈민정음 한글로 작명하고 분석하는 것이 최상이며 목표다.

훈민정음 한글을 제자(制字)하는 과정에서 가장 중요시한 것이 첫째로 대우주와 대자연의 존재하는 모든 만물과 사물의 이치로 음양의 이치에 의해 만물과 사물이 사람을 만나 함께 어우러져 하나의 공동체를 이루고 생명을 유지하고 존재하는 모든 이치와 모양을 형상화하여 천지자연의 우주만물의 이치와 사물이 음양오행이나 사계절이나 방향이나 숫자의 이치에 의해 발생하는 목화토금수의 기운 성품 성질 성향 유형이라는 것을 강조한 것을 알 수가 있는 것이 훈민정음 한글을 제자(制字)하는 과정을 자세하게 기록한 『훈민정음 해례본』의 주된 내용이 명리학문에서 말하는 대우주와 대자연에 존재하는 만물과 사물의 음양의 이치에 의해 발생하는 사계절 24절기에 의한 목화토금수의 이치를 정확하게 응용하여 기록하여 우리나라 훈민정음 한글이 세계적으로 인정받는 것이 바로 이 세상에 존재하는 모든 것이 음양이나 목화토금수의 기운 성품 성질 성향 유형을 벗어나지 못하기 때문이라는 것을 아는 사람은 드물 것이다. 그러므로 우리나라 훈민정음 한글이 가장 천지자연의 우주 만물의 근본을 갖춘 훌륭한 문자로서 철학적이고 역학적인 관계를 형성하고 있는 동시에 사람에게 가장 밀접하게 인연이 발생하는 문자가 되는 것이 특징으로 사람이 말하는 소리와 쓰고 기록하는 획수에 의해 발생하는 음양이나 목화토금수의 기운 작용을 중요시하여 한글을 제자(制字)하였기 때문에 우리나라가 세계적으로 문명이 발달하지 못하여 한글이 세계인의 언어가 되지 못했지만 앞으로 세계인이 모두 공통으로 사용하는 한글이 될 것이라는 판단이다. 또한 한글의 초성으로 자음은 양기의 소리로 소우주인 사람의 목구멍 어금니 혀 입술 이의 모양과 작용에 따라 입안의 구조적인 활동적인 것을 연구하여 소리가 발생하는 위치와 방식을 연구하여 음양이나

목화토금수로 조음(調音)하였고 또 중성으로 모음은 음기의 소리로 양기에 의해 음양의 합으로 상합자의 이치로 만나 짝하여 문자와 소리가 발생하고 또 종성은 초성으로 자음의 양기에 의해 마지막으로 소리가 마무리되는 이치가 삼원(三元)으로 천지인(天地人)의 이치로 구분하여 天은 ○, 地는 ─, 人은 │로 구분하여 대우주는 무주공간으로 둥글고 대자연은 무주공산으로 땅은 평평하게 넓은 대지에 모든 만물이나 사물들이 음양의 이치로 만나 짝하여 합을 통하여 파생되어 모든 만물과 사물의 각종 사람이나 동식물이나 물류의 새로운 생명이 음양의 이치로 성별이 구분되어 끊임없이 태어나 형성되어 정해진 생왕묘의 이치에 의해 무한대로 발전하여 성장하고 결실하는 이치를 뜻하며 음양의 이치로 초성·중성·종성으로 자음과 모음이 음양의 합으로 상합자의 이치로 만나 짝하여 하나가 되어 또다시 음양의 이치로 파생되어 여러가지 문자로 글귀가 무한대로 형성되어 만들어지면서 보고 쓰고 읽고 말하는 소리의 이치와 쓰고 기록하는 숫자의 이치에 의한 음양이나 목화토금수의 기운이 발생하는 것이 법칙으로 이것이 바로 대우주와 대자연에 존재하는 만물과 사물의 소우주의 이치로 사람이 말하는 소리에 의해 음양오행의 이치와 사계절의 이치와 방향의 이치와 숫자의 이치에 의해 발생하는 음양이나 목화토금수의 기운 성품 성질 성향 유형을 갖추어 만들어진 것이 바로 훈민정음 한글이다. 이렇게 우수하고 훌륭한 한글은 한자보다도 더 크게 맑고 깨끗하고 선명하게 음양오행의 기운이 확실하게 발생한다고 이해하여도 조금도 모자람이 없다는 것을 알 수가 있어 그만큼 훈민정음 한글이 음양오행이나 사계절이나 동서남북이나 숫자의 이치나 또는 이 세상에 존재하는 어떠한 이치로 대비하여도 손색이 없는 것이 법칙으로 세계적으로 가장 우수한 문자라고 평가를 받아 인정받는 것이다. 또한 우리나라의 한글 이름과 한자 이름을 작명하는 과정에서 한자를 응용하는 데 있어서 한자의 뜻을 중요시하는데 한글도 반드시 뜻이 있는데 이것을 무시하고 한자의 뜻과 획수를 중요시하여 이름을 작명하는 것은 타당치가 않으며 사람도 대우주와 대자연의 일원으로 소우주의 이치로 태어난 당시의 출생한 근거인 생년월일시를 기준하여 소우주로서 음양오행의 기운 성품 성질 성향 유형의 근본을 갖추고 새로운 생명으로 태어나 생명을 유지하고 존재하며 살아가는 것이 원칙으로 이것이 바로 사주팔자이며 대우주와 대자연에 존재하는 하나의 구성원으로 초목과 동일한 이치로 대운이 발생하는 봄·여름· 가을·겨울 사계절 24절기의 이치에 의해 발생하는 음양이나 목화토금수의 기운 작용과 영향에 의해 조성되는 '때와 장소'의 생활환경은 동일하나 태어나는 甲乙丙丁戊己庚辛壬癸의 기운 성품 성질 성향 유형에 따라 각각 다르게 정해져 나타나는 생왕묘의 이치에 의해 살다가 죽어 사라지는 것이 원칙인데 어찌 사람의 이름을 작명하는 데 있어서 사주의 주인공과 사주의 용신(用神:사람을 살리는 목화토금수)의 기운을 무시하고 또 이름의 뜻을 무시하고 오로지 한자를 쓰는 획수를 중요시하여 이름을 작명한다는 것은 있을 수 없는 이치로 지금부터는 사주 주인공을 살리는 용신에 해당하는 훈민정음 한글 초성·중성·종성으로 자음과 모음의 음양오행의 이치를 기준하여 한글 이름을 읽고 말하는 소리의 이치와 쓰고 기록하는 숫자의 이치에 의해 발생하는 용신의 음양이나 목화토금수의 기운 성품 성질 성향 유형으로 정해진 성씨를 기준하여 이름을 2자 3자 4자 그 이상의 이름도 한글의 초성으로 자음의 음양오행의 이치로 이름의 삼원 음양오행을 기본으로 구성하여 이름이 자체적으로 보유한 음양오행의 생극제화 상생상극의 이치를 응용하여 음양오행의 길흉을 분석하여 최종적으로 용신에 해당하는 음양오행의 기운이 강하게 발생하도록 작명하는 동시에 한자를 통용하는 시대로 용신에 해당하는 한자의 뜻과 한글 숫자의 음양오행 이치를 기준하여 한자의 획수를 선택하여 이름을 작명하는 방식으로 한자 획수로 한글 이름과 똑같이 정해진 성씨를 기준하여 한자 획수의 삼원 음양오행을 구성하여 자체적으로 보유한 음양오행의 생극제화 상생상극의 이치를 응용하여 이름의 길흉을 분석하여 작명하는 것이 원칙이며 또한 한글 이름의 초성으로 자음이나 한자 이름의 한자 획수로 삼원 음양오행을 구성하여 이름이 자체적으로 보유한 음양오행의 생극제화 상생상극의 이치를 응용하여 최종적으로 사주 주인공을 살리는 용신에 해당하는 음양오행의 기운이 가장 강하고 으뜸으로 발생하거나 또는 5가지 음양오행의 기운이 막히지 않고 흐르는 순환상 생의 이치가 발생하여 서로가 조화와 균형을 이루고 중화를 이루어 최종적으로 용신에 해당하는 음양오행의 기운이 강하게 발생하도록 작명하는 것이 최상의 방법이라는 것이다.

3

이름의
작용과 효과

    대우주와 대자연에 존재하는 모든 만물과 사물의 이치로 각종 사람이나 동식물이나 물류가 태어나 가장 먼저 만나는 것이 바로 대우주와 대자연에 하루의 밤낮으로 음양의 이치와 봄·여름·가을·겨울 사계절 24절기의 이치에 의해 발생하는 목화토금수의 기운작용에 의한 생활환경의 포근하고 따뜻하고 덥고 서늘하고 추운 기후에 순응하며 각각 한 가족의 씨족으로 혈통을 유지하면서 음양오행의 근본이 되는 기운 성품 성질 성향 유형을 이어받아 대대손손 대를 이어가며 생명을 유지하고 존재하는 것이 법칙으로 이것이 바로 사람으로 말하면 뿌리와 근본이 정해지는 윗대의 조상으로 부모의 대를 이어오는 정해진 성씨를 뜻하는 것으로 이것이 이름의 근본이며 뿌리가 되는 것이다. 사람의 정해진 성씨는 근본이며 뿌리로서 나의 윗대를 말하는데 이것은 불변으로 이 근본과 뿌리에 의해 각각 고유의 이름이 정해져 목화토금수의 기운 성품 성질 성향 유형을 갖추고 영원히 존재하며 살아가는 것이며 각종 만물과 사물도 목화토금수의 기운 성품 성질 성향 유형에 따라 그 모양은 다르지만 그 기운 성품 성질 성향 유형의 근본은 변하지 않는 것을 갖추고 진화하여 발전하면서 영원히 존재하는 것과 똑같은 것을 알 수가 있다. 그러므로 우리나라는 정해진 성씨에 따라 외자나 2자나 3자의 이름을 지어 2글자 3글자 4글자의 이름이 발생하는데 세계 각국은 그 국가의 풍습과 전통에 따라 각각 조상의 성씨를 기준하여 2자, 3자, 4자 또는 그 이상의 숫자 이름을 소유하는데 이름은 누구나 소유하고 있는 고유의 명칭으로 나를 대표하는 것 중에서 가장 으뜸으로 삼원(三元)이 되어 음양오행의 기운 성품 성질 성향 유형을 보유하게 되는데 우리의 이름은 한글 초성·중성·종성으로 자음과 모음에 의한 이름을 부르고 읽고 말하는 소리와 쓰고 기록하는 획수와 한글의 뜻에 의해 발생하는 음양오행의 기운을 갖추고 존재하는 것이 법칙으로 우리의 이름이나 외국이름도 동일하게 내우주와 대자연에 존재하는 모든 만물과 사물의 이치로 만들어진 한글을 응용하여 음양오행의 기운으로 이름의 삼원 음양오행을 구성하여 이름이 자체적으로 보유한 음양오행의 생극제화 상생상극의 이치를 응용하여 이름의 길흉을 분석할 수가 있다는 것이 중요한 것이다. 아마도 말을 못하는 각종 동물이나 식물도 각각 서로가 만나면 조상으로 가족이나 이름이 있어 울음의 소리로 찾거나 알아보거나 회피하는 일들이 발생하는 것이 법칙이며 식물들도 씨앗에 의해 번식하여 떼를 지어 생명을 유지하는 것을 볼 때에 어느 누구를 막론하고 씨족의 뿌리로서 근본이 존재하고 있다는 것을 알 수가 있으며 사람도 마찬가지로 누구를 막론하고 나의 근본이며 뿌리가 되는 나와 똑같은 성씨를 만나면 서로가 친근감을 가지고 대화하거나 가깝게 지내거나 그 사람을 빠르게 기억하는 것이 바로 이름을 통하여 얻는 힘이고 장점이며 특징으로 이름은 나를 대표하는 것으로 바로 내가 태어나 이름을 소유하는 순간부터 국가의 국민으로 정식으로 호적에 등록되어 국가나 사회로부터 인정받아 보호받으며 살아가면서 평생을 따라다니는 이름으로 사회적으로는 각 종파의 세손으로 족보에 등록되어 가문을 대대손손 이어가며 빛내는 존재이며 가족은 물론이고 친구 동료와 윗사람들이 나를 찾고 부르는 경우에 사용되는 호칭으로 누구라고 이름을 부르면 그 사람의 얼굴 고향 부모 형제는 물론이고 조상이나 고향 직업 성격 성품 취미 학연 지연 등등 모든 것을 알 수가 있는 대표적인 것으로 이름은 사람이 한평생을 살아가면서 상당히 중요한 역할을 하고 있는 것이 사실이므로 사람이나 각종 법인단체나 회사의 상호를 작명하는 경우에 반드시 한글이 보유한 음양오행의 기와 질의 영향을 판단하여 상당히 신중을 기하여 작명하는 것이 중요하다는 것을 알아야 한다.

『훈민정음 해례본』 '예의(例義)편'의 첫머리에 "국지어음 이호중국 여문자불상류통 고우민 유소욕언 이종불득신기정자 다의 여 위차민연 신제이십팔자 욕사인인이습 편어일용이(國之語 音 異乎中國 與文字不相流通 故愚民 有所欲言 而終不得伸其情者 多矣 予 爲此憫然 新制二十八字 欲使人人易習 便於

日用耳)"이라 하여 우리나라 말의 소리가 다르기 때문에 문자와 글로는 서로가 소통하지 못하여 어리석은 국민들이 말하고 싶은 욕심이 있거나 뜻이 있어도 그 뜻을 펼치지 못하는 사람이 너무 많아 나는 이것을 불쌍히 여기어 새롭게 스물여덟 글자를 만들어 사람들이 욕심을 가지고 쉽게 배우고 익혀 매일 귀로 듣고 알아 편리하게 사용하기 바란다고 백성들에게 세종대왕이 말하였다. 이 내용은 우리나라의 근본이며 뿌리를 살리는 것을 찾는 아주 중요한 내용으로 훈민정음 한글이 우리에게는 얼마나 소중하고 중요한가를 입증하는 내용으로 이제는 우리의 근본이며 뿌리가 되는 고서의 『훈민정음 해례본』에 근거하여 한자를 억제하고 한글을 중심으로 국가 행정부의 모든 행정이나 신생아 이름을 호적에 등록하거나 개인이나 단체의 법인 주식회사 등의 문서를 기록하는 경우에 반드시 한글로 작성하는 것이 법칙이다. 단, 특별한 경우에는 한글 옆에 괄호 안에 한자를 기록하는 방식으로 한자를 사용하는 것이 원칙으로 이것이 바로 국가의 기를 살리고 국민의 기를 살리고 국운을 살리는 길이며 국가의 뿌리인 근본을 찾는 길이며 나아가 세계 제일의 대한민국을 만드는 초석이 되는 길이라는 것이다. 사람이 부모에 의해 잉태되어 태어나 부모로부터 작명을 통하여 각각 이름을 소유하면서 나 자신이라는 존재를 세상에 알리는 동시에 어릴 때에는 부모 형제자매들과 친구 동료들이 찾거나 부르는 데 사용하고 초등학교에 들어가면 가슴에 명찰에 이름을 새겨 나를 호칭하고 부르는 동료들에게 나의 존재를 알리는 대표적인 역할을 하는 것이 이름이며 단체 생활에서도 반드시 각자의 신분을 공개하는 이름이 적힌 명찰을 착용하여 나의 이름을 적어 소리 없이 돈 안 들이고 타인에게 알리는 동시에 나를 홍보하는 역할을 하는 것이 바로 이름이며 영원히 타인들에게 기억되어 존재되는 것도 이름으로 얼굴이다. 성인이 되어 군인을 가거나 취업하거나 각종 시험에 응시하는 경우에 반드시 이름을 써야 누구인가를 알고 타인을 만나는 경우에 악수와 인사하면서 명함을 통하여 나를 소개하는 것이 바로 첫째로 이름으로 이렇게 이름은 나에게 가장 소중한 것이다. 군에 입대하면 모든 군인에게 반드시 목에 거는 인식표가 주어지는데 그 인식표에는 국적과 군번과 이름이 영문으로 새겨져 있다. 이것이 바로 그 사람을 대표하는 상징물로 군인이 전쟁에 나아가 싸우다가 전사하면 그 인식표를 보고 어느 나라 군인이며 그 군인이 누구인지를 파악하는 데 사용하는 것으로 이렇게 세계적으로 통하는 것이 이름으로 아주 중요한 것이다. 이렇게 국가가 중요하고 국가에 소속된 국민이 중요하고 이름이 중요하기 때문에 우리나라의 모든 이름은 우리 민족의 근본이며 뿌리가 되는 동시에 선조들의 얼과 혼이 담긴 훈민정음 한글 초성·중성·종성으로 자음과 모음을 응용하는 방법을 올바르게 익혀 우리의 순수한 한글이 발생하는 음양이나 목화토금수의 이치를 정확하게 응용하여 각종 사람이나 물류의 이름으로 작명하는 것이 무엇보다도 중요하다는 것이다. 예로부터 우리의 작명은 신생아가 태어나면 한자를 중요시하여 동네에 한자를 아시는 분이나 동네 이장이나 한자를 아는 가족이나 친지를 통하여 이름을 작명하는 경우가 대부분이었으며 실질적으로 한자를 아시는 분이 동네 이장을 통하여 읍시무소에 출생신고를 하는 경우에 똑같은 한자라도 그 뜻을 몰라 뜻이 전혀 다른 한자를 사용하거나 또는 이름이 혼동되어 다른 이름으로 출생신고를 하는 경우가 많았다. 심지어는 남자를 여자 이름으로 여자를 남자 이름으로 출생신고를 하거나 딸만 낳아 대가 끊기는 것이 두려워 여자아이의 이름을 남자 이름으로 지으면 아들을 낳는다는 웃지 못한 일들이 발생하는 등 사람의 이름을 소홀히 지어온 것이 사실이다. 이름이 뒤바뀐 것을 모르다가 성인이 되어 결혼한 후에 혼인신고를 하는 경우에 밝혀져 망신을 당하는 경우도 많았다. 또 우리의 근본이며 뿌리가 되는 훌륭한 훈민정음 한글에는 자체적으로 음양이나 목화토금수의 기운이 존재한다는 것조차 모르고 이렇게 우리의 훈민정음 한글 이름을 소홀히 작명하여 온 것이 사실이며 한자 이름에 중점을 두고 작명한 것이 사실이다. 이름이 중요한데 남자가 여자 이름을 작명하여 사용한다든가 여자가 남자 이름을 사용한다든가 또는 사회적으로 쉽게 부를 수 있는 별명이나 노리개에 가까운 이름을 지어 불편하게 사용하는 사례가 상당히 많아 좋지 않은 이름을 부르면 스트레스를 받아 짜증나거나 부끄러워 이름을 밝히지 못하며 생활하다가 요즘 개명이 활성화되는 시대를 맞이하여 개명하는 사례가 늘고 있는 것이 현실이며 이름이 부끄러워 일부러 가명을 사용하는 경우가 많은 것도 사실이다. 또 자손이 많은 이유로 잊지 않고 얼굴을 알기 쉽고 쉽게 부르기 위해서 돌림으로 형제의 순서대로 일순 이순 삼순 사순 오순 등으로 이름을 작명하는 사례가 있고 또한 알아듣기 쉽고 잊지 않기 위해서 쉬운 이름으로 뜻이 없거나 무의미한 이름으로 작명하는 경우가 많았다. 지금은 나 자신을 홍보하는 시대에 살고 있기 때문에 이름도 그만큼 중요하게 여기고 있는 시대다. 특히 연예인이나 특정인은 아호나 예명을 작명하여 사용하여 성공하는 경우가 대부분으로 그만큼 연예인이나 특정인이 쉽게 대중에 알리고 홍보하여 자신의 가치를 높이고 있는 시대다. 또한 예나 지금이나 국가나 사회적으로 전문직에서 유명한 사람이나 정치인 등은 모두가 아호를 작명하여 사용한 것을 볼 때에 이름은 상당히 중요한

역할을 하는 것이 사실이다. 이제는 이름을 중요시하는 시대가 된 것이다. 그만큼 나를 알리고 홍보하고 내가 중요하다는 시대가 온 것이다. 대기업이나 중소기업 심지어는 작은 상점이나 커피숍이나 조그만 가게를 창업하는 경우에도 반드시 작명을 통하여 상호를 짓고 기업체의 로고의 색상이나 명칭을 신중히 작명하여 기업의 대표적인 상징으로 이미지를 부각시켜 사람들에게 인식시켜 세계적인 기업으로 성장시키는 것도 모두가 기업의 명칭이나 로고의 색상을 통하여 홍보하고 제품을 판매하여 회사를 살리고 회사원을 살리고 국가와 사회를 살리는 데 기여하고 있는 것이 회사 이름이며 로고다. 또 크고 작은 업소의 간판이나 기업체의 명칭이나 로고를 보고 자동차를 구입하거나 전자제품을 구입하거나 또는 각종 물품을 구입하기 위해 판단하는 기준이 되는 동시에 그 회사 이름과 제품에 맞는 손님들이 찾아와 거래가 이루어지면서 서로가 소통되고 있는 시대로 이렇게 사람의 이름이나 기업의 이름은 상당히 중요한 것으로 이제부터 『훈민정음 해례본』에 근거하여 대우주와 대자연의 이치로 우리나라의 정통으로 뿌리와 근본을 살리는 우리 한글의 초성·중성·종성으로 자음과 모음의 음양오행의 이치로 이름을 부르고 읽고 말하는 소리의 음양오행의 이치와 쓰고 기록하는 획수의 음양오행의 이치와 한글의 뜻이 발생하는 음양오행의 이치와 대우주와 대자연에 존재하는 만물과 사물에 대한 생명의 이치를 다룬 명리학문의 대표적인 음양오행의 이치를 통하여 세계의 모든 사람이나 물류의 이름을 작명하는 것이 최상으로 앞으로 우리가 할 일이며 훈민정음 한글을 세계화시키는 데 앞장서야 한다는 것이 나의 주장이다.

이 세상에 존재하는 각종 사람이나 동식물이나 물류는 각각 이름을 소유하여 끊임없이 발생하는 봄·여름·가을·겨울 사계절 24절기의 이치에 의한 생활환경에 따라 영원히 존재하며 사랑받는 것이 있는가 하면 필요가 없어 사랑받지 못하고 영원히 사라져 존재하지 못하는 것이 바로 생왕묘의 이치이며 이 생왕묘의 이치가 바로 매년 반복되어 찾아오는 봄·여름·가을·겨울 사계절 24절기에 의해 발생하는 음양오행의 기운 작용과 영향에 의해 발생하는 것이 원칙으로 앞으로 대우주와 대자연에 존재하는 모든 만물과 사물의 근본이 되는 음양오행의 이치를 응용하여 모든 사람이나 물류의 이름을 작명하는 것이 최상의 방법으로 사람은 사주의 용신에 해당하는 음양오행을 기준하여 이름을 작명하는 데 있어서 사주 용신의 음양오행에 해당하는 한글 초성·중성·종성으로 자음과 모음의 음양오행의 이치로 이름의 삼원 음양오행을 구성하여 작명한 후에 한자의 뜻과 한자 획수를 사주의 용신에 해당하는 음양오행이 발생하는 한자를 선택하여 이름을 작명하여 그 이름이 대우주와 대자연에 존재하는 모든 만물과 사물의 이치로 음양이나 목화토금수나 사계절이나 방향이나 숫자의 이치에 부응하는 하나의 구성원으로서 공존 공생하는 가치를 이루도록 하는 것이 최상의 이름이 탄생하는 동시에 그 사람을 살리는 용신의 기를 불어 넣어 사람의 기운을 상승시켜 건강한 정신력과 체력으로 매사에 하는 일들이 모두 발전하고 성공하여 부귀영화를 누리도록 하는 것이 최고라는 것이다. 사람에게 사주의 용신에 해당하는 음양오행의 기운 성품 성질 성향 유형은 그 사람을 살리는 가장 중요한 핵심이며 심장으로 생명과 같이 중요한 것이 사실이라는 것은 명리학자는 인정할 수밖에 없는 사실이며 사람은 누구나 사주의 용신에 맞는 직업 사업 업종에 종사하는 사람은 깨지고 망하고 실패하는 일이 없이 대부분이 발전하고 성공하여 부귀영화를 누리는 것을 볼 때에 사주의 용신이 무엇보다도 중요하며 이제부터는 명리학문의 대표적인 음양오행의 이치를 기준하여 사주의 용신을 정확하게 분석하여 찾아 그 용신에 해당하는 음양오행을 기준하여 좋은 이름을 작명하여 그 사람이 평생토록 중요한 가정 가족 결혼 직업 사업 업종 취미 운동 등등을 선택하여 매사에 어려움이 없이 건강하게 성공하여 부와 명예를 누리며 살아가도록 하는 것이 최상의 방법이며 명리학자가 할 일이라는 결론이다.

또한 상가의 상호가 ○○식당은 식사하기 위해 손님이 찾아오고 ○○커피숍은 커피 마시거나 만남의 장소로 서로가 대화나 쉬기 위해 손님이 찾고 각 시도의 도청 시청 군청은 민원을 보기 위해 국민이 찾고 기업은 각 기업체마다 특징이 있는 기업체의 이름이나 로고를 작명하여 제품을 제조하거나 판매하여 회사의 무궁한 발전을 꾀하는 것이 사실이기 때문에 업체마다 특징이 있는 서로 다른 회사의 이름을 짓고 색상을 참고하여 로고를 만들어 사용하고 있는 것이 특징으로 현재 대부분이 일제 잔재의 하나인 81수 수리성명학을 버리고 지금부터라도 우리의 근본이며 뿌리가 되는 『훈민정음 해례본』에 근거하여 정확한 한글 초성·중성·종성으로 자음과 모음의 음양오행의 이치를 응용하고 기준한 '한글 성명학'으로 이름을 작명하여 한글 이름이 자체적으로 보유한 음양오행의 생극제화 상생상극의 이치와 대우주와 대자연에 존재하는 모든 만물과 사물의 이치로 작명한 이름을 해석하고 분석하는 것이 최상이라는 것이다.

제4장

명리학과 이름

1

명리학

명리학문이란 무엇인가?

명리학문의 가장 대표적이 대우주와 대자연에 존재하는 모든 만물과 사물의 이치에 의해 매년 끊임없이 하루의 밤낮이 발생하며 봄 · 여름 · 가을 · 겨울 사계절 24절기의 이치에 의해 따뜻하고 포근하고. 뜨겁고 덥고. 차고 서늘하고. 춥고 얼어붙는 난서량한(暖暑凉寒)한 음양이나 목화토금수의 천간(天干)과 지지(地支)의 기운 작용을 음양오행의 생극제화 상생상극의 이치로 분석하여 대우주와 대자연에 존재하는 모든 만물과 사물의 사람이나 동식물이나 각종 물류의 생사의 이치를 확인하는 동시에 가장 대표적인 만물의 영장인 사람이 태어나 살아가면서 발생하는 복잡한 인간생활의 근본이 되는 육친적인 관계의 길흉을 육십갑자의 이치로 밝혀 어려움을 해소하거나 극복하도록 하여 국가나 국민의 기를 살려 국운을 살리고 국민이 건강하고 편안하고 행복하게 평생 부와 명예를 누리는 데 기여하는 대우주와 대자연의 이치를 연구하는 학문이 명리학문이다. 명리학은 대우주와 대자연에 존재하는 모든 만물과 사물이 가장 대표적인 음양이나 목화토금수의 기운 성품 성질 성향 유형으로 10가지의 목화토금수로 구분하여 우리가 살아가는데 가장 근본적으로 필요한 나무 불 땅 쇠 물이 대우주와 대자연의 음양의 이치로 하늘과 땅에 매년 끊임없이 외음내양 외양내음의 이치에 따라 1년 12개월

봄·여름·가을·겨울 사계절에 의한 24절기와 하루의 밤낮으로 24시간 동안 끊임없이 목화토금수의 기운이 발생하여 막히지 않고 순환상생하는 이치 속에서 누구를 막론하고 생활환경 속에서 발생하는 음양오행의 생극제화의 이치에 순응하여 굴복하고 살아가면서 각각 생명을 유지하고 존재하면서 생사고락이 발생하는 것이 원칙으로 우리가 살아가는 대우주와 대자연의 '때와 장소'의 생활환경에는 음양이나 목화토금수의 이치로 가장 대표가 되는 만물과 사물의 핵으로 크고 작은 씨앗이나 초목의 커다란 나무나 크고 작은 불이나 태양의 불과 크고 작은 대지의 산과 논밭의 땅과 크고 작은 철광석과 금광석의 쇠와 크고 작은 호수 바다와 땅속 수맥이 솟아 시냇물이나 샘물이 존재하는 생활환경 속에서 살아가며 생명을 유지하는 것이 법칙으로 만물과 사물의 가장 대표적인 만물의 영장인 사람도 예외가 없이 대우주와 대자연에 존재하는 음양의 이치로 가문의 대를 이어 남녀로 태어나 음양오행의 기운 성품 성질 성향 유형으로 木의 초목이나 커다란 나무, 火의 타는 불이나 빛과 열기의 태양, 土의 논밭이나 산, 金의 무쇠와 금은보석, 水의 시냇물과 바다와 같은 기와 질의 성품을 갖추고 살아가면서 매년 끊임없이 돌아오는 봄·여름·가을·겨울 사계절 24절기에 의해 발생하는 봄은 따뜻하고 포근하고 여름은 뜨겁고 무덥고 가을은 서늘하고 차고 겨울은 춥고 얼어붙는 기운이 발생하는 음양이나 목화토금수의 기운 작용과 영향에 따라 '때와 장소'의 생활환경은 똑같이 발생하지만 태어나 소유한 목화토금수의 기운 성품 성질 성향 유형에 따라 각각 서로 다른 음양오행의 기운 작용과 영향이 발생함에 따라 생사가 좌우되는 정해진 생왕묘의 이치가 발생하여 건강하여 평온하고 행복하게 부와 명예를 소유하며 살아가는 사람이 있는가 하면 건강하지 못하고 어려움에 처하여 부와 명예를 누리지 못하고 고생하며 살아가는 사람이 발생하는 것이 바로 음양오행의 기운이 발생하는 음양오행의 생극제화 상생상극의 이치에 따라 서로 다른 생왕묘의 이치가 발생하여 생사가 좌우되어 서로 다른 길흉화복이나 생사고락이 발생하는 것이 법칙으로 그 원인을 봄·여름·가을·겨울 사계절 24절기의 이치에 따라 작용하는 천간(天干)의 기운 작용을 정확하게 분석하여 태어난 목화토금수의 기운 성품 성질 성향 유형에 따라 생명을 유지하고 존재하며 살아가는 이치를 분석하여 육친의 이치를 응용하여 만물과 사물의 생사의 이치로 국가나 사람의 과거 현재 미래를 분석하고 예지하는 것이 명리학문이다.

대우주와 대자연에 존재하는 모든 만물과 사물의 이치로 봄·여름·가을·겨울 사계절

24절기의 이치 속에서 발생하는 따뜻하고 무덥고 서늘하고 추워 얼어붙는 음양오행의 기운 작용과 영향에 의해 나무는 생기(生起)하고 불은 성장(成長)하고 땅은 무성(茂盛)하고 쇠는 굳어 결실(結實)하고 물은 수장(收藏)하고 보호하는 기운 속에서 각각 생명을 유지하고 존재하며 살아가는 모든 만물과 사물은 음양의 이치로 서로가 조화와 균형을 이루고 중화를 이루기 위해 음양의 암수와 크고 작은 기운 성품 성질 성향 유형으로 태어나 대대손손 대를 이어 존재하면서 생명을 유지하는데 사람도 음양의 이치를 벗어나지 못하고 음양의 부모에 의해 남녀로 파생되어 태어나 대우주와 대자연에 존재하는 만물과 사물의 구성원의 하나로 가장 대표적인 만물의 영장으로 가장 똑똑한 사람으로 존재하면서 만물과 사물의 가장 대표적인 초목의 씨앗이 발아되어 봄에 새싹을 돋아 여름에 성장하여 긴 여름에 꽃을 피워 가을에 단단한 씨앗을 결실하고 누렇게 말라 죽으나 겨울에 결실한 씨앗이나 뿌리의 생명을 보호하여 다시 새봄에 새싹을 돋는 것을 반복하는 봄·여름·가을·겨울 사계절 24절기의 이치에 의해 발생하는 정해진 초목의 생왕묘의 이치와 동일하게 살아가는 것이 법칙으로 이 세상에 태어나 만물과 사물의 구성원으로 초목과 똑같이 매년 봄·여름·가을·겨울 사계절 24절기에 의한 하루의 밤낮으로 따뜻하고 덥고 서늘하고 추운 음양의 이치와 목화토금수의 기운 작용과 영향에 따라 발생하는 생활환경에 따라 각각 다르게 생왕묘의 이치가 발생하며 생사가 좌우되어 일생을 살아가면서 복잡한 육친적인 사람과 사람과의 관계와 각종 물류를 통하여 부와 명예를 누리고 소유하는 것이 바로 음양오행의 기운이 발생하는 음양오행의 생극제화 상생상극의 이치에 의해 길흉으로 작용하여 각종 생사고락이나 길흉화복에 각양각색으로 편차가 발생하는 것이 원칙으로 사람이 부모에 의해 새로운 생명으로 태어나 성장하여 왕성하게 활동하다가 나이를 불문하고 일생을 마치고 대우주와 대자연으로 돌아가는 것이 원칙으로 이것이 바로 대우주와 대자연에 존재하는 만물과 사물이 음양오행의 생극제화 이치로 水生木의 이치로 추운 겨울에 생명을 보호받은 결실한 씨앗이나 뿌리가 따뜻하고 포근한 새봄에 초목의 핵인 씨앗이 발아되거나 묘목을 심거나 뿌리가 살아나 푸른 새싹을 돋아 木生火의 이치로 뜨거운 여름에 튼튼한 뼈대와 줄기에 의해 성장하여 火生土의 이치로 무더운 긴 여름에 초목이 가장 무성하여 꽃을 피워 결실할 준비를 마치고 土生金의 이치로 가을에 서늘하지만 뜨거운 열기를 통하여 열매의 씨앗이 단단하게 익어 풍성하게 수확하고 난 후에 누렇게 오색

단풍이 들어 말라 죽었다가 金生水의 이치로 추운 겨울에 그 수확한 단단한 씨앗의 생명이 강한 추위에 동결되어 생명을 보호받고 저장하였다가 다시 水生木의 이치로 따뜻하고 포근한 새봄에 푸른 새싹이 돋아나고 씨앗을 뿌리는 것을 끊임없이 반복하는 순환상생의 이치가 발생하는 생왕묘의 이치를 밝혀 모든 것을 밝혀 예지하는 학문으로 명리학문에 의하면 사람도 대우주와 대자연에 존재하는 모든 만물과 사물의 음양의 이치에 따라 파생되어 남녀로 새로운 생명을 갖추고 태어나 생명을 유지하고 존재하며 살아가는 음양오행의 이치로 나무(木)의 푸른 초목이 음양의 이치로 초목의 핵인 씨앗과 뿌리가 성장하여 꽃을 피워 결실한 단단한 씨앗은 사람이나 동물의 양식이 되는 곡식으로 존재하고 불(火)의 양도 음양의 이치로 밤낮으로 음양의 조화와 균형을 이루면서 뜨거운 빛과 열기를 주어 초목의 곡식을 튼튼하게 성장시키는 동시에 인류 문명을 발달시키는 근원으로 존재하고 땅(土)도 음양의 이치로 대지에 크고 작은 건조한 땅의 산에 아름다운 금수강산을 이루는 동시에 습기가 있는 논밭에는 곡식을 심어 꽃을 피워 무성하여 결실할 준비를 마치는 것이 존재하고 쇠(金)도 음양의 이치로 뜨거운 빛과 서늘함의 조화로 굳혀 오곡백과를 풍성하게 결실하거나 철광석과 금광석을 불에 녹여 금은보석이나 각종 기구를 만들어 유용하게 사용하며 존재하고 물(水)의 음도 음양의 이치로 서로가 조화와 균형을 이루면서 모든 만물과 사물의 생명의 근원이 되어 크고 작은 바다 호수에 해산물의 또 다른 생명이 존재하고 땅속의 수맥을 통하여 물이 샘솟아 흐르는 시냇물이나 온천수는 사람이나 동식물의 생명을 살리는 동시에 생명이 죽은 만물과 사물은 썩혀 없애는 성질을 보유하면서 존재하는 생활환경 속에서 우리는 만물과 사물의 구성원의 하나로 사람으로 존재하면서 좋든 싫든 그 수많은 사물을 접하면서 행복하게 생명을 유지하고 존재하며 살아가는 것이 법칙으로 이것이 바로 하늘 양의 천간(天干)으로 갑을병정무기경신임계(甲乙丙丁戊己庚辛壬癸) 10가지 중 하나의 기운 성품 성질 성향 유형으로 남녀로 각각 태어나 생명을 유지하고 존재하면서 하늘의 주재(主宰)에 의해 땅에서 매년 끊임없이 발생하는 사계절의 이치에 따라 발생하는 생활환경으로 1년 12개월 봄·여름·가을·겨울 24절기와 하루 24시간이 발생하는 음의 땅으로 지지(地支)의 12가지 자축인묘진사오미신유술해(子丑寅卯辰巳午未申酉戌亥)가 보유한 따뜻하고 포근한 봄과 뜨겁고 무더운 여름과 차고 서늘한 가을과 춥고 얼어붙는 겨울의 난서량한(暖暑凉寒)한 음양의 기운 작용과 영향에 따라 사람의 생사가 좌우되어 각종

생사고락이나 길흉화복이나 부귀빈천의 부와 명예가 각각 다르게 발생하여 부와 명예에 편차가 발생하여 부귀영화를 누리는 사람이 있는가 하면 고난과 역경으로 어렵게 살아가는 사람이 발생하는 것이 원칙으로 지금도 변함없이 우리가 살아가는 이 사간에도 대우주와 대자연에 존재하는 모든 만물과 사물의 이치에 따라 생명을 보유한 수많은 사람이나 동식물이나 각종 물류는 정해진 생왕묘의 이치에 의한 변화의 이치에 따라 무한대로 진화하면서 새로운 생명이 탄생하는 동시에 생명을 무한대로 유지하고 존재하거나 생명을 유지하지 못하고 소멸되어 사라지는 것을 반복하며 존재하고 있는 것이 법칙으로 우리도 만물의 영장인 사람으로 태어나 가장 현명하고 똑똑한 정신과 육체를 가지고 꿈과 이상의 목표를 소유하고 태어나 살아가면서 좋든 싫든 매년 변함없이 발생하는 봄 · 여름 · 가을 · 겨울 사계절 24절기에 의한 생활환경 속에서 발생하는 음양오행의 기운 작용과 영향을 받으면서 각자 소유한 꿈과 이상의 목표를 달성하기 위해서 건강한 정신과 육체를 통하여 배우고 노력하며 맡은바 직업과 직종에 헌신하고 봉사하며 맡은바 임무를 성실히 수행하면서 각자가 나름대로 개성이 있는 삶을 추구하며 부와 명예를 누리면서 살아가는 것이 현실로서 그 부와 명예가 모든 사람에게 똑같이 주워지지 않고 부귀영화에 편차가 발생하는 일들이 발생하는 것이 원칙으로 이러한 불공평한 것을 자세하게 분석할 수 있는 것을 정통 학문을 통하여 정확하고 확실하게 아는 사람은 명리학문을 공부한 명리학자뿐이라는 것이다. 그러므로 각종 사람이나 동식물이나 물류의 이름도 훈민정음 한글과 명리학문을 기초하여 대우주와 대자연에 존재하는 모든 만물과 사물의 천지인의 이치와 음양의 이치와 목화토금수의 이치와 사계절 24절기의 이치와 방향의 이치와 숫자의 이치를 기준하여 목화토금수의 기운 성품 성질 성향 유형으로 모든 이름을 작명하는 것이 법칙이고 최상의 방법이라는 것을 알 수가 있다. 이것은 명리학문에 의한 대우주와 대자연에 존재하는 하나의 구성원으로 사람이 출생한 생년월일시를 기준하여 육십갑자의 이치로 사주팔자를 구성한 후에 대운이 발생하는 사계절 24절기의 이치에 의한 음양오행의 기운 작용을 정확하게 분석하여 사람의 길흉화복과 생사고락이 발생하는 이유를 정확하게 분석하여 그 사람을 살리는 용신에 해당하는 음양오행을 결정하여 그 용신에 해당하는 훈민정음 한글 초성 · 중성 · 종성으로 자음과 모음으로 이름을 작명하는 것이 최상의 방법으로 대우주와 대자연의 이치를 떠나서 이름을 작명하는 것은 있을 수가 없다는 것을 알아야 한다.

2

사주와
음양오행

　대우주와 대자연에 존재하는 모든 만물과 사물의 이치에 의해 끊임없이 발생하는 1년 12개월의 봄·여름·가을·겨울 사계절 24절기가 발생하는 봄의 따뜻하고 포근한 기운과 여름의 뜨겁고 무더운 건조한 기운과 서늘하고 차가운 서리의 기운과 춥고 얼어 동결하는 기운이 발생하는 것이 음양의 이치이며 목화토금수의 기운으로 이 음양오행의 기운이 발생하는 음양오행의 생극제화 상생상극의 이치의 작용과 영향에 따라 모든 만물과 사물의 생사고락이 결정되는 것이 법칙으로 이러한 대우주와 대자연의 이치를 정통 명리학문을 통하여 사람이 태어난 당시의 출생한 근거로 생년월일시를 기준하여 그 당시의 대우주와 대자연에 존재하는 '때와 장소'의 생활환경에 흐르고 작용하는 봄·여름·가을·겨울 사계절 24절기가 발생하는 음양이나 목화토금수의 기운 작용과 영향이 확정되는 순간을 뜻하는 것이 사주팔자로 그 사주팔자가 8글자로 구성되는데 그 8글자가 바로 우리가 일상생활에 유용하는 육십갑자의 이치에 의해 발생하는 음양이나 목화토금수의 기운으로 사람이 대우주와 대자연에 존재하는 모든 만물과 사물의 일원으로 소우주의 이치로 하늘의 기운 10가지 중 하나의 기운 성품 성질 성향 유형을 갖추고 태어나 신체가 모두 목화토금수의 기와 질의 성품으로 신체의 오장육부로 木의 간장 火의 심장 土의 위장 金의 폐장 水의 신장이 순환상생이 발생하여 사람이 죽지 않고 생명을 유지하며 살아가는 이치로 사주팔자가 모두 음양이나 목화토금수의 기운으로 구성되는 동시에 사계절 24절기의 이치가 담겨져 있다는 것을 알아야 한다. 사람의 신체가 매일 하루의 밤낮으로 매년 봄·여름·가을·겨울 사계절 24절기가 발생하는 '때와 장소'의 생활환경에 순응하여 적응을 잘하여 건강을 유지하고 회복하거나 또는 흉으로 작용하여 순응을 못하여 적응을 못하여 건강을 잃어 생명을 유지하지 못하는 경우가 발생하는 것이 운명적으로 결정되는 타고난 10년 대운이 바로 사계절 24절기가 발생하는 음양이나 목화토금수의 기운으로 그 절기의 변화 이치를 자세하게 분석하여 예지하는 기준으로 삼는 것이 바로 사람의 사주팔자인데 우리가 매년 월력인 달력을 통하여 육십갑자의 이치가 발생하는 음양오행의 기운을 응용하여 사주팔자를 분석하면 사람이 출생한 '생년'은 나의 뿌리로서 근본이 되어 그해 월력에 의한 육십갑자의 이치로 발생하는 음양이나 목화토금수의 기운으로 나의 뿌리이며 조상으로 초년에 해당하는 기운이며 태어난 '생월'은 태어난 당시의 '때와 장소'의 생활환경으로 봄·여름·가을·겨울 사계절에 의한 24절기의 기운 작용과 영향이 발생하는 육십갑자의 이치로 발생하는 음양이나 목화토금수의 기운으로 나의 부모 형제자매로 중년에 해당하는 기운이며 태어난 당일의 '생일'은 태어난 당시 당일의 날짜에 발생하는 육십갑자의 이치로 발생하는 음양이나 목화토금수의 기운이며 일진(日辰)으로 사주 주인공이며 배우자로서 부부가 되어 태어난 날의 당시로 현재에 해당하는 기운이며 태어난 '생시'는 태어난 당시의 출생한 시간에 발생하는 육십갑자의 이치로 발생하는 음양이나 목화토금수의 기운으로 말년으로 미래와 자손에 해당하는 기운으로 응용하는 이치가 바로 천지인의 이치이며 생왕묘의 이치이며 또한 사람의 사주팔자 4개의 기둥이 우리가 월력을 통하여 몇년 몇월 몇일 몇시에 육십갑자의 이치에 의해 발생하는 음양이나 목화토금수의 기운을 기록하여 응용하는 방법으로 음양의 이치로 하늘과 땅의(天干과 地支)의 음양오행의 기운으로 구성되어 4개의 기둥을 나누어 '생년'은 년주(年柱), '생월'은 월주(月柱), '생일'은 일주(日主,日柱) '생시'는 시주(時柱)로 구성되어 총 8글자가 되어 사주가 8자로 구성되어 사주팔자(四柱八字)라는 것이 탄생하게 되는데 사주팔자는 태어난 당시의 생월이 가장 중요한데 그 이유는 월주(月柱)의 월지(月支)가 발생하는 봄·여름·가을·겨울 사계절 24절기 이치에 의한 기운 작용과 영향에 의해 발생하는 음양이나 목화토금수의 기운이 중심이 되어 사주팔자가 구성되기 때문이며 또한 사계절 24절기에 의한 기운작용

과 영향을 가장 많이 받고 사람이 태어나 모든 면이 결정되기 때문에 핵심이 되는 것이다. 사주팔자는 태어난 당시 때와 장소의 생활환경으로 어느 나라, 어느 도시, 어느 날, 어느 시간과 장소에 대우주와 대자연의 이치에 의해 흐르고 작용하는 봄·여름·가을·겨울 사계절 24절기의 이치에 의해 나타나는 음양이나 목화토금수의 기운으로 그때와 장소에 나타나는 음양오행의 기운 작용과 영향을 가장 강하게 받아 사람이 태어난 당일의 육십갑자의 이치로 하늘의 기운 천간(天干)의 10가지 갑을병정무기경신임계(甲乙丙丁戊己庚辛壬癸) 중의 하나에 해당하는 어떠한 음양오행의 기운 성품 성질 성향 유형을 소유하고 태어났느냐에 따라 태어난 당시 생월의 영향에 따라 사계절의 대운이 결정되어 사주팔자가 좋고 나쁘냐가 결정되면서 사주의 용신으로 목화토금수의 음양오행이 결정되어 그 사람이 살아가는 때와 장소의 생활환경으로 10년마다 맞이하는 대운의 봄·여름·가을·겨울 사계절 24절기의 기운 작용과 영향으로 발생하는 음양오행의 기운을 기준하여 호운과 악운이 결정되는 영향에 따라 사람이 살아가면서 길흉화복이 결정되는 것이 법칙으로 사람이 살아가면서 매일 하루의 밤낮과 매년 봄·여름·가을·겨울 사계절 24절기의 따뜻하고 무덥고 서늘하고 추운 음양이나 목화토금수 의 기운 작용과 영향에 의해 발생하는 세운(歲運:1년,한달,하루,2시간 마다의 운)이 발생하는 음양오 행의 기운 작용과 영향에 따라 부귀빈천이나 생사가 좌우되어 살아가면서 부귀영화를 누리는 사람이 있는가 하면 매사가 성공하지 못하여 어렵게 살아가는 사람이 발생하거나 복권에 당첨되거나 사고를 당해 다치거나 목숨을 잃는 일들이 발생하게 되는 것이 바로 사계절 24절 기의 세운이 발생하는 음양오행의 기운 작용과 영향에 의해 발생한다는 것이다. 그러므로 사주팔자를 정확하게 분석하고 사주의 가장 핵심인 용신으로 봄·여름·가을·겨울 사계절 24절기에 해당하는 음양오행의 기운 하나를 결정하여 사주팔자가 보유한 많거나 적게 편중되 어 있는 음양오행의 기운을 음양오행의 생극제화 상생상극의 이치로 서로가 조화와 균형을 이루고 중화를 이루는 것이 최상의 목표로 사주팔자가 보유한 음양의 이치로 서로가 조화와 균형을 이루고 중화를 이루도록 하거나 또는 목화토금수의 이치로 5가지가 골고루 있어 막히 지 않고 흐르는 순환상생의 이치를 이루는 좋은 사주가 있는가 하면 음양의 이치로 서로가 조화와 균형을 이루지 못해 중화를 이루지 못하거나 또는 목화토금수의 이치로 5가지의 기운 이 한쪽으로 치우쳐 편중되거나 막혀 순환상생의 이치를 이루지 못하는 좋지 못한 사주가 발생하는 것이 법칙으로 그 편중된 음양이나 목화토금수의 기운을 용신의 기운으로 서로가 조화와 균형을 이루고 중화를 이루도록 하는 것이 핵심으로 사주 주인공이 대, 세운에서 용신의 역행 운으로 순행하면 매사가 만사불통으로 막힘이 많아 되는 일이 없어 고전하지만 대, 세운이 용신 운으로 순행하면 모든 일들이 만사형통으로 성공하여 부와 명예를 누리는 것이 원칙으로 사람의 이름이나 회사의 명칭이나 단체법인이나 상호의 작명도 당사자의 사주를 기준하여 용신을 정하여 용신에 해당하는 음양이나 목화토금수의 기운을 기준하여 작명하는 것이 최상의 법칙으로 당사자의 사주팔자가 보유한 음양이나 목화토금수의 기운이 서로가 조화와 균형을 이루고 중화를 이루어 주류무체(周流無滯:막히지 않고 흐르다)의 이치나 생생불식(生生不息:숨이 끊어지지 않고 살아나다)의 이치를 이루어 막히지 않게 흐르게 하여 모든 일들이 만사형통으로 순조롭게 풀려 성공하여 평생 건강한 신체를 유지하며 부와 명예를 누리면서 행복하게 살아가는 데 기여하는 것이 최상으로 이러한 일은 반드시 명리학자가 할 일이고 임무이며 사주의 용신에 해당하는 음양오행과 사람의 이름이 보유한 음양오행과 부귀영화는 끊을 수 없는 관계를 유지하고 있는 것을 알 수가 있어 이름을 작명하는 데 가장 중요시하는 것이 바로 대우주와 대자연에 존재하는 모든 만물과 사물의 음양오행의 이치를 기준하여 작명하는 것이 최상이라는 것이다.

제5장

사주의 용신과 이름

1

사주의
용신

　사람이 대우주와 대자연에 존재하는 모든 만물과 사물의 구성원으로 소우주의 이치로 태어나 모든 만물과 사물의 이치와 동일하게 음양의 이치로 파생되어 음양의 남녀로 구분되어 이 세상에 태어나 생명을 유지하고 존재하는 것이 법칙으로 대우주와 대자연에 만물과 사물의 이치로 가장 대표적으로 존재하는 하늘 천간(天干)의 10가지 음양오행의 기운이 바로 갑을병정무기경신임계(甲乙丙丁戊己庚辛壬癸)의 기운 성품 성질 성향 유형을 기본적으로 갖추고 태어나 살아가면서 만나는 것이 바로 음양의 이치로 매일 하루의 밤낮으로 24시간이며 또한 매년 매월마다 맞이하는 1년 12개월 봄·여름·가을·겨울 사계절 24절기가 발생하는 봄은 따뜻하고 포근하고 여름은 뜨겁고 덥고 가을은 서늘하고 차고 겨울은 춥고 얼어붙는 기운 작용에 의해 봄은 나무(木)의 기운으로 태동(胎動)하여 생기(生起)하는 기운 성품 성질 성향 유형으로 만물의 대표적인 초목의 핵인 씨앗이나 뿌리의 생명이 살아나 봄의 따뜻하고 포근한 기운에 의해 발아되어 땅을 뚫고 푸른 새싹을 강하게 돋아 성장하고 뿌리의 생명이 살아나 나무가 푸른 잎이 돋아 성장하는 사계절 24절기의 이치로 봄은 따뜻하고 포근하다. 여름은 불(火)의 기운으로 성장(成長)과 활동(活動)하는 기운 성품 성질 성향 유형으로 만물의 대표적인 태양의 뜨거운 빛과 열기를 통하여 봄에 발아되어 돋아난 초목의 새싹이 튼튼하게 뼈대와 줄기를

갖추고 왕성하게 성장시켜 꽃을 피우기 시작하여 밖은 뜨겁고 덥지만 외양내음의 이치로 초목의 핵인 씨앗이나 뿌리의 생명을 땅속에 보호하여 음양의 이치로 서로가 조화와 균형을 이루고 중화를 이루는 사계절 24절기의 이치로 여름은 뜨겁고 덥다. 긴 여름 삼복더위는 흙(土)으로 왕성(旺盛)하고 무성(茂盛)한 기운 성품 성질 성향 유형으로 찌는 무더위로 초목이 완전히 무성하게 성장을 끝마치고 꽃이 활짝 피어 가을에 풍성한 열매를 결실할 수 있도록 준비를 마치는 사계절 24절기의 이치로 건조하고 무덥다. 가을은 쇠(金)로 굳고(剛) 결실(結實) 숙살(肅殺)하는 기운 성품 성질 성향 유형의 기운으로 밤은 차고 서늘하고 낮에는 맑고 청청한 기운을 통하여 단단하게 굳는 기운으로 초목의 꽃은 떨어지고 초목의 핵인 씨앗의 열매가 달려 단단하고 튼튼하게 익혀 풍성하게 결실하는 이치로 과일의 껍질은 단단하고 속은 당분과 수분이 풍부하여 풍성하게 결실한 후에 강한 숙살지권(肅殺之權:죽이는 기운)으로 초목을 누렇게 말려 죽이는 사계절 24절기의 이치로 차고 서늘하다. 겨울은 물(水)로 유유히 흐르고(流) 강추위로 동결(凍結)하고 수장(收藏)하는 기운 성품 성질 성향 유형으로 가을에 결실한 초목의 핵인 단단한 씨앗의 열매나 뿌리의 생명을 동결시켜 보호하고 수장하는 기운으로 밤낮으로 강추위로 모든 만물과 사물이 동결되어 얼어붙지만 동물은 동면을 통하여 생명을 유지하고 초목의 핵인 씨앗의 열매나 뿌리의 생명을 외음내양의 이치로 겉은 차고 얼어 있으나 땅속은 따뜻하여 씨앗의 열매나 뿌리의 생명이 죽지 않게 보호하고 저장하였다가 새해 새봄에 단단한 씨앗이 발아되어 새로운 새싹을 돋게 하는 사계절 24절기의 이치로 봄·여름은 겉은 따뜻하나 땅속은 차고 가을·겨울은 겉은 차고 추우나 땅속은 따뜻한 것이 발생하는데 이것이 바로 음양의 이치이며 음양오행의 생극제화 상생상극의 작용에 의한 음양오행의 이치에 따라 5가지 음양오행이 순환상생의 이치로 막히지 않고 흐르면서 외음내양 외양내음의 이치로 음양이 서로가 조화와 균형을 이루고 중화를 이루며 대우주와 대자연에 존재하는 모든 만물과 사물의 이치로 봄·여름·가을·겨울 사계절 24절기는 우리가 살아가는 때와 장소의 생활환경에 끊임없이 발생하고 있는 것이다.

사람이 하늘(天干)의 10가지 목화토금수의 기운 성품 성질 성향 유형을 갖추고 태어나 살아가면서 가장 밀접하게 만나고 접하는 것이 대운의 봄·여름·가을·겨울 사계절 24절기가 발생하는 음양오행의 기운으로 가장 대표적인 5가지 목화토금수의 기와 질의 성품으로 나무·

불·흙·쇠·물이 음양의 이치로 파생되듯 甲乙丙丁戊己庚辛壬癸도 음양의 이치에 따라 파생되어 甲, 乙木은 나무(木)의 포근한 성품의 봄으로 甲木은 만물과 사물의 핵으로 씨앗이나 뿌리의 커다란 나무로 양이며 乙木은 작은 초목으로 음이 되며 丙, 丁火는 불(火)의 뜨거운 성품의 여름으로 丙火는 태양의 빛과 열기로 양이며 丁火는 점화되어 살아나고 꺼지나 문명을 발전시키는 불로 음이 되며 戊, 己土는 흙(土)의 무더운 성품의 긴 여름으로 戊土는 건조한 대지와 산으로 양이며 己土는 습한 논밭으로 음이 되며 庚, 辛金은 쇠(金)의 차고 서늘한 성품의 가을로 庚金은 철광석으로 양이며 辛金은 금광석으로 음이 되며 壬, 癸水는 물(水)의 차고 추운 성품의 겨울로 壬水는 거대한 호수 바다로 양이며 癸水는 수맥에 의해 샘솟아 흐르는 시냇물로 음이 발생하여 만물과 사물의 근본이 되어 크게는 음양의 이치와 사계절 24절기의 이치에 따라 그 만물과 사물의 근본이 되는 기운 성품 성질 성향 유형이 존재하여 대자연의 아름다운 금수강산을 이루고 있는 것이며 또한 양의(兩儀)로 음양의 이치로 파생되어 밝고 어두운 하루의 밤낮과 사계절이 양의 봄·여름이 봄은 양 중의 음, 여름은 양 중의 양이 되어 존재하고 음의 가을·겨울이 가을은 음 중의 양, 겨울은 음 중의 음으로 구분하여 어느 계절에 태어났느냐에 따라 음양의 이치로 그 사람의 생사가 엇갈리는 것이 원칙으로 태어난 당시 땅(地支)의 12가지 자축인묘진사오미신유술해(子丑寅卯辰巳午未申酉戌亥)가 모든 만물과 사물이 살아가는 때와 장소의 생활환경을 조성하는 근본이 되어 1년 12개월과 하루의 24시간이 발생하는 땅도 음양의 이치로 봄·여름·가을·겨울 사계절 24절기가 따뜻하고 덥고 서늘하고 추운 기운 작용과 영향에 의해 서로가 조화와 균형을 이루고 중화를 이루어야 모든 만물과 사물의 동식물이나 사람이 평온하게 살아가는 환경이 결정되는 것이 법칙으로 평생 살아가면서 가장 소중하게 만나는 땅(地支)의 '때와 장소'로 대운이 발생하는 사계절 24절기의 이치에 따라 작용하는 음양오행의 기운에 의해 사람이 부와 명예의 희로애락에 변화가 발생하는 것이 법칙으로 사주의 용신에 해당하는 사계절의 호운을 만나면 큰 꿈과 이상의 목표를 이루고 성공하여 부와 명예가 뛰어나 편안하게 행복하고 풍족하게 살아가지만 그렇지 못하고 사주의 용신과 정반대가 되는 사계절의 흉운을 만나면 대흉으로 큰 꿈과 이상의 목표가 실패하여 성공하지 못하여 부와 명예를 누리지 못하는 동시에 건강을 잃어 생명을 유지하지 못하거나 또는 가정까지 어려운 결과를 초래하는 근본이 되는 것이 바로 살아가는 때와 장소의

생활환경으로 대운이 발생하는 봄·여름·가을·겨울 사계절 24절기의 기운 작용으로 사주 주인공을 기준하여 사람을 살리는 용신에 해당하는 봄·여름·가을·겨울 사계절이나 음양이나 목화토금수의 기운 하나를 용신으로 결정하여 음양의 이치로 조화와 균형을 이루고 중화를 이루거나 또는 목화토금수의 기운이 음양오행의 생극제화 상생의 이치로 순환상생을 이루거나 또는 상극의 이치로 사주팔자의 편중된 강한 기운을 억제하고 통제시켜 서로가 조화와 균형을 이루고 중화를 이루는 방법이 최상으로 이름의 작명도 용신의 음양오행이나 사계절 24절기에 해당하는 기운 성품 성질 성향 유형을 기준하여 이름 아호 예명 상호 직업 사업 직종 취미 소품 의상 색상 주택 운동 방향 등을 선택하는 동시에 사람이 직접 그 기운 성품 성질 성향 유형에 직접 참여하여 나에게 절대적으로 필요한 기를 살려야 사람이 평생 건강한 신체를 유지하며 꿈과 이상의 목표를 이루어 성공하여 편안하게 부귀영화를 누리도록 하는 데 그 목적이 있는 것이다. 사주의 용신은 사주의 핵심이며 생명선으로 사주나 대운이 나빠도 용신에 해당하는 직업 직종 취미 운동에 종사하면 그 사람은 건강하게 평생 부귀영화를 누리는 것이 법칙으로 사주의 용신을 참고하여 사람이 살아가면서 직접 만나고 소유하는 만물과 사물의 각종 물류나 사람과의 관계 등등 모든 육친적인 부분에 응용할 수가 있어 사람이 최상으로 행복한 생활을 유지하도록 만드는 것이 법칙으로 사람의 이름 아호 예명 개명 개인이나 단체의 법인 사업장의 상호나 기업의 명칭이나 로고의 색상을 결정하는데 응용하여 작명하거나 또는 사람의 업종이나 직종이나 직업 등등 모든 분야에 응용하면 절대로 실패가 없다.

2

사주의
용신과 한글

　사주의 용신이 사람이 살아가는 데 가장 중요한 것으로 이제부터는 사람이 태어난 당시의 생활환경에 해당하는 출생한 생년월일시를 기준하여 사주팔자를 구성하고 용신을 결정한 다음 그 용신에 해당하는 훈민정음 한글 초성·중성·종성으로 자음과 모음의 음양오행의 이치를 기준하여 작명한 이름을 부르고 읽고 말하는 소리의 이치와 쓰고 기록하는 숫자의 이치에 의해 발생하는 음양오행의 기운이 서로가 조화와 균형을 이루고 중화를 이루도록 모든 사람의 이름을 작명하는 것이 가장 좋은 이름을 작명하는 것이며 또한 개인이나 단체의 기관 법인 회사 사업장 팀의 이름을 작명하거나 또는 기관이나 회사의 상징인 로고나 색상 등을 용신에 맞도록 작명하는 것이 최상이며 한자도 뜻과 획수를 용신의 음양오행에 해당하는 한자를 선택하여 작명하는 것이 최상의 방법이라는 것이다. 사주의 용신을 선정하는 방법은 명리학문을 오래 공부한 사람도 상당히 어렵고 까다로워 고민하거나 실수하는 경우가 많은 것이 원칙으로 천간용신법(天干用神法)을 응용하면 쉬운데 실질적으로 수년간을 명리학문을 공부하여야 그 오묘한 대우주와 대자연의 이치를 깨달아야 내 것이 된다는 것을 명심하여 끝없는 연구와 노력이 필요하며 특히 작명하는 경우에 명리학문의 주요 핵심인 음양오행의 이치나 사계절 24절기의 이치를 모르거나 또는 용신을 정하지 못하거나 모르는 경우에는

아예 작명하지 않는 것이 현명하다는 판단이다. 그 이유는 예로부터 전해내려 온 음양오행의 이치나 사계절 24절기의 이치에 의해 발생하는 난서량한(暖暑凉寒)한 음양오행의 기운 작용에 의해 국가나 사회나 가정적으로 사람이 삶의 문화가 변화되어 발전하여 온 것이 사실이며 사람도 사주를 기준하여 맞이하는 대운 10년이 발생하는 사계절 24절기의 기운 작용과 영향을 분석하여 사람의 과거 현재 미래의 길흉화복을 정확하게 예지할 수가 있기 때문에 명리학문의 핵심인 대우주와 대자연에 존재하는 모든 만물과 사물의 음양이나 사계절 24절기의 이치가 발생하는 음양오행의 생극제화 상생상극의 이치를 응용하여 용신에 해당하는 이름을 작명하는 것이 최상의 방법이며 또한 사주의 강약에 따라 격국(格局)과 용신이 정해지는 것이 원칙이지만 사주가 보유한 강력한 음양이나 목화토금수의 기운 작용과 영향에 따라 사주 주인공의 사람은 길흉에 관계없이 그 강력한 기운 작용에 따라 인소가 강하게 발생하면서 육친적인 인간관계나 만물과 사물의 물질적인 소유관계가 모두 불리하고 어려운 관계가 형성되어 어렵게 생활하는 것이 법칙이며 또한 좋지 못한 직업과 업종에 종사하며 생고생하면서 심지어는 부부관계를 유지하지 못하거나 또는 주변 사람으로부터 사기나 범죄를 저지르거나 내가 당하여 어려움이 발생하면서 온갖 길흉화복과 부귀빈천이 발생하는 것이 법칙으로 이러한 어려움을 해결해주는 것이 바로 사주의 용신으로 사주에 편중된 음양이나 목화토금수 기운이 서로가 조화와 균형을 이루고 중화를 이루거나 또는 막히지 않고 흐르는 순환상생의 이치가 발생하도록 하는 것이 사주의 용신이며 10년 대운이 발생하는 사계절 24절기의 기운 작용으로 10년 대운이 사주의 용신에 해당하는 봄·여름·가을·겨울 사계절 24절기의 방향으로 순행하며 음양이나 목화토금수의 기운이 발생하면 그 사람은 모든 일들이 크게 발전하여 성공하여 부귀영화를 누리고 그렇지 못하고 역세(逆勢)의 이치로 정반대 사계절 24절기의 방향으로 순행하여 좋지 못한 음양이나 목화토금수의 기운이 발생하면 매사가 부진하여 성공하지 못해 결국은 부귀영화를 누리지 못하는 동시에 어렵게 살아가는 것이 법칙으로 사주도 좋고 대운도 좋으면 매사가 만사형통으로 발전하고 크게 성공하여 부귀영화를 누리겠지만 그렇지 못한 사람은 정해진 사주팔자를 원망하게 되는 것이 원칙으로 이러한 사람은 사주팔자의 용신에 해당하는 음양오행의 기운 성품 성질 성향 유형에 해당하는 공부 직업 직종 주택 방향 색상 숫자 운동 취미 등을 직접 선택하여 종사하며 살아가는 것이 최상의 방법으로 이것이 내가

스스로 어려움을 해결하여 평생을 부귀영화를 누리는 지름길이며 명리학문을 통하여 대우주와 대자연에 존재하는 모든 만물과 사물의 사계절의 24절기가 발생하는 음양오행의 이치에 따라 태어난 사주 주인공을 기준해서 용신의 음양오행에 해당하는 훈민정음 한글의 초성·중성·종성으로 자음과 모음의 음양오행의 이치로 이름을 작명하여 그 사람이 평생을 어렵게 살아가지 않도록 하는 것이 최종 목적으로 모든 사람에게 꼭 필요한 음양오행의 이치에 맞는 훈민정음 한글 이름을 작명하여 한글로 사람을 살리는 용신의 기를 불어넣어 더욱더 건강하게 부와 명예를 누리면서 행복하게 살아가도록 하는 데 가장 필요한 정신력과 자신감의 힘과 기를 주는 동시에 평생을 편안하게 안정적으로 꿈과 이상의 목표를 이루며 살아가도록 기여하는 데 그 목적이 있는 것이다. 그러므로 가장 맑고 깨끗하고 선명하게 음양이나 목화토금수의 기운이 발생하는 우리의 훈민정음 한글 초성·중성·종성으로 자음과 모음의 음양오행의 이치를 올바르게 응용하는 방법을 익혀 한글을 읽고 말하는 소리의 이치와 쓰고 기록하는 획수의 이치와 한글의 뜻에 의해 발생하는 음양오행의 기운으로 모든 이름을 작명하는 것이 가장 현명하고 중요하다는 것이다. 단, 한자의 뜻과 획수를 선택하는 과정도 훈민정음 한글 음양오행의 이치를 기준하여 사주의 용신에 해당하는 음양이나 목화토금수에 해당하는 한자를 반드시 선택하여 좋은 한자 이름을 작명하여 살아간다면 도움은 되지 흉하지는 않는다는 것이다. 이름을 통하여 각종 스트레스나 대인관계에 불편함을 갖는다면 그 이름은 바로 개명하는 것이 좋다는 판단이며 현시대는 세계가 하나가 되는 시대로 21세기를 앞두고 있는 시대에 살고 있기 때문에 세계 인류 문명의 발달로 세계가 하나가 되는 모바일 시대에 나 자신의 이름을 세계에 알리는 것은 시간문제라는 것이다. 사람에게 이름은 가장 소중하여 죽어서나 살아서나 평생을 따라다니는 것으로 호랑이는 죽어서 이름이 없어 가죽을 남기지만 사람은 죽어서 이름이 있어 이름을 남긴다는 말이 있듯이 이름은 살아서나 죽어서나 영원히 소중하게 대우주와 대자연에 존재하는 것이 법칙으로 사람이 살아가면서 건강하고 풍족하게 부와 명예를 누리기 위해 온갖 노력으로 살아간다. 운이 좋은 사람은 손쉽게 자신의 꿈과 이상의 목표를 이루어 여유롭게 살아가지만 그렇지 못해 운이 나쁜 사람은 혼자의 힘으로 자신의 꿈과 이상의 목표를 이루기 위한 해결의 실마리가 보이지 않는 것이 원칙으로 이럴 때에는 반드시 정통 명리학자를 통하여 자문을 구하는 것이 해결의 지름길이다. 가장 현명하고 확실한 것은 내가

힘들고 어려운 환경에 살아도 장인정신으로 하나의 직장이나 기술에 평생 종사하는 것이 최상이며 그렇지 못하면 정통 명리학자의 자문을 통하여 사주의 용신을 정확하게 찾아 용신에 해당하는 기운 성품 성질 성향 유형의 사업 직업 직종을 선택하여 최선을 다하여 평생 한눈팔지 말고 종사하는 것이 최상의 방법이며 또한 매사에 끊임없는 노력을 통하여 규칙적인 생활 방식을 통하여 자기 자신을 개선하고 변화시키는 동시에 용신에 해당하는 사업이나 직종에 몸을 묻는다는 장인정신으로 평생직장이라 생각하고 열심히 일하며 살아가는 것이 최상의 방법이나 되는 일이 없고 망하는 일이 연속적으로 발생하는 경우에는 이름을 개명하거나 또는 내가 생활하는 생활환경의 개혁으로 큰 변화를 통하여 나에게 흉하게 작용하는 것을 과감히 버리고 용신에 해당하는 사업 직업 직종에 종사하면 매사가 주류무체(周流無滯)나 생생불식(生生不息)의 순환상생의 이치가 자동적으로 발생하여 중화를 이루는 방법이 가장 좋은 방법이며 내가 살길이라는 것이다. 요즘은 개명시대라 하여도 과언은 아닐 정도로 개명이 유행되는 시대로 개명하는 데 상당한 금액을 주고 개명하는 일들이 발생하는데 돈을 떠나서 사람을 살리는 용신에 해당하는 그 사람에게 꼭 맞는 한글 이름을 작명하는 것이 무엇보다도 중요하며 또한 이름도 대우주와 대자연에 존재하는 모든 만물과 사물의 구성원의 하나로 구성되어 존재하기 때문에 『훈민정음 해례본』에 근거하여 훈민정음 한글의 초성 · 중성 · 종성으로 자음과 모음의 음양오행의 이치를 올바르고 정확하게 응용하는 방법을 익혀 가장 맑고 깨끗하고 선명한 음양오행의 기운으로 작명하는 것이 최상이며 사주도 모르거나 용신이 뭔지 알지 못하고 무조건 일본인이 만든 81수 수리성명학으로 작명이나 개명하는 경우가 많은데 상당히 걱정되는 일이다.

　사람도 대우주와 대자연의 존재하는 모든 만물과 사물의 하나의 구성원으로 소우주의 이치로 태어나 사람의 육체가 모두 음양오행의 기운 성품 성질 성향 유형으로 구성되어 생명을 유지하고 존재하고 또 이름이나 사주도 음양오행의 기운으로 구성되어 있으며 내가 먹고 자고 입고 일하는 모든 부분이 음양오행의 기와 질의 성품으로 구성되어 있고 내가 매일 생활하면서 접하는 1년 봄 · 여름 · 가을 · 겨울 사계절 24절기나 1년 12개월이나 하루의 밤낮의 24시간도 음양오행의 기운으로 구성되어 작용하고 내가 매일 생활하는 하루 24시간의 일진(日辰)의 장소도 음양오행의 기운 작용을 받아가며 살아간다는 것을 알지 못하면 사람의 이름의 작명이나 개명이나 이름 풀이를 한다는 것은 현재 이름을 중요시하는 시대라면 엄청난 과오를 저지르는 것과 동일하다는 판단이다. 이제부터라도 신생아나 사람의 이름을 작명하거나 개명하거나 또는 개인이나 단체의 법인 사업장의 상호나 회사명이나 로고의 색상을 작명하는 경우에 반드시 당사자의 태어난 당시의 출생한 근거인 생년월일시를 알아 사주팔자를 구성하고 사주의 용신에 해당하는 음양이나 목화토금수를 선정하여 그 용신에 해당하는 우리 훈민정음 한글 초성·중성·종성으로 자음과 모음의 음양오행의 이치를 기준하여 작명하여 이름을 읽고 말하는 소리와 쓰고 기록하는 획수로 반드시 이름의 삼원 음양오행을 구성하여 음양오행의 생극제화 상생상극의 이치로 이름의 길흉을 분석하고 검증하는 것이 최상이다. 또한 한자도 한자의 뜻을 중요시하는 동시에 한자 획수의 삼원 음양오행을 구성하여 한자 획수의 삼원 음양오행이 자체적으로 보유한 음양오행의 생극제화 상생상극의 이치를 기준하여 이름의 길흉을 분석하고 검증하여 작명하는 것이 최상으로 이름이 자체적으로 보유한 음양오행의 생극제화 상생상극의 이치로 음양이나 목화토금수의 기운이 서로가 조화와 균형을 이루고 중화를 이루는 방식으로 이름을 작명하는 것이 최상의 방법으로 개인이나 단체나 팀이나 회사의 명칭이나 로고의 색상이나 글자의 숫자도 훈민정음 한글 초성·중성·종성으로 자음과 모음의 음양오행의 이치를 기준하여 작명하는 것이 이 세상에서 가장 좋은 한글 이름을 작명하는 것이다.

제6장

사람과 음양오행

1

목화토금수의
기운

　사람은 대우주와 대자연에 존재하는 모든 만물과 사물의 이치로 음양이나 목화토금수의 기운과 밀접한 관계를 유지하고 있는 하나의 만물과 사물의 구성원으로 소우주의 이치를 갖추고 태어난 사람이 음양의 이치로 하루의 밤낮으로 매년 봄 · 여름 · 가을 · 겨울 사계절 24절기가 발생하는 목화토금수의 이치 속에서 살아가면서 사람이 생명을 유지하고 존재하는 신체의 오장육부가 모두가 5가지 목화토금수의 기운 성품 성질 성향 유형으로 구성되어 끊임 없이 멈추지 않고 흐르는 순환상생의 이치에 의해 숨이 멈추지 않고 생명을 유지하고 존재하는 것이 법칙이다. 음양의 이치로 사람의 신체가 남녀로 각각 태어나 자체적으로 보유한 목화토 금수의 기운 성품 성질 성향 유형이 음양오행의 상생상극의 이치에 의해 건강을 유지하고 생명을 유지하며 살아가는 이치가 사람이 신체의 어느 장기에 질병이 발생하면 그 장기에 해당하는 음양오행의 기운이 쇠약해지거나 또는 너무 강해져 질병이 발생하는 것이 법칙으로 사람이 소우주의 이치로 태어나 신체의 오장육부가 바로 목화토금수의 기운 성품 성질 성향 유형을 갖추고 사람이 살아가면서 자신의 꿈과 이상의 목표를 달성하기 위해 자신감을 가지고 스스로 생각하여 목표를 세우고 그 목표를 이루기 위해 불철주야 부지런히 노력하여 쟁취하여 부와 명예를 누리며 목표를 달성하는 것도 신체가 보유한 목화토금수의 기운 작용에 의해

이루어지는 동시에 살아가면서 만나는 각종 사람이나 물류의 세계도 바로 목화토금수의 기운 성품 성질 성향 유형을 갖추고 있다. 사람의 오장육부를 목화토금수의 기운 성품 성질 성향 유형으로 분류하면 나무(木)는 생기(生起)와 꿈과 이상(理想)의 기운 성품 성질 성향 유형으로 사람이 스스로 신생아부터 노인이 되기까지 성장하며 변화하는 신체와 꿈과 이상의 목표를 생각하고 상상하는 것이 머리의 뇌와 신경이며 나타나는 모발과 손톱 발톱과 각종 만물과 사물을 접하는 손과 사람의 생명이 시작되는 간으로 간장이 음양오행의 이치로 木에 해당하고 불(火)은 생장(生長)하여 성장과 활동과 판단의 기운 성품 성질 성향 유형으로 사람이 성장하면서 꿈과 이상의 목표를 스스로 판단하여 능력을 발휘하는 동시에 왕성한 활동력과 표현으로 만물과 사물을 눈으로 직접 보고 느끼고 판단하여 입으로 표현하고 몸으로 움직이는 언어와 활동력이며 생명의 주체가 되는 소장 심장이 음양오행의 이치로 火에 해당하며 흙(土)은 왕성하고 무성(茂盛)하게 채우고 멈추고 품어 간직하는 기운 성품 성질 성향 유형으로 사람이 꿈과 이상의 목표를 왕성한 자신감으로 각종 만물과 사물의 물질적인 것을 꾸준한 노력으로 쟁취하고 소유하여 안정을 찾는 중심으로 건강의 원동력으로 몸을 지탱하는 근육으로 살과 몸이 중심을 잡아 지탱하여 왕성하게 움직이는 발과 소화기계통의 복부 위장 비장이 음양오행의 이치로 土에 해당하며 쇠(金)는 견강(堅剛)의 굳고 결실하거나 패망하여 고통받는 기운 성품 성질 성향 유형으로 사람이 꿈과 이상의 목표를 스스로 실천하여 얻는 결실의 성공으로 쟁취하여 부와 명예를 얻어 안정을 찾거나 또는 실패하여 부와 명예를 잃어 고통을 받는 질병과 아픔이며 체력으로 튼튼한 뼈대와 치아이며 혈질 기관지 폐장이 음양오행의 이치로 金에 해당하며 물(水)은 동결(凍結)하고 수장(守藏)하고 보호하고 생명을 유지하는 기운 성품 성질 성향 유형으로 사람이 꿈과 이상의 목표를 새롭게 계획을 세우고 시작하고 도약하기 위해 수양(修養)하며 피로를 풀고 재충전하기 위해 배우고 공부하고 먹고 자고 쉬고 싸고 배설하는 수분으로 생식기 항문 신장 방광이 음양오행의 이치로 水로 구분하는 동시에 신체의 대부분이 물(水)로 구성되어 있는 이치가 사람은 물(水)이 뿌리이며 근본으로 부모의 정자와 난자에 의해 생명이 잉태되어 어머니 태보의 양수에 의해 보호받아 음양의 이치로 남녀로 태어나 목화토금수의 기운 성품 성질 성향 유형을 갖추고 태어나 보이지 않는 음양오행의 생극제화 상생상극의 이치에 따라 水生木의 이치가 시작되는 동시에 신체의 몸이 성장하면서 자동적으

로 木生火 火生土 土生金 金生水의 이치가 발생하여 5가지 음양오행의 기와 질이 막히지 않고 흐르는 순환상생의 이치가 발생하거나 또는 음양오행의 기와 질이 순환상생하지 못해 정체되어 하나의 생명을 유지하지 못하는 각각 서로 다른 체질과 성향에 따라 건강을 유지하며 자기의 꿈과 이상의 목표를 달성하여 부와 명예를 누리거나 또는 건강하지 못해 실패하여 부와 명예를 누리지 못하는 것도 모두가 음양의 이치에 의해 발생하는 목화토금수 기와 질의 작용과 영향이라는 것이다. 또 우리의 신체는 나의 뿌리인 선조의 부모로부터 씨족의 혈통을 이어받아 음양의 이치로 파생되어 음양인 부모에 의해서 잉태되어 음양의 남녀로 태어나 음양의 후손을 낳아 끊임없이 대대손손 대를 이어가는 이치와 만물과 사물의 대표적인 초목이 씨앗을 뿌리거나 모종을 심고 또는 접목하여 새로운 생명이 소생하는 초목은 대부분이 연약하여 수분과 따뜻한 열기를 보유하여야 생명을 유지하고 존재하는 이치와 사람이 만물의 대표적인 초목과 똑같이 생명을 유지하는 이치로 태어나 살아가는 것이 법칙으로 사람이 나무(木)의 기운 성품 성질 성향 유형을 갖추고 몸의 온도가 36.5도로 따뜻하게 보존하여 성장하며 생명을 유지하는 이치가 불(火)이며 무성한 근육의 몸을 왕성한 활동하기 위해 몸을 지탱하는 허리를 중심으로 발로 땅을 딛고 활동하는 이치가 흙(土)이며 몸이 단단한 뼈대로 튼튼하고 강인한 체력을 유지하며 외부로부터 각종 질병을 예방하여 신체를 보호하는 호흡기와 피부가 쇠(金)이며 피곤하고 지친 몸을 다시 왕성하게 활동하기 위해 음식을 먹고 싸고 쉬고 마시는 것이 물이며 생명을 유지하는 피도 수분으로 구성되어 물(水)이 존재하는 모두가 목화토금수로 사람이 음의 어머니 태보가 음의 물(水) 양수에 의해 10개월간 생명을 보호받다가 신생아가 음양의 이치로 남녀로 태어나 성인으로 성장하여 음양의 이치로 성인 남녀가 만나 결혼하여 하나의 부부가 되어 후손을 음양의 이치로 아들과 딸을 낳아 대대손손으로 대를 이어 살아가며 존재하는 이치도 초목이 새봄에 새싹을 돋우고 여름에 성장하여 꽃이 피어 가을에 씨앗의 열매가 달려 풍성하게 수확하고 결실하여 겨울에 결실한 씨앗이나 뿌리를 동결시켜 생명을 보호하였다가 새봄에 다시 새싹을 돋우는 초목의 생명의 이치와 똑같아 사람이 신생아로 태어나 꿈과 이상과 포부로 목표를 갖추는 기운이 나무(木)이며 꿈과 이상과 포부의 목표를 스스로 판단하여 입으로 말하고 의사를 표현하고 활동하는 기운은 불(火)이며 꿈과 이상의 목표를 쟁취하기 위해 대지의 땅을 딛고 살아가면서 무성하게 몸이 성장하여 왕성한 활동으로

수익을 창출하여 얻는 것을 보여주는 것은 흙(土)이며 꿈과 이상과 포부로 목표를 달성하기 위해 부지런히 노력하다가 무리하여 질병이 발생하여 어려운 일을 당하여 고통을 받거나 또는 성공하여 부와 명예를 누리는 것이 쇠(金)이며 꿈과 이상과 포부로 목표를 달성하기 위해 끊임없이 공부하는 노력과 수입을 통하여 의식주를 해결하면서 운동과 음식으로 영양분을 섭취하여 몸이 튼튼하게 건강을 유지하며 자고 쉬며 재충전하는 것이 물(水)로 모두가 크게는 음양의 이치이며 작게는 목화토금수의 기운이 순환상생하는 이치 속에서 이루어지는 것이다. 사람이 아침이 밝아 잠에서 깨어나 일어나 생기(生起)하는 것이 나무(木)이며 오전에 활동을 시작하는 것이 火(불)이며 오전 오후로 왕성하게 일하여 그 결과로 수익을 창출하는 것이 흙(土)이며 저녁에 하루의 일과를 마치고 피곤함을 느끼는 것이 쇠(金)이며 집에 돌아와 하루의 피곤함을 풀기 위해 수장(收藏)으로 어두운 밤에 잠자고 쉬는 것이 물(水)로 모두가 음양의 이치이며 목화토금수의 이치로 이 음양오행이 막히지 않고 흐르는 순환상생하는 이치 속에서 생활하며 생명을 유지하고 존재하고 있는 것이다. 사람이 질병이 발생하는 경우도 木의 머리가 아프고 두통이 발생하면 신경외과에 가서 치료한 후에 처방약을 보면 木의 청록색이며 火의 눈이 아프고 시력이 좋지 못하면 안과에 가고 정신적인 질병은 정신과서 치료한 후에 처방약을 보면 火의 빨간색이며 土의 소화기계통은 내과에 가서 치료한 후에 처방약을 보면 土의 황색이며 金의 이는 치과, 호흡기는 이비인후과, 뼈와 상처는 정형외과, 피부는 피부과에 가서 치료한 후에 처방약을 보면 金의 백색이며 신장 방광은 내과, 생식기의 질병은 비뇨기과, 출산은 산부인과에 가서 치료한 후에 처방약을 보면 水의 검은색이 주를 이루는 것을 볼 때 모두가 음양의 이치와 목화토금수의 기운 성품 성질 성향 유형에 따라 발생하는 일이며 사람이 생명을 유지하고 존재하지 못하는 이치도 음양오행의 생극제화 상생상극의 이치가 성립되어 발생하는 질병이나 암이 발생한 환자의 사주를 보면 나무(木)가 너무 많으면 머리나 뇌에 종양이 발생하여 굳어 뇌암이 발병하고 불(火)이 너무 강하면 심장이나 소장에 종양이 발생하여 굳어 심장질환이나 심장이나 소장암이 발병하고 흙(土)이 너무 강하면 비장 위장 십이지장이나 소화기계통에 종양이 발생하여 굳어 위암이 발병하고 쇠(金)가 너무 많으면 폐 호흡기 뼈의 혈질에 종양이 발생하여 굳어 폐암이나 호흡기의 편도암이 발생하고 물(水)이 너무 많으면 신장 방광 생식기에 종양이 발생하여 굳어 신장암 자궁암 유방암이나 질병이 발생하는 것을 알 수가 있는 것도 신체의 장기가 보유한 음양오행의 생극제화 상생상극의 순환상생의 이치에 문제가 발생하여 음양오행의 기운이 흐르지 못하고 막혀 순환상생하지 못하여 서로가 조화와 균형을 이루지 못해 중화를 잃어 뭉치거나 막혀 굳어 발생하는 질병이다. 또 사람의 신체에 나무(木)의 기운이 너무 많으면 어질고 착하나 木剋土의 이치로 몸에 근육이 약하여 마른 체형이며 위장이 약해 소화불량이 발생하며 정신질환이나 언어장애가 발생하는 경우가 있으며 불(火)의 기운이 너무 많으면 성격이 화끈하며 성급하며 정직하지만 火剋金의 이치로 쓸데없이 말이 많아 명예를 잃거나 망신을 당하고 활동력이 많으며 치아가 약해 엉망이고 몸이 빼빼 마르고 시력이 좋지 못해 안경을 쓰고 뼈대가 약해 백혈병이나 호흡기 질환이 발생하는 경우가 있으며 흙(土)의 기운이 너무 많으면 마음이 넓고 이해력이 좋으나 土剋水의 이치로 갈증이 많아 술을 좋아하고 군것질이나 단것을 좋아하여 비만으로 당뇨병으로 고생하고 요도에 질병이 발생하는 경우가 있으며 쇠(金)의 기운이 너무 많으면 뼈대가 튼튼하여 건강하며 의리가 있으나 우직하여 사귀기가 어려우나 金剋木의 이치로 몸이 아파 건강하지 못하고 빼빼 마르거나 두통 근통 통증으로 고생하며 자주 다쳐 몸에 상처를 입거나 교통사고를 많이 당하여 사지가 망가지는 경우가 있으며 물(水)의 기운이 너무 많으면 적응력이 좋아 남을 위해 희생하기를 좋아하나 水剋火의 이치로 눈이 나빠 시력이 약해 안경을 착용하고 판단력이 흐리고 활동력이 약하나 밤에 돌아다니기를 좋아하며 술을 좋아하고 색맹에 야맹증으로 고생하는 경우가 발생하는 이치도 신체의 몸이 자체적으로 보유한 음양오행의 기운이 발생하는 음양오행의 생극제화 상생상극의 이치가 제대로 이루어지지 않아 순환상생의 이치를 상실하여 중화를 잃어 불균형이 발생하기 때문이다. 또 사람이 살아가면서 자신의 꿈과 이상의 목표를 달성하여 부와 명예를 누리는 이치를 봄·여름·가을·겨울 사계절 24절기의 이치로 살펴보면 따뜻한 새봄에는 만물과 사물의 대표적인 초목이 새싹을 돋아 힘차게 다시 태어나듯이 새롭게 신년계획을 수립하여 새롭게 시작하기 위해 마음의 각오를 다짐하는 것이 나무(木)이며 뜨거운 여름에 어린 초목이 튼튼한 뼈대와 줄기를 갖추고 튼튼하게 성장하여 꽃이 피기 시작하듯 신년계획을 정확한 판단으로 시작하는 것이 불(火)이며 뜨겁고 무더운 삼복더위에 초목이 완전히 성장을 마치고 꽃이 활짝 피어 결실할 준비를 마치듯 신년계획을 왕성하게 활동하는 것이 긴 여름으로 흙(土)이며 서늘한 가을이면 초목의 꽃이 떨어지고 단단

한 씨앗의 열매가 익어 풍성하게 결실하듯 신년계획이 완성되어 부와 명예를 얻는 것이 쇠(金)이며 추운 겨울에 초목의 씨앗이나 뿌리의 생명을 동결하여 저장하여 새봄에 씨앗의 생명이 살아나듯 한 해의 결과를 반성하고 점검하여 먹고 쉬면서 배우고 공부하며 재충전하는 것이 물(水)로 새봄에 다시 나무(木)로 새롭게 소생하여 계획하고 시작하고 활동하고 결실하여 재충전하는 것을 되풀이하듯이 우리의 생활환경에 끊임없이 발생하는 음양이나 목화토금수의 기운이 쉬지 않고 순환상생하면서 1년 봄·여름·가을·겨울 사계절 24절기가 발생하는 이치와 동일하게 사람도 대우주와 대자연의 존재하는 모든 만물과 사물의 일원으로 하나의 구성원으로 서로가 밀접한 관계를 유지하며 하나의 공동체를 이루고 살아가면서 평생을 보이지 않고 느낌으로 아는 형이상학적이나 형이하학적으로 보고 만지고 체험으로 느끼는 기운으로 구분되어 만나는 음양이나 목화토금수의 기운 성품 성질 성향 유형을 떠나서 살 수가 없는 것이 사람으로 그 음양오행의 기운 작용과 영향에 의해서 발생하는 정해진 생왕묘의 이치 속에서 각각 서로가 다른 생사고락이나 희로애락이 발생하며 부와 명예가 발생하는 것이 원칙으로 사람이 음양이나 목화토금수의 기운 성품 성질 성향 유형이 구성되어 살아가면서 상호간에 부르는 이름에도 반드시 음양이나 목화토금수의 기운이 존재한다는 것을 아는 사람은 드물며 이러한 것을 알게 하는 것이 바로 국보의 『훈민정음 해례본』이며 누구나 사람의 이름으로 '홍길동'이라고 불러야 '홍길동'이라는 사람에게 그 이름이 보유한 음양이나 목화토금수의 기운이 전달되어 상대와 서로가 교감이 이루어져 눈을 마주보고 손을 잡고 반갑게 인사하고 대화하면서 서로가 생각이나 뜻이 맞으면 우정을 나누고 화합하고 협력하며 살아가는 것도 모두가 음양오행의 이치에 의해 발생하는 음양오행의 순환작용에 따라 발생하는 것이다.

우리나라는 세종대왕이 새롭게 훌륭한 훈민정음 한글을 만들어 사용하였으나 그 이전에는 중국 한문을 사용하여 왔기 때문에 한문을 공부하지 못한 사람은 말을 하지만 글을 모르는 까막눈이나 다름없어 그래서 신생아가 태어나면 동네의 『천자문』이나 『훈몽자회』를 통하여 한자를 공부한 사람에게 작명하거나 또는 집안의 부모나 어른들이 듣기 좋은 이름으로 작명한 것이 대부분이었다. 우리나라는 고려시대 말기부터 조선시대에 높은 벼슬에 오르거나 학자들은 대체적으로 명리학문을 공부한 사람들이 많아 대부분이 가문의 대소사나 관청이나 궁궐의 국사나 대소사에 기여하는 데 이용하여 왔던 훌륭한 학문이었지만 현재는 조선시대의 국난으로 36년 일제 억압의 통치와 6·25사변의 국난으로 정통 명리학문이 많이 사라지고 변질되어 전해오다가 후에 역학으로 분류되어 온 것이다. 일제강점기에 일본이 우리나라의 기를 끊고 정맥을 끊어 국운을 말살시키려는 데 기여한 것이 바로 명리학문의 대우주와 대자연의 이치에 의한 우리의 근본과 뿌리를 없애기 위해 국어 말살이나 창씨개명 정책을 감행하고 또는 국가의 명산이나 명당자리에 쇠말뚝을 박아 놓아 국가의 정기(精氣)를 끊거나 또는 국가의 중심이 되는 유명한 왕실이나 국가 주요 시설의 건물 설계에 일본을 상징하는 해 일(日) 자를 사용하여 설계하여 집을 짓는 등의 온갖 못된 짓을 자행한 것은 바로 일본이 우리 대한민국의 국운을 꺾어 영원히 통치하기 위해 저지른 잔악상임을 기억하는 사람들이 많다. 일본은 명리학문을 연구하여 자기 나라에 도움이 되는 것은 사용하고 온갖 못된 것들을 우리나라에 자행하는 데 사용했다. 특히 세계적으로 우수한 훈민정음 한글의 국어를 말살시키고 창씨개명을 통하여 우리의 민족의 뿌리이며 근본이 되는 씨족의 혈통을 끊어 없애려는 것이 바로 우리 대한민국의 국운을 꺾는 최고의 악행인 것이다. 그래서 해방 이후에 명산의 쇠말뚝을 뽑아내거나 일본의 잔행물인 건축물을 부수어 다시 짓는 일들이 발생한 것이다. 1993년 김영삼 대통령이 취임 후에 국가의 심장인 지금의 청와대에 있던 일제강점기에 건축한 조선총독부의 건물을 철거한 것도 좋은 예다. 일제강점기에 이러한 일들이 수없이 자행된 것도 바로 우리나라의 기를 끊어 국운을 말살시켜 영원히 통치하려는 행위로 국민이나 국가의 정기(精氣)를 틀어막는 데 응용한 것을 보아도 우리가 살아가는 생활환경에서 발생하는 음양이나 목화토금수의 기운 작용과 영향은 끊을 수 없는 관계라는 것이다. 우리가 사용하는 훈민정음 한글 이름은 대우주와 대자연에 존재하는 모든 만물과 사물의 음양의 이치와 목화토금수의 이치와 사계절 24절기의 이치와 방향의 이치와 숫자의 이치와 만물과 사물이 태어나 사람과 함께 동반자로서 큰 공동체를 이루고 생명을 유지하는 모든 이치에 의해 발생하는 가장 맑고 깨끗하고 선명한 음양이나 목화토금수의 기운이 담긴 가장 좋은 이름이며 훈민정음 한글 이름이 우리의 근본이 며 뿌리로 이름이 3글자로 이름이 구성되어 있는데 훈민정음 한글 초성·중성·종성으로 자음과 모음의 음양오행의 이치에 의해 발생하는 한글 이름을 부르고 읽고 말하는 소리와 쓰고 기록하는 획수가 바로 음양오행의 기운이며 사람의 사주팔자도 모두가 음양오행의 기운

으로 구성되어 있어 훈민정음 한글 이름을 부르거나 쓰고 기록하는 경우에는 반드시 가장 맑고 깨끗하고 선명한 음양이나 목화토금수의 기운이 발생하는 이치로 우리가 부르고 기록하는 개인의 이름 아호 예명 또는 개인이나 단체의 기관 법인 회사의 명칭이나 로고나 색상 또는 개인의 상호도 모두 음양이나 목화토금수의 기운이 존재한다는 이치로 중요한 것은 훈민정음 한글이나 한자에도 각자의 글귀마다 뜻이 있고 그 뜻에 따라 음양이나 목화토금수의 기운이 정해진다는 것이다. 즉 사람이 먹고 자고 쉬고 일하고 생활하는 모든 것에 음양이나 목화토금수의 기운이 존재하여 작용하고 영향을 받는 생활환경 속에서 살아간다고 판단하면 이해가 쉽다.

2

이름과
음양오행

우리가 살아가는 주변에 존재하는 모든 만물과 사물의 각종 사람이나 동식물이나 물류에는 각각 고유의 명칭이 붙여져 생명을 유지하고 존재하는 것이 법칙으로 사람은 만물의 영장으로 모든 만물과 사물의 동식물이나 물류를 직접 접하여 양육하거나 창조하거나 제조하여 사용하고 소멸시키는 것을 직접 주재하는 주체가 되어 사람이 보다 더 편안하고 행복하게 살기 위해 끊임없는 연구와 노력으로 세계 인류문명의 발전은 무한대로 진화하여 상상할 수 없는 물류의 세계가 존재하는 근본으로 변함없이 발생하는 1년 봄·여름·가을·겨울 사계절 24절기의 이치에 의해 발생하는 생활환경 속에서 각각 정해진 생왕묘의 이치에 따라 새롭게 태어나 왕성하다가 소멸하는 과정에 의해 수없이 많은 만물과 사물의 동식물이나 물류는 사람의 욕구와 시대의 요구에 따라 새로운 물류가 탄생하여 형성되고 시대의 변화에 따라 필요가 없는 것은 영원히 사라져 기억 속에 남아 있는 것이 바로 이름으로 우리들은 그 물류의 이름을 기억하거나 듣거나 보고 그 물류에 대한 기운 성품 성질 성향 유형에 따라 그 쓰임새에 대하여 생각하고 이야기하며 좋고 나쁨을 지적하는 것이 원칙으로 이름에는 그 물류의 쓰임새에 따라 음양오행의 기운 성품 성질 성향 유형이 존재하기 때문에 각종 물류의 세계가 5가지 목화토금수의 기운 성품 성질 성향 유형으로 분류되어 각각 생명을 유지하고 존재하다가

소멸되는 것이 원칙으로 사람도 태어난 당시의 생년월일시의 음양이나 목화토금수의 기운 성품 성질 성향 유형에 따라 사람이 인정이 많거나 예의가 있거나 믿음이 있거나 의리가 있거나 지혜가 있는 것이 정해지며 또 그 음양이나 목화토금수의 기운이 많고 적음에 따라 인정은 있으나 믿음이 없고 의리가 없으며 정직하나 의리가 없고 지혜가 없으며 믿음이 강하나 지혜가 없고 인정이 없으며 의리가 강하나 인정이 없고 정직하지 못하며 지혜는 있으나 예의가 없고 정직하지 못하며 인정은 없으나 의리가 있고 예의가 없으나 지혜가 있고 믿음이 없으나 인정은 있고 의리가 없으나 정직하고 지혜가 없으나 믿음이 강한 사람이 발생하는 것이 법칙으로 이러한 음양이나 목화토금수의 기운 성품 성질 성향 유형에 따라 사람이 생활하는 방식도 변화가 발생하는 것이 원칙으로 인정이 많으면 사람이 착하고 인정이 많아 남에게 돕는 것을 좋아하여 손해 보는 것이 많고 예의가 있고 정직하나 말이 많고 여자나 돈에 대한 욕구가 많고 믿음이 많아 좋으나 까다롭고 믿음이 깨지면 손해를 보더라도 돌아서고 의리가 좋아 의리로 통하여 한번 사귀면 변함없는 사람이며 지혜가 좋으나 밤이 좋고 술을 좋아하고 음악을 좋아하는 것이 특징으로 사람에 따라 쓸데없이 말이 거칠고 성급하면서 자기의 목적을 위해 살고 자존심이 강해 남의 말을 듣지 않다 손해보며 자기 위주로 살아가고 외모는 준수하나 남을 속이고 사기 치고 돈이면 최고라 생각하고 살아가다 법과 질서를 무시하다 범죄자로 살아가고 바람기가 많아 여자만 보면 환장하고 오로지 의리를 생각하다가 가족에게 외면당하고 남에게 손해를 끼치지 않기 위해 노력하고 봉사와 희생으로 살아가고 책을 항상 끼고 다니고 골동품이나 예술품 수집에 열중하고 운동이나 취미활동에 열중하며 단체생활에 전념하고 가족적인 사람이 있는가 하면 가족을 외면하고 밖의 생활에 전념하는 사람이 존재하는 것이 모두가 태어난 당시의 음양이나 목화토금수의 기운 성품 성질 성향 유형에 따라 결정되어 각양각색으로 살아가는 것이다.

사람이나 각종 물류가 음양의 이치로 파생되어 목화토금수의 기운 성품 성질 성향 유형에 따라 각각 서로 다른 이름이 정해져 사용하고 존재하는 것이 법칙으로 사람도 예외가 될 수가 없다는 것이다. 각종 사람이나 물류의 이름을 분석하면 나무(木)의 기운 성품 성질 성향 유형에 해당하는 사람이나 물류는 초목의 풀 나무 곡식 나물 나뭇잎 대나무 씨앗 뿌리 책상 가구 의류 종이는 대체적으로 연약하고 부드러워 사람이 살아가는 생활환경에서 가장 가깝고 먹는 음식물이며 불(火)의 기운 성품 성질 성향 유형에 해당하는 사람이나 물류는 불 전기 전자 가스 유류 광선 태양열 자외선 적외선 전자파 화학 용광로 등불 촛불 항공 폭발물은 대체적으로 사람이 살아가는 생활환경에서 가장 가깝고 필요한 따뜻한 빛과 열기를 주어 생명을 유지하고 보호하고 소멸하며 직접 눈으로 보고 느끼고 확인하고 판단하여 활동하는 정신력이며 흙(土)의 기운 성품 성질 성향 유형에 해당하는 사람이나 물류는 대지 육지 산 논밭 제방 언덕 부동산으로 대체적으로 사람이 살아가는 생활환경으로 가장 가까운 땅에 집을 짓고 부지런히 농사 지어 오곡백과를 결실하여 저장하여 감추고 생명을 유지하기 위한 무성한 정체이며 쇠(金)의 기운 성품 성질 성향 유형에 해당하는 사람이나 물류는 철광석과 금광석으로 무쇠 금은보석으로 사람이 살아가는 생활환경으로 가장 가까운 주변에서 각종 기구는 강한 쇠를 불에 불려 두들겨 만들어 사용하고 쇠로 두들겨 부수어 다시 만들어 생활하는 물품으로 편리하게 사용하며 변화시키고 금은보석은 사람이 몸에 치장하여 예쁘게 변화시키는 개혁과 변화이며 물(水)의 기운 성품 성질 성향 유형에 해당하는 사람이나 물류는 바다 호수 강 시냇물 샘물 지하수 온천 약수 식수 식품 수산물로 사람이 살아가는 가장 가까운 생활환경 속에 필요한 생명수로서 물과 음식을 먹고 지친 몸을 회복하여 모든 생활에 가장 필요한 인내와 적응력을 키워 생명을 유지하는 지혜와 포용의 바탕과 질을 이루고 존재하고 있는 것이 법칙으로 사람도 태어난 생년월일시의 음양이나 목화토금수의 기운작용에 따라 그 기운 성품 성질 성향 유형이 결정되어 살아가는 것이 법칙으로 그 사람이 보유한 음양오행의 기운 성품 성질 성향 유형을 분석하여 음양오행이 서로가 조화와 균형을 이루고 중화를 이루는 음양오행의 기운 하나를 찾는 것이 최상으로 이것은 사람에게 가장 소중한 이름을 훈민정음 한글의 음양오행의 이치를 응용하여 이름을 작명하여 서로가 조화와 균형을 이루고 중화를 이루어 평생 건강하게 부와 명예를 누리며 살아가도록 하는 것이 가장 현명한 것이다.

『훈민정음 해례본』에서는 훈민정음 한글 초성·중성·종성으로 자음과 모음의 순서로 초성·종성으로 자음이 ㄱㄴㄷㄹㅁㅂㅅㅇㅈㅊㅋㅌㅍㅎ의 14개와 ㄲㄸㅃㅆㅉ의 5개로 총 19개이며 중성·종성으로 모음이 ㅏㅑㅓㅕㅗㅛㅜㅠㅡㅣ로 10개와 ㅐㅒㅔㅖㅘㅙㅚㅝㅞㅟㅢ로 11개로 총 21개로 구성되어 초성·중성·종성으로 자음과 모음이 음양의 합으로 상합자의 이치로 만나 짝하여 하나의 문자가 구성되는 이치가 대우주와 대자연에 존재하는 모든 만물과

사물이 존재하는 천지인의 이치로 하늘과 땅 사이에 수많은 만물과 사물의 동식물이나 물류가 존재하여 사람을 기다려 만나 함께 어우러져 대자연이 펼쳐지는 이치로 가장 대표적인 것이 초목의 나무(木)가 중심이 되어 생명을 소유한 인간이나 동물 세계가 木에 의존하여 생명을 유지하고 존재하는 것이 법칙으로 우리의 한글은 천지인의 이치로 세계에서 유일하게 문자의 뜻을 가장 쉽고 빠르고 확실하게 알 수가 있는 것이 장점으로 우리 인간에게 가장 도움을 주는 문자라 하여도 손색이 없는 것이 세계의 모든 사람들이 똑같이 각자 각국의 국어를 응용하여 말로 대화하며 각자의 꿈과 이상의 생각과 욕구를 말과 글로 표현하여 부와 명예를 누리는 것이 원칙으로 한글 영어 한자 등등은 그 문자는 다르지만 입으로 말하는 소리가 나타나는 이치는 똑같은 것이 법칙으로 한글의 뜻으로 '자기 자신'을 각국의 국어로 표현하여 구분하여 보면 한글은 나, 영어로는 아이(I), 한자로는 나 아(我) 자로 구분되어 각각 다르게 나타나는 문자가 소리의 음양오행의 이치에 의해 발생하는 음양오행의 생극제화 상생상극의 이치로 분석하면 영어의 아이 'I' 자가 발생하는 소리를 한글 초성·중성·종성으로 자음과 모음의 음양오행의 이치로 水에 해당하는 ㅇ에 木에 해당하는 ㅏ와 土에 해당하는 ㅣ를 응용하여 자체적으로 보유한 음양오행의 생극제화 상생상극의 이치로 水生木 木剋土의 이치가 발생하여 木이 강하게 발생하는 문자로 사람이 木의 음양오행의 기운 성품 성질 성향 유형과 동일하고 한자의 '아(我)' 자가 발생하는 소리를 초성·중성·종성으로 자음과 모음의 음양오행의 이치로 분석하면 영어와 동일하게 水에 해당하는 ㅇ에 木인 ㅏ를 응용하여 자체적으로 보유한 음양오행의 생극제화 상생의 이치로 水生木의 이치가 발생하여 木이 강하여 육친의 이치로 비견,겁(比肩, 劫)이 발생하여 사람에게 불리한 문자이며 훈민정음 한글의 '나' 자가 발생하는 소리는 초성·중성·종성으로 자음과 모음의 음양오행의 이치로 火에 해당하는 ㄴ에 木인 ㅏ를 응용하여 자체적으로 보유한 음양오행의 생극제화 상생의 이치로 木生火의 이치로 火가 발생하여 육친의 이치로 식상(食傷)이 발생하여 식상생재(食傷生財)의 이치로 사람의 기운 성품 성질 성향 유형이 나무(木)로 대우주와 대자연의 이치로 나무에 꽃이 활짝 피어 많은 사람들이 찾아와 그 꽃을 보고 즐거워하며 결실하는 최상의 '목화통명(木火通明)'의 형상이 발생하여 사람에게는 최고로 좋은 기운이 발생하는 문자이며 또 나 이외의 다른 사람을 지칭하는 한글의 '너', 영어의 '유(YOU)', 한자의 다를 '타(他)' 자를 훈민정음 한글의 초성·중성·종성

으로 자음과 모음의 음양오행의 생극제화 상생상극의 이치로 분석하면 영어의 '유(YOU)'는 초성·중성·종성으로 자음과 모음의 음양오행의 이치로 水에 해당하는 ㅇ과 ㅠ를 응용하여 육친의 이치로 인수(印綬)가 발생하는 동시에 모두가 水로서 자체적으로 보유한 음양오행의 생극제화 이치가 발생하지 않으나 사람에게 음양오행의 생극제화 상생의 이치로 水生木의 이치가 발생하여 내가 다른 사람에게 유(YOU)라 부를 경우에 내가 다른 사람에게 욕심을 부려 도움 받기를 바라는 이치가 성립되며 한자의 '타(他)' 사는 초성·중성·종성으로 자음과 모음의 음양오행의 이치로 火의 ㅌ에 木의 ㅏ를 응용하여 자체적으로 보유한 음양오행의 생극제화 상생의 이치로 木生火의 이치가 발생하여 내가 다른 사람에게 베풀고 희생하고 도와주는 이치가 성립되며 우리의 '너' 자는 초성·중성·종성으로 자음과 모음의 음양오행의 이치로 火의 ㄴ에 土의 ㅓ를 응용하여 자체적으로 보유한 음양오행의 생극제화 상생의 이치로 火生土의 이치가 발생하여 육친의 이치로 식상생재(食傷生財)의 이치가 발생하여 내가 친구에게 '너'라고 부를 경우에는 친구에게 도움을 청하는 동시에 자기의 어떠한 목적을 달성하거나 또는 이익을 얻어 부와 명예를 얻는 이치가 성립되는 것을 알 수가 있는 것이 특징으로 세계의 모든 사람들은 한글을 사용하는 것이 음양오행의 기운작용으로 보아도 최상이며 또한 한글은 문자의 뜻이 분명하여 손쉽게 배우고 익힐 수가 있어 우리 훈민정음 한글이 세계에서 가장 우수하고 훌륭한 문자라는 것을 알 수가 있는 것이다.

또한 『훈민정음 해례본』의 '합자해'에서는 "평상안이화 춘야 만물서태 상성화이거 하야 만물점성 거성거이장 추야 만물성숙 입성촉이색 동야 만물폐장(平聲安而和 春也 萬物舒泰 上聲和而 擧 夏也 萬物漸盛 去聲擧而壯 秋也 萬物成熟 入聲促而塞 冬也 萬物閉藏)"라 하여 평평하게 다스리는 소리는 서로가 편안하게 화합하여 만물을 크게 펼치니 봄이며 위로 오르는 소리는 서로가 화합하여 위로 올라 만물이 점점 무성해지니 여름이며 떠나가는 소리는 서로가 씩씩하게 올라 만물의 열매가 익어 가을이며 들이는 소리는 재촉하여 막아 만물을 굳게 닫아 저장하니 겨울이라 하여 소리로 음양의 이치나 목화토금수의 이치와 봄·여름·가을·겨울 사계절 24절기의 이치와 대비하여 4개의 소리로 구분하였는데 봄에 날씨가 따뜻하고 포근하여 초목의 핵인 씨앗이 발아되어 새싹이 돋고 여름에 뜨거운 열기에 초목이 튼튼하게 성장하여 꽃이 피어 무성하고 가을에 차고 서늘함에 초목의 열매가 단단하게 익어 풍성하게 결실하고 겨울에

강한 추위로 동결시켜 초목의 핵인 씨앗이나 뿌리의 생명을 보호하여 생명을 유지하는 대우주와 대자연에 존재하는 모든 만물과 사물의 이치를 응용한 것을 볼 때 우리의 한글이 사람이 살아가는 환경에 필요한 가장 훌륭하고 필요한 문자와 소리라 표현하여 훈민정음 한글 초성·중성·종성이 초성으로 자음에 중성으로 모음과 종성에 자음을 붙여 음양의 합으로 상합자의 이치에 의해 발생하는 문자는 초성으로 자음이 발생하는 소리의 음양오행의 이치에 의해 음양이나 목화토금수의 기운이 발생하지만 초성으로 자음이 중성으로 모음과 종성으로 자음을 만남에 따라 파생되어 음양이나 목화토금수의 기운이 음양오행의 생극제화 상생상극의 이치에 따라 목화토금수의 기운이 확정되어 강하게 발생하는 이치가 성립되어 한글의 응용에 주의하여야 한다.

예를 들어 한글의 초성으로 자음의 음양오행의 이치로 木에 해당하는 ㄱ에 중성으로 모음의 음양오행의 이치로 土에 해당하는 ㅡ를 응용하여 발생하는 문자의 '그' 자는 자체적으로 보유한 음양오행의 생극제화 상극의 이치로 木剋土의 이치가 발생하여 木기운이 강하게 발생하는 것이 원칙이나 종성에 어떠한 자음을 응용하느냐에 따라 파생되어 음양이나 목화토금수의 기운이 발생하는 것을 구분하면 초성으로 자음의 음양오행의 이치로 木에 해당하는 ㄱㄲ을 응용한 '극끅극끅극' 자는 종성으로 자음의 음양오행의 이치로 木에 해당하는 ㄱㅋㄲ을 응용하여 발생하는 문자로 자체적으로 보유한 음양오행의 생극제화 상극의 이치에 따라 木剋土의 이치가 발생하여 木이 강한 소리가 발생하고 또 '근끈근글끌끌근끝' 자는 종성으로 자음의 음양오행의 이치로 火에 해당하는 ㄴㄷㄹㅌ을 응용하여 발생하는 문자로 자체적으로 보유한 음양오행의 생극제화 상생의 이치에 따라 木生火 火生土의 이치가 발생하나 火土 공존의 이치로 火가 강한 소리가 발생하고 또 '금끔급끕귤끂' 자는 종성으로 자음의 음양오행의 이치로 土에 해당하는 ㅁㅂㅍ을 응용하여 발생하는 문자로 자체적으로 보유한 음양오행의 생극제화 상극의 이치로 木剋土의 이치가 발생하여 木이 강한 소리가 발생하고 또 '긋긌끗끚긏끚긏끚' 자는 종성으로 자음의 음양오행의 이치로 金에 해당하는 ㅅㅈㅊㅆㅉ을 응용하여 발생하는 문자로 자체적으로 보유한 음양오행의 생극제화 상생상극의 이치로 土生金 金剋木의 이치가 발생하여 金이 강한 소리가 발생하고 또 '긍끙긍끙' 자는 종성으로 자음의 음양오행의 이치로 水에 해당하는 ㅇㅎ을 응용하여 발생하는 문자로 자체적으로 보유한 음양오행의 생극제화 상생상극의 이치로 水生木 木剋土의 이치가 자동적으로 발생하여 木이 강한 소리가 발생하는 것이 법칙으로 초성으로 자음의 음양오행의 이치로 ㄱ이 木에 해당하지만 상합자의 이치로 중성·종성으로 어떠한 모음과 자음을 응용하느냐에 따라 파생되어 확정된 강력한 음양이나 목화토금수의 기운이 발생한다는 것을 꼭 참고하여 응용하며 한자도 한자의 뜻과 획수를 반드시 훈민정음 한글의 음양이나 목화토금수의 이치를 기준하여 분석하여 응용하여야 하는 것이 원칙으로 한자는 나름대로 뜻글자로서 똑같은 한자라도 사용하는 경우에 따라 해석하는 뜻이 다른 것이 특징으로 대체적으로 한자도 한글로 뜻풀이가 되어 그 한자의 뜻을 대우주와 대자연에 존재하는 모든 만물이나 사물의 음양이나 목화토금수나 사계절이나 방향이나 숫자의 이치를 기준해서 목화토금수의 기운을 구분하여 응용하여야 한다는 것을 명심하여야 한다. 그러므로 한글이나 한자도 반드시 그 뜻에 따라 대우주와 대자연에 존재하는 만물과 사물의 이치에 따라 목화토금수로 분류하면 다음과 같다.

가, 한글의 뜻 : '국어'는 우리나라 글과 말로 木, 火에 해당하고 '자기'는 나 자신으로 木에 해당하고 '부동산'은 땅 주택 돈으로 재산으로 土에 해당하고 '자녀'는 아들과 딸로 木에 해당하고 '부모'는 아버지와 어머니로 木, 水에 해당하고, '불'은 태우고 뜨거워 火에 해당하고 '사무실'은 일하고 업무 보는 곳으로 金에 해당하고 집의 '방'은 자고 쉬는 곳으로 로 水로 분류가 되는데 그 문자의 뜻을 만물과 사물이나 육친의 이치에 따라 음양이나 목화토금수로 분류하여 응용하는 방식이다.

나, 한자도 '국어(國語)'는 우리나라의 글과 말로 木, 火에 해당하고 '천(天)'은 양의 하늘로 火에 해당하고 '지(地)'는 음의 땅으로 土에 해당하고 '인(人)'은 사람으로 木에 해당하고 '화(火)'는 불로 火에 해당하고 '국(國)'은 나라로 土에 해당하고 '대(大)'는 넓고 큰 것으로 土에 해당하고, '소(所)'는 일정한 자리나 위치로 土에 해당하고 '소(蘇)'는 차조기 풀 소생으로 木에 해당하여 똑같은 한자라도 그 뜻이 다른데 똑같은 '미'를 사용하는 경우에 '미(美)'는 아름다움, 미(微)는 작은 것, 미(未)는 아니다, 미(米)는 쌀, 미(尾)는 꼬리로 그 뜻이 천태만상으로 달라지기 때문에 만물과 사물의 음양오행의 이치에 따라 목화토금수의 기운을 다르게 응용하는 것이 원칙으로 『훈민정음 해례본』 '예의편' 첫머리에 "국지어음 이호중국 여문자불상류통(國之語音 異乎中國 與文字不相流通)"이라 하여 우리의 말과 중국의 문자와는 달라 서로가 통하지 못한다고 지적하여

한자는 다른 문자라고 확실하게 근거를 제시하여 반드시 한글과 한자를 구분하여 응용하는 동시에 그 뜻에 따라 음양이나 목화토금수의 기운을 확실하게 구분하여 응용하여야 한다는 것이 중요하다. 또한 『훈민정음 해례본』 '제자해'에 근거하여 훈민정음 한글 숫자의 음양오행의 이치에 따라 한글이나 한자를 쓰고 기록하는 경우에 발생하는 획수에 따라 음양이나 목화토금수의 기운이 존재하는 것이 법칙으로 앞으로 한글이나 한자를 쓰고 기록하는 획수를 목화토금수의 기운을 분석하여 올바르게 응용하여야 하는 내용으로 "ㅛㅑㅠㅕ 지개겸호인자 이인위만물지령이능참양의야 취상어천지인이삼재지도비의 연삼재위만물지선 이천우위삼재지시 유 ·ㅡㅣ 삼자위팔성지수 이·우위삼자지관야(ㅛㅑㅠㅕ之皆兼乎人者 以人爲萬物之靈而能參兩儀也 取象於天地人而三才之道備矣 然三才爲萬物之先 而天又爲三才之始 猶·ㅡㅣ三字爲八聲之首 而·又爲三字之冠也)"라 하여 중성으로 모음의 ㅛㅑㅠㅕ는 사람이 여러 가지의 일을 겸하는 자로 사람이 음양의 이치에 참여하여 능력을 발휘하는 것으로 하늘과 땅과 사람의 형상을 골라 3가지의 뛰어난 재주와 재능의 도리를 갖추어 먼저 만물과 사물을 만드는 것이 뛰어난 재주로 처음 시작하는 것을 만드는 것도 하늘이며 ·ㅡㅣ의 3자가 8가지 소리를 만드는 시초이며 또 ·가 3자의 으뜸이 된다 하였으며 "ㅗ초생어천 천일생수지위야 ㅏ차지 천삼생목지위야 ㅜ초생어지 지이생화지위야 ㅓ차지 지사생금지위야 ㅛ재생어천 천칠성화지수야 ㅑ차지 천구성금지수야 ㅠ재생어지 지육성수지수야 ㅕ차지 지팔성목지수야 수화미이호기 음양교합지초 고합 목금음양지정질 고벽 ·천오생토지위야 ㅡ지십성토지수야(ㅗ初生於天 天一生水之位也 ㅏ次之 天三生木之位也 ㅜ初生於地 地二生火之位也 ㅓ次之 地四生金之位也 ㅛ再生於天 天七成火之數也 ㅑ次之 天九成金之數也 ㅠ再生於地 地六成水之數也 ㅕ次之 地八成木之數也 水火未離乎氣 陰陽交合之初 故闔 木金陰陽之定質 故闢 ·天五生土之位也 ㅡ地十成土之數也)"라 하여 한글의 중성으로 모음의 ㅏㅕ는 하늘과 땅에 처음으로 나무(木)로 3, 8 숫자가 발생하는 자리라 하여 만물과 사물의 자리나 숫자의 음양오행의 이치로 3, 8이 木이며 ㅜㅛ는 하늘과 땅에 처음으로 불(火)로 2, 7 숫자가 발생하는 자리라 하여 만물과 사물의 자리나 숫자의 음양오행의 이치로 2, 7이 火이며 ·ㅡ는 하늘과 땅에 처음으로 흙(土)으로 5, 10 숫자가 발생하는 자리라 하여 만물과 사물의 자리나 숫자의 음양오행의 이치로 5, 10이 土이며 ㅓㅑ는 하늘과 땅에서 처음으로 쇠(金)로 4, 9 숫자가 발생하는 자리라 하여 만물과 사물의 자리나 숫자의 음양오행의 이치로 4, 9가 金이며 ㅗㅠ는 하늘과 땅에서 처음으로 물(水)로 1, 6 숫자가 발생하는 자리라 하여 만물과 사물의 자리나 숫자의 음양오행의 이치로 1, 6이 水가 된다고

기록하여 훈민정음 한글도 자리나 숫자의 음양이나 목화토금수의 이치에 대해 3, 8은 木, 2, 7은 火, 5, 10은 土, 4, 9는 金, 1, 6은 水로 명리학문이나 모든 역학이나 생활 면에 현재까지 동일하게 응용하고 있다는 것이 중요하다. 이러한 이치로 중성으로 모음을 응용하는 과정에서 잊지 말고 중요하게 응용하여야 할 것은 중성으로 모음의 ㅏㅑㅓㅕ를 응용하는 경우에는 반드시 중성으로 모음이 자체적으로 보유한 음양오행의 생극제화 상생상극의 이치가 자동적으로 발생하여 음양오행의 기운 변화가 발생한나는 것을 꼭 기억하어 응용하여야 한다.

"ㅏ차지 천삼생못지위야 ㅕ차지 지팔성목지수야(ㅏ次之 天三生木之位也, ㅕ次之 地八成木之數也)"라 하여 한글의 중성으로 모음의 ㅏㅕ는 만물과 사물의 자리나 숫자의 음양오행의 이치로 3, 8 木이라 하여 초성으로 자음의 ㄴ에 중성으로 모음의 ㅏㅕ를 응용한 '나, 녀' 자는 초성으로 자음의 음양오행의 이치로 ㄴ은 火에 해당하고 중성으로 모음의 음양오행의 이치로 ㅏㅕ는 3, 8 木에 해당하여 자체적으로 보유한 음양오행의 생극제화 상생의 이치로 木生火의 이치가 자동적으로 발생하여 火가 강하게 발생하는 문자이며 초성으로 자음의 음양오행의 이치로 金에 해당하는 ㅊ에 중성으로 모음이 木인 ㅏㅕ를 응용한 '차, 쳐' 자는 자체적으로 보유한 음양오행의 생극제화 상극의 이치로 金剋木의 이치가 발생하여 金이 강한 문자가 발생하는 것이 특징이며 초성으로 자음의 음양오행의 이치로 水에 해당하는 ㅇ에 중성으로 모음의 음양오행의 이치로 木인 ㅏㅕ를 응용한 '아, 여' 자는 자체적으로 보유한 음양오행의 생극제화 상생의 이치로 水生木의 이치가 자동적으로 발생하기 때문에 水이면서 木이 강하게 발생하는 문자가 발생하는 것이 특징이며 "ㅓ차지 지사생금지위야 ㅑ차지 천구성금지수야(ㅓ次之 地四生 金之位也, ㅑ次之 天九成金地數也)"라 하여 한글의 중성으로 모음의 자리나 숫자의 음양오행의 이치로 ㅓㅑ는 4, 9 金이라 하여 초성으로 자음의 음양오행의 이치로 木의 ㄱ에 중성으로 모음의 음양오행의 이치로 金인 ㅓㅑ를 응용한 '거, 갸' 자는 자체적으로 보유한 음양오행의 생극제화 상극의 이치로 金剋木의 이치가 발생하여 金이 강하게 발생하는 문자이며 초성으로 자음의 음양오행의 이치로 水의 ㅇ에 중성으로 모음의 음양오행의 이치로 金인 ㅓㅑ를 응용한 '어, 야' 자는 자체적으로 보유한 음양오행의 생극제화 상생의 이치로 金生水의 이치가 발생하여 水가 강하게 발생하는 문자이며 초성으로 자음의 음양오행의 이치로 火의 ㄴ에 중성으로 모음의 음양오행의 이치로 金인 ㅓㅑ를 응용한 '너, 냐' 자는 자체적으로 보유한 음양오행의

생극제화 상극의 이치로 火剋金의 이치가 발생하여 火가 강한 문자가 발생하며 또한 음양이나 목화토금수의 이치로 水火와 金木이 정반대의 극과 극의 상대적인 관계에 대하여 확실하게 구분하여 놓았는데 그 뜻은 대우주와 대자연에 존재하는 모든 만물과 사물의 음양의 水火에 의해 외음내양 외양내음의 이치가 발생하여 새롭게 시작하는 입춘에 땅속의 온기에 의해 초목이 핵인 씨앗이 발아되어 푸른 새싹을 돋아 무더운 여름 하지에 낮의 길이가 가장 길어 튼튼하게 성장하여 긴 여름에 꽃이 피고 무성하다가 서늘한 가을 입추에 씨앗의 열매를 풍성하게 결실하고 난 후에 숙살지기(肅殺之氣)의 찬 서리에 누렇게 말라 죽으나 추운 겨울 동지에 밤의 길이가 가장 길어 씨앗의 생명을 수장하여 저장하였다가 다시 새봄에 태어나는 것을 반복하는 것이 음양의 이치로 하루 밤낮이며 봄·여름과 가을·겨울의 이치로 서로가 조화와 균형을 이루고 중화를 이루는 이치 속에서 만물과 사물의 가장 대표적인 초목이 성장하여 만물의 핵인 초목의 단단한 씨앗을 풍성하게 수확하는 일등공신이 水火의 이치이며 또 木의 봄과 金의 가을은 사계절의 이치로 초목이 새봄에 태어나 성장하여 꽃을 피워 가을에 단단한 씨앗을 결실하고 난 후에 차가운 가을서리에 의해 누렇게 말라 죽는 이치로 서로가 정반대의 관계로 앙숙이지만 쇠망치가 나무자루가 있어야 기능을 발휘하듯이 초목이 씨앗을 결실하여 야 다시 그 씨앗에 의해 새로운 생명이 태어나 초목을 이루는 이치로 앙숙이지만 서로가 조화와 균형을 이루고 중화를 이루고 존재하고 있는 것이 金木의 이치이며 한글의 중성으로 모음의 음양오행의 이치로 ㅗㅠ는 水이며 火는 ㅛㅜ로 이것은 水火 물과 불이 발생하는 음양의 이치로 그 형상이 하늘과 땅에 하루의 낮밤이 존재하여 만물의 초목이 땅에 뿌리를 내리고 새싹을 돋아 성장하는 이치의 형상이며 중성으로 모음의 음양오행의 이치로 ㅏㅕ는 木이며 金은 ㅓㅑ로 이것은 金木 쇠와 나무가 발생하는 음양의 이치로 초목이 위로 성장하여 튼튼한 뼈대와 줄기에 좌우로 단단한 씨앗아 주렁주렁 달려 그 씨앗을 풍성하게 결실하는 이치의 형상으로 서로가 만나면 앙숙이나 음양의 이치로 서로가 조화와 균형을 이루고 중화를 이루고 존재하는 이치를 말하는 것이다.

水火 음양의 이치로 한글 초성으로 자음의 음양오행의 이치로 木의 ㄱ에 중성으로 모음의 음양오행의 이치로 水에 해당하는 ㅗㅠ를 응용한 '고, 규' 자는 자체적으로 보유한 음양오행의 생극제화 상생의 이치로 水生木의 이치가 발생하여 木이 강하게 발생하는 문자이며 또 '노,

뉴' 자는 초성으로 자음의 음양오행의 이치로 火의 ㄴ에 중성으로 모음이 水의 ㅗㅠ를 응용하여 자체적으로 보유한 음양오행의 생극제화 상극의 이치로 水剋火의 이치가 발생하여 火이나 水가 강하게 발생하나 음양으로 서로가 조화와 균형을 이루고 중화를 이루는 문자이며 또 '소, 슈' 자는 초성으로 자음의 음양오행의 이치로 金의 ㅅ에 중성으로 모음이 水의 ㅗㅠ를 응용하여 자체적으로 보유한 음양오행의 생극제화 상생의 이치로 金生水의 이치가 발생하여 水가 강하게 발생하는 문자이며 또 한글의 초성으로 자음의 음양오행의 이치로 木에 해당하는 ㄱ에 중성으로 모음의 음양오행의 이치로 火에 해당하는 ㅛㅜ를 응용한 '교, 구' 자는 자체적으로 보유한 음양오행의 생극제화 상생의 이치로 木生火의 이치가 발생하여 木이면서 火가 강하게 발생하는 문자이며 또 '묘, 무' 자는 초성으로 자음의 음양오행의 이치로 土에 해당하는 ㅁ에 중성으로 모음으로 火의 ㅛㅜ를 응용하여 자체적으로 보유한 음양오행의 생극제화 상생의 이치로 火生土의 이치가 발생하여 土가 강하게 발생하는 문자이며 또 '요.우' 자는 초성으로 자음의 음양오행의 이치로 水의 ㅇ에 중성으로 모음으로 火의 ㅛㅜ를 응용하여 자체적으로 보유한 음양오행의 생극제화 상극의 이치로 水剋火의 이치가 발생하여 水이면서 火가 강하게 발생하나 음양이 서로가 조화와 균형을 이루고 중화를 이루는 문자이며 또 한글의 초성으로 자음의 음양오행의 이치로 火에 해당하는 ㄴ에 중성으로 모음의 음양오행의 이치로 木에 해당하는 ㅏㅕ를 응용한 '나, 녀' 자는 자체적으로 보유한 음양오행의 생극제화 상생의 이치로 木生火의 이치가 발생하여 木이나 火가 강하게 발생하는 문자이며 또 초성으로 자음의 음양오행의 이치로 土에 해당하는 ㅁ을 응용한 '마, 며' 자는 자체적으로 보유한 음양오행의 생극제화 상극의 이치로 木剋土의 이치가 발생하여 土이나 木이 강한 문자이며 또 초성으로 자음의 음양오행의 이치로 金에 해당하는 ㅅ을 응용한 '사, 서' 자는 자체적으로 보유한 음양오행의 생극제화 상극의 이치로 金剋木의 이치가 발생하여 金이 강한 문자이며 또 한글의 중성으로 모음의 음양오행의 이치로 金에 해당하는 ㅓㅑ에 초성으로 자음의 음양오행의 이치로 木의 ㄱ을 응용한 '너, 냐' 자는 자체적으로 보유한 음양오행의 생극제화 상극의 이치로 金剋木의 이치가 발생하여 金이 강한 문자이며 또 초성으로 자음의 음양오행의 이치로 火에 해당하는 ㄹ을 응용한 '러, 랴' 자는 자체적으로 보유한 음양오행의 생극제화 상극의 이치로 火剋金의 이치가 발생하여 金이나 火가 강한 문자이며 또 초성으로 자음의 음양오행의 이치로 土의

ㅂ을 응용한 '버, 뱌' 자는 자체적으로 보유한 음양오행의 생극제화 상생의 이치로 土生金의 이치가 발생하여 金이 강한 문자가 발생하는 것이 법칙으로 이것은 대우주와 대자연에 존재하는 모든 만물과 사물의 음양의 이치로 서로가 조화와 균형을 이루고 중화를 이루는 이치에 따라 모든 만물과 사물의 각종 사람이나 동식물이 공존공생하며 생명을 유지하고 존재하는 이치를 말하는 것이다.

그러므로 한글을 응용하는 경우에 한글이 자체적으로 보유한 음양오행의 생극제화 상생상 극의 이치에 따라 발생하는 음양이나 목화토금수 기운 변화에 주의하여 응용하여야 하며 또한 한글 숫자 음양오행의 이치로 쓰고 기록하는 한글의 획수나 한자 획수가 10획 이상으로 12획 14획 25획 33획이 발생하는 경우에는 10수 20수 30수를 제외한 나머지 숫자로 목화토금 수를 구분하여 응용하여야 하는데 예를 들어 한글을 응용하는 경우 한글 획수에 있어서 '이' 자는 2획으로 火, '가' 자는 3획으로 木, '권' 자는 6획으로 水, '나' 자는 3획으로 木, '낙' 자는 4획으로 金, '동' 자는 5획으로 土, '월' 자는 6획으로 水, '달' 자는 7획으로 火, '말' 자는 8획으로 木, '밤' 자는 9획으로 金, '첩' 자는 9획으로 金, '별' 자는 10획으로 土가 발생하는 것을 참고하여 작명하는 것이 원칙이나 한글 이름을 작명하는 데 초성·종성으로 자음의 ㄲㄸㅃㅆㅉ을 응용하는 경우를 제외한 그 이상의 획수가 발생하지 않는 것이 특징으로 『훈민정음 해례본』 에 근거한 훈민정음 한글 숫자 음양오행의 이치를 기준하여 음양이나 목화토금수의 기운으로 반드시 응용하여야 하며 한자를 응용하는 경우에도 집 가(家) 자의 10획은 土, 남녘 동(東) 자의 8획은 木, 갈 행(行) 자의 6획은 水, 거북 구(龜) 자의 16획은 水, 관 청(廳) 자의 25획은 土, 새길 명(銘) 자의 14획은 金으로 수많은 한자 획수가 발생하는 경우에는 위에서 지적한 대로 10 20 30 40의 획수를 제외한 나머지 획수로 음양이나 목화토금수의 기운으로 응용하는 것이 법칙으로 한자를 비롯한 모든 외국어도 『훈민정음 해례본』에 근거하여 한글의 초성으로 자음에 의해 발생하는 음양이나 목화토금수의 이치를 벗어나지 못하기 때문에 초성으로 자음 의 음양오행의 이치를 기준하여 한자나 외국어를 선택하여 응용하는 것이 가장 좋은 방법으로 한자나 외국어의 뜻을 대우주와 대자연에 존재하는 모든 만물과 사물의 이치와 대비하여 음양이나 목화토금수나 사계절이나 방향이나 숫자의 이치를 기준하여 목화토금수의 기운을 정하여 응용하는 것이 원칙으로 우리가 흔히 사용하는 한자가 대중적이거나 어조사나 말이음의 모든 한자를 목화토금수의 기운으로 구분하여 응용하여야 하는데 예를 들어 한자의 뜻으로 목(木)은 나무, 초(草)는 풀로 대우주와 대자연에 존재하는 모든 만물과 사물의 음양오행의 이치로 木으로 응용하는데 한글의 초성으로 자음의 음양오행의 이치로 목(木)의 ㅁ은 土에 해당하고 초(草)의 ㅊ은 金에 해당하지만 木에 가까운 문자가 발생하는 것이 법칙이나 한자의 뜻이 나무로 만물과 사물의 음양오행의 이치로 木으로 응용하며 또 불 화(火), 더울 열(熱)은 한자의 뜻으로 불 열기 불태우다 덥다로 만물과 사물의 음양오행의 이치로 火로 응용하고 또 초성으로 자음의 음양오행의 이치로 ㅇㅎ은 水이나 한자의 뜻이 火이면 만물과 사물의 음양오행의 이치로 火로 응용하는 방식으로 흙 토(土), 뫼 산(山), 언덕 안(岸)은 뜻이 땅 흙 언덕으로 만물과 사물의 음양오행의 이치로 土로 응용하나 초성으로 자음의 음양오행의 이치로 ㅁ은 土, ㅇㅎ은 水이나 한자의 뜻이 땅으로 만물과 사물의 음양오행의 이치로 土로 응용하며 또 쇠 금(金), 쇠 철(鐵)은 뜻이 쇠붙이로 초성으로 자음의 음양오행의 이치로 ㄱ은 木이며 ㅊ은 金이나 한자의 뜻이 금속이나 쇠붙이로 만물과 사물의 음양오행의 이치로 金으로 응용하며 또 물 수(水), 바다 양(洋)은 뜻으로 물과 바다로 한글의 초성으로 자음의 음양오행의 이치로 ㅅ은 金, ㅇ은 水이나 한자의 뜻이 물이라 만물과 사물의 음양오행의 이치로 水로 응용하는 방법이다. 또한 한자가 어조사나 말 이음 한자의 기(其), 이(已), 우(于), 야(也), 이(而) 자 등은 광범위하게 응용하거나 대중적으로 응용하기 때문에 음양오행의 기운을 구분하지 않고 응용하는 것이 올바른 방법으로 우리가 많이 사용하는 한자의 뜻이 대우주와 대자연에 존재하는 만물과 사물의 음양이나 목화토금수나 사계절이나 방향이나 숫자의 이치에 따라 목화토금수의 기운으로 각각 구분하여 응용하는 방법으로 한자를 응용하는 과정도 한자의 뜻과 부르는 소리와 쓰고 기록하는 획수를 한글 숫자의 음양오행의 이치를 기준하여 목화토금수의 기운을 정확하게 분석하여 사주의 용신에 해당하는 한자를 선택하여 응용하는 것이 상당히 중요하다는 것이다.

　이 방법은 甲木일주(日主)가 木이 용신이면 木이 강한 이름을 작명하여 많이 불러주면 그 사람은 木 기운을 강하게 받아 木의 기운 작용에 의해 육친이나 사물에 대한 일들이 좋게 나타나는 것이 원칙으로 사주의 용신이 木이면 좋겠지만 甲木이 강하면 더 강한 木 기운이 발생하여 음양오행의 생극제화 상극의 이치에 따라 木剋土의 이치가 계속해서 발생하기 때문

에 결국은 土가 없어지기 때문에 흉하여 이름을 불러줄 때마다 보이지 않는 강한 木 기운의 작용과 영향으로 土에 대한 육친이나 사물에 대한 손실이나 어려운 흉한 일들이 계속해서 발생하여 결과적으로 土에 해당하는 재(財)인 돈 부친 부인 여자 사업 경제 등과 인연이 약해져 사업이 부도가 나거나 파산하여 경제적으로 어렵고 또한 부친이나 부인과 인연이 없어 부친을 일찍 잃거나 부부가 이혼하여 가정이 깨지거나 가족이 분산되는 아픔을 겪게 되는 좋지 않은 일들이 거듭 발생하여 살아가는 데 많은 어려움을 겪게 되지만 이러한 경우에는 火를 용신으로 정하여 火에 해당하는 한글이나 한자를 응용하여 이름을 작명하여 이름이 자체적으로 보유한 음양오행의 생극제화 상생의 이치로 木生火 火生土의 이치가 발생하도록 작명하여 음양오행의 기운이 막히지 않고 흐르는 순환상생의 이치가 발생하여 土인 財가 살아나 약한 財를 살려 부귀영화를 누리게 하는 방법이며 또한 金을 용신하여 강한 木을 음양오행의 생극제화 상극의 金剋木의 이치로 강한 木을 억제시켜 조화와 균형을 이루고 중화를 이루어 부와 명예를 누리게 하는 방법이며 또 사주 주인공이 火일주(日主)가 약한데 水가 많으면 水가 육친의 이치로 官으로 官을 감당하지 못해 건강 직업 명예 자손 관계가 좋지 못한 일들이 발생하여 사회생활과 가정생활에 어려움이 발생하는 경우에 木을 용신으로 정하여 음양오행의 생극제화 상생의 살인상생(煞印相生)의 이치로 水生木 木生火로 순환시키거나 또는 火를 용신하여 水火의 음양이 서로가 조화와 균형을 이루고 중화를 이루도록 木, 火에 해당하는 한글이나 한자를 응용하여 이름을 작명하여 강한 木, 火 기운을 넣어 사주 주인공에게 힘을 주어 많은 官을 감당하여 사회적으로 부와 명예를 누리도록 하는 방법으로 이렇게 사람의 이름을 부르는 경우에 말하는 소리의 이치와 쓰고 기록하는 획수의 이치에 의한 형이상학적으로 음양오행의 기운작용이 발생하기 때문에 좋은 기운이 발생하고 또 국가의 호적이나 서류에 이름을 쓰고 기록하는 순간부터 형이하학적으로 영원히 그 이름에 해당하는 음양오행의 기운이 살아나 결국은 매사에 좋은 기운 작용과 영향으로 매사가 성공하여 부와 명예를 누리게 하는 이치이며 방법이다. 그러므로 국가의 행정의 모든 서류를 작성하는 경우에 반드시 한글을 먼저 쓰는 것이 최상이며 필요에 따라 한글 뒤쪽에 괄호 안에 한자를 쓰는 것도 중요한 행위로 작은 것일지 모르겠지만 국가의 모든 행정은 매우 중요한 일이므로 근본적으로 우리나라의 국운이 발생하는 기초가 되기 때문에 국운이 상승하는 일이며 또한 국민의 기가 살아나는 일이라는

것이다.

음양오행의 기운이라는 것은 정말이지 무서운 것이다. 사람의 이름을 개명하여 법원에서 호적을 바꾸면 반드시 그 사람에게 해당하는 음양오행의 기운이 작용하여 기운이 살아나는 것이 원칙이지만 실질적으로 그 이름을 많이 불러주지 않는다면 그만큼 작용력이 떨어진다는 이치가 성립되어 개명한 이름은 반드시 가족이나 부부 친구들이 소리를 내어 많이 불러주어야 좋은 기운이 많이 전달되어 작용하여 사람의 기운이 살아나 매사가 좋아진다는 이치로 절대로 사람에게 좋지 않은 별명을 통하여 사람을 부르는 것은 절대로 자제하여야 하는데 별명은 대체적으로 좋지 못한 노리개나 동물이나 사물을 지칭하는 별명으로 상대방에게 치명적으로 좋지 않은 기운이 전달되는 이치로 상당히 조심하여야 하며 별명을 부르는 것을 자제하고 아호를 작명하여 부르게 하는 방법이 최상으로 우리의 이름은 조상의 정해진 성씨를 기준하여 한글의 초성·중성·종성으로 자음과 모음의 음양오행의 이치에 의한 음양이나 목화토금수의 기운이 정해지는 것이 법칙으로 이름의 삼원 음양오행을 구성하여 작명하거나 또는 사주 주인공의 용신을 기준하여 이름의 삼원 음양오행을 구성하여 작명한 이름이 자체적으로 보유한 음양오행의 생극제화 상생상극의 이치로 이름의 길흉을 분석하는 동시에 대우주와 대자연에 존재하는 모든 만물과 사물의 이치로 음양이나 목화토금수가 서로가 균형을 이루고 중화를 이루거나 막히지 않고 흐르는 순환상생의 이치가 발생하도록 이름을 작명하는 것이 최상으로 특별한 경우를 제외하고는 상극의 이치로 이름을 작명하는 것은 금물이며 반드시 이름의 삼원 음양오행을 기준하여 음양오행의 생극제화 상생상극의 이치로 이름의 길흉을 분석한 후에 대우주와 대자연에 존재하는 모든 만물과 사물의 이치로 이름을 추리하는 것이 최상의 이름을 작명하는 것이다.

우리나라 '대한민국'과 '한국'의 국호를 훈민정음 한글 음양오행의 이치로 국호의 삼원 음양오행을 구성하여 분석하면 '대한민국'은 훈민정음 한글 초성·중성·종성으로 초성으로 자음의 음양오행의 이치로 '대의 ㄷ은 火, 한의 ㅎ이 水, 민의 ㅁ이 土, 국의 ㄱ이 木'으로 대한민국의 국호의 삼원 음양오행이 '火水土木'이 구성되어 국호가 자체적으로 보유한 음양오행의 생극제화 상생의 이치로 水生木 木生火 火生土의 이치가 발생하여 음양오행의 기운이 막히지 않고 흐르는 순환상생의 이치가 발생하며 또 '한국' 국호의 삼원 음양오행이 훈민정음 한글

초성·중성·종성으로 초성으로 자음의 음양오행의 이치로 '한의 ㅎ은 水, 국의 ㄱ은 木'으로 한국의 삼원 음양오행이 '水木'이 구성되어 국호가 자체적으로 보유한 음양오행의 생극제화 상생의 이치로 水生木의 이치가 발생하여 음양오행의 기운이 막히지 않고 흐르는 순환상생의 이치가 발생하고 있다는 것을 알 수가 있어 우리나라 국호는 상당히 좋은 국호에 해당하여 세계 10대 강국으로 성장하고 있는 것이다.

우리나라의 수도인 '서울'도 훈민정음 한글 초성·중성·종성으로 초성으로 자음의 음양오행의 이치로 수도 서울의 삼원 음양오행이 'ㅅ은 金이며 ㅇ은 水'로 서울의 삼원 음양오행이 '金, 水'로 구성되어 수도 서울이 자체적으로 보유한 음양오행의 생극제화 상생의 이치로 金生水의 이치가 발생하여 음양오행의 기운이 막히지 않고 흐르는 순환상생의 이치가 발생하여 세계적인 도시로 성장하나 세종특별시는 'ㅅㅈ'이 모두 金으로 순환상생하지 못해 도시발전에 어려움이 예상된다.

우리나라 광역시의 이름도 '부산'은 훈민정음 한글 초성·중성·종성으로 초성으로 자음의 음양오행의 이치로 'ㅂ은 土이며 ㅅ은 金'으로 부산의 삼원 음양오행이 '土, 金'이 구성되어 부산이 자체적으로 보유한 음양오행의 생극제화 상생의 이치로 土生金의 이치가 발생하여 음양오행의 기운이 순환상생의 이치로 막히지 않고 순환하고 있으며 '인천'은 훈민정음 한글 초성·중성·종성으로 초성으로 자음의 음양오행의 이치로 'ㅇ은 水로 ㅊ은 金'으로 인천의 삼원 음양오행으로 '水, 金'로 구성되어 인천이 자체적으로 보유한 음양오행의 생극제화 상생의 이치로 金生水의 이치가 발생하여 음양오행의 기운이 순환상생의 이치로 막히지 않고 순환하고 있으며 '대구'는 훈민정음 한글 초성·중성·종성으로 초성으로 자음의 음양오행으로 'ㄷ은 火이며 ㄱ은 木'으로 대구의 삼원 음양오행으로 火, 木이 구성되어 대구가 자체적으로 보유한 음양오행의 생극제화 상생의 이치로 木生火의 이치가 발생하여 음양오행의 기운이 순환상생의 이치로 막히지 않고 순환하고 있으며 '울산'은 훈민정음 한글 초성·중성·종성으로 초성으로 자음의 음양오행의 이치로 'ㅇ은 水, ㅅ은 金'으로 울산의 삼원 음양오행으로 '水, 金'이 구성되어 울산이 자체적으로 보유한 음양오행의 생극제화 상생의 이치로 金生水의 이치가 발생하여 음양오행의 기운이 순환상생의 이치로 막히지 않고 순환하여 도시 발전이 1, 2, 3, 4위이며 '광주'는 훈민정음 한글 초성·중성·종성으로 초성으로 자음의 음양오행의 이치로 'ㄱ은 木이며 ㅈ은 金'으로 광주의 삼원 음양오행으로 '木, 金'으로 구성되어 광주가 자체적으로 보유한 음양오행의 생극제화 상극의 이치로 金剋木의 이치가 발생하여 음양오행의 기운이 막혀 흐르지 못하여 金, 木이 정반대로 상극의 이치가 발생하여 극과 극이 발생하여 순환하지 못하고 있으며 '대전'은 훈민정음 한글 초성·중성·종성으로 초성으로 자음의 음양오행의 이치로 'ㄷ은 火이며 ㅈ은 金'으로 대전의 삼원 음양오행으로 '火, 金'이 구성되어 대전이 자체적으로 보유한 음양오행의 생극제화 상극의 이치로 火剋金의 이치가 발생하여 음양오행의 기운이 막혀 흐르지 못하고 火, 金이 정반대의 상극의 이치로 서로 극과 극이 발생하여 순환상생하지 못하여 도시 발전에 미치는 영향이 있어 우리나라 광역시 중 도시 발전의 순위로 가장 뒤떨어지는 것을 볼 수가 있는데 과연 그 차이는 무엇인가라고 생각하고 상상할 수가 있는데 나는 도시의 이름이 자체적으로 보유한 음양오행의 기운 작용과 영향이 있다고 판단된다.

또 정치적으로 야권이 강한 도시의 이름도 대체적으로 金, 木상전(相戰)으로 상극의 이치가 발생하여 극과 극으로 투쟁하거나 음기가 강한 이름으로 구성되어 있는데 대표적인 것이 '전라'도는 훈민정음 한글 초성·중성·종성으로 초성으로 자음의 음양오행의 이치로 'ㅈ'은 金이며 'ㄹ'은 火로 전라의 삼원 음양오행이 '火, 金'이 구성되어 자체적으로 보유한 음양오행의 생극제화 상극의 이치로 火剋金의 이치가 발생하여 상극으로 정반대로 서로가 극과 극으로 투쟁하고 '광주'는 훈민정음 한글 초성·중성·종성으로 초성으로 자음의 음양오행의 이치로 'ㄱ'은 木이며 'ㅈ'은 金으로 광주의 삼원 음양오행이 '金, 木'이 구성되어 자체적으로 보유한 음양오행의 생극제화 상극의 이치로 金剋木의 이치가 발생하여 상극의 이치로 서로가 극과 극으로 투쟁하고 '충청도'나 '청주'는 훈민정음 한글 초성·중성·종성으로 초성으로 자음의 음양오행의 이치로 충청의 삼원 음양오행이 'ㅊ, ㅊ'으로 金으로 구성되어 있고 청주의 삼원 음양오행이 'ㅊ, ㅈ'으로 金으로 모두가 구성되어 삼원 음양오행이 자체적으로 보유한 음양오행의 생극제화 상생상극의 이치로 순환상생의 이치가 발생하지 않는 동시에 음기가 강하며 '대전'은 훈민정음 한글 초성·중성·종성으로 초성으로 자음의 음양오행의 이치로 'ㄷ'은 火이며 'ㅈ'은 金으로 대전의 삼원 음양오행이 '火, 金'이 구성되어 자체적으로 보유한 음양오행의 생극제화 상극의 이치로 火剋金의 이치가 발생하여 상극의 이치로 극과 극으로 투쟁하고 '제주'도 훈민정음 한글 초성·중성·종성으로 초성으로 자음의 음양오행의 이치로 제주의

삼원 음양오행이 'ㅈ, ㅈ'으로 자체적으로 보유한 음양오행의 생극제화 상생상극의 이치가 발생하지 않는 동시에 모두 金으로 음기가 강한 것이 특징이라는 것이 흥미로운 것으로 전라도를 '호남'이라고 부르는 것이 가장 적합한데 그 이유는 훈민정음 한글 초성·중성·종성으로 초성으로 자음의 음양오행의 이치로 'ㅎ'은 水이며 'ㄴ'은 火로 호남의 삼원 음양오행이 '水, 火'로 구성되어 자체적으로 보유한 음양오행의 생극제화 상생상극의 이치가 상극관계이지만 이것은 음양의 이치로 서로가 조화와 균형을 이루고 중화를 이루어 최상으로 '호남'이라고 부르면 도시 발전에 반드시 좋은 영향이 있을 것이라는 판단이며 상대적으로 경상도를 지칭하는 '영남'이 바로 훈민정음 한글 초성·중성·종성으로 초성으로 자음의 음양오행의 이치로 'ㅇ, ㄴ'이 구성되어 영남의 삼원 음양오행이 水, 火가 구성되어 자체적으로 보유한 음양오행의 생극제화 상생상극의 이치로 상극관계이지만 이것은 음양의 이치로 서로가 조화와 균형을 이루고 조화를 이루고 있기 때문에 영남이 도시발전의 모든 면에서 앞서는 것이며 '경기도'는 훈민정음 한글 초성·중성·종성으로 초성으로 자음의 음양오행의 이치로 경기도의 삼원 음양오행이 'ㄱㄱㄷ'의 木木火가 구성되어 경기도가 자체적으로 보유한 음양오행의 생극제화 상생의 이치로 木生火의 이치로 음양오행의 기운이 순환상생의 이치가 발생하여 서울을 중심으로 수도권 도시로 발전하고 있으며 '강원도'는 훈민정음 한글 초성·중성·종성으로 초성으로 자음의 음양오행의 이치로 강원도의 삼원 음양오행이 'ㄱㅇㄷ'의 木水火가 구성되어 강원도가 자체적으로 보유한 음양오행의 생극제화 상생의 이치로 水生木 木生火의 이치로 음양오행의 기운이 순환상생의 이치가 발생하여 관광도시로 발전하고 있으며 '충청도'는 훈민정음 한글 초성·중성·종성으로 초성으로 자음의 음양오행의 이치로 충청도의 삼원 음양오행이 'ㅊㅊㄷ'의 金金火가 구성되어 충청도가 자체적으로 보유한 음양오행의 생극제화 상극의 이치로 火剋金의 상극의 이치이나 금다화식(金多火熄)의 이치로 火가 꺼져 음양오행의 기운이 막히는 순환상생의 이치를 이루지 못해 도시발전에 가장 뒤떨어지고 있으며 '경상도'는 훈민정음 한글 초성·중성·종성으로 초성으로 자음의 음양오행의 이치로 경상도의 삼원 음양오행이 'ㄱㅅㄷ'의 木金火가 구성되어 경상도 자체가 보유한 음양오행의 생극제화 상생상극의 이치로 木生火 火剋金의 이치가 발생하여 음양오행의 기운이 순환상생의 이치로 막히지 않고 흘러 공업도시로 발전하고 있으며 '전라도'는 훈민정음 한글 초성·중성·종성으로 초성으로 자음

의 음양오행의 이치로 전라도의 삼원 음양오행이 'ㅈㄹㄷ'의 金火火가 구성되어 전라도가 자체적으로 보유한 음양오행의 생극제화 상극의 이치로 火尅金으로 상극의 이치가 발생하여 상대적으로 火가 너무 강해 음양의 이치로 서로가 조화와 균형을 이루지 못하고 중화를 이루지 못해 도시 발전에 미치는 영향이 있어 뒤떨어지고 '제주도'는 훈민정음 한글 초성·중성·종성 으로 초성으로 자음의 음양오행의 이치로 제주도의 삼원 음양오행이 'ㅈㅈㄷ'의 金金火로 구성되어 제주도가 자체적으로 보유한 음양오행의 생극제화 싱극의 이치로 火尅金의 이치가 발생하나 금다화식(金多火熄)의 이치가 발생하여 火가 상대적으로 꺼져 음양의 이치로 서로가 조화와 균형을 이루고 중화를 이루지 못하여 앞으로 火에 해당하는 관광산업도시로 발전을 이루어야 하며 '황해도'는 훈민정음 한글 초성·중성·종성으로 초성으로 자음의 음양오행의 이치로 황해도의 삼원 음양오행이 'ㅎㅎㄷ'의 水水火로 구성되어 황해도가 자체적으로 보유한 음양오행의 생극제화 상극의 이치로 水尅火의 이치가 발생하여 火가 꺼져 음양의 이치로 서로가 조화를 이루지 못하나 水가 강하여 평화통일 후에 水에 해당하는 해양 수산업으로 발전하며 '함경도'는 훈민정음 한글 초성·중성·종성으로 초성으로 자음의 음양오행의 이치 로 함경도의 삼원 음양오행이 'ㅎㄱㄷ'의 水木火가 구성되어 함경도 자체가 보유한 음양오행의 생극제화 상생의 이치로 水生木 木生火의 이치가 발생하여 음양오행의 기운이 막히지 않고 흐르는 순환상생의 이치가 발생하여 火에 대한 전기 전자 모바일 에너지 분야에서 가장 빠르게 도시가 발전하며 '평안도'는 훈민정음 한글 초성·중성·종성으로 초성으로 자음의 음양오행 의 이치로 평안도의 삼원 음양오행이 'ㅍㅇㄷ'의 土水火가 구성되어 평안도 자체가 보유한 음양오행의 생극제화 상생상극의 이치로 火生土 土尅水의 이치가 발생하여 火土 공존의 이치 로 음양의 이치로 서로가 조화와 균형을 이루지 못해 해양수산업이나 물류의 거점으로 발전하 며 '양강도'는 훈민정음 한글 초성·중성·종성으로 초성으로 자음의 음양오행의 이치로 양강 도의 삼원 음양오행이 'ㅇㄱㄷ'의 水木火로 양강도가 자체적으로 보유한 음양오행의 생극제화 상생의 이치로 水生木 木生火의 이치가 발생하여 순환상생의 이치로 음양오행의 기운이 막히 지 않고 흘러 관광산업으로 발전하며 '자강도'는 훈민정음 한글 초성·중성·종성으로 초성으 로 자음의 음양오행의 이치로 자강도의 삼원 음양오행이 'ㅈㄱㄷ'의 金木火로 구성되어 자강도 가 자체적으로 보유한 음양오행의 생극제화 상생상극의 이치로 木生火 火尅金의 이치가 발생

하여 음양오행의 기운이 순환상생하여 火가 강하여 지하자원 공업도시로 발전하며 '평양'은 훈민정음 한글 초성·중성·종성으로 초성으로 자음의 음양오행의 이치로 평양의 삼원 음양오행이 'ㅍㅇ'의 土水로 구성되어 평양이 자체적으로 보유한 음양오행의 생극제화 상극의 이치로 土剋水의 이치가 발생하여 상극의 이치로 水의 음기가 사라져 상대적으로 음양의 이치로 서로가 조화와 균형을 이루지 못하나 土가 강하여 장차 큰 도시로 발전할 것이라고 예상하는 이유도 도시나 지역의 명칭을 훈민정음 한글로 해당하는 도시의 삼원 음양오행을 구성하여 삼원 음양오행이 자체적으로 보유한 음양이나 목화토금수의 기운이 발생하는 음양오행의 생극제화 상생상극의 이치에 의하여 발생하는 일로서 모든 이름은 대우주와 대자연에 존재하는 모든 만물과 사물의 이치에 의해 발생하는 음양오행의 생극제화 상생상극의 이치를 응용하는 것이 법칙으로 상생의 이치로 목화토금수 기운이 막히지 않고 흐르는 순환상생의 이치로 작명하는 것이 최상의 법칙으로 이것이 바로 너무 많거나 부족하여도 모두 병이 발생한다는 이치의 '태과불급개위질(太過不及皆爲疾)'이라 하여 음양오행의 기운은 순환상생의 이치로 막히지 않고 흐르는 것이 최상이라는 것을 명심하여야 한다.

제7장

훈민정음 한글과 한자 응용

훈민정음 한글의 응용은 『훈민정음 해례본』에 근거한 초성·중성·종성으로 자음과 모음이 발생하는 음양오행의 이치에 따라 한글이 자체적으로 보유한 음양오행의 생극제화 상생상극의 이치로 정확하게 목화토금수의 기운을 분석하거나 또는 한글의 뜻을 만물과 사물의 음양오행의 이치를 기준하여 목화토금수로 구분하여 응용하는 방법이 최상으로 이것이 훈민정음 한글이 자체적으로 보유한 음양오행의 기운 성품 성질 성향 유형을 기준하여 응용하는 것이 가장 올바르게 한글을 사용하는 조석이 되기 때문이다.

예를 들어 '간' 자는 한글 초성·중성·종성으로 초성으로 자음의 음양오행의 이치로 ㄱ이 木이면서 중성으로 모음의 음양오행의 이치로 木에 해당하는 ㅏ와 종성으로 자음의 음양오행의 이치로 ㄴ을 응용하여 '간' 자가 자체적으로 보유한 음양오행의 생극제화 상생의 이치로 木生火의 이치가 발생하여 火가 강한 문자이며 또한 한글의 뜻으로는 오장육부의 간으로 만물과 사물의 음양오행의 이치로 木에 해당하며 또한 한글 획수로는 4획으로 한글 숫자의 음양오행의 이치에 따라 金에 해당하는 것이 법칙으로 '간' 자가 종합적으로 보유한 음양오행의 생극제화 상생상극의 이치에 의해 木生火 火剋金의 이치가 발생하여 火 기운이 강하게 발생하는 문자가 발생하는 것이 법칙으로 火 기운이 필요한 모든 분야에 응용하는 동시에 火가 용신인 사주에 응용하는 것이 가장 올바른 응용이며 최상의 방법이다. 또 '일' 자는 한글 초성·중성·종성으로 초성으로 자음의 음양오행의 이치로 ㅇ은 水이나 중성으로 모음의 음양오행의 이치로 음양오행이 정해지지 않은 ㅣ에 종성으로 자음의 음양오행의 이치로 火에 해당하는 ㄹ을 응용하여 '일' 자가 자체적으로 보유한 음양오행의 생극제화 상극의 이치로 水剋火의 이치가 발생하여 水가 강하며 또한 한글의 뜻이 노동으로 만물과 사물의 음양오행의 이치로 金에 해당하며 또한 한글 획수는 5획으로 한글 숫자의 음양오행의 이치로 土에 해당하는 것이 법칙으로 '일' 자가 종합적으로 보유한 음양오행의 생극제화 상생의 이치로 火生土 土生金 金生水의 이치가 발생하여 최종적으로 水가 강한 문자가 발생하는 것이 법칙으로 水 기운이 필요한 모든 분야에 응용하는 것이 법칙으로 水가 용신인 사주에 응용하는 것이 최상이며 또 '미용' 자의 '미' 자는 한글 초성·중성·종성으로 초성으로 자음의 음양오행의 이치로 ㅁ는 土이며 중성으로 모음의 음양오행의 이치로 음양오행이 정해지지 않은 ㅣ를 응용하여 '미' 자가 자체적으로 보유한 음양오행의 생극제화 상생상극의 이치가 발생하지

않아 土가 강하고 '용' 자는 한글 초성·중성·종성으로 초성으로 자음의 음양오행의 이치로 ㅇ은 水이며 중성으로 모음의 음양오행의 이치로 火에 해당하는 ㅛ에 종성으로 자음의 음양오행의 이치로 水에 해당하는 ㅇ을 응용하여 '용' 자가 자체적으로 보유한 음양오행의 생극제화 상극의 이치로 水尅火의 이치가 발생하여 水가 강한 문자이며 또한 '미용'은 한글의 뜻이 예쁘고 아름답게 꾸미는 뜻으로 만물과 사물의 음양오행의 이치로 火에 해당하며 한글 획수로는 4획+5획으로 한글 숫자의 음양오행의 이치로 土, 金에 해당하는 것이 법칙으로 '미용' 자가 종합적으로 보유한 음양오행의 생극제화 상생의 이치로 火生土 土生金 金生水의 이치가 발생하여 막히지 않고 흐르는 순환상생의 이치가 발생하면서 최종적으로 水가 강한 문자가 발생하여 水가 필요한 모든 분야에 올바르게 응용하는 것이 법칙으로 水가 용신인 사주에 응용하는 것이 최상이며 또 '상호'의 '상' 자는 한글 초성·중성·종성으로 초성으로 자음의 음양오행의 이치로 ㅅ은 金이며 중성의 모음의 음양오행의 이치로 木에 해당하는 ㅏ에 종성으로 자음의 음양오행의 이치로 水에 해당하는 ㅇ을 응용하여 '상' 자가 자체적으로 보유한 음양오행의 생극제화 상생의 이치로 金生水 水生木의 이치가 발생하여 木이 강한 문자이며 '호' 자는 한글 초성·중성·종성으로 초성으로 자음의 음양오행의 이치로 ㅎ는 水이며 중성·종성으로 모음의 음양오행의 이치로 ㅗ는 水로 '호' 자는 모두 水로 자체적으로 보유한 음양오행의 생극제화 상생상극의 이치가 발생하지 않아 水가 강하나 '상호' 자가 종합적으로 보유한 음양오행의 상생의 이치로 金生水 水生木의 이치가 발생하여 최종적으로 木이 강하며 한글의 뜻이 서로, 사업장 이름의 뜻으로 만물과 사물의 음양오행의 이치로 木, 火에 해당하며 한글 획수로는 5+5획으로 한글 숫자의 음양오행의 이치로 土에 해당하는 것이 법칙으로 '상호' 자가 종합적으로 보유한 음양오행의 생극제화 상생의 이치로 土生金 金生水 水生木의 이치가 발생하여 최종적으로 木이 강한 문자가 발생하여 木이 필요한 모든 분야에 올바르게 응용하는 것이 법칙으로 木이 용신인 사주에 응용하는 것이 법칙이다. 또 '열' 자는 한글의 초성·중성·종성으로 초성으로 자음의 음양오행의 이치로 ㅇ은 水이며 중성으로 모음의 음양오행의 이치로 火에 해당하는 ㅕ에 종성으로 자음의 음양오행의 이치로 火에 해당하는 ㄹ을 응용하여 '열' 자가 자체적으로 보유한 음양오행의 생극제화 상극의 이치로 水尅火의 이치가 발생하나 화다수증(火多水蒸)의 이치로 火가 강한 문자이며 한글의 뜻이 아홉에 하나를 더한 숫자로

10으로 만물과 사물의 음양오행의 이치로 土에 해당하며 한글 획수는 7획으로 한글 숫자의 음양오행의 이치로 火에 해당하는 것이 법칙으로 '열' 자가 종합적으로 보유한 음양오행의 생극제화 상생상극의 이치로 火生土 土剋水의 이치가 발생하여 土가 강하나 火土 공존의 이치로 火가 강한 문자가 발생하여 火, 土가 필요한 모든 분야에 응용하는 동시에 火, 土가 용신인 사주에 응용하는 것이 법칙으로 앞으로 훈민정음 한글이 보유한 음양오행의 이치를 기준하여 목화토금수의 기운 성품 성질 성향 유형을 올바르게 응용하는 것이 우리가 할 일이다. 한자도 '노(勞)' 자는 한글 초성·중성·종성으로 초성으로 자음의 음양오행의 이치로 ㄴ은 火이며 중성·종성으로 자음의 음양오행의 이치로 水에 해당하는 ㅗ를 응용하여 '노(勞)' 자가 자체적으로 보유한 음양오행의 생극제화 상극의 이치로 水剋火의 이치가 발생하여 水가 강한 한자이며 한자의 뜻이 일하다, 힘쓰다, 노동으로 만물과 사물의 음양오행의 이치로 金에 해당하며 획수가 12획으로 한글 숫자의 음양오행의 이치로 火에 해당하는 것이 법칙으로 '노(勞)' 자가 종합적으로 보유한 음양오행의 생극제화 상생상극의 이치로 金生水 水剋火의 이치가 발생하여 水가 강한 한자로 水가 필요한 모든 분야에 올바르게 응용하는 것이 법칙이며 또한 水가 용신인 사주에 응용하는 것이 최상이며 또 줄기 '간(幹)' 자는 만물과 사물의 음양오행의 이치로 木이며 한글 초성·중성·종성으로 초성으로 자음의 음양오행의 이치로 ㄱ은 木이며 중성으로 모음의 음양오행의 이치로 ㅏ가 木이며 종성으로 자음의 음양오행의 이치로 火에 해당하는 ㄴ을 응용하여 '간(幹)' 자가 자체적으로 보유한 음양오행의 생극제화 상생의 이치로 木生火의 이치가 발생하여 火가 강한 한자이며 한자의 뜻이 줄기, 기둥, 몸으로 만물과 사물의 음양오행의 이치로 木에 해당하며 획수가 13획으로 한글 숫자의 음양오행의 이치로 木에 해당하는 것이 법칙으로 '간(幹)' 자가 종합적으로 보유한 음양오행의 생극제화 상생의 이치로 木生火의 이치가 발생하여 火가 강한 한자로 火가 필요한 모든 분야에 응용하는 것이 최상이며 또한 木, 火가 용신인 사주에 응용하는 것이 최상이며 또 '미(未)' 자는 한글 초성·중성·종성으로 초성으로 자음의 음양오행의 이치로 ㅁ은 土이며 중성으로 모음의 음양오행의 이치로 음양오행이 정해지지 않은 ㅣ를 응용하여 '미(未)' 자가 자체적으로 보유한 음양오행의 생극제화 이치가 발생하지 않아 土가 강한 한자이며 한자의 뜻이 아니다, 부정으로 만물과 사물의 음양오행의 이치로 金에 해당하며 획수는 5획으로 한글 숫자의 음양오행의 이치로 土로 土,

金에 해당하는 것이 법칙으로 '미(未)' 자가 종합적으로 보유한 음양오행의 생극제화 상생의 이치로 土生金의 이치가 발생하여 金이 강한 한자로 金이 필요한 모든 분야에 올바르게 응용하는 것이 최상이며 金이 용신인 사주에 응용하는 것이 법칙으로 또 '상(相)' 자는 한글 초성·중성·종성으로 초성으로 자음의 음양오행의 이치로 ㅅ은 金이며 중성으로 모음의 음양오행의 이치로 木에 해당하는 ㅏ에 종성으로 자음의 음양오행의 이치로 水에 해당하는 ㅇ을 응용하여 '상(相)' 자가 자체적으로 보유한 음양오행의 생극제화 상생의 이치로 金生水 水生木의 이치가 발생하여 水가 강한 한자이며 한자의 뜻이 서로, 보다로 만물과 사물의 음양오행의 이치로 木, 火에 해당하고 획수는 9획으로 한글 숫자의 음양오행의 이치로 金에 해당하는 것이 법칙으로 '상(相)' 자가 종합적으로 보유한 음양오행의 생극제화 상생상극의 이치로 金生水 水生木 木生火의 이치가 발생하여 火가 강한 한자로 火가 필요한 모든 분야에 올바르게 응용하는 것이 최상이며 사주는 火가 용신인 사주에 응용하는 법칙으로 또 '일(一)' 자는 한글 초성·중성·종성으로 초성으로 자음의 음양오행의 이치로 ㅇ은 水이며 중성으로 모음의 음양오행의 이치로 음양오행이 정해지지 않은 ㅣ에 종성으로 자음의 음양오행의 이치로 火에 해당하는 ㄹ을 응용하여 '일(一)' 자가 자체적으로 보유한 음양오행의 생극제화 상극의 이치로 水剋火의 이치가 발생하여 水가 강한 한자이며 한자의 뜻이 하나, 오로지, 처음으로 만물과 사물의 음양오행의 이치로 木에 해당하며 획수는 1획으로 한글 숫자 음양오행의 이치로 水에 해당하는 것이 법칙으로 '일(一)' 자가 종합적으로 보유한 음양오행의 생극제화 상생의 이치로 水生木 木生火의 이차가 발생하여 火가 강한 한자로 火가 필요한 모든 분야에 응용하는 것이 최상으로 火가 용신인 사주에 응용하는 법칙으로 이것은 『훈민정음 해례본』에 근거한 대우주와 대자연에 존재하는 모든 만물과 사물의 이치에 의해 발생하는 음양이나 목화토금수의 기운 성품 성질 성향 유형이 발생하는 것을 기준하여 한글이나 한자를 응용하여 작명하는 방식으로 반드시 한글이나 한자가 자체적으로 보유한 음양오행의 생극제화 상생상극의 이치로 음양오행을 분석하여 올바르게 응용하는 방법이다.

위와 같이 한글과 한자를 응용하는 방법에 대하여 소개하였는데 한글과 한자는 그 뜻이 확실히 다르게 나타나는 것이 너무 많은 것이 현실이기 때문에 한글은 초성·중성·종성으로 자음과 모음의 음양오행의 이치에 의한 한글을 읽고 말하는 소리의 이치와 쓰고 기록하는 숫자의 이치와 한글의 뜻에 의해 발생하는 목화토금수를 기준하여 자체적으로 보유한 음양오행의 생극제화 상생상극의 이치로 분석하여 응용하는 방식으로 한자도 한자의 뜻과 획수를 한글이 발생하는 음양오행의 이치를 기준하여 자체적으로 보유한 음양오행의 생극제화 상생상극의 이치로 분석하여 응용하는 것이 가장 좋은 방법이다. 또한 사주를 기준하여 작명하는 경우에 한자의 뜻과 획수를 사주의 용신에 해당하는 한자를 선택하여 작명하는 것이 원칙인데 한자의 뜻과 획수를 사주의 용신에 맞추기가 상당히 어렵고 많은 시간이 소요되기 때문에 한자는 반드시 뜻을 강조하는 것이며 한자 이름의 삼원 음양오행의 구성도 한자 획수로 구성하는 것은 우리 훈민정음 한글 이름의 삼원 음양오행이 중요하지 한자 획수의 삼원 음양오행은 중요하지 않아 응용하지 않아도 된다는 것이다.

이러한 이치로 한글이나 한자로 가장 좋은 이름을 작명하는 것은 반드시 『훈민정음 해례본』에 근거한 훈민정음 한글 음양오행의 이치에 의한 한글이 자체적으로 보유한 음양오행의 생극제화 상생상극의 이치를 응용하여 작명하는 것이 최상이며 사주를 기준하는 경우에는 사주의 용신이나 용신을 생조(生助 :도와주다)하는 음양오행에 해당하는 한글이나 한자를 선택하여 응용하는 것이 최상으로 좋은 이름을 작명하는 것이라는 것을 명심하여야 한다.

제8장

음양오행의 생극제화

대우주와 대자연에 존재하는 모든 만물과 사물이 음양의 이치에 의해 발생하는 목화토금수의 기운이 발생하는 음양오행의 생극제화 상생상극의 이치는 5가지 목화토금수의 기운이 서로가 만나면 상생의 이치로 서로가 막히지 않고 흐르는 순환상생의 이치가 발생하는 것을 말하고 상극의 이치는 5가지 음양오행의 기운이 흐르지 못하고 한쪽에 치우치거나 뭉쳐 있어 막혀 순환상생하지 못하는 이치를 말하는데 그 막혀 있는 강한 목화토금수의 기운을 정반대되는 기운으로 강제로 억제시키고 통제하여 5가지 음양오행의 기운이 막히지 않고 흘러 서로가 조화와 균형을 이루고 중화를 이루는 이치를 음양오행의 생극제화 상생상극의 이치라 하여 아래와 같다.

- 상생 : 水生木　木生火　火生土　土生金　金生水
- 상극 : 木剋土　土剋水　水剋火　火剋金　金剋木

위와 같이 5가지 목화토금수의 기운이 발생하는 음양오행의 생극제화 상생상극의 이치가 발생하는 최종 목적은 음양오행의 기운이 막히지 않고 흘러 서로가 조화와 균형을 이루고 중화를 이루는 것이 최종 목표로 이러한 생극제화의 이치를 통하여 이 세상에 존재하는 모든 만물과 사물이 이 음양오행의 기운 성품 성질 성향 유형을 갖추고 살아가면서 아무런 장애가 발생하지 않고 생명을 유지하고 존재하도록 하는 것이 최종 목적으로 대표적인 사람으로 말하면 木이 강한 사람은 음양오행의 생극제화 상생의 이치를 통하여 火를 용신하여 木生火의 이치로 강한 木 기운을 순환상생의 이치가 발생하여 막히지 않고 흐르게 하여 통과시키거나 또는 정반대로 金을 용신하여 음양오행의 생극제화 상극의 이치를 통하여 金剋木의 이치로 강한 木 기운을 강제로 억제시키고 통제하여 서로가 조화와 균형을 이루고 중화를 이루는 방법이며 또 火가 강한 사람은 음양오행의 생극제화 상극의 이치로 水를 용신하여 水剋火의 이치로 강한 火를 강제로 억제시키는 동시에 음양의 이치로 서로가 조화와 균형을 이루고 중화를 이루는 수화기제(水火旣濟)의 이치를 이루거나 또는 음양오행의 생극제화 상생의 이치로 土를 용신하여 火生土 土生金의 이치로 순환상생의 이치를 이루어 서로가 조화와 균형을 이루고 중화를 이루어 막히지 않고 흐르게 하는 방법이며 또 土가 강한 사람은 음양오행의 생극제화 상생의 이치로 金을 용신하여 土生金의 이치로 순환상생의 이치를 이루어 막힘이

없이 흐르거나 또는 상극의 이치로 木을 용신하여 木剋土의 이치로 강한 土를 강제로 억제시켜 서로가 조화와 균형을 이루고 중화를 이루는 방법이며 또 金이 강한 사람은 음양오행의 생극제화 상생의 이치로 水를 용신하여 金生水의 이치로 순환상생을 이루어 막히지 않게 흐르게 하거나 또는 상극의 이치로 火를 용신하여 火剋金의 이치로 강한 金을 강제로 억제시키고 통제하여 서로가 조화와 균형을 이루고 중화를 이루는 방법이며 또 水가 강한 사람은 火를 용신하여 음양의 이치로 서로가 조화와 균형을 이루고 중화를 이루는 이치로 수화기제(水火旣濟)의 이치를 이루거나 또는 상극의 이치로 土를 용신하여 土剋水의 이치로 많은 물을 강제로 막아 억제하여 서로가 조화와 균형을 이루고 중화를 이루거나 또는 상생의 이치로 木을 용신하여 水生木의 이치로 순환상생의 이치를 이루어 막히지 않고 흘러 서로가 조화와 균형을 이루고 중화를 이루는 방법으로 모두가 음양이나 목화토금수의 기운이 막히지 않고 흘러 서로가 조화와 균형을 이루고 중화를 이루어 사람이 건강하게 부와 명예를 누리게 하는 것이 최종 목표이기 때문이다. 결과적으로 사주도 용신에 해당하는 음양이나 목화토금수의 기운 하나를 선정하여 응용하는 목적도 사주의 음양이나 목화토금수의 기운이 막히지 않고 흐르도록 하여 서로가 조화와 균형을 이루고 중화를 이루는 방법으로 사람이 태어나 모든 분야에 종사하며 생명을 유지하지만 사람이 사주의 용신에 해당하는 분야에 종사하여 건강한 몸으로 국가와 사회적으로 성공하여 부와 명예를 누리도록 하는 데 그 목적이 있어 사람의 사주를 추리하거나 또는 사람의 이름 아호 개명 예명이나 단체 기관 기업의 명칭이나 로고나 색상 등등을 작명하는 데 가장 중요시하는 것이 바로 사주 주인공의 용신을 기준하여 작명하는 것이 원칙이다.

또한 사주 주인공이 신약(身弱:사주주인공의 기운이 약함)한 경우 사주 주인공을 도와주거나 보강하는 명리학문의 육친의 이치로 인수(印綬:돕다)나 비견, 겁(比肩,劫:비슷한 것으로 돕다)에 해당하는 음양오행의 기운 하나를 정하고 또 사주 주인공이 신왕(身旺:사주주인공의 기운이 강함)한 경우에는 사주의 강한 기운을 순환하고 억제하고 통제하는 식상(食傷:강한 기운을 순환시킴)이나 재성(財星:강한 기운을 억제시킴)이나 관성(官星:강한 기운을 통제시킴)에 해당하는 음양오행의 기운을 정하여 응용하는 방법으로 한글이 보유한 음양오행을 육친으로 응용하여 인수 비견, 겁 식상 재성 관성에 해당하는 문자를 선택하여 그 문자를 읽고 말하는 소리의 이치와 쓰고 기록하는 숫자의 이치와 문자의 뜻이 사주의 용신에 해당하는 음양오행의 기운으로 작명하는 방법으로 예를 들어 火 일주신왕(日主身旺:사주주인공의 火 기운이 강함)에 水가 용신이면 용신을 도와주는 金의 인수나

水의 비견, 겁에 해당하는 한글의 음양오행의 이치로 金, 水에 해당하는 한글을 선택하여 그 한글을 읽고 말하는 소리의 이치와 쓰고 기록하는 숫자의 이치와 한글의 뜻을 참고하여 초성으로 자음의 음양오행의 이치로 金에 해당하는 ㅅㅈㅊ의 '소' 자의 4획이나 '자' 자의 4획이나 또는 水에 해당하는 ㅇㅎ의 '원' 자의 6획이나 '훈' 자의 6획을 선택하여 그 문자가 자체적으로 보유한 음양오행의 생극제화 상생의 이치로 金生水의 이치가 발생하도록 작명하는 동시에 획수도 4,9 金의 인수(印綬)나 1,6 水의 비견, 겁(比肩,劫)에 해당하는 한글을 선택하여 작명하는 방법이며 또 뜻이 金, 水에 해당하는 한글을 선택하여 작명하는 것이 원칙이며 또한 한자도 한자의 뜻으로 金의 인수(印綬)에 해당하는 적을 소(少)의 4획, 자석 자(磁)의 14획, 가을 추(秋) 9획이나 또는 水의 비견, 겁(比肩,劫)에 해당하는 물놀이 윤(淪) 11획, 썩을 후(朽) 6획에 해당하는 한자를 선택하여 응용하는 것이 원칙이며 또 火 일주에 火가 용신이면 음양오행의 생극제화 상생의 이치로 火 용신을 돕는 木의 인수(印綬)로 木生火의 이치가 발생하는 한글의 음양오행의 이치로 木에 해당하는 ㄱㅋㄲ의 '가' 자의 3획을 선택하여 '가' 자를 읽고 말하는 소리의 이치와 쓰고 기록하는 획수의 음양오행의 이치로 3, 8 木이 발생하여 '가' 자는 모두가 木으로 자체적으로 보유한 음양오행의 생극제화 상생상극의 이치가 발생하지 않아 '가' 자를 선택하여 작명하는 것이 법칙이며 한자도 한자의 뜻이 아름다울, 좋을 가(佳) 자가 8획, 한자의 뜻으로 아름다울, 좋다 로 만물과 사물의 음양오행의 이치로 木, 火에 해당하며 획수도 3, 8획의 木으로 한글 숫자의 음양오행의 이치로 木에 해당하는 한자를 선택하여 한글 이름과 한자 획수로 각각 삼원 음양오행을 구성하여 그 삼원 음양오행이 종합적으로 보유한 음양오행의 생극제화 상생상극의 이치로 작명하는 것이 최상의 방법으로 이 음양오행의 생극제화 상생상극의 이치도 『훈민정음 해례본』에 근거하여 대우주와 대자연에 존재하는 모든 이치가 담겨져 있는 훈민정음 한글 초성·중성·종성으로 자음과 모음의 음양오행의 이치의 하나로 앞으로 한글을 응용하는 방법을 올바르게 익혀 한글이 발생하는 음양오행의 이치에 의한 가장 맑고 깨끗하고 선명한 음양이나 목화토금수의 기운 작용과 영향을 정확하게 분석하여 작명하는 방법으로 이것은 우리 스스로가 우리 민족의 뿌리와 근본을 찾는 길이며 또 숭고한 선조들의 얼과 혼을 이어받아 가장 좋은 우리 이름을 작명하는 길이다.

제9장

이름의 삼원 음양오행

이름과
삼원

삼원(三元)이란 무엇인가?

삼원은 3가지의 가장 뛰어난 근본으로 가장 으뜸이 되는 것으로 우리가 매년 신년이 되어 새롭게 맞이하는 연월일시로 새로운 새해가 밝아오는 정월 초하루 아침을 새로운 마음으로 처음으로 맞이하는 것을 뜻한다. 이것은 희망찬 새해가 힘차게 밝아오면서 가장 맑고 가장 깨끗하고 가장 선명한 가장 뛰어난 근본으로 으뜸이 되는 기운이 새롭게 발생하는 것을 맞이한다는 뜻으로 이 세상에 새로운 세상이 새롭게 펼쳐지면서 새로운 생명이 탄생하는 순간에 대우주와 대자연에 존재하는 모든 만물과 사물의 이치에 의해 가장 맑고 깨끗하고 선명하고 뛰어난 음양이나 목화토금수의 기운 성품 성질 성향 유형을 소유한다는 뜻으로 사람의 이름에 삼원(三元)을 사용하는 의미는 새롭게 태어나는 신생아의 탄생을 축복하는 동시에 신생아에 이름이 붙여지는 순간에 가장 맑고 깨끗하고 선명한 음양이나 목화토금수의 기운 성품 성질 성향 유형이 발생하여 가장 맑고 깨끗하고 선명한 꿈과 이상의 목표를 갖추고 가장 맑고 깨끗한 정신과 생각으로 꿈과 이상의 목표를 성취하며 살아간다는 것을 의미하는 것으로 이름이 자체적으로 보유한 음양오행의 기운 작용과 영향의 중요성을 강조하는 뜻에서 붙여진 말이다.

우리 훈민정음 한글 이름이 3글자로 구성되어 있는 특징도 삼원의 뜻과 일치하고 있는 것을 알 수가 있는데 우리의 순수한 이름은 조상의 뿌리에 의해 정해진 성씨가 출생한 년, 중간 자가 출생한 월, 끝 자가 출생한 당일이라는 것을 뜻하는 이치로 사람이 이 세상에 대우주와 대자연에 존재하는 모든 만물과 사물의 이치로 하나의 구성원으로 소우주의 이치로 태어난 것을 증명하는 동시에 가장 행복하고 뜻깊은 일이라는 것을 의미하며 또한 이름의 삼원은 나의 뿌리인 정해진 성씨가 대대손손 대를 이어오는 조상으로 부모를 뜻하고 중간 자는 나 자신을 뜻하며 끝 자는 자손을 뜻하는 이치로 이것이 바로 대우주와 대자연에 존재하는 모든 만물과 사물의 이치에 따라 발생하는 천지인(天地人)의 이치이며 생왕묘(生旺墓)의 이치로 그만큼 사람의 이름이 가장 소중하고 중요하다는 것을 강조하는 뜻에서 삼원을 사용하는 것으로 그 이유는 사람이 대우주와 대자연에 존재하는 만물과 사물의 이치로 하나의 구성원으로 태어나 이름을 소유하는 순간부터 천지인(天地人)의 이치와 정해진 생왕묘(生旺墓)의 이치에 의해 음양이나 목화토금수의 기운 성품 성질 성향 유형의 작용에 의한 꿈과 이상의 목표를 갖추고 새롭게 소중한 생명을 갖추고 태어나 왕성하게 세계 인류문명의 발전에 기여하며 살아가다가 늙어 죽어 육체는 없으나 그 사람의 꿈과 이상의 정신을 바탕으로 한 업적은 소중한 이름을 통하여 영원히 대우주와 대자연에 존재하는 모든 만물과 사물의 이치로 지속되어 대대손손 대를 이어 후손들에 의해 존재하고 있는 것이 사실이기 때문이다. 이러한 이치로 사람의 이름을 소홀히 해서는 안 된다는 것이 증명되어 앞으로 숭고한 우리 민족의 뿌리이며 근본이 되는 동시에 혼과 얼이 담기고 대우주와 대자연에 존재하는 모든 만물과 사물의 이치가 담긴 『훈민정음 해례본』에 근거한 훈민정음 한글 초성·중성·종성으로 자음과 모음의 음양 오행의 이치를 올바르게 응용하여 한글이 발생하는 음양이나 목화토금수의 기운으로 세계인의 모든 사람이나 각종 물류의 이름을 가장 맑고 깨끗하고 선명한 음양이나 목화토금수의 기운 성품 성질 성향 유형이 발생하는 훈민정음 한글로 이름을 작명하여 그 이름이 영구히 대우주와 대자연에 존재하도록 하는 것이 '한글 성명학'의 최종 목표다.

2

이름의 삼원
음양오행

  이름의 삼원 음양오행은 이름은 나의 조상이며 뿌리가 되는 정해진 성씨를 기준하여 성씨에 의해 이름이 발생하는 동시에 대우주와 대자연에 존재하는 만물과 사물의 이치에 의해 소유하는 가장 맑고 깨끗하고 선명한 음양이나 목화토금수의 기운을 말한다. 이름은 세계의 모든 국가마다 자기 나라의 국어를 사용하여 이름을 작명하는 것이 법칙이나 국가의 실정마다 다른 나라의 국어를 병용하는 나라도 있는데 우리나라는 한글의 국어와 중국의 한자로 이름을 작명하여 사용하고 있는 실정으로 우리의 한글을 비롯한 중국의 한자나 모든 외국어는 읽고 말하고 소리의 음양오행의 이치와 쓰고 기록하는 숫자의 음양오행의 이치에 따라 음양이나 목화토금수의 기운이 존재하는 것이 법칙으로 이것을 문서로 확실하게 자세히 기록한 것이 바로 세계에서 인정하는 국보 제70호 『훈민정음 해례본』의 고서로 세계 어느 국가의 외국어라도 훈민정음 한글로 번역하여 읽고 말하는 소리의 음양오행의 이치와 쓰고 기록하는 숫자의 음양오행의 이치와 뜻에 의해 가장 맑고 깨끗하고 선명한 음양이나 목화토금수의 기운이 발생하는 것을 가장 알기 쉽고 정확하게 분석하고 구분할 수가 있는 자료가 되는 문서로 이것이 바로 『훈민정음 해례본』의 근거에 의해 대우주와 대자연에 존재하는 모든 만물과 사물의 이치로 음양이나 목화토금수의 기운 성품 성질 성향 유형으로 만들어 존재하는 문자가 바로 '한글'이라는 것이다.
  세계인의 모든 이름은 조상의 뿌리에 의해 정해진 성씨를 기준하여 이름의 숫자가 많거나 적은 것으로 구분되는 것이 사실이기 때문에 이름의 숫자에 따라 이원(二元) 삼원(三元) 사원(四

元) 오원(五元) 육원(六元) 등으로 구성하는 기준으로 훈민정음 한글 초성·중성·종성으로 초성으로 자음과 자음의 음양오행의 이치를 기준하여 이름의 삼원 음양오행을 구성한 후에 음양오행의 생극제화 상생상극의 이치로 이름을 작명한 후에 이름을 초성·중성·종성으로 자음과 모음의 음양오행의 이치에 의해 발생하는 이름을 부르고 읽고 말하는 소리의 음양오행의 이치와 쓰고 기록하는 숫자의 음양오행의 이치에 의해 이름이 자체적으로 보유한 음양오행의 기운을 음양오행의 생극제화 상생상극의 이치를 통하여 분석하여 그 이름이 어떠한 음양오행의 기운 작용과 영향이 발생하는가를 정확하게 분석하여 이름의 길흉을 구분하는 것이 바로 이름의 삼원 음양오행이다.

단, 이름의 삼원 음양오행을 구성하는 방법으로 가장 중요시하는 것이 바로 사람에게 가장 필요한 훈민정음 한글이 발생하는 가장 맑고 깨끗하고 선명한 음양오행의 기운으로 작명하는 방법으로 첫째, 일반적으로 작명하는 방법으로 한글 초성·중성·종성으로 초성으로 자음의 음양오행의 기운으로 정해진 성씨를 기준하여 이름의 삼원 음양오행을 구성하여 음양오행의 생극제화 상생의 이치를 응용하여 순환상생의 이치가 발생하도록 이름의 삼원 음양오행을 구성하는 것이 법칙이며 둘째, 종교자나 역학자들이 작명하는 방법으로 사주팔자를 구성한 다음 용신을 정하여 그 용신에 해당하는 훈민정음 한글 초성·중성·종성으로 초성으로 자음의 음양오행의 기운으로 이름의 삼원 음양오행을 구성한 후에 이름의 삼원 음양오행이 자체적으로 보유한 음양오행의 생극제화 상생상극의 이치를 응용하여 작명하는 것이 법칙이다.

이것은 대우주와 대자연에 존재하는 모든 만물과 사물의 모든 이치가 담겨진 고서의 『훈민정음 해례본』에 근거한 우리의 훈민정음 한글과 또한 대우주와 대자연에 존재하는 모든 생사의 이치를 연구하는 명리학문의 가장 대표적인 음양오행의 이치에 근거하여 이름의 삼원 음양오행을 구성하여 정확하고 쉽게 작명하고 분석하는 방법으로 세계인의 모든 이름도 우리 한글로 번역하여 한글의 음양오행의 이치에 의해 발생하는 음양이나 목화토금수의 기운으로 이름의 삼원 음양오행을 구성하여 외국이름의 삼원 음양오행이 자체적으로 보유한 음양오행의 생극제화 상생상극의 이치로 목화토금수의 기운 성품 성질 성향 유형을 정확하게 분석하여 이름의 길흉을 판단하는 방법으로 이름은 정해진 조상의 성씨 첫 자에 따라 이름의 삼원 음양오행이 구성되는 동시에 삼원 음양오행의 목화토금수의 순서가 정해지는 것이 법칙으로 정해진 성씨에 따라 각각 이름의 삼원 음양오행이 각양각색으로 다르게 구성되어 음양오행의 생극제화 상생상극의 이치가 발생하는 것이 원칙으로 우리 이름의 정해진 성씨를 기준하여 도표로 정리하면 아래와 같다.

우리의 정해진 성씨와 한글의 초성으로 자음의 목화토금수의 도표

초성의 자음	오행	성씨
ㄱㅋ	木	가 간 갈 감 관 강 개 견 경 계 고 곡 공 곽 구 국 군 궁 궉 권 근 금 기 길 김 강전
ㄴㄷㄹㅌ	火	나 난 남 낭 내 노 뇌 누 단 담 당 대 도 돈 동 두 탁 탄 태 남궁 독고 동방
ㅁㅂㅍ	土	마 만 매 맹 모 목 묘 묵 문 미 민 박 반 방 배 백 범 변 복 봉 부 비 빙 판 팽 편 평 표 포 풍 피 필 망절
ㅅㅈㅊ	金	사 삼 상 서 삭 성 설 섭 성 소 손 송 수 순 승 시 심 신 자 장 저 전 점 정 제 조 종 좌 주 준 지 진 차 창 채 천 초 최 추 춘 사공 서문 선우 소봉 장곡 제갈
ㅇㅎ	水	아 안 애 야 양 엄 어 여 염 연 영 예 오 옥 온 옹 왕 요 용 우 운 원 위 유 육 윤 은 음 이 인 임 하 학 한 함 해 허 현 형 호 홍 화 환 황 후 흥 황보

위 도표와 같이 우리 한글 이름의 정해진 성씨가 한글의 초성·중성·종성으로 자음에 의한 음양오행의 이치로 초성으로 자음이 ㄱㅋ을 응용하는 성씨는 木이 되고 정해진 성씨가 ㄴㄷㄹㅌ을 응용하는 성씨는 火가 되고 정해진 성씨가 ㅁㅂㅍ을 응용하는 성씨는 土가 되고 정해진 성씨가 ㅅㅈㅊ을 응용하는 성씨는 金이 되고 정해진 성씨가 ㅇㅎ을 응용하는 성씨는 水가 되어 이름의 삼원 음양오행의 순서가 정해지는 것이 법칙으로 외국어의 이름은 한글로 번역하여 초성으로 자음의 음양오행의 이치로 이름의 삼원 음양오행을 구성하여 분석하면 되는 것이다. 그러나 우리의 한글로 세계인의 모든 이름에 삼원 음양오행을 구성하는 경우에 한글 초성·중성·종성으로 자음과 모음을 응용하는 과정에서 어떠한 자음과 모음을 응용하였느냐에 따라 이름이 자체적으로 보유한 음양오행의 생극제화 상생상극의 이치에 따라 기운변화가 발생하는 것이 법칙으로 초성·중성·종성으로 자음과 모음을 잘 응용하여야 한다는 것이다.

세계인의 모든 이름은 성씨를 제외한 외자 2자 3자 4자 그 이상이냐에 따라 이름의 삼원 음양오행이 2자 3자 4자 5자 그 이상으로 구성되는 것이 법칙으로 그 이름이 최종적으로 보유한 음양이나 목화토금수의 기운 중 하나의 강력한 기운이 그 사람에게 작용하여 영향을 주는 것이 법칙으로 가장 좋은 것은 5가지 목화토금수의 기운이 순환상생의 이치로 막히지 않고 흐르도록 작명하는 것이 최상이라는 것을 명심하여야 한다.

다음은 예를 들어 훈민정음 한글로 이름의 삼원 음양오행을 구성하여 이름이 자체적으로 보유한 음양이나 목화토금수의 기운을 분석하는 방법에 대한 이해를 돕고자 한다.

먼저 우리나라를 빛내주신 역사적으로 유명하신 분들의 이름을 예를 들어 우리 훈민정음 한글의 초성 · 중성 · 종성으로 자음과 모음의 음양오행의 이치에 의해 이름을 부르고 읽고 말하는 소리의 음양오행의 이치와 쓰고 기록하는 숫자의 음양오행의 이치로 이름의 삼원 음양오행을 구성하여 음양오행의 생극제화의 상생상극의 이치로 기운 작용을 분석하면 다음과 같다.

훈민정음을 창시한 '세종대왕'은 훈민정음 한글 초성 · 중성 · 종성으로 자음과 모음의 음양오행의 이치를 기준하여 초성으로 자음의 음양오행으로 이름을 부르고 읽고 말하는 소리의 이치와 쓰고 기록하는 숫자의 이치로 발생하는 '세종대왕' 이름의 삼원 음양오행의 구성이 '세종대왕'은 초성 · 중성 · 종성으로 초성으로 자음의 'ㅅㅈㄷㅇ'은 초성으로 자음의 음양오행 이치로 이름의 삼원 음양오행이 '金金火水'로 구성되어 이름이 자체적으로 보유한 음양오행의 생극제화 상생상극의 이치로 金生水 水剋火의 이치가 발생하여 水가 강하고 또 이름을 쓰고 기록하는 한글 획수의 음양오행의 이치로 '세'는 5획, '종'은 5획, '대'는 5획, '왕'은 6획으로 한글 획수의 삼원 음양오행이 '土土土水'가 구성되어 한글 획수의 삼원 음양오행이 자체적으로 보유한 음양오행의 생극제화 상극의 이치로 土剋水의 이치가 발생하여 土가 강한 것이 원칙으로 '세종대왕'을 부르고 읽고 말하고 소리의 이치와 쓰고 기록하는 획수의 이치를 한글 이름이 종합적으로 보유한 음양오행의 생극제화 상생상극의 이치로 火生土 土生金 金生水의 이치로 최종적으로 水가 강한 동시에 순환상생의 이치가 발생하여 음양오행의 기운이 서로가 막히지 않고 흐르는 좋은 이름에 해당한다.

신라의 '김유신 장군'은 훈민정음 한글 초성 · 중성 · 종성으로 자음과 모음의 음양오행의 이치를 기준하여 초성으로 자음의 음양오행으로 이름을 부르고 읽고 말하는 소리의 이치와 쓰고 기록하는 숫자의 이치로 발생하는 '김유신' 이름의 삼원 음양오행의 구성이 '김유신'은 초성·중성·종성으로 초성으로 자음의 'ㄱㅇㅅ'은 초성으로 자음의 음양오행의 이치로 이름의 삼원 음양오행이 '木水金'이 구성되어 이름이 자체적으로 보유한 음양오행의 생극제화 상생의 이치로 金生水 水生木의 이치가 발생하여 木이 강하고 또 이름을 쓰고 기록하는 한글 획수에 의한 음양오행의 이치로 '김'은 5획, '유'는 4획, '신'은 4획으로 한글 획수의 삼원 음양오행이 '土金金'가 구성되어 한글 획수의 삼원 음양오행이 사체적으로 보유한 음양오행의 생극제화 상생의 이치로 土生金의 이치가 발생하여 金이 강한 것이 원칙으로 '김유신 장군'을 부르고 말하는 소리의 이치와 쓰고 기록하는 획수의 이치를 종합하여 한글 이름이 종합적으로 보유한 음양오행의 생극제화 상생상극의 이치로 土生金 金生水 水生木의 이치가 발생하여 최종적으로 木이 강한 동시에 순환상생의 이치가 발생하여 음양오행의 기운이 서로가 막히지 않고 흐르는 좋은 이름에 해당한다.

　고구려의 '을지문덕 장군'은 훈민정음 한글 초성·중성·종성으로 자음과 모음의 음양오행의 이치를 기준하여 초성으로 자음의 음양오행으로 이름을 부르고 읽고 말하는 소리의 이치와 쓰고 기록하는 숫자의 이치로 발생하는 '을지문덕' 이름의 삼원 음양오행의 구성이 '을지문덕'은 초성·중성·종성으로 초성으로 자음의 'ㅇㅈㅁㄷ'은 초성으로 자음의 음양오행의 이치로 이름의 삼원 음양오행이 '水金土火'로 구성되어 이름이 자체적으로 보유한 음양오행의 생극제화 상생의 이치로 火生土 土生金 金生水의 이치가 발생하여 水가 강하고 또 이름을 쓰고 기록하는 한글 획수에 의한 음양오행의 이치로 '을'은 5획, '지'는 3획, '문'은 6획, '덕'은 5획으로 한글 획수의 삼원오행이 '土木水土'가 구성되어 한글 획수가 자체적으로 보유한 음양오행의 생극제화 상생상극의 이치로 水生木 木剋土의 이치가 발생하여 木이 강한 것이 원칙으로 '을지문덕 장군'을 부르고 말하는 소리의 이치와 쓰고 기록하는 획수의 이치를 종합하여 한글 이름이 종합적으로 보유한 음양오행의 생극제화 상생상극의 이치로 水生木 木生火 火生土 土生金 金生水의 이치가 발생하여 최종적으로 水가 강한 동시에 순환상생의 이치가 발생하여 음양오행의 기운이 서로가 막히지 않고 흐르는 좋은 이름에 해당한다.

　백제의 '계백 장군'은 훈민정음 한글 초성·중성·종성으로 자음과 모음의 음양오행의 이치를 기준하여 초성으로 자음의 음양오행으로 이름을 부르고 읽고 말하는 소리의 이치와 쓰고

기록하는 숫자의 이치로 발생하는 '계백' 이름의 삼원 음양오행의 구성이 '계백'은 초성·중성·종성으로 초성으로 자음의 'ㄱㅂ'은 초성으로 자음의 음양오행의 이치로 이름의 삼원 음양오행이 '木土'가 구성되어 이름이 자체적으로 보유한 음양오행의 생극제화 상극의 이치로 木剋土의 이치가 발생하여 木이 강하고 '계백'의 이름을 쓰고 기록하는 한글 획수에 의한 음양오행의 이치로 '계'는 5획, '백'은 8획으로 한글 획수의 삼원 음양오행이 '土木'이 구성되어 한글 획수가 자체적으로 보유한 음양오행의 생극제화 상극의 이치로 木剋土의 이치가 발생하여 木이 강한 것이 원칙으로 '계백 장군'을 부르고 말하는 소리의 이치와 쓰고 기록하는 획수의 이치를 종합하여 한글 이름이 종합적으로 보유한 음양오행의 생극제화 상생상극의 이치로 木剋土의 이치로 최종적으로 木이 강한 동시에 상극의 이치가 발생하는 이름으로 음양이나 목화토금수의 기운이 순환상생의 이치가 발생하지 못해 음양오행의 기운이 막혀 흐르지 못하여 서로가 조화와 균형을 잃어 중화를 이루지 못하는 안타까운 이름으로 국가와 민족을 위해 충성을 바쳐 희생하셨다.

조선의 '이순신 장군'은 훈민정음 한글 초성·중성·종성으로 자음과 모음의 음양오행의 이치를 기준하여 초성으로 자음의 음양오행으로 이름을 부르고 읽고 말하는 소리의 이치와 쓰고 기록하는 숫자의 이치로 발생하는 '이순신' 이름의 삼원 음양오행의 구성이 '이순신'은 초성·중성·종성으로 초성으로 자음의 'ㅇㅅㅅ'은 초성으로 자음의 음양오행의 이치로 이름의 삼원 음양오행이 '水金金'이 구성되어 이름이 자체적으로 보유한 음양오행의 생극제화 상생의 이치로 金生水의 이치가 발생하여 水가 강하고 '이순신'의 이름을 쓰고 기록하는 한글 획수의 음양오행의 이치로 '이'는 2획, '순'은 5획, '신'은 4획으로 한글 획수의 삼원 음양오행이 '火土金'이 구성되어 한글 획수가 자체적으로 보유한 음양오행의 생극제화 상생의 이치로 火生土 土生金의 이치가 발생하여 金이 강한 것이 원칙으로 '이순신 장군'을 부르고 말하는 소리의 이치와 쓰고 기록하는 획수의 이치를 종합하여 한글 이름이 종합적으로 보유한 음양오행의 생극제화 상생상극의 이치로 火生土 土生金 金生水의 이치가 발생하여 최종적으로 水가 강한 동시에 순환상생의 이치가 발생하여 음양오행의 기운이 서로가 막히지 않고 흐르는 좋은 이름으로 문무를 겸한 대장군으로 국가와 민족을 위해 충성을 다하셨다.

'이승만 대통령'은 훈민정음 한글 초성·중성·종성으로 자음과 모음의 음양오행의 이치를 기준하여 초성으로 자음의 음양오행으로 이름을 부르고 읽고 말하는 소리의 이치와 쓰고 기록하는 숫자의 이치로 발생하는 '이승만' 이름의 삼원 음양오행의 구성이 '이승만'은 초성·중성·종성으로 초성으로 자음의 'ㅇㅅㅁ'은 초성으로 자음의 음양오행의 이치로 이름의 삼원 오행이 '水金土'가 구성되어 이름이 자체적으로 보유한 음양오행의 생극제화 상생의 이치로 土生金 金生水의 이치가 발생하여 水가 강하고 '이승만'의 이름을 쓰고 기록하는 한글 획수에 의한 음양오행의 이치로 '이'는 2획, '승'은 4획, '만'은 6획으로 한글 획수의 삼원 음양오행이 '火金水'가 구성되어 한글 획수가 자체적으로 보유한 음양오행의 생극제화 상생상극의 이치로 金生水 水剋火의 이치가 발생하여 水가 강한 것이 원칙으로 '이승만 대통령'을 부르고 말하는 소리의 이치와 쓰고 기록하는 획수의 이치를 종합하여 한글 이름이 종합적으로 보유한 음양오행의 생극제화 상생상극의 이치로 火生土 土生金 金生水의 이치가 발생하여 최종적으로 水가 강한 동시에 순환상생의 이치가 발생하여 음양오행의 기운이 서로가 막히지 않고 흐르는 좋은 이름으로 대한민국의 초대 대통령에 임명되었다.

　'박정희 대통령'은 훈민정음 한글 초성·중성·종성으로 자음과 모음의 음양오행의 이치를 기준하여 초성으로 자음의 음양오행으로 이름을 부르고 읽고 말하는 소리의 이치와 쓰고 기록하는 숫자의 이치로 발생하는 '박정희' 이름의 삼원 음양오행의 구성이 '박정희'는 초성·중성·종성으로 초성으로 자음의 'ㅂㅈㅎ'은 초성으로 자음의 음양오행의 이치로 이름의 삼원 음양오행이 '土金水'가 구성되어 이름이 자체적으로 보유한 음양오행의 생극제화 상생의 이치로 土生金 金生水의 이치가 발생하여 水가 강하고 '박정희'의 이름을 쓰고 기록하는 한글 획수에 의한 음양오행의 이치로 '박'은 7획, '정'은 5획, '희'는 5획으로 한글 획수의 삼원 음양오행이 '火土土'가 구성되어 한글 획수가 자체적으로 보유한 음양오행의 생극제화 상생의 이치로 火生土의 이치가 발생하여 土가 강한 것이 원칙으로 '박정희 대통령'을 부르고 말하는 소리의 이치와 쓰고 기록하는 획수의 이치를 종합하여 한글 이름이 종합적으로 보유한 음양오행의 생극제화 상생상극의 이치로 火生土 土生金 金生水의 이치가 발생하여 최종적으로 水가 강한 동시에 순환상생의 이치가 발생하여 음양오행의 기운이 서로가 막히지 않고 흐르는 좋은 이름으로 대통령에 임명되어 굶주림의 보릿고개를 없애는 새마을운동으로 국가 경제 발전에 크게 기여하였다.

독립투사인 '안중근 의사'는 훈민정음 한글 초성·중성·종성으로 자음과 모음의 음양오행의 이치를 기준하여 초성으로 자음의 음양오행으로 이름을 부르고 읽고 말하는 소리의 이치와 쓰고 기록하는 숫자의 이치로 발생하는 '안중근' 이름의 삼원 음양오행의 구성이 '안중근'은 초성·중성·종성으로 초성으로 자음이 'ㅇㅈㄱ'은 초성으로 자음의 음양오행의 이치로 '水金木'이 구성되어 이름의 삼원 음양오행이 자체적으로 보유한 음양오행의 생극제화 상생의 이치로 金生水 水生木의 이치가 발생하여 木이 강하고 '안중근'의 이름을 쓰고 기록하는 한글 획수에 의한 음양오행의 이치로 '안'은 4획, '중'은 5획, '근'은 3획으로 한글 획수의 삼원 음양오행이 '金土木'이 구성되어 한글 획수가 자체적으로 보유한 음양오행의 생극제화 상생상극의 이치로 土生金 金훼木의 이치가 발생하여 金이 강한 것이 원칙으로 '안중근 의사'를 부르고 말하는 소리의 이치와 쓰고 기록하는 획수의 이치를 종합하여 한글 이름이 종합적으로 보유한 음양오행의 생극제화 상생상극의 이치로 土生金 金生水 水生木으로 최종적으로 木이 강한 동시에 순환상생의 이치가 발생하여 음양오행의 기운이 서로가 막히지 않고 흐르는 좋은 이름으로 일제 압박에 항거하여 국가와 민족의 해방을 위한 희생정신으로 일제 총독을 죽이는 독립운동으로 국가 해방에 크게 기여하였다.

독립투사인 '유관순 열사'는 훈민정음 한글 초성·중성·종성으로 자음과 모음의 음양오행의 이치를 기준하여 초성으로 자음의 음양오행으로 이름을 부르고 읽고 말하는 소리의 이치와 쓰고 기록하는 숫자의 이치로 발생하는 '유관순' 이름의 삼원 음양오행의 구성이 '유관순'은 초성·중성·종성으로 초성으로 자음이 'ㅇㄱㅅ'은 초성으로 자음의 음양오행의 이치로 '水木金'이 구성되어 이름의 삼원 음양오행이 자체적으로 보유한 음양오행의 생극제화 상생의 이치로 金生水 水生木의 이치가 발생하여 木이 강하고 '유관순' 이름을 쓰고 기록하는 한글 획수에 의한 음양오행의 이치로 '유'는 4획, '관'은 6획, '순'은 5획으로 한글 획수의 삼원 음양오행이 '金水土'가 구성되어 한글 획수가 자체적으로 보유한 음양오행의 생극제화 상생의 이치로 土生金 金生水의 이치가 발생하여 水가 강한 것이 원칙으로 '유관순 열사'를 부르고 말하는 소리의 이치와 쓰고 기록하는 획수의 이치를 종합하여 한글 이름이 종합적으로 보유한 음양오행의 생극제화 상생상극의 이치로 土生金 金生水 水生木으로 최종적으로 木이 강한 동시에 순환상생의 이치가 발생하여 음양오행의 기운이 막히지 않고 흐르는 좋은 이름으로 학생의 신분으로 목숨을 걸고 국가와 민족의 해방을 위해 만세운동으로 헌신하셨다.

이상은 국가와 민족을 위해 목숨 바쳐 희생하신 분들과 국가 원수로서 우리나라가 경제적으로 세계 10대 강국이 되도록 초석을 이루는 데 크게 기여하신 유명한 분들의 이름을 훈민정음 한글 음양오행의 이치를 기준하여 한글 이름의 삼원오행을 구성하여 한글 이름이 종합적으로 보유한 음양오행의 생극제화 상생상극의 이치로 분석한 것이다.

그러나 일제의 앞잡이로 매국노가 되어 국민의 눈과 귀를 막아 치부한 '이완용'의 이름을 훈민정음 한글 초성·중성·종성으로 자음과 모음의 음양오행의 이치를 기준하여 초성으로 자음의 음양오행으로 이름을 부르고 읽고 말하는 소리의 이치와 쓰고 기록하는 숫자의 이치로 발생하는 '이완용' 이름의 삼원 음양오행의 구성이 '이완용'은 초성·중성·종성으로 초성으로 자음이 'ㅇㅇㅇ'으로 초성으로 자음의 음양오행의 이치로 水水水가 구성되어 모두 水로 이름의 삼원 음양오행이 자체적으로 보유한 음양오행의 생극제화 상생상극의 이치로 순환하지 못하는 동시에 음의 水가 강하고 '이완용'의 이름을 쓰고 기록하는 한글 획수에 의한 음양오행의 이치로 '이'는 2획, '완'은 6획, '용'은 5획으로 한글 획수의 삼원오행이 '火水金'이 구성되어 한글 획수가 자체적으로 보유한 음양오행의 생극제화 상생상극의 이치로 金生水 水剋火의 이치가 발생하여 음의 水가 강한 것이 원칙으로 정신력이나 판단력에 해당하는 火가 꺼져 '이완용'을 부르고 말하는 소리의 이치와 획수의 이치를 종합하여 한글 이름이 종합적으로 보유한 음양오행의 생극제화 상생상극의 이치로 金生水의 이치로 순환상생의 이치가 발생하나 음양이나 목화토금수의 기운이 水로 집결되어 수기태왕(水氣太旺) 음기태왕(陰氣太旺) 수다화식(水多火熄)의 이치가 발생하여 음기가 극심하게 발생하는 동시에 음양의 이치로 서로가 조화와 균형을 이루지 못하고 중화를 잃어 좋지 못한 이름에 해당하는데 이름이 음의 水가 강하면 상대적으로 양의 火가 죽어 단명하는 경우가 많다는 것이 흠이다. 그러므로 우리의 순수한 훈민정음 한글 이름의 삼원 음양오행은 반드시 음양이나 목화토금수의 이치가 존재하여 음양오행의 생극제화 상생상극의 이치가 자동적으로 발생하는 것이 법칙으로 반드시 음양오행의 기운이 막히지 않고 흐르는 순환상생의 이치가 발생하도록 이름을 작명하는 것이 최상으로 이름을 부르고 읽고 말하는 소리의 이치와 이름을 쓰고 기록하는 숫자의 이치에 따라 가장 맑고 깨끗하고 선명한 음양오행의 기운이 확실하게 발생하는 것을 알 수가 있는 것이다.

제10장

작명하는 순서 및 요령

『훈민정음 해례본』을 근본으로 훈민정음 한글 초성·중성·종성으로 자음과 모음의 음양오행의 이치에 근거한 '한글 성명학'은 우리 한글로 세계인의 모든 사람의 이름을 작명 개명 아호 예명 또는 개인이나 단체의 기관 법인 상호 회사명 로고나 각종 물류의 이름을 작명하는 경우에 다음과 같은 요령과 순서에 의해 작명하는 것이 가장 올바른 방법으로 한글 성명학은 대우주와 대자연에 존재하는 모든 만물과 사물의 이치가 담겨진 한글 초성·중성·종성으로 초성으로 자음의 음양오행의 이치에 근거하여 이름을 부르고 읽고 말하는 소리의 음양오행의 이치와 이름을 쓰고 기록하는 숫자의 음양오행의 이치에 의해 발생하는 목화토금수의 기운으로 각각 이름의 삼원 음양오행을 구성하여 작명하여 이름이 자체적으로 보유한 음양오행의 생극제화 상생상극의 이치로 음양오행의 기운 작용과 영향을 정확하게 분석하여 이름이 가장 맑고 깨끗하고 선명한 음양이나 목화토금수의 기운 성품 성질 성향 유형을 근본적으로 갖추어 대우주와 대자연에 존재하는 모든 만물과 사물의 이치로 하나의 구성원으로 생명을 유지하고 존재하도록 하는 것이 최종 목표로 앞으로 우리가 훈민정음 한글을 통하여 모든 사람이 건강하게 부와 명예를 누리도록 하는 데 그 목적이 있다.

훈민정음 한글 이름을 작명하는 요령은 일반적인 작명과 사주를 기준하여 작명하는 방법으로 구분하여 설명하면 아래와 같다.

첫째 : 일반적 작명

1. 사람이 대우주와 대자연에 존재하는 모든 만물과 사물의 이치에 의해 출생한 근거로 정해진 조상의 뿌리인 성씨를 기준하여 이름을 『훈민정음 해례본』에 근거하여 훈민정음 한글 초성·중성·종성으로 자음과 모음의 음양오행의 이치를 기준하여 작명한다.

2. 조상의 정해진 성씨를 기준하여 한글 초성·중성·종성으로 초성으로 자음의 음양오행의 이치를 기준하여 초성으로 자음의 음양오행으로 이름을 부르고 말하는 소리의 이치로 이름의 삼원 음양오행을 구성하고 한글 숫자의 음양오행의 이치로 한글 획수의 삼원 음양오행을 각각 구성하여 이름의 삼원 음양오행이 자체적이나 종합적으로 보유한 음양오행의 생극제화 상생상극의 이치를 응용하여 반드시 순환상생의 이치가 발생하여 음양이 서로가 조화와 균형을 이루고 중화를 이루는 동시에 목화토금수의 기운이 막히지 않고 흐르도록

작명한다.

3. 2개의 한글 이름과 한글 획수의 삼원 음양오행이 종합적으로 보유한 음양오행의 생극제화 상생상극의 이치로 정확하게 분석하여 이름의 길흉을 분석한다.

둘째 : 사주를 기준하는 작명

1. 사람이 대우주와 대자연에 존재하는 모든 만물과 사물의 이치로 출생한 근거로 출생할 당시 생활환경의 생년월일시를 기준하여 사주팔자를 구성하고 사주의 용신을 정한다.

2. 『훈민정음 해례본』에 근거한 훈민정음 한글 초성·중성·종성으로 초성으로 자음의 음양오행의 이치를 기준하여 초성으로 자음의 음양오행으로 이름을 부르고 말하는 소리의 이치로 한글 이름의 삼원 음양오행이나 한글 획수의 삼원 음양오행의 구성을 사주의 용신에 해당하는 한글의 음양오행으로 구성하여 이름을 작명한 후에 이름의 삼원 음양오행이 종합적으로 보유한 음양오행의 생극제화 상생의 이치로 음양오행이 막히지 않고 흐르도록 작명한다.

3. 한자를 응용하여 작명하는 경우에는 제10장을 참고하여 한자의 뜻을 대우주와 대자연에 존재하는 모든 만물과 사물의 이치에 의해 발생하는 음양이나 목화토금수로 구분하여 사주의 용신에 해당하는 한자를 선택하여 작명한다.

4. 2개의 한글 이름의 삼원 음양오행과 한자 획수의 삼원 음양오행이 종합적으로 보유한 음양오행의 생극제화 상생상극의 이치로 이름의 길흉을 분석한다.

5. 작명한 이름을 대우주와 대자연에 존재하는 대표적인 만물과 사물의 이치나 천간용신(天干用神)법을 응용하여 육친적으로 추리한 후에 작명서를 작성한다.

다음은 예문을 통하여 작명하는 방법을 숙지한다.

일반적인
작명

1) 1988년 11월 11일생 남자 김동명

(1) 훈민정음 한글 이름의 삼원 음양오행

이 사람은 정해진 조상의 성씨가 경주 김(金)씨로 훈민정음 한글 초성·중성·종성으로 자음과 모음의 음양오행의 이치를 기준하여 초성으로 자음의 음양오행으로 이름을 부르고 말하는 소리의 이치로 '김동명' 이름의 삼원 음양오행이 '김'의 ㄱ은 木에 해당하여 성씨를 기준하여 음양오행의 생극제화 상생의 이치를 응용하여 이름의 중간 자와 끝 자를 초성·중성·종성으로 초성으로 자음의 음양오행의 이치로 중성과 종성을 火, 土에 해당하는 ㄷ, ㅁ으로 정하여 한글 이름의 삼원 음양오행을 'ㄱㄷㅁ'과 '木火土'로 구성하여 이름을 '김동명'으로 작명하여 한글 이름의 삼원 음양오행이 자체적으로 보유한 음양오행의 생극제화 상생의 이치로 木生火 火生土로 순환상생의 이치가 발생하여 음양오행의 기운이 막히지 않고 흐르는 동시에 서로가 조화와 균형을 이루고 중화를 이루도록 작명하였다.

(2) 이름 : 김동명

『훈민정음 해례본』에 근거하여 한글 이름의 '김동명'은 정해진 성씨의 '김'은 초성·중성·종성으로 초성으로 자음의 음양오행의 이치로 木의 ㄱ, 중성으로 모음의 음양오행의 이치로 음양오행이 정해진 것이 없는 ㅣ, 종성으로 자음의 음양오행의 이치로 土에 해당하는 ㅁ을 각각 응용하여 음양오행의 생극제화 상극의 이치로 木剋土의 이치가 발생하여 木이 강하고, 중간 자 '동'은 초성·중성·종성으로 초성으로 자음의 음양오행의 이치로 ㄷ은 火, 중성으로 모음의 음양오행의 이치로 ㅗ는 水, 종성으로 자음의 음양오행의 이치로 水에 해당하는 ㅇ을 각각 응용하여 음양오행의 생극제화 상극의 이치로 水剋火의 이치가 발생하여 水가 강하고, 끝 자 '명'은 초성·중성·종성으로 자음의 음양오행의 이치로 ㅁ은 土, 중성으로 모음의 음양오행의 이치로 ㅕ는 木, 종성으로 자음의 음양오행의 이치로 水에 해당하는 ㅇ을 각각 응용하여 음양오행의 생극제화 상생상극의 이치로 水生木 木剋土의 이치가 발생하여 土이면서 木이 강하나 '김동명' 이름이 종합적으로 보유한 음양오행의 생극제화 상생상극의 이치로 水生木 木生火 火生土로 순환상생의 이치가 발생하여 음양오행의 기운이 막히지 흐르는 동시에 火土 공존의 이치로 火가 강한 이름이다.

(3) 이름의 뜻

'동명'은 이름이 똑같다는 뜻이다.

(4) 한글 획수의 삼원 음양오행

훈민정음 한글 숫자 음양오행의 이치로 '김' 5획 土, '동' 5획 土, '명' 7획 火로 한글 획수의 삼원 음양오행이 '土土火'가 구성되어 한글 획수가 자체적으로 보유한 음양오행의 생극제화 상생의 이치로 火生土로 순환상생의 이치가 발생하여 음양오행의 기운이 막히지 않고 흐르는 동시에 火, 土 공존의 이치로 火가 강한 이름이다.

(5) 음양오행의 생극제화 이치

한글 이름과 획수의 삼원 음양오행이 종합적으로 보유한 음양오행의 생극제화 상생의 이치로 木生火 火生土로 순환상생의 이치가 발생하여 음양오행의 기운이 막히지 않고 흘러 서로가 조화와 균형을 이루고 중화를 이루는 동시에 火土 공존의 이치로 火가 강한 좋은 이름이다.

(6) 분석

이 사람은 똑똑하고 총명하여 좋은 가정환경에서 성장하여 매사에 막힘이 없이 발전하고 성공하여 장차 국가와 사회에 희생하고 봉사하는 사람으로 가정과 가문을 빛내는 인물이라고 분석하면 된다.

김동명 이름의 분석 도표

구분	성씨	중간	끝	삼원 음양오행	기타	길흉
이름	김	동	명	木火土	이름이 같다	0
자음	ㄱ	ㄷ	ㅁ	木火土	木生火 火生土	0
획수	5	5	7	土土火	火生土	0
생극제화	木生火 火生土로 순환상생					0

이와 같이 일반적으로 이름을 작명하는 경우에 반드시 정해진 성씨를 기준하여 훈민정음 한글 초성·중성·종성으로 자음과 모음의 음양오행의 이치로 작명한 이름의 삼원 음양오행, 이름 3자, 한글 획수의 삼원 음양오행이 종합적으로 보유한 음양오행의 생극제화 상생상극의 이치를 응용하여 음양오행의 기운 작용과 영향을 정확하게 분석하여 길흉을 파악하는 동시에 음양오행의 기운이 서로가 막히지 않고 흐르는 순환상생의 이치가 발생하여 서로가 조화와 균형을 이루고 중화를 이루도록 작명하는 방법이다.

다음 예문을 통하여 한글 이름을 작명하는 방법을 습득하기 바란다.

2

사주를 기준한
작명

1) 1988년 3월 8일 04시(寅時)생(음력) 남자 김수원

```
              甲  戊  丙  戊   乾
              寅  申  辰  辰   命
      54  44  34  24  14  4
      壬  辛  庚  己  戊  丁   大
      戌  酉  申  未  午  巳   運
```

이 사주는 戊土日主가 辰月 청명절기에 출생하여 강한 사주로 木을 용신한다.

대우주와 대자연에 존재하는 모든 만물과 사물의 이치로 맑고 따뜻한 봄의 청명 절기의 양지 바른 큰 산에 크고 작은 나무가 무성하게 성장하여 국가의 보고(寶庫)가 되는 최상의 형상으로 대운 사계절 순행으로 초년부터 무더운 여름 남쪽 火운으로 불리하나 중년부터 서늘한 가을 서쪽 金운으로 길한 사주다.

(1) 훈민정음 한글 이름의 삼원 음양오행

조상의 정해진 성씨가 김(金)씨로 훈민정음 한글 초성·중성·종성으로 자음과 모음의 음양오행의 이치를 기준하여 초성으로 자음의 음양오행으로 이름을 부르고 말하는 소리의 이치로 '김수원' 이름의 삼원 음양오행이 '김'의 ㄱ은 木으로 성씨를 기준하여 음양오행의 생극제화 상생의 이치를 응용하여 이름의 중간 자와 끝 자를 한글 초성·중성·종성으로 초성으로 자음의 음양오행의 이치로 중성과 종성을 金, 水에 해당하는 ㅅ, ㅇ으로 정하여 이름의 삼원오행을 'ㄱㅅㅇ'의 '木金水'로 구성하여 한글 이름을 '김수원'으로 작명하여 이름의 삼원 음양오행이 자체적으로 보유한 음양오행의 생극제화 상생의 이치로 金生水 水生木으로 순환상생의 이치가 발생하여 음양오행의 기운이 막히지 않고 흐르는 동시에 서로가 조화와 균형을 이루고 중화를 이루는 이름이다.

(2) 이름 : 김수원

『훈민정음 해례본』에 근거하여 '김수원'의 성씨 '김'은 초성·중성·종성으로 초성으로 자음의 음양오행의 이치로 木의 ㄱ, 중성으로 모음의 음양오행의 이치로 음양오행이 정해진 것이 없는 ㅣ, 종성으로 자음의 음양오행의 이치로 土에 해당하는 ㅁ을 응용하여 자체적으로 보유한 음양오행의 생극제화 상극의 이치로 木剋土의 이치가 발생하여 木이 강하고 중간 자 '수'는 초성·중성·종성으로 초성으로 자음의 음양오행의 이치로 金의 ㅅ, 중성으로 모음의 음양오행의 이치로 火에 해당하는 ㅜ를 응용하여 자체적으로 보유한 음양오행의 생극제화 상극의 이치로 火剋金의 이치가 발생하여 火가 강하고 이름의 끝 자인 '원'은 초성·중성·종성으로 자음의 음양오행의 이치로 水의 ㅇ, 중성으로 모음의 음양오행의 이치로 火의 ㅝ, 종성으로 자음의 음양오행의 이치로 火에 해당하는 ㄴ을 응용하여 자체적으로 보유한 음양오행의 생극제화 상극의 이치로 水剋火의 이치가 발생하여 水가 강하나 '김수원' 한글 이름이 종합적으로 보유한 음양오행의 생극제화 상생상극의 이치로 木生火 火生土 土生金 金生水 水生木으로 순환상생의 이치가 발생하여 음양오행의 기운이 막히지 않고 흘러 서로가 조화와 균형을 이루고 중화를 이루는 동시에 사주의 용신 木이 강하게 발생하는 좋은 이름이다.

(3) 이름의 뜻

'수원'은 물을 끊임없이 공급한다는 뜻이다.

(4) 한글 획수의 삼원 음양오행

훈민정음 한글 숫자 음양오행의 이치로 '김'은 5획 土, '수'는 4획 金, '원'은 6획 水로 한글 획수의 삼원 음양오행이 '土金水'로 구성하여 한글 획수가 자체적으로 보유한 음양오행의 생극제화 상생의 이치로 土生金 金生水로 순환상생의 이치가 발생하여 음양오행의 기운이 막히지 않고 흘러 서로가 조화와 균형을 이루고 중화를 이루는 동시에 水生木의 이치로 사주의 용신 木이 강하게 발생하는 좋은 이름이다.

(5) 음양오행의 생극제화 이치

한글 중성·종성으로 자음과 모음의 소리와 획수의 음양오행의 이치로 '김수원' 이름이 자체적으로 보유한 음양오행의 생극제화 상생의 이치로 土生金 金生水 水生木으로 순환상생의 이치가 발생하여 음양오행의 기운이 막히지 않고 흘러 서로가 조화와 균형을 이루고 중화를 이루는 동시에 최종적으로 사주의 용신 木이 강하게 발생하는 좋은 이름이다.

(6) 분석

대우주와 대자연에 존재하는 만물과 사물의 이치로 거대한 산에 거목이 무성하여 좋은 재목으로 국가 보고(寶庫)의 방성삼림(方成森林)의 형상을 이루는 좋은 이름으로 장차 국가를 위해 희생하고 봉사하는 국가공직자가 되는 사람이라 추리한다.

김수원 이름의 종합분석 도표

구분	성씨	중간	끝	삼원 음양오행	기타	길흉
이름	김	수	원	木金水	물이 시작되다	0
자음	ㄱ	ㅅ	ㅇ	木金水	金生水 水生木	0
획수	5	4	6	土金水	土生金 金生水	0
생극제화	土生金 金生水 水生木으로 순환 용신 木이 강하다					0
용신	나무가 무성한 거대한 산의 형상					0

2) 1983년 8월 21일 06:40(卯時)생(음력) 박소영

辛 辛 庚 癸 坤
卯 巳 申 亥 命
56 46 36 26 16 6
丙 乙 甲 癸 壬 辛 大
寅 丑 子 亥 戌 酉 運

이 사주는 辛金日主가 입추절기 申月에 출생하여 金이 강한 사주로 水를 용신한다.

대우주와 대자연에 존재하는 만물과 사물의 이치로 금은보석을 물에 깨끗이 씻어 반짝반짝 빛나는 최상의 형상으로 대운 사계절 순행으로 초년부터 서늘하고 추운 가을·겨울 서,북방의 金, 水운으로 길한 사주다.

(1) 훈민정음 한글 이름의 삼원 음양오행

조상의 정해진 성씨가 박(朴)씨로 훈민정음 한글 초성·중성·종성으로 자음과 모음의 음양 오행의 이치를 기준하여 초성으로 자음의 음양오행으로 이름을 부르고 말하는 소리의 이치로 '박소영' 이름의 삼원 음양오행이 '박'의 ㅂ은 土로 음양오행의 생극제화 상생의 이치를 응용하여 이름의 중간 자와 끝 자를 초성·중성·종성으로 초성으로 자음의 음양오행의 이치로 중성과 종성을 金, 水에 해당하는 ㅅ, ㅇ으로 정하여 이름의 삼원 음양오행을 'ㅂㅅㅇ'의 '土金 水'로 구성하여 한글 이름을 '박소영'으로 작명하여 이름의 삼원 음양오행이 자체적으로 보유한 음양오행의 생극제화 상생의 이치로 土生金 金生水로 순환상생의 이치가 발생하여 음양오행의 기운이 막히지 않고 흘러 서로가 조화와 균형을 이루고 중화를 이루는 동시에 사주의 용신인 水가 강하게 발생하는 좋은 이름이다.

(2) 이름 : 박소영

『훈민정음 해례본』에 근거하여 초성·중성·종성으로 자음과 모음의 음양오행의 이치로 조상의 정해진 성씨의 '박'은 초성으로 자음의 음양오행의 이치로 土의 ㅂ, 중성으로 모음의 음양오행의 이치로 木의 ㅏ, 종성으로 자음의 음양오행의 이치로 木에 해당하는 ㄱ을 응용하여 자체적으로 보유한 음양오행의 생극제화 상극의 이치로 木剋土의 이치가 발생하여 木이 강하고 중간 자의 '소'는 초성·중성·종성으로 자음과 모음의 음양오행의 이치로 金의 ㅅ, 중성으로 모음의 음양오행의 이치로 水에 해당하는 ㅗ를 응용하여 자체적으로 보유한 음양오행의 생극제화 상생의 이치로 金生水의 이치가 발생하여 水가 강하고 끝 자의 '영'은 초성·중성·종성으로 자음과 모음의 음양오행의 이치로 水의 ㅇ, 중성으로 모음의 음양오행의 이치로 木의 ㅕ, 종성으로 자음의 음양오행의 이치로 水에 해당하는 ㅇ을 응용하여 자체적으로 보유한 음양오행의 생극제화 상생의 이치로 水生木의 이치가 발생하여 木이 강하나 '박소영'의 한글 이름이 종합적으로 보유한 음양오행의 생극제화 상생상극의 이치로 金生水 水生木으로 순환상생의 이치가 발생하여 막히지 않고 흘러 서로가 조화와 균형을 이루고 중화를 이루는 동시에 사주의 용신 木이 강하게 발생하는 좋은 이름이다.

(3) 이름의 뜻

시가를 운율에 따라 외거나 읽는다는 뜻.

(4) 한글 획수의 삼원 음양오행

훈민정음 한글 숫자 음양오행의 이치로 '박'은 7획 火, '소'는 4획 金, '영'은 5획 土로 한글 획수의 삼원 음양오행이 '火金土'로 구성하여 한글 획수가 자체적으로 보유한 음양오행의 생극제화 상생의 이치로 火生土 土生金으로 순환상생의 이치가 발생하여 막히지 않고 흘러 서로가 조화와 균형을 이루고 중화를 이루는 동시에 金生水의 이치로 사주의 용신 水를 도와주는 좋은 이름이다.

(5) 음양오행의 생극제화 이치

한글 중성·종성으로 자음과 모음에 의한 소리와 숫자 음양오행의 이치로 이름이 종합적으로 보유한 음양오행의 생극제화 상생상극의 이치로 火生土 土生金 金生水로 순환상생의 이치가 발생하여 음양오행의 기운이 서로가 막히지 않고 흘러 조화와 균형을 이루고 중화를 이루는 동시에 사주의 용신 水가 강하게 발생하는 좋은 이름이다.

(6) 분석

대우주와 대자연에 존재하는 만물과 사물의 이치로 맑고 깨끗한 물이 막힘이 없이 유유히 흘러 만물과 사물이 대표적인 초목이 푸르게 생명을 유지하는 최상의 형상으로 좋은 이름으로 장차 교육자가 된다고 추리한다.

박소영 이름의 분석 도표

구분	성씨	중간	끝	삼원 음양오행	기타	길흉
이름	박	소	영	火金土	시가를 운율에 따라 읽다	0
자음	ㅂ	ㅅ	ㅇ	火金土	火生土 土生金	0
획수	7	3	5	火木土	木生火 火生土	0
생극제화	木生火 火生土 土生金 金生水로 순환 용신 水 강함					0
용신	맑고 깨끗한 물이 유유히 흐르는 최상의 형상이다					0

3) 1995년 1월 21일 22:00(亥時)생 (음력) 배주영

```
              癸 壬 戊 乙   坤
              亥 午 寅 亥   命
        55 45 35 25 15 5
          甲 癸 壬 辛 庚 己   大
          申 未 午 巳 辰 卯   運
```

이 사주는 壬水日主가 입춘절기의 寅月에 출생한 약한 사주로 金, 水를 용신한다.

대우주와 대자연에 존재하는 만물과 사물의 이치로 정월 곡우 절기에 큰 호수의 물이 점차 줄어드는 최악의 형상으로 불리한데 대운 사계절의 순행으로 초년부터 따뜻하고 뜨거운 봄·여름으로 향하여 더욱 불리하여 물을 보충하여야 하는 사주다.

(1) 훈민정음 한글 이름의 삼원 음양오행

조상의 정해진 성씨가 배(裵)씨로 훈민정음 한글 초성·중성·종성으로 자음과 모음의 음양오행의 이치를 기준하여 초성으로 자음의 음양오행으로 이름을 부르고 말하는 소리의 이치로 '배주영' 이름의 삼원 음양오행이 '배'의 ㅂ은 土로 음양오행의 생극제화 상생의 이치를 응용하여 이름의 중간 자와 끝 자를 초성·중성·종성의 자음과 모음에 의한 음양오행의 이치로 중성과 종성을 사주용신의 음양오행에 해당하는 金, 水의 ㅈ, ㅇ으로 정하여 이름의 삼원 음양오행을 'ㅂㅈㅇ'의 '土金水'로 구성하여 이름을 '배주영'으로 작명하여 이름의 삼원 음양오행이 자체적으로 보유한 음양오행의 생극제화 상생의 이치로 土生金 金生水로 순환상생의 이치가 발생하여 음양오행의 기운이 서로가 막히지 않고 흘러 조화와 균형을 이루고 중화를 이루는 동시에 사주의 용신 水가 강하게 발생하는 좋은 이름이다.

(2) 이름 : 배주영

『훈민정음 해례본』에 근거하여 초성·중성·종성으로 자음과 모음에 의한 음양오행의 이치로 '배주영'의 이름은 조상의 정해진 성씨의 '배'는 초성으로 자음의 음양오행의 이치로 土의 ㅂ, 중성으로 모음의 음양오행의 이치로 木의 ㅏ, 음양오행이 정해지지 않는 ㅣ를 응용하여 자체적으로 보유한 음양오행의 생극제화 상극의 이치로 木剋土의 이치가 발생하여 木이 강하고 중간 자의 '주'는 초성·중성·종성으로 자음과 모음의 음양오행의 이치로 金의 ㅈ, 중성으로 모음의 음양오행의 이치로 화에 해당하는 ㅜ를 응용하여 자체적으로 보유한 음양오행의 생극제화 상극의 이치로 火剋金의 이치가 발생하여 火가 강하고 끝 자의 '영'은 초성·중성·종성으로 자음과 모음의 음양오행의 이치로 水의 ㅇ, 중성으로 모음의 음양오행의 이치로 木의 ㅕ, 종성으로 자음의 음양오행의 이치로 水에 해당하는 ㅇ을 응용하여 자체적으로 보유한 음양오행의 생극제화 상생의 이치로 水生木의 이치가 발생하여 木이 강하나 '배주영'의 이름이 종합적으로 보유한 음양오행의 생극제화 상생상극의 이치로 木生火 火生土 土生金 金生水로 순환상생의 이치가 발생하여 음양오행의 기운이 서로가 막히지 않고 흘러 조화와 균형을 이루고 중화를 이루는 동시에 사주의 용신 水가 강하게 발생하는 좋은 이름이다.

(3) 이름의 뜻

'주영'은 특별한 뜻이 없는 순수한 우리말이다.

(4) 한글 획수의 삼원 음양오행

'훈민정음 한글 숫자 음양오행의 이치로 배'는 7획 火, '주'는 4획 金, '영'은 5획 土로 한글 획수의 삼원 음양오행이 '火金土'로 구성하여 한글 획수가 자체적으로 보유한 음양오행의 생극제화 상생의 이치로 火生土 土生金으로 순환상생의 이치가 발생하여 음양오행의 기운이 서로가 막히지 않고 흘러 조화와 균형을 이루고 중화를 이루는 동시에 사주의 용신 水를 金生水의 이치로 돕는 좋은 이름이다.

(5) 음양오행의 생극제화 이치

한글 초성·중성·종성으로 자음과 모음에 의한 소리와 숫자 음양오행의 이치로 이름이 종합적으로 보유한 음양오행의 생극제화 상생상극의 이치로 火生土 土生金 金生水로 순환상생의 이치가 발생하여 음양오행의 기운이 서로가 막힘이 없이 흘러 조화와 균형을 이루고 중화를 이루는 동시에 사주의 용신 水가 강하게 발생하는 좋은 이름이다.

(6) 분석

대우주와 대자연에 존재하는 모든 만물과 사물의 이치로 맑고 깨끗한 물이 막히지 않고 유유히 흐르는 최상의 형상으로 좋은 이름으로 큰 사업가라 추리한다.

한글 성명학

배주영 이름의 분석 도표

구분	성씨	중간	끝	삼원 음양오행	기타	길흉
이름	배	주	영	土金水	순수한 우리말	0
자음	ㅂ	ㅈ	ㅇ	土金水	土生金 金生水	0
획수	7	4	5	火金土	火生土 土生金	0
생극제화	火生土 土生金 金生水로 순환 용신 水가 강함					0
용신	맑고 깨끗한 물이 유유히 막히지 않고 흐르는 형상					0

4) 1980년 11월 14일 14:00(未時)생 이근태

```
              甲 丁 戊 庚   乾
              辰 卯 子 申   命
        55 45 35 25 15 5
         甲 癸 壬 辛 庚 己   大
         午 巳 辰 卯 寅 丑   運
```

이 사주는 丁火日主가 대설절기의 子月에 출생하여 목다화식(木多火熄)의 이치로 약한 사주로 火를 용신한다.

대우주와 대자연에 존재하는 모든 만물과 사물의 이치로 추운 11월 子月 동지절기에 불이 꺼지기 일보직전의 안타까운 형상으로 대운 사계절의 순행으로 초년부터 따뜻하고 무더운 봄·여름의 木, 火로 향하여 다행인 사주다.

(1) 훈민정음 한글 이름의 삼원 음양오행

조상의 정해진 성씨가 이(李)씨로 훈민정음 한글 초성·중성·종성으로 자음과 모음의 음양오행의 이치를 기준하여 초성으로 자음의 음양오행으로 이름을 부르고 말하는 소리의 이치로 '이근태' 이름의 삼원 음양오행이 '이'의 ㅇ은 水로 음양오행의 생극제화 상생의 이치를

2. 사주를 기준한 작명 235

응용하여 이름의 중간 자와 끝 자를 초성·중성·종성의 자음과 모음의 음양오행의 이치로 木, 火에 해당하는 ㄱ, ㅌ으로 정하여 이름의 삼원 음양오행을 'ㅇㄱㅌ'의 '水木火'로 구성하여 이름을 '이근태'로 작명 이름의 삼원 음양오행이 자체적으로 보유한 음양오행의 생극제화 상생의 이치로 水生木 木生火로 순환상생하여 음양오행의 기운이 막히지 않고 흘러 서로가 조화와 균형을 이루고 중화를 이루는 동시에 사주의 용신 火가 강하게 발생하는 좋은 이름이다.

(2) 이름 : 이근태

「훈민정음 해례본」에 근거하여 '이근태'의 한글 이름은 조상의 정해진 성씨인 '이'는 초성·중성·초성으로 자음과 모음에 의한 음양오행의 이치로 초성으로 자음의 음양오행의 이치로 水의 ㅇ, 중성으로 모음이 음양오행이 정해지지 않는 ㅣ를 응용하여 水로 자체적으로 보유한 음양오행의 생극제화 이치가 발생하지 않아 水가 강하고 중간 자인 '근'은 초성·중성·종성으로 자음과 모음의 음양오행의 이치로 木의 ㄱ, 중성으로 모음의 음양오행의 이치로 土의 ㅡ, 종성으로 자음의 음양오행의 이치로 火에 해당하는 ㄴ을 응용하여 자체적으로 보유한 음양오행의 생극제화 상생의 이치로 木生火 火生土의 이치가 발생하여 土가 강하고 끝 자인 '태'는 초성·중성·종성으로 자음과 모음의 음양오행의 이치로 火의 ㅌ, 중성으로 모음의 음양오행의 이치로 木에 해당하는 ㅐ를 응용하여 자체적으로 보유한 음양오행의 생극제화 상생의 이치로 木生火의 이치가 발생하여 火가 강하나 '이근태' 이름이 종합적으로 보유한 음양오행의 생극제화 상생의 이치로 水生木 木生火 火生土로 순환상생의 이치가 발생하여 음양오행의 기운이 먹히지 않고 흘러 서로가 조호와 균형을 이루고 중화를 이루는 동시에 火土 공존의 이치로 사주의 용신 火가 강하게 발생하여 꺼져가는 불을 살리는 최상의 형상으로 좋은 이름이다.

(3) 이름의 뜻

'근태'는 부지런함과 게으름 또는 구루갈이로 심은 콩이란 뜻.

(4) 한글 획수의 삼원 음양오행

훈민정음 한글 숫자 음양오행의 이치로 '이'는 2획 火, '근'은 3획 木, '태'는 6획 水로 한글 획수의 삼원 음양오행이 '火木水'가 구성되어 한글 획수가 자체적으로 보유한 음양오행의 생극제화 상생의 이치로 水生木 木生火로 순환상생의 이치가 발생하여 서로가 조화와 균형을 이루고 중화를 이루는 동시에 사주의 용신 火가 강하게 발생하는 좋은 이름이다.

(5) 음양오행의 생극제화 이치

초성·중성·종성으로 자음과 모음에 의한 소리와 숫자 음양오행의 이치로 이름이 종합적으로 보유한 음양오행의 생극제화 상생상극의 이치로 水生木 木生火로 순환상생의 이치가 발생하여 음양오행의 기운이 막히지 않고 흘러 서로가 조화와 균형을 이루고 중화를 이루는 동시에 사주의 용신 火가 강하게 발생하는 좋은 이름이다.

(6) 분석

대우주와 대자연에 존재하는 모든 만물과 사물의 이치로 꺼져가는 약한 불을 살리는 최상의 형상으로 좋은 이름으로 장차 정치인이 된다고 추리한다.

이근태 이름의 분석 도표

구분	성씨	중간	끝	삼원 음양오행	기타	길흉
이름	이	근	태		부지런함과 게으름	0
자음	ㅇ	ㄱ	ㅌ	水木火	水生木 木生火	0
획수	2	3	6	火木水	水生木 木生火	0
생극제화	水生木 木生火로 순환하여 용신 火가 강하다					0
용신	나무에 꽃이 만발한 목화통명(木火通明)의 형상이다					0

3
한글과 한자 이름의
작명

1) 2014년 1월 20일 10:00(巳時)생 신생아 이경태

```
                癸 辛 丙 甲    乾
                巳 酉 寅 午    命
  55 45 35 25 15  5
   壬 辛 庚 己 戊 丁   大
   申 未 午 巳 辰 卯   運
```

　이 사주는 辛金日主가 입춘절기의 寅月에 출생하여 음양의 이치로 서로가 조화와 균형을 이루고 중화를 이룬 身旺官旺의 귀격 사주로 火가 용신이다.

　대우주와 대자연에 존재하는 모든 만물과 사물의 이치로 금은보석이 정월 곡우절기에 밝은 빛과 맑고 깨끗한 물을 만나 반짝반짝 빛나는 최상의 형상으로 대운 사계절의 이치로 따뜻하고 뜨거운 봄·여름으로 순행하는 용신 운으로 대발이 예상되는 사주다.

(1) 훈민정음 한글 이름의 삼원 음양오행

조상의 정해진 성씨가 이(李)씨로 이름의 끝 자인 '태(台)' 자를 돌림으로 사용하는 가문으로 조상의 정해진 성씨가 '이'로 훈민정음 한글 초성·중성·종성으로 자음과 모음의 음양오행의 이치를 기준하여 초성으로 자음의 음양오행으로 이름을 부르고 말하는 소리의 이치로 '이경태' 이름의 삼원 음양오행이 '이'의 ㅇ은 水로 사주의 용신과 정반대로 흉하여 음양오행의 생극제화 상생의 이치로 이름의 중간 자와 끝 자를 초성·중성·종성으로 자음과 모음의 음양오행의 이치로 木, 火에 해당하는 ㄱ, ㅌ으로 정하여 이름의 삼원 음양오행을 'ㅇㄱㅌ'의 '水木火'로 구성하여 이름을 '이경태'로 작명하여 이름이 자체적으로 보유한 음양오행의 생극제화 상생의 이치로 水生木 木生火로 순환상생의 이치가 발생하여 음양오행의 기운이 막히지 않고 흘러 서로가 조화와 균형을 이루고 중화를 이루는 동시에 사주의 용신 火가 강하게 발생하는 이름으로 작명하였다.

(2) 이름 : 이경태(李景台)

『훈민정음 해례본』에 근거하여 '이경태'의 이름은 초성·중성·종성으로 자음과 모음의 음양오행의 이치로 성씨인 '이'는 초성으로 자음의 음양오행의 이치로 ㅇ은 水, 중성으로 모음은 음양오행이 정해지지 않은 ㅣ를 응용하여 자체적으로 보유한 음양오행의 생극제화 이치가 발생하지 않아 水가 강하고 중간 자 '경'은 초성·중성·종성으로 자음과 모음의 음양오행의 이치로 木에 해당하는 ㄱ, 중성으로 모음의 음양오행의 이치로 木에 해당하는 ㅕ, 종성으로 자음의 음양오행의 이치로 水에 해당하는 ㅇ을 응용하여 자체적으로 보유한 음양오행의 생극제화 상생의 이치로 水生木의 이치가 발생하여 木이 강하고 끝 자인 '태'는 초성·중성·종성으로 자음과 모음의 음양오행의 이치로 火에 해당하는 ㅌ, 중성·종성으로 모음의 음양오행의 이치로 木에 해당하는 ㅐ를 응용하여 자체적으로 보유한 음양오행의 생극제화 상생의 이치로 木生火의 이치가 발생하여 火가 강하나 '이경태'의 이름이 종합적으로 보유한 음양오행의 생극제화 상생의 이치로 水生木 木生火로 순환상생의 이치가 발생하여 음양오행의 기운이 막힘이 없이 흐르는 동시에 사주의 용신 火가 강하게 발생하는 좋은 이름이다.

(3) 이름의 뜻

'경태'의 뜻은 특별한 뜻이 없는 순수한 우리의 한글 이름이다.

(4) 한글 획수의 삼원 음양오행

훈민정음 한글 숫자 음양오행의 이치로 '이'는 2획 火, '경'은 5획 土, '태'는 6획 水로 한글 획수의 삼원 음양오행이 '火土水'가 구성되어 한글 획수가 자체적으로 보유한 음양오행의 생극제화 상생의 이치로 火生土 土剋水 이치가 발생하여 흉한 水를 제거하는 동시에 火土 공존의 이치로 사주의 용신 火가 강하게 발생하는 좋은 이름이다.

(5) 음양오행 생극제화 이치

한글 초성·중성·종성의 자음과 모음에 의한 소리와 숫자의 음양오행의 이치로 '이경태' 이름이 종합적으로 보유한 음양오행의 생극제화 상생상극의 이치로 水生木 木生火 火生土로 순환상생의 이치가 발생하여 음양오행의 기운이 막히지 않고 흘러 서로가 조화와 균형을 이루고 중화를 이루는 동시에 火土 공존의 이치로 사주의 용신 火가 강하게 발생하는 좋은 이름이다.

(6) 한자 이름 : 李景台

(7) 한자의 뜻

오얏 이(李), 볕 경(景), 클 태(台)로 한자의 뜻이 따뜻한 햇볕이 크고 강하다는 뜻으로 사주의 용신 火가 강하게 발생하는 좋은 이름이다.

(8) 한자 획수의 삼원 음양오행

훈민정음 한글 숫자 음양오행의 이치로 이(李)는 7획 火, 경(景)은 12획 火, 태(台)는 5획 土로 한자 획수의 삼원 음양오행이 '火火土'가 구성되어 한자 획수가 자체적으로 보유한 음양오행의 생극제화의 상생의 이치로 火生土로 순환상생의 이치가 발생하여 음양오행의 기운이 서로가 막힘이 없이 흐르는 동시에 火土 공존의 이치로 사주의 용신 火가 강하게 발생하는 좋은 이름이다.

(9) 음양오행의 생극제화 이치

한자 이름의 뜻과 획수가 종합적으로 보유한 음양오행의 생극제화 상생의 이치로 火生土의 이치와 발생하여 순환상생하는 동시에 火土 공존의 이치로 사주의 용신 火가 강하게 발생하는 좋은 이름이다.

(10) 종합적인 음양오행의 생극제화 이치

사주 주인공을 기준하여 '이경태(李景台)'의 이름이 종합적으로 음양오행의 생극제화 상생상극의 이치로 水生木 木生火 火生土로 순환상생의 이치가 발생하여 음양오행의 기운이 서로가 막힘이 없이 흘러 조화와 균형을 이루고 중화를 이루는 동시에 火土 공존의 이치로 사주의 용신 火가 강하여 발생하는 좋은 이름이다.

(11) 분석

사주 주인공의 용신 火를 기준하여 대우주와 대자연에 존재하는 모든 만물과 사물의 이치로 금은보석이 화려하게 밝은 빛의 火를 만나 반짝반짝 빛나는 최상의 형상을 유지시키는 동시에 금은보석의 가치가 하늘 높은 줄 모르게 치솟는 최상의 형상으로 매사가 만사형통으로 이루어지는 동시에 국가 고위 공직자가 되어 국가와 국민을 위해 희생하고 봉사하는 큰 인물이 되어 국가와 가문을 빛내는 장차 기대가 되는 좋은 이름이다.

이경태 이름의 분석 도표

구분	성씨	중간	끝	삼원 음양오행	기타	길흉
이름	이	경	태	水木火	순수한 우리말	0
자음	ㅇ	ㄱ	ㅌ	水木火	水生木 木生火	0
획수	2	5	6	火土水	火生土 土剋水	0
한자	李	景	台	뜨거운 햇볕이 크다		0
획수	7	12	5	火火土	火生土	0
생극제화	水生木 木生火 火生土 이치로 순환상생을 이루다					0
용신	금음보석이 밝은 빛을 만나 반짝이는 최상의 형상이다					0

위와 같이 『훈민정음 해례본』에 근거하여 훈민정음 한글 초성·중성·종성으로 자음과 모음의 음양오행의 이치로 발생하는 음양이나 목화토금수를 중심으로 한글 이름과 한자 이름을 작명하는 방법이 최상으로 한글이나 한자를 응용하는 과정에서 반드시 사주 주인공을 살리는 용신의 음양오행을 기준하여 한글과 한자를 응용하는 과정에서 이름의 뜻과 획수를 중요시하는 것이 법칙으로 단, 한자 획수의 삼원 음양오행을 응용하지 않아도 된다는 것을 참고석으로 알아두기 바란다. 그 이유는 한글에 의한 음양오행의 이치가 중요하시 한사는 중요하지 않기 때문이다.

2) 2015년 5월 7일 04:35(寅時)생 여자 신생아 김나래

```
              丙 己 壬 乙   坤
              寅 巳 午 未   命
   65 55 45 35 25 15 5
    己 戊 丁 丙 乙 甲 癸   大
    丑 子 亥 戌 酉 申 未   運
```

이 사주는 己土日主가 망종절기의 午月에 출생하여 地支가 전체 印綬合局의 火局으로 인수격(印綬格)으로 火가 용신이다.

대우주와 대자연에 존재하는 모든 만물과 사물의 이치로 뜨겁고 무더운 火가 강한 망종절기의 논밭의 흙을 큰불에 달구어 청화백자 도자기를 만드는 최상의 형상으로 대운 사계절이 서늘하고 추운 가을·겨울로 순행하는 金, 水의 역세 운으로 불길한 것이 흠이다.

(1) 훈민정음 한글 이름의 삼원 음양오행

조상의 정해진 성씨가 김(金)씨로 훈민정음 한글 초성·중성·종성으로 자음과 모음의 음양오행의 이치를 기준하여 초성으로 자음의 음양오행으로 이름을 부르고 말하는 소리의 이치로

'김나래' 이름의 삼원 음양오행이 성씨의 '김'의 ㄱ은 木으로 사주의 용신이 火로 음양오행의 생극제화 상생의 이치로 木生火의 이치를 응용하여 이름의 중간 자와 끝 자를 한글 초성·중성·종성으로 자음과 모음의 음양오행의 이치로 火에 해당하는 ㄴ, ㄹ로 정하여 이름의 삼원 음양오행을 'ㄱㄴㄹ'과 '木火火'로 구성하여 이름을 '김나래'로 작명하여 이름이 자체적으로 보유한 음양오행의 생극제화 상생의 이치로 木生火로 순환상생의 이치가 발생하여 음양오행의 기운이 막히지 않고 흘러 서로가 조화와 균형을 이루고 중화를 이루는 동시에 사주의 용신 火가 강하게 발생하는 이름으로 작명하였다.

(2) 이름 : 김나래

『훈민정음 해례본』에 근거하여 '김나래'의 이름의 정해진 성씨인 '김'은 초성·중성·종성으로 자음과 모음의 음양오행의 이치로 초성으로 자음의 음양오행의 이치로 木의 ㄱ, 중성으로 모음의 음양오행의 이치로 음양오행이 정해지지 않은 ㅣ, 종성으로 자음의 음양오행의 이치로 土에 해당하는 ㅁ을 응용하여 자체적으로 보유한 음양오행의 생극제화 상극의 이치로 木剋土의 이치가 발생하여 木이 강하고 이름의 중간 자 '나'는 초성·중성·종성으로 자음과 모음의 음양오행의 이치로 火의 ㄴ, 중성으로 모음의 음양오행의 이치로 木에 해당하는 ㅏ를 응용하여 자체적으로 보유한 음양오행의 생극제화 상생의 이치로 木生火의 이치가 발생하여 火가 강하고 이름의 끝 자 '래'는 초성·중성·종성으로 자음의 음양오행의 이치로 火의 ㄹ, 중성으로 모음의 음양오행의 이치로 木에 해당하는 ㅐ를 응용하여 자체적으로 보유한 음양오행의 생극제화 상생의 이치로 木生火의 이치가 발생하여 火가 강하나 '김나래' 이름이 종합적으로 보유한 음양오행의 생극제화 상생의 이치로 木生火 火生土로 순환상생의 이치가 발생하여 음양오행의 기운이 서로가 막히지 않고 흐르는 동시에 火土 공존의 이치로 사주의 용신 火가 강하게 발생하는 좋은 이름이다.

(3) 이름의 뜻

'나래'는 신나게 목표를 향해 나래를 펴는 뜻이다.

(4) 한글 획수의 삼원 음양오행

훈민정음 한글 숫자 음양오행의 이치로 '김'의 5획 土, '나'의 3획 木, '래'의 6획은 水로 한글 획수의 삼원 음양오행이 '土木水'가 구성되어 한글 획수가 자체적으로 보유한 음양오행의 생극 제화 상생상극의 이치로 水生木 木剋土의 이치가 발생하여 木이 강하나 木生火의 이치로 사주 의 용신 火를 생하여 火가 강하게 발생하는 좋은 이름이다.

(5) 음양오행 생극제화 이치

한글 초성·중성·종성으로 자음과 모음의 소리와 숫자의 음양오행의 이치로 '김나래'의 이름이 종합적으로 보유한 음양오행의 생극제화 상생상극의 이치로 水生木 木生火 火生土로 순환상생의 이치가 발생하여 음양오행의 기운이 막힘이 없이 흘러 서로가 조화와 균형을 이루고 중화를 이루는 동시에 火土 공존의 이치로 사주의 용신 火가 강하게 발생하는 좋은 이름이다.

(6) 한자 이름 : 金喇來

(7) 한자의 뜻

성 김(金), 말할 나(喇), 오다 래(來)는 사람이 입으로 말하는 말은 火에 해당하여 사주의 용신 火에 해당하는 음양오행으로 火가 오래도록 머물러 있거나 왕래한다는 뜻으로 사주의 용신 火가 강하게 발생하는 좋은 이름이다.

(8) 한자 획수의 삼원 음양오행

훈민정음 한글 숫자 음양오행의 이치로 김(金)의 8획 木, 나(喇)의 12획 火, 래(來)의 8획 木으로 한자 획수의 삼원 음양오행이 '木火木'이 구성되어 한자 획수가 자체적으로 보유한 음양오행의 생극제화 상생의 이치로 木生火의 이치로 순환상생하여 음양오행의 기운이 막히지 않고 흐르 는 동시에 사주의 용신 火가 강하게 발생하는 좋은 이름이다.

(9) 음양오행 생극제화 이치

한자 이름의 뜻과 획수가 종합적으로 보유한 음양오행의 생극제화 상생의 이치로 木生火로 순환상생의 이치가 발생하여 음양오행의 기운이 서로가 막히지 않고 흐르는 동시에 사주의 용신 火가 강하게 발생하는 좋은 이름이다.

(10) 종합적인 음양오행의 생극제화 이치

사주 주인공의 용신을 기준하여 한글 이름과 한자 이름이 종합적으로 보유한 음양오행의 생극제화 상생상극의 이치로 木生火로 순환상생의 이치가 발생하여 음양오행의 기운이 서로가 막힘이 없이 흐르는 동시에 사주의 용신 火가 강하게 발생하는 좋은 이름이다.

(11) 분석

사주 주인공의 용신을 기준하여 대우주와 대자연에 존재하는 모든 만물과 사물의 이치로 진흙을 큰불에 달구어 고귀한 청화백자 도자기가 만들어지는 최상의 형상의 인물로 장차 청렴한 교육자가 되어 국가와 국민에게 희생하고 봉사하는 공직자로서 국가와 가문을 빛내는 이름이다.

김나래 이름의 분석 도표

구분	성씨	중간	끝	삼원 음양오행	기타	길흉
이름	김	나	래	木火火	나래를 펴다	0
자음	ㄱ	ㄴ	ㄹ	木火火	木生火	0
획수	5	3	6	土木水	水生木 木剋土	0
한자	金	喇	來	말이 왕래하다		0
획수	8	12	8	木火木	木生火	0
생극제화	水生木 木生火 火生土의 이치로 火土 공존으로 좋다					0
용신	청화백자 도자기를 만드는 최상의 형상이다					0

위와 같이 『훈민정음 해례본』에 근거하여 조상의 정해진 이름의 성씨를 기준하여 이름의 삼원 음양오행의 구성이 어렵지만 한글의 초성·중성·종성으로 자음과 모음의 음양오행의 이치로 이름이 자체적으로 보유한 음양오행의 생극제화 상생상극의 이치로 사주의 용신 火가

강하게 발생하도록 하는 방법이다.

3) 1954년 5월 6일 09:40(巳時)생 아호 구동

```
            丁 癸 庚 甲  乾
            巳 巳 午 午  命
     70  60  50  40  30  20  10
      丁  丙  乙  甲  癸  壬  辛   大
      丑  子  亥  戌  酉  申  未   運
```

이 사주는 癸水日主가 망종 절기의 午月에 출생하여 地支 全 火氣合局으로 종재격(從財格) 사주로 火를 용신한다.

대우주와 대자연에 존재하는 모든 만물과 사물의 봄·여름·가을·겨울의 사계절의 이치로 뜨겁고 무더운 여름을 유지하는 최상의 형상으로 대운 사계절의 이치로 서늘하고 추운 가을·겨울로 순행하여 金, 水의 역세 운으로 흉하여 아호를 작명한 사주다.

(1) 훈민정음 한글 이름의 삼원 음양오행

조상의 정해진 성씨가 이(李)씨로 훈민정음 한글 초성·중성·종성으로 자음과 모음의 음양 오행의 이치를 기준하여 초성으로 자음의 음양오행으로 이름을 부르고 말하는 소리의 이치로 '구동' 이름의 삼원 음양오행이 성씨 '이'의 ㅇ은 水로 사주의 용신에 정반대로 흉하여 음양오행 의 생극제화 상생의 이치로 아호의 중간 자와 끝 자를 한글의 초성·중성·종성으로 자음과 모음에 의한 음양오행의 이치로 木, 火에 해당하는 ㄱ, ㄷ으로 정하여 한글 이름의 삼원 음양오행을 ㅇㄱㄷ의 水木火로 구성하여 아호를 '구동'으로 작명하여 아호가 자체적으로 보유 한 음양오행의 생극제화 상생의 이치로 水生木 木生火로 순환상생의 이치가 발생하여 음양오 행의 기운이 서로가 막힘이 없이 흘러 조화와 균형을 이루고 중화를 이루는 동시에 사주의

용신 火가 강하게 발생하는 아호를 작명하였다.

(2) 아호 : 구동(久彤)

『훈민정음 해례본』에 근거하여 아호인 '구동'의 첫 자인 '구'는 초성·중성·종성으로 자음과 모음의 음양오행의 이치로 초성으로 자음의 음양오행의 이치로 木의 ㄱ, 중성으로 모음의 음양오행의 이치로 火에 해당하는 ㅜ를 응용하여 자체적으로 보유한 음양오행의 생극제화 상생의 이치로 木生火의 이치가 발생하여 火가 강하고 끝 자의 '동'은 초성으로 자음의 음양오행의 이치로 火의 ㄷ, 중성으로 모음의 음양오행의 이치로 水의 ㅗ, 종성으로 자음의 음양오행의 이치로 水에 해당하는 ㅇ을 응용하여 자체적으로 보유한 음양오행의 생극제화 상극의 이치로 水剋火의 이치가 발생하여 水가 강하나 한글 이름의 아호 '구동'이 자체적으로 보유한 음양오행의 생극제화 상생의 이치로 水生木 木生火로 순환상생이 발생하여 음양오행의 기운이 서로가 막히지 않고 흐르는 동시에 사주의 용신 火가 강하게 발생하는 좋은 아호다.

(3) 아호의 뜻

'구동'의 뜻은 동력을 넣어 움직인다는 뜻이다.

(4) 한글 획수의 삼원 음양오행

훈민정음 한글 숫자 음양오행의 이치로 '이'의 2획 火, '구'의 3획 木, '동'의 5획 土로 한글 획수의 삼원 음양오행이 '火木土'로 구성되어 한글 획수가 자체적으로 보유한 음양오행의 생극제화 상생의 이치로 木生火 火生土로 순환상생의 이치가 발생하여 음양오행의 기운이 서로가 막히지 않고 흐르는 동시에 火土 공존의 이치로 사주의 용신 火가 강하게 발생하는 좋은 아호다.

(5) 음양오행 생극제화 이치

한글 초성·중성·종성으로 자음과 모음에 의한 소리와 숫자 음양오행의 이치로 아호 '구동'이 종합적으로 보유한 음양오행의 생극제화 상생의 이치로 水生木 木生火 火生土로 순환상생의 이치가 발생하여 음양오행의 기운이 막히지 않고 흘러 서로가 조화와 균형을 이루고 중화를 이루는 동시에 火土 공존의 이치로 사주의 용신 火가 강하게 발생하는 좋은 아호다.

(6) 한자 아호 : 久彤

(7) 한자의 뜻

오랜 구(久), 붉은 동(彤)으로 붉게 단장한 것이 오래 머문다는 뜻으로 사주의 용신에 火에 해당하는 좋은 아호다.

(8) 한자 획수의 삼원 음양오행

훈민정음 한글 숫자의 음양오행의 이치로 이(李)의 7획 火, 구(久)의 3획 木, 동(彤) 의 7획 火로 한자 획수의 삼원 음양오행이 '火木火'가 구성되어 한자 획수가 자체적으로 보유한 음양오행의 생극제화 상생의 이치로 木生火로 순환상생의 이치가 발생하여 음양오행의 기운이 막히지 않고 흘러 서로가 조화와 균형을 이루고 중화를 이루는 동시에 사주의 용신 火가 강하게 발생하는 좋은 아호다.

(9) 음양오행의 생극제화 이치

한자의 뜻과 획수가 종합적으로 보유한 음양오행의 생극제화 상생의 이치로 木生火의 이치가 발생하여 음양오행의 기운이 막히지 않고 흐르는 동시에 사주의 용신 火가 강하게 발생하는 좋은 아호다.

(10) 종합적인 음양오행의 생극제화 이치

사주가 종재격(從財格)으로 火가 용신으로 아호가 종합적으로 보유한 음양오행의 생극제화

상생상극의 이치로 水生木 木生火 火生土로 순환상생의 이치가 발생하여 음양오행의 기운이 서로가 막힘이 없이 흐르는 동시에 火土 공존의 이치로 사주의 용신 火를 유지하는 상당히 좋은 아호다.

(11) 분석

사주 주인공의 용신을 기준하여 대우주와 대자연에 존재하는 모든 만물과 사물의 봄·여름·가을·겨울 사계절의 이치로 사시사철 뜨겁고 무더운 火가 강한 여름을 유지하는 최상의 형상으로 매사에 하는 모든 사업이 만사형통으로 번창하고 사회적으로 부와 명예가 오르는 아호라고 분석하면 된다.

'구동' 아호의 분석 도표

구분	성씨	중간	끝	삼원 음양오행	기타	길흉
이름	이	구	동	水木火	움직이는 힘	0
자음	ㅇ	ㄱ	ㄷ	水木火	水生木 木生火	0
획수	2	3	5	火木土	木生火 火生土	0
한자	李	久	形	붉은빛이 오래 머물다		0
획수	7	3	7	火木火	木生火	0
생극제화	水生木 木生火 火生土로 순환상생을 이루어 좋다					0
용신	뜨겁고 무더운 여름을 유지하는 최상의 형상이다					0

위와 같이 사주의 『훈민정음 해례본』에 근거한 훈민정음 한글의 음양오행의 이치와 명리학문을 응용하여 사주의 격국과 용신이 특별하게 종재격(從財格)이 구성되어 대우주와 대자연에 존재하는 모든 만물과 사물의 이치로 사람의 아호를 작명하는 방법이다.

4) 1966년 2월 3일 12:20(午時)생 개명 '유정호'

```
              丙 壬 庚 丙  乾
              午 子 寅 午  命
      64 54 44 34 24 14 4
       丁 丙 乙 甲 癸 壬 辛  大
       酉 申 未 午 巳 辰 卯  運
```

이 사주는 壬水日主가 입춘 절기의 寅月에 출생하여 年干, 時干에 丙火가 투출하고 地支가 寅午合局으로 火氣太旺하여 陽이 강하여 음양의 조화와 균형으로 중화를 이루지 못하여 대흉으로 재다신약(財多身弱) 사주로 水가 용신이다.

대우주와 대자연에 존재하는 모든 만물과 사물의 음양의 이치로 음양이 서로가 조화와 균형을 이루지 못하고 중화를 이루지 못한 최악의 형상으로 대운 사계절의 이치로 초년부터 따뜻하고 뜨거운 봄·여름의 木, 火 역세 운으로 순행하여 불길하여 개명하였다.

(1) 훈민정음 한글 이름의 삼원 음양오행

조상의 정해진 성씨가 유(兪)씨로 훈민정음 한글 초성·중성·종성으로 자음과 모음의 음양오행의 이치를 기준하여 초성으로 자음의 음양오행으로 이름을 부르고 말하는 소리의 이치로 '유정호' 이름의 삼원 음양오행이 성씨인 '유'는 초성으로 자음의 음양오행의 이치로 ㅇ은 水에 해당하여 상당히 이름을 작명하기가 좋아 이름의 중간 자와 끝 자를 음양오행의 생극제화 상생의 이치를 응용하여 金, 水에 해당하는 ㅈ, ㅎ으로 정하여 이름의 삼원 음양오행을 'ㅇㅈㅎ'의 '水金水'로 구성하여 이름을 '유정호'로 작명하여 이름이 자체적으로 보유한 음양오행의 생극제화 상생의 이치로 金生水로 순환상생의 이치가 발생하여 음양오행의 기운이 서로가 막히지 않고 흘러 조화와 균형을 이루고 중화를 이루는 동시에 사주의 용신 水가 강하게 발생하여 음양의 이치로 서로가 조화와 균형을 이루고 중화를 이루는 이름으로 개명하였다.

(2) 이름 : 유정호

『훈민정음 해례본』에 근거하여 '유정호'의 이름은 정해진 성씨가 '유'씨로 초성·중성·종성으로 자음과 모음에 의한 이름을 부르고 말하는 소리의 음양오행의 이치로 초성으로 자음의 음양오행의 이치로 水의 ㅇ, 중성으로 모음의 음양오행의 이치로 水에 해당하는 ㅠ를 응용하여 모두 水로 자체적으로 보유한 음양오행의 생극제화 이치가 발생하지 않아 水가 강하고 중간 자인 '정'은 한글의 초성으로 자음의 음양오행의 이치로 金의 ㅈ, 중성으로 모음의 음양오행의 이치로 金의 ㅓ, 종성으로 자음의 음양오행의 이치로 水에 해당하는 ㅇ을 응용하여 자체적으로 보유한 음양오행의 생극제화 상생의 이치로 金生水의 이치가 발생하여 水가 강하고 끝 자의 '호'는 초성으로 자음의 음양오행의 이치로 水의 ㅎ, 중성으로 모음의 음양오행의 이치로 水에 해당하는 ㅗ를 응용하여 모두가 水로 자체적으로 보유한 음양오행의 생극제화 이치가 발생하지 않아 水가 강하여 '유정호'의 이름이 자체적으로 보유한 음양오행의 생극제화 상생의 이치로 金生水로 순환상생의 이치가 발생하여 서로가 막힘이 없이 흐르는 동시에 사주의 용신 水가 강하게 발생하는 좋은 이름이다.

(3) 이름의 뜻

'정호'의 뜻은 수학적으로 양(陽)의 숫자에 해당하는 뜻이다.

(4) 한글 획수의 삼원 음양오행

훈민정음 한글 숫자 음양오행의 이치로 '유'는 4획 金, '정'은 5획 土, '호'는 5획 土로 한글 획수의 삼원 음양오행이 '金土土'가 구성되어 한글 획수가 자체적으로 보유한 음양오행의 생극제화 상생의 이치로 土生金이 발생하여 金이 강한 동시에 金生水의 이치로 水를 생하여 용신 水가 강하게 발생하는 좋은 이름이다.

(5) 음양오행 생극제화 이치

한글 초성·중성·종성으로 자음과 모음에 의한 소리와 숫자 음양오행의 이치로 '유정호'의 이름이 자체적으로 보유한 음양오행의 생극제화 상생의 이치로 土生金 金生水로 순환상생의 이치가 발생하여 음양오행의 기운이 서로가 막히지 않고 흘러 용신의 水가 강하게 발생하는 동시에 음양의 이치로 서로가 조화와 균형을 이루고 중화를 이루는 좋은 이름이다.

(6) 한자 이름 : 兪井浩

(7) 한자의 뜻

점점 유(兪), 우물 정(井), 물이 넓게 흐르는 클 호(浩)로 물은 만물과 사물의 음양오행의 이치로 水에 해당하여 우물물이 넓게 크게 흐르는 최상의 형상으로 사주의 용신 水가 점점 강하게 발생하는 좋은 이름이다.

(8) 한자 획수의 삼원 음양오행

훈민정음 한글 숫자 음양오행의 이치로 유(兪)의 9획 金, 정(井)의 4획 金, 호(浩)의 10획은 土로 한자 획수의 삼원 음양오행이 '金金土'로 구성되어 한자 획수가 자체적으로 보유한 음양오행의 생극제화 상생의 이치로 土生金의 이치가 발생하여 金生水의 이치로 용신 水를 생하여 水가 강하게 발생하는 좋은 이름이다.

(9) 음양오행의 생극제화 이치

한자의 뜻과 획수가 종합적으로 보유한 음양오행의 생극제화 상생의 이치로 土生金 金生水로 순환상생의 이치가 발생하여 음양오행의 기운이 서로가 막히지 않고 흐르는 동시에 사주의 용신 水가 발생하여 음양의 이치로 서로가 조화와 균형을 이루고 중화를 이루는 좋은 이름이다.

(10) 종합적인 음양오행의 생극제화 이치

사주의 용신을 기준하여 한글 이름과 한자 이름이 종합적으로 보유한 음양오행의 생극제화 상생상극의 이치로 土生金 金生水로 순환상생의 이치가 발생하여 음양오행의 기운이 서로가 막히지 않고 흘러 용신 水가 강하게 발생하는 동시에 음양의 이치로 서로가 조화와 균형을 이루고 중화를 이루는 좋은 이름이다.

(11) 분석

사주의 용신을 기준하여 대우주와 대자연에 존재하는 모든 만물과 사물의 봄·여름·가을·겨울 사계절의 이치로 가을이 겨울로 순환하는 이치와 추수통원(秋水通源)의 이치와 같은 최상의 형상으로 끊임없이 水가 발생하여 주변 사람의 도움으로 매사가 만사형통으로 사업이 번창하고 발전하여 부와 명예를 이루어 가족이 건강하고 행복하게 살아간다고 분석하면 된다.

'유정호' 이름의 분석 도표

구분	성씨	중간	끝	삼원 음양오행	기타	길흉
이름	유	정	호	水金水	순수한 우리말	0
자음	ㅇ	ㅈ	ㅎ	水金水	金生水	0
획수	4	5	5	土生金	土生金	0
한자	兪	井	浩		물이 점차 커지다	0
획수	9	4	10	金金土	土生金	0
생극제화	土生金 金生水의 이치로 순환하여 용신이 水가 강하다					0
용신	가을이 겨울로 순환하여 水(陰)이 커지는 최상의 형상					0

5) 1964년 12월 28일 未時生 예명 태령

辛 甲 丁 甲　坤

未 申 丑 辰　命

68 58 48 38 28 18 8

庚 辛 壬 癸 甲 乙 丙　大

午 未 申 酉 戌 亥 子　運

이 사주는 甲木日主가 소한 절기의 丑月에 출생하여 꽁꽁 얼어 있는 겨울나무로 최악의 형상으로 火가 용신이다.

대우주와 대자연에 존재하는 모든 만물과 사물의 이치로 큰 거목이 한겨울 추위에 꽁꽁 얼어 떨고 있는 최악의 형상으로 대운 사계절의 이치로 춥고 서늘한 金, 水 가을·겨울로 역행하는 역세 운으로 불길하여 예명을 작명하였다.

(1) 훈민정음 한글 이름의 삼원 음양오행

조상의 정해진 성씨가 이(李)씨로 훈민정음 한글 초성·중성·종성으로 자음과 모음의 음양오행의 이치를 기준하여 초성으로 자음의 음양오행으로 이름을 부르고 말하는 소리의 이치로 '태령' 이름의 삼원 음양오행이 성씨 '이'의 ㅇ은 水에 해당하여 사주의 용신 火에 정반대가 되는 음양오행으로 대흉하여 예명의 중간 자와 끝 자를 초성·중성·종성으로 자음과 모음의 음양오행의 이치로 火, 火에 해당하는 ㅌ, ㄹ로 정하여 이름의 삼원 음양오행을 'ㅇ ㅌ ㄹ'에 '水火火'로 구성하여 '태령'으로 작명하여 예명 '태령'이 자체적으로 보유한 음양오행의 생극제화 상극의 이치로 水剋火가 발생하여 흉하나 화다수증(火多水蒸)의 이치로 사주의 용신 火가 강하게 발생하는 예명을 작명하여 직업가수로 노래는 음양오행의 이치로 火에 해당하기 때문이다.

(2) 예명 : 태령

『훈민정음 해례본』에 근거하여 예명인 '태령'의 첫 자인 '태'는 초성·중성·종성으로 자음과 모음의 음양오행의 이치로 초성으로 자음이 火의 ㅌ, 중성으로 모음의 음양오행의 이치로 木에 해당하는 ㅐ를 응용하여 자체적으로 보유한 음양오행의 생극제화 상생의 이치로 木生火의 이치가 발생하여 火가 강하고 끝 자인 '령'은 초성으로 자음의 음양오행의 이치로 火의 ㄹ, 중성으로 모음의 음양오행의 이치로 木의 ㅕ, 종성으로 자음의 음양오행의 이치로 水에 해당하는 ㅇ을 응용하여 자체적으로 보유한 음양오행의 생극제화 상생의 이치로 水生木 木生火의 이치로 사주의 용신 火가 강하게 발생하여 '태령'이 자체적으로 보유한 음양오행의 생극제화 상생의 이치로 水生木 木生火로 순환상생의 이치가 발생하여 음양오행의 기운이 서로가 막히지 않고 흐르는 동시에 사주의 용신 火가 강하게 발생하는 좋은 예명이다.

(3) 예명의 뜻

'태령'은 특별한 뜻이 없는 순수한 한글 예명이다.

(4) 한글 획수의 삼원 음양오행

훈민정음 한글 숫자 음양오행의 이치로 '이'의 2획 火, '태'의 6획 水, '령'의 7획 火로 한글 획수의 삼원 음양오행이 '火水火'가 구성되어 한글 획수가 자체적으로 보유한 양오행의 생극제화 상극의 이치로 水剋火의 이치가 발생하나 화다수증(火多水蒸)의 이치로 사주의 용신 火가 강하게 발생하는 좋은 예명이다.

(5) 음양오행의 생극제화 이치

한글 초성·중성·종성으로 자음과 모음에 의한 소리와 숫자 음양오행의 이치로 '태령'이 종합적으로 보유한 음양오행의 생극제화 상극의 이치로 水剋火의 이치가 발생하나 화다수증(火多水蒸) 이치로 사주의 용신 火가 강하게 발생하는 좋은 예명이다.

(6) 한자의 예명 : 兌鈴

(7) 한자의 뜻

방울에서 나오는 소리가 빛이 난다는 뜻이다.

(8) 한자 획수의 삼원 음양오행

훈민정음 한글 숫자의 음양오행의 이치로 이(李)의 7획 火, 빛날 태(兌)의 7획 火, 방울 령(鈴)의 13획 木으로 한자 획수의 삼원 음양오행이 '火火木'이 구성되어 한자 획수가 자체적으로 보유한 음양오행의 생극제화 상생의 이치로 木生火로 순환상생의 이치가 발생하여 음양오행의 기운이 서로가 막히지 않고 흘러 조화와 균형을 이루고 중화를 이루는 동시에 사주의 용신 火가 강하게 발생하는 좋은 예명이다.

(9) 음양오행의 생극제화 이치

한자의 뜻과 획수가 자체적으로 보유한 음양오행의 생극제화 상생의 이치로 木生火로 순환 상생하여 서로가 막힘이 없이 흘러 조화와 균형을 이루고 중화를 이루는 동시에 사주의 용신 火가 강하게 발생하는 좋은 예명이다.

(10) 종합적인 음양오행의 생극제화 이치

사주 주인공의 용신 火를 기준하여 한글과 한자의 예명이 종합적으로 보유한 음양오행의 생극제화 상생상극의 이치로 水生木 木生火로 순환상생의 이치가 발생하여 서로가 막힘이 없이 흘러 조화와 균형을 이루고 중화를 이루는 동시에 사주의 용신 火가 강하게 발생하는 좋은 예명이다.

(11) 분석

사주의 용신을 기준하여 대우주와 대자연에 존재하는 모든 만물과 사물의 이치로 한겨울 추위에 덜덜 떨고 있는 큰 나무에 따뜻하고 강한 火를 주어 해동(解冬)시켜 나무에 꽃이 활짝 피는 목화통명(木火通明)의 최상의 형상으로 가수 생활이 만사형통으로 성공하여 부와 명예를 누린다고 분석하면 된다.

태령 예명의 분석 도표

구분	성씨	중간	끝	삼원 음양오행	기타	길흉
이름	이	태	령	水火火		0
자음	ㅇ	ㅌ	ㄹ	水火火	화다수증의 이치	0
획수	2	6	7	火水火	〃	0
한자	李	兌	鈴	방울소리가 빛이 난다는 뜻		0
획수	7	7	13	火火木	木生火	0
생극제화	水生木 木生火로 순환하여 용신 火가 강하여 좋다					0
용신	木火通明의 최상의 형상					0

6) 1980년 7월 19일 戌時生 주식회사 '만재'

```
        甲 甲 甲 庚   乾
        戌 子 申 申   命
56 46 36 26 16 6
辛 庚 己 戊 丁 丙   大
卯 寅 丑 子 亥 戌   運
```

이 사주는 甲木日主가 입추의 처서 절기 申月에 출생하여 가을에 나무가 빼곡히 들어차 있는 최악의 형상으로 火가 용신이나 사주에 火가 없어 金을 용신한다.

대운 사계절의 이치로 초년부터 춥고 포근한 水, 木의 겨울, 봄으로 순행하여 불리한 것이 흠으로 음양오행의 이치로 金에 해당하는 석재 회사의 이름을 작명한 사주로 대우주와 대자연에 존재하는 모든 만물과 사물의 이치로 큰 나무를 제재(製材)하여 가장 좋은 대들보를 만드는 '동량지재(棟樑之材)'가 되는 최상의 형상이다.

(1) 훈민정음 한글의 삼원 음양오행

조상의 정해진 성씨가 방(方)씨로 훈민정음 한글 초성·중성·종성으로 자음과 모음의 음양오행의 이치를 기준하여 초성으로 자음의 음양오행으로 이름을 부르고 말하는 소리의 이치로 '만재' 이름의 삼원 음양오행이 성씨가 '방'씨의 ㅂ은 土로 사주의 용신을 도와주어 길하여 회사 명칭의 중간 자와 끝 자를 초성·중성·종성으로 자음과 모음의 음양오행의 이치로 土, 金에 해당하는 ㅁ, ㅈ으로 정하여 회사 명칭의 삼원 음양오행을 'ㅂㅁㅈ'의 '土土金'으로 구성하여 주식회사 '만재'로 작명하여 회사 명칭이 자체적으로 보유한 음양오행의 생극제화 상생의 이치로 土生金로 순환상생의 이치가 발생하여 음양오행의 기운이 막히지 않고 흘러 서로가 조화와 균형을 이루고 중화를 이루는 동시에 사주의 용신 金이 강하게 발생하는 회사의 이름을 작명하였다.

(2) 회사의 명칭 : ㈜ 만재

『훈민정음 해례본』에 근거하여 '주식회사 만재'의 첫 자인 '만'은 초성·중성·종성으로 자음과 모음의 음양오행의 이치로 초성으로 자음의 음양오행의 이치로 土에 해당하는 ㅁ, 중성으로 모음의 음양오행의 이치로 木에 해당하는 ㅏ, 종성으로 자음의 음양오행의 이치로 火에 해당하는 ㄴ을 응용하여 자체적으로 보유한 음양오행의 생극제화 상생의 이치로 木生火 火生土의 이치가 발생하여 土가 강하고 끝 자인 '재'는 초성으로 자음의 음양오행의 이치로 金에 해당하는 ㅈ, 중성으로 모음의 음양오행의 이치로 木에 해당하는 ㅐ를 응용하여 자체적으로 보유한 음양오행의 생극제화 상극의 이치로 金剋木의 이치가 발생하여 金이 강하여 '주식회사 만재'가 자체적으로 보유한 음양오행의 생극제화 상생의 이치로 木生火 火生土 土生金으로 순환상생의 이치가 발생하여 음양오행의 기운이 서로가 막히지 않고 흐르는 동시에 사주의 용신 金이 강하게 발생하는 회사명칭으로 작명하였다.

(3) 회사 명칭의 뜻

'만재'의 뜻은 물건을 자동차나 배에 가득 채운다는 뜻이다.

(4) 한글 획수의 삼원 음양오행

훈민정음 한글 숫자 음양오행의 이치로 '방'은 7획 火, '만'은 6획 水, '재'는 5획 土로 한글 획수의 삼원 음양오행이 '火水土'가 구성되어 한글 획수가 자체적으로 보유한 음양오행의 생극제화 상생상극의 이치로 火生土 土剋水의 이치가 발생하여 土가 강한 동시에 土生金의 이치로 金을 생하여 사주의 용신 金이 강하게 발생하는 좋은 회사 이름이다.

(5) 음양오행의 생극제화 이치

한글 초성·중성·종성으로 자음과 모음에 의한 소리와 숫자 음양오행의 이치로 '주식화사 만재'가 종합적으로 보유한 음양오행의 생극제화 상생의 이치로 木生火 火生土 土生金으로 순환상생의 이치가 발생하여 음양오행의 기운이 서로가 막히지 않고 흘러 서로가 조화와 균형을 이루고 중화를 이루는 동시에 사주의 용신 金이 강하게 발생하는 좋은 회사 이름이다.

(6) 한자 명칭 : 滿載

(7) 한자의 뜻

찰 만(滿), 실을 재(載)로 물건을 가득 채워 운반하는 뜻으로 만물과 사물의 음양오행의 이치로 土, 金이 강하게 발생하는 좋은 회사 이름이다.

(8) 한자 획수의 삼원 음양오행

훈민정음 한글 숫자 음양오행의 이치로 방(方)의 4획 金, 만(滿)의 14획 金, 재(載)의 13획 木으로 한자 획수의 삼원 음양오행이 '金金木'이 구성되어 한자 획수가 자체적으로 보유한 음양오행의 생극제화 상극의 이치로 金剋木의 이치가 발생하여 사주의 용신 金이 강하게 발생하는 좋은 회사 명칭이다.

(9) 음양오행의 생극제화 이치

한자의 뜻이나 획수로 자체적으로 보유한 음양오행의 생극제화 상극의 이치로 金剋木의 이치가 발생하여 사주의 용신 金이 강하게 발생하는 좋은 회사 명칭이다.

(10) 종합적인 음양오행의 생극제화 이치

사주의 용신을 기준하여 종합적으로 보유한 음양오행의 생극제화 상생상극의 이치로 木生火 火生土 土生金으로 순환상생의 이치가 발생하여 음양오행의 기운이 막히지 않고 흘러 서로가 조화와 균형을 이루고 중화를 이루는 동시에 사주의 용신 金이 발생하는 좋은 회사 명칭이다.

(11) 분석

사주의 용신을 기준하여 대우주와 대자연에 존재하는 모든 만물과 사물의 이치로 좋은 대들보와 같은 좋은 재목으로 동량지재(棟樑之材)의 최상의 형상으로 회사가 무궁한 변화와 발전으로 크게 성공하여 부와 명예를 누린다고 분석하면 된다.

'주식회사 만재'의 분석 도표

구분	성씨	중간	끝	삼원 음양오행	기타	길흉
회사명	방	만	재	土土金	순수한 우리말	0
자음	ㅂ	ㅁ	ㅈ	土土金	土生金	0
획수	7	6	5	火水土	火生土 土剋水	0
한자		滿 載		물건을 가득 채워 실어 나르다		0
획수	4	14	13	金金木	金剋木	0
생극제화				木生火 火生土 土生金으로 순환 용신 金이 강하다		0
용신				좋은 재목으로 동량지재(棟樑之材)로 최상의 형상		0

7) 1968년 3월 8일 12:10(午時)생 '주식회사 운청'

```
            壬 乙 丙 戊  乾
            午 巳 辰 申  命
  61 51 41 31 21 11 1
   癸 壬 辛 庚 己 戊 丁  大
   亥 戌 酉 申 未 午 巳  運
```

 이 사주는 乙木日主가 청명 절기 辰月에 출생하여 최상의 木火通明 형상으로 좋으나 약한 사주로 水, 木을 용신한다.

대운 사계절의 이치로 초년에는 뜨거운 火의 여름으로 순행하여 좋았으나 청년 시절부터 서늘한 金의 가을로 순행하여 火가 약해지는 역세 운으로 불길한 중 음료업체를 창업하여 회사 명칭을 작명한 사주로 대우주와 대자연에 존재하는 모든 만물과 사물의 이치로 나무에 꽃이 활짝 핀 최상의 木火通明이다.

(1) 훈민정음 한글 이름의 삼원 음양오행

조상의 정해진 성씨가 김(金)씨로 훈민정음 한글 초성·중성·종성으로 자음과 모음의 음양오행의 이치를 기준하여 초성으로 자음의 음양오행으로 이름을 부르고 말하는 소리의 이치로 '운청' 이름의 삼원 음양오행이 성씨 '김'의 ㄱ은 木에 해당하여 회사 명칭의 중간 자와 끝 자를 초성·중성·종성으로 자음과 모음의 음양오행의 이치로 水, 金에 해당하는 ㅇ ㅊ으로 정하여 한글 이름의 삼원 음양오행을 'ㄱ ㅇ ㅊ'의 '木水金'으로 구성하여 '주식회사 운청'이라 작명하여 한글 이름이 자체적으로 보유한 음양오행의 생극제화 상생의 이치로 金生水 水生木으로 순환상생의 이치가 발생하여 음양오행의 기운이 막히지 않고 흘러 서로가 조화와 균형을 이루고 중화를 이루는 동시에 사주의 용신 木이 강하게 발생하는 이름으로 작명하였다.

(2) 회사의 명칭 : ㈜ 운청

『훈민정음 해례본』에 근거하여 '주식회사 운청'의 첫 자인 '운'은 초성·중성·종성으로 자음과 모음의 음양오행의 이치로 水의 ㅇ, 중성으로 모음의 음양오행의 이치로 火의 ㅜ, 종성으로 자음의 음양오행의 이치로 火에 해당하는 ㄴ을 응용하여 자체적으로 보유한 음양오행의 생극제화 상극의 이치로 水剋火가 발생하여 水가 강하고 끝 자인 '청'은 초성으로 자음의 음양오행의 이치로 金의 ㅊ, 중성으로 모음의 음양오행의 이치로 金의 ㅓ, 종성으로 자음의 음양오행의 이치로 水에 해당하는 ㅇ을 응용하여 자체적으로 보유한 음양오행의 생극제화 상생의 이치로 金生水의 이치가 발생하여 水가 발생하는 이치로 '주식회사 운청'이 종합적으로 보유한 음양오행의 생극제화 상생상극의 이치로 金生水 水剋火의 이치가 발생하여 사주의 용신 水가 강하게 발생하는 좋은 한글 이름이다.

(3) 회사 명칭의 뜻

'운청'의 뜻은 구름 위에서 높은 직위나 벼슬을 얻는다는 뜻.

(4) 한글 획수의 삼원 음양오행

훈민정음 한글 숫자 음양오행의 이치로 '김'의 5획 土, '운'의 4획 金, '청'의 6획 水로 한글 획수의 삼원 음양오행이 '土金水'가 구성되어 한글 획수가 자체적으로 보유한 음양오행의 생극제화 상생의 이치로 土生金 金生水로 순환상생의 이치가 발생하여 음양오행의 기운이 막히지 않고 흘러 서로가 조화와 균형을 이루고 중화를 이루는 동시에 사주의 용신 水가 강하게 발생하는 좋은 회사 명칭이다.

(5) 음양오행의 생극제화 이치

한글 초성·중성·종성으로 자음과 모음의 소리와 숫자 음양오행의 이치에 의해 발생하는 '주식회사 운청'이 자체적으로 보유한 음양오행의 생극제화 상생의 이치로 金生水 水生木으로 순환상생의 이치가 발생하여 음양오행의 기운이 서로가 막히지 않고 흘러 서로가 조화와 균형을 이루고 중화를 이루는 동시에 사주의 용신 水가 강하게 발생하는 좋은 한글 이름이다.

(6) 한자의 상호 : 云淸

(7) 한자의 뜻

이를 운(云), 맑을 청(淸)으로 맑을 물에 이르렀다는 뜻이다.

(8) 한자 획수의 삼원 음양오행

훈민정음 한글 숫자 음양오행의 이치로 金은 8획 木, 云은 4획 金, 淸은 11획 水로 한자 획수의 삼원 음양오행이 '木金水'가 구성되어 한자 획수가 자체적으로 보유한 음양오행의 생극제화 상생의 이치로 金生水 水生木으로 순환상생의 이치가 발생하여 음양오행의 기운이 막히지 않고 흘러 서로가 조화와 균형을 이루고 중화를 이루는 동시에 사주의 용신 木이 강하게 발생하는 좋은 한자 이름이다.

(9) 음양오행의 생극제화 이치

한자의 뜻과 획수가 자체적으로 보유한 음양오행의 생극제화 상생의 이치가 金生水 水生木으로 순환상생의 이치가 발생하여 음양오행의 기운이 막히지 않고 흘러 서로가 조화와 균형을 이루고 중화를 이루는 동시에 사주의 용신 水, 木이 강하게 발생하는 좋은 한자 이름이다.

(10) 종합적인 음양오행의 생극제화 이치

사주의 용신을 기준하여 '주식회사 운청'이 종합적으로 보유한 음양오행의 생극제화 상생의 이치로 金生水 水生木으로 순환상생이 발생하여 음양오행의 기운이 막히지 않고 흘러 서로가 조화와 균형을 이루고 중화를 이루는 동시에 사주의 용신 水. 木이 강하게 발생하는 명칭이다.

(11) 분석

사주의 용신을 기준하여 대우주와 대자연에 존재하는 모든 만물과 사물의 이치로 나무에 꽃이 활짝 핀 木火通明의 형상을 유지하여 회사가 만사형통으로 발전하고 성공하여 부와 명예를 누린다고 분석하면 된다.

'주식회사 운청'의 분석 도표

구분	성씨	중간	끝	삼원 음양오행	기타	길흉
이름	김	운	청	木水金		0
자음	ㄱ	ㅇ	ㅊ	木水金	金生水 水生木	0
획수	5	4	6	土金水	土生金 金生水	0
한자		云 淸		맑은 물에 이르렀다는 뜻		0
획수	8	4	11	木金水	金生水 水生木	0
생극제화	土生金 金生水 水生木으로 용신 水,木이 강하다					0
용신	木火通明의 형상 유지					0

8) 1987년 3월 3일 06:00(卯時)생 종살격 고건태

```
          丁 己 癸 丁  乾
          卯 卯 卯 卯  命
  58 48 38 28 18 8
  己 戊 丁 丙 乙 甲  大
  酉 申 未 午 巳 辰  運
```

 이 사주는 己土日主가 경칩 절기 卯月에 출생하여 地支 全 木氣合局으로 종살격(從煞格)으로 木, 火가 용신이다.

대운 사계절의 이치로 초년은 뜨거운 火의 여름으로 좋았다가 중년부터 서늘한 金의 가을로 순행하는 역세 운으로 흉하여 개명한 사주로 대우주와 대자연에 존재하는 모든 만물과 사물의 이치로 목화통명(木火通明)의 형상을 이루지 못한 최악의 형상이다.

(1) 훈민정음 한글 이름의 삼원 음양오행

 조상의 정해진 성씨가 고(高)씨로 훈민정음 한글 초성·중성·종성으로 자음과 모음의 음양 오행의 이치를 기준하여 초성으로 자음의 음양오행으로 이름을 부르고 말하는 소리의 이치로 '고건태' 이름의 삼원 음양오행이 성씨가 '고'의 ㄱ은 木에 해당하여 이름의 중간 자와 끝 자를 사주의 용신 木, 火를 기준하여 ㄱㅌ으로 정하여 이름의 삼원 음양오행을 'ㄱㄱㅌ'의 '木木火'로 구성하여 '고건태' 이름을 작명하여 한글 이름이 자체적으로 보유한 음양오행의 생극제화 상생의 이치로 木生火로 순환상생의 이치가 발생하여 음양오행의 기운이 막히지 않고 흘러 서로가 조화와 균형을 이루고 중화를 이루는 동시에 사주의 용신 火가 강하게 발생하는 木火通明 최상의 형상을 유지하는 한글 이름을 작명하였다.

(2) 이름 : 고건태

『훈민정음 해례본』에 근거하여 '고건태' 이름의 정해진 성씨의 '고'는 초성·중성·종성으로 자음과 모음의 음양오행의 이치로 木의 ㄱ, 중성으로 모음의 음양오행의 이치로 水에 해당하는 ㅗ를 응용하여 자체적으로 보유한 음양오행의 생극제화 상생의 이치로 水生木의 이치가 발생하여 木이 강하고 중간 자의 '건'은 초성으로 자음의 음양오행의 이치로 ㄱ의 木, 중성으로 모음의 음양오행의 이치로 金의 ㅓ, 종성으로 자음의 음양오행의 이치로 火에 해당하는 ㄴ을 응용하여 자체적으로 보유한 음양오행의 생극제화 상생상극의 이치로 木生火 火剋金의 이치가 발생하여 火가 강하고 끝 자의 '태'는 초성으로 자음의 음양오행의 이치로 火의 ㅌ, 중성으로 모음의 음양오행의 이치로 木에 해당하는 ㅐ를 응용하여 자체적으로 보유한 음양오행의 생극제화 상생의 이치로 木生火의 이치가 발생하여 火가 강하나 '고건태'의 이름이 종합적으로 보유한 음양오행의 생극제화 상생의 이치로 金生水 水生木 木生火로 순환상생의 이치가 발생하여 음양오행의 기운이 막히지 않고 흘러 서로가 조화와 균형을 이루고 중화를 이루는 동시에 사주의 용신 火가 강하게 발생하여 최상으로 木火通明의 형상을 유지하는 한글 이름을 작명하였다.

(3) 한글의 뜻

'건태'의 뜻은 건조하게 말린다는 뜻이다.

(4) 한글 획수의 삼원 음양오행

훈민정음 한글 숫자 음양오행의 이치로 '고'의 3획 木, '건'의 4획 金, '태'의 6획 水로 한글 획수의 삼원 음양오행이 '木金水'가 구성되어 한글 획수가 자체적으로 보유한 음양오행의 생극제화 상생의 이치로 金生水 水生木으로 순환상생의 이치가 발생하여 음양오행의 기운이 막히지 않고 흘러 서로가 조화와 균형을 이루고 중화를 이루는 동시에 木生火의 이치로 火를 생하여 사주의 용신 火가 강하게 발생하는 좋은 이름이다.

(5) 음양오행의 생극제화 이치

한글 초성·중성·종성으로 자음과 모음에 의한 이름을 부르는 소리와 숫자 음양오행의 이치에 의해 '고건태' 이름이 자체적으로 보유한 음양오행의 생극제화 상생의 이치로 金生水 水生木 木生火로 순환상생의 이치가 발생하여 음양오행의 기운이 막히지 않고 흘러 서로가 조화와 균형을 이루고 중화를 이루는 동시에 사주의 용신인 火가 강하게 발생하여 최상으로 木火通明의 형상을 유지하는 좋은 이름이다.

(6) 한자 이름 : 高健兌

(7) 한자의 뜻

어떠한 목표가 튼튼하고 빛난다는 뜻이다.

(8) 한자 획수의 삼원 음양오행

훈민정음 한글 숫자 음양오행의 이치로 고(高)는 10획 土, 튼튼할 건(健)은 11획, 水 빛날 태(兌)는 7획 火로 한자 획수의 삼원 음양오행이 '土水火'가 구성되어 한자 획수가 자체적으로 보유한 음양오행의 생극제화 상생상극의 이치로 火生土 土剋水의 이치로 土가 강한 동시에 火土 공존의 이치로 사주의 용신 火가 강하게 발생하는 좋은 이름이다.

(9) 음양오행의 생극제화 이치

한자의 뜻과 획수가 자체적으로 보유한 음양오행의 생극제화 상생상극의 이치로 火生土 土剋水가 발생하여 土가 강한 동시에 火土 공존의 이치로 사주의 용신 火가 강하게 발생하여 木火通明 최상의 형상을 유지하는 좋은 이름이다.

(10) 종합적인 음양오행의 생극제화 이치

사주의 용신을 기준하여 이름이 종합적으로 보유한 음양오행의 생극제화 상생상극의 이치로 土生金 金生水 水生木 木生火로 순환상생의 이치가 발생하여 음양오행의 기운이 막히지 않고

흘러 서로가 조화와 균형을 이루고 중화를 이루는 동시에 사주의 용신 火가 강하게 발생하여 최상으로 木火通明의 형상을 유지하는 좋은 이름이다.

(11) 분석

사주의 용신을 기준하여 대우주와 대자연에 존재하는 모든 만물과 사물의 이치로 초목의 나무에 꽃이 활짝 피어 있는 木火通明의 형상을 최상으로 유지하여 매사가 만사형통으로 발전하여 부와 명예를 누리면서 국가와 사회에 희생하고 봉사하는 인물에 해당하는 좋은 이름이라고 분석한다.

'고건태' 이름의 분석 도표

구분	성씨	중간	끝	삼원 음양오행	기타	길흉
이름	고	건	태	木木火		0
자음	ㄱ	ㄱ	ㅌ	木木火	木生火	0
획수	3	4	6	金生水 水生木	金生水 水生木	0
한자	高	健	兌	건조하게 말리다		0
획수	10	11	7	土水火	火生土 土剋水	0
생극제화	土生金 金生水 水生木 木生火로 용신 火 강함					0
용신	목화통명 최상의 형상 유지					0

9) 2014년 12월 24일 06:35(卯時)생 외자이름 오경

丁 己 戊 甲　乾

卯 未 寅 午　命

53 43 33 23 13 3

甲 癸 壬 辛 庚 己　大

申 未 午 巳 辰 卯　運

이 사주는 己土日主가 입춘 절기의 寅月에 출생하여 최상의 가색지토(稼穡之土) 형상으로 身旺官旺 사주로 木이 용신이다.

대운 사계절의 이치로 초년부터 따뜻하고 뜨거운 봄·여름으로 순행하는 용신 운으로 최상으로 초, 중년은 좋았으나 노년부터 서늘한 金의 가을로 순행하는 사주로 대우주와 대자연에 존재하는 모든 만물과 사물의 이치로 양지바른 가색지토(稼穡之土)의 논밭에 농작물을 심어 육성하여 무한대로 결실하는 최상의 형상이다.

(1) 훈민정음 한글 이름의 삼원 음양오행

조상의 정해진 성씨가 오(吳)씨로 훈민정음 한글 초성·중성·중성으로 자음과 모음의 음양오행의 이치를 기준하여 초성으로 자음의 음양오행으로 이름을 부르고 말하는 소리의 이치로 '오경' 이름의 삼원 음양오행이 성씨가 '오'의 ㅇ은 水로 水生木의 이치로 사주의 용신을 생하여 이름의 끝 자를 한글의 초성·중성·종성의 자음과 모음의 초성으로 자음의 음양오행의 이치로 木에 해당하는 ㄱ으로 정하여 이름의 삼원 음양오행을 'ㅇㄱ'의 '水木'으로 구성하여 이름을 '오경'으로 작명하여 한글 이름이 자체적으로 보유한 음양오행의 생극제화 상생의 이치가 水生木으로 순환상생의 이치가 발생하여 음양오행의 기운이 막히지 않고 흘러 서로가 조화와 균형을 이루고 중화를 이루는 동시에 사주의 용신 木이 강한 이름으로 작명하였다.

(2) 한글 이름 : 오경

『훈민정음 해례본』에 근거하여 '오경' 이름의 정해진 성씨의 '오'는 초성·중성·종성으로 자음과 모음에 의한 음양오행의 이치로 水의 ㅇ, 중성으로 모음의 음양오행의 이치로 水에 해당하는 ㅗ를 응용하여 모두가 水로 음양오행의 생극제화의 이치가 발생하지 않아 水가 강하고 끝 자인 '경'은 초성으로 자음의 음양오행의 이치로 木의 ㄱ, 중성으로 모음의 음양오행의 이치로 木의 ㅕ, 종성으로 水에 해당하는 ㅇ을 응용하여 자체적으로 보유한 음양오행의 생극제화 상생의 이치로 水生木의 이치가 발생하여 木이 강하여 '오경'의 이름이 종합적으로 보유한 음양오행의 생극제화 상생의 이치로 水生木으로 순환상생의 이치가 발생하여 음양오행의 기운이 막히지 않고 흘러 서로가 조화와 균형을 이루고 중화를 이루는 동시에 사주의

용신 木이 강하게 발생하는 좋은 한글 이름이다.

(3) 이름의 뜻

'경'은 영국에서 작위를 받은 사람을 높여 부르는 뜻이다.

(4) 한글 획수의 삼원 음양오행

훈민정음 한글 숫자 음양오행의 이치로 '오'의 3획 木, '경'의 5획 土로 한글 획수의 삼원 음양오행이 '木土'로 구성되어 한글 획수가 자체적으로 보유한 음양오행의 생극제화 상극의 이치로 木剋土의 이치로 사주의 용신 木이 강하게 발생하는 좋은 한글 이름이다.

(5) 음양오행의 생극제화 이치

한글 초성·중성·종성으로 자음과 모음의 소리와 숫자 음양오행의 이치로 한글 이름이 자체적으로 보유한 음양오행의 생극제화 상생상극의 이치로 水生木 木剋土가 발생하는 동시에 사주의 용신 木이 강하게 발생하는 좋은 이름이다.

(6) 한자 이름 : 吳浭

(7) 한자의 뜻

나라 오(吳), 통할 경(浭)으로 물이 흐르고 통한다는 뜻이다.

(8) 한자 획수의 삼원 음양오행

훈민정음 한글 숫자 음양오행의 이치로 오(吳)의 7획 火, 통할 경(浭)의 16획 水로 한자 획수의 삼원 음양오행이 '火水'로 구성되어 한자 획수가 자체적으로 보유한 음양오행의 생극제화 상극의 이치로 水剋火의 이치가 발생하여 水가 강하여 흉할 것 같으나 이것은 음양의 이치로 서로가 조화와 균형을 이루고 중화를 이루는 수화기제(水火旣濟)의 이치가 발생하는 최상의 형상으로 음양의 조화에 의해 초목이 무성하게 성장하는 최상의 형상으로 좋은 이름이다.

(9) 음양오행의 생극제화 이치

한자의 뜻이나 획수가 자체적으로 보유한 음양오행의 생극제화 상생상극의 이치로 水生木 木剋土의 이치가 발생하는 동시에 사주의 용신 木이 강하게 발생하는 좋은 이름이다.

(10) 종합적인 음양오행의 생극제화 이치

사주의 용신을 기준하여 이름이 종합적으로 보유한 음양오행의 생극제화 상생상극의 이치로 水生木 木剋土의 이치가 발생하는 동시에 사주의 용신 木이 강하게 발생하는 상당히 좋은 이름이다.

(11) 분석

사주의 용신을 기준하여 대우주와 대자연에 존재하는 모든 만물과 사물의 이치로 양지바른 논밭에 초목의 곡식이 무성하게 성장하여 오곡백과를 풍성하게 결실하는 최상의 형상으로 장차 국가와 국민을 위해 희생하고 봉사하는 사람으로 국가와 가문을 빛내는 인물에 해당하는 좋은 이름이라고 분석하면 된다.

'오경' 이름의 분석 도표

구분	성씨	중간	끝	삼원 음양오행	기타	길흉
한글	오		경	水木	귀족을 높이 부르다	0
자음	ㅇ		ㄱ	水木	水生木	0
획수	3		5	木土	木剋土	0
한자	吳		涇	물이 흐르고 통하다		0
획수	7		10	火水	水剋火, 陰陽의 조화	0
생극제화	水生木 木剋土 이치로 사주의 용신 木이 강하여 좋다					0
용신	논밭에 초목의 곡식이 무성하여 결실하는 형상					0

『훈민정음 해례본』에 근거하여 한글의 외자 이름은 조상의 정해진 성씨를 제외한 끝 자만을 작명하여야 하는 것이 특징으로 한글 이름의 삼원 음양오행을 정하기가 어렵지만 정해진 성씨를 기준하여 이름의 끝 자로 이름의 삼원 음양오행을 구성한 후에 훈민정음 한글 초성·중성·종성으로 자음과 모음에 의한 음양오행의 이치에 따라 음양오행의 생극제화 상생상극의

이치를 응용하여 작명하고 분석하는 방식이다.

조상에 의해 정해진 성씨가 2자인 경우에는 반드시 외자로 이름을 작명하여야 한다. 위에서 설명한 대로 대우주와 대자연에 존재하는 모든 만물과 사물의 이치로 사람은 만물의 영장으로 정해진 생왕묘의 이치가 초목과 동일한 음양오행의 기운 성품 성질 성향 유형에 해당하는 이치를 갖추고 살아가기 때문에 성씨가 2자인 가문은 성씨를 제외한 이름을 2자로 작명하면 이름이 4자가 되어 훈민정음 해례본에 의한 훈민정음 한글이 발생하는 숫자의 이치로 4는 음양오행의 이치로 金에 해당하기 때문에 음양오행의 생극제화 상극의 이치로 金尅木의 이치가 발생하여 木에 해당하는 사람에게 좋지 못한 기운이 발생하기 때문에 조상의 정해진 성씨가 2자인 가문은 이름을 외자로 작명하여 이름이 반드시 3자의 이름을 작명하여 훈민정음 한글 숫자 음양오행의 이치로 3의 숫자는 木에 해당하기 때문에 사람에게 강한 정신력과 힘과 용기를 주는 좋은 기운이 발생하도록 이름을 작명하는 것이 가장 현명한 방법이다.

성씨가
2자인 작명

1) 2012년 8월 10일 04:30(寅時)생 남궁 우

```
                丙 己 己 壬  乾
                寅 丑 酉 辰  命
      54 44 34 24 14  4
        乙 甲 癸 壬 辛 庚  大
        卯 寅 丑 子 亥 戌  運
```

　이 사주는 己土日主가 추분 절기의 酉月에 출생하여 서늘한 가을 논밭의 땅으로 가색지토(稼
穡之土)의 땅이나 약한 사주가 되어 火을 용신한다.

초년부터 대운 사계절의 이치로 춥고 포근한 겨울과 봄으로 순행하여 水, 木으로 흉하여
작명한 사주로 대우주와 대자연에 존재하는 모든 만물과 사물의 이치로 추분 절기의 논밭에
차가운 냉기가 강한 땅에서 초목이 잘 성장하지 못해 결실하지 못하는 최악의 형상이다.

(1) 훈민정음 한글 이름의 삼원 음양오행

조상의 정해진 성씨가 남궁(南宮)씨로 2자인 경우에는 외자의 이름을 작명하는 것이 통례인데 훈민정음 한글 초성·중성·종성으로 자음과 모음의 음양오행의 이치를 기준하여 초성으로 자음의 음양오행으로 이름을 부르고 말하는 소리의 이치로 '남궁 우' 이름의 삼원 음양오행이 성씨가 '남궁'으로 ㄴ, ㄱ은 火, 木에 해당하여 한글 이름의 삼원 음양오행의 구성을 이름의 끝 자를 초성·중성·종성으로 자음과 모음의 음양오행의 이치로 ㅇ의 水로 정하여 이름의 삼원 음양오행을 'ㄴㄱㅇ'의 '火木水'로 구성하여 이름을 '남궁 우'로 작명하여 한글 이름이 자체적으로 보유한 음양오행의 생극제화 상생의 이치로 水生木 木生火로 순환상생의 이치가 발생하여 음양오행의 기운이 막히지 않고 흘러 서로가 조화와 균형을 이루고 중화를 이루는 동시에 사주의 용신 火가 강하게 발생하는 좋은 한글 이름을 작명하였다.

(2) 이름 : 남궁 우

『훈민정음 해례본』에 근거하여 '남궁 우' 이름의 정해진 성씨가 '남궁'으로 초성·중성·종성으로 자음과 모음에 의한 음양오행의 이치로 '남'은 초성으로 자음의 음양오행의 이치로 火의 ㄴ, 중성으로 모음의 음양오행의 이치로 木의 ㅏ, 종성으로 자음의 음양오행의 이치로 土에 해당하는 ㅁ을 응용하여 자체적으로 보유한 음양오행의 생극제화 상생의 이치로 木生火 火生土의 이치가 발생하여 土가 강하고 '궁'은 초성으로 자음의 음양오행의 이치로 木의 ㄱ, 중성으로 모음의 음양오행의 이치로 火의 ㅜ, 종성으로 자음의 음양오행의 이치로 水에 해당하는 ㅇ을 응용하여 자체적으로 보유한 음양오행의 생극제화 상생의 이치로 水生木 木生火의 이치가 발생하여 火가 강하고 이름의 끝 자인 '우'는 초성으로 자음의 음양오행의 이치로 水의 ㅇ, 중성으로 모음의 음양오행의 이치로 火에 해당하는 ㅜ를 응용하여 자체적으로 보유한 음양오행의 생극제화 상극의 이치로 水剋火의 이치가 발생하여 水가 강한 '남궁 우' 이름이 종합적으로 보유한 음양오행의 생극제화 상생의 이치로 水生木 木生火 火生土로 순환상생의 이치가 발생하여 음양오행의 기운이 막히지 않고 흘러 서로가 조화와 균형을 이루고 중화를 이루는 동시에 火土 공존의 이치로 사주의 용신 火가 강하게 발생하는 좋은 한글 이름이다.

(3) 이름의 뜻

'우'는 특별한 뜻이 없는 순수한 한글이다.

(4) 한글 획수의 삼원 음양오행

훈민정음 한글 숫자 음양오행의 이치로 '남'은 6획 水, '궁'은 4획 金, '우'는 3획 木으로 한글 획수의 삼원 음양오행이 '水金木'으로 구성하여 한글 획수가 자체적으로 보유한 음양오행의 생극제화 상생의 이치로 金生水 水生木으로 순환상생의 이치가 발생하여 음양오행의 기운이 막히지 않고 흘러 서로가 조화와 균형을 이루고 중화를 이루는 동시에 木生火의 이치로 火를 생하여 사주의 용신 火가 강하게 발생하는 좋은 이름이다.

(5) 음양오행의 생극제화 이치

한글 초성·중성·종성으로 자음과 모음의 소리와 숫자 음양오행의 이치로 한글 이름이 자체적으로 보유한 음양오행의 생극제화 상생의 이치로 金生水 水生木 木生火로 순환상생의 이치가 발생하여 음양오행의 기운이 막히지 않고 흘러 서로가 조화와 균형을 이루고 중화를 이루는 동시에 사주의 용신 火가 강하게 발생하는 좋은 이름이다.

(6) 한자 이름 : 南宮 旴

(7) 한자의 뜻

해가 돋는 모양이라는 뜻이다.

(8) 한자 획수의 삼원 음양오행

훈민정음 한글 숫자 음양오행의 이치로 정해진 성씨가 남궁(南宮)으로 남(南)의 9획 金, 궁(宮)의 10획 土, 우(旴)의 7획 火로 한자 획수의 삼원 음양오행이 '金土火'로 구성되어 한자 획수가 자체적으로 보유한 음양오행의 생극제화 상생의 이치로 火生土 土生金의 이치가 발생하여 사주의 용신 火가 약해져 흉하며 또한 조상의 정해진 성씨의 음양오행이 土, 金으로 음양오행

의 생극제화 상생의 이치로 土生金이 발생하여 金의 음기가 강하여 더욱 불리하여 이름의 끝 자를 火가 강한 한자를 선택하여 음양오행의 생극제화 상극의 이치로 火剋金의 이치가 발생하여 강한 金을 억제시켜 음양오행의 기운이 서로가 조화와 균형을 이루고 중화를 이루는 동시에 사주의 용신 火가 강하게 발생하는 좋은 이름이다.

위와 같이 한자 이름 3자가 보유한 음양오행의 생극제화 상생의 이치로 火生土 土生金으로 순환상생의 이치가 발생하여 서로가 막힘이 없이 흘러 사주의 용신인 火가 약해지는 것이 흠으로 이것은 정해진 성씨에 따라 발생하는 음양오행의 이치로 한자 획수의 삼원 음양오행은 중요하지가 않다는 근거가 성립되는 것이다.

(9) 음양오행의 생극제화 이치

한자의 뜻과 획수가 자체적으로 보유한 음양오행의 생극제화 상생의 이치로 火生土 土生金으로 순환상생의 이치가 발생하여 金이 강하여 좋지 못하고 흉하여 이름의 끝 자를 火가 강한 한자를 응용하여 火剋金의 이치로 음양오행의 기운이 조화와 균형을 이루고 중화를 이루도록 작명한 이름이다.

(10) 종합적인 음양오행의 생극제화 이치

사주의 용신을 기준하여 이름이 종합적으로 보유한 음양오행의 생극제화 상생상극의 이치로 水生木 木生火 火生土 土生金 金生水로 순환상생의 이치가 발생하여 음양오행의 기운이 막히지 않고 흘러 서로가 조화와 균형을 이루고 중화를 이루는 좋은 이름이다.

(11) 분석

사주의 용신을 기준하여 대우주와 대자연에 존재하는 모든 만물과 사물의 이치로 양지바른 땅으로 최상의 가색지토(稼穡之土)의 형상을 유지하여 만물의 대표적인 초목의 곡식을 육성하여 풍성하게 결실하는 동시에 국가와 사회에 희생하고 봉사하면서 평생 부와 명예를 누리는 인물에 해당하는 이름이라고 분석하면 된다.

'남궁 우' 이름의 분석 도표

구분	성씨	중간	끝	삼원 음양오행	기타	길흉
한글	남궁		우	火木水		0
자음	ㄴㄱ		ㅇ	火木水	水生木 木生火	0
획수	6, 4		3	水金木	金生水 水生木	0
한자	南宮		旴	따뜻한 집이란 뜻		0
획수	9, 10		7	金土火	火生土 土生金	△
생극제화	水生木 木生火 火生土 土生金 金生水로 순환상생					0
용신	초목을 육성하여 결실하는 최상의 稼穡之土 형상					0

　위와 같이 『훈민정음 해례본』에 근거하여 대우주와 대자연에 존재하는 모든 만물과 사물의 음양의 이치나 목화토금수의 이치나 사계절의 이치나 방향의 이치나 숫자의 이치를 대비하여 이름을 한글 초성·중성·종성으로 자음과 모음에 의한 이름을 부르고 읽고 말하는 소리의 이치와 숫자의 이치로 발생하는 음양오행의 이치로 한글 이름이 자체적으로 보유한 음양오행의 생극제화 상생상극의 이치를 응용하여 이름의 길흉을 분석하는 동시에 음양오행의 기운이 순환상생의 이치로 막히지 않고 흘러 서로가 조화와 균형을 이루고 중화를 이루는 동시에 사주의 핵심인 용신에 해당하는 음양오행이 강하게 발생하도록 하는 것이 최상의 이름을 작명하는 것이다.

　그러므로 세계의 모든 사람들이 각각 다르게 사용하는 외국어로 이름을 작명하고 난 후에는 반드시 우리 훈민정음 한글 음양오행의 이치에 근거하여 음양오행의 생극제화 상생상극의 이치를 응용하여 길흉을 분석하는 동시에 우리의 한글 이름을 작명하는 데 있어서 한글 초성·중성·종성으로 자음과 모음에 의한 음양오행의 이치를 올바르게 인식하여 정확한 한글을 찾아 응용하는 것이 무엇보다도 중요하다는 것이다. 또한 우리 한글이나 외국어는 모두가 뜻이 존재하기 때문에 한글이나 외국어로 이름을 작명하는 경우에는 정해진 성씨를 제외한 이름의 뜻에 따라 음양이나 목화토금수의 기운이 발생하는 것이 원칙으로 우리가 사용하는 한자의 획수는 그렇게 중요하지 않고 다만 한자의 뜻을 중요시하여 사주의 용신에 해당하는 한자를 선택하여 작명하는 것이 중요하며 한자 획수는 중요하지 않다는 것을 알아 응용하여야 한다.

우리 민족의 뿌리이며 근본에 해당하는 중요한 자료 국보 제70호 『훈민정음 해례본』에 근거하여 훈민정음 한글에 의한 음양오행의 이치를 중심으로 우리의 이름을 작명하는 것은 우리의 뿌리의 근본이 크게 살아나 국운을 살리는 데 반드시 필요한 것으로 한글의 자음과 모음을 올바르게 응용하는 방법을 익혀 올바른 우리의 한글 이름을 가장 쉽고 빠르고 정확하게 작명하는 방법이 바로 '한글 성명학'이다.

우리의 한글 이름은 대우주와 대자연에 존재하는 모든 만물과 사물의 이치로 가장 중요한 음양오행의 이치에 조금도 모자람이 없는 이름으로 음양의 이치로 서로가 조화와 균형을 이루고 중화를 이루고 있는 것이 훈민정음 한글로서 음양의 이치로 자음과 모음이 처음으로 음양의 합으로 만나 상합자의 이치로 새롭게 분열되어 음양의 이치로 새로운 수많은 글귀가 탄생하는 이치가 우리의 순수한 이름이 발생하는 근본이 되어 하나의 인간이 태어나 새롭게 인생을 살아가는 데 가장 중요한 기초가 되어 이름을 부르고 읽고 말하는 소리의 음양오행의 이치와 쓰고 기록하는 숫자의 음양오행의 이치와 이름의 뜻에 의해 음양오행의 기운이 발생하는 음양오행의 생극제화 상생상극의 이치에 따라 가장 맑고 깨끗하고 선명한 음양오행이 발생하여 작용한다는 것을 잊지 말아야 한다.

그것은 『훈민정음 해례본』의 고서가 우리가 대대손손 대를 이어 국어의 한글을 올바르게 응용하여 읽고 말하고 쓰고 기록하며 살아가는데 가장 필요한 우리의 근본이며 뿌리로서 대우주와 대자연에 존재하는 모든 만물과 사물의 음양의 이치나 목화토금수의 이치에 대한 모든 근거를 제시하여 주기 때문이다.

작명서

1) 2017년 2월 6일(양), 1月 10日(음) 인시생 남자 1세 김태영

時柱	日柱	月柱	年柱	乾命	사주팔자및용신	신약	
						신왕	0
丙寅	甲子	壬寅	丁酉			형살	
						양인살	0
						충살	
火				용신		귀문관살	
						괴강살	
						원진살	0
71	61	51	41	31	21	11	1
甲午	乙未	丙申	丁酉	戊戌	己亥	庚子	辛丑	大運

• 김(쇠 金), 태(빛날 兌), 영(경영할 營)

　이 작명은 훈민정음 한글 초성·중성·종성으로 자음과 모음의 음양오행의 이치로 초성의 자음으로 이름의 삼원 음양오행을 ㄱㅌㅇ의 木火水로 구성하여 이름의 삼원 음양오행이 자체적으로 보유한 음양오행의 생극제화 상생상극의 이치로 水生木 木生火의 이치가 발생하여

사주의 용신 火가 강하게 발생하는 이름이다.

(1) 한글 이름과 음양오행의 생극제화

정해진 성씨의 '김'은 초성으로 자음이 木의 ㄱ, 중성으로 모음이 음양오행이 없는 ㅣ, 종성으로 자음이 土의 ㅁ이 만나 木土로 木剋土 이치가 발생하여 木이 강하고, 중간 자 '태'는 초성으로 자음이 火의 ㅌ, 중성·종성으로 모음이 木의 ㅐ가 만나 木火로 木生火의 이치가 발생하여 火가 강하고, 끝 자 '영'은 초성으로 자음이 水의 ㅇ, 중성으로 모음이 木의 ㅕ, 종성으로 자음이 水의 ㅇ이 만나 水木水로 水生木의 이치가 발생하여 木이 강하나 이름 석자가 종합적으로 보유한 음양오행의 생극제화 상생상극의 이치로 水生木 木生의 이치가 발생하여 용신 火가 강하게 발생하는 이름이다.

(2) 한글 획수의 삼원 음양오행

정해진 성씨의 '김'은 5획 土, 중간 자 '태'는 6획 水, 끝 자 '영'은 5획 土로 한글 획수의 삼원 음양오행이 土水土가 구성되어 음양오행의 생극제화 상생상극의 이치로 土剋水의 이치가 발생하여 土가 강하나 火土 공존의 이치로 용신 火가 강한 이름이다.

(3) 한자의 뜻과 한자 획수의 삼원 음양오행

정해진 성씨의 쇠 '金'자 8획의 木, 중간 자 빛날 '兌' 자 7획 火, 끝 자 경영할 '營' 자 7획의 火로 한자 획수의 삼원 음양오행이 木火火가 구성되어 음양오행의 생극제화 상생상극의 이치로 木生火의 이치가 발생하여 용신 火가 강하게 발생하는 이름이다.

(4) 대우주와 대자연의 이치

나무에 꽃이 활짝 피어 무궁무진하게 결실하는 최상의 목화통명(木火通明)의 형상을 유지하여 모든 일들이 만사형통으로 성공하여 부와 명예를 누리는 이름이다.

2017년 2월 20일

보우명리학원장

제11장

이름의 분석

사람과
대우주와 대자연의 이치

　사람도 대우주와 대자연에 존재하는 모든 만물과 사물의 이치로 하늘과 땅에 하루의 밤낮이 끊임없이 발생하는 음양의 이치에 의해 모든 만물과 사물의 하나로 목화토금수의 기운 성품 성질 성향 유형을 갖추고 끊임없이 이 세상에 태어나 존재하다 소멸하는 것을 반복하는 봄은 따뜻하고 포근하고 여름은 뜨겁고 덥고 가을은 차고 서늘하고 겨울은 추워 얼어붙는 사계절에 의한 24절기의 이치가 발생하는 '때와 장소'의 생활환경에 각각 순응하며 생명을 유지하면서 만물과 사물의 가장 대표적인 초목과 사람이 함께 살아가는 풍속과 풍습이 동서남북 방향의 이치에 의해 각양각색으로 다르게 변화되어 존재하며 모든 것을 생각하고 헤아리는 1234567890 숫자의 이치에 의해 발생하는 변화의 이치에 의해 대우주와 대자연에 존재하는 모든 만물과 사물의 이치로 하나의 구성원으로 소우주의 이치를 갖추고 태어나 산천초목과 똑같이 매년 맞이하는 봄·여름·가을·겨울 사계절 24절기의 이치에 의한 음양의 조화와 균형을 이루고 중화를 이루는 이치 속에서 생명을 유지하고 존재하는 것이 법칙으로 대우주와 대자연에 존재하는 모든 만물과 사물의 가장 대표적인 푸른 초목이 포근한 새봄에 씨앗이 발아되어 푸른 새싹이 돋아 무더운 여름에 튼튼하게 성장하여 꽃이 피고 서늘한 가을에 단단한 씨앗의 열매를 결실하고 누렇게 말라 죽으나 결실한 씨앗이나 뿌리의 생명이 추운 겨울에 외음내양의

이치로 동결되어 생명을 보호받고 저장되었다가 외양내음의 이치로 해동되어 새봄에 다시 씨앗이 발아되고 뿌리가 살아나 푸른 새싹을 돋우며 새로운 생명이 시작되지만 정해진 생왕묘의 이치에 따라 존재하다 소멸하는 것이 법칙으로 사람도 예외가 될 수가 없이 대우주와 대자연에 존재하는 모든 만물과 사물의 가장 대표적인 푸른 초목과 똑같은 기운 성품 성질 성향 유형을 갖추고 태어나 봄·여름·가을·겨울 사계절 24절기에 의해 발생하는 '때와 장소'의 생활환경 속에 순응하면서 음양의 이치로 파생되어 음양의 부모에 의해 태어나 성장하여 성인이 되어 음양의 이치로 성인 남녀가 만나 결혼하여 부부가 되어 음양의 이치로 아들과 딸의 후손을 낳아 살다가 늙어 죽어 저 세상으로 가는 정해진 생왕묘의 이치 속에서 살다가 사라지는 것이 법칙으로 사람의 이름도 대우주와 대자연에 존재하는 모든 만물과 사물의 이치로 음양의 이치나 목화토금수의 이치나 사계절의 이치나 방향의 이치나 숫자의 이치를 대비하여 이름을 작명하고 이름의 길흉을 분석하는 것이 가장 올바르고 현명한 법칙이라는 것이다.

 이러한 이치로 대우주와 대자연에 존재하는 모든 만물과 사물의 이치로 가장 대표적으로 존재하는 5가지가 나무(木) 불(火) 땅(土) 쇠붙이(金) 물(水)의 기운 성품 성질 성향 유형을 두루 갖추고 존재하는 이치도 모두가 음양의 이치에 의해 생명을 유지하고 존재하는 것이 법칙으로 사람도 대우주와 대자연에 존재하는 모든 만물과 사물의 이치로 음양의 이치를 벗어나 살 수가 없는 것이 법칙으로 사람도 음양의 이치로 파생되어 남녀로 태어나 누구나 5가지 목화토금수의 기운 성품 성질 성향 유형을 갖추고 생명을 유지하고 존재하는 것이 원칙으로 우리가 살아가는 '때와 장소'의 생활환경 속에는 음양의 이치로 양은 하늘의 기운으로 천간(天干)이 존재하고 음은 땅의 기운으로 지지(地支)가 존재하면서 동서남북으로 각각 살아가는 생활환경 속에는 반드시 음양의 이치로 하루의 밤낮과 1년 12개월의 봄·여름·가을·겨울 사계절과 24절기와 하루의 밤낮으로 24시간이 끊임없이 발생하는 기초가 되는 것이 법칙으로 가장 대표적인 5가지 목화토금수 하늘의 기운으로 천간(天干)의 10가지 甲乙丙丁戊己庚辛壬癸도 음양의 이치로 파생되어 양은 甲丙戊庚壬 음은 乙丁己辛癸로 구분되어 작용하는 영향에 따라 땅의 기운으로 지지(地支)의 12가지 子丑寅卯辰巳午未申酉戌亥도 음양의 이치로 파생되어 양은 子寅辰午申戌 음은 丑卯巳未酉亥로 구분되어 작용하는 영향과 '때와 장소'의 땅속으로 지장간(地藏干)으로 하늘의 기운 천간(天干) 10가지의 기운작용과 영향에 따라 봄·여름·가을·겨울 사계절 24절기의 이치에 의해 생활환경이 조성되어 대우주와 대자연에 존재하는 모든 만물과 사물의 사람이나 동식물이나 물류는 각각 그 생활환경에 순응하며 생명을 유지하고 존재하며 살아가면서 세계가 하나 되는 생활환경권으로 발전하면서 각종 물류의 세계가 목화토금수의 기운 성품 성질 성향 유형을 바탕으로 무한대로 펼쳐지는 동시에 끊임없이 새로운 물류의 생명이 태어나 왕성하다가 소멸되는 생왕묘의 이치 속에서 영원히 존재하는 것이 있는가 하면 영원히 사라져 없어지는 것이 존재하는 것이 법칙이나 대우주와 대자연에 존재하는 가장 대표적인 만물과 사물의 이치로 나무 불 땅 쇠 물은 없어지지 않고 영구히 존재하는 것이 법칙으로 사람도 끊임없이 음양의 이치로 조상의 부모에 의해 파생되어 태어나 없어지지 않고 끊임없이 대를 이어 대대손손 영구히 존재하는 것이 법칙으로 만물과 사물의 가장 대표적인 5가지의 목화토금수도 음양의 이치로 파생되어 나무도 크고 작은 것으로 불로 크고 작은 것으로 땅도 크고 작은 것으로 쇠도 크고 작은 것으로 물로 크고 작은 것으로 각각 음양의 이치로 파생되어 구분되어 이 세상에 존재하며 대자연의 아름다운 금수강산을 이루고 존재하는데 이것이 바로 나무(木)도 음양의 이치로 甲木은 양의 나무로 초목의 핵인 씨앗이나 초목이 거대하게 성장하여 생을 마감한 죽은 나무이며 乙木은 음의 나무로 초목으로 풀 잡초 곡식 야채 과일수로 씨앗을 결실하는 살아 숨 쉬는 작은 나무이며 불(火)의 丙火는 양의 불로 만물의 군주로 따뜻한 빛과 열기를 끊임없이 보내 주는 태양이며 丁火는 음의 불로 뜨겁고 태우고 소멸하며 문명을 발달시키는 불로 전기 전자 자외선 적외선이며 땅(土)의 戊土는 양의 땅으로 거대한 대륙 육지 산이며 己土는 음의 땅으로 작은 논밭이며 쇠(金)의 庚金은 양의 쇠로 철광석으로 무쇠 덩어리이며 辛金은 음의 쇠로 금광석으로 불에 녹여 만든 금은보석 기물이며 물(水)의 壬水는 양의 큰물로 큰 바다나 호수 강이며 癸水는 음의 작은 물로 지하수 수맥 샘물 시냇물 약수 온천수 먹는 물로 모든 만물과 사물의 생명수로 구분되어 대우주와 대자연에 가장 대표적인 만물과 사물로 생명을 유지하고 존재하는 것이 법칙으로 각각 주어진 생활환경에 따라 생사가 좌우되어 존재하는 것이 법칙이다.

사람도 대우주와 대자연에 존재하는 모든 만물과 사물의 이치로 5가지의 목화토금수가 음양의 이치로 파생되어 10가지의 기운 성품 성질 성향 유형을 갖추고 태어나 생명을 유지하고 존재

하는 것이 법칙으로 대우주와 대자연에 존재하는 모든 만물과 사물의 영장으로 가장 똑똑하게 생명을 유지하고 존재하면서 하늘과 땅에 수없이 많이 존재하는 산천초목(山川草木)의 동식물과 사람과 각종 물류의 세계가 무한대로 형성되어 존재하며 인류의 문명은 무한대로 발전하게 되는 것이 법칙으로 이 모든 것을 주재(主宰)하는 것이 하늘의 천간(天干) 기운으로 이 천간(天干)의 기운 작용과 영향에 따라 대우주와 대자연에 존재하는 모든 만물과 사물은 예외 없이 생사가 좌우되어 생명을 유지하여 존재하거나 또는 생을 마감하여 영원히 사라지는 것이 원칙으로 땅도 천간(天干) 하늘의 기운 작용과 영향에 따라 동서남북으로 子丑寅卯辰巳午未申酉戌亥의 지지(地支)가 자전과 공전하며 쉬지 않고 순환하면서 1년 12개월 봄·여름·가을·겨울 사계절 24절기와 하루의 밤낮으로 밤 새벽 아침 오전 한낮 오후 초저녁 저녁 밤으로 24시간이 끊임없이 발생하는 근본이 되어 '때와 장소'의 봄·여름·가을·겨울 사계절의 난서량한(暖暑凉寒)한 음양의 기운으로 구분되어 따뜻하고 뜨겁고 서늘하고 추운 생활환경이 정해진 순서에 의해 반복하며 음양이 교차하며 조성되는 생활환경에 모든 만물과 사물의 사람이나 동식물이나 물류는 좋든 싫든 각각 순응하면서 생명을 유지하고 존재하는 것이 법칙으로 사람이나 동식물이나 물류는 각각 그 기운 성품 성질 성향 유형에 따라 동서남북으로 펼쳐지는 각각 다른 생활환경 속에서 각각 정해진 생왕묘의 이치에 따라 생명을 유지하고 존재하다가 생을 마감하는 것이 원칙으로 이 모든 것을 주재(主宰)하는 것이 바로 하늘과 땅에 존재하는 양의 하늘 천간(天干)의 기운 작용과 영향에 의해 발생한다는 것이다.

　대우주와 대자연에 존재하는 음양오행의 이치로 하늘의 천간(天干)과 땅의 지지(地支)가 음양의 이치로 분리되어 존재하며 작용하고 영향을 미치는데 이 음양오행의 기운이 발생하는 생극제화 상생상극의 이치에 따라 형이상학과 형이하학적인 기운작용과 영향에 의해 각각 정해진 생왕묘의 이치에 순응하며 생명을 유지하고 존재하다 소멸하는 것이 법칙으로 대우주와 대자연에 존재하는 모든 만물과 사물은 태어난 기운 성품 성질 성향 유형에 따라 생사가 좌우되는 것이 법칙으로 생왕묘의 이치는 똑같이 발생하지만 사람이나 동식물이나 물류는 각각 태어난 천간(天干)의 기운 성품 성질 성향 유형에 따라 각각 다르게 작용하고 영향을 받아 각각 다른 생왕묘의 이치가 발생하는 생활환경 속에서 존재하며 생사를 유지하고 있는 것이 사실이다.

『훈민정음 해례본』에서도 하늘과 땅과 땅속의 천간(天干)과 지지(地支)와 지장간(地藏干)의 이치와 동일하게 한글 초성·중성·종성으로 자음과 모음으로 초성으로 자음의 'ㄱㄴㄷㄹㅁㅂㅅㅇㅈㅊㅋㅌㅍㅎ'은 양으로 한글의 모든 곳에 처음과 끝의 초성과 종성에 자음을 응용하는 이치가 초성·종성으로 자음이 하늘의 천간(天干)으로 양에 해당하고 중성으로 모음의 'ㅏㅑㅓㅕㅗㅛㅜㅠㅡㅣㅐㅒㅔㅖㅚㅓㅓㅢㅙㅘㅝㅞ'는 음으로 초성과 종성으로 자음의 양을 만나 중성에 응용하는 이치가 중성으로 모음이 땅의 지지(地支)로 음에 해낭하는데 그 응용하는 이치가 바로 대우주와 대자연에 존재하는 모든 만물과 사물의 초목이 성장하여 사람을 처음으로 만나 함께 어우러져 생명을 유지하고 존재하며 살아가는 이치를 그대로 적용하여 중성에 모음을 응용하여 중성으로 모음이 음에 해당하고 끝의 종성으로 음양의 이치로 음양이 파생되어 초성으로 자음의 'ㄱㄴㄷㄹㅁㅂㅅㅇㅈㅊㅋㅌㅍㅎ'을 종성에 다시 양의 자음을 응용하여 그 종성으로 자음이 하늘의 천간(天干)으로 양에 해당하는 이치에 의해 훈민정음 한글이 음양의 상합자의 이치로 문자가 탄생하는 이치가 대우주와 대자연에 존재하는 모든 만물과 사물의 음양의 이치로 하늘의 천간(天干)과 땅의 지지(地支)와 땅속의 지장간(地藏干)이 순환하는 이치와 똑같다는 것을 알 수가 있으며 이것이 바로 천지인(天地人)의 이치이며 생왕묘의 이치로 초성으로 자음은 천간(天干)의 기운으로 양의 하늘에 해당하고 중성으로 모음은 지지(地支)의 기운으로 음의 땅에 해당하고 종성으로 자음은 지장간(地藏干)의 기운으로 양의 천간(天干) 하늘의 기운에 해당한다는 것과 동일하다는 것을 알 수가 있다.

이것은 한글이 대우주와 대자연에 존재하는 모든 만물과 사물의 음양의 이치나 목화토금수의 이치나 사계절의 이치나 방향의 이치나 숫자의 이치나 또는 생활의 모든 이치적으로 대비하여 가장 우수한 문자라는 것을 증명하는 것으로 우리가 사용하는 한글이 얼마나 소중하고 훌륭한 문자인 동시에 사람에게 얼마나 좋고 강한 힘을 주는가를 증명하는 이치로 우리의 한글을 세계화시키는 데 범국민적으로 국가와 국민이 적극적으로 앞장서야 한다는 것이다.

사람도 하늘과 땅의 기운인 천간(天干)과 지지(地支)에 의에서 발생하는 '때와 장소'의 생활환경에 따라 생사가 좌우되는 것이 현실이기 때문에 사람의 이름도 하늘과 땅에서 태어난 당시의 출생한 생년월일시를 기준하여 그 당시 생활환경인 '때와 장소'에 흐르는 음양이나 목화토금수의 이치를 분석하는 명리학문에 의한 대우주와 대자연에 존재하는 모든 만물과 사물의 이치에

의해 태어난 사람의 사주팔자를 기준하여 그 사람을 살리는 용신을 정해서 그 용신에 해당하는 음양이나 목화토금수의 기운에 해당하는 한글의 초성·중성·종성으로 자음과 모음의 음양오행의 이치에 의한 이름을 부르고 읽고 말하는 소리의 음양오행의 이치와 쓰고 기록하는 숫자의 음양오행의 이치와 한글의 뜻에 의해 발생하는 음양오행의 이치를 기준하여 작명하는 것이 최상이며 또한 세계의 모든 외국어의 이름도 우리 한글로 번역하여 『훈민정음 해례본』에 근거하여 음양오행이나 봄·여름·가을·겨울 사계절이나 동서남북 방향이나 숫자의 이치로 발생하는 목화토금수의 기운으로 작명하고 분석하는 것이 가장 올바른 방법으로 사주의 용신을 기준하여 대우주와 대자연에 존재하는 대표적인 10가지 만물과 사물의 기운 성품 성질 성향 유형이나 형상을 통하여 이름의 길흉을 분석하고 추리하는 것이 가장 좋은 방법이라는 것이다.

우리는 모두가 조상의 정해진 성씨가 기준이 되어 각 종파의 세손(世孫)에 의해 정해진 돌림자를 사용하여 이름을 작명하는 경우가 많은데 이름의 중간 자를 돌림하면 마지막 자만 작명하면 되는 방법이고 마지막 끝 자가 돌림으로 사용하면 중간 자를 작명하는 방법이 법칙으로 이름의 삼원 음양오행의 구성을 한글의 초성으로 자음의 음양오행으로 구성하여 이름의 삼원 음양오행이 발생하는 음양오행의 생극제화 상생상극의 이치를 응용하여 음양오행이 막히지 않고 흐르는 순환상생의 이치가 발생하도록 작명하는 것이 중요하며 또한 개인의 이름 개명 예명 아호나 단체의 기관 법인 사업체의 명칭도 당사자의 정해진 성씨를 기준하여 작명하는 것이 법칙이다. 그러나 요즘은 돌림을 따르지 않고 한글의 뜻을 기준한 순수한 한글 이름이나 또는 부르기 쉽고 알기 좋은 이름으로 대우주와 대자연에 존재하는 대표적인 만물의 사물이나 용어를 응용하여 작명하는 경우가 많은데 법인 단체나 회사는 무방하나 개인의 이름을 작명하는 경우에는 상당히 주의하여야 한다는 것을 알아야 한다.

예를 들어 한글 이름을 한글의 뜻으로 '가자 나라 눈꽃 다빈 소라 솔잎 수리 시내 이슬 재미 풀잎' 등등의 한글 이름을 분석하면 '가자'는 어느 곳을 목표로 간다는 뜻인데 아무런 목표가 없고 '나라'는 국가를 말하는데 국가가 없는 사람은 없으며 '눈꽃'은 나무에 핀 꽃은 눈에 얼어붙어 내가 얼어 죽는 형상이며 '다빈'은 모두 비어 있으면 얻는 것이 없고 '소라'는 바다의 조개를 뜻하며 '솔잎'은 사시사철 푸른색이며 '수리'는 이마를 뜻하며 '시내'는 냇가나 시냇물이며 '이슬'은 낮이면 사라져 내가 없어지고 '재미'는 향락이며 '풀잎'은 가을이면 누렇게 말라 죽는 이치가 발생하여 대우주와 대자연에 존재하는 만물이나 사물의 이치를 응용하여 작명하는 경우에는 그 만물과 사물의 생활환경과 특성을 참고하여 생사 관계를 파악하여 작명하여야 한다는 것을 꼭 명심하여야 한다.

또한 사람이나 각종 단체의 이름을 작명한 후에 이름의 길흉을 분석하는 방법도 정해진 성씨를 기준하여 한글 초성·중성·종성으로 자음과 모음에 의한 읽고 부르고 말하는 소리의 이치와 쓰고 기록하는 숫자의 이치와 이름의 뜻이 발생하는 목화토금수의 기운을 중심으로 분석하고 또 명리학문에서 가장 중요시하는 대우주와 대자연에 존재하는 모든 만물과 사물의 이치로 음양이나 목화토금수나 사계절이나 방향이나 숫자의 이치를 응용하여 분석하고 끝으로 『훈민정음 해례본』에 근거하여 초성·중성·종성으로 자음과 모음의 음양오행의 이치로 한글 이름의 삼원 음양오행이나 한글 획수의 삼원 음양오행이 종합적으로 보유한 음양오행의 생극제화 상생상극의 이치를 응용하여 이름의 길흉을 분석하는 방법이 모두 대우주와 대자연에 존재하는 모든 만물과 사물의 이치로 이름의 길흉을 분석하는 것이 최상이라는 것이다.

단, 한자를 사용하는 경우에는 반드시 한자가 보유한 뜻을 사주의 용신에 해당하는 음양이나 목화토금수의 한자를 선택하여 응용하는 동시에 한자를 쓰고 기록하는 획수를 한글 숫자 음양오행의 이치를 응용하여 한자 획수의 삼원 음양오행을 구성하여 한자 획수가 자체적으로 보유한 음양오행의 생극제화 상생상극의 이치를 통하여 한자 이름의 길흉을 분석하는 방법도 중요하나 한글이 중요하지 한자는 중요하지 않기 때문에 무시하여도 되는데 이것은 우리나라의 한글 이름이 중요하지 한자는 한글을 대변하는 것으로 중요하지 않지만 호적에 등록되는 것을 참고하여 한자를 선택하는 과정에서 반드시 사주의 용신에 해당하는 음양이나 목화토금수의 뜻이 담겨져 있는 한자와 한자 획수를 선택하여 작명하는 것이 최상의 방법이다. 이것은 이름 3글자가 정해진 성씨와 중간 자와 마지막 끝 자(법인이나 회사는 4자 이상)를 용신에 해당하는 음양오행의 기운을 응용하여 한글 이름과 한글 획수의 삼원 음양오행을 상생의 이치를 응용하여 구성하는데 이름이 2자는 '木火'는 木生火, 3자는 '木火土'는 木生火 火生土, 4자는 '木火土金'는 木生火 火生土 土生金, 5자는 '木火土金木'은 木生火 火生土 土生金 金生水의 형식으로 이름의 삼원 음양오행을 구성하여 이름이 자체적으로 보유한 음양오행의 생극제

화 상생의 이치로 막히지 않고 흐르는 순환상생의 이치를 이루거나 상극의 이치로 강제로 억제하여 순환시키는 방법이 최상이나 특별한 경우를 제외하고 음양오행의 생극제화 상생의 이치를 응용하여 음양오행의 기운이 막히지 않고 흐르는 순환상생의 이치가 발생하여 서로가 조화와 균형을 이루고 중화를 이루도록 작명하는 것이 최상의 방법이다. 또한 한글 이름과 한자 이름의 뜻을 사주 주인공에 해당하는 천간(天干)의 음양오행을 기준해서 대우주와 대자연에 존재하는 모든 만물이나 사물의 기운 성품 성질 성향 유형을 형상화하여 이름의 길흉을 분석하는 방법도 최상의 방법이다.

예를 들어 사주 주인공이 甲木日主라면 甲木은 대우주와 대자연에 존재하는 모든 만물과 사물의 이치로 초목의 핵으로 씨앗과 뿌리로서 따뜻한 火에 의해 발아되어 성장해서 꽃이 피어 결실하는 목화통명(木火通明)의 형상이 최상이거나 또는 다 자란 죽은 큰 나무를 金의 톱이나 도끼로 잘라 좋은 재목으로 사용하는 이치가 있는 동량지재(棟樑之材)의 형상이 최상으로 甲木日主가 강하면 火, 土, 金을 용신하고 약하면 水, 木을 용신하는데 사주 주인공인 甲木日主가 보유한 대우주와 대자연에 존재하는 모든 만물이나 사물의 이치를 통하여 金이 용신이면 동량지재(棟樑之材)의 좋은 재목이 되는 형상이며 土가 용신이면 질 좋은 땅에서 대목지토(帶木之土)의 좋은 재목이 성장하는 형상이며 火가 용신이면 목화통명(木火通明)의 이치로 나무에 꽃이 만발한 최상의 형상을 각각 응용하여 이름을 분석하는 방법이며 사주가 약하면 水가 용신이면 수원지목(水源之木)의 이치로 나무가 물에 의해 성장하여 좋은 재목이 되는 최상의 형상이며 木이 용신이면 군림지목(群林之木)의 이치로 나무가 크게 성장하여 좋은 재목의 되는 최상의 형상을 응용하여 이름을 분석하는 방법으로 모두가 목화통명(木火通明)이나 동량지재(棟樑之材)의 좋은 재목의 형상과 같은 사람이 되어 국가와 사회에 희생하고 봉사하면서 평생을 건강하게 부와 명예를 누리도록 하는 데 그 목적이 있는 것이다.

이것은 사주 주인공과 용신의 음양오행을 기준해서 우리의 『훈민정음 해례본』에 근거하여 한글 이름을 작명하여 이름이 자체적으로 보유한 음양오행의 기운작용과 영향을 중요시하는 동시에 대우주와 대자연에 존재하는 가장 대표적인 만물과 사물의 이치를 응용하고 형상화하여 이름의 길흉을 분석하는 방법으로 아래의 천간용신법(天干用神法)을 잘 숙지하고 응용하여 이름의 작명을 분석하는 데 많은 참고가 되기를 바란다.

2

천간(天干)과
용신(用神)

　대우주와 대자연에 존재하는 모든 만물과 사물을 주재(主宰)하는 것이 양의 하늘 기운인 천간용신(天干用神)은 대우주와 대자연에 아름다운 금수강산의 산천초목을 이루고 있는 가장 대표적으로 존재하는 만물과 사물이 생명을 유지하고 존재하는 근본이 되는 것이 법칙으로 이 모든 만물과 사물은 천간(天干)의 甲乙丙丁戊己庚辛壬癸 10개가 가장 대표적으로 음양의 이치에 의해 분열되어 목화토금수의 기운 성품 성질 성향 유형을 갖추고 태어나 각각 생명을 유지하고 존재하는 것이 법칙으로 사람이나 각종 동식물이나 물류도 이 천간(天干)에 해당하는 10가지의 기운 성품 성질 성향 유형을 갖추고 태어나 생명을 유지하고 살아가는 것이 법칙으로 서로가 각각 다르게 꿈과 이상의 목표를 이루며 부와 명예를 누리는 것이 법칙으로 사람도 10가지 천간(天干) 중 하나로 태어나 사주의 강약을 기준하지 않고 그 천간(天干)의 기운 성품 성질 성향 유형을 갖추고 살아가면서 대우주와 대자연에 존재하는 가장 대표적인 10가지 천간(天干)에 해당하는 만물과 사물의 초목 불 땅 쇠 물 그리고 수많은 사람과 동식물과 물류와 함께 어울려 공존 공생하는 생활환경 속에서 서로가 유대를 통하여 생명을 유지하고 존재하면서 크게는 사회에 희생하고 봉사하여 국가와 사회를 빛내고 개인적으로 꿈과 이상의 목표를 이루며 부와 명예를 누리고 존재하는 이치를 현실적으로 응용하고 형상화하여 천간용신(天干用

神)을 정하는 방법이다.

 이것은 사람의 사주팔자를 추리하는 과정과 크게는 국가의 운명과 사회가 운영되는 모든 것을 정확하게 추리하고 예지하는 데 응용하며 작게는 사람의 사주팔자를 통하여 길흉화복을 예지하고 분석하는 데 아주 중요하게 응용하는 용신법으로 이 천간용신(天干用神)법은 대우주와 대자연에 존재하는 모든 만물과 사물의 이치로 음양이나 목화토금수의 이치에 의해 끊임없이 발생하는 1년 12개월 봄·여름·가을·겨울 사계절의 24절기의 따뜻하고 뜨겁고 서늘하고 추운 기운에 의해 발생하는 '때와 장소'의 생활환경을 자세히 분석하여 모든 것을 예지하고 추리하는 아주 중요한 비법으로 많이 통용되는 것이 법칙으로 이 용신법은 대우주와 대자연에 존재하는 모든 만물과 사물의 생사를 좌우하는 중요한 이치로 '때와 장소'로 지지(地支)의 음 기운에 의해 발생하는 정해진 생왕묘의 이치를 정확하게 분석하고 깨달아야 더 정확하게 예지하고 추리할 수가 있는 능력을 갖추어 소유하기 때문에 대자연의 오묘한 이치는 그만큼 깨닫고 응용하기가 쉬운 것이 아니라 어려운 것이다.

 또한 대우주와 대자연에 존재하는 모든 만물과 사물의 음양의 이치나 목화토금수의 이치나 봄·여름·가을·겨울 사계절 24절기의 이치나 동서남북 방향의 이치나 사람이 살아가면서 발생하는 육친의 이치 등등 집념을 가지고 명리학문을 공부하면서 많은 시간과 노력이 소요되어야 그 오묘한 대우주와 대자연의 이치를 스스로 깨달음으로 알 수가 있는 것이 특징으로 이 천간용신(天干用神)법은 대우주와 대자연에 존재하는 만물과 사물의 가장 대표적인 나무(木)의 초목이 발생하여 산천초목으로 아름다운 금수강산을 이루며 생명을 유지하며 변화가 발생하는 생왕묘의 이치를 봄·여름·가을·겨울 사계절 24절기가 발생하는 '때와 장소'의 생활환경이 변화의 이치에 따라 발생하는 아름다운 금수강산의 산천초목이 변화하는 과정을 정확하게 통달하여야 쉽게 이해하고 깨닫는 것이 원칙으로 명리학자는 누구를 막론하고 더 많은 연구와 노력을 통하여 더 많은 것을 깨달아 후학들에게 남김없이 전수하여 유용하게 쓰이기를 바라는 마음이다.

 이것은 매년 반복되는 봄·여름·가을·겨울 사계절 24절기의 이치에 의해 우리의 농사 문화에 가장 근본이 되어 씨앗을 뿌리고 초목을 심어 성장시켜 꽃을 피워 단단한 열매의 오곡백과를 풍성하게 결실해서 집에 쌓아 놓고 풍족하게 먹고 즐기며 생명을 유지하고 살아가는 것을 반복하는 생활환경 속에서 발생하는 이치가 명리학문으로 천간(天干) 10가지의 기와 질의 성품으로 모든 만물과 사물의 대표적으로 존재하는 것이 법칙으로 이 만물과 사물이 대우주와 대자연의 이치에 따라 생명을 유지하고 존재하는 정해진 생왕묘의 이치가 바로 천간용신(天干用神)법이라는 것이다.

(1) 갑목(甲木)

갑목(甲木)은 대우주와 대자연에 존재하는 모든 만물과 사물의 가장 대표적으로 나무(木)의 초목으로 만물과 사물의 핵으로 씨앗이나 뿌리에 해당하는 것이 법칙으로 씨앗이 발아되거나 뿌리에 의해 어린 초목이 거대하게 성장한 나무를 잘라 다듬어 가장 좋은 대들보와 같은 재목이 되어 동량지재(棟樑之材)의 좋은 형상이 되는 것이 최종 목표로 살아 있는 나무(木)는 좋은 양질의 땅에서 따뜻한 火가 있어야 최상의 목화통명(木火通明)의 형상으로 씨앗이 발아되어 튼튼하게 성장하여 꽃이 피어 풍성하게 결실을 기대할 수가 있어 火가 용신이며 또 초목은 양지의 질 좋은 땅에서 씨앗이 발아되어 새싹이 죽지 않고 성장하여야 최상의 동량지재(棟樑之材)의 좋은 재목으로 성장할 수가 있어 土가 용신이며 초목이 성장하여 거대한 나무는 톱 도끼 낫으로 잘라 다듬어 좋은 양질의 대들보를 만들어 최상의 동량지재(棟樑之材)가 되어 좋은 재목으로 사용하는 것이 최종 목표로 金이 용신이며 초목은 물에 의해 죽지 않고 성장하여 무성하게 자라 최상의 동량지재(棟樑之材)의 큰 나무로 성장하는 것이 법칙으로 水가 용신이며 초목은 씨앗이나 뿌리에 의해 번식하여 푸른 아름다운 금수강산의 무성한 숲을 이루어 최상의 동량지재(棟樑之材)가 되는 이치로 木이 용신이다.

(2) 을목(乙木)

을목(乙木)은 대우주와 대자연에 존재하는 모든 만물과 사물의 가장 대표적인 초목으로 씨앗 이나 모종을 심어 새싹을 돋우는 풀 곡식 묘목 화초에 해당하는 것이 법칙으로 봄·여름·가 을·겨울 사계절 24절기의 생활환경에 따라 봄에 씨앗을 뿌리고 모종을 심어 여름에 뜨거운 빛과 열기의 火에 의해 튼튼하게 성장시켜 꽃이 피어 가을에 튼튼한 씨앗의 열매를 풍성하게 결실하여 수많은 사람을 기쁘고 행복하게 한 후에 차가운 서리에 의해 누렇게 말라 죽어

희생하는 것이 법칙으로 초목은 따뜻한 火에 의해 성장하여 꽃이 피는 목화통명(木火通明)의 형상을 이루는 것이 최상으로 봄·여름·가을·겨울 모두 火가 용신이다.

(3) 병화(丙火)

병화(丙火)는 대우주와 대자연에 존재하는 모든 만물과 사물의 가장 대표적인 군주의 태양으로 가장 큰 양의 불(火)에 초목이 성장하여 활동하기 시작하는 불에 해당하는 것이 법칙으로 태양은 음양의 이치로 하루의 낮과 밤이 발생하는 동시에 음양이 서로가 조화와 균형을 이루고 중화를 이루기 위해 최상의 수화기제(水火旣濟)의 이치를 이루는 것이 최종 목표로 水가 용신이며 또한 태양의 밝은 빛과 열기를 통하여 온누리에 비추어 양지 바른 땅에서 모든 만물과 사물이 생명을 유지하고 존재하는 최상의 온난지토(溫暖之土)를 이루는 것이 최종 목표로 土가 용신이며 또 태양의 뜨거운 빛과 열기를 통하여 초목의 핵인 씨앗의 열매가 단단하게 익어 풍성하게 결실하거나 또는 큰 불에 쇠를 녹여 각종 기물을 만들어 사용하는 최상의 방성기명 (方成器皿)의 이치를 이루는 것이 최종 목표로 金이 용신이다.

(4) 정화(丁火)

정화(丁火)는 대우주와 대자연에 존재하는 모든 만물과 사물의 뜨거운 불과 열기를 통하여 만물과 사물의 초목이 무성하게 성장하여 꽃을 피우고 태우고 소멸하는 동시에 인류 문명을 발달시키는 살아있는 작은 불로 음의 불에 해당하는 것이 법칙으로 병화(丙火)와 동일하게 음의 물(水)를 만나 음양의 이치로 서로가 조화와 균형을 이루고 중화를 이루기 위해 최상의 수화기제(水火旣濟)의 이치를 이루는 것이 최종 목표로 水가 용신이며 불은 쇠를 녹여 각종 기물을 만들어 사용하는 최상의 방성기명(方成器皿)의 이치를 이루는 것이 최종 목표로 金이 용신이며 뜨겁고 따뜻한 열기로 최상의 온난지토(溫暖之土)를 만들어 모든 만물과 사물의 초목 이 무성하게 성장하여 꽃을 피워 튼튼한 씨앗의 열매를 풍성하게 결실하는 것이 최종 목표로 土가 용신이다. 그러나 목다화식(木多火熄)에 해당하는가를 판단하는 것에 주의하여야 한다.

(5) 무토(戊土)

무토(戊土)는 대우주와 대자연에 존재하는 모든 만물과 사물의 대지 산 들판에 푸른 초목이 무성하게 성장하여 아름다운 금수강산을 이루는 질 좋은 땅으로 대목지토(帶木之土)가 되는 것이 법칙으로 푸른 아름다운 금수강산을 이루어 최상의 삼림지목(森林之木)의 형상을 이루는 것이 최종 목표로 산천초목에 나무가 울창하여야 최상으로 木이 용신이며 또 산에는 아름다운 폭포와 계곡을 이루고 들에는 땅속의 수맥이 흐르고 냇가에 맑고 깨끗한 물이 흘러 최상의 가색지토(稼穡之土)의 이치를 이루어 초목이 무성하여야 최상으로 水가 용신이며 땅속에는 각종 철광석과 금광석을 저장하고 감추고 있어야 최상의 가치가 있는 땅으로 金이 용신으로 사시사철 아름다운 금수강산을 유지하여 많은 사람들이 찾아와 보고 즐기고 쉬고 느끼면서 재충전하는 환경을 제공하는 동시에 국가의 보고(寶庫)로 이용하는 것이 최종 목표다.

(6) 기토(己土)

기토(己土)는 대우주와 대자연에 존재하는 모든 만물과 사물의 작은 논밭의 땅에 초목이나 곡식을 완전히 성장시켜 결실하는 땅에 해당하는 것이 법칙으로 논밭은 가장 질 좋은 습토의 가색지토(稼穡之土)나 온난지토(溫暖之土)의 땅이 되어 묘목 초목 곡식 화초의 씨앗이나 모종의 새싹을 심어 육성하여 오곡백과를 풍성하게 결실하는 것이 최종 목표로 木이 용신이며 또 논밭은 농사를 짓기 위해 가장 질 좋은 최상의 가색지토(稼穡之土)의 땅을 유지하기 위해서 항상 물(水)을 저장하여 습토를 유지하는 것이 최상으로 水가 용신이며 또 땅속에는 각종 철광석 금광석을 저장하고 있는 동시에 사시사철 초목의 단단한 씨앗의 열매를 결실하는 것이 최종 목표로 金이 용신이다.

(7) 경금(庚金)

경금(庚金)은 대우주와 대자연에 존재하는 모든 만물과 사물의 초목이 꽃이 지고 열매가 열리기 시작하는 동시에 단단하고 차가운 철광석의 무쇠에 해당하는 것이 법칙으로 무쇠는 변화의 이치로 강한 큰불에 녹여 각종 기물이나 종을 만들어 사용하는 최상의 방성기명(方成器皿)의 이치를 이루는 것이 최종 목표로 반드시 火가 용신이며 무쇠의 각종 기물은 나무(木)의

자루가 있어야 사용하는 데 편리하며 큰 나무를 잘라 다듬어 대들보와 같은 최상의 동량지재(棟樑之材)의 형상의 좋은 목재를 만드는 것이 최상으로 木이 용신이다.

(8) 신금(辛金)

신금(辛金)은 대우주와 대자연애 존재하는 모든 만물과 사물의 맑고 깨끗한 오곡백과를 풍성하게 결실하는 동시에 만물을 강한 추위로 금은보석에 해당하는 것이 법칙으로 금은보석은 불(火)을 만나 환한 불에 반짝반짝 빛이 나야 최상의 가치가 오르고 불에 녹여 각종 귀금속을 만드는 이치로 火가 용신이며 또 금은보석은 맑고 깨끗한 물로 닦아 반짝반짝 빛이 나야 최상의 가치가 있어 水가 용신이며 금음보석은 사람(木)의 몸에 치장하여야 최상의 가치가 오르는 것이 최종 목표로 木이 용신이다.

(9) 임수(壬水)

임수(壬水)는 대우주와 대자연에 존재하는 모든 만물과 사물의 양의 물(水)로 초목의 핵인 씨앗의 생명을 품어 보호하는 동시에 큰물인 강 바다 호수의 물(水)에 해당하는 것이 법칙으로 양의 불(火)을 만나 음양의 이치로 하루의 밤낮으로 음양이 서로가 조화와 균형을 이루고 중화를 이루기 위해 최상의 수화기제(水火旣濟)의 이치를 이루는 것이 최종 목표로 火가 용신이며 또 큰물은 마른 건조한 흙으로 막아 댐이나 저수지를 만들어 식수 공업용수 농업용수 발전소로 이용하는 최상의 방성지소(方成池沼)의 이치를 이루는 것이 최종 목표로 土가 용신이며 물은 초목의 핵인 씨앗이나 뿌리의 생명을 보호하는 최상의 온난지수(溫暖之水)가 되는 것이 최종 목표로 木이 용신이다.

(10) 계수(癸水)

계수(癸水)는 대우주와 대자연에 존재하는 모든 만물과 사물의 음의 물(水)로 만물을 동결시켜 보호하는 동시에 땅속에 흐르는 수맥 샘솟는 샘물 약수 온천수 땅 위에 흐르는 시냇물 계곡물 식수에 해당하는 것이 법칙으로 맑고 깨끗한 먹는 물을 유지하는 것이 최종 목표로 한냉지수(寒冷之水)이나 외음내양의 이치로 모든 만물과 사물의 가장 대표적인 초목의 핵인 씨앗이나 뿌리나 동식물을 동결시켜 생명을 유지하고 보호하는 이치로 木이 용신이며 또 물(水)은 음으로 火의 양을 만나 음양의 이치로 하루의 밤낮으로 음양이 서로가 조화와 균형을 이루고 중화를 이루는 최상의 수화기제(水火旣濟)의 이치를 이루는 것이 최종 목표로 火가 용신이며 또 작은 물은 농사 짓기 좋은 환경의 가색지토(稼穡之土)의 땅을 만들거나 또는 적은 물을 건조한 흙으로 막아 농업용수나 공업용수로 사용하는 최상의 방성지소(方成池沼)의 이치를 이루는 것이 최종 목표로 土가 용신이다.

위와 같이 대우주와 대자연에 존재하는 가장 대표적인 만물과 사물을 응용한 천간용신(天干用神)법으로 우리가 살아가는 '때와 장소'의 생활환경에 어떠한 가치가 발생하는가의 이치를 통달하여 사주의 일주(日主)인 천간(天干)을 기준하여 용신을 정하여 이름을 작명하거나 분석하는 것이 최상의 방법이라는 것이다.

이것을 나무(木) 甲,乙木의 사주 주인공에게는 목화토금수 용신에 따라 한글 초성·중성·종성으로 자음과 모음 음양오행의 이치를 기준하여 火의 문자로 작명하는 경우에는 최상의 목화통명(木火通明)의 형상을 이루는 것이며 土의 문자로 작명하는 경우에는 최상의 가색지토(稼穡之土)의 형상을 이루는 것이며 金의 문자로 작명하는 경우에는 최상의 동량지재(棟樑之材)의 형상을 이루는 것이며 水의 문자로 작명하는 경우에는 최상의 수원지목(水源之木)의 형상을 이루는 것이며 木의 문자로 작명하는 경우에는 최상의 삼림지목(森林之木)의 형상을 이루는 아주 좋은 이름이라고 분석하는 방법이다.

불(火) 丙,丁火의 사주 주인공도 목화토금수 용신에 따라 한글 초성·중성·종성으로 자음과 모음 음양오행의 이치를 기준하여 水의 문자를 응용하여 작명하는 경우에는 최상의 수화기제(水火旣濟)나 방성상제(方成相濟)의 형상을 이루는 것이며 金의 문자로 작명하는 경우에는 최상의 방성기명(方成器皿)의 형상을 이루는 것이며 土의 문자로 작명하는 경우에는 최상의 온난지토(溫暖之土)의 형상을 이루는 것이며 火의 문자로 작명하는 경우에는 최상의 염열지화(炎熱之火)의 형상을 이루는 것이며 木의 문자로 작명하는 경우에는 최상의 목다화치(木多火熾)의 형상을 이루는 아주 좋은 이름이라 분석하는 방법이다.

흙(土) 戊,己土의 사주 주인공도 목화토금수 용신에 따라 한글 초성·중성·종성으로 자음과 모음의 음양오행의 이치를 기준하여 木의 문자를 응용하여 작명하는 경우에는 최상의 동량지

재(棟樑之材)의 형상이나 방성삼림(方成森林)의 형상을 이루는 것이며 水의 문자로 작명하는 경우에는 최상의 가색지토(稼穡之土)의 형상을 이루는 것이며 金의 문자로 작명하는 경우에는 최상의 방의기체(方宜其滯)의 형상을 이루는 것이며 土의 문자로 작명하는 경우에는 최상의 토왕지뢰(土旺之賴)의 형상을 이루는 것이며 火의 문자로 작명하는 경우에는 최상의 화치염상(火熾炎上)의 형상을 이루는 좋은 이름이라 분석하는 방법이다.

쇠(金) 庚,辛金의 사주 주인공도 목화토금수 용신에 따라 한글 초성·중성·종성으로 자음과 모음의 음양오행의 이치를 기준하여 火의 문자를 응용하여 작명하는 경우에는 최상의 방성기명(方成器皿)의 형상을 이루는 것이며 木의 문자로 작명하는 경우에는 최상의 동량지재(棟樑之材)의 형상을 이루는 것이며 水의 문자로 작명하는 경우에는 최상의 방좌기봉(方挫其鋒)의 형상을 이루는 것이며 金의 문자로 작명하는 경우에는 최상의 강금지뢰(剛金之賴)의 형상을 이루는 것이며 土의 문자로 작명하는 경우에는 최상의 토왕지뢰(土旺之賴)의 형상을 이루는 아주 좋은 이름이라 분석하는 방법이다.

물(水) 壬,癸水의 사주 주인공도 목화토금수 용신에 따라 한글 초성·중성·종성으로 자음과 모음의 음양오행의 이치를 기준하여 土의 문자로 작명하는 경우에는 최상의 방성지소(方成池沼)의 형상을 이루는 것이며 火의 문자로 작명하는 경우에는 최상의 수화기제(水火旣濟)의 형상을 이루는 것이며 木의 문자로 작명하는 경우에는 최상의 방설기세(方泄其勢)의 형상을 이루는 것이며 水의 문자로 작명하는 경우에는 최상의 왕수지뢰(旺水之賴)의 형상을 이루는 것이며 金의 문자로 작명하는 경우에는 최상의 완금지조(頑金之助)의 형상을 이루는 좋은 이름이라 분석하는 방법이다.

3

이름과
음양오행의 생극제화

대우주와 대자연에 존재하는 모든 만물과 사물의 이치 중에서 가장 대표적인 것이 음양의 이치로 하늘과 땅에 하루의 밤낮이 발생하고 1년 12개월 봄·여름·가을·겨울 사계절에 의한 24절기가 끊임없이 발생하는 이치에 의해 따뜻하고 덥고 서늘하고 추운 음양이나 목화토금수의 기운이 막히지 않고 흐르는 순환상생의 이치를 통하여 서로가 조화와 균형을 이루고 중화를 이루고 있는 것이 법칙으로 우리가 살아가는 '때와 장소'의 생활환경에 모든 만물과 사물의 동식물이나 사람이 각각 생명을 유지하고 존재하지만 그 기운작용과 영향에 따라 서로가 각각 다른 생사고락이 결정되어 살아가는 것이 법칙으로 이 세상에 존재하는 모든 만물과 사물의 사람이나 동식물이나 각종 물류의 이름도 『훈민정음 해례본』에 근거한 훈민정음 한글 초성·중성·종성으로 자음과 모음 자체가 보유한 음양의 이치에 의한 목화토금수의 기운이 발생하는 음양오행의 생극제화 상생상극의 이치를 통하여 기운 작용과 영향이 발생하는 것이 법칙으로 모든 이름은 자체적으로 보유한 5가지 음양오행의 기운이 발생하는 음양오행의 생극제화 상생의 이치에 따라 서로가 막히지 않고 흐르거나 또는 상극의 이치에 따라 한쪽으로 뭉쳐 편중되어 강하게 형성되어 발생하는 이름이 존재하는 것이 원칙으로 앞으로 한글 초성·중성·종성으로 자음과 모음의 음양오행의 이치를 올바르게 응용하여 한글 이름

이 자체적으로 보유한 음양오행의 생극제화 상생상극의 이치를 응용하여 음양이나 목화토금수의 기운이 서로가 조화와 균형을 이루고 중화를 이루도록 작명하는 것이 최상으로 모든 만물과 사물에 항상 좋은 기운이 발생하도록 하는 방법으로 앞으로 대우주와 대자연에 존재하는 모든 만물과 사물의 동식물이나 사람의 모든 이름은 『훈민정음 해례본』에 근거하여 훈민정음 한글 초성·중성·종성으로 자음과 모음의 음양오행의 이치를 기준하여 이름을 부르고 읽고 말하는 소리의 음양오행의 이치와 이름을 쓰고 기록하는 숫자의 음양오행의 이치에 의해 발생하는 음양오행으로 이름의 삼원 음양오행을 구성하여 이름이 자체적으로 보유한 음양오행의 생극제화 상생상극의 이치를 응용하여 이름의 길흉을 분석하거나 또는 어떠한 기운 작용이 발생하여 육친적으로 어떠한 일들이 발생하는가를 알 수가 있는 것이 특징이다.

이제는 『훈민정음해례본』에 근거하여 이름의 삼원 음양오행을 구성하여 이름이 자체적으로 보유한 음양오행의 생극제화 상생상극의 이치를 응용하여 음양이나 목화토금수의 기운 작용을 정확하게 분석하여 이름의 길흉을 판단하는 동시에 그 사람에게 어떠한 기운 작용과 영향이 발생하는가를 정확하게 알 수가 있는 것이 장점이며 특징이라 할 수가 있다.

따라서 이름이 자체적으로 보유한 음양오행의 기운이 서로가 막히지 않고 흐르는 순환상생의 이치를 이루어 주류무체(周流無滯)나 생생불식(生生不息)의 이치가 발생하여 서로가 조화와 균형을 이루고 중화를 이루도록 작명하는 것이 최상이며 또한 이름의 중간 자와 끝 자를 돌림자로 사용하는 경우에는 음양이나 목화토금수의 기운이 한쪽으로 편중되어 뭉쳐 강하게 형성하는 경우가 발생하는 것이 법칙으로 이러한 경우에는 이름이 자체적으로 보유한 음양오행의 생극제화 상극의 이치를 응용하여 그 강한 기운을 강제로 억제하고 통제하여 음양오행의 기운이 서로가 조화와 균형을 이루고 중화를 이루도록 작명하는 것이 최상이다.

또한 사주의 용신을 기준하여 작명하는 경우에도 그 용신에 해당하는 한글의 음양오행의 이치로 이름을 작명하여 그 이름이 자체적으로 보유한 음양오행의 생극제화 상생상극의 이치를 통하여 음양오행의 기운이 서로가 조화와 균형을 이루고 중화를 이루도록 작명하는 것이 가장 올바른 방법이다.

음양오행의 생극제화 상생상극의 이치는 아래와 같다.

(1) 상생의 이치

水生木 木生火 火生土 土生金 金生水

(2) 상극의 이치

木剋土 土剋水 水剋火 火剋金 金剋木의 이치는 정해진 법칙이다.

위에서 설명한 대로『훈민정음 해례본』에 근거하여 한글의 초성 · 중성 · 종성으로 자음과 모음에는 음양이나 목화토금수의 이치가 존재하여 반드시 음양오행의 기운이 발생한다는 것을 알아 모든 이름을 읽고 부르고 말하는 소리의 음양오행의 이치에 의해 발생하는 음양오행의 기운으로 이름의 삼원 음양오행이 결정되고 구성되는 것이 법칙으로 이름의 삼원 음양오행을 기준하여 이름이 자체적으로 보유한 음양오행의 생극제화 상생상극의 이치를 통하여 기운작용과 영향을 정확하게 분석하여 이름의 길흉을 판단하거나 또는 형이상학적으로 육친적으로 어떠한 일들이 보이지 않게 발생하는가를 알 수가 있는 것이 특징이다.

이것은 한글 초성 · 중성 · 종성으로 자음과 모음에 의한 음양오행의 이치에 따라 발생하는 음양오행의 기운작용과 영향으로 이름이 좋고 나쁨을 떠나서 그 사람에게 직접적으로 작용하고 영향을 미치는 것이 원칙으로 이름의 삼원 음양오행은 정해진 성씨를 기준하나 순서에 관계없이 음양오행의 생극제화 상생상극의 이치를 응용하여 최종적으로 사람에게 가장 필요하고 소중한 음양오행의 기운이 발생하도록 이름을 작명하는 것이 가장 올바른 최상의 방법으로 최종적으로 정리하면 아래와 같다.

첫째, 한글의 응용은『훈민정음 해례본』에 근거하여 훈민정음 한글 초성 · 중성 · 종성으로 자음과 모음의 음양오행의 이치를 기준하여 이름을 읽고 부르고 말하는 소리의 음양오행의 이치와 쓰고 기록하는 숫자의 음양오행의 이치에 의해 발생하는 음양오행의 기운으로 이름의 삼원 음양오행을 구성한 후에 이름이 종합적으로 보유한 음양오행의 기운이 발생하는 음양오행의 생극제화 상생상극의 이치를 응용하여 순환상생의 이치로 작명하는 것이 최우선으로 5가지 음양오행의 기운이 서로가 막히지 않고 흘러 순환하는 것이 최상으로 이것이 사람이

살아가면서 매사에 하는 모든 일들이 막히는 것이 없이 순조롭게 이루어져 성공하여 평생 건강한 몸으로 부와 명예를 누리도록 하는 것을 구하는 것이다.

둘째, 한자는 한자의 뜻과 획수를『훈민정음 해례본』에 근거하여 훈민정음 한글 초성·중성·종성으로 자음과 모음에 의한 음양오행의 이치를 기준하여 이름의 뜻과 이름을 쓰고 기록하는 숫자의 음양오행의 이치에 의해 발생하는 목화토금수의 기운으로 한자 획수의 삼원 음양오행을 구성하여 한자 획수가 자체적으로 보유한 음양오행의 기운이 발생하는 음양오행의 생극제화 상생상극의 이치로 서로가 막히지 않고 흐르는 순환상생의 이치가 발생하는 한자를 선택하여 음양오행의 기운이 서로가 조화와 균형을 이루고 중화를 이루도록 작명하는 방법이 최상이나 한자는 우리의 한글을 대변하는 것이 원칙으로 한자 획수의 삼원 음양오행은 중요하지가 않아 응용하지 않아도 무방하며 단, 한자의 뜻을 중요시하여 한자의 뜻을 만물과 사물의 이치를 대비하여 발생하는 음양이나 목화토금수로 응용하여 작명하거나 또는 사주의 용신에 해당하는 음양오행의 기운이 발생하는 한자와 한자 획수를 선택하여 작명하여야 한다는 것을 명심하여야 한다.

셋째, 사주의 용신을 기준하여 작명하는 경우에는『훈민정음 해례본』에 근거하여 훈민정음 한글 초성·중성·종성으로 자음과 모음에 의한 음양오행의 이치를 기준하여 이름을 읽고 부르고 말하는 소리의 음양오행의 이치와 쓰고 기록하는 숫자의 음양오행의 이치를 기준하여 반드시 사주의 용신에 해당하는 한글을 선택하여 이름의 삼원 음양오행과 한글 획수의 삼원 음양오행을 구성하여 이름이 종합적으로 보유한 음양오행의 기운이 발생하는 음양오행의 생극제화 상생상극의 이치를 응용하여 반드시 최종적으로 사주의 용신에 해당하는 음양오행의 기운이 강하게 발생하도록 이름을 작명하여야 한다.

넷째, 한글 이름과 한글 획수와 한자 획수의 삼원 음양오행을 기준하여 두 이름이 종합적으로 보유한 음양오행의 기운이 발생하는 음양오행의 생극제화 상생상극의 이치를 응용하여 반드시 음양오행의 기운이 서로가 막히지 않고 흘러 서로가 조화와 균형을 이루고 중화를 이루는 순환상생의 이치가 발생하는 동시에 최종적으로 사주의 용신에 해당하는 음양이나 목화토금수의 기운이 강하게 발생하도록 이름을 작명하여야 한다.

다섯째, 모든 외국어 이름도『훈민정음 해례본』에 근거하여 한글로 번역하여 훈민정음 한글 초성·중성·종성으로 자음과 모음의 음양오행의 이치를 기준하여 이름의 삼원 음양오행을 구성하여 외국어 이름이 자체적으로 보유한 음양오행의 기운이 발생하는 음양오행의 생극제화 상생상극의 이치를 통하여 음양오행의 기운이 막히지 않고 흘러 서로가 조화와 균형을 이루고 중화를 이루도록 작명하고 분석하는 것이 원칙이다.

위 5가지 방법은 사람마다 각각 정해진 성씨가 다르고 또한 사주팔자도 다르기 때문에 조상의 정해진 성씨를 기준하여 이름의 삼원 음양오행이 각각 다르게 구성되기 때문에 이름이 자체적으로 보유한 음양오행의 생극제화 상생상극의 이치에 따라 순환상생의 이치가 발생하여 음양오행의 기운이 서로가 막히지 않고 흘러 조화와 균형을 이루고 중화를 이루거나 용신의 기가 발생하여 그 사람이 이름을 통하여 평생을 살아가면서 매사가 만사형통으로 순조롭게 풀려 성공하여 건강한 몸으로 부와 명예를 누리도록 하는 데 그 목적이 있기 때문이며 크게는 우리나라와 우리 국민의 기를 살려 세계 제일의 대한민국으로 우뚝 서기를 바라는 마음이다.

이것은 우리 민족의 숭고한 혼과 얼이 담긴 훈민정음 한글이 우리의 근본이며 뿌리로서 『훈민정음 해례본』에 근거하여 대우주와 대자연에 존재하는 모든 만물과 사물의 이치로 음양이나 목화토금수나 봄·여름·가을·겨울 사계절 24절기나 동서남북 4개의 방향이나 1234567890 숫자의 이치와 대우주와 대자연에 존재하는 모든 만물과 사물의 동식물이나 각종 물류가 태어나 만물의 영장인 사람과 함께 공존 공생하며 생명을 유지하고 존재하는 모든 이치의 아주 중요한 의미가 담겨진 우리의 훈민정음 한글이 세계 제일의 문자와 소리로 범국가적으로 세계에 알려 훈민정음 한글이 세계의 공통어가 되도록 하는 것이 무엇보다도 중요하다는 것이다.

그러므로 한글을 통하여 대우주와 대자연에 존재하는 모든 만물과 사물의 모든 것을 한글 초성·중성·종성으로 자음의 음양오행의 이치를 기준하여 이름의 삼원 음양오행을 구성하여 이름이 자체적으로 보유한 음양오행의 생극제화 상생상극의 이치를 통하여 모든 것을 분석할 수가 있는 자료가 되어 앞으로 한글을 무한대로 응용할 수가 있는 것이 특징이며 자랑이다.

또한 이름의 삼원 음양오행이 구성되어 자체적으로 보유한 음양오행의 생극제화 상생상극의 이치가 서로 혼합되어 작명하는 경우에 반드시 알아 둘 것은 명리학문의 음양이나 목화토금수의 이치로 서로가 만나 상대가 되어 충기(沖氣)하는 기운이 발생하는 경우에는 오히려 더

좋은 일들이 발생한다는 이치로 좋으나 중요한 것은 사람의 이름을 부르고 읽고 말하거나 쓰고 기록하는 짧은 한순간에 발생하는 음양오행의 기운 작용을 분석하면 음양오행의 생극제화 상생상극의 이치로 상극보다는 상생의 이치가 오히려 더 좋은 기운이 발생하기 때문에 특별한 이유가 없는 경우를 제외하고는 음양오행의 생극제화 상생의 이치를 응용하여 이름을 작명하여 매사가 막히는 것이 없이 순환하여 사람이 평생 건강하게 부와 명예를 누리도록 작명하는 것이 최상의 방법이라는 것이다.

사주를 모르는 경우도 조상의 정해진 성씨를 기준하여 이름의 삼원 음양오행을 구성하여 음양오행의 생극제화 순환상생의 이치를 통하여 음양오행의 기운이 서로가 막히지 않고 흐르도록 작명하는 것이 최상이며 사주를 아는 경우도 사주 주인공이 甲木인데 음양오행의 기운이 편중되어 木이 강하여 사주가 강하면 사주 주인공을 기준하여 음양오행의 생극제화 상극의 이치로 木剋土의 이치가 자연적으로 계속 발생하여 육친적으로 소유하는 재물에 해당하는 土가 약해져 소유하지 못하면서 財生官의 이치로 金의 직업이나 명예에 해당하는 官이 약해져 財, 官이 모두 쇠약해 사회적으로 부와 명예를 소유하지 못하는 좋지 않은 일들이 발생하므로 이러한 사주는 음양오행의 생극제화 상극의 이치를 응용하여 강한 木을 강제로 억제시키는 金을 용신하여 金剋木의 이치로 木을 약화시켜 서로가 조화와 균형을 이루고 중화를 이루도록 작명하는 것이 원칙이나 음양오행의 생극제화 상생의 이치를 응용하여 火를 용신으로 정하여 작명하여 木生火 火生土 土生金의 이치가 발생하여 食,財,官이 모두 살아나 평생 부와 명예를 누리도록 하는 것이 최상의 방법으로 모두가 대우주와 대자연에 존재하는 모든 만물과 사물의 이치로 뜨거운 열기를 통하여 나무가 튼튼하게 성장하여 꽃이 활짝 피어 풍성하게 결실하는 최상의 목화통명(木火通明)의 형상을 이루는 동시에 음양오행의 생극제화 순환상생의 이치로 음양오행이 막히지 않고 木生火 火生土 土生金의 이치로 흘러 食,財,官이 모두 살아나 매사가 만사형통으로 성공하여 평생을 건강한 몸으로 부와 명예를 소유하여 행복하게 살아가도록 하는 것이 법칙으로 용신에 해당하는 음양오행의 기운이 강하게 발생하도록 작명한 이름이 가장 좋은 이름이 발생하는 것이다.

이름의 육친적인 추리와 감정도 대우주와 대자연에 존재하는 모든 만물과 사물의 이치로 가장 대표적 천간용신(天干用神)법과 이름이 삼원 음양오행을 기준하여 음양오행의 생극제화 상생상극의 이치를 통하여 분석하거나 또는 사주의 용신과 대운 사계절의 이치를 참고하여 이름을 추리하고 분석하는 것이 원칙으로 육친적으로 사람이 병들어 죽거나 부부가 이별하거나 단명하거나 장수하지 못한다는 등의 풀이는 절대로 삼가야 한다는 것을 명심하기 바라며 사람의 건강 생사 사업의 길흉을 판단하여 감정하는 것이 법칙이라는 것을 꼭 명심하기 바란다.

그리고 작게는 5년-10년 크게는 20년-50년을 사용한 이름을 무시하여 무작정 개명한다거나 또는 좋은 이름도 좋지 않게 분석하여 무작정 개명하는 것을 방지하는 것은 물론이며 사람이 사주나 대운도 좋지 못해 매사가 만사불통으로 이루고 성공하는 것이 없이 평범하지 못하여 힘들고 어렵게 살아가는 사람은 반드시 명리학자를 통하여 정확하게 사주의 용신을 찾아 용신에 해당하는 이름으로 개명을 하는 것도 최상의 방법이며 또 사주의 용신에 대한 직업이나 직종에 대한 변화를 시도하는 것도 최상의 방법이며 살아가는 주거환경이나 나의 정신력을 크게 변화시키는 것도 중요하다는 것을 알아야 한다.

또한 개명에 주의할 점은 사주도 좋고 대운도 용신의 사계절의 이치로 순행하면 매사가 만사형통으로 성공하여 건강하게 부와 명예를 누리는 것이 법칙으로 이 경우에는 운 좋은 사람은 모든 것이 좋게 작용하는 것이 법칙으로 모든 것은 운이 좌우하는 것이 원칙으로 이름이 『훈민정음 해례본』에 근거하여 한글 음양오행의 이치를 기준하여 음양오행의 생극제화 상생상극의 이치로 서로가 조화와 균형을 이루지 못하고 중화를 이루지 못하는 경우나 이름이 흉하여 남에게 드러내놓지 못하는 경우나 이름의 뜻이 애매모호하거나 또는 이름이 남녀가 바뀐 이성적인 이름이거나 동물의 이름이거나 노리개나 별명으로 불리는 이름을 소유한 사람 이외에는 개명하지 않는 것이 좋으며 또한 사람은 누구나 나쁘다고 생각하면 나쁘게 보이고 좋다고 생각하면 좋게 보이는 것이 원칙으로 나와 가족 이름이 흉하고 좋지 못하면 개명을 통하여 새로운 자신감으로 인생을 살아가는 방법도 좋은 방법이며 성공의 지름길이다.

제12장

삼원 음양오행과 생극제화

『훈민정음 해례본』에 근거하여 대우주와 대자연에 존재하는 모든 만물과 사물의 이치로 음양이나 목화토금수나 봄·여름·가을·겨울 사계절 24절기나 동서남북이나 숫자의 이치 이외의 어떠한 이치를 대비하여도 맞아 떨어지도록 만들어진 훈민정음 한글 초성·중성·종성으로 자음과 모음에 의한 음양이나 목화토금수의 이치를 기준하여 이름을 읽고 부르고 말하는 소리의 음양오행의 이치와 쓰고 기록하는 숫자의 음양오행의 이치에 의해 발생하는 목화토금수를 응용하여 이름 3글자로 이름의 삼원 음양오행을 구성하여 작명하는 방법으로 이름의 삼원 음양오행을 음양오행의 생극제화 상생상극의 이치로 작명한 이름이 자체적으로 보유한 음양오행의 기운이 막히지 않고 흘러 서로가 조화와 균형을 이루고 중화를 이루도록 하는 동시에 이름의 길흉을 분석하는 방법으로 이름의 삼원 음양오행의 구성에 있어서 가장 최우선으로 하는 것이 첫째가 한글 이름의 삼원 음양오행이며 둘째가 한글 획수의 삼원 음양오행이며 셋째가 한자 획수의 삼원 음양오행을 각각 구성하여 최종적으로 3개의 삼원 음양오행이 종합적으로 보유한 음양오행의 기운이 발생하는 음양오행의 생극제화 상생상극의 이치를 통하여 이름을 작명하고 분석하는 방법이다.

사람이 남녀로 음양의 이치로 태어나 각각 목화토금수의 기운 성품 성질 성형 유형을 갖추고 생명을 유지하고 존재하며 살아가는 것이 법칙으로 사람이 출생한 당시 '때와 장소'를 지배하는 음양오행의 기운에 의해 태어난 근거로 생년월일시를 기준하여 육십갑자로 사주팔자를 구성하여 용신을 정하여 작명하는 방법으로 위와 같은 3개의 삼원 음양오행을 구성하여 음양오행의 생극제화 상생상극의 이치를 응용하여 최종적으로 사람을 살리는 용신에 해당하는 음양오행의 기운이 발생하도록 이름을 작명하고 분석하는 방법으로 저자가 대우주와 대자연에 존재하는 모든 만물과 사물의 음양이나 목화토금수나 사계절 24절기나 동서남북이나 숫자의 이치에 의해 발생하는 목화토금수의 기운으로 사람의 이름을 작명을 한 경험에 의하면 이름을 작명하는 데 상당한 시간이 소요되는 것이 흠인데 무엇보다도 이름을 통하여 사람에게 평생 따라다니며 음양오행의 기운 작용과 영향에 의해 사람이 살아가면서 육친적이나 사물적으로 길흉이 발생한다는 것을 꼭 명심해서 신중하게 이름의 삼원 음양오행을 정확하게 구성하여 작명하는 것이 무엇보다 중요하다.

'한글 성명학'은 『훈민정음 해례본』에 근거하여 만들어진 성명학으로 이름을 가장 쉽고

빠르고 정확하게 아주 좋은 이름을 작명하는 것이 특징으로 음양오행의 생극제화 상생상극의 이치에 의해 사람에게 가장 필요한 가장 맑고 가장 깨끗하고 가장 선명한 음양오행의 기운이 발생하는 것이 특징이며 장점으로 무엇보다도 우리 민족의 뿌리와 근본이 되는『훈민정음 해례본』에 근거한 훈민정음 한글 초성·중성·종성으로 자음과 모음이 보유한 음양이나 목화 토금수의 기운 성품 성질 성향 유형이 담겨져 있는 이름을 작명하여 이름이 자체적으로 보유한 음양오행의 기운이 발생하는 음양오행의 생극제화 상생상극의 이치를 통하여 반드시 순환상 생의 이치가 발생하여 음양오행의 기운이 막히지 않고 흘러 서로가 조화와 균형을 이루고 중화를 이루어 매사에 좋게 작용하여 우리 국민 모두가 크게 성공하여 부와 명예를 누리도록 하는 것이 최종 목적으로 훈민정음 한글의 우수성을 세계만방에 알리는 계기가 되기를 바라는 마음이다.

1

이름의 삼원 음양오행의
분석

  우리의 한글 이름이나 세계 각국의 모든 외국어 이름을 한글로 번역하여 한글 초성·중성·종성으로 자음과 모음에 의한 음양오행의 이치로 이름의 삼원 음양오행을 구성하여 이름의 삼원 음양오행이 자체적으로 보유한 음양오행의 생극제화 상생상극의 이치를 응용하여 작명한 이름이나 개명한 이름을 분석하여 사람이 이름을 통하여 대우주와 대자연에 존재하는 모든 만물과 사물의 이치로 음양이나 목화토금수나 봄·여름·가을·겨울 사계절의 24절기나 동서남북의 방향이나 1234567890의 숫자나 각종 만물과 사물의 각종 동식물이나 물류가 사람을 만나 하나의 구성원으로서 큰 공동체를 구성하여 함께 어우러져 생명을 유지하고 존재하는 모든 이치의 생활환경에 잘 적응하여 평생을 건강한 몸으로 부와 명예를 누리게 하는 데 그 목적이 있는 것이다.

  다음은 예를 들어 이해를 돕고자 한다.

예문 1. '홍길동'의 이름 분석

'홍길동' 이름은 『훈민정음 해례본』에 근거하여 훈민정음 한글 초성·중성·종성으로 자음의 음양오행의 이치를 기준하여 '홍길동'의 이름을 읽고 부르고 말하는 소리의 음양오행의 이치와 쓰고 기록하는 숫자의 음양오행의 이치와 한글의 뜻에 의해 '홍길동' 한글 이름이 자체적으로 보유한 음양오행의 이치로 이름의 삼원 음양오행과 한글 획수의 삼원 음양오행을 구성하고 또한 한자의 뜻을 참고하여 한자 획수로 한자 획수의 삼원 음양오행을 구성하여 한글 이름과 한자 이름이 자체적으로 보유한 음양오행의 생극제화 상생상극의 이치로 '홍길동' 이름을 분석하여 '홍길동' 이름이 어떠한 음양오행의 기운의 강하고 약한가를 분석하는 동시에 이름이 좋은가 나쁜가를 분석하는 방법이다.

(1) 훈민정음 한글 이름의 삼원 음양오행

'홍길동' 이름은 조상의 정해진 성씨가 홍(洪)씨로 훈민정음 한글의 초성·중성·종성으로 자음과 모음의 음양오행의 이치를 기준하여 초성으로 자음의 음양오행으로 이름을 읽고 부르고 말하는 소리의 이치로 '홍길동' 이름의 삼원 음양오행이 'ㅎㄱㄷ'과 '水木火'로 구성되어 이름이 자체적으로 보유한 음양오행의 생극제화 상생의 이치로 水生木 木生火로 순환상생의 이치가 발생하여 서로가 막히지 않고 흐르는 동시에 火가 강하게 발생하는 이름으로 대우주와 대자연에 존재하는 모든 만물과 사물의 이치로 최상의 목화통명(木火通明) 형상이 발생하는 좋은 이름이다.

(2) 이름 : 홍길동

한글 이름의 '홍길동'은 조상에 의해 정해진 성씨가 '홍'으로 한글 초성·중성·종성으로 자음과 모음의 음양오행의 이치로 성씨인 '홍'은 초성으로 자음의 음양오행의 이치로 水의 ㅎ, 중성으로 모음의 음양오행의 이치로 水의 ㅗ, 종성으로 자음의 음양오행의 이치로 水의 ㅇ을 응용하여 자체적으로 보유한 음양오행의 생극제화의 이치가 모두 水로 발생하지 않아 水가 강하고 이름의 중간 자인 '길'은 초성으로 자음의 음양오행의 이치로 木의 ㄱ, 중성으로 모음이 음양오행이 정해지지 않는 ㅣ, 종성으로 자음의 음양오행의 이치로 火의 ㄹ을 응용하여 자체적으로 보유한 음양오행의 생극제화 상생의 이치로 木生火가 발생하여 火가 강하고 이름의 끝 자인 '동'은 초성으로 자음의 음양오행의 이치로 火의 ㄷ, 중성으로 모음의 음양오행의 이치로 水의 ㅗ, 종성으로 자음의 음양오행의 이치로 水의 ㅇ을 응용하여 자체적으로 보유한 음양오행의 생극제화 상극의 이치로 水剋火의 이치가 발생하여 水가 강하나 '홍길동' 이름 3자가 종합적으로 보유한 음양오행의 생극제화 상생의 이치로 水生木 木生火로 막히지 않고 흐르는 순환상생의 이치가 발생하여 최종적으로 火가 강하게 발생하는 좋은 이름이라는 것을 알 수가 있다.

(3) 이름의 뜻

길동은 끝동(옷소매 끝이 다른 색)으로 방언이다.

(4) 한글 획수의 삼원 음양오행

훈민정음 한글 숫자 음양오행의 이치로 '홍'은 6획 水, '길'은 5획 土, '동'은 5획 土로 보유한 '홍길동' 이름의 한글 획수의 삼원 음양오행이 '水土土'가 구성되어 한글 획수의 삼원 음양오행이 자체적으로 보유한 음양오행의 생극제화 상극의 이치로 土剋水의 이치가 발생하여 최종적으로 土가 강하게 발생하는 이름이다.

(5) 음양오행의 생극제화 이치

한글 초성·중성·종성으로 자음과 모음의 음양오행의 이치를 기준하여 이름을 읽고 부르고 말하는 소리와 숫자 음양오행의 이치로 한글 이름의 삼원 음양오행과 한글 획수의 삼원 음양오행이 종합적으로 보유한 음양오행의 생극제화 상생의 이치로 水生木 木生火 火生土로 순환상생의 이치가 발생하여 음양오행의 기운이 막히지 않고 흘러 서로가 조화와 균형을 이루고 중화를 이루는 동시에 火土 공존의 이치로 최종적으로 火가 강하게 발생하는 좋은 이름이다.

(6) 한자 이름 : 洪吉童

(7) 한자의 뜻

큰물에서 자유스럽게 어린아이가 착하고 훌륭하게 성장한다는 뜻.

(8) 한자 획수의 삼원 음양오행

훈민정음 한글 숫자 음양오행의 이치로 홍(洪)은 9획 金, 길(吉)은 6획 水, 동(童)은 12획 火에 해당하여 한자 획수의 삼원 음양오행이 '金水火'가 구성되어 한자 획수의 삼원 음양오행이 자체적으로 보유한 음양오행의 생극제화 상상상극의 이치로 金生水 水剋火의 이치가 발생하여 최종적으로 水가 강하게 발생하는 이름이다.

(9) 음양오행의 생극제화 이치

한자의 뜻과 한자 획수의 삼원 음양오행이 종합적으로 보유한 음양오행의 생극제화 상생상극의 이치로 金生水 水剋火의 이치가 발생하여 水가 강하게 발생하는 이름이다.

(10) 종합적인 음양오행의 생극제화 이치

한글과 한자 이름이 종합적으로 보유한 음양오행의 생극제화 상생상극의 이치로 水生木 木生火 火生土 土生金 金生水의 이치로 음양오행의 기운이 막히지 않고 흐르는 순환상생의 이치가 발생하여 서로가 조화와 균형을 이루고 중화를 이루어 최상으로 현재까지도 동화 속의 인물로서 우리 곁에 용맹스럽게 자리하고 있는 것도 이름과 무관하지 않는다는 판단이다.

(11) 분석

'홍길동' 이름이 보유한 음양오행의 기운이 발생하는 음양오행의 생극제화 상생상극의 이치로 水生木 木生火 火生土 土生金 金生水의 이치가 발생하여 순환상생의 이치를 이루어 5가지 음양오행의 기운이 막히지 않고 흐르는 대체적으로 상당히 좋은 이름으로 대우주와 대자연에 존재하는 모든 만물과 사물의 이치로 음양이나 목화토금수나 사계절의 24절기나 숫자의 이치로 분석하여 매사가 만사형통으로 풀리면서 부와 명예를 누리는 좋은 이름이라 분석하면 된다.

홍길동의 이름 분석 도표

구분	성씨	중간	끝	삼원 음양오행	기타	길흉
이름	홍	길	동	水木火	끝동의 방언	0
자음	ㅎ	ㄱ	ㄷ	水木火	水生木 木生火	0
획수	6	5	5	水土土	土剋水	×
한자	洪	吉	童	아이가 큰물에서 잘 큰다는 뜻		0
획수	9	6	12	金水火	金生水 水剋火	×
생극제화	水生木 木生火 火生土 土生金 金生水 순환상생					0
용신						

(1) 훈민정음 한글 이름의 삼원 음양오행

조상에 의한 정해진 성씨가 김(金)씨로 훈민정음 한글 초성·중성·종성으로 자음과 모음의 음양오행의 이치를 기준하여 초성으로 자음의 음양오행으로 이름을 읽고 부르고 말하는 소리의 이치로 '김나현' 이름의 삼원 음양오행을 'ㄱㄴㅎ'과 '木火水'로 구성되어 이름이 자체적으로 보유한 음양오행의 생극제화 상생의 이치로 水生木 木生火로 순환상생의 이치가 발생하여 서로가 막히지 않고 흘러 조화와 균형을 이루고 중화를 이루는 동시에 사주의 용신 火가 강하게 발생하는 좋은 이름이다.

(2) 이름 : 김나현

한글 이름의 '김나현'은 조상에 의해 정해진 성씨가 김(金)씨로 초성·중성·종성으로 자음과 모음의 음양오행의 이치로 성씨인 '김'은 초성으로 자음의 음양오행의 이치로 木의 ㄱ, 중성으로 음양오행이 정해지지 않은 ㅣ, 종성으로 자음의 음양오행의 이치로 土의 ㅁ을 응용하여 자체적으로 보유한 음양오행의 생극제화 상극의 이치로 木剋土의 이치가 발생하여 木이 강하고 이름의 중간 자인 '나'는 초성으로 자음의 음양오행의 이치로 火의 ㄴ에 중성·종성으로 모음의 음양오행의 이치로 木의 ㅏ를 응용하여 자체적으로 보유한 음양오행의 생극제화 상생

의 이치로 木生火가 발생하여 火가 강하고 끝 자인 '현'은 초성으로 자음의 음양오행의 이치로 水의 ㅎ, 중성으로 모음의 음양오행의 이치로 木의 ㅕ, 종성으로 자음의 음양오행의 이치로 火의 ㄴ을 응용하여 자체적으로 보유한 음양오행의 생극제화 상생의 이치로 水生木 木生火가 발생하여 火가 강하나 '김나현' 이름이 종합적으로 보유한 음양오행의 생극제화 상생의 이치로 水生木 木生火로 순환상생의 이치가 발생하여 서로가 막히지 않고 흐르는 동시에 최종적으로 사주의 용신 火가 강하게 발생하는 좋은 이름이다.

(3) 이름의 뜻

'나현'은 별다른 뜻이 없는 순수한 우리 한글이다.

(4) 한글 획수의 삼원 음양오행

훈민정음 한글 숫자 음양오행의 이치로 '김'의 5획 土, '나'의 3획 木, '현'의 7획 火로 한글 획수의 삼원 음양오행이 '土木火'가 구성되어 한글 획수의 삼원 음양오행이 자체적으로 보유한 음양오행의 생극제화 상생의 이치로 木生火 火生土로 순환상생의 이치가 발생하여 서로가 막히지 않고 흘러 조화와 균형을 이루고 중화를 이루는 동시에 火土 공존의 이치로 최종적으로 사주의 용신 火가 강하게 발생하는 좋은 이름이다.

(5) 음양오행의 생극제화 이치

한글 초성·중성·종성으로 자음과 모음의 음양오행의 이치를 기준하여 이름을 읽고 부르고 말하는 소리와 숫자 음양오행의 이치로 한글 이름이 종합적으로 보유한 음양오행의 생극제화 상생의 이치로 水生木 木生火 火生土의 이치가 발생하여 서로가 막히지 않고 흐르는 순환상생의 이치를 이루는 동시에 火土 공존의 이치로 최종적으로 사주의 용신 火가 강하게 발생하는 좋은 이름이다.

(6) 한자 이름 : 金娜顯

(7) 한자의 뜻

쇠 금(金), 아리다울 나(娜), 나타날 현(顯)으로 아름다운 꽃이 나타난다는 뜻으로 대우주와 대자연에 존재하는 모든 만물과 사물의 이치로는 사주의 용신 火가 강하게 발생하는 뜻으로 좋은 이름이다.

(8) 한자 획수의 삼원 음양오행

훈민정음 한글 숫자 음양오행의 이치로 쇠(金)의 8획 木, 아리다울 나(娜)의 10획 水, 나타날 현(顯)의 23획 木으로 한자 획수의 삼원 음양오행이 '木水木'이 구성되어 한자 획수의 삼원 음양오행이 자체적으로 보유한 음양오행의 생극제화 상생의 이치로 水生木으로 순환상생의 이치가 발생하여 서로가 막히지 않고 흘러 조화와 균형을 이루고 중화를 이루는 동시에 최종적으로 水生木의 이치로 사주의 용신 火가 강하게 발생하는 좋은 이름이다.

(9) 음양오행의 생극제화 이치

한자의 뜻과 한자 획수의 삼원 음양오행이 종합적으로 보유한 음양오행의 생극제화 상생상극의 이치로 木生火로 순환상생의 이치가 발생하여 서로가 조화와 균형을 이루고 중화를 이루는 동시에 최종적으로 사주의 용신 火가 강하게 발생하는 좋은 이름이다.

(10) 종합적인 음양오행의 생극제화 이치

한글과 한자 이름이 종합적으로 보유한 음양오행의 생극제화 상생상극의 이치로 水生木 木生火 火生土로 순환상생의 이치가 발생하여 음양오행의 기운이 서로가 막히지 않고 흘러 조화와 균형을 이루고 중화를 이루는 동시에 火土 공존의 이치로 최종적으로 사주의 용신 火가 강하게 발생하는 좋은 이름이다.

(11) 분석

대우주와 대자연에 존재하는 모든 만물과 사물의 이치로 거대한 나무에 꽃이 활짝 피어 있는 최상의 목화통명(木火通明)의 형상을 이루어 무궁무진하게 풍성하게 결실하는 이치가

발생하여 매사가 만사형통으로 발전하고 성공하는 동시에 귀한 남편을 만나 부와 명예를 누리는 좋은 이름이라고 분석한다.

결과적으로 작명한 이름이 국가의 호적이나 각종 문서에 쓰이거나 이름을 읽고 부르고 말하는 소리의 음양오행의 이치로 '김나현'이나 '나현'이라고 부르는 경우에 발생하는 사주의 용신에 해당하는 양의 火 기운이 강하게 발생하여 이름이 자체적으로 보유한 음양오행의 기운이 순환상생의 이치를 이루어 서로가 막히지 않고 흘러 조화와 균형을 이루고 중화를 이루어 매사에 기가 살아나 만사형통으로 순조롭게 풀려 성공하여 부와 명예를 누리게 된다는 것이다.

다음은 이름 도표를 통하여 작명의 길흉을 분석한다.

김나현의 이름 분석 도표

구분	성씨	중간	끝	삼원 음양오행	기타	길흉
이름	김	나	현	木火水	순수한 한글 이름	0
자음	ㄱ	ㄴ	ㅇ	木火水	水生木 木生火	0
획수	5	3	7	土木火	木生火 火生土	0
한자	金	娜	顯	금은보석이 반짝이다		0
획수	8	10	23	木水木	水生木	0
생극제화	水生木 木生火 火生土로 순환상생으로 중화를 이루다					0
용신	火 용신으로 최상의 木火通明 형상					0

위와 같이 사주를 모르거나 또는 사주 주인공의 용신을 기준하여 훈민정음 한글 초성·중성·종성으로 자음과 모음의 음양오행의 이치를 통하여 이름을 읽고 부르고 말하는 소리의 음양오행의 이치와 이름을 쓰고 기록하는 숫자의 음양오행의 이치로 각각 이름의 삼원 음양오행을 구성하여 이름이 자체적으로 보유한 음양오행의 생극제화 상생상극의 이치로 순환상생의 이치가 발생하여 서로가 막히지 않고 흘러 조화와 균형을 이루고 중화를 이루는 이름을 작명하고 분석하는 것이 최상의 좋은 이름이 발생한다는 것을 꼭 명심하기 바라며 단, 작명하는 과정이 상당히 쉽지만 실질적으로 사주의 용신에 맞추어 『훈민정음 해례본』에 근거하여 한글의 초성·중성·종성으로 자음과 모음의 음양오행의 이치와 한자를 만물과 사물의 음양오행의 이치로 분석하여 응용하는 경우에 한글이나 한자를 사주

용신의 음양오행에 해당하는 문자를 선택하여 작명하여 최종적으로 사람에게 가장 중요하게 작용하는 용신의 기운이 강하게 살아나도록 작명하여 대우주와 대자연에 존재하는 모든 만물과 사물의 구성원으로서 매사에 순조롭게 적응하여 평생 건강하게 부와 명예를 누리면서 살아가도록 하는 것이 중요하다는 것이다.

개인의 이름 아호 예명 개명이나 법인단체의 상호 회사명 로고를 작명하는 경우에도 반드시 당사사의 용신에 해당하는 한글과 한자의 뜻, 숫자, 색상, 방향, 사물 등을 응용히여 작명하는 것이 최상이며 또한 작명한 후에 당사자의 부모나 가족들이 협의한 후에 결정되는 것이 사실이니 그만큼 작명은 어렵고 까다로운 것으로 보통 3개 이상을 작명하여 선정하도록 하는 것이 좋은 방법이며 앞으로 세계인의 모든 이름도 『훈민정음 해례본』에 근거하여 훈민정음 한글 초성·중성·종성으로 자음과 모음에 의한 음양오행의 기운 성품 성질 성향 유형으로 작명하여 대우주와 대자연에 존재하는 만물과 사물의 음양의 이치나 목화토금수의 이치나 봄·여름·가을·겨울 사계절 24절기의 이치나 동서남북 방향의 이치나 숫자의 이치에 적응하여 평생 건강하게 부와 명예를 누리며 살아가도록 하는 것이 최종 목적이다.

2

한글 이름의
삼원 음양오행

훈민정음 한글 이름의 삼원 음양오행이란?

우리의 한글 이름이나 외국어의 모든 이름을 한글로 번역하여 『훈민정음 해례본』에 근거하여 훈민정음 한글 초성·중성·종성으로 자음과 모음의 음양오행의 이치를 기준하여 초성으로 자음의 음양오행으로 이름을 읽고 부르고 말하는 소리 음양오행의 이치와 쓰고 기록하는 숫자 음양오행의 이치로 이름의 삼원 음양오행을 구성하여 작명하는데 첫째가 한글 이름의 삼원 음양오행과 둘째는 한글 획수의 삼원 음양오행을 각각 구성하여 작명하는 방법으로 세계인의 모든 이름이 조상의 정해진 성씨를 기준하여 이름에 따라 2자, 3자, 4자 그 이상의 삼원 음양오행이 구성되는 것이 원칙으로 이름의 삼원 음양오행이 종합적으로 보유한 음양오행의 생극제화 상생상극의 이치를 응용하여 최종적으로 이름을 읽고 부르고 말하거나 쓰고 기록하는 경우에 반드시 가장 맑고 깨끗하고 선명한 음양오행의 기운이 발생하도록 하는 것이 중요하다.

첫째, 모든 사람의 이름은 『훈민정음 해례본』에 근거하여 조상의 정해진 성씨에 따라 구성된 훈민정음 한글 초성·중성·종성으로 자음과 모음의 음양오행의 이치를 기준하여 발생하는 이름을 읽고 부르는 말하는 소리의 음양오행의 이치와 이름을 쓰고 기록하는 숫자의 음양오행의 이치에 의해 가장 맑고 깨끗하고 선명한 음양오행의 기운이 발생하는 것을 말한다.

둘째, 한자는 반드시 『훈민정음 해례본』에 근거한 훈민정음 한글 숫자 음양오행의 이치를 기준하여 한자를 쓰고 기록하는 획수로 한자 획수의 삼원 음양오행을 구성하여 한자 획수가 자체적으로 보유한 가장 맑고 깨끗하고 선명한 음양오행의 기운이 발생하는 것을 말한다.

셋째, 한글과 한자 외국어 이름의 뜻을 대우주와 대자연에 존재하는 모든 만물과 사물의 이치를 응용하고 형상화하여 발생하는 가장 맑고 깨끗하고 선명한 음양오행의 기운이 발생하는 것을 말한다.

위와 같이 3가지를 종합하여 이름이 종합적으로 보유한 음양오행의 기운이 발생하는 음양오행의 생극제화 상생상극의 이치로 분석하여 가장 맑고 깨끗하고 선명한 음양오행의 기운이 발생하는 이름을 통하여 그 사람에게 가장 소중한 기를 살려 평생 건강하게 부와 명예를 누리도록 하는 것이 최종 목표로 사주팔자를 기준하여 작명하는 경우에는 반드시 사주의 용신을 기준하여 음양오행의 생극제화 상생상극의 이치를 응용하여 음양오행의 기운이 서로가 막히지 않고 흐르는 순환상생의 이치를 이루거나 또는 상극의 이치로 편중 된 음양오행의 기운을 강제로 억제시키고 통제하여 음양오행의 기운이 서로가 조화와 균형을 이루고 중화를 이루는 동시에 최종적으로 용신에 해당하는 음양오행의 기운이 강하게 발생하는 이름을 작명하는 것이 최상이라는 것을 명심하여야 한다.

이러한 이치로 아래와 같이 조상에 의해 정해진 성씨를 기준하여 훈민정음 한글 초성·중성·종성으로 자음과 모음의 음양오행의 이치를 기준하여 초성으로 자음의 음양오행으로 구성된 이름의 삼원 음양오행이 자체적으로 보유한 음양오행의 생극제화 상생상극의 이치를 응용하여 분석하여 이름을 작명하는 데 도움이 되기 바라며 단, 외국어의 이름은 2자 3자 4자 이상의 이름의 삼원 음양오행이 발생하는 것이 법칙으로 그 이름의 숫자에 따라 이름의 삼원 음양오행을 구성하여 음양오행의 생극제화 상생상극의 이치를 기준하여 응용한다는 것을 참고하여야 한다.

(1) 木

- 木木木 : 모두 木으로 木이 강하여 木이 용신이나 곡직격(曲直格) 사주에 좋다.
- 木木火 : 木生火의 이치로 火가 강하다.
- 木木土 : 木剋土의 이치로 木이 강하다.
- 木木金 : 金剋木이나 목다금결(木多金缺)의 이치로 木이 강하다.
- 木木水 : 水生木의 이치로 木이 강하다.
- 木火木 : 木生火의 이치로 火가 강하다.
- 木火火 : 木生火의 이치로 火가 강하다.
- 木火土 : 木生火 火生土의 이치로 순환하여 土가 강하고 火土 공존의 이치로 火가 강하다.
- 木火金 : 木生火 火剋金의 이치로 火가 강하다.
- 木火水 : 水生木 木生火의 이치로 순환하여 火가 강하다.
- 木土木 : 木剋土의 이치로 木이 강하다.
- 木土火 : 木生火 火生土의 이치로 순환하여 土가 강하고 火土 공존의 이치로 火가 강하다.
- 木土土 : 木剋土이나 토다목절(土多木折)의 이치로 土가 강하다.
- 木土金 : 土生金의 이치나 金剋木의 이치로 金이 강하다.
- 木土水 : 水生木 木剋土의 이치로 木이 강하다.
- 木金木 : 金剋木이나 목다금결(木多金缺)의 이치로 木이 강하다.
- 木金火 : 木生火 火剋金의 이치로 火가 강하다.
- 木金土 : 土生金 金剋木의 이치로 金이 강하다.
- 木金金 : 金剋木의 이치로 金이 강하다.
- 木金水 : 金生水 水生木의 이치로 木이 강하다.
- 木水木 : 水生木의 이치로 木이 강하다.
- 木水火 : 水生木 木生火의 이치로 火가 강하다.
- 木水土 : 水生木 木剋土의 이치로 木이 강하다.
- 木水金 : 金生水 水生木의 이치로 木이 강하다.
- 木水水 : 水生木의 이치로 木이 강하다.

(2) 火

- 火木木 : 木生火의 이치로 火가 강하다.
- 火木火 : 木生火의 이치로 火가 강하다.
- 火木土 : 木生火 火生土의 이치로 土가 강하고 火土 공존의 이치로 火가 강하다.
- 火木金 : 木生火 火剋金의 이치로 火가 강하다.
- 火木水 : 水生木 木生火의 이치로 火가 강하다.
- 火火木 : 木生火의 이치로 火가 강하다.
- 火火火 : 火가 강하여 火가 용신이나 염상격(炎上格) 사주에 좋다.
- 火火土 : 火生土의 이치로 土가 강하나 火土 공존의 이치로 火가 강하다.
- 火火金 : 火剋金의 이치로 火가 강하다.
- 火火水 : 水剋火이나 화다수증(火多水蒸)의 이치로 火가 강하다.
- 火土木 : 木生火 火生土의 이치로 土가 강하고 火土 공존의 이치로 火가 강하다.
- 火土火 : 火生土의 이치로 土가 강하고 火土 공존의 이치로 火가 강하다.
- 火土土 : 火生土의 이치로 土가 강하나 火土 공존의 이치로 火가 강하다.
- 火土金 : 火生土 土生金의 이치로 金이 강하다.
- 火土水 : 火生土 土剋水의 이치로 土가 강하다.
- 火金木 : 木生火 火剋金의 이치로 火가 강하다.
- 火金火 : 火剋金의 이치로 火가 강하다.
- 火金土 : 火生土 土生金의 이치로 金이 강하다.
- 火金金 : 火剋金이나 금다화식(金多火熄)의 이치로 金이 강하다.
- 火金水 : 金生水 水剋火의 이치로 水가 강하다.
- 火水木 : 水生木 木生火의 이치로 火가 강하다.
- 火水火 : 水剋火이나 화다수증(火多水蒸)의 이치로 水가 강하다.
- 火水土 : 火生土 土剋水의 이치로 土가 강하고 火土 공존의 이치로 火가 강하다.
- 火水金 : 金生水 水剋火의 이치로 水가 강하다.
- 火水水 : 水剋火의 이치로 水가 강하다.

(3) 土

- 土木木 : 木剋土이나 목다토붕(木多土崩)의 이치로 木이 강하다.
- 土木火 : 木生火 火生土의 이치로 土가 강하고 火土 공존의 이치로 火가 강하다,
- 土木土 : 木剋土이나 토다목절(土多木折)의 이치로 土가 강하다.
- 土木金 : 土生金 金剋木의 이치로 金이 강하다.
- 土木水 : 水生木 木剋土의 이치로 木이 강하다.
- 土火木 : 木生火 火生土의 이치로 土가 강하고 土 공존의 이치로 火가 강하다.
- 土火火 : 火生土의 이치로 土가 강하고 火土 공존의 이치로 火가 강하다.
- 土火土 : 火生土의 이치로 土가 강하고 火土 공존의 이치로 火가 강하다.
- 土火金 : 火生土 土生金의 이치로 金이 강하다.
- 土火水 : 火生土 土剋水의 이치로 土가 강하다.
- 土土木 : 木剋土이나 토다목절(土多木折)의 이치로 土가 강하다.
- 土土火 : 火生土의 이치로 土가 강하고 火土 공존의 이치로 火가 강하다.
- 土土土 : 土가 강하여 土가 용신이나 가색격(稼穡格)사주는 좋다.
- 土土金 : 土生金의 이치로 金이 강하다.
- 土土水 : 土剋水의 이치로 土가 강하다.
- 土金木 : 土生金 金剋木의 이치로 金이 강하다.
- 土金火 : 火生土 土生金의 이치로 金이 강하다.
- 土金土 : 土生金의 이치로 金이 강하다.
- 土金金 : 土生金의 이치로 金이 강하다.
- 土金水 : 土生金 金生水의 이치로 水가 강하다.
- 土水木 : 水生木 木剋土의 이치로 木이 강하다.
- 土水火 : 火生土 土剋水의 이치로 土가 강하고 火土 공존의 이치로 火가 강하다.
- 土水土 : 土剋水의 이치로 土가 강하다.
- 土水金 : 土生金 金生水의 이치로 水가 강하다.
- 土水水 : 土剋水이나 수다토류(水多土流)의 이치로 水가 강하다.

(4) 金

- 金木木 : 金剋木이나 목다금결(木多金缺)의 이치로 木이 강하다.
- 金木火 : 木生火 火剋金의 이치로 火가 강하다.
- 金木土 : 土生金 金剋木의 이치로 金이 강하다.
- 金木金 : 金剋木이나 금다목절(金多木折)의 이치로 金이 강하다.
- 金木水 : 金生水 水生木의 이치로 木이 강하다.
- 金火木 : 木生火 火剋金의 이치로 火가 강하다.
- 金火火 : 火剋金의 이치로 火가 강하다.
- 金火土 : 火生土 土生金의 이치로 金이 강하다.
- 金火金 : 火剋金이나 금다화식(金多火熄)의 이치로 金이 강하다.
- 金火水 : 金生水 水剋火의 이치로 水가 강하다.
- 金土木 : 土生金 金剋木의 이치로 金이 강하다.
- 金土火 : 火生土 土生金의 이치로 金이 강하다.
- 金土土 : 土生金의 이치로 金이 강하다.
- 金土金 : 土生金의 이치로 金이 강하다.
- 金土水 : 土生金 金生水의 이치로 水가 강하다.
- 金金木 : 金剋木이나 금다목절(金多木折)의 이치로 金이 강하다.
- 金金火 : 火剋金이나 금다화식(金多火熄)의 이치로 金이 강하다.
- 金金土 : 土生金의 이치로 金이 강하다.
- 金金金 : 모두 金으로 金이 용신이나 종혁격(從革格) 사주는 좋다.
- 金金水 : 金生水의 이치로 水가 강하다.
- 金水木 : 金生水 水生木의 이치로 木이 강하다.
- 金水火 : 金生水 水剋火의 이치로 水가 강하다.
- 金水土 : 土生金 金生水의 이치로 水가 강하다.
- 金水金 : 金生水의 이치로 水가 강하다.
- 金水水 : 金生水의 이치로 水가 강하다.

(5) 水

- 水木木 : 水生木의 이치로 木이 강하다.
- 水木火 : 水生木 木生火의 이치로 火가 강하다.
- 水木土 : 水生木 木剋土의 이치로 木이 강하다.
- 水木金 : 金生水 水生木의 이치로 木이 강하다.
- 水木水 : 水生木의 이치로 木이 강하다.
- 水火木 : 水生木 木生火의 이치로 火가 강하다.
- 水火火 : 水剋火이나 화다수증(火多水蒸)의 이치로 火가 강하다.
- 水火土 : 火生土 土剋水의 이치로 土가 강하고 火土 공존의 이치로 火가 강하다.
- 水火金 : 金生水 水剋火의 이치로 水가 강하다.
- 水火水 : 水剋火이나 수다화식(水多火熄)의 이치로 水가 강하다.
- 水土木 : 水生木 木剋土의 이치로 木이 강하다.
- 水土火 : 火生土 土剋水의 이치로 土가 강하고 土 공존의 이치로 火가 강하다.
- 水土土 : 土剋水의 이치로 土가 강하다.
- 水土金 : 土生金 金生水의 이치로 水가 강하다.
- 水土水 : 土剋水이나 수다토류(水多土流)의 이치로 水가 강하다.
- 水金木 : 金生水 水生木의 이치로 木이 강하다.
- 水金火 : 金生水 水剋火의 이치로 水가 강하다.
- 水金土 : 土生金 金生水의 이치로 水가 강하다.
- 水金金 : 金生水의 이치로 水가 강하다.
- 水金水 : 金生水의 이치로 水가 강하다.
- 水水木 : 水生木의 이치로 木이 강하다.
- 水水火 : 水剋火이나 수다화식(水多火熄)의 이치로 水가 강하다.
- 水水土 : 土剋水이나 수다토류(水多土流)의 이치로 水가 강하다.
- 水水金 : 金生水의 이치로 水가 강하다.
- 水水水 : 모두 水로 水가 용신이나 윤하격(潤下格)사주는 좋다.

제13장

인명용 한자와 음양오행

인명용 한자를 보다 쉽고 정확하게 응용할 수 있도록 인명용 한자를 『훈민정음 해례본』에 근거하여 훈민정음 한글 초성·중성·종성으로 자음과 모음의 음양오행의 이치를 기준하여 한자를 읽고 말하는 소리의 음양오행의 이치와 쓰고 기록하는 숫자의 음양오행의 이치로 응용하여 인명용 한자를 음양오행의 이치로 구분하여 응용하는 방법으로 이것은 일반적으로 이름을 작명하는 과정에서 한자의 뜻을 중요시하는 것으로 사주를 모르고 작명하는 경우에는 한자의 뜻을 대우주와 대자연에 존재하는 모든 만물과 사물의 음양이나 목화토금수니 봄·여름·가을·겨울 사계절 24절기나 동서남북 방향이나 숫자나 또는 각종 물류의 음양오행의 기운 성품 성질 성향 유형을 지정하여 한자를 응용하는 방법으로 사주를 기준하여 작명하는 경우에는 반드시 한자의 뜻이 사주의 용신에 해당하는 한자를 선택하여 응용하는 방법이 최상이라는 것이다. 한자는 뜻이 많은 문자로서 한자를 응용하는 사람마다 그 많은 뜻에 따라 각양각색으로 응용하는 것이 원칙으로 한자의 뜻을 대우주와 대자연에 존재하는 모든 만물과 사물의 이치에 따라 음양오행의 기운 성품 성질 성향 유형을 분석하여 응용하는 것이 중요하며 또한 만물과 사물의 근원으로 가장 대표적인 나무(木) 초목과 생왕묘의 이치와 동일하게 살아가는 사람(木)이 수많은 사람을 만나 복잡한 생활 속에서 발생하는 육친(六親)의 이치를 응용하여 한자가 자체적으로 보유한 한자의 뜻과 획수가 보유한 음양오행의 기운 성품 성질 성향 유형으로 구분하여 응용하는 방법으로 모두가 사람에게 이롭고 좋은 한자를 선택하여 작명하는 방법이다.

여기서 알아 둘 것은 한자를 한글 초성·중성·종성으로 초성으로 자음의 음양오행의 이치에 의한 한자를 읽고 말하는 소리의 음양오행의 이치를 기준하여 'ㄱ ㅋ'은 木으로 'ㄴ ㄷ ㄹ ㅌ'은 火로 'ㅁ ㅂ ㅅ'은 土로 'ㅅ ㅈ ㅊ'은 金으로 'ㅇ ㅎ'은 水라는 것을 법칙으로 정하고 다시 한자의 뜻에 따라 음양오행을 지정하여 응용하는 방식이라는 것을 알아 두기 바라며 단, 한자 획수는 응용하지 않아도 무방하나 한자 획수도 훈민정음 한글 숫자 음양오행의 이치를 기준하여 응용하는 것이 최상이라는 것을 참고하기 바란다.

다음은 예를 들어 이해를 돕고자 한다.

예) '가' 자를 사용하는 경우.

'가' 자는 한글 초성 · 중성 · 종성으로 자음과 모음의 음양오행의 이치를 가준하여 초성으로
자음의 음양오행의 이치로 木에 해당하는 ㄱ에 중성 · 종성으로 모음의 음양오행의 이치로
木에 해당하는 ㅏ를 응용하여 모두가 木으로 자체적으로 보유한 음양오행의 생극제화 상생상
극의 이치가 발생하지 않아 木이 강한 문자이나 한자는 수없이 많은 뜻을 가진 한자가 존재하
는 것이 원칙으로 반드시 한자의 뜻이 보유한 만물과 사물의 음양오행의 기와 질의 성품을
중요시하여 응용하는 방법으로 사람에게 가장 유익하고 좋은 한자를 선택하여 응용하는 것이
법칙이며 사주를 기준하여 응용하는 경우에도 반드시 사주의 용신에 해당하는 한자를 선택하
여 응용하는 것이 중요하기 때문에 '가' 자가 보유한 음양오행의 기운 성품 성질 성향 유형으로
구분하여 응용하는 방법으로 다음과 같다.

- 木 : 시렁 가(架) 9획, 연줄기 가(茄) 9획, 자루 가(柯) 9획, 가사 가(袈) 11획, 책상
  다리 가(跏) 12획
- 火 : 옳을 가(可) 5획, 노래 가(歌) 14획, 아름다울 가(佳) 8획, 아름다울 가(嘉)
  14획, 노래 가(哥) 10획
- 土 : 값 가(價) 15획, 거리 가(街) 12획, 절 가(伽) 7획, 막을 가(迦) 9획, 집 가(家)
  10획
- 金 : 멍에 가(駕) 15획, 매울 가(苛) 9획, 굴대 가(軻) 12획, 흰 옥돌 가(珂) 9획,
  꾸짖을 가(訶) 12획, 헌데 가(痂) 10획, 꾸짖을 가(呵) 8획, 도리깨 가(枷) 9획
- 水 : 집 가(家) 10획, 더할 가(加) 5획, 심을 가(稼) 15획

위와 같이 수많은 한자가 존재하는데 이것은 위에서 말한바와 같이 한자의 뜻을 대우주와
대자연에 존재하는 모든 만물과 사물의 이치에 따라 사람이 '때와 장소'의 생활환경 속에서
살아가면서 접하는 각종 만물과 사물이 보유한 음양오행의 기운 성품 성질 성향 유형을 기준하
여 구분한 것이다.

예를 들어 사주를 모르는 경우에도 사람이 만물의 영장으로 초목의 기운 성품 성질 성향

유형의 생왕묘의 이치와 동일하게 살아가는 것이 법칙으로 水나 木의 물과 음식을 먹고 생명을 유지하고 존재하는 이치에 따라 만물과 사물의 음양오행의 이치로 구분하여 木은 초목 풀 곡식 야채 종이 나무 섬유 火는 사람이 눈으로 보고 느끼고 판단하며 활동하고 불과 전기 광선 태양 土는 부동산 재물 돈 산 땅 족복류 金은 쇠 금속 서리 열매 질병 고통 금은보석 돌 모래 水는 물 음식 집 방 잠 운동 교육 등으로 구분하여 한자를 응용하는 방식이다.

또한 사주를 기준하는 경우 甲木사주가 약해 사주의 용신이 水, 木이면 한자를 음양오행의 이치와 육친의 이치를 기준하여 水, 木에 해당하는 집 가(家) 더할 가(加) 심을 가(稼) 시렁 가(架) 연줄기 가(茄) 자루 가(柯)자를 응용하여 약한 甲木을 강하게 도와 기를 살려 자신감을 갖추고 살아가도록 하는 방법으로 한글 초성·중성·종성으로 초성으로 자음의 음양오행의 이치를 기준하여 읽고 말하는 소리의 음양오행의 이치로 초성으로 자음의 ㅇ, ㄱ은 水, 木에 해당하면서 숫자의 이치로 획수로 1, 6획 水에 해당하는 한자를 선택하여 응용하는 방법으로 만약 집 가(家) 10획을 응용하는 경우에 '가' 자는 한글 초성·중성·종성으로 초성으로 자음의 음양오행의 이치로 ㄱ은 木이며 중성·종성으로 모음의 음양오행의 이치로 木에 해당하는 ㅏ를 응용하여 木이 강하고 한글 획수도 3획으로 木으로 모두 木으로 木이 강하고, 한자로 집 가(家) 자는 만물과 사물의 음양오행의 이치로 분석하면 한자의 획수가 10획으로 土이며 한자의 뜻이 사람이 먹고 자고 쉬는 생활공간의 집으로 집은 육친(六親)의 이치로 인수(印綬)로 水에 해당하나 종합적으로 집 '가(家)' 자가 자체적으로 보유한 음양오행의 생극제화 상극의 이치로 木剋土의 이치가 발생하여 木이 강한 동시에 음양오행의 기운 성품 성질 성향 유형이 사주의 용신으로 水, 木의 기와 질의 성품이 강하게 발생하는 집 가(家) 자를 선택하여 응용하는 방식이 며 또 火가 용신이면 옳을 가(可) 5획, 노래 가(歌) 14획, 아름다울 가(佳) 8획의 한자 중에서 한글 초성·중성·종성으로 초성으로 자음의 음양오행의 이치로 '가' 자의 ㄱ은 木으로 木生火의 이치가 자동적으로 발생하는 아름다울 가(佳) 자를 선택하여 응용하는 방식으로 아름다울 가(佳) 자의 8획은 한글 숫자 음양오행의 이치로 木에 해당하여 아름다울 가(佳) 자가 자체적으로 보유한 음양오행의 생극제화 이치가 발생하지 않는 동시에 木이 강하여 자동적으로 木生火의 이치가 발생하여 사주의 용신 火가 강하게 발생하는 한자를 선택하여 응용하는 방법이며 또 土가 용신이면 값 가(價) 15획, 절 가(伽) 7획, 거리 가(街) 12획, 집

가(家) 10획 중에서 한글의 초성·중성·종성으로 초성으로 자음의 음양오행의 이치로 '가' 자의 ㄱ은 木으로 사주의 용신 土를 木剋土의 이치로 용신의 음양오행을 파괴하는 경우가 발생하여 흠이나 한자의 뜻이 만물과 사물의 음양오행의 이치로 土가 강한 거리 가(街) 12획 자를 선택하여 응용하는 방식으로 거리 가(街) 자는 초성·중성·종성으로 자음과 모음의 음양오행의 이치로 모두 木에 해당하는 ㄱ과 ㅏ를 응용하여 木이 강하나 한자 획수가 12획의 火로 자동적으로 음양오행의 생극제화 상생의 이치로 木生火 火生土로 순환상생의 이치가 발생하여 사주의 용신 土가 강하게 발생하는 한자를 응용하는 방법이며 또 金이 용신이면 멍에 가(駕) 15획, 매울 가(苛) 9획, 굴대 가(軻) 12획, 흰 옥돌 가(珂) 9획, 꾸짖을 가(訶) 12획 중에서 한글 초성·중성·종성으로 초성으로 자음의 음양오행의 이치로 '가' 자가 모두 木에 해당하는 ㄱ과 ㅏ를 응용하여 木이 강하나 흰 옥돌 가(珂) 9획 자를 응용하여 한자의 뜻으로 옥돌은 만물과 사물의 음양오행의 이치로 金이 강한 동시에 한자 획수가 9획으로 金에 해당하여 흰 옥돌 가(珂) 9획 자가 자체적으로 보유한 음양오행의 생극제화 상극의 이치로 金剋木의 이치가 발생하여 사주의 용신 金이 강하게 발생하는 한자를 선택하여 응용하는 방법으로 한자는 중요하지 않은 것이 사실이나 예로부터 국가의 문화가 한자를 통용하는 현시대를 중요시하여 한자의 뜻을 우리가 살아가는 생활환경에서 발생하는 모든 만물과 사물의 이치를 응용하고 형상화하여 발생하는 음양오행의 기운 성품 성질 성향 유형을 기준하여 결정하였는데 이것은 규정에 의해 정해진 것은 아니며 각각 응용하는 사람에 따라 한자의 뜻을 이해하는 수준이 다르고 응용하는 곳에 따라 수시로 달라지기 때문에 응용하는 사람의 생각과 뜻에 따라 자유자재로 응용하여도 되며 단, 한자 획수는 중요하지 않아 응용하지 않아도 된다는 것을 참고하기 바란다.

단, 한자의 뜻이 대중적으로 포괄적이거나 또는 어조사나 말 이음이나 이상적인 한자는 음양오행으로 구분하지 않고 응용하도록 했다는 것을 참고하기 바라며 아래의 예문과 도표를 참고하여 작명하는 데 도움을 주고자 한다.

또한 사람이 대우주와 대자연에 존재하는 모든 만물과 사물의 이치로 가장 대표적인 초목과 동일한 생왕묘의 이치에 의해 살다가 사라지는 것이 법칙으로 사람을 음양오행의 기운 성품 성질 성향 유형으로 분석하여 나무(木)로 지정하여 한자가 자체적으로 보유한 뜻의 기운 성품 성질 성향 유형을 기준하여 음양오행으로 구분하였다는 것을 참고하기 바라며 명리학문의 대표적인 육친의 이치와 각종 만물과 사물의 이치가 보유한 기운 성품 성질 성향 유형을 기준하여 아래와 같이 음양오행으로 구분하여 이해를 돕고자 한다.

- 木 : 비견, 겁(比肩, 劫) : 사람 초목 나무 종이 의류 섬유 신체
- 火 : 식상(食傷) : 말 행동 정직 생각 정신 느낌 화려 노래 기쁨 즐거움 아름다움 우주 공간 새 변화
- 土 : 재성(財星) : 토지 대지 산 밭 논 돈 경제 매매 고기 종교 결혼 중매
- 金 : 관성(官星) : 옥 바위 자갈 돌 모래 금속 금은보석 수레 기계 차량고통 아픔 고통 사고 동물 갑골동물 형벌
- 水 : 인수(印綬) : 음식물 물 도움 문서 구입 잠 집 휴식 음악 술 바다 수산물 학문 을 기준하여 구분하였다는 것을 참고하기 바란다.

인명용 한자의 뜻과 음양오행의 기운 도표

한자	획수	뜻	음양오행
❖ 가			
집 가(家)	10획	집	木,水
절 가(伽)	7획	사찰	木,土
아름다울 가(佳)	8획	아름답고 착하다	木,火
거짓 가(假)	11획	거짓	木,火
값 가(價)	15획	값 가치	木,土
더할 가(加)	5획	더하다	木,水
옳을 가(可)	5획	옳다 가히 허락	木,火
꾸짖을 가(呵)	8획	꾸짖다	木,火
소리 가(哥)	10획	소리 노래	木,火
옳을 가(哿)	10획	옳다 좋다	木,火
아름다울 가(嘉)	14획	아름답다 뛰어나다	木,火
시집갈 가(嫁)	13획	시집가다 떠넘기다	木,金
겨를 가(暇)	13획	겨를 틈	木,火
시렁 가(架)	9획	사다리	木,木
도리깨 가(枷)	9획	도리깨	木,木
자루 가(柯)	9획	자루 나무	木,木
노래 가(歌)	14획	노래	木,火
옥 이름 가(珂)	9획	옥 옥돌	木,金
잔풀 가(苛)	9획	풀	木,木
연 줄기 가(茄)	9획	연 줄기, 오가피	木,木
헌데 가(痂)	10획	상처 헌데	木,金
심을 가(稼)	15획	심다 곡식	木,木
네거리 가(街)	12획	거리 시가지	木,土
가사 가(袈)	11획	옷	木,木
꾸짖을 가(訶)	12획	꾸지람	木,金
살 가(賈)	13획	사다 팔다	木,土
책상다리 할 가(跏)	12획	책상다리	木,木
굴대 가(軻)	12획	수레	木,金
멍에 가(駕)	15획	멍에	木,金
❖ 각			
새길 각(刻)	9획	새기다	木,金
물리칠 각(却)	7획	물리치다	木,金
각 각(各)	6획	서로 각각	五行
깨달을 각(覺)	20획	깨달음	木,火

한자	획수	뜻	음양오행
삼갈 각(恪)	9획	삼가다 정성	木,水
성실할 각(慤)	15획	성실	木,水
다리 각(脚)	11획	다리	木,木
껍질 각(殼)	12획	껍질	木,金
쌍옥 각(珏)	9획	옥	木,金
뿔 각(角)	7획	뿔	木,金
문설주 각(閣)	14획	세우다 멈추다	木,土
❖간			
강직할 간(偘)	8획	강직하다	木,木
책 펴낼 간(刊)	5획	책을 펴다 새기다	木,木
개간할 간(墾)	16획	따비하다 개간하다	木,土
간음할 간(奸)	6획	간음	木,火
간사할 간(姦)	9획	간사하다	木,火
방패 간(干)	3획	방패하다	木,金
줄기 간(幹)	13획	줄기	木,木
가릴 간(揀)	12획	가리다 구별하다	木,火
산골 물 간(澗)	15획	큰 물	木,水
정성 간(懇)	17획	정성	木,水
간 간(肝)	7획	간	木,木
산뽕나무 간(杆)	7획	박달나무	木,木
가릴 간(柬)	9획	가리다	木,土
쪼갤 간(栞)	10획	나무를 꺾다	木,木
볏짚 간(稈)	11획	볏짚	木,木
간질 간(癎)	17획	간질	木,木
볼 간(看)	9획	보다 살피다	木,火
산골 간(磵)	17획	큰물을 뜻함	木,水
벼 간(秆)	12획	볏짚	木,木
장대 간(竿)	9획	장대	木,木
대쪽 간(簡)	18획	대쪽	木,木
어긋날 간(艮)	6획	어긋나다 중간 간방	木,土
어려울 간(艱)	17획	어렵다	木,金
간할 간(諫)	16획	충고	木,火
사이 간(間)	12획	틈	五行
❖갈			
땅이름 갈(羯)	6획	땅	木,土
꾸짖을 갈(喝)	12획	꾸짖다 소리	木,火

한자	획수	뜻	음양오행
목이 마를 갈(渴)	12획	목마르다 갈증	木,土
칡 갈(葛)	13획	칡	木,木
비석 갈(碣)	14획	비석 돌	木,金
다할 갈(竭)	14획	다하다 마르다	木,土
베옷 갈(褐)	14획	털옷	木,木
전갈 갈(蝎)	15획	전갈	木,金
오랑캐 갈(鞨)	18획	말갈(중국)	木,土
❖감			
정할 감(勘)	11획	헤아리다 정하다	木,火
구덩이 감(坎)	7획	물구덩이	木,水
견딜 감(堪)	12획	견디다 맡다	木,金
산골짜기 감(嵌)	12획	산이 깊다	木,土
한할 감(憾)	16획	서운하다	木,火
덜 감(減)	12획	덜다 가볍다	木,火
땅이름 감(邯)	8획	땅	木,土
느낄 감(感)	13획	느끼다	木,火
칠 감(戡)	13획	치다	木,金
감히 감(敢)	12획	감히	五行
감자 감(柑)	9획	감자 감귤	木,金
감람나무 감(橄)	16획	감람나무	木,木
달 감(甘)	5획	달다	木,土
볼 감(監)	14획	보다 살피다	木,火
내려다 볼 감(瞰)	17획	보다	木,火
감색 감(紺)	11획	감색 야청빛	木,水
거울 감(鑑)	22획	거울 보다	木,金
거울 감(鑒)	22획	거울 보다	木,金
감실 감(龕)	22획	감실 신주 모시는 방	木,水
❖갑			
궤 갑(匣)	7획	궤 상자	木,木
산허리 갑((岬)	8획	산허리 중턱	木,土
어깻죽지 갑(胛)	9획	어깨	木,木
天干 첫째 갑(甲)	5획	天干 1번 만물의 핵	木,木
갑옷 갑(鉀)	13획	갑옷	木,金
문 열 갑(閘)	13획	문을 열다 닫다	木,木
❖강			
굳셀 강(剛)	10획	굳세다	木,金

한자	획수	뜻	음양오행
언덕 강(堈)	11획	언덕	木,土
성 강(姜)	9획	굳세다	木,金
편안할 강(嫝)	14획	편안하다	木,水
산등성이 강(岡)	8획	산등선	木,土
산등성이 강(崗)	11획	산언덕	木,土
편안할 강(康)	11획	편안하다	木,水
굳셀 강(强)	11획	굳세다	木,金
굳셀 강(强)	12획	굳세다	木,金
굳셀 강(彊)	16획	굳세다	木,金
강개할 강(慷)	14획	강개하다	木,水
강 강(江)	6획	강	木,水
항복할 강(降)	9획	항복 떨어지다	木,金
빈속 강(腔)	12획	속이 비다	木,火
깃대 강(杠)	7획	다리	木,木
박달나무 강(橿)	17획	박달나무	木,木
생강 강(薑)	17획	생강	木,金
지경 강(畺)	13획	지경 밭둑	木,土
지경 강(疆)	19획	밭둑	木,土
포대기 강(襁)	16획	어린아이 업는 포대기	木,木
겨 강(糠)	17획	쌀겨	木,木
진홍 강(絳)	12획	진홍색	木,火
벼리 강(綱)	14획	벼리 줄	木,木
오랑캐 강(羌)	8획	종족	木,木
배 강(舡)	9획	배	木,木
익힐 강(講)	17획	익히다 읽다	木,水
우뚝 강(跭)	13획	세우다	木,土
강철 강(鋼)	16획	강철	木,金
아귀 강(鱇)	22획	아귀 물고기	木,水
❖개			
낄 개(介)	4획	끼다	木,金
마음이 착할 개(价)	6획	착하다	木,火
낱 개(個)	10획	물건을 세다	木,火
즐길 개(凱)	12획	즐기다 즐겁다	木,火
높을 개(塏)	13획	높고 건조하다	木,火
즐거울 개(愷)	13획	즐겁다	木,火
성낼 개(愾)	13획	성내다	木,金

한자	획수	뜻	음양오행
분개할 개(慨)	14획	분개하다	木,金
물을 댈 개(漑)	14획	물을 대다	木,水
걱정 없을 개(恝)	10획	걱정이 없다	木,水
고칠 개(改)	7획	고치다	木,金
평미레 개(槪)	15획	평목 누르다	木,木
홀 개(玠)	8획	대규(大圭) 큰 홀	木,水
겨자 개(芥)	8획	겨자 씨	木,金
덮을 개(蓋)	14획	덮다	木,土
옴 개(疥)	9획	옴 학질 말라리아	木,金
덮을 개(盖)	11획	덮다	木,土
다 개(皆)	9획	모두 다	五行
어찌 개(豈)	10획	어찌	〃
갑옷 개(鎧)	18획	갑옷	木,金
열 개(開)	12획	열다	木,火
낱 개(箇)	14획	물건을 세다	木,火
❖ 객			
토할 객(喀)	12획	토하다	木,金
손님 객(客)	9획	손님	木,木
❖ 갱			
구덩이 갱(坑)	7획	구덩이	木,土
고칠 경(更)	7획	고치다	木,金
메벼 갱(粳)	13획	메벼 메진 벼	木,木
국 갱(羹)	19획	먹는 국	木,水
❖ 거			
가만할 거(倨)	10획	거만하다	木,火
갈 거(去)	5획	보내다 가다	五行
살 거(居)	8획	살다	木,水
클 거(巨)	5획	크다 많다	五行
막힐 거(拒)	8획	막다 방어	木,土
일할 거(据)	11획	일하다	木,金
의거할 거(據)	16획	의거하다 의존하다	木,水
도랑 거(渠)	12획	도랑	木,土
들 거(擧)	18획	들다	木,金
횃불 거(炬)	9획	불사르다	木,火
급 거(遽)	17획	갑자기 급히	木,火
물리칠 거(祛)	10획	쫓다 물리치다	木,金

한자	획수	뜻	음양오행
웅크릴 거(踞)	15획	웅크리다	木,木
떨어질 거(距)	12획	떨어지다	木,金
수레 거(車)	7획	수레바퀴	木,金
술잔치 할 거(醵)	20획	술잔치	木,火
클 거(鉅)	13획	크다	五行
톱 거(鋸)	16획	톱	木,金

❖건

하늘 건(乾)	11획	하늘	木,火
사건 건(件)	6획	사건	木,金
세울 건(建)	9획	세우다	木,土
수건 건(巾)	3획	수건	木,木
굳셀 건(健)	11획	튼튼하다	木,金
하늘 건(漧)	14획	하늘 마르다	木,火
죄 건(愆)	13획	죄	木,金
힘줄 건(腱)	13획	힘줄	木,木
문빗장 건(楗)	13획	문	木,木
정성 건(虔)	10획	정성	木,水
절 건(蹇)	17획	절다	木,金
열쇠 건(鍵)	17획	열쇠	木,金
이지러질 건(謇)	20획	이지러지다	木,金

❖걸

구걸 걸(乞)	3획	구하다 빌다	木,水
준걸 걸(傑)	12획	뛰어나다	五行
호걸 걸(杰)	8획	뛰어나다	〃
홰 걸(榤)	10획	닭이 앉는 나무	木,木

❖검

검소할 검(儉)	15획	검소하다	五行
칼 검(劍)	15획	칼 검	木,金
검 검(劒)	16획	칼 검	木,金
교정할 검(檢)	17획	단속 교정	木,水
눈꺼풀 검(瞼)	18획	눈꺼풀	木,木
비녀 검(鈐)	12획	비녀	木,金
검을 검(黔)	16획	검다	木,水

❖겁

빼앗길 겁(劫)	7획	빼앗다	木,金
겁낼 겁(怯)	8획	겁내다	木,金

한자	획수	뜻	음양오행
갈 겁(迲)	9획	가다	五行
❖게			
쉴 게(偈)	11획	쉬다	木,水
높이들 게(揭)	12획	높이 들다	木,火
쉴 게(憩)	16획	쉬다	木,水
❖격			
물결 격(激)	16획	물결이 부딪치다	木,水
사이 뜰 격(隔)	13획	사이가 뜨다	木,火
흉 격(膈)	14획	가슴	木,火
바로잡을 격(格)	10획	바로잡다	五行
격문 격(檄)	17획	편지	木,水
박수 격(覡)	14획	박수 박수무당	木,土
❖견			
굳을 견(堅)	11획	굳다	木,金
어깨 견(肩)	8획	어깨	木,木
끌 견(牽)	11획	끌다	木,金
개 견(犬)	4획	개	木,火
보낼 견(遣)	14획	보내다 쫓다	五行
질그릇 굽다 견(甄)	14획	질그릇	木,土
명주 견(絹)	13획	명주	木,木
누에고치 견(繭)	19획	누에	木,木
볼 견(見)	7획	보다	木,火
꾸짖을 견(譴)	21획	꾸짖다	木,火
두견이 견(鵑)	18획	두견새	木,火
❖결			
맺을 결(契)	9획	맺다	五行
도려낼 결(抉)	7획	도려내다	木,金
터질 결(決)	7획	제방이 터지다	木,土
맑을 결(潔)	15획	깨끗하고 맑다	木,火
맺을 결(結)	12획	맺다	五行
이지러질 결(缺)	10획	이지러지다	木,金
헤어질 결(訣)	11획	이별	木,金
❖겸			
겸할 겸(兼)	10획	겸하다	五行
덥지 않을 겸(慊)	13획	덥지 않다	木,水
낄 겸(箝)	14획	재갈을 물리다	木,金

한자	획수	뜻	음양오행
겸손할 겸(謙)	17획	겸손	五行
칼 겸(鉗)	13획	칼	木,金
❖경			
서울 경(京)	8획	서울 높다	木,土
지름길 경(徑)	10획	지름길	木,土
굳셀 경(倞)	10획	굳세다	木,金
기울 경(傾)	13획	기울다	〃
경계할 경(儆)	15획	경계하다	〃
멀 경(冂)	2획	멀다	五行
빛날 경(冏)	7획	빛나다	木,火
굳셀 경(勁)	9획	굳세다	木,金
셀 경(勍)	10획	세다	木,金
찰 경(泾)	9획	차다	木,水
벼슬 경(卿)	12획	벼슬	木,金
창 밝을 경(冏)	7획	밝다	木,火
땅이름 경(坰)	10획	땅	木,土
지경 경(境)	14획	경계	木,土
地支의 일곱째 경(庚)	8획	地支 7번 고치다	木,金
지름길 경(逕)	10획	지름길	木,土
깨달을 경(憬)	15획	깨닫다	五行
통할 경(涇)	10획	통하다	〃
경사 경(慶)	15획	경사스러운 일	木,火
들 경(擎)	17획	들다	木,金
공경할 경(敬)	13획	공경하다	五行
볕 경(景)	12획	볕	木,火
밝을 경(曔)	16획	밝다	木火
고칠 경(更)	7획	고치다	木,金
정강이 경(脛)	11획	정강이	木,木
산 느릅나무 경(梗)	11획	느릅나무	木,木
도지개 경(檠)	17획	도지개	木,金
등잔대 경(檠)	17획	등잔불 받침대	木,木
빛날 경(炅)	8획	불빛	木,火
빛날 경(烱)	11획	불빛	木,火
빛날 경(熲)	15획	불빛	木,火
옥 경(璟)	12획	옥 광채	木,火
옥 이름 경(璥)	17획	옥 이름 경	木,金

한자	획수	뜻	음양오행
붉은 옥 경(瓊)	19획	붉은 옥	木,金
줄기 경(莖)	11획	근본 줄기	木,水
좁은 길 경(逕)	11획	좁은 길	木,土
목 뻣뻣할 경(痙)	12획	신경 당기다	木,木
단단할 경(硬)	12획	단단하다	木,金
경쇠 경(磬)	16획	쇠로 만든 악기	木,金
마칠 경(竟)	11획	마치다 다하다	五行
다툴 경(競)	20획	겨루다	木,金
끌어당길 경(絅)	11획	끌어당기다 죄다	木,金
날 경(經)	13획	실	木,木
밭갈 경(耕)	10획	밭 갈다	木,土
빛 경(耿)	10획	빛나다	木,火
경계할 경(警)	20획	경계하다	木,金
가벼울 경(輕)	14획	가볍다 모자라다	木,火
거울 경(鏡)	18획	거울	木,金
단위 경(頃)	11획	단위 기울다	五行
놀랄 경(驚)	23획	놀랍다 두렵다	木,金
고래 경(鯨)	19획	고래 쳐들다	木,水
꾀꼬리 경(鶊)	19획	꾀꼬리	木,火
❖계			
걸릴 계(係)	9획	걸리다 잇다	木,木
열 계(啓)	11획	열다 가르치다	木,水
지경 계(堺)	12획	지경 땅의 경계	木.土
맺을 계(契)	9획	인연을 맺다	木,木
끝 계(季)	8획	끝	五行
이를 계(屆)	8획	이르다 다다르다	〃
두근거릴 계(悸)	11획	가슴이 두근거리다	木,火
시내 계(溪)	13획	시냇물	木,水
섬돌 계(階)	12획	층계	木,金
경계 계(械)	11획	형틀 경계	木,木
계수나무 계(桂)	10획	계수나무	木,木
창 계(棨)	12획	의장용 창	木,金
화덕 계(炷)	10획	화덕	木,火
지경 계(界)	9획	지경, 경계	木,土
열째 天干 계(癸)	9획	열째 天干	木,水
시내 계(磎)	15획	시내 막힌 시내	木,土

한자	획수	뜻	음양오행
실 계(系)	7획	실	木,木
맬 계(繫)	19획	매달다 죄수	木,金
이을 계(繼)	20획	잇다	木,木
닭 계(鷄)	21획	닭	木,金
❖고			
옛 고(古)	5획	옛 오래	木,土
두드릴 고(叩)	5획	두드리고 묻다	木,火
고할 고(告)	7획	알리다	木,火
울 고(呱)	8획	어린아이가 울다	木火
굳을 고(固)	8획	단단하다	木,金
시어머니 고(姑)	8획	시어머니 고모	木,水
외로울 고(孤)	8획	외롭다	木,木
꽁무니 고(尻))	5획	꽁무니	五行
곳집 고(庫)	10획	곳집 창고 문	木,土
칠 고(拷)	9획	치다 고백받다	木,金
팔 고(沽)	8획	매매	木,土
상고 고(攷)	6획	상고 치다	木,火
옛 고(故)	9획	옛날	木,土
두드릴 고(敲)	14획	두드리다 똑똑	木,火
흴 고(暠)	14획	희다	木,金
넓적다리 고(股)	8획	넓적다리	木,木
살찔 고(膏)	14획	살찌다	木,土
밝을 고(杲)	8획	밝다	木,火
마를 고(枯)	9획	마르다	木,木
마를 고(槁)	14획	마르다 말라죽다	木,木
상고할 고(考)	6획	생각하다	木,水
쓸 고(苦)	9획	쓰다 씀바귀	木,火
줄 고(苽)	9획	줄기	木,金
향초 고(菰)	12획	풀이름	木,木
고질 고(痼)	13획	입병	木,火
부를 고(皐)	11획	소리	木,火
못 고(皋)	14획	연못	木,水
볏짚 고(稿)	15획	볏짚	木,木
바지 고(袴)	11획	바지 사타구니	木,木
새끼 양 고(羔)	10획	새끼 양	木,金
독 고(蠱)	23획	독 벌레	木,火

한자	획수	뜻	음양오행
고할 고(誥)	14획	알리다	木,火
허물 고(辜)	12획	허물	木,金
땜질 고(錮)	16획	땜질	木,金
품살 고(雇)	12획	품살이	木,木
돌아볼 고(顧)	21획	사방을 돌아보다	木,火
높을 고(高)	10획	높다	木,火
북 고(鼓)	13획	북 치다 두드리다	木,火
❖곡			
울 곡(哭)	10획	울다	木,水
휠 곡(斛)	11획	휘어지다	木,木
굽을 곡(曲)	6획	휘다	木,木
수갑 곡(梏)	11획	쇠스랑	木,金
곡식 곡(穀)	14획	곡식 양식	木,水
골 곡(谷)	7획	골짜기	木,土
고니 곡(鵠)	18획	고니	木,金
❖곤			
곤할 곤(困)	7획	피곤하다	木,金
땅 곤(坤)	8획	땅 대지	木,土
산 이름 곤(崑)	11획	산	木,土
흐를 곤(滾)	14획	물	木,水
맏 곤(昆)	8획	맏형	木,木
문지방 곤(梱)	11획	문틀	木,木
묶을 곤(棍)	12획	몽둥이	木,金
옥돌 곤(琨)	12획	옥돌	木,金
곤룡포 곤(袞)	11획	곤룡포	木,木
구리 곤(錕)	16획	구리 붉은 쇠	木,金
곤이 곤(鯤)	19획	물고기	木,水
❖골			
빠질 골(汨)	7획	빠지다 잠기다	木,水
어지러울 골(滑)	13획	어지럽다	木,水
뼈 골(骨)	10회	뼈대	木,金
❖공			
이바지 공(供)	8획	이바지하다	五行
공변될 공(公)	4획	숨김없이 드러내다	木,火
함께 공(共)	6획	함께 같이	木,木
공 공(功)	5회	공로 치사	木,金

한자	획수	뜻	음양오행
구멍 공(孔)	4획	구멍 크다	木,火
장인 공(工)	3획	물건을 만들다	木,火
두 손 잡을 공(拱)	9획	두 손을 잡다 협조	木,木
당길 공(控)	11획	당기다	木,木
두려울 공(恐)	10획	두렵다	木,金
칠 공(攻)	7획	치다 공격	木,金
빌 공(空)	8획	비다 없다	木,火
붉을 홍(紅)	9획	붉다	木,火
지네 공(蚣)	10획	지네	木,金
바칠 공(貢)	10획	바치다	木,水
묶을 공(鞏)	15획	묶다 가죽	木,金
공손할 공(恭)	10획	공손하다	木,水
옥 이름 공(珙)	10획	옥 이름	木,金
❖과			
적을 과(寡)	14획	적다	五行
창 과(戈)	4획	싸우는 창	木,金
실 과(果)	8획	열매	木,金
과일 과(菓)	12획	과일	木,金
지날 과(過)	13획	지나다	木,土
오이 과(瓜)	5획	오이	木,金
품 과(科)	9획	과정	木,木
바지 과(袴)	11획	바지 사타구니	木,木
자랑할 과(誇)	13획	자랑하다	木,火
매길 과(課)	15획	매기다 과정	木,木
넘을 과(跨)	13획	타 넘다	木,金
노구 솥 과(鍋)	17획	솥 냄비	木,金
❖곽			
둘레 곽(廓)	14획	둘레	木,木
성 곽(郭)	11획	성 둘레	木,金
덧널 곽(槨)	15획	관을 담는 궤	木,木
콩잎 곽(藿)	20획	콩잎	木,木
❖관			
익힐 관(串)	7획	익히다	木,水
갓 관(冠)	9획	갓	木,木
벼슬 관(官)	8획	벼슬 직업	木,金
너그러울 관(寬)	15획	너그럽다	木,土

한자	획수	뜻	음양오행
익술할 관(慣)	14획	버릇	木,火
물 댈 관(灌)	21획	물 대다	木,水
널 관(棺)	12획	널 관	木,木
정성스러울 관(款)	12획	정성	木,火
옥관 관(琯)	12획	옥피리	木,金
옥 이름 관(瓘)	22획	옥	木,金
왕골 관(菅)	12획	골풀	木,木
피리 관(管)	14획	피리	木,火
두레박 관(罐)	24획	두레박	木,木
객사 관(館)	17획	객사 관청 학교	木,水
볼 관(觀)	25획	보다	木,火
꿸 관(貫)	11획	꿰다 착용하다	木,木
비녀 관(錧)	16획	비녀	木,金
빗장 관(關)	19획	빗장 잠금장치	木,金
객사 관(舘)	16획	묵다 자다	木,水

❖괄

한자	획수	뜻	음양오행
깎을 괄(刮)	8획	깎다	木,金
묶을 괄(括)	9획	묶다 감독하다	木,金

❖광

한자	획수	뜻	음양오행
클 광(侊)	8획	성한 모양	木,火
빛 광(光)	6획	빛나다	木,火
바를 광(匡)	6획	바르다	木,水
뫼 광(壙)	18획	무덤	木,土
넓을 광(広)	5획	넓다	木,土
넓을 광(廣)	15획	넓다 넓히다	木,土
용솟음칠 광(洸)	9획	치솟다	木,火
미칠 광(狂)	7획	미치광이	木,火
밝을 광(曠)	19획	밝다	木,火
방광 광(胱)	10획	오줌통	木,水
광랑나무 광(桄)	10획	베틀	木,木
뜨거울 광(昿)	6획	해가 뜨겁다 밝다	木,火
옥피리 광(珖)	10획	옥피리	木,金
쇳돌 광(鑛)	23획	쇳돌	木,金

❖괘

한자	획수	뜻	음양오행
걸 괘(卦)	8획	매달다	木,金
걸 괘(掛)	11획	걸어놓다	木,金

한자	획수	뜻	음양오행
줄 괘(罫)	13획	줄	木,木
❖괴			
어그러질 괴(乖)	8획	어그러지다	木,木
무너질 괴(壞)	19획	무너지다	木,金
흙덩이 괴(塊)	13획	흙	木,土
허수아비 괴(傀)	12획	허수아비	木,木
기이할 괴(怪)	8획	기이하다	木,木
부끄러울 괴(愧)	13획	부끄럽다	木,木
속일 괴(拐)	8획	속이다	木,火
회화나무 괴(槐)	14획	홰나무	木,木
으뜸 괴(魁)	14획	수령 우두머리	木,木
❖굉			
클 굉(宏)	7획	크다	五行
팔뚝 굉(肱)	8획	팔뚝	木,木
끈 굉(紘)	10획	끈	木,木
울릴 굉(轟)	21획	수레바퀴가 울리다	木,火
❖교			
사귈 교(交)	6획	사귀다	木,木
예쁠 교(佼)	8획	예쁘다	木,火
높을 교(僑)	14획	높다	木,火
지저귈 교(咬)	9획	새가 울다	木,火
높을 교(喬)	12획	높다	木,火
아름다울 교(姣)	9획	아름답다 요염하다	木,火
아리따울 교(嬌)	15획	아리땁다 미녀	木,木
뾰족할 교(嶠)	15획	산	木,土
교묘할 교(巧))	5획	교묘하다 공교하다	木,火
어지러울 교(攪)	23획	어지럽다	木,火
간교할 교(狡)	9획	간교하다	木,火
성 밖 교(郊)	9획	성 밖 국경	木,土
가르칠 교(敎)	11획	가르치다	木,水
아교 교(膠)	15획	아교	木,土
학교 교(校)	10획	본받다	木,水
다리 교(橋)	16획	교각	木,金
메밀 교(蕎)	16획	메밀	木,木
달빛 교(皎)	11획	흰 달빛	木,火
바로잡을 교(矯)	17획	바로잡다	木,木

한자	획수	뜻	음양오행
목맬 교(絞)	12획	목매다	木,木
꼬리 교(翹)	18획	꼬리	木,木
교룡 교(蛟)	12획	상어	木,水
가마 교(轎)	19획	가마	木,木
경단 교(餃)	15획	경단	木,土
교만할 교(驕)	22획	교만 무례하다	木,火
상어 교(鮫)	17획	상어	木,水

❖ 구

한자	획수	뜻	음양오행
언덕 구(丘)	5획	언덕	木,土
오랠 구(久)	3획	오래	木,土
아홉 구(九)	2획	아홉 9	木,金
원수 구(仇)	4획	짝 원수	木,木
함께 구(俱)	10획	함께 갖추다	木,木
갖출 구(具)	8획	갖추다	五行
굽을 구(勾)	4획	갈고리	木,金
지경 구(區)	11획	구역	木,土
입 구(口)	3획	입	木,火
글귀 구(句)	5획	문장 글귀	木,木
허물 구(咎)	8획	허물	木,金
노래할 구(嘔)	14획	노래하다	木,火
때 구(垢)	9획	때 티끌 수치	木,金
도둑 구(寇)	11획	도둑, 원수	木,金
험할 구(嶇)	14획	험하다	木,金
마구간 구(廐)	14획	마구간	木,水
두려울 구(懼)	21획	두렵다	木,金
잡을 구(拘)	8획	잡다	木,金
개천 구(溝)	13획	도랑	木,土
개 구(狗)	8획	강아지	木,火
언덕 구(邱)	8획	땅 이름	木,土
구할 구(救)	11획	건지다	木,火
호깨나무 구(枸)	9획	낙엽	木,木
널 구(柩)	9획	널 관	木,木
닥나무 구(構)	14획	닥나무 얽다	木,木
토할 구(歐)	15획	토하다	木,土
구할 구(求)	7획	구하다	木,火
뜸 구(灸)	7획	약쑥	木,火

한자	획수	뜻	음양오행
검은 옥돌 구(玖)	7획	옥돌	木,金
옥돌 구(珣)	9획	옥돌	木,金
공 구(球)	11획	공	木,土
진실 구(苟)	9획	진실 풀다	木,火
짝 구(逑)	11획	배우자	木,木
놀랄 구(瞿)	18획	보다 놀라다	木,火
곱자 구(矩)	10획	각 모서리	木,木
다할 구(究)	7획	다하다	木,水
급할 구(絿)	13획	급박하다	木,火
절구 구(臼)	6획	절구	木,金
옛날 구(舊)	18획	오래	木,土
노래할 구(謳)	18획	노래하다	木,火
사다 구(購)	17획	구매	木,水
몸 구(軀)	18획	몸	木,木
끌 구(銶)	15획	나무를 파는 끌	木,金
갈고리 구(鉤)	13획	갈고리	木,金
몰 구(驅)	21획	몰다	木,金
비둘기 구(鳩)	13획	비둘기	木,火
갈매기 구(鷗)	22획	갈매기	木,火
거북 구(龜)	16획	거북이	木,水
❖국			
나라 국(國)	11획	나라	木,土
나라 국(国)	8획	나라	木,土
판 국(局)	7획	판국 사무 보는 장소	木,木
국화 국(菊)	12획	국화	木,火
공 국(鞠)	17획	기르다 국문하다	木,火
국문할 국(鞫)	18획	국문하다 다하다	木,火
누룩 국(麴)	19획	누룩 술	木,水
❖군			
임금 군(君)	7획	주권자	木,木
고을 군(郡)	10획	마을 군청	木,土
군색할 군(窘)	12획	막히다	木,土
고욤나무 군(桾)	11획	고욤나무	木,木
무리 군(群)	13획	떼	木,木
군사 군(軍)	9획	군인	木,木

한자	획수	뜻	음양오행
❖굴			
토 굴(堀)	13획	굴	木,土
굽을 굴(屈)	8획	굽히다 물러나다	木,金
팔 굴(掘)	11획	땅을 파다	木,土
움 굴(窟)	13획	굴	木,土
❖궁			
집 궁(宮)	10획	주택 대궐	木,水
활 궁(弓)	3획	활	木,金
궁궁이 궁(芎)	7획	천궁	木,金
다할 궁(窮)	15획	다하다	木,水
몸 궁(躬)	10획	신체	木,木
❖권			
게으를 권(倦)	10획	게으르다	木,木
문서 권(券)	8획	문서	木,水
권할 권(勸)	20획	권하다 권장하다	木,水
쇠뇌 권(卷)	8획	활	木,金
우리 권(圈)	11획	감방 감옥	木,金
말 권(捲)	11획	그만두다	木,土
물 돌아 흐를 권(港)	11획	물이 돌아 흐르다	木,水
주먹 권(拳)	10획	주먹	木,木
권세 권(權)	22획	저울 추	木,金
돌아볼 권(眷)	11획	보다	木,火
❖궐			
그 궐(厥)	12획	그것	五行
날 뛸 궐(獗)	15획	날뛰다 사납다	木,金
고사리 궐(蕨)	16획	고사리	木,木
넘어질 궐(蹶)	19획	넘어지다	木,金
대궐 궐(闕)	18획	대궐	木,水
❖궤			
무너질 궤(潰)	15획	성내다 무너지다	木,火
책상 궤(机)	6획	책상	木,木
함 궤(櫃)	18획	함 궤짝	木,木
속일 궤(詭)	13획	기만하다	木,火
수레바퀴 궤(軌)	9획	길	木,土
먹일 궤(饋)	12획	먹이	木,水

한자	획수	뜻	음양오행
❖ 귀			
그림자 귀(鼉)	12획	그림자	木,水
돌아갈 귀(歸)	18획	돌아오다 돌아가다	木,水
귀할 귀(貴)	12획	귀하다	五行
삽 귀(鵠)	14획	삽 두견새 뻐꾸기	木,火
귀신 귀(鬼)	10획	귀신 교활하다	木,水
❖ 규			
부르짖을 규(叫)	5획	울다	木,火
홀 규(圭)	6획	모서리	木,木
별 규(奎)	9획	별	木,火
가는허리 규(樛)	14획	가는허리	木,土
헤아릴 규(揆)	12획	헤아리다	木,火
고을 규(邽)	9획	고을	木,土
물푸레나무 규(槻)	15획	물푸레나무	木,木
홀 규(珪)	10획	규(圭) 字의 약자	木,木
해바라기 규(葵)	13획	해바라기	木,金
큰길 규(逵)	12획	도로	木,土
규소 규(硅)	11획	규소	木,金
엿볼 규(窺)	16획	엿보다	木,火
구멍 규(竅)	18획	구멍	木,火
거둘 규(糺)	7획	거두다	木,金
꼴 규(糾)	8획	꼴	木,木
법 규(規)	11획	규정	木,金
헌걸찰 규(赳)	9획	용맹스럽다	木,火
협문 규(閨)	14획	규방 부녀자 방	木,木
❖ 균			
고를 균(勻)	4획	고르다 적다	木,火
고를 균(均)	7획	땅을 평평하게 고르다	木,土
버섯 균(菌)	12획	버섯	木,木
밭 일굴 균(畇)	9획	밭을 일구다	木,土
대나무 균(筠)	13획	대나무	木,木
서른 근 균(鈞)	12획	서른 근 고르다	木,金
❖ 귤			
귤나무 귤(橘)	16획	귤나무	木,木
❖ 극			
능할 극(克)	7획	이기다 능하다	木,金

한자	획수	뜻	음양오행
이길 극(剋)	9획	이기다	木,金
심할 극(劇)	15획	심하다 번거롭다	木,金
틈 극(隙)	13획	사이	木,火
미륵 창 극(戟)	12획	창	木,金
가시나무 극(棘)	12획	대추나무	木,木
다할 극(極)	13획	다하다 미치다	木,水
❖근			
겨우 근(僅)	13획	겨우	五行
힘 근(劤)	6획	힘	木,土
부지런할 근(勤)	13획	부지런하다	木,火
매흙질할 근(墐)	14획	파묻다	木,土
예쁠 근(嫤)	14획	예쁘다	木,火
맑을 근(漌)	14획	맑다	五行
은근할 근(懃)	17획	은근하다	木,木
도끼 근(斤)	4획	도끼	木,金
뿌리 근(根)	10획	뿌리	木,金
무궁화 근(槿)	15회	무궁화 우리나라 꽃	木,火
미나리 근(芹)	8획	미나리	木,木
제비꽃 근(菫)	12획	제비꽃	木,火
가까울 근(近)	8획	가까운 근거리	木,土
만날 근(覲)	18획	보다 만나다	木,火
삼갈 근(謹)	18획	삼가다 경계하다	木,金
흉년들 근(饉)	20획	흉년	木,金
❖금			
곧 금(今)	4획	곧 이제	五行
외숙모 금(妗)	7획	외숙모	木,木
사로잡을 금(擒)	16획	생포	木,金
밝을 금(昑)	8획	밝음	木,火
능금 금(檎)	17획	능금나무	木,木
거문고 금(琴)	12획	거문고	木,木
풀 금(芩)	8획	풀	木,木
금할 금(禁)	13획	금지	木,金
날 짐승 금(禽)	13획	새	木,火
옷깃 금(衿)	9획	옷고름	木,木
옷깃 금(襟)	18획	옷깃 가슴	木,木
이불 금(衾)	10획	침구	木,木

한자	획수	뜻	음양오행
쇠 금(金)	8획	쇠	木,金
비단 금(錦)	16획	비단	木,木
❖급			
속일 급(伋)	6획	속이다	木,火
미칠 급(及)	4획	미치다 끝	五行
미칠 급(扱)	7획	미치다	〃
길을 급(汲)	7획	물을 긷다	木,水
급할 급(急)	9획	긴급하다	木,火
등급 급(級)	10획	등급 구분	木,火
넉넉할 급(給)	12획	넉넉하다	木,水
❖긍			
걸칠 긍(亘)	6획	걸치다	木,木
걸칠 긍(亙)	6획	걸치다 펴다	木,木
수긍할 긍(肯)	8획	수긍 옳다 여기다	木,火
불쌍할 긍(矜)	9획	불쌍히 여기다	木,火
❖기			
발돋음할 기(企)	6획	꾀하다	木,火
재주 기(技)	7획	재주 끼	木,火
그 기(其)	8획	대명사	五行
바라기 기(冀)	16획	바라다	木,水
그릇 기(器)	16획	그릇	木,金
지경 기(圻)	7획	지경 땅	木,土
터 기(基)	11획	기초 사업 땅	木,土
험할 기(埼)	11획	험하다 곳	木,金
즐길 기(嗜)	13획	즐기다	木,火
외발 기(夔)	20획	외발	木,土
기이할 기(奇)	8획	기이하다	五行
부칠 기(寄)	11획	부치다 힘들다	木,金
높을 기(崎)	11획	험하다	木,金
자기 기(己)	3획	자기 몸	木,木
기미 기(幾)	12획	낌새	木,火
물 이름 기(沂)	7획	물 이름	木,水
물 이름 기(淇)	11획	강 이름	木,水
꺼릴 기(忌)	7획	싫어하다	木,金
깃발 기(旗)	14획	깃발	木,木
이미 기(旣)	11획	이미 벌써	五行

한자	획수	뜻	음양오행
볕 기운 기(暳)	14획	볕	木,火
돌 기(朞)	12획	돌다 주기	五行
기약 기(期)	12획	만나다	木,木
살 기(肌)	6획	근육	木,土
소태나무 기(杞)	7획	나무	木,木
버릴 기(棄)	12획	버리다	木,火
바둑 기(棋)	12획	바둑	木,木
기틀 기(機)	16획	틀 기계	木,金
속일 기(欺)	12획	속이다	木,火
기운 기(氣)	10획	기운	五行
패옥 기(玘)	7획	노리개	木,金
옥 이름 기(琦)	12획	옥	木,金
옥 기(琪)	12획	옥	木,金
피변 기(璂)	15획	옥 장식	木,金
작은 구슬 기(璣)	16획	둥근 구슬	木,金
뙈기 기(畸)	13획	모퉁이 밭	木,土
경기 기(畿)	15획	서울근방의 땅	木,土
바둑 기(碁)	13획	바둑 바둑돌	木,金
물가 기(磯)	17획	물이 있는 자갈밭	木,土
성할 기(祁)	8획	성하다 많다	五行
토지의 신 기祇	9획	토지의 신	木,土
빌 기(祇)	9획	빌다	木,水
길할 기(祺)	13획	즐거운 좋다 복	木,火
굴레 기(羈)	24획	굴레 재갈	木,金
벼리 기(紀)	9획	벼리 실마리 법	五行
비단 기(綺)	14획	비단	木,木
갈 기(磯)	18획	갈다	木,土
기록할 기(記)	10획	기록	木,木
꾸짖을 기(譏)	19획	혼내다	木,火
어찌 기(豈)	10획	어찌	五行
일어날 기(起)	10획	일어나다	木,火
가마솥 기(錡)	16획	솥	木,金
호미 기(錤)	16획	호미	木,金
굶을 기(飢)	11획	굶주리다	木,金
주릴 기(饑)	21획	주리다 굶주리다	木,金
말 탈 기(騎)	18획	말에 타다	木,火

한자	획수	뜻	음양오행
털총이 기(騏)	18획	말 털	木,木
천리마 기(驥)	27획	말	木,火
❖긴			
굳을 긴(緊)	14획	굳다 얽다 졸이다	木,金
❖길			
건장할 길(佶)	8획	건장하다 바르다	木,木
길할 길(吉)	6획	좋다	木,火
성 길(姞)	9획	삼가다	五行
일할 길(拮)	9획	일하다	木,金
도라지 길((桔)	11획	도라지	木,金
❖김			
성 김(金)	8획	김씨 성 쇠	木,金
❖끽			
먹을 끽(喫)	12획	마시다 먹다	木水
❖나			
역귀 나(儺)	21획	역귀를 쫓다	火,水
어찌 나(奈)	8획	어찌 어찌할꼬	五行
아리따울 나(娜)	10획	아리땁다	火,木
어찌 나(那)	7획	어찌 어떻게	五行
붙잡을 나(拏)	9획	붙잡다	火,金
붙잡을 나(拿)	10획	붙잡다	火,金
붙잡을 나(挐)	10획	손에 넣다	火,木
깃발 날릴 나(㐌)	12획	깃발 날리다	火,木
성길 나(胗)	10획	살찌다	火,土
❖낙			
강 이름 낙(洛)	9획	강물	火,水
즐길 낙(樂)	15획	즐기다	火,火
대답할 낙(諾)	16획	대답하다	火,火
❖난			
따뜻할 난(暖)	13획	따뜻하다	火,火
어려울 난(難)	19획	어렵다	火,金
❖날			
이길 날(捏)	10획	이기다	火,火
누를 날(捺)	11획	찍어 누르다	火,金
❖남			
남녘 남(南)	9획	남쪽	火,火

한자	획수	뜻	음양오행
물 이름 남(湳)	12획	강 이름	火,水
녹나무 남(枏)	8획	나무	火,木
녹나무 남(楠)	13획	나무	火,木
사내 남(男)	7획	남자	火,木
❖납			
바칠 납(納)	10획	바치다	火,水
❖낭			
주머니 낭(囊)	22획	주머니	火,木
❖내			
이에 내(乃)	2획	이에	五行
안 내(內)	3획	안에 들다	火,水
어찌 내(奈)	8획	어찌	五行
능금나무 내(柰)	9획	능금나무	火,木
견딜 내(耐)	9획	참다	火,火
❖냉			
찰 냉(冷)	7획	차다	火,水
❖녀			
계집 녀(女)	3획	여자	火,木
❖년			
해 년(年)	6획	년도	五行
비틀 년(撚)	15회	잡다	火,金
❖념			
편안할 념(恬)	9획	편안하다	火,水
잡을 념(拈)	8획	잡다	火,金
비틀 념(捻)	11획	비틀다	火,金
생각할 념(念)	8획	생각하다	火,火
❖녕			
편안할 녕(寗)	13획	편안하다	火,水
편안할 녕(寧)	14획	편안하다	火,水
❖노			
힘쓸 노(努)	7획	힘쓰다	火,金
일할 노(勞)	12획	일하다	火,金
종 노(奴)	5획	종	火,木
쇠 노(弩)	8획	활	火,金
성낼 노(怒)	9획	성내다	火,火

한자		획수	뜻	음양오행
❖농				
	짙을 농(濃)	16회	두렵다 짙다	火,土
	고름 농(膿)	17획	종기 고름	火,水
	농사 농(農)	13획	농사	火,木
❖눈				
	어릴 눈(嫩)	14획	어리다 예쁘다	火,木
❖눌				
	말 더듬을 눌(訥)	11획	말을 더듬다	火,火
❖뉴				
	감탕나무 뉴(杻)	8획	감탕나무 싸리나무	火,木
	끈 뉴(紐)	10회	끈 줄	火,木
	인꼭지 뉴(鈕)	12획	단추	火,土
❖능				
	능할 능(能)	10획	능하다 재능	五行
❖니				
	중 니(尼)	5획	중 여승 비구니	火,木
	진흙 니(泥)	8획	진흙	火,土
	치렁치렁할 니(濔)	17획	치렁치렁하다 넘치다	火,水
	무성할 니(柅)	9획	무성하다	火,木
❖닉				
	숨을 닉(匿)	11획	숨다 숨기다	火,土
❖다				
	많을 다(多)	6획	많다	五行
	아비 다(爹)	10획	아버지	火,木
	차 다(茶)	10획	차	火,水
	깊을 다(窊)	12획	깊은 모양	火,水
❖단				
	붉을 단(丹)	4획	붉은 색	火,火
	믿을 단(亶)	13획	믿다	火,土
	다만 단(但)	7획	다만	五行
	홀 단(單)	12획	단지 하나	火,木
	둥글 단(團)	14획	둥글다	火,土
	단 단(壇)	16획	뜰 흙담	火,土
	결단할 단(彖)	9획	판단	火,火
	여울 단(湍)	12획	여울 소용돌이	火,水
	조나라 단(鄲)	15획	도읍	火,土

한자	획수	뜻	음양오행
끊을 단(斷)	18획	절단 가르다	火,金
아침 단(旦)	5획	해돋이	火,木
박달나무 단(檀)	17획	박달나무	火,木
조각 단(段)	9획	구분 갈림 단편	火,金
바를 단(端)	14획	바르다 단정하다	火,木
웃통 벗을 단(袒)	10획	웃통을 벗다	火,木
소쿠리 단(簞)	18획	광주리	火,木
비단 단(緞)	15획	비단	火,木
새알 단(蛋)	11획	새알 해녀	火,木
쇠 불릴 단(鍛)	17획	쇠를 불리다	火,金
❖달			
때릴 달(撻)	16획	매질하다 때리다	火,金
매끄러울 달(澾)	16획	매끄럽다	火,水
수달 달(獺)	19획	수달	火,水
통달할 달(達)	13획	통달하다	火,火
황달 달(疸)	10획	황달	火,土
❖담			
씹을 담(啗)	11획	씹다 먹다	火,水
무너질 담(坍)	7획	무너지다	火,土
편안할 담(憺)	16획	편안하다	火,水
멜 담(擔)	16회	메다	火,木
묽을 담(淡)	11획	묽다 싱겁다	火,水
즐길 담(湛)	12획	즐기다	火,火
소 담(潭)	15획	소 연못	火,水
맑을 담(澹)	16획	맑다 싱겁다	火,水
흐릴 담(曇)	16획	흐리다 구름이 끼다	火,土
쓸개 담(膽)	17회	쓸개 담력	火,木
가래 담(痰)	13획	가래	火,金
귓바퀴 없을 담(聃)	11획	귓바퀴가 없다	火,水
미칠 담(覃)	12획	미치다 뻗다	火,火
이야기 담(談)	15획	말 이야기	火,火
창 담(錟)	16획	창 찌르다	火,金
❖답			
유창할 답(沓)	8획	유창하다 끓다	火,水
뒤섞일 답(遝)	14회	섞이다	五行
논 답(畓)	9획	논	火,土

한자	획수	뜻	음양오행
대답할 답(答)	12획	팥 소두 대답하다	火,金
밟을 답(踏)	15회	밟다 디디다	火,土
❖당			
당나라 당(唐)	10획	당나라	火,土
집 당(堂)	11획	집	火,水
저수지 당(塘)	13획	저수지 못	火,水
기 당(幢)	15획	기 휘장	火,木
칠 당(撞)	15획	두드리다	火,木
어리석을 당(戇)	28획	고집	火,火
팥배나무 당(棠)	12획	해당화	火,木
마땅 당(當)	13획	마땅 균형	五行
엿 당(糖)	16획	사탕	火,土
사마귀 당(螳)	17획	사마귀	火,金
쇠구슬 당(鐺)	21획	쇠구슬	火,金
무리 당(黨)	20획	무리 군중	火,木
❖대			
대신 대(代)	5획	대신하다	火,木
돈 대(垈)	8획	돈	火,土
터 대(垈)	8획	집터	火,土
큰 대(大)	3획	크다	五行
대답할 대(對)	14획	대답하다	火,火
대산 대(岱)	8획	큰 산	火,土
띠 대(帶)	11획	허리띠	火,土
기다릴 대(待)	9획	기다리다 갖추다	五行
들 대(擡)	17획	들어 올리다	火,金
대 대(隊)	12획	무리 군대	火,金
받들 대(戴)	18획	머리에 이다	火,木
햇빛 대(旲)	7획	햇빛	火,火
대모 대(玳)	9획	대모	火,木
돈 대(臺)	14획	돈대	火,土
자루 대(袋)	11획	자루	火,木
빌릴 대(貸)	12획	차용	火,金
눈썹 대(黛)	17획	눈썹을 그리다	火,木
❖덕			
덕 덕(德)	15획	어질다 덕	五行
덕 덕(悳)	12획	덕	〃

한자	획수	뜻	음양오행
❖ 도			
넘어질 도(倒)	10획	넘어지다	火,木
칼 도(刀)	2획	칼 화금	火,金
이를 도(到)	8획	이르다	五行
그림 도(圖)	14획	그림	火,水
담장 도(堵)	12획	담	火,土
진흙 도(塗)	13획	진흙	火,土
이끌 도(導)	16회	지도	火,水
잡을 도(屠)	12획	잡다 도살	火,金
섬 도(島)	10획	섬	火,土
섬 도(嶋)	14획	섬	火,土
법 도(度)	9획	헤아리다	火,金
무리 도(徒)	10획	무리	火,木
슬퍼할 도(悼)	11획	슬퍼하다	火,水
흔들 도(掉)	11획	흔들다	火,金
돋울 도(跳)	13획	뛰다	火,火
찧을 도(搗)	13획	찧다	火,金
씻을 도(淘)	11횟	쌀을 일다	火,木
건널 도(渡)	12획	건너다	火,水
물결 도(濤)	17획	큰 물결	火,水
도읍 도(都)	12획	도읍	火,土
질그릇 도(陶)	11획	그릇	火,土
복숭아나무 도(桃)	10획	복숭아 복숭아나무	火,火
노 도(棹)	12획	노 키 노를 젓다	火,木
노 도(櫂)	18획	배의 노	火,木
비칠 도(燾)	18획	비추다	火,火
포도 도(萄)	12획	포도	火,金
달아날 도(逃)	10획	달아나다	火,金
길 도(途)	11획	길 도로	火,土
도둑 도(盜)	12획	도둑 훔치다	火,金
볼 도(睹)	14획	보다	火,火
빌 도(禱)	19획	빌다	火,水
벼 도(稻)	15획	벼	火,木
도박 도(賭)	16획	승부를 걸다	火,火
볼 도(覩)	16획	보다	火,火
뛸 도(跳)	13획	뛰다	火,火

한자	획수	뜻	음양오행
밟을 도(蹈)	17획	밟다	火,土
도금 도(鍍)	17획	도금	火,水
감출 도(韜)	19획	감추다	火,水
향 도(馣)	16획	향기	火,火
도랑 도(涂)	10획	도랑	火土
❖독			
개천 독(瀆)	18획	도랑	火,水
홀로 독(獨)	16획	혼자	火,木
독할 독(毒)	8획	독	火,火
편지 독(牘)	19획	편지	火,木
송아지 독(犢)	19획	송아지 소	火,土
살필 독(督)	13획	살피다	火,火
대머리 독(禿)	7획	대머리	火,木
도타울 독(篤)	16획	도탑다 굳다	火,金
둑 독(纛)	25획	둑 소꼬리	火,土
읽을 독(讀)	22획	읽다	火,木
❖돈			
돈대 돈(墩)	15획	평지보다 높은 곳	火,土
도타울 돈(惇)	11획	도탑다	五行
어두울 돈(沌)	7획	어둡다	火,水
도타울 돈(敦)	12획	도탑다	五行
밝을 돈(旽)	8획	밝다	火,火
아침 해 돈(暾)	16획	아침 해	火,木
성할 돈(焞)	12획	성하다 기세다	火,火
불이 이글거릴 돈(燉)	16획	불이 성하다	火,火
달아날 돈(遜)	15획	달아나다	火,火
돼지 돈(豚)	11획	돼지	火,水
조아릴 돈(頓)	13획	조아리다	火,金
❖돌			
이름 돌(乭)	6획	돌	火,金
부딪칠 돌(突)	9획	돌출된 돌	火,金
❖동			
한가지 동(仝)	5획	한가지	火,木
겨울 동(冬)	5획	겨울	火,水
얼 동(凍)	10획	얼다	火,水
움직일 동(動)	11획	활동	火,火

한자	획수	뜻	음양오행
같을 동(同)	6획	같다	火,木
못 막이 동(垌)	9획	항아리	火,金
단장할 동(彤)	7획	붉다	火,火
그리울 동(憧)	15획	그립다	五行
골 동(洞)	9획	마을	火,土
물결 동(湩)	15획	강	火,水
먼동이 틀 동(曈)	16획	먼동	火,木
달이 뜰 동(朣)	16획	달이 훤히 비치다	火,水
동녘 동(東)	8획	동쪽	火,木
오동나무 동(桐)	10획	오동나무	火,木
용마루 동(棟)	12획	대들보	火,木
사를 동(烔)	10획	뜨거운 모양	火,火
바를 동(董)	13획	감독하다 거두다	火,金
아플 동(疼)	10획	아프다	火,水
눈동자 동(瞳)	17획	눈동자	火,火
아이 동(童)	12획	아이	火,木
구리 동(銅)	14획	구리	火,金

❖두

한자	획수	뜻	음양오행
투구 두(兜)	11획	투구	火,木
가파를 두(阧)	7획	가파르다 치솟다	火,金
말 두(斗)	4획	단위	五行
팥배나무 두(杜)	7획	팥배나무 능금	火,木
두공 두(枓)	8획	주두 술 내리는 그릇	火,水
콩 두(豆)	7획	콩	火,土
머무를 두(逗)	11획	머무르다	火,土
천연두 두(痘)	12획	천연두	火,水
구멍 두(竇)	20획	구멍	火,火
콩 두(荳)	11획	콩	火,土
머리 두(頭)	16획	머리	火,木

❖둔

한자	획수	뜻	음양오행
모일 둔(屯)	4획	진을 치다	火,木
바닥 둔(臀)	17획	볼기	火,木
채소 이름 둔(芚)	8획	채소	火,木
달아날 둔(遁)	13획	달아나다	火,火
무딜 둔(鈍)	12획	무디다	五行

한자	획수	뜻	음양오행
❖득			
얻을 득(得)	11획	얻다	火,水
❖등			
오르막 등(嶝)	15획	오르다	火,土
나라 이름 등(鄧)	15회	나라	火,土
등자나무 등(橙)	16획	등자나무	火,木
등 등(燈)	16획	등잔불	火,火
등나무 등(藤)	19획	넝쿨나무	火,木
오를 등(登)	12획	오르다	火,土
등급 등(等)	12획	등급	五行
베낄 등(謄)	17획	베끼다	火,火
날 등(騰)	20획	오르다 날다	火,土
❖라			
칠 라(剆)	9획	치다	火,金
게으를 라(懶)	19획	게으르다	火,木
다스릴 라(攞)	14획	정돈	火,水
겨우살이 라(蘿)	23획	소나무 겨우살이	火,木
나병 라(癩)	21획	문둥병	火,水
돌 라(邏)	23획	돌다	火,水
새그물 라(羅)	19획	그물	火,木
벌거숭이 라(裸)	13획	벌거벗다	五行
고동 라(螺)	17획	소라	火,水
자세할 라(覶)	19획	자세히	火,火
❖락			
물 이름 락(洛)	9획	강 이름	火,水
즐길 락(樂)	15획	즐기다	火,火
지질 락(烙)	10획	불로 지지다	火,火
떨어질 락(落)	13획	떨어지다	火,金
구슬 락(珞)	10횟	구슬	火,金
헌솜 락(絡)	12획	솜, 묶다	火,木
타락할 락(酪)	13획	타락	火,金
낙타 락(駱)	16획	낙타	火,土
❖란			
어지러울 란(亂)	13획	혼란	火,金
알 란(卵)	7획	알	火,木
게으를 란(嬾)	19획	게으르다	火,木

한자	획수	뜻	음양오행
물결 란(瀾)	20획	물결 큰 파도	火,水
난간 란(欄)	21획	난간	火,木
둥글 란(欒)	23획	나무 이름	火,木
밝을 란(爛)	21획	밝다	火,火
난초 란(蘭)	21획	난초	火,木
난새 란(鸞)	30획	난새 방울	火,火

❖ 랄

한자	획수	뜻	음양오행
어그러질 랄(剌)	9획	어그러지다	火,金
매울 랄(辣)	14획	맵다	火,金

❖ 람

한자	획수	뜻	음양오행
고을 람(婪)	11획	예쁘다	火,火
남기 람(嵐)	12획	산바람	火,木
잡을 람(攬)	24획	잡다	火,金
퍼질 람(濫)	17회	퍼지다 넘치다	火,水
쥘 람(擥)	18회	쥐다 잡다	火,木
쪽 람(藍)	18획	쪽 누더기	火,木
감람나무 람(欖)	25획	감람나무	火,木
누더기 람(襤)	19획	누더기 옷	火,木
닻줄 람(纜)	20획	배 닻줄	火,木

❖ 랍

한자	획수	뜻	음양오행
꺾을 랍(拉)	8획	꺾다	火,金
납향 랍(臘)	19획	승려의 한 해	火,木
밀 랍(蠟)	21획	밀 밀초	火,木

❖ 랑

한자	획수	뜻	음양오행
아가씨 랑(娘)	10획	아가씨 어머니	火,木
복도 랑(廊)	13획	통로	火,火
물결 랑(浪)	10획	파도	火,水
이리 랑(狼)	10획	짐승	火,土
밝을 랑(朗)	11획	밝다	火,火
옥 랑(琅)	11획	옥	火,金
고을 랑(瑯)	14획	고을 마을	火,土
사마귀 랑(螂)	16획	사마귀	火,土

❖ 래

한자	획수	뜻	음양오행
올 래(來)	8획	오다	火,水
산 이름 래(崍)	11획	산 이름	火,土
위로할 래(徠)	11획	위로하다	火,木

한자	획수	뜻	음양오행
올 래(來)	7획	오다	火,水
명아주 래(萊)	12획	명아주 풀	火,木
❖ 락			
노략질 락(掠)	11획	노략질	火,水
대략 락(略)	11획	약	火,木
❖ 량			
서늘할 량(涼)	10획	서늘하다 가을	火,金
서늘할 량(凉)	11획	서늘하다 맑다	火,金
대들보 량(梁)	11획	나무	火,木
들보 량(樑)	16획	대들보	火,木
양식 량(粮)	13획	곡식	火,金
기장 량(粱)	13획	기장 기장밥	火,金
양식 량(糧)	18획	곡식	火,金
믿을 량(諒)	15획	믿다	火,土
수레 량(輬)	15획	수레	火,金
헤아릴 량(量)	12획	헤아리다	火,火
❖ 려			
짝 려(侶)	9획	짝 벗하다	火,木
짝 려(儷)	21획	짝 한 쌍	火,木
힘쓸 려(勵)	17획	권장하다 힘쓰다	火,金
음률 려(呂)	7획	음률 등뼈	火,金
농막 려(廬)	19획	오두막집	火,水
거를 려(濾)	18획	거르다	五行
생각할 려(慮)	15획	생각하다	火,火
허물 려(戾)	8획	어그러지다 허물다	火,火
종려나무 려(櫚)	19획	나무	火,木
얼굴 소 려(梨)	12획	소	火,土
나라이름 려(藜)	19획	나라	火,土
숫돌 려(礪)	20획	숫돌	火,金
굴 려(蠣)	21획	조개 굴	火,水
이문 려(閭)	15획	마을 문	火,木
나귀 려(驢)	26횟	당나귀	火,土
가라말 려(驪)	29획	가라말 나라 이름	火,土
고울 려(麗)	19획	곱다	火,火
검을 려(黎)	15획	검다	火,水

한자	획수	뜻	음양오행
❖ 력			
힘쓸 력(力)	2획	힘쓰다	火,金
거를 력(瀝)	19획	거르다	火,水
책 력(曆)	16획	책	火,木,水
지낼 력(歷)	16획	지내다 지나다	火,土
조약돌 력(礫)	20획	자갈	火,金
삐걱거릴 력(轢)	22획	수레가 삐걱거리다	火,金
벼락 력(靂)	24획	천둥 번개	火,木
❖ 뢰			
영락할 뢰(儡)	17회	꼭두각시	火,木
여울 뢰(瀨)	19획	물이 얕고 빠르다	火,水
우리 뢰(牢)	7획	우리	火,土
돌무더기 뢰(磊)	15획	돌무더기	火,金
쟁기 뢰(耒)	6획	쟁기	火,金
뇌물 뢰(賂)	13획	뇌물	火,水
줄 뢰(賚)	15획	주다	火,水
힘입을 뢰(賴)	16획	힘입다 의뢰하다	火,木
우레 뢰(雷)	13획	우레 천둥	火,木
❖ 료			
마칠 료(了)	2획	마치다	火,金
동료 료(僚)	14획	동료	火,木
벼슬 료(寮)	15획	벼슬	火,金
공허할 료(廖)	14획	공허하다	火,火
헤아릴 료(料)	10획	세다	火,火
여뀌 료(蓼)	15획	쓴 고통	火,金
멀 료(遼)	16획	멀다	五行
병 고칠 료(療)	17획	병을 고치다	火,金
밝을 료(瞭)	17획	밝다	火,火
귀 울 료(聊)	11획	귀가 울다	火,水
❖ 롱			
용 롱(竜)	10획	용의 약자	火,水
용 롱(龍)	16획	용	火,水
❖ 루			
진 루(壘)	18획	쌓다 성채	火,土
별이름 루(婁)	11획	끌다	火,金
창 루(屢)	14획	창 광창	火,火

한자	획수	뜻	음양오행
울 루(淚)	11획	눈물	火,水
샐 루(漏)	14획	새나가다	火,水
좁을 루(陋)	9획	장소가 좁다	火,土
다락 루(樓)	15획	다락 다락집	火,水
쑥 루(蔞)	15획	쑥	火,木
부스럼 루(瘻)	16획	부스럼	火,水
누더기 루(褸)	16획	남루하다	火,木
포갤 루(累)	11획	겹치다	火,土
실 루(縷)	17획	실	火,木
새길 루(鏤)	19획	새기다	火,金

❖류

한자	획수	뜻	음양오행
흐를 류(流)	9획	물이 흐르다	火,水
물방울 떨어질 류(溜)	13획	떨어지다	火,水
맑을 류(瀏)	18획	물이 맑다	火,水
깃발 류(旒)	13획	깃발	火,木
버드나무 류(柳)	9획	버드나무	火,木
석류 류(榴)	14획	석류나무	火,木
유리 류(琉)	10획	유리	火,金
유리 류(瑠)	14획	유리	火,金
혹 류(瘤)	15획	혹	火,土
유황 류(硫)	12획	유황	火,火
어긋날 류(謬)	18획	어긋나다 그릇되다	火,金
무리 류(類)	19획	무리 뭉치다	火,土

❖륜

한자	획수	뜻	음양오행
둥글 륜(侖)	8획	둥글다 생각하다	火,土
인륜 륜(倫)	10획	인륜 무리	火,木
산 이름 륜(崙)	11획	산 이름	火,土
빠질 륜(淪)	11획	물놀이	火,水
낚싯줄 륜(綸)	14획	낚싯줄	火,木
바퀴 륜(輪)	15획	바퀴	火,金
금 륜(錀)	16획	금	火,金

❖률

한자	획수	뜻	음양오행
법령 률(律)	9획	법	火,金
두려워할 률(慄)	13획	두렵다	火,金
거느릴 률(率)	11획	거느리다	火,金

한자	획수	뜻	음양오행
❖ 륭			
성할 륭(隆)	12획	성하다 크다	五行
❖ 륵			
굴레 륵(勒)	11획	굴레 다스리다	火,金
❖ 름			
찰 름(凜)	15획	차다 늠름하다	五行
곳집 름(廩)	16획	곡식 넣는 광	火,金
❖ 릉			
능가할 릉(凌)	10획	능가하다 범하다	火,金
언덕 릉(陵)	11획	언덕	火,土
모서리 릉(楞)	13획	모	火,木
마름 릉(菱)	12획	마름	火,水
모 릉(稜)	13획	모 모서리	火,木
비단 릉(綾)	14획	비단	火,木
❖ 리			
똑똑할 리(俐)	9획	똑똑하다	五行
벼슬아치 리(吏)	6획	벼슬	火,金
작은 소리 리(喇)	10획	가는 소리	火,火
신 리(履)	15획	신발	火,土
영리할 리(悧)	10획	영리하다	五行
바다 리(浬)	10획	바다 해리	火,水
다다를 리(涖)	10획	도착	火,土
삵 리(狸)	10획	삵 너구리	火,土
바를 리(釐)	16획	바르다	火,金
쟁기 리(犂)	12획	얼룩소 검다	火,土
다스릴 리(理)	11획	다스리다 통하다	火,金
유리 리(璃)	15획	유리	火,金
말리 리(莉)	11획	말리	火,木
설사 리(痢)	12획	이질	火,水
속 리(罹)	16획	근심	火,水
속 리(裡)	12획	내부	火,水
울타리 리(籬)	25획	울타리	火,木
파리할 리(贏)	19획	여위다	火,金
속 리(裏)	13획	속옷	火,木
마을 리(里)	7획	마을 동네	火,土
다스릴 리(釐)	18획	다스리다	火,金

한자	획수	뜻	음양오행
잉어 리(鯉)	18획	잉어	火,水
❖린			
인색할 린(吝)	7획	인색하다	五行
도울 린(撛)	15획	붙들다 돕다	火,水
맑을 린(潾)	15획	물이 맑다	火,水
이웃 린(鄰)	15획	이웃	火,木
이웃 린(隣)	15획	이웃 돕나	火,水
도깨비 린(燐)	16획	불	火,火
옥의 광채 린(璘)	16획	옥빛	火,金
골풀 린(藺)	20획	골풀 등심초	火,木
짓밟을 린(躪)	27획	밟다	火,金
비늘 린(鱗)	23획	비늘이 있는 고기	火,水
기린 린(麟)	23획	기린	火,土
❖림			
물 뿌릴 림(淋)	11획	나무에 물을 뿌리다	火,木
수풀 림(林)	8획	나무	火,木
아름다울 옥 림(琳)	12획	아름다운 옥 푸른 옥	火,木
장마 림(霖)	16획	비가 그치지 않다	火,水
❖립			
돌 소리 립(砬)	10획	돌이 무너지는 소리	火,金
설 립(立)	5획	서다 세우다	五行
우리 립(笠)	11획	구릿대	火,木
알 립(粒)	11획	알 쌀 알	火,木
❖마			
갈 마(摩)	15획	연마 갈다	土,金
마노 마(瑪)	14획	장식품	土,金
자릴 마(痲)	13획	마비 저림	土,金
갈 마(磨)	16획	숫돌	土,金
삼 마(麻)	11획	삼 삼실	土,木
❖막			
쓸쓸할 막(寞)	14획	외롭다	土,木
막 막(幕)	14획	막사	土,木
사막 막(漠)	14획	사막	土,金
막 막(膜)	15획	얇은 막 껍질	土,金
없을 막(莫)	11획	없다 조용하다	土,水
멀 막(邈)	18획	아득하다	土,水

한자	획수	뜻	음양오행
아득할 막(藐)	18획	아득하다	五行
❖ 만			
일 만(万)	3획	성씨	五行
만자 만(卍)	6획	불교 마크	土,土
해산할 만(娩)	10획	아이를 순산하다	土,木
뫼 만(巒)	22획	뫼 산	土,土
굽을 만(彎)	22획	화살을 당기다	土,金
게으를 만(慢)	14획	게으르다	土,木
당길 만(挽)	10획	끌어당기다	土,金
찰 만(滿)	14획	가득 차다	五行
질펀할 만(漫)	14획	질펀하다	土,水
물굽이 만(灣)	25획	항구 항만	土,水
저물 만(晩)	11획	해가 저물다	土,金
끌 만(曼)	11획	끌다	土,金
일 만(萬)	13획	수많다	五行
덩굴 만(蔓)	15획	덩굴나무	土,木
속일 만(瞞)	16획	속이다	土,火
오랑캐 만(蠻)	25획	오랑캐	土,金
끌 만(輓)	14획	끌다	土,金
금 만(鏋)	19획	금	土,金
만두 만(饅)	20획	만두	土,土
뱀장어 만(鰻)	22획	뱀장어	土.水
❖ 말			
끝 말(茉)	10획	끝	五行
바를 말(抹)	8획	바르다	土,火
거품 말(沫)	8획	거품 물 침	土,水
끝 말(말)	5획	나무 끝	土,木
말리꽃 말(茉)	9획	나무	土,木
버선 말(襪)	20획	버선	土,木
버선 말(韈)	14획	붉은 끈	土,木
❖ 망			
망할 망(亡)	3획	망하다	五行
허망할 망(妄)	6획	허망하다	土,火
바쁠 망(忙)	6획	바쁘다	土,火
잊을 망(忘)	7획	잊다 건망증	土,火
바랄 망(望)	11획	소원	五行

한자	획수	뜻	음양오행
까끄라기 망(芒)	7획	까끄라기 바늘 끝	土,金
아득할 망(茫)	10획	아득하다 막연하다	五行
풀 망(莽)	12획	풀이 우거지다	土,木
그물 망(網)	14획	그물	土,木
그물 망(罔)	8획	고기 잡는 어망	土,木
바퀴 테 망(輞)	15획	바퀴의 테두리	土,金
❖매			
묻을 매(埋)	10획	땅에 묻다	土,土
누이 매(妹)	8획	손아래 누이	土,木
중매 매(媒)	12획	소개 연결	土,土
잠 매(寐)	12획	잠자다	土,水
새벽 매(昧)	9획	새벽 아침	土,木
줄기 매(枚)	8획	나무줄기	土,木
매화 매(梅)	11획	매화나무	土,木
매양 매(每)	7획	늘 마다 때	五行
그을음 매(煤)	13획	새까만 그을음	土,火
갈 매(邁)	17회	가다 멀다	五行
욕 매(罵)	15획	욕	土,金
살 매(買)	12획	구매 사다	土,土
팔 매(賣)	15획	매매	土,土
도깨비 매(魅)	15획	도깨비	土,火
❖맥			
보리 맥(麥)	11획	밀 보리	土,金
길 맥(陌)	9획	길 논두렁	土,土
맥 맥(脈)	10획	신경 혈맥	土,木
오랑캐 맥(貊)	13획	북쪽 오랑캐	土,金
말 탈 맥(驀)	21획	말을 타다	土,火
❖맹			
맏 맹(孟)	8획	맏이	五行
사나울 맹(猛)	11획	사납다	土,金
백성 맹(氓)	9획	이주나 이민 온 사람	土,木
싹 맹(萌)	12획	싹이 트다	土,木
맹세할 맹(盟)	13획	맹세 다짐	土,火
장님 맹(盲)	8획	소경	土,水
❖멱			
덮을 멱(冪)	16획	덮다 장막	土,土

한자	획수	뜻	음양오행
가는 실 멱(糸)	6획	실	土,木
구할 멱(覓)	11획	구하다 찾다	土,水
❖면			
면할 면(免)	7획	면하다 벗다	五行
면류관 면(冕)	11획	화려한 장식품	土,火
힘쓸 면(勉)	9획	힘쓰다	土,金
머리 감을 면(沔)	7획	머리 감는 물	土,木
목화 면(棉)	12획	목화	土,木
애꾸눈 면(眄)	9획	애꾸눈	土,火
잠자다 면(眠)	10획	잠자다	土,水
솜 면(綿)	14획	솜 길게 이어지다	土,木
실 면(緬)	15획	가는 실	土,木
낯 면(面)	9획	얼굴	土,木
밀가루 면(麵)	20획	밀가루	土,土
❖멸			
멸망할 멸(滅)	13획	멸망하다	土,金
업신여길 멸(蔑)	15획	업신여기다	土,金
❖명			
어두울 명(冥)	14획	어둠	土,水
이름 명(名)	6획	이름	五行
목숨 명(命)	8획	생명	〃
너그러울 명(慏)	13획	맘이 너그럽다	土,火
물 이름 명(洺)	9획	강	土,水
어두울 명(溟)	13획	바다	土,水
밝을 명(明)	8획	밝다	水,火
어두울 명(瞑)	14획	어둡다	土,水
홈통 명(榠)	12획	물을 나르는 긴 나무	土,木
차 싹 명(茗)	10획	차의 싹	土,木
명협 명(蓂)	14획	달력 풀 약초	土,木
그릇 명(皿)	5획	그릇	土,金
눈감을 명(瞑)	15획	눈감다	土,水
멸구 명(螟)	16획	해충	土,金
취할 명(酩)	13획	술에 취하다	土,水
새길 명(銘)	14획	새기다	土,火
울 명(鳴)	14획	새가 울다	土,火

한자	획수	뜻	음양오행
❖ 메			
소매 메(袂)	9획	옷소매	土,木
❖ 모			
업신여길 모(侮)	9획	업신여기다	土,火
가릴 모(冒)	9획	덮다	土,土
모을 모(募)	13획	모으다	五行
유모 모(姆)	8획	여자 스승	土,水
건 모(帽)	12획	모자	土,木
찾을 모(摸)	14획	찾다	土,火
사모할 모(慕)	15획	그리워하다	五行
베낄 모(摹)	15획	베끼다 모방	土,火
저물 모(暮)	15획	해가 서쪽으로 지다	土,金
아무 모(某)	9획	아무개	土,木
법 모(模)	15획	법 본보기	土,金
어미 모(母)	5획	엄마	土,水
털 모(毛)	4획	털	土,木
울 모(牟)	6획	소가 울다	土,水
수컷 모(牡)	7획	수컷	土,木
서옥 모(瑁)	13획	서옥 대모	土,金
나물 모(芼)	8획	풀이 우거지다	土,木
띠 모(茅)	9획	띠	土,木
눈동자 모(眸)	11획	눈동자	土,火
창 모(矛)	5획	무기 창	土,金
줄 모(耗)	10획	줄어들다	五行
꾀 모(謨)	18획	계략	土,火
속일 모(謀)	16획	꾀하다 속이다	土,火
얼굴 모(貌)	14획	얼굴 모양	土,木
❖ 목			
머리 감을 목(沐)	7획	머리 감다	土,木
나무 목(木)	4획	나무	土,木
칠 목(牧)	8획	치다 기르다	土,金
눈 목(目)	5획	눈	土,火
화목할 목(睦)	13획	화목하다	五行
화목할 목(穆)	16획	화목하다	〃
집오리 목(鶩)	20획	오리	土,金

한자	획수	뜻	음양오행
❖ 몰			
잠길 몰(沒)	7획	물에 잠기다	土,水
죽을 몰(殁)	8획	죽다	土,水
❖ 몽			
꿈 몽(夢)	14획	꿈 상상	五行
풍부할 몽(朦)	18획	풍족하다	〃
입을 몽(蒙)	14획	입다 덮다	土,木
❖ 묘			
넷째의 地支 묘(卯)	5획	무성하다	土,木
무덤 묘(墓)	14획	묘	土,土
묘할 묘(妙)	7획	묘하다	五行
사당 묘(廟)	15획	사당	土,水
그릴 묘(描)	12회	그림을 그리다	土,水
아득할 묘(渺)	12획	아득하다	土,水
고양이 묘(猫)	12획	고양이	土,木
별자리 묘(昴)	9획	별자리	土,火
어두울 묘(杳)	8획	어둡다	土,水
싹 묘(苗)	9획	모	土,木
땅 이름 묘(竗)	9획	땅이름	土,土
닻 묘(錨)	17획	닻	土,木
❖ 무			
일 무(務)	11획	노동	土,金
무당 무(巫)	7획	무당	土,木
어루만지다 무(憮)	15획	어루만지다	土,木
엄지손가락 무(拇)	8획	엄지	土,木
어루만질 무(撫)	15획	만지다 누르다	土,木
힘쓸 무(懋)	17획	힘쓰다	土,金
天干 다섯째 무(戊)	5획	무성하다	土,土
무성할 무(楙)	13획	무성하다	土,木
굳셀 무(武)	8획	군세다	土,金
말 무(毋)	4획	금지	土,金
없을 무(無)	12획	없다	五行
옥돌 무(珷)	11획	옥돌	土,金
우거질 무(茂)	9획	우거지다	土,木
거칠 무(蕪)	16획	거칠다	土,金
이랑 무(畝)	10획	전답 단위	土,土

한자	획수	뜻	음양오행
얽을 무(繆)	17획	얽다	土,木
춤출 무(舞)	14획	춤추다	土,火
무고할 무(誣)	14획	무고하다 꾸미다	土,火
바꿀 무(貿)	12획	바꾸다	土,火
안개 무(霧)	19획	안개 어둠	土,土
앵무새 무(鵡)	18획	앵무새	土,火
❖묵			
먹 묵(墨)	15획	먹 검다	土,水
잠잠할 묵(黙)	16획	잠잠하다	土,水
❖문			
들 문(們)	10획	들문	土,木
목 벨 문(刎)	6획	목을 베다	土,木
입 문(吻)	7획	입술	土,火
물을 문(問)	11획	묻다	土,火
수치 문(汶)	7획	수치 치욕	土,金
글 문(文)	4획	글	土,木
따뜻할 문(炆)	8획	따뜻하다	土,火
어지러울 문(紊)	10획	어지럽다	土,火
무늬 문(紋)	10획	그림이 있는 천	土,木
듣다 문(聞)	14획	듣다 청취	土,火
모기 문(蚊)	10획	모기	土,金
문 문(門)	8획	출입문	土,木
구름무늬 문(雯)	12획	구름 모양	土,土
❖물			
말 물(勿)	4획	금지	土,金
아득할 물(沕)	7획	아득하다	土,水
만물 물(物)	8획	만물 무리 종류	五行
❖미			
맛 미(味)	8획	맛	土,土
아첨할 미(媚)	12획	아첨하다	土,火
꼬리 미(尾)	7획	꼬리 끝	土,木
두루 미(弥)	8획	두루 미치다	五行
작을 미(微)	13획	작다	〃
물놀이 미(渼)	12획	물놀이	土,水
넘칠 미(瀰)	20획	물이 넘치다	土,水
아닐 미(未)	5획	아니다 地支의 7번	土,火

한자	획수	뜻	음양오행
나무 끝 미(梶)	11획	나무 끝	土,木
문미 미(楣)	13획	처마	土,木
고비 미(薇)	17획	고비	五行
미혹할 미(迷)	10획	미혹하다	土,火
눈썹 미(眉)	9획	눈썹	土,木
쌀 미(米)	6획	쌀	土,金
아름다울 미(美)	9획	아름답다 좋다	土,火
수수께끼 미(謎)	17획	수수께끼	土,火
쓰러질 미(靡)	19획	쓰러지다	土,金
곰팡이 미(黴)	23획	곰팡이	土,水

❖민

한자	획수	뜻	음양오행
산 이름 민(岷)	8획	산	土,土
근심할 민(憫)	15획	근심하다	土,水
민망할 민(泯)	8획	민망하다	土,火
물 흐를 민(潣)	15획	물이 졸졸 흐르다	土,水
힘쓸 민(忞)	8획	힘쓰다	土,金
민망할 민(悶)	12획	민망하다	土,火
근심할 민(愍)	13획	근심하다	土,水
총명할 민(慜)	15획	민첩 총명 똑똑	五行
민첩할 민(敏)	11획	빠르다	土,火
하늘 민(旻)	8회	하늘	土火
화락할 민(旼)	8획	화락하다	土,火
굳셀 민(暋)	13획	굳세다	土,金
백성 민(民)	5획	백성	土,木
옥돌 민(珉)	9획	옥	土,金
옥돌 민(玟)	8획	구슬	土,金
옥돌 민(砇)	9획	옥	土,金
옥돌 민(碈)	14획	옥	土,金
낚시 민(緡)	15획	낚시	土,水
철판 민(鈱)	13획	철판	土,金
위문한 민(閔)	12획	병문안	土,水

❖밀

한자	획수	뜻	음양오행
빽빽할 밀(密)	11획	빽빽하다	土,木
꿀 밀(蜜)	14획	벌꿀	土,火
고요할 밀(謐)	17획	고요하다	土,水

한자	획수	뜻	음양오행
❖박			
벗길 박(剝)	10획	벗기다 상처	土,金
넓힐 박(博)	12획	넓다	五行
칠 박(拍)	8획	손을 마주치다	土,木
두드릴 박(撲)	15획	때리다 치다	土,金
댈 박(泊)	8획	배를 부두에 대다	土,木
초박(膊)	14획	고기를 말리다	土,火
성씨 박(朴)	6획	성씨 후박나무	土,木
나무 이름 박(栢)	10획	측백나무	土,木
통나무 박(樸)	16획	통나무	土,木
호박 박(珀)	9획	호박	土,金
옥돌 박(璞)	16획	옥돌	土,金
엷을 박(薄)	17획	엷다 얇다	五行
닥칠 박(迫)	9회	핍박하다 닥치다	〃
발 박(箔)	14획	금박	土,金
지게미 박(粕)	11획	술지게미	土,水
묶을 박(縛)	16획	포박	土,金
큰 배 박(舶)	11획	큰 배	土,木
누리 박(雹)	13획	우박	土,金
얼룩말 박(駁)	14획	얼룩말	土,火
❖반			
짝 반(伴)	7획	가르다 나누다	土,火
반 반(半)	5획	반쪽	五行
뒤 돌릴 반(反)	4획	뒤돌리다	〃
배반할 반(叛)	9획	배반하다	土,金
버릴 반(拌)	8획	버리다	五行
옮길 반(搬)	13획	옮기다	〃
학교 반(泮)	8획	학교	土,水
뜨물 반(潘)	15획	쌀뜨물	土,木
더위 잡을 반(攀)	19획	더위를 잡다	土,金
얼룩 반(斑)	12획	얼룩지다	土,水
쟁반 반(槃)	14획	쟁반	土,金
나눌 반(班)	10획	나누다	土,火
돌아올 반(返)	8획	돌아오다	土,水
두둑 반(畔)	10획	밭의 경계	土,土
소반(盤)	15획	대야 받침대	土,金

한자	획수	뜻	음양오행
눈 예쁠 단(盼)	9획	눈이 예쁘다	土,火
너럭바위 반(磐)	15획	너럭바위 엉키다	土,金
강 이름 반(磻)	17회	강	土.水
명반 반(礬)	20회	명반	土,金
줄 반(絆)	11획	밧줄	土,木
돌 반(般)	10획	돌다	五行
서릴 반(蟠)	18획	서리다	〃
나눌 반(頒)	13획	구분하다	土,火
밥 반(飯)	13획	밥 먹다	土,水

❖ 발

한자	획수	뜻	음양오행
우쩍 일어날 발(勃)	9획	일어나다	土,木
뺄 발(拔)	8획	빼앗다 빼다	土,金
다스릴 발(撥)	15획	다스리다	土,金
바다 이름 발(渤)	12획	안개가 자욱하다	土,土
물 뿌릴 발(潑)	15획	물 뿌리다	土,水
쏠 발(發)	12획	쏘다 가다	五行
밟을 발(跋)	12획	밟다	土,土
술 괼 발(醱)	19획	술을 괴다	土,水
바리때 발(鉢)	13획	바리때 사발	土,木
터럭 발(髮)	15획	털	土,木
가뭄 발(魃)	15획	가뭄 한귀	土,水

❖ 방

한자	획수	뜻	음양오행
본뜰 방(倣)	10획	모방	土,火
곁 방(傍)	12획	곁 옆 의지 시중	土,木
동네 방(坊)	7획	마을	土,土
방해할 방(妨)	7획	훼방	土,金
삽살개 방(尨)	7획	개	土,火
도울 방(幇)	12획	돕다	土,水
거닐 방(彷)	7획	거닐다 배회하다	土,火
퍼부을 방(滂)	13획	비를 퍼붓다	土,水
나라 방(邦)	7획	나라 고을	土,土
둑 방(防)	7획	막다	土,土
방 방(房)	8획	방	土,土
내놓을 방(放)	8획	추방 쫓아내다	土,金
모 방(方)	4획	사각 모퉁이	土,木
두루 방(旁)	10획	두루 널리	五行

한자	획수	뜻	음양오행
마침 방(祊)	8획	처음 비로소 마침	〃
기름 방(肪)	8획	살찌다	土,土
쌍배 방(膀)	14획	오줌통 두 개의 배	土,木
매 방(榜)	14획	매 매질하다	土,木
꽃다울 방(芳)	8획	향기 풀 꽃	土,火
일동덩굴 동(蒡)	14획	인동덩굴 흰 쑥	土,木
돌 떨어지는 소리 방(磅)	15획	돌이 떨어지는 소리	土,火
자을 방(紡)	10획	잣다 실	土,木
배 방(舫)	10획	뗏목	土,木
방합 반(蚌)	10획	조개	土.水
찾을 방(訪)	11획	묻다 찾다	土,火
헐뜯을 방(謗)	17획	헐뜯다 비방하다	土,火
클 방(龐)	19획	크다 높다	五行
❖배			
노닐 배(徘)	11획	놀다 광대	土,火
곱 배(倍)	10획	배 두배	五行
북돋울 배(培)	11획	북돋우다	〃
미칠 배(排)	11획	미치다	〃
물결 배(湃)	12획	물결 모양	土,水
쌓을 배(陪)	11획	쌓다	土,土
절 배(拜)	9획	절하다	土,木
등 배(背)	9획	등	土,金
아이 밸 배(胚)	9획	임신하다	土,木
잔 배(杯)	8획	술잔	土,金
불에 쬘 배(焙)	12획	불에 쬐다	土,火
속적삼 배(褙)	14획	속 옷	土,木
잔 배(盃)	9획	우승배	土,金
긴 옷 배(裵)	14획	옷이 치렁치렁하다	土,木
긴 옷 배(裴)	14획	〃	土,木
아내 배(配)	10획	아내	土,木
물어줄 배(賠)	15획	배상	土,木
❖백			
맏 백(伯)	7획	맏형	土,木
일백 백(佰)	8획	일백	五行
비단 백(帛)	8획	비단	土,木
나무 이름 백(栢)	10획	측백나무	土,木

한자	획수	뜻	음양오행
흰 백(白)	5획	흰색	土,金
일 백(百)	6획	일백 백번	五行
넋 백(魄)	15획	넋 혼	〃

❖ 번

한자	획수	뜻	음양오행
기 번(幡)	15획	표기 표시	土,木
울타리 번(樊)	15획	울타리	土,木
구울 번(燔)	16획	굽다	土,火
괴로울 번(煩)	13획	괴롭다	土,金
우거질 번(蕃)	16획	우거지다	土,木
갈마들 번(番)	12획	순서 차례	土,木
많을 번(繁)	17획	많다 번영	五行
날 번(翻)	18획	날다	土,火
뒤칠 번(飜)	21획	엎어지다 늦다	五行

❖ 벌

한자	획수	뜻	음양오행
칠 벌(伐)	6획	치다 때리다	土,金
죄 벌(罰)	14획	벌	土,金
떼 벌(筏)	12획	떼 뗏목	土,火
공훈 벌(閥)	14획	공훈 훈장	五行

❖ 범

한자	획수	뜻	음양오행
무릇 범(凡)	3획	함께	〃
돛 범(帆)	6획	배의 돛	土,木
넘칠 범(氾)	5획	물이 넘치다	土,水
뜰 범(汎)	6획	둥둥 떠다니다	土,水
뜰 범(泛)	8획	둥둥 떠다니다	土,水
범죄 범(犯)	5획	범죄	土,火
범어 범(梵)	11획	범어 인도의 언어	土,木
풀 범(范)	9획	풀	土,木
법 범(範)	15획	법	土,金

❖ 법

한자	획수	뜻	음양오행
법 법(法)	8획	법 도리	土,金
법랑 법(琺)	12획	법이 불투명하다	土,金

❖ 벽

한자	획수	뜻	음양오행
후미질 벽(僻)	15획	후미지다	土,金
쪼갤 벽(劈)	15획	쪼개다 깨뜨리다	土,金
벽 벽(壁)	16획	울타리	土,金

한자	획수	뜻	음양오행
엄지 벽(擘)	17획	엄지손가락	土,木
나무 벽(檗)	17획	황벽나무	土,木
황경나무 벽(蘗)	21획	쓰다 괴롭다 폐	土,木
푸른 벽(碧)	14획	푸른 옥	土,金
둥근 옥 벽(璧)	18획	둥근 옥	土,金
적취 벽(癖)	18획	버릇 습관	土,火
열 벽(闢)	21획	열다	五行
벼락 벽(霹)	21획	천둥	土,木
❖변			
편할 편(便)	9획	편하다	土,水
급할 변(卞)	4획	급하다	土,火
고깔 변(弁)	5획	고깔 오색	土,火
가 변(邊)	19획	테두리 가장자리	五行
변할 변(變)	23획	변화	〃
분별한 변(辨)	16획	분별 구분 판단	〃
말 변(辯)	21획	말을 잘하다	土,火
❖별			
나눌 별(別)	7획	나누다 분리하다	土,火
금계 별(鱉)	23획	볕이 누런 꿩	土,火
자라 별(鼈)	25획	자라	土,水
언뜻 별(瞥)	17획	언뜻 보다	土,火
❖병			
세 번째 天干 병(丙)	5획	밝음	土,火
아우를 병(並)	8획	아우르다	五行
아우를 병(倂)	10획	아우르다 나란히	〃
아우를 병(幷)	6획	〃	〃
아우을 병(并)	8획	〃	〃
아우를 병(竝)	10획	〃	〃
군사 병(兵)	7획	군사	土,木
병풍 병(屛)	11획	병풍	土.木
물가 병(浜)	10획	물가	土,水
밝을 병(昞)	9획	밝음 빛나다	土,火
밝을 병(昺)	9획	〃	土,火
밝을 병(炳)	9획	〃	土,火
자루 병(柄)	9획	손잡이 자루	土,木
자루 병(棅)	12획	〃	土,木

한자	획수	뜻	음양오행
병 병(瓶)	11획	유리병	土,金
병 병(病)	10획	병질	土,金
잡을 병(秉)	8획	잡다	土,金
수레 병(輧)	15획	아플 때 타는 수레	土,金
핀금 병(鉼)	15획	판금	土,金
떡 병(餠)	17획	떡	土,土
나란히 할 병(騈)	18획	정리 나란히	五行
❖보			
지킬 보(保)	9획	지키다 보전하다	五行
작은 성 보(堡)	12획	작은 토성을 쌓다	土
갚을 보(報)	12획	갚다	五行
보배 보(寶)	20획	보배	〃
보배 보(宝)	8획	'寶' 字의 약자	〃
보배 보(珤)	10획	〃	〃
보 보(湺)	12획	방죽 보	土,土
끓을 보(潽)	15획	물이 끓다	土,水
넓을 보(普)	12획	두루 널리	五行
걸을 보(步)	7획	걸음	土,木
보리 보(菩)	12획	보리	土,金
클 보(甫)	7획	크다	五行
기울 보(補)	12획	보수 깁다	土,水
포대기 보(褓)	14획	포대기	土,木
계보 보(譜)	19획	계보 족보	土,木
덧방나무 보(輔)	14획	도움 돕다 덧방나무	土,水
❖복			
엎드릴 복(伏)	6획	엎드리다	五行
엎드릴 복(宓)	8획	몰래, 비밀	土,水
종 복(僕)	14획	종 마부,일꾼	土,木
점 복(卜)	2획	점보다 점치다	土,水
돌아올 복(復)	12획	돌아오다	五行
복 복(洑)	9획	물이 스며들다	土,水
옷 복(服)	8획	옷	水,木
배 복(腹)	13획	위 창자	土,土
복령 복(茯)	10획	한약 종류	土,木
치자꽃 복(蔔)	15획	치자꽃	土,火
복 복(福)	14획	행복	五行

한자	획수	뜻	음양오행
겹옷 복(複)	14획	겹옷	土,木
뒤집힐 복(覆)	18획	뒤집히다 반전	五行
바퀴살 복(輻)	16획	바퀴로 모여들다	土,金
비퀴통 복(輹)	16획	바퀴를 연결하는 나무	土,木
전복 복(鰒)	20획	전복 조개	土,水
❖본			
밑 본(本)	5획	근본 뿌리	五行
❖볼			
땅 이름 볼(乶)	8획	땅 이름	土,土
❖봉			
녹 봉(俸)	10획	봉급	土,土
받들 봉(奉)	8획	받들다	五行
받들 봉(捧)	11획	〃	〃
봉할 봉(封)	9획	만나다	土,木
산봉우리 봉(峯)	10획	산	土,土
산봉우리 봉(峰)	10획	〃	土,土
몽둥이 봉(棒)	12획	몽둥이	土,木
봉화 봉(烽)	11획	봉화	土,火
연기 봉(熢)	15획	연기가 자욱하다	土,土
칼집 봉(琫)	12획	칼집	土,金
쑥 봉(蓬)	15획	쑥	土,木
만날 봉(逢)	11획	만나다 상봉하다	土,木
꿰맬 봉(縫)	17획	꿰매다	土,木
벌 봉(蜂)	13획	벌	土,火
칼끝 봉(鋒)	15획	칼끝	土,金
봉새 봉(鳳)	14획	봉황새	土,火
❖부			
줄 부(付)	5획	주다 붙이다	土,水
꾸부릴 부(俯)	10획	꾸부리다 숙이다	五行
스승 부(傅)	12획	스승	土,水
쪼갤 부(剖)	10획	쪼개다 가르다	土,金
아닐 부(否)	7획	부정하다 아니다	土,火
분부할 부(咐)	8획	분부하다 지시하다	土,水
지아비 부(夫)	4획	여자의 남편	土,木
며느리 부(婦)	11획	며느리	土,木
미울 부(孚)	7획	미우면서 예쁘다	土,火

한자	획수	뜻	음양오행
알 깰 부(孵)	14획	알이 부화되다	土,金
가멸 부(富)	12획	재산 돈	土,土
곳집 부(府)	8획	도읍 집	土,土
도울 부(扶)	7획	돕다	土,水
뜰 부(浮)	10획	물에 둥둥 뜨다	土,水
넓을 부(溥)	13획	넓다	五行
거느릴 부(部)	11획	거느리다 부서	〃
붙을 부(附)	8획	붙다 모이다 의지	土,水
펼 부(敷)	15획	퍼지다 펴다	五行
도끼 부(斧)	8획	도끼	土,金
장부 부(腑)	12획	장기	五行
살갗 부(膚)	15회	피부	土,金
아비 부(父)	4획	아버지	土,木
갈대 부(莩)	11획	갈대	土,木
부신 부(符)	11획	상서 문서	土,木
장부 부(簿)	19획	장부	土,木
장군 부(缶)	6획	장군 그릇	土,金
작은 배 부(艀)	13획	작은 배	土,木
부고 부(訃)	9획	사망을 알림	土,水
짐질 부(負)	9획	짐을 짊어지다	土,金
구실 부(賦)	14획	조세 부역	土,金
나아갈 부(赴)	9획	나아가다	五行
책상다리 부(趺)	11획	책상다리	土,木
가마 부(釜)	10획	가마솥	土,金
언덕 부(阜)	8획	언덕	土,土
곁마 부(駙)	15획	가깝다	土,木
오리 부(鳧)	13획	오리	土,金

❖ 북

북녘 북(北)	5획	북쪽	土,水

❖ 분

나눌 분(分)	4획	나누다	土,火
뿜을 분(吩)	7획	뿜다	土,火
뿜을 분(噴)	15획	뿜다 꾸짖다	土,火
달릴 분(奔)	9획	달리다	土,火
떨칠 분(奮)	16획	떨치다	土,火
분노할 분(憤)	15획	견디다	土,金

한자	획수	뜻	음양오행
꾸밀 분(扮)	7획	꾸미다	土,火
클 분(汾)	7획	물이 크다	土,水
성낼 분(忿)	8획	성내다 화내다	土,火
햇빛 분(盼)	8획	햇빛	土,火
불사를 분(焚)	12획	타다	土,火
향 분(芬)	8획	향기	土,火
동이 분(盆)	9획	동이 화분	土,金
가루 분(粉)	10획	가루	土,土
똥 분(糞)	17획	인분	土,水
어지러울 분(紛)	10획	어지럽다	水,木
클 분(賁)	12획	부풀다 크다	五行
안개 분(雰)	12획	안개	土,土
❖불			
아니 불(不)	4획	아니다 말라 금지	五行
아니 불(弗)	5획	아니다 세차다	〃
부처 불(佛)	7획	부처, 어기다	〃
비슷할 불(彿)	8획	비슷하다	〃
떨 불(拂)	8획	털어내다	〃
❖붕			
무너질 붕(崩)	11획	무너지다 붕괴되다	〃
벗 붕(朋)	8획	친구 동료	土,木
시렁 붕(棚)	12획	물건을 쌓는 선반	土,木
묶을 붕(繃)	17획	묶다	土,金
새 붕(鵬)	19획	크기가 엄청난 새	土,火
❖비			
클 비(丕)	5획	크다 으뜸	五行
아닐 비(非)	8획	아니다	〃
갖출 비(備)	12획	갖추다 준비	〃
비수 비(匕)	2획	비수 칼	土,金
대상자 비(匪)	10획	폐백 담는 상자	土.木
낮을 비(卑)	8획	낮다 천하다	五行
왕비 비(妃)	6획	왕비	土,木
여자 종 비(婢)	11획	여자 종	土,木
덮을 비(庇)	7획	덮다 가리다	土,土
칠 비(批)	7획	치다 때리다	土,金
끓을 비(沸)	8획	물이 끓다	土,水

한자	획수	뜻	음양오행
다라울 비(鄙)	14획	행정구역 인색하다	土,土
슬플 비(悲)	12획	슬픔	土,水
고달플 비(憊)	16획	고달프다	土,金
문짝 비(扉)	12획	문짝	土,木
오락가락할 비(斐)	12획	오락가락하다	土,火
살찔 비(肥)	8획	살찌다 비만	土,土
지라 비(脾)	12획	지라 위	土,土
팔 비(臂)	17획	팔뚝	土,木
비파나무 비(枇)	8획	비파나무	土,木
비자나무 비(榧)	14획	비자나무	土,木
견줄 비(比)	4획	견주다	五行
삼갈 비(毖)	9획	삼가다	〃
도울 비(毗)	9획	돕다	土.水
도울 비(毘)	9획	돕다, 힘을 보태다	土,水
비파 비(琵)	12획	음정이 낮게 활주하다	土,火
엷을 비(菲)	12획	채소 이름 엷다	土,木
암 메추라기 비(痺)	13획	메추리	土,火
비상 비(砒)	9획	비소	土,金
비석 비(碑)	13획	돌기둥	土,金
귀신 비(祕)	10획	귀신 비밀, 몰래	土,水
쭉정이 비(秕)	9획	쭉정이 비다	土,火
숨길 비(秘)	10획	감추다	土,土
도울 비(裨)	13획	돕다 더하다	土,水
쭉정이 비(粃)	10획	쭉정이	土.火
붉은빛 비(緋)	14획	붉은빛	土,火
물총새 비(翡)	14획	물총새	土,火
바퀴 비(蜚)	14획	바퀴 비 풍뎅이	土,金
헐뜯을 비(誹)	15획	비방	土,金
비유할 비(譬)	20획	비유하다 비교하다	五行
쓸 비(費)	12획	쓰다 소비 낭비	〃
날 비(飛)	8획	높이 날다	土,火
코 비(鼻)	14획	코	土,金

❖빈

한자	획수	뜻	음양오행
인도할 빈(儐)	16획	인도하다	五行
아내 빈(嬪)	17획	아내	土,木
빛날 빈(彬)	11획	빛나다	土,火

한자	획수	뜻	음양오행
물가 빈(濱)	17획	물가	土,水
물가 빈(瀕)	19획	물가	土,水
빈랑나무 빈(檳)	18획	빈랑나무	土,木
암컷 빈(牝)	6획	암컷	土,木
구슬이름 빈(玭)	8획	구슬	土,金
진주이름 빈(璸)	18획	진주	土,金
향기 빈(馪)	19획	향기	土,火
가난할 빈(貧)	11획	가난 곤궁	五行
손 빈(賓)	14획	손님	土,木
예쁠 빈(嬪)	18획	예쁘다	土,火
자주 빈(頻)	16획	빈번 자주	五行
❖빙			
기댈 빙(憑)	16획	의지 기대다	土,土
얼음 빙(氷)	5획	얼음	土,水
찾아갈 빙(聘)	13획	찾아가다	五行
달릴 빙(騁)	17획	말이 달리다 뛰다	土,火
❖사			
잠깐 사(乍)	5획	잠깐 언뜻	五行
일 사(事)	8획	노동	金,金
적을 사(些)	7획	적다	五行
벼슬 사(仕)	5획	벼슬 직장에 취업	金,金
엿볼 사(伺)	7획	엿보다 찾다	金,火
같을 사(似)	7획	같다 닮다	五行
하여금 사(使)	8획	부리다 시키다	〃
기다릴 사(俟)	9획	기다리다 크다	〃
부술 사(傞)	15획	잘게 부수다	金,金
역사 사(史)	5획	역사 과거	五行
맡을 사(司)	5획	맡다 벼슬	金,金
부추길 사(唆)	10획	부추기다 꼬드기다	金,火
이을 사(嗣)	13획	대를 잇다	五行
넉 사(四)	5획	넷	金,金
선비 사(士)	3획	선비	金,木
사치 사(奢)	12획	호화 사치 낭비	金,火
춤출 사(娑)	10획	춤사위	金,火
베낄 사(寫)	15획	복사	金,木
절 사(寺)	6획	사찰	金,土

한자	획수	뜻	음양오행
궁술 사(射)	10획	활을 쏘다	金,金
地支 사(巳)	3획	地支의 여섯째	金,火
스승 사(師)	10획	스승 선생	金,水
옮길 사(徙)	11획	옮기다 이동	金,水
버릴 사(捨)	11획	버리다	五行
모래 사(沙)	7획	모래사막	金,金
찌끼 사(渣)	12획	찌끼 강 이름	金,水
물 이름 사(泗)	8획	물	金,水
쏟을 사(瀉)	18획	쏟다 토하다	金,水
사자 사(獅)	13획	사자	金,金
간사할 사(邪)	7획	사기 간사하다	金,火
생각할 사(思)	9획	생각하다	金,火
비길 사(斜)	11획	비켜가다	五行
이 사(斯)	12획	어조사 쪼개다	〃
수저 사(柶)	9획	수저	金,木
사실할 사(査)	9획	조사 실사 확인	金,火
북 사(梭)	11획	북 베짱이	金,木
죽을 사(死)	6획	죽음	五行
향부자 사(莎)	11획	비비다	〃
도롱이 사(蓑)	14획	도롱이	金,水
토지 신 사(社)	8획	토지	金,土
제사 사(祀)	8획	제사	金,水
사당 사(祠)	10획	제사 지내는 곳	金,水
사 사(私)	7획	자기 자신	金,木
체 사(簁)	17획	곡식을 체로 구분하다	金,木
깁 사(紗)	10획	가는 면실	金,木
사 사(絲)	12획	명주실	金,木
방자할 사(肆)	13획	방자하다 자유	金,火
집사(舍)	8획	집 주택	金,水
뱀 사(蛇)	11획	뱀	金,火
가사 사(裟)	13획	가사 스님의 옷	金,木
속일 사(詐)	12획	속임 거짓	金,火
말할 사(詞)	12획	말하다 알리다	金,火
사례 사(謝)	17획	사례하다	五行
줄 사(賜)	15획	주다	〃
용서할 사(赦)	11획	용서	〃

한자	획수	뜻	음양오행
말 사(辭)	19획	말	金,火
먹일 사(飼)	14획	먹이 사료	金,水
사마 사(駟)	15획	네 마리의 말	金,火
사향노루 사(麝)	21획	노루	金,土
❖삭			
깎을 삭(削)	9획	깎다 빼앗다	五行
초하루 삭(朔)	10획	매월 음력 초하루	〃
동아줄 삭(索)	10획	동아줄 새끼를 꼬다	金,木
❖산			
우산 산(傘)	12획	우산	金,木
깎을 산(刪)	7획	삭제하다 깎다	五行
뫼 산(山)	3획	산	金,土
오구 산(汕)	6획	물고기 잡는 통발	金,水
흩어질 산(散)	12획	흩어지다 퍼지다	五行
산호 산(珊)	9획	바다 산호 패옥	金,水
달래 산(蒜)	14획	마늘 달래	金,木
낳을 산(産)	11획	태어나다 출산	五行
산증 산(疝)	8획	아프다	金,金
셀 산(算)	14획	세다	五行
초 산(酸)	14획	식초 시다	金,木
싸라기눈 산(霰)	20획	싸라기눈	金,水
❖살			
음역자 살(乷)	8획	우리나라 한자	五行
뿌릴 살(撒)	15획	뿌리다	〃
죽일 살(殺)	11획	죽다	〃
죽일 살(煞)	13획	죽다	〃
보살 살(薩)	18획	절의 여자 손님	金,木
❖삼			
석 삼(三)	3획	셋	金,木
간여할 삼(參)	11획	간여하다 참여	五行
스밀 삼(滲)	14획	물이 스미다	金,水
삼나무 삼(杉)	7획	삼나무	金,木
빽빽할 삼(森)	12획	나무가 빽빽하다	金,木
벨 삼(芟)	8획	풀을 베다	金,木
인삼 삼(蔘)	15획	인삼	金,金
적삼 삼(衫)	8획	적삼 윗도리	金,木

한자	획수	뜻	음양오행
❖ 삽			
꽂을 삽(插)	12획	가래 삽	金,木
떫을 삽(澁)	15획	떫다	金,金
바람소리 삽(颯)	14획	바람소리	金,木
창 삽(鈒)	12획	창 무기	金,金
❖ 상			
위 상(上)	3획	위쪽	金,火
상할 상(傷)	13획	상처 당하다	金,金
코끼리 상(象)	12획	모양 형상	五行
갚다 상(償)	17획	갚다	〃
헤아릴 상(商)	11획	헤아리다	〃
죽을 상(喪)	12획	죽다 초상집	〃
맛 상(嘗)	14획	맛보다	金,土
높고 높을 상(塽)	14획	높고 높은 땅	金,土
과부 상(孀)	20획	과부	金,木
오히려 상(尙)	8획	숭상하다 바라다	五行
고개 상(峠)	9획	고개 고비	金,土
상 상(床)	7획	책상 상	金,木
학교 상(庠)	9획	학교	金,水
행랑 상(廂)	12획	집에 동,서로 있는 방	金,木
강 이름 상(湘)	12획	강 이름 상	金,水
생각할 상(想)	13획	생각하다	金,火
뽕나무 상(桑)	10획	뽕나무	金,木
상수리 상(橡)	16획	상수리 나무	金,木
시원할 상(爽)	11획	시원하다	金,金
평상 상(牀)	8획	침상 평상	金,木
형상 상(狀)	8획	형상 모양	五行
서로 상(相)	9획	서로 상대	〃
상서로울 상(祥)	11획	상서롭다 좋다	〃
상자 상(箱)	15획	곳집 상자	金,木
빙빙 날 상(翔)	12획	빙빙 하늘로 날다	金,火
치마 상(裳)	14획	치마 낮에 입는 옷	金,木
잔 상(觴)	18획	술잔	金,金
자세할 상(詳)	13획	자세하다 알다, 보다	金,火
코끼리 상(象)	12획	모양 모습 형상	五行
상 상(賞)	15획	상장 수상 우수하다	〃

한자	획수	뜻	음양오행
서리 상(霜)	17획	서리 흰색 백발	金,金
❖새			
변방 새(塞)	13획	변방 막힘	五行
굿할 새(賽)	17획	굿하다 주사위	金,土
도장 새(璽)	19획	도장 옥새 인장	金,水
❖색			
아낄 색(嗇)	13획	아끼다 절약	五行
막힐 색(塞)	13획	막히다	金,土
여뀌 색(薔)	17획	여뀌 장미	金,火
거둘 색(穡)	18획	거두다 수확	金,金
색 색(色)	6획	빛깔 색상 빛	金,火
❖생			
희생 생(牲)	9획	희생	五行
날 생(生)	5획	태어나다 낳다 시작	〃
생질 생(甥)	12획	생질 자매의 아들	金,木
생황 생(笙)	11획	생황 대자리	金,木
❖서			
베풀 서(叙)	9획	베풀다 주다	五行
농막 서(墅)	14획	농막 논에 쉬는 장소	金,水
사위 서(壻)	12획	사위 딸의 남편	金,木
사위 서(婿)	12획	〃(동일)	金,木
섬 서(嶼)	17획	작은 섬	金,土
차례 서(序)	7획	차례 순서	五行
차례 서(敍)	11획	차례 순서	〃
여럿 서(庶)	11획	여럿 많다	〃
천천할 서(徐)	10획	천천히 평온 모두	〃
지혜 서(愊)	12획	지혜 슬기	〃
풀 서(抒)	7획	풀다	〃
살 서(捿)	11획	살다 깃들이다	金,水
살 서(栖)	10획	살다 깃들이다	〃
살 서(棲)	12획	살다	〃
용서할 서(恕)	10획	용서하다	五行
더울 서(暑)	13획	더위 뜨거움 여름	金,火
글 서(書)	10획	글씨 글자 글	金,木
서로 서(胥)	9획	서로 함께 계	金,木
무소 서(犀)	12획	무소 무소 뿔	金,金

한자	획수	뜻	음양오행
상서 서(瑞)	13획	길조 좋다 상서	五行
마 서(薯)	18획	물에 사는 참마	金,木
갈 서(逝)	11획	가다	五行
관청 서(署)	14획	관청 기관 마을	金,土
점 서(筮)	13획	점보다 점치다	金,水
솜 서(絮)	12획	솜	金,木
실마리 서(緖)	15획	실마리 끝 마지막	五行
펼 서(舒)	12획	펴다	〃
서 서(西)	6획	서쪽 서녘	金,金
맹세할 서(誓)	14획	맹세 다짐	金,火
슬기 서(諝)	16획	슬기	五行
호미 서(鋤)	15획	호미 김매다	金,金
기장 서(黍)	12획	기장 오곡	金,木
쥐 서(鼠)	13획	쥐	金,水
❖석			
저녁 석(夕)	3획	저녁	金,金
클 석(奭)	15획	크다 많다 붉다	五行
클 석(碩)	14획	크다 머리가 트다	〃
자리 석(席)	10획	앉다 좌석	〃
자리 석(蓆)	14획	자리 넓다	〃
아낄 석(惜)	11획	아끼다	〃
조수 석(汐)	6획	조수 썰물	金,水
쌀일 석(淅)	11획	쌀을 씻다	金,水
개벌 석(潟)	15획	바닷가 갯벌	金,水
옛 석(昔)	8획	옛날 구시대	金,土
밝을 석(晳)	12획	분명한 모양 밝다	金,火
가를 석(析)	8획	쪼개다 가르다	金,火
돌 석(石)	5획	돌 바위	金,金
백이십 근 석(祏)	10획	백이십 근	金,金
신 석(舃)	12획	까치 신 빛나다	金,火
풀 석(釋)	20획	풀다 해석하다	五行
놋쇠 석(鉐)	13획	구리 놋쇠	金,金
주석 석(錫)	16획	주석	金,金
❖선			
신선 선(仙)	5획	신선하고 고상한 사람	金,木
먼저 선(先)	6획	먼저 우선	五行

한자	획수	뜻	음양오행
춤출 선(僊)	13획	춤추다 춤사위	金,火
착할 선(善)	12획	착하다	五行
예쁠 선(嫙)	14획	예쁘다	金.火
고울 선(嬋)	15획	곱다	金,火
베풀 선(宣)	9획	베풀다 주다	五行
쾌할 선(愃)	12획	너그럽다 유쾌하다	〃
물 뿌릴 선(洒)	9획	물 뿌리다	金,水
씻다 선(洗)	9획	깨끗이 씻다	金,水
바림 선(渲)	12획	화법으로 엷은 색상	金水
사립문 선(扇)	10획	햇빛을 가리는 부채	金,木
글잘 쓸 선(敾)	16획	글을 잘 쓰다	金,木
돌 선(旋)	11획	회전 돌다	五行
샘 선(腺)	13획	샘	金,水
반찬 선(膳)	16획	먹는 반찬	金,水
부칠 선(煽)	14획	부치다	金,金
옥돌 선(珗)	10획	옥	金,金
옥 선(琁)	11획	옥	金,金
아름다울 옥 선(璇)	15획	옥이 아름답다	金,金
아름다울 옥 선(璿)	18획	옥이 아름답다	金,金
이끼 선(蘚)	21획	이끼	金,木
가릴 선(選)	16획	가리다 구분하다	金,火
옴 선(癬)	22획	옴	金,金
봉선 선(禪)	17획	하늘에 제사를 지내다	金,水
줄 선(線)	15획	줄 실	金,木
기울 선(繕)	18획	기울다	金,水
부러울 선(羨)	13획	부럽다	五行
배 선(船)	11획	배 옷깃	金,木
매미 선(蟬)	18획	매미	金,火
많을 선(詵)	13획	많다 묻다 모이다	金,火
맨발 선(跣)	13획	맨발	金,土
끌 선(銑)	14획	꾸미거나 빛나는 금속	金,金
복자 선(鐥)	20획	사용하는 좋은 그릇	金,金
이끼 선(蘚)	21획	이끼 선명하다 고기	金,水

❖설

한자	획수	뜻	음양오행
사람 이름 설(卨)	11획	사람 이름	金,木
가루 설(屑)	10획	가늘게 부순 가루	金,土

한자	획수	뜻	음양오행
샐 설(泄)	8획	새어나가다	五行
샐 설(洩)	9획	새어나가다	〃
칠 설(渫)	12획	치다	金,金
문설주 설(楔)	13획	떠받치다 쐐기	金,金
맑은 대쑥 설(薛)	17획	맑은 대쑥 향부자	金,木
혀 설(舌)	6획	혀	金,火
베풀 설(設)	11획	베풀다 주다	五行
말할 설(說)	14획	말하다 연설하다	金,火
눈 설(雪)	11획	눈 빙설	金,水
물 설(齧)	21획	물다 깨물다	金,金
❖섬			
고을 섬(陜)	10획	고을 마을	金,土
해 돋을 섬(暹)	16획	해돋이	金,木
죽일 섬(殲)	21획	모두 죽이다	五行
가는 섬(纖)	23획	가는 비단실 작다	金,木
두꺼비 섬(蟾)	19획	두꺼비	金,水
번쩍번쩍 빛날 섬(閃)	10획	번쩍번쩍 빛나다	金,火
❖섭			
당길 섭(攝)	21획	끌어당기다	五行
건널 섭(涉)	10획	물을 건너다	金,水
불꽃 섭(燮)	17획	불꽃	金,火
❖성			
성 성(城)	10획	성	金,土
성씨 성(姓)	8획	성씨 겨레	五行
서고 성(宬)	10획	책을 보관하는 곳	金,木
성품 성(性)	8획	성질 성품 성격	五行
영리할 성(惺)	12획	영리하다 똑똑하다	〃
성성이 성(猩)	12획	원숭이 포유동물	金,土
이룰 성(成)	7획	이루다 성취하다	五行
별 성(星)	9획	별 오성	金,火
밝을 성(晟)	11획	밝음 환하다	金,火
밝을 성(晠)	10획	밝음 환하다	金,火
비릴 성(腥)	13획	비리다 비린내	金,水
옥 성(瑊)	11획	옥	金,金
옥빛 성(瑆)	13획	옥빛	金,火

한자	획수	뜻	음양오행
성할 성(盛)	12획	채우다 담다 왕성	五行
살필 성(省)	9획	보다 살피다	金,火
성스러울 성(聖)	13획	위인	五行
소리 성(聲)	17획	소리	金,火
정성 성(誠)	14획	정성 성의 참됨	五行
깰 성(醒)	16획	술이 깨다 해독	金,火
❖세			
대 세(世)	5획	세대 세상 때 시기	五行
기세 세(勢)	13획	세력 기세 힘	〃
씻을 세(洗)	9획	씻다	金,水
해 세(歲)	13획	새해 신년 나이	五行
구실 세(稅)	12획	세금 납부 징수	〃
가늘 세(細)	11획	가늘다 얇다	〃
세 세(貰)	12획	임대	金,土
❖소			
부를 소(召)	5획	부르다 찾다 호명	金,火
휘파람 불 소(嘯)	15획	휘파람 불다	金,火
토우 소(塑)	13획	흙을 이겨 만든 물건	金,土
밤 소(宵)	10획	야간 밤	金,水
작을 소(小)	3획	작다, 적다	五行
적을 소(少)	4획	작다 적다	〃
집 소(巢)	11획	소를 길들이다	金,土
쓸 소(掃)	11획	쓰다 사용하다	五行
긁을 소(搔)	13획	긁다	〃
늪 소(沼)	8획	늪	金,水
사리질 소(消)	10획	사라지다 없어지다	五行
거슬러 오를 소(溯)	13획	거슬러 올라가다	〃
강 이름 소(瀟)	19획	강 이름	金,水
고을 소(邵)	8획	고을 마을 동네	金,土
바 소(所)	8획	일정한 장소 곳	五行
빗 소(梳)	11획	머리를 빗다	金,木
사를 소(燒)	16획	불을 사르다 피우다	金,火
밝을 소(炤)	9획	밝음 환하다	金,火
아름다운 옥 소(玿)	9획	아름다운 옥	金,火
푸성귀 소(蔬)	15획	풀 잡초	金,木
맑은 대쑥 소(蕭)	16획	삼가다 삐뚤다 대쑥	五行

한자	획수	뜻	음양오행
차조기 소(蘇)	20획	소생 쉬다	金,木
거닐 소(逍)	11획	거닐다 다니다	五行
끌어 모을 소(甦)	12획	모으다 저축하다	〃
발 소(疋)	5획	발 아우르다 바르다	金,土
트일 소(疎)	12획	트이다 통하다 트다	五行
트일 소(疏)	11획	트이다 통하다 트다	〃
종기 소(瘙)	15획	종기 부스럼	金,水
웃을 소(笑)	10획	웃다 웃음	金,火
조릿대 소(篠)	16획	조릿대 가는 대	金,木
흴 소(素)	10획	흰색 백색	金,金
이을 소(紹)	11획	잇다 이어주다	五行
하소연할 소(訴)	12획	알리다 소송 고하다	金,火
녹일 소(銷)	15획	녹이다 불리다	金,火
힘쓸 소(釗)	10획	힘쓰다	金,金
풍류 이름 소(韶)	14획	음악 잇다 아름다움	金,水
떠들 소(騷)	20획	떠들다 수다스럽다	金,火
❖속			
풍습 속(俗)	9획	풍습 잇다 전해지다	五行
엮을 속(屬)	21획	엮다 잇다 모으다	〃
묶을 속(束)	7획	묶다	〃
빠를 속(速)	11획	빠르다 속도	金,火
조 속(粟)	12획	조 오곡 벼	金,木
이을 속(續)	21획	이어지다 계속	五行
일어날 속(謖)	17획	일어나다 꼿꼿하다	金,木
바칠 속(贖)	22획	바치다 헌납하다	五行
❖손			
손 손(孫)	10획	손자 세손	〃
손괘 손(巽)	12획	8괘의 하나 손방	〃
덜 손(損)	13획	줄이다 덜다	〃
향기 풀 손(蓀)	14획	난초 화분의 초목	金,木
겸손 손(遜)	14획	겸손 순하다	五行
❖솔			
거느릴 솔(率)	11획	거느리다 이끌다	五行
❖송			
송나라 송(宋)	7획	성씨 중국의 송나라	金,土
두려울 송(悚)	10획	두려움 당황스럽다	金,金

한자	획수	뜻	음양오행
강 이름 송(凇)	11획	강 이름	金,水
소나무 송(松)	8획	소나무	金,木
보낼 송(送)	10획	보내다 환송하다	五行
송사 송(訟)	11획	송사 고소 고발	金,金
욀 송(誦)	14획	외우다 암기	金,水
기릴 송(頌)	13획	기리다 기념하다	五行
❖ 쇄			
쓸 쇄(刷)	8획	쓸다 털다 청소	金,水
부술 쇄(碎)	13획	부수다 깨다	金,金
쇠사슬 쇄(鎖)	18획	쇠사슬 막다 묶다	金,金
자물쇠 쇄(鎖)	18획	자물통 열쇠뭉치	金,金
❖ 쇠			
쇠할 쇠(衰)	10획	약하다 허약하다	五行
❖ 수			
닦을 수(修)	10획	다스리다 수양하다	五行
받을 수(受)	8획	받다 얻다 이익 수혜	金,水
가둘 수(囚)	5획	가두다 구속하다	金,金
부추길 수(嗾)	14획	부추기다	金,木
드리울 수(垂)	8획	드리우다 베풀다	五行
목숨 수(壽)	14획	수명 생명 목숨	〃
형수 수(嫂)	13획	형의 부인	金,木
기침할 수(嗽)	14획	기침하다 재채기	金,金
지킬 수(守)	6획	직무 직책 임무	五行
굴 수(岫)	8획	산봉우리 꼭대기 굴	金,土
산굴 수(峀)	8획	산굴	金,土
장수 수(帥)	9획	장수 인솔 통솔	金,木
줄 수(授)	11획	주다 받다 희생	金,水
찾을 수(搜)	13획	가르다 찾다 고르다	金,火
강 이름 수(洙)	9획	물 물가	金,水
양치질 수(漱)	14획	양치질하다	金,水
사냥 수(狩)	9획	사냥	金,金
수나라 수(隋)	12획	수나라 묻다	金,土
이룰 수(遂)	13획	성취 이룸	五行
길 수(隧)	16획	도로 길 터널	金,土
따를 수(隨)	16획	좇다 따라가다	五行
시름할 수(愁)	13획	시름 근심	金,水

한자	획수	뜻	음양오행
지킬 수(戍)	6획	지키다 사수하다	五行
손 수(手)	4획	손 손가락	金,木
거둘 수(收)	6획	거두다 그치다	五行
셀 수(數)	15획	숫자를 세다	金,火
포 수(脩)	11획	마른고기 포	金,土
나무 수(樹)	16획	초목 나무 담장	金,木
벨 수(殊)	10획	베다 죽이다 사형	五行
수 수(水)	4획	물	金,水
부싯돌 수(燧)	17획	부싯돌 봉화 횃불	金,火
짐승 수(獸)	19획	고기 짐승 동물	金,土
옥돌 수(琇)	11획	옥돌	金,金
패옥 수(璲)	17획	허리에 차는 옥	金,金
수유 수(茱)	10획	수유나무	金,金
모을 수(蒐)	14획	모으다 은닉하다	金,水
수산 수(蓚)	14획	수산 인삼 도라지	金,金
늪 수(藪)	19획	늪 덤불 깊은 곳	金,木
깊을 수(邃)	18획	깊다 깊숙하다 오래	五行
파리할 수(瘦)	15획	파리하다 수척하다	〃
잘 수(睡)	13획	잠자다	金,水
빼어날 수(秀)	7획	높다 꽃피다	五行
이삭 수(穗)	17획	벼 이삭	金,木
내시 수(竪)	13획	더벅머리 천하다	金,木
소매 소(袖)	10획	옷소매	金,木
순수할 수(粹)	14획	순수 깨끗하다 맑다	五行
편안할 수(綏)	13획	편안하다 안심하다	金,水
인끈 수(綬)	14획	끈	金,水
수 수(繡)	18획	천에 자수를 놓다	金,木
바칠 수(羞)	11획	바치다 주다 드리다	五行
누구 수(誰)	15획	누구	〃
원수 수(讐)	23획	적 원수 앙숙	〃
나를 수(輸)	16획	운반 나르다 전달	〃
갚을 수(酬)	13획	갚다 상환 배상	〃
무게단위 수(銖)	14획	무게단위 무디다	五行
녹슬 수(銹)	1획	쇠가 녹이 슬다	金,水
비록 수(雖)	17획	비록 그러나	五行
구할 수(需)	14획	바라다 구하다	〃

한자	획수	뜻	음양오행
모름지기 수(須)	12획	마땅히 모름지기	〃
머리 수(首)	9획	머리 시초 시조 앞	〃
골 수(髓)	23획	골 물질의 중심	〃
턱수염 수(鬚)	22획	턱수염 까끄라기	金,木

❖숙

한자	획수	뜻	음양오행
아재비 숙(叔)	8획	아버지 형제	金,木
글방 숙(塾)	14획	글방 방 과녁	金,水
일찍 숙(夙)	6획	일찍	五行
누구 숙(孰)	11획	누구 어느 무엇	〃
묵을 숙(宿)	11획	묵다 자다	金,水
맑을 숙(淑)	11획	맑다 깨끗하다 청결	五行
익을 숙(熟)	15획	익다 이루다 성취	〃
옥 숙(琡)	12획	옥	金,金
옥 이름 숙(璹)	18획	옥	金,金
콩 숙(菽)	12획	콩 대두	金,土
엄숙할 숙(肅)	12획	엄숙 공정 엄격	五行

❖순

한자	획수	뜻	음양오행
돌 순(巡)	7획	돌다 순회하다	五行
돌 순(徇)	9획	주창하다 호령 군령	〃
좇을 순(循)	12획	좇다 돌다 순회하다	〃
정성 순(恂)	9획	정성 순진 진실	〃
참으로 순(洵)	9획	참으로 진실로	〃
순할 순(淳)	11획	순박하다 순하다	〃
열흘 순(旬)	6획	열 번 열흘 동안	〃
입술 순(脣)	11획	입술	金,火
난간 순(楯)	13획	난간	金,木
가름대 순(栒)	10획	가름대	金,木
무궁화나무 순(橓)	16획	무궁화나무	金,木
따라 죽을 순(殉)	10획	따라 죽다	五行
옥 순(珣)	10획	옥	金,金
풀 순(荀)	10획	풀	金,木
순채 순(蓴)	15획	풀이 더부룩하게 난다	金,木
무궁화 순(蕣)	16획	무궁화	金,木
방패 순(盾)	9획	숨다 피하다	金,水
눈 깜짝할 순(瞬)	17획	눈 깜짝하다	金,火
죽순 순(笋)	12획	대나무 악기	金,木

한자	획수	뜻	음양오행
순수할 순(純)	10획	순수 섞이지 않다	五行
무궁화 순(舜)	12획	무궁화 뛰어나다	〃
물을 순(詢)	13획	묻다 여쭈다	〃
타이를 순(諄)	15획	지극정성 타이르다	〃
진한 술 순(醇)	15획	술	金,水
악기 이름 순(錞)	16획	낮다 물미 금속악기	金,水
순할 순(順)	12획	잇다 이어받다 좇다	五行
길들일 순(馴)	13획	길들이다 순종	〃
❖ 술			
11번째 地支 술(戌)	6획	마름질하다 정연하다	金,火
지을 술(述)	9획	짓다 설명 해석	行
꾀 술(述)	11획	꾀 재주 기술	〃
못 바늘 술(鉥)	13획	못 바늘 인도하다	金,金
❖ 숭			
높을 숭(崇)	11획	높다 존중 상위	五行
우뚝 솟을 숭(崧)	11획	산이 우뚝 솟다	金,土
높을 숭(嵩)	13획	높다 솟다	金,土
❖ 슬			
무릎 슬(膝)	15획	무릎	金,木
큰 거문고 슬(瑟)	13획	거문고 엄숙 많다	金,木
푸른 구슬 슬(瑟)	17획	푸른 옥 푸른 구슬	金,木
이 슬(蝨)	15획	이	金,金
❖ 습			
주을 습(拾)	9획	줍다	五行
축축할 습(濕)	17획	축축하다 젖다 습기	金,水
주름 습(褶)	16획	주름 겹옷 사마치	金,木
익힐 습(習)	11획	숙달 되풀이 익히다	金,水
엄습할 습(襲)	22획	엄습 잇다 계승	〃
❖ 승			
이을 승(丞)	6획	돕다 잇다 잠기다	〃
탈 승(乘)	10획	타다 오르다	金,火
중 승(僧)	14획	승려 중 스님	金,木
이길 승(勝)	12획	이기다 승리 뛰어남	五行
되 승(升)	4획	승패 단위. 되	金,水
오를 승(陞)	10획	오르다. 나아가다	金火
오를 승(昇)	8획	해가 떠오르다	五行

한자	획수	뜻	음양오행
받들 승(承)	8획	공경하다. 존중하다	〃
줄 승(繩)	19획	줄 끈 새끼 먹줄	金,木
파리 승(蠅)	19획	파리 거미	金,火
❖시			
모실 시(侍)	8획	뫼시다 기르다	金,水
숟가락 시(匙)	11획	숟가락 열쇠	金,金
울 시(嘶)	15획	울다 흐느끼다	金,水
처음 시(始)	8획	처음 시작 근본	五行
시집 시(媤)	12획	시댁 남편의 집	金,水
주검 시(尸)	3획	주검 시체	五行
주검 시(屍)	9획	주검 시체	〃
똥 시(屎)	9획	똥 대변	金,水
저자 시(市)	5획	시장 시 저자	五行
죽일 시(弑)	12획	죽음 살인	〃
믿을 시(恃)	9획	믿다	〃
샘할 시(猜)	11획	시샘하다 탐내다	金,水
베풀 시(施)	9획	베풀다 주다	五行
옳을 시(是)	9획	바르다 정확	〃
때 시(時)	10획	때 시간 환경	〃
감 시(柿)	9획	감나무	金,木
섶 시(柴)	9획	산야에 나는 초목	金,木
모종 시(蒔)	14획	모종 옮겨 심다	金,木
시초 시(蓍)	14획	야생초의 비수리 점대	金,木
화살 시(矢)	5획	화살 벌여놓다 맹세	金,金
보일 시(示)	5획	보이다 가르치다	金,火
볼 시(視)	12획	보다 살피다	金,火
날개 시(翅)	10획	날개	金,火
시험 시(試)	13획	시험	金,水
시 시(詩)	13획	시 시경 악보	金,水
시호 시(諡)	16획	사자에게 내리는 호칭	五行
돼지 시(豕)	7획	돼지	金,水
승냥이 시(豺)	10획	승냥이	金,土
❖식			
찰흙 식(埴)	11획	찰흙	金,土
이 식(寔)	12획	이것 진실 참으로	五行
법 식(式)	6획	법 법칙 규칙	〃

한자	획수	뜻	음양오행
닦을 식(拭)	9획	닦다 씻다	金,水
물 맑을 식(湜)	12획	물이 맑다	金,水
숨 쉴 식(息)	10획	호흡 숨 쉬다	五行
심을 식(植)	12획	나무를 땅에 심다	金,木
점칠 식(栻)	10획	점치는 기구	金,土
번성할 식(殖)	12획	자라다 번성하다	金,木
꺼질 식(熄)	14획	불이 꺼지다	金,水
대나무 밥통 식(箘)	15획	대나무 밥통	金,木
좀먹을 식(蝕)	15획	좀먹다 갉아 먹다	金,水
알 식(識)	19획	알다 지식 아는 것	五行
수레 앞턱 식(軾)	13획	수레 앞턱 가로나무	金,木
밥 식(食)	9획	밥 식사 밥 먹다	金,水
꾸밀 식(飾)	14획	꾸미다 치장하다	金,火
❖신			
9번째 地支 신(申)	5획	아홉째 地支	金,金
펼 신(伸)	7획	기지개를 펴다	五行
걷는 모양 신(侁)	8획	걷는 모양	金,木
믿을 신(信)	9획	믿음 진실 분명하다	五行
끙끙거릴 신(呻)	8획	끙끙거리다	金,水
애를 밸 신(娠)	10획	애를 배다 임신	金,木
집 신(宸)	10획	집 대궐	金,水
삼갈 신(愼)	13획	삼가다 진실 이루다	五行
새 신(新)	13획	새것 처음 새로운 것	〃
새벽 신(晨)	11획	새벽 아침 닭이 울다	金,木
콩팥 신(腎)	12획	콩팥 단단하다 붕알	金,金
깜부기불 신(爐)	18획	깜부기불	金,火
족두리풀 신(莘)	11획	긴 모양 족두리풀	金,木
섶 신(薪)	17획	땔감 풀 잡초	金,木
조개풀 신(藎)	18획	조개풀	金,木
억세 신(迅)	7획	빠르다 억세다	金,火
귀신 신(神)	10획	귀신 정신 혼	金,水
신하 신(臣)	6획	신하	金,木
큰 띠 신(紳)	11획	묶다 다발 큰 띠	金,木
무명조개 신(蜃)	13획	조개 이무기 제기	金,木
물을 신(訊)	10획	묻다 고하다 알리다	金,火
몸 신(身)	7획	몸 신체	五行

한자	획수	뜻	음양오행
매울 신(辛)	7획	맵다 고생하다	金,金
❖실			
잃을 실(失)	5획	잃다 잘못 지나침	五行
열매 실(實)	14획	열매 씨 종자	〃
열매 실(実)	8획	약자	〃
집 실(室)	9획	집 방 거처 건물	金,水
나 실(悉)	11획	모두 다 함께	五行
❖심			
살필 심(審)	15획	살피다 자세하다	金,火
찾을 심(尋)	12획	찾다 생각 보통	金,火
스며들 심(沁)	7획	물이 스며들다	金,水
가라앉을 심(沈)	7획	빠지다 가라앉다	五行
깊을 심(深)	11획	깊다	〃
즙 심(瀋)	18획	즙을 내다	金,水
마음 심(心)	4획	마음 심장 가슴	五行
등심초 심(芯)	8획	등심초 물건의 중심	金,土
심할 심(甚)	9획	심하다 지나치다	五行
참 심(諶)	16획	진실 참으로	金,火
❖십			
열 십(十)	2획	십 10 열 번	金,土
열 사람 십(什)	4회	열 명 열 사람	金,木
❖쌍			
쌍 쌍(雙)	18획	쌍쌍 짝 둘이 되다	五行
❖씨			
성 씨(氏)	4획	각시 성씨	五行
❖아			
버금 아(亞)	8획	버금 흉하다 동서	五行
갑자기 아(俄)	9획	갑자기 기울다	〃
아이 아(兒)	8획	아이 애기 어리다	水,木
아이 아(児)	7획	아이 애기 어리다	水,木
벙어리 아(啞)	11획	벙어리 서투른 말	水,火
예쁠 아(娥)	10획	예쁘다 미녀	水,木
여자 아(痾)	8획	여자	水,木
높을 아(峨)	10획	높다 높은 산 재	水,土
언덕 아(阿)	8획	언덕 구석 산비탈	水,土
나 아(我)	7획	나 우리 외고집	五行

한자	획수	뜻	음양오행
어금니 아(牙)	4획	어금니 송곳니	水,金
싹 아(芽)	8획	싹 싹트다	水,木
지칭개 아(莪)	11획	지칭개 약초	水,木
나방 아(蛾)	13획	나방의 촉 눈썹	水,火
맞을 아(訝)	11획	맞다 위로 의심	五行
초오 아(雅)	12획	바르다 우아하다	〃
굶주릴 아(餓)	16획	배고파 굶주리다	〃
거위 아(鵝)	18획	거위	水,金
❖아			
큰산 악(岳)	8획	높고 큰 산	水,土
큰산 악(嶽)	17획	큰 산	水土
백토 악(堊)	11획	하얀 흙 백토 석회	水,
놀랄 악(愕)	12획	놀라다	五行
휘장 악(幄)	12획	휘장 천막	水,木
쥘 악(握)	12획	쥐다 주먹 손아귀	水,木
두터울 악(渥)	12획	두텁다 광택 젖다	五行
땅 이름 악(鄂)	12획	땅 경계	水,土
악할 악(惡)	12획	악하다 미워하다	五行
칼날 악(鍔)	17획	칼날 칼끝 칼등	水,金
얼굴 모양 악(顎)	18획	얼굴 모양	水,木
악어 악(鰐)	20획	악어	水,金
악착할 악(齷)	24획	악착같다 작다	五行
❖안			
편안할 안(安)	6획	편안 즐기다 좋다	〃
언덕 안(岸)	8획	언덕 산기슭	水,土
누를 안(按)	9획	누르다 만지다	五行
늦을 안(晏)	10획	늦다 하늘이 맑다	〃
책상 안(案)	10획	책상 의자 방석	水,木
눈 안(眼)	11획	눈 눈구멍	水,火
기러기 안(雁)	12획	기러기 거위	水,火
안장 안(鞍)	15획	안장	五行
얼굴 안(顔)	18획	얼굴 안면 낯	水,木
아귀 안(鮟)	17획	아귀	水,水
❖알			
관리할 알(斡)	14획	관리 돌다 빙빙	五行
아뢸 알(謁)	16획	아뢰다 고하다	水,火

한자	획수	뜻	음양오행
삐걱거릴 알(軋)	8획	수레가 삐걱거리다	水,金
가로막을 알(閼)	16획	가로막다 그치다	五行
❖암			
머금을 암(唵)	11획	머금다	〃
바위 암(岩)	8획	바위	水,金
바위 암(巖)	23획	바위 가파르다	水,金
암자 암(庵)	11획	절 사찰	水,土
어두울 암(暗)	13획	어둠 캄캄하다	水,水
풀이름 암(菴)	12획	풀	水,木
암 암(癌)	17획	암 굳다	水,金
닫힌 문 암(闇)	17획	닫힌 문 어두움	水,木
❖압			
누를 압(壓)	17획	누르다 억압하다	五行
누를 압(押)	8획	수결 누르다 제압	〃
오리 알 압(鴨)	16획	오리 알	水,木
❖앙			
우러러 볼 앙(仰)	6획	우러러보다 딛다	五行
가운데 앙(央)	5획	가운데 중앙	水,土
원망 앙(怏)	8획	원망 불만 납득	水,火
오를 앙(昂)	9획	오르다 밝다 높다	五行
재앙 앙(殃)	9획	재앙 해치다	〃
보 앙(秧)	10획	모 어린 벼	水,木
원앙의 암컷 앙(鴦)	16획	원앙의 암컷	水,火
❖애			
언덕 애(厓)	8획	언덕 낭떠러지	水,土
슬플 애(哀)	9획	슬픔	五行
티끌 애(埃)	10획	티끌 먼지 더러움	金,水
벼랑 애(崖)	11획	벼랑 낭떠러지	水,土
물가 애(涯)	11획	물가	水,水
좁을 애(隘)	13획	좁다 적다	五行
사랑 애(愛)	13획	사랑 그립다	〃
가릴 애(曖)	17획	가리다	水,土
쑥 애(艾)	6획	쑥	水,木
거리낄 애(碍)	13획	거리끼다	五行
아지랑이 애(靄)	24획	아지랑이	水,土

한자	획수	뜻	음양오행
❖액			
액 액(厄)	4획	액 액운	水,金
누를 액(扼)	7획	누르다	水,金
겨드랑이 액(掖)	11획	겨드랑이 끼다	水,木
겨드랑이 액(腋)	12획	〃	水,木
진액 액(液)	11획	진액 진	水,水
목맬 액(縊)	16획	목매다	水,木
이마 액(額)	16획	일정한 액수	五行
❖앵			
앵두나무 액(櫻)	21획	앵두나무	水,木
양병 앵(罌)	20획	양병 주둥이 작은 병	水,金
꾀꼬리 앵(鶯)	21획	꾀꼬리	水,火
앵무새 앵(鸚)	28획	앵무새	水,火
❖야			
어조사 야(也)	3획	또한 잇달아	五行
땅 이름 야(倻)	11획	땅	水,土
불릴 야(冶)	7획	불리다	水,火
밤 야(夜)	8획	밤	水,水
야유할 야(揶)	12획	야유하다	水,火
이끌 야(惹)	13획	이끌다	五行
아비 야(爺)	13획	아비 아버지 남자	水,木
같을 야(若)	9획	같다 반야 너 만일	五行
어조사 야(耶)	9획	의문 조사	〃
들 야(野)	11획	들 들판	水,土
❖약			
약할 약(弱)	10획	약하다	五行
같을 약(若)	9획	같다 이에 너 만일	〃
구릿대 약(葯)	13획	구릿대 잎 약	水,木
부들 약(蒻)	14획	부들의 싹	水,木
약 약(藥)	19획	약 고치다 치료	五行
묶을 약(約)	9획	묶다 맺다 약속	水,金
뛸 약(躍)		뛰다 뛰어오르다	水,火
❖양			
밝을 양(亮)	9획	밝다 명석하다 진실	五行
거짓 양(佯)	8획	거짓	水,火
두 양(兩)	8획	두 둘 짝 어울림	五行

403

한자	획수	뜻	음양오행
흙 양(壤)	20획	흙 토지	水,土
오를 양(壤)	12획	오르다 위로 오르다	水,火
물릴 양(攘)	20획	물리치다 제거하다	水,金
바다 양(洋)	9획	바다 대해 넘치다	水,水
내 이름 양(瀁)	18획	물이 넘치는 모양	水,水
양기 양(陽)	12획	해 양지 밝다	水,火
근심 양(恙)	10획	근심 걱정 병	水,水
오를 양(敭)	13획	오르다 바람에 날다	水,火
해돋이 양(暘)	13획	해 돋다 일출	水,木
버들 양(楊)	13획	버들 버드나무	水,木
모양 양(樣)	15획	모양 형상, 상태	五行
쬘 양(煬)	13획	쬐다 말리다 불 때다	水,火
종기 양(瘍)	14획	종기 헐다 상처	水,金
앓을 양(痒)	11획	앓다 아프다	水,金
제사 이름 양(禳)	22획	제사 이름 푸닥거리	水,金
볏짚 양(穰)	22획	볏짚 풍년	水,木
양 양(羊)	6획	양	水,金
도울 양(襄)	17획	돕다	木,水
사양 양(讓)	24획	사양 양보 겸손	木,火
빚을 양(釀)	24획	술을 빚다 뒤섞다	水,水
기를 양(養)	15획	기르다 양육 육성	五行
❖어			
옥 어(圄)	10획	감옥 감방 수감	水,金
어거할 어(御)	11획	다스리다	五行
고기잡을 어(漁)	14획	고기를 잡다	水,水
어조사 어(於)	8획	에 에게 있어서	五行
병 어(瘀)	13획	병 어혈	水,金
막을 어(禦)	16획	막다	水,土
말할 어(語)	14획	말씀 말 어구	水,火
말을 부릴 어(馭)	12획	말을 부리다 몰다	水,火
고기 어(魚)	11획	물고기	水,水
어긋날 어(齬)	22획	윗 어금니가 어긋나다	水,金
❖억			
억 억(億)	15획	억 숫자	五行
생각할 억(憶)	16획	기억하다 생각 추억	水,火
누를 억(抑)	7획	억누르다 굽히다	水,金

한자	획수	뜻	음양오행
가슴 억(臆)	17획	가슴 가슴뼈 생각	水,火
감탕나무 억(檍)	17획	감탕나무	水,木
율무 억(薏)	17획	율무 연밥	水,木
❖언			
쓰러질 언(偃)	11획	쓰러지다 넘어지다	水,金
방북 언(堰)	12획	보 방죽 보를 막다	水,土
선비 언(彦)	9획	선비	水,木
어찌 언(焉)	11획	어찌 이에 이 여기	五行
말씀 언(言)	7획	말씀	水,木
상말 언(諺)	16획	상말 막말 속어	水,火
❖얼			
서자 얼(孼)	19획	서자 첩의 소생	水,木
그루터기 얼(蘗)	21획	그루터기 황경나무	水,木
❖엄			
나 엄(俺)	10획	나 자신	水,木
의젓할 엄(儼)	22획	삼가 의젓 얌전	水,木
엄할(嚴)	20	엄하다 급하다	水,金
가릴 엄(奄)	8획	가리다 덮다 감추다	水,土
가릴 엄(掩)	11획	가리다 덮다 감추다	水,土
담글 엄(淹)	11획	담그다 적시다	水,水
❖업			
높고 험할 엄(嶪)	16획	산이 높고 험하다	水,土
일 업(業)	13획	일 사업 직업 생계	五行
❖엔			
둥근 엔(円)	4획	둥글다 원	水,土
여			
나 여(予)	4획	나 주다	水,木
나 여(余)	7획	나 자신 나머지	水,木
계집 여(女)	3획	여자	水,木
음률 여(呂)	7획	음률 등뼈 나라 이름	水,金
같을 여(如)	6획	같다 하나 따르다	五行
너 여(汝)	6획	너 손아랫사람	水,木
나그네 여(旅)	10획	군사 나그네	水,木
어조사 여(歟)	18획	의문 추측 추정	五行
옥 이름 여(璵)	18획	옥	水,金
먹을 여(茹)	10획	먹다	水,水

한자	획수	뜻	음양오행
거친 숫돌 여(礪)	20획	거친 숫돌	水,金
옥 이름 여(礖)	19획	옥	水,金
줄 여(與)	14획	주다 베풀다	水,水
수레차 여(輿)	17획	수레차 신다	水,金
수레 여(轝)	21획	수레 가마 종	水,金
남을 여(餘)	16획	남다 넉넉하다	五行
❖역			
또 역(亦)	6획	또 또한	〃
지경 역(域)	11획	지역 경계 나라	水,土
부릴 역(役)	7획	일을 시키다 부리다	水,金
바꿀 역(易)	8획	바꾸다 고치다	水,金
지낼 역(歷)	16획	지내다 겪다 전하다	五行
책 역(曆)	16획	책 역법 수	水,木
거스를 역(逆)	10획	배반 어기다 역세	五行
염병 역(疫)	9획	염병 장티푸스	水,金
풀어낼 역(繹)	19획	풀어내다 다스리다	五行
통변할 역(譯)	20획	통변 통역 뜻 선택	水,火
역참 역(驛)	23획	역 기차 전철역	水,水
❖연			
삼킬 연(嚥)	19획	삼키다 마시다	水,水
빈터 연(堧)	12획	빈터 공터	水,土
곱을 연(妍)	9획	곱다 갈다	水,火
예쁠 연(娟)	10획	예쁘다 아름답다	水,火
빛날 연(姃)	10획	빛나다 곱다	水,火
사모할 연(戀)	23획	사모하다 그리움	水,木
잔치할 연(宴)	10획	잔치 즐기다 술자리	水,火
늘릴 연(挻)	10획	늘리다 증가	水,水
버릴 연(捐)	10획	버리다 없애다	五行
침 연(涎)	10획	침 점액 침이 흐르다	水,水
따를 연(沿)	8획	물이 흐르다 따르다	水,水
강 이름 연(沇)	7획	강 이름	水,水
시내 연(涓)	10획	시내 시냇물	水,水
못 연(淵)	11획	소 연못 깊다	水,水
멀리 흐를 연(演)	14획	멀다 멀리 흐르다	水,水
연기 연(煙)	13획	연기 담배	水,土
사를 연(燃)	16획	불사르다 타다	水,火

한자	획수	뜻	음양오행
그러할 연(然)	12획	그렇다 그러하여	五行
제비 연(燕)	16획	제비 잔치	水,火
연밥 연(蓮)	15획	연밥 연실 연방	水,木
갈 연(研)	11획	갈다 연구하다	水,水
벼루 연(硯)	12획	벼루 매끄러운 돌	水,金
대자리 연(筵)	13획	대자리	水,木
인연 연(緣)	15획	인연 가장자리 묶음	五行
익힐 연(練)	15획	익히다 단련하다	水,水
길 연(縯)	17획	길다 당기다	水,木
이을 연(聯)	17획	잇다 잇달아	水,木
넘칠 연(衍)	9획	넘치다 흐르다	水,水
연할 연(軟)	11획	약하다 부드럽다	五行
납 연(鉛)	13획	납 분 백분 따르다	水,金
불릴 연(鍊)	17획	불리다 단단하다	水,火
솔개 연(鳶)	14획	솔개 연	水,木
❖열			
기쁠 열(悅)	10획	기쁘다 심복 따르다	水,火
세찰 열(烈)	10획	세차다 위엄 맵다	水,火
더울 열(熱)	15획	덥다 따뜻하다 더위	水,火
찢을 열(裂)	12획	찢다 해지다	水,金
검열 열(閱)	15획	검열 조사 점검	五行
못할 열(劣)	6획	못하다 적다	〃
줄 열(列)	6획	줄 주다	水,水
❖염			
싫을 염(厭)	14획	싫다	五行
물 드릴 염(染)	9획	물들이다 염색하다	〃
불탈 염(炎)	8획	불이 타오르다	水,火
물이 질펀할 염(濂)	13획	물이 질펀하다	水,水
불 당길 염(焰)	12획	불을 당기다 불꽃	水,火
불꽃 염(焱)	12획	불이 세차다	水,火
옥갈 염(琰)	12획	옥을 갈다	水,金
풀이우거질 염(苒)	9획	풀이 우거지다	水,木
곱을 염(艶)	19획	곱다 윤기	水,木
곱을 염(艶)	24획	곱다 광택	水,土
마을 염(閻)	16획	한길 번화한 거리	水,土
구렛나루 염(髥)	14획	수염이 많은 사람	水,木

한자	획수	뜻	음양오행
소금 염(鹽)	24획	소금	水,火
청렴 염(嗛)	13획	청렴 검소 곧다	五行
비틀 염(捻)	11획	비틀다 비꼬다	水,金
생각할 염(念)	8획	생각하다 외다 읊다	水,火
염할 염(殮)	17획	염하다	水,水
발 염(簾)	19획	발 대발 광주리	水,木

❖엽

한자	획수	뜻	음양오행
빛날 엽(曄)	16획	빛나다 성하다	水,火
빛날 엽(燁)	16획	빛나다 번쩍번쩍하다	水,火
잎 엽(葉)	13획	잎 나뭇잎	水,木
불이 이글거릴 엽(爗)	14획	불이 이글거리다	水,火

❖영

한자	획수	뜻	음양오행
꽃부리 영(英)	9획	꽃부리	水,火
무덤 영(塋)	13획	무덤 산소	水,土
편안할 영(寧)	14획	편안하다 문안	水,水
가파를 영(嶸)	17획	가파르다	水,土
그림자 영(影)	15획	그림자 초상 화상	水,水
헤엄칠 영(泳)	8획	헤엄치다 수영하다	水,水
물 이름 영(渶)	12획	물	水,水
물이 돌아나갈 영(濚)	17획	물이 돌아나가다	水,水
바다 영(瀛)	19획	바다 늪이나 못의 속	水,水
물 졸졸 흐를 영(濴)	20획	물이 졸졸 흐르다	水,水
비출 영(映)	9획	비추다 비치다	水,火
비출 영(暎)	13획	비추다 비치다	水,火
날빛 영롱할 영(昤)	9획	날빛 영롱하다	水,火
꽃 영(榮)	14획	꽃이 많다 피다	五行
길 영(永)	5획	길다 오래 장기간	〃
이삭 영(穎)	16획	이삭 뾰족한 끝	水,木
빛날 영(煐)	13획	빛나다	水,火
옥 소리 영(玲)	9획	옥 소리	水,金
옥빛 영(瑛)	13획	옥빛 투명 수정	水,金
구슬목걸이 영(瓔)	21획	구슬목걸이	水,金
맞이할 영(迎)	8획	맞이하다 헤아리다	五行
밝을 영(瑩)	15획	밝다	水,火
찰 영(盈)	9획	가득 차다 넘치다	五行
갓끈 영(纓)	23획	갓끈 새끼	水,木

한자	획수	뜻	음양오행
영양 영(羚)	11획	영양	水,水
읊을 영(詠)	12획	읊다 노래하다	水,火
방울 영(鈴)	13획	방울	水,金
방울 소리 영(鍈)	17획	방울 소리	水,火
물 이름 영(潁)	15획	물	水,水
진눈깨비 영(霙)	17획	진눈깨비 눈	水,水
신령 영(靈)	24획	신령 영혼 죽은 사람	五行
재 영(嶺)	17획	산봉우리 재 고개	水,土
경영 영(營)	17획	경영하다 짓다	五行
조용히 오는 비 영(零)	13획	조용히 오는 비 이슬	水,水
기둥 영(楹)	13획	기둥	水,木
옥 영(圇)	8획	감옥	水,金
❖ 예			
벨 예(乂)	2획	베다 다스리다	水,金
벨 예(刈)	4획	베다 자르다	水,金
밥식 예(例)	8획	보기 대부분 법식	五行
밝을 예(叡)	16획	밝다 임금의 언행	〃
물굽이 예(汭)	7획	물굽이 어귀	水,水
사자 예(猊)	11획	부처가 앉는 자리	五行
끌 예(曳)	6획	끌다 고달프다	水,金
풀 뾰족할 예(芮)	8획	풀이 뾰족 나타나다	水,木
심을 예(藝)	19획	기예 심다 궁극	五行
꽃술 예(蘂)	20획	꽃술	水,火
밝을 예(睿)	14획	밝다 깊다 통하다	五行
예도 예(禮)	18획	예도 예절	〃
더러울 예(穢)	18획	더럽다 거칠다 잡초	水,水
이를 예(詣)	13획	이르다 도착하다	五行
기릴 예(譽)	21획	기리다 칭찬하다	〃
미리 예(豫)	16획	미리 예지 예상	〃
미리 예(預)	13획	미리 간여하다	〃
날카로울 예(銳)	15획	날카롭다 예민하다	水,金
암무지개 예(霓)	16획	무지개 암무지개	五行
붙을 예(隷)	16획	붙다 좋다 따르다	〃
❖ 오			
다섯 오(五)	4획	다섯 5 제위	水,土
대오 오(伍)	6획	대오 섞이다 조(粗)	水,土

한자	획수	뜻	음양오행
맞이할 오(俉)	9획	맞이하다	五行
낮 오(午)	4획	일곱째 地支	水,火
거만할 오(傲)	13획	거만하다	五行
나라 이름 오(吳)	7획	나라 이름 오	水,土
탄식할 오(嗚)	13획	탄식하다 흐느끼다	水,水
나 오(吾)	7획	나 자신 당신 그대	水,木
둑 오(塢)	13획	둑 싱채 마을 제방	水,土
물가 오(壗)	16획	물가	水,土
속 오(奧)	13획	속 안쪽 아랫목	五行
즐거울 오(娛)	10획	즐겁다 편안하다	水,火
깨달을 오(悟)	10획	깨닫다 도리	五行
오한할 오(懊)	16획	오한 괴로움	水,金
더러울 오(汚)	6획	더럽다 추하다 욕	水,水
깊을 오(澳)	16획	깊다	水,水
놀다 오(敖)	11획	놀다 떠들썩하다	水,火
오동나무 오(梧)	11획	오동나무	水,木
까마귀 오(烏)	10획	까마귀	水,水
볶을 오(熬)	15획	볶다 타다 졸이다	水,火
버들고리 오(筽)	13획	옷 넣는 상자	水,木
지네 오(蜈)	13획	지네	水,金
그르칠 오(誤)	14획	그르치다 실수 잘못	五行
자라 오(鰲)	22획	자라	水,水

❖옥

한자	획수	뜻	음양오행
집 옥(屋)	9획	집 주택 거주지	水,水
물댈 옥(沃)	7획	물을 대다 가두다	水,水
옥 옥(獄)	14획	감옥 감방	水,金
옥 옥(玉)	5획	귀한 옥	水,金
보배 옥(鈺)	13획	보배	水,金

❖온

한자	획수	뜻	음양오행
따뜻할 온(溫)	13획	따뜻하다 온화 순수	五行
사람 이름 온(瑥)	14획	사람 이름	五行
쌓을 온(蘊)	20획	쌓다 저축 간직하다	水,土
염병 온(瘟)	15획	염병, 돌림병	水,金
평온할 온(穩)	19획	평온하다	水,水
솜 온(縕)	16획	헌솜 솜	水,木
할미 온(媼)	13획	할미 노모	水,木

한자	획수	뜻	음양오행
❖ 올			
우뚝할 올(兀)	3획	우뚝하다	水,土
❖ 옹			
막을 옹(雍)	16획	막다 막히다	水,土
안을 옹(擁)	16획	안다 끌어안다 포옹	水,木
독 옹(瓮)	9획	항아리 독 장독	水,金
독 옹(甕)	18획	독 단지 옹기	水,金
악창 옹(癰)	23획	등창 악창	水,金
늙은이 옹(翁)	10획	늙은이 노인	水,木
누그러질 옹(雍)	13획	누그러지다 온화하다	五行
화목할 옹(邕)	10획	화목하다 화하다	〃
아침밥 옹(饔)	22획	조반 아침밥 조식	水,木
❖ 와			
기와 와(瓦)	5획	기와 질그릇 실패	水,金
움집 와(窩)	14획	움막 움집 굴 발장	水,水
엎드릴 와(臥)	8획	엎드리다 눕다 자다	五行
개구리 와(蛙)	12획	개구리	水,水
달팽이 와(蝸)	15획	달팽이	水,水
그릇될 와(訛)	11획	그릇되다	五行
웅덩이 와(窪)	14획	웅덩이	水,土
소용돌이 와(渦)	12획	소용돌이	水,水
❖ 완			
완전할 완(完)	7획	완전하다 끝내다	五行
바를 완(垸)	10획	바르다 칠하다	水,火
순할 완(婉)	11획	순하다	五行
굽을 완(宛)	8획	굽다 꾸부정하다	〃
나라 이름 완(阮)	7획	관이나 나라 이름	〃
밥통 완(脘)	11획	밥통 위 살코기	水,土
도마 완(棕)	11획	도마	水,木
희롱할 완(玩)	8획	희롱 익숙	水,火
주발 완(椀)	12획	음식을 담는 그릇	水,金
주발 완(碗)	13획	주발	水,金
옥 이름 완(琓)	11획	옥	水,金
홀 완(琬)	12획	홀 아름다운 옥	水,金
왕골 완(莞)	11획	왕골	水,木
늘어질 완(緩)	15획	느리다 느슨하다	五行

한자	획수	뜻	음양오행
완두 완(豌)	15획	완두콩	水,金
완고할 완(頑)	13획	완고하다 무디다	五行
❖ 왈			
가로 왈(曰)	4획	말하기를 이르되	水,火
❖ 왕			
왕 왕(王)	4획	왕 임금 제후	水,木
갈 왕(往)	8획	가다 예 이따금	五行
성할 왕(旺)	8획	성하다 많다	〃
넓을 왕(汪)	7획	넓다 고여 있는 물	水,水
굽을 왕(枉)	8획	굽다 굽히다	水,木
❖ 왜			
예쁠 왜(娃)	9획	예쁘다 미인	水,火
비뚤 왜(歪)	9획	비뚤어지다	水,金
키 작을 왜(矮)	13획	키가 작다	水,木
❖ 외			
밖 외(外)	5획	밖 겉	五行
높을 외(嵬)	13획	높다	水,火
높을 외(巍)	21획	높다	水,火
두려울 외(畏)	9획	두렵다	水,金
❖ 요			
구할 요(要)	9획	구하다 구출하다	五行
오목할 요(凹)	5획	오목하다	〃
어릴 요(夭)	4획	어리다 어린아이	〃
바랄 요(僥)	14획	바라다 원하다	〃
임금 요(堯)	12획	임금 높다	水,木
아리따울 요(妖)	7획	아리땁다 괴이하다	水,火
예쁠 요(姚)	9획	예쁘다	水,火
높을 요(嶢)	15획	산이 높다	水,土
꺾을 요(拗)	8획	꺾다 부러뜨리다	五行
꺾일 요(橈)	16획	꺾다	水,金
흔들릴 요(搖)	13획	흔들리다	水,金
어지러울 요(擾)	18획	어지럽다	水,火
빛날 요(曜)	18획	빛나다 햇빛	水,火
빛날 요(耀)	20획	빛나다	水,火
빛날 요(燿)	18획	빛나다	水,火
허리 요(腰)	13획	허리 중요한 곳	水,土

한자	획수	뜻	음양오행
아름다운 옥 요(瑤)	14획	아름다운 옥	水,金
멀 요(遼)	16획	멀다 늦추다	五行
그윽할 요(窈)	10획	그윽하다 심원 유원	〃
기와 굽는 가마 요(窯)	15획	기와 굽는 가마	水,土
역사 요(繇)	17획	역사 부역 따르다	五行
감을 요(繞)	18획	감고 두르고 둘러싸다	水,水
요충 요(蟯)	18획	요충 곤충	水,金
노래할 요(謠)	17획	노래 풍설	水,火
넉넉할 요(饒)	21획	넉넉하다 배부르다	五行
❖욕			
욕심 욕(慾)	15획	욕심 욕정	水,水
목욕할 욕(浴)	10획	목욕 미역을 감다	水,水
하고자 할 욕(欲)	11획	하고자 하다 기대	五行
욕되게 할 욕(辱)	10획	욕되게 하다	水,金
요 욕(褥)	15획	요 침구	水,木
화문 욕((縟)	16획	무늬 채색 화문	水,火
❖용			
쓸 용(用)	5획	쓰다 용도 사용	五行
날랠 용(勇)	9획	날래다 과감하다	〃
허수아비 용(俑)	9획	허수아비	水,木
품팔이 용(傭)	13획	품팔이 일꾼	水,金
쓸데없을 용(冗)	4회	쓸데없다 무익하다	五行
길 높일 용(埇)	10획	길을 돋우다 높이다	水,土
답 용(墉)	14획	답 벽 성	水,土
얼굴 용(容)	10획	얼굴	五行
물이 질펀할 용(溶)	13획	물이 질펀하다	水,水
샘솟을 용(涌)	10획	물이 샘솟다	水,水
샘솟을 용(湧)	12획	물이 샘솟다	水,水
권할 용(慂)	14획	권하다	水,金
뱅골보리수 용(榕)	14획	뱅골보리수나무 상목	水,木
옥일 용(鎔)	18획	녹이다 주조 거푸집	水,火
녹일 용(熔)	14획	녹이다	水,火
패옥소리 용(瑢)	14획	패옥	水,金
무성할 용(茸)	10획	무성하다	五行
연꽃 용(蓉)	14획	연꽃	水,木
길 용(甬)	7획	길 솟아오르다	水,土

한자	획수	뜻	음양오행
솟을 용(聳)	17획	솟아오르다	水,火
뛸 용(踊)	14획	도약 뛰다	水,火
종 용(鏞)	19획	큰 종	水,金
용 용(龍)	16획	용 제왕 뛰어나다	五行
❖우			
집 우(宇)	6획	집 처마 주택	水,水
도울 우(佑)	7획	돕나	水,水
더울 우(祐)	10획	돕다	水,水
어조사 우(于)	3획	가다 하다	五行
짝할 우(偶)	11획	짝 짝꿍	〃
넉넉할 우(優)	17획	넉넉하다, 풍족하다	〃
또 우(又)	2획	또다시	〃
오른쪽 우(右)	5획	오른쪽 숭상하다	〃
머물 우(寓)	12획	머물다 살다	水,水
더욱 우(尤)	4획	더욱 특히	五行
역참 우(郵)	11획	역참	水,水
모퉁이 우(隅)	12회	모퉁이 구석 귀퉁이	水,木
어리석을 우(愚)	13획	어리석다	水,火
근심할 우(憂)	15획	근심하다	水,水
클 우(盱)	7획	크다 해가 돋다	五行
소 우(牛)	4획	소 무릅쓰다 별	水,土
옥돌 우(玗)	7획	옥돌	水,金
패옥 우(瑀)	13획	옥	水,金
연뿌리 우(藕)	19획	연뿌리	水,木
멀 우(迂)	7획	멀다	五行
만날 우(遇)	13획	만나다 회합	水,木
바리 우(盂)	8획	바리 사발	水,金
복 우(禑)	14획	복	五行
하우씨 우(禹)	9획	하우씨 벌레 곤충	水,金
깃 우(羽)	6획	새의 날개	水,火
헤아릴 우(虞)	13획	헤아리다	五行
악기 이름 우(竽)	11획	악기 이름	水,金
굽을 우(紆)	9획	굽다 구부러지다	五行
비 우(雨)	8획	비	水,水
기우 우(雩)	11획	기우제	水,水
물소리 우(霧)	14획	물소리	水,水

한자	획수	뜻	음양오행
❖욱			
아침 해 욱(旭)	6획	아침 해 돋은 해	水,火
빛날 욱(昱)	9획	빛나다	水,火
빛날 욱(煜)	13획	빛나다	水,火
문채 욱(彧)	10획	문채	水,木
힘쓸 욱(勖)	11획	힘쓰다	水,金
성할 욱(郁)	9획	성하다 향기롭다	水,火
산 앵두 욱(栯)	10획	산 앵두	水,木
서직(피) 욱稶	15획	서직(피)이 무성하다	水,木
삼갈 욱(頊)	13획	삼가다	五行
❖운			
어조사 운(云)	4획	이르다 친하다	〃
돌 운(運)	13획	돌다 회전	〃
향초 운(芸)	8획	향초 이름	水,木
높을 운(夽)	7획	높다	水,火
큰 물결 운(澐)	15획	큰 물결	水,水
소용돌이 칠 운(沄)	7획	소용돌이치다	水,水
떨어질 운(隕)	13획	떨어지다	水,金
무리 운(暈)	13획	무리 달무리	五行
나무 무늬 운(橒)	16획	나무 무늬	水,木
죽을 운(殞)	14획	죽다	五行
노란 모양 운(頵)	14획	노란 모양	水,土
평지 운(蕓)	16획	평지 풀	水,木
김맬 운(耘)	10획	김매다	水,木
구름 운(雲)	12획	구름	水,土
울림 운(韻)	19획	운 울림 소리 음향	水,火
❖울			
풀이름 울(蔚)	15획	풀이름	水,木
막힐 울(鬱)	29획	막히다 막다	水,土
❖웅			
수컷 웅(雄)	12획	수컷	水,木
곰 웅(熊)	14획	곰	水,金
❖원			
으뜸 원(元)	4획	으뜸 근본	五行
근원 원(原)	10획	근원 벌판 들	水,土
수효 원(員)	10획	수효 사람 둥글다	水,木

한자	획수	뜻	음양오행
동산 원(園)	13획	동산 정원 과수원	水,土
둥글 원(圓)	13획	둥글다 동그라미	水,土
담 원(垣)	9획	담	水,土
미인 원(媛)	12획	미인	水,木
사람 이름 원(嫄)	13획	사람 이름	水,木
원통할 원(寃)	11획	원통하다	五行
당길 원(援)	12획	낭기다 돕다	〃
당길 원(爰)	9획	당기다 끌다 이에	〃
물 흐를 원(湲)	12획	물 흐르다	水,水
강 이름 원(沅)	7획	강 이름	水,水
강 이름 원(洹)	9획	강 이름	水,水
근원 원(源)	13획	근원 물이 계속 흐름	水,水
원숭이 원(猿)	13획	원숭이	水,金
담 원(院)	10획	담장 견고하다	水,土
원망할 원(怨)	9획	원망하다	五行
삼갈 원(愿)	14획	삼가다	〃
나라 동산 원(苑)	9획	나라 동산	水,土
멀 원(遠)	14획	멀다	五行
끌 원(轅)	17획	끌채 차량	水,金
원할 원(願)	19획	원하다 소원	五行
원앙 원(鴛)	16획	원앙새	水,火

❖ 월

한자	획수	뜻	음양오행
달 월(月)	4획	달 달빛	五行
넘을 월(越)	12획	넘다 건너다	〃
도끼 월(鉞)	13획	도끼	水,金

❖ 위

한자	획수	뜻	음양오행
자리 위(位)	7획	자리 직위 품위	五行
할 위(爲)	12획	하다 만들다 베풀다	〃
거짓 위(僞)	14획	거짓	水,火
훌륭할 위(偉)	11획	훌륭하다	五行
위태로울 위(危)	6획	위태하다 위태롭다	〃
둘레 위(圍)	12획	둘레 둘러싸다	〃
맡길 위(委)	8획	맡기다 내버려두다	〃
위엄 위(威)	9획	위엄 세력 기둥	〃
벼슬 위(尉)	11획	벼슬	水,金
강 이름 위(渭)	12획	강 이름	水,水

한자	획수	뜻	음양오행
위로할 위(慰)	15획	위로하다	五行
밥통 위(胃)	9획	밥통 위	水,土
햇빛 위(暐)	13획	햇빛 햇살	水,火
옥 위(瑋)	13획	옥	水,金
갈대 위(葦)	13획	갈대	水,木
마를 위(萎)	12획	마르다 시들다	水,金
아기 풀 위(蔿)	16획	아기 풀	水,木
어길 위(違)	13획	어기다 위반하다	水,金
씨 위(緯)	15획	씨 종자	水,金
고슴도치 위(蝟)	15획	고슴도치	水,金
지킬 위(衛)	16획	지키다 수호하다	五行
이를 위(謂)	16획	이르다 알리다	〃
가죽 위(韋)	9획	다룸가죽	水,金

❖유

한자	획수	뜻	음양오행
있을 유(有)	6획	있다 존재 많다	五行
젖 유(乳)	8획	젖 우유	水,水
기름 유(油)	8획	기름 석유	水,火
선비 유(儒)	16획	선비 유학 부드럽다	水,木
권할 유(侑)	8획	권하다 권유하다	五行
점점 유(兪)	9획	점점 점차 그러하다	〃
죽일 유(劉)	15획	죽이다	〃
말미암을 유(由)	5획	말미암아 인	〃
오직 유(唯)	11획	오직	〃
깨우칠 유(喩)	12획	깨우치다 깨닫다	〃
젖 먹이 유(孺)	17획	젖먹이	水,水
용서할 유(宥)	9획	용서하다	五行
어릴 유(幼)	5획	어리다	〃
그윽할 유(幽)	9획	그윽하다 숨다	〃
곳집 유(庾)	12획	곳집 노적가리	水,水
생각할 유(惟)	11획	생각하다	水,火
즐거울 유(愉)	12획	즐겁다 기뻐하다	水,火
강 이름 유(洧)	9획	강	水,水
헤엄칠 유(游)	12획	헤엄치다 수영하다	水,水
적실 유(濡)	17획	적시다	水,水
오히려 유(猶)	12획	오히려	五行
멀 유(悠)	11획	멀다 생각, 걱정	〃

한자	획수	뜻	음양오행
낫을 유(愈)	13획	병이 낫다	〃
어조사 유(攸)	7획	다스리다 닦다	〃
부드러울 유(柔)	9획	부드럽다 유연하다	〃
유자나무 유(柚)	9획	유자나무	水,木
버드나무 유(柳)	9획	버드나무	水,木
느릅나무 유(楡)	13획	느릅나무	水,木
유리 유(琉)	10획	유리	水,金
옥 이름 유(瑜)	13획	옥	水,金
수유 유(萸)	13획	수유 풀 이름	水,木
놀 유(遊)	13획	놀다 여행 즐겁다	水,火
넘칠 유(逾)	13획	넘다 넘치다 지나다	五行
끼칠 유(遺)	16획	끼치다,	〃
머물 유(留)	10획	머물다	〃
벼 기장이 성할 유(秞)	10획	벼와 기장이 무성하다	水,木
넉넉할 유(裕)	12획	넉넉하다	五行
바 유(維)	14획	바 밧줄	水,木
꾈 유(誘)	14획	꾀다 유인하다 유혹	五行
아첨할 유(諛)	16획	아첨하다	〃
깨우칠 유(諭)	16획	고하다 깨우치다	〃
넘을 유(踰)	16획	넘다 지나다 건너다	〃
밟을 유(蹂)	16획	밟다	水,土
닭 유(酉)	7획	닭 地支의 10번	水,金
윤 유(釉)	12획	윤 광택	水,火

❖육

한자	획수	뜻	음양오행
여섯 육(六)	4획	6 여섯	水,水
기를 육(育)	8획	기르다 육성 자라다	五行
기를 육(毓)	14획	기르다	水,水
기름진 땅 육(堉)	11획	기름진 땅	水,土
뭍 육(陸)	11획	뭍 육지 땅 뛰다	水,土
죽일 육(戮)	15획	죽이다	五行
고기 육(肉)	6획	고기 베어낸 고기	水,土

❖윤

한자	획수	뜻	음양오행
다스릴 윤(尹)	4획	다스리다 벼슬	五行
인륜 윤(倫)	10획	인륜 순서 무리	〃
진실 윤(允)	4획	진실	水,火
젖을 윤(潤)	15획	젖다 적시다 물기	水,水

한자	획수	뜻	음양오행
이을 윤(胤)	9획	잇다 혈통 대를 잇다	五行
물이 깊을 윤(奫)	14획	물이 깊다	水,水
산 이름 윤(崘)	11획	산	水,土
윤달 윤(閏)	12획	윤달	五行
윤달 윤(潤)	15획	윤달	〃
높을 윤(阭)	7획	높다	水,火
햇빛 윤(昀)	8획	햇빛	水,火
붉은 구슬 윤(玧)	8획	붉은 구슬	水,金
낚시 줄 윤(綸)	14획	낚싯줄 끈	水,木
병기이름 윤(鈗)	12획	병기 이름 창	水,金

❖ 율

한자	획수	뜻	음양오행
법율 율(律)	9획	법률 법 법령 정도	水,金
헤아릴 율(率)	11획	헤아리다 가느리다	水,金
밤 율(栗)	10획	밤	水,金
두려울 율(慄)	13획	두렵다	水,金
흐를 율(汩)	7획	흐르다 빠지다	水,水
빛날 율(燏)	16획	빛나다	水,火
붓 율(聿)	6획	붓 마침내 스스로	水,木

❖ 융

한자	획수	뜻	음양오행
화합할 융(融)	16획	화합 화락하다 녹다	五行
클 융(隆)	12획	크다 풍성 높다	〃
융 융(絨)	12획	융	水,木
물 깊고 넓을 융(瀜)	19획	물이 깊고 넓은 모양	水,水
되 융(戎)	6획	되 무기 병장기	水,金

❖ 은

한자	획수	뜻	음양오행
은 은(銀)	14획	은	水,金
은혜 은(恩)	10획	은혜	五行
끝 은(垠)	9획	끝 낭떠러지 언덕	水,金
성할 은(殷)	10획	성하다 많다 크다	五行
기댈 은(檼)	16획	기대다 안온하다	水,水
웃을 은(听)	7획	웃다	水,火
강 이름 은(溵)	13획	강	水,水
강 이름 은(濦)	17획	강	水,水
숨을 은(隱)	17획	숨다 가리다 비밀	水,土
괴로울 은(憖)	14획	괴롭다	水,金
도지개 은(檃)	17획	도지개 바로잡다 활	水,木

한자	획수	뜻	음양오행
대마루 은(檼)	18획	대마루	水,木
옥돌 은(珢)	10획	옥돌	水,金
옥 은(瑥)	14획	옥	水,金
은총 은(蒑)	21획	은총	五行
온화할 은(誾)	15획	온화하다 평온하다	水,水

❖을

| 새 을(乙) | 1획 | 새 天干의 2번 | 水,木 |

❖음

소리 음(音)	9획	소리 음악 가락	水,火
응달 음(陰)	11획	응달 음 습기 추위	水,水
마실 음(飮)	13획	마시다 음료 주연	水,水
읊을 음(吟)	7획	읊다 노래 앓다	水,火
음란 음(淫)	11획	음란 간사하다	五行
그늘 음(蔭)	15획	그늘	水,水

❖읍

고을 읍(邑)	7획	고을 마을 고장	水,土
읍 읍(揖)	12획	읍 공경하다	五行
울 읍(泣)	8획	울다	水,水

❖응

응할 응(應)	17획	응하다 받다 거두다	五行
엉길 응(凝)	16획	엉기다 춥다 심하다	水,水
가슴 응(膺)	17획	가슴	水,土
매 응(鷹)	24획	매	水,火

❖의

옳을 의(義)	13획	옳다 바르다	五行
뜻 의(意)	13획	뜻 생각 정취	〃
의지할 의(依)	8획	의지하다 힘이 되다	水,木
의지할 의(倚)	10획	의지하다 치우치다	水,木
거동 의(儀)	15획	거동	水,火
마땅할 의(宜)	8획	마땅하다	五行
의심할 의(疑)	14획	의심하다 아니 의혹	水,火
아름다울 의(懿)	22획	아름답다 좋다	水,火
의나무 의(椅)	12획	의나무 산유자	水,木
굳셀 의(毅)	15획	굳세다 과감 의지	五行
율무 의(薏)	17획	율무	水,木
어조사 의(矣)	7획	어조사 단정 결정	五行

한자	획수	뜻	음양오행
배댈 의(艤)	19획	배를 대다	水,水
개미 의(蟻)	19획	개미	水,金
옷 의(衣)	6획	옷 의복	水,木
옳을 의(誼)	15획	옳다 의논 의의	五行
의논 의(議)	20획	의논 꾀 협의	〃
의원 의(醫)	18획	의원 병원	水,金

❖ 이

한자	획수	뜻	음양오행
두 이(二)	2획	둘	水,火
다스릴 이(理)	11획	다스리다	五行
날카로울 이(利)	7획	날카롭다 이롭다	〃
써 이(以)	5획	써	〃
다를 이(異)	12획	다르다 다른 것	〃
오랑캐 이(夷)	6획	오랑캐 평온	水,木
이모 이(姨)	9획	이모	水,木
이미 이(已)	3획	이미	五行
늦출 이(弛)	6획	늦추다 느슨하다	水,金
떳떳할 이(彛)	16획	떳떳하다	水,火
떳떳할 이(彝)	18획	떳떳하다	水,火
기쁠 이(怡)	8획	기쁘다	水,火
이 이(李)	7획	오얏 자두나무	水,木
배나무 이(梨)	11획	배나무	水,金
너 이(爾)	14획	너 그 이	五行
귀고리 이(珥)	10획	귀고리	水,金
질경이 이(苡)	9획	질경이	水,木
벨 이(荑)	10획	베다 삘기	水,木
가까울 이(邇)	18획	가깝다	五行
상처 이(痍)	11획	상처	水,金
산신 이(离)	11획	산신 맹수 떠나다	水,土
옮길 이(移)	11획	옮기다 떠나다	五行
떼놓을 이(離)	19획	8괘의 하나 남쪽	水,火
말 이을 이(而)	6획	말을 잇다	五行
귀 이(耳)	6획	귀	水,水
익힐 이(肄)	13획	익히다 노력	水,水
속 이(裏)	13획	내부 속 안쪽	五行
두 이(貳)	12획	둘 거듭	水,火
끼칠 이(貽)	12획	끼치다 남기다	五行

한자	획수	뜻	음양오행
❖익			
더할 익(益)	10획	더하다 증가	五行
날개 익(翼)	17획	새나 곤충의 날개	水,火
도울 익(翊)	11획	돕다	水,水
다음 날 익(翌)	11획	다음 날	五行
숨을 익(匿)	11획	숨다	水,土
강 이름 익(瀷)	20획	강	水,水
웃을 익(謚)	17획	빙그레 웃다	水,火
❖인			
사람 인(人)	2획	사람	水,木
어질 인(仁)	4획	어질다	水,木
알 인(認)	14획	알다 인식 허락	五行
칼날 인(刃)	3획	칼날	水,金
도장 인(印)	6획	도장 인장	五行
아낄 인(吝)	7획	아끼다 인색하다	〃
목구멍 인(咽)	9획	목구멍	水,金
인할 인(因)	6획	인하다 원인 근본	五行
혼인 인(姻)	9획	혼인	〃
공경할 인(寅)	11획	地支의 3번 공경하다	水,火
끌 인(引)	4획	끌어당기다	五行
이웃 인(隣)	15획	이웃	〃
참을 인(忍)	7획	참다 견디다	〃
도깨비불 인(燐)	16획	도깨비불 반딧불	水,火
옥빛 인(璘)	16획	옥빛	水,火
자리 인(茵)	10획	자리 요 사철 쑥	水,木
골풀 인(藺)	20획	골풀 등심초	水,木
길 인(靭)	12획	길다 질기다	五行
가슴걸이 인(靷)	13획	가슴걸이	水,土
기린 인(麟)	23획	기린	水,土
지렁이 인(蚓)	10획	지렁이	水,土
기운 인(絪)	12획	기운	五行
❖일			
하나 일(一)	1획	하나 1	五行
해 일(日)	4획	해 태양 하루 일	水,火
달아날 일(逸)	12획	달아나다 잃다	五行
편안할 일(佚)	7획	편안하다	水,水

한자	획수	뜻	음양오행
한 일(壹)	12획	한, 하나 오로지	五行
춤 일(佾)	8획	춤	水,火
넘칠 일(溢)	13획	넘치다	五行
중량 일(鎰)	18획	중량 무게 단위	水,金
역말 일(馹)	14획	역말 역마	五行
❖임			
맡길 임(任)	6획	맡기다 맡은 일	〃
아홉째 天干 임(壬)	4획	天干의 9번	水,水
아이 밸 임(姙)	9획	아이를 배다 임신	水,水
아이 밸 임(妊)	7획	〃	水,水
생각할 임(恁)	10획	생각하다 이같이	水,火
들깨 임(荏)	10획	들깨	水,木
품팔이 임(賃)	13획	품팔이 품삯	水,木
곡식 익을 임(稔)	13획	곡식이 익다	水,金
임할 임(臨)	17획	임하다 군림	五行
❖입			
들 입(入)	2획	들다 입성 수입	〃
설 입(立)	5획	설립 서다 정하다	〃
스물 입(卄)	4획	스물 20	水,土
우리 입(笠)	11획	우리 구릿대 갓	水,木
알 입(粒)	11획	알 쌀알 환	水,金
❖잉			
남을 잉(剩)	12획	남다 그 위에	五行
아이 밸 잉(孕)	5획	아이를 배다 임신	水,水
인할 인(仍)	4획	인하다 거듭	五行
새싹 풀 잉(芿)	8획	새싹 풀 잡초	水,木
❖자			
스스로 자(自)	6획	스스로 자기 몸소	五行
아들 자(子)	3획	아들 地支의 1번	金,水
놈 자(者)	9획	놈 사람 것 사물	五行
재물 자(資)	13획	재물 자산 자본	〃
글자 자(字)	6획	글자 글씨 기르다	〃
자석 자(磁)	14획	자석 사기그릇	金,金
플 석(釋)	20획	풀어헤치다 밝히다	金,火
클 석(碩)	14획	크다 가득하다 차다	五行
자세할 석(仔)	5획	자세하다 세밀하다	〃

한자	획수	뜻	음양오행
찌를 자(刺)	8획	찌르다 가시 침	金,金
물을 자(咨)	9획	묻다 탄식 이것	金,火
윗누이 자(姉)	8획	윗누이 맏누이	金,木
윗누이 자(姊)	8획	윗누이 맏누이	金,木
힘쓸 자(孜)	7획	힘쓰다	金,金
불을 자(滋)	12획	불다 번식 더하다	五行
방자할 자(恣)	10획	방자하다 맡기다	金,金
사랑할 자(慈)	13획	사랑 어머니 자식	五行
구을 자(炙)	8획	구이 고기를 굽다	金,火
삶을 자(煮)	13획	고기를 삶다 익히다	金,火
가시나무 자(茨)	10획	가시나무	金,木
사탕수수 자(蔗)	15획	사탕수수	金,土
깔개 자(藉)	18획	깔개 자리	金,木
이에 자(玆)	10획	이에 검다 흐리다	五行
오지그릇 자(瓷)	11획	사기그릇 오지그릇	金,金
흠 자(疵)	10획	흠집 흠 결점 병	金,金
자줏빛 자(紫)	11획	자줏빛	金,火
꾀 자(諮)	16획	꾀 자문 꾀다, 의문	金,火
암컷 자(雌)	13획	암컷	金,

❖작

한자	획수	뜻	음양오행
지을 작(作)	7획	짓다 일어나다	五行
따를 작(酌)	10획	따르다 취하다	〃
참새 작(雀)	11획	참새	金,火
잔 작(爵)	18획	술잔	金,金
구기 작(勺)	3획	술을 뜰 때 쓰는 기구	金,木
씹다 작(嚼)	21획	씹다 맛보다	金,土
어제 작(昨)	9획	어제 앞서	五行
벨 작(斫)	9획	베다 자르다 찍다	金,金
사를 작(灼)	7획	사르다 밝다	金,火
터질 작(炸)	9획	터지다	金,火
함박꽃 작(芍)	7획	함박꽃	金,火
너그러울 작(綽)	14획	너그럽다	五行
초 작(醋)	15획	초산 식초 신 것	金,木
까치 작(鵲)	19획	까치	金,火

❖잔

한자	획수	뜻	음양오행
헤칠 잔(殘)	12획	해치다 해롭다	金,金

한자	획수	뜻	음양오행
잔 잔(盞)	13획	옥으로 만든 술잔	金,金
잔약할 잔(孱)	12획	잔약하다 나약하다	五行
물 졸졸 흐를 잔(潺)	15획	물이 졸졸 흐르다	金,水
잔도 잔(棧)	12획	잔도 비계 사다리	金,木
❖ 잠			
잠시 잠(暫)	15획	잠시 잠깐	五行
자맥질할 잠(潛)	15획	빠지다 잠기다	金,水
누에 잠(蠶)	24획	누에고치	金,木
봉우리 잠(岑)	7획	산봉우리	金,土
바늘 잠(箴)	15획	바늘 침 시침바늘	金,金
비녀 잠(簪)	18획	비녀	金,金
❖ 잡			
섞일 잡(雜)	18획	섞이다 뒤섞이다	五行
❖ 장			
길 장(長)	8획	길다 길이 오래	〃
마당 장(場)	12획	마당	金,土
베풀 장(張)	11획	베풀다 넓히다	五行
어른 장(丈)	3획	길이의 단위	金,木
무기 장(仗)	5획	무기 병기	金,金
장인 장(匠)	6획	장인 기술자	金,木
씩씩할 장(壯)	7획	씩씩하다 장하다	金,木
담장 장(墻)	16획	담장	金,土
담장 장(牆)	17획	담장	金,土
풀 성장할 장(莊)	11획	풀이 성장하다	金,木
권면할 장(奬)	15획	권면하다 돕다	五行
장차 장(將)	11획	장차 마땅히 장군	〃
휘장 장(帳)	11획	휘장	金,木
농막 장(庄)	6획	농막 전장 평평하다	金,水
노루 장(獐)	14획	노루	金,木
손바닥 장(掌)	12획	손바닥 솜씨 수련	金,木
밝을 장(暲)	15획	밝다 해가 돋다	金,火
창자 장(腸)	13획	창자 위장	金,土
지팡이 장(杖)	7획	지팡이	金,木
장물 장(臟)	21획	장물 숨기다 뇌물	金,土
오장 장(臟)	22획	오장 내장	金,土
녹나무 장(樟)	15획	녹나무	金,木

한자	획수	뜻	음양오행
돛대 장(檣(	17획	돛대	金,木
장농 장(欌)	22획	장농	金,木
미음 장(漿)	15획	미음 쌀뜨물 초	金,木
형상 장(狀)	8획	형상 모양	五行
반쪽 홀 장(璋)	15획	반쪽 홀 구기 밝다	金,火
장사 지낼 장(葬)	13획	장사 지내다 초상	金,土
줄 장(蔣)	15획	줄다 산고 자리	五行
감출 장(藏)	18획	감추다 저장 간직	金,土
글 장(章)	11획	글 문장	金,木
단장할 장(粧)	12획	단장하다 체하다	五行
착할 장(臧)	14획	착하다 두텁다	〃
꾸밀 장(裝)	13획	꾸미다	金,火
젓갈 장(醬)	18획	젓갈	金,水
❖재			
있을 재(在)	6획	있다 보다 살피다	五行
재목 재(材)	7획	재목	金,木
두 재(再)	6획	두 번 재차 거듭	五行
재물 재(財)	10획	재물 녹 마르다	金,土
실을 재(載)	13획	싣다 운반	五行
어조사 재(哉)	9획	처음	〃
재상 재(宰)	10획	재상 주관하다 벼슬	〃
재능 재(才)	3획	재능 기본 근본	〃
고개 재(岾)	8획	고개	金,土
찌끼 재(滓)	13획	찌끼 때 더러운 것	金,水
맑을 재(溨)	12획	맑다	五行
심을 재(栽)	10획	심다 가꾸다 묘목	金,木
재앙 재(災)	7획	재앙	金,金
일 재(縡)	16획	일 노동	金,金
재계할 재(齋)	17획	재계하다	五行
가져올 재(齎)	21획	가져오다	〃
❖쟁			
다툴 쟁(爭)	8획	다투다	金,金
쇳소리 쟁(鎗)	16획	쇳소리	金,火
쟁 쟁(箏)	4획	쟁 거문고	金,木
간할 쟁(諍)	15획	간하다	金,金
옥 소리 쟁(琤)	12획	옥	金,金

한자	획수	뜻	음양오행
❖저			
분명할 저(著)	13획	분명하다	金,火
쌓을 저(貯)	12획	쌓다 저축	金,土
밑 저(低)	7획	밑 속 안	五行]
밑 저(底)	8획	바닥 밑	〃
거스를 저(抵)	8획	거스르다	金,金
막을 저(沮)	8획	막다	金,土
집 저(邸)	8획	집 주택	金,水
돼지 저(猪)	12획	돼지	金,水
누이 저(姐)	8획	누이	金,木
젓가락 저(箸)	15획	젓가락	金,木
씹을 저(咀)	8획	씹다 맛보다	金,土
닥나무 저(楮)	13획	닥나무	金,木
모시 저(苧)	9획	모시	金,木
물가 저(渚)	12획	물가	金,水
원숭이 저(狙)	8획	원숭이	金,金
등창 저(疽)	10획	등창	金,金
머뭇거릴 저(躇)	20획	머뭇거리다	金,木
공이 저(杵)	8획	공이 절굿공이	金,木
참자 저(藷)	20획	사탕수수 참마	金,金
우두커니 저(佇)	7획	우두커니	金,木
저주할 저(詛)	12획	저주하다	金,金
쌓을 저(儲)	18획	쌓다 버금	金,土
가죽나무 저(樗)	15획	가죽나무	金,木
무시 저(紵)	11획	모시	金,木
절임배추 저(菹)	12획	절임배추	金,木
물수리 저(雎)	13획	물수리	金,水
어긋날 저(齟)	20획	이가 어긋나다	金,金
❖적			
과녁 적(的)	8획	과녁 표준	五行
갈 적(適)	15획	가다 이르다	〃
쌓을 적(積)	16획	쌓다 저축하다	金,土
서적 적(籍)	20획	서적 책 장부	金,木
붉을 적(赤)	7획	붉은색	金,火
길쌈할 적(績)	17획	길쌈하다 이음 실	金,木
딸 적(摘)	14획	과일을 따다	金,金

한자	획수	뜻	음양오행
자취 적(跡)	13획	자취 흔적	五行
자취 적(蹟)	18획	자취 좇다	〃
자취 적(迹)	10획	자취 행적	〃
적 적(敵)	15획	원수 적	金,木
도둑 적(賊)	13획	도둑	金,木
고요할 적(寂)	11획	고요하다 평온	五行
피리 적(笛)	11획	피리	金,木
물방울 적(滴)	14획	물방울	金,水
나아갈 적(迪)	9획	나아가다 이끌다	五行
오랑캐 적(狄)	7획	오랑캐	金,木
정실 적(嫡)	14획	정실	金,水
귀향 적(謫)	18획	귀향 유배 꾸지람	金,水
공적 적(勣)	13획	공적 공 공로	金,金
물억새 적(荻)	11획	물억새	金,火
꿩 적(翟)	14획	꿩	金,火
촉 적(鏑)	19획	화살촉	金,金

❖ 전

한자	획수	뜻	음양오행
온전할 전(全)	6획	온전하다 완전하다	五行
싸울 전(戰)	16획	싸우다 투쟁하다	〃
번개 전(電)	13획	번개 빠르다	〃
펼 전(展)	10획	펴다 발전 발달	〃
밭 전(田)	5획	밭	金,土
앞 전(前)	9획	앞 전면	五行
전할 전(傳)	13획	전하다 전달하다	〃
구를 전(轉)	18획	구르다 돌다 회전	〃
오로지 전(專)	11획	오로지	〃
법 전(典)	8획	법 책 규정	〃
돈 전(錢)	16획	돈	金,土
큰 집 전(殿)	13획	큰집 궁 궁궐 대전	金,水
얕은 전(澱)	16획	앙금 얕은 물	金,水
메울 전(塡)	13획	메우다 채우다	金,土
저울질 전(銓)	14획	저울질	五行
제사 지낼 전(奠)	12획	제사 지내다	金,水
달일 전(煎)	13획	달이다 끓이다	金,火
꼭대기 전(顚)	19획	꼭대기 정수리	金,火
전나무 전(栓)	10획	전나무	金,木

한자	획수	뜻	음양오행
화살 전(箭)	15획	화살	金,金
비녀 전(鈿)	13획	비녀	金,金
가게 전(廛)	15획	가게 점포 터전	金,土
자를 전(剪)	11획	가위로 자르다	金,金
경기 전(甸)	7획	경기 교외 야외	金,土
전자 전(篆)	15획	전자 도장	金,木
찌지 전(箋)	14획	찌지 부전 글쓰기	金,木
얽힐 전(纏)	21획	얽히다 묶다 새끼	金,木
전별 전(餞)	17획	전별 식사 대접 송별	金,水
설명할 전(詮)	13획	설명하다	金,火
구를 전(輾)	17획	구르다 타작하다	五害행
고칠 전(悛)	10획	고치다 중지 깨달다	金,土
떨릴 전(顫)	22획	떨리다	金,木
비칠 전(癲)	24획	미치다 지랄하다	金,水
밭갈 전(佃)	7획	밭갈이하다	金,土
신선 전(佺)	8획	신선	金,木
벽돌 전(塼)	14획	벽돌	金,土
귀막이 전(瑱)	12획	귀막이	金,水
화 전(畑)	9획	화전	金,火
통발 전(筌)	12획	통발	金,木
새길 전(鐫)	21획	새기다 쪼다 끌	金,金
향초 전(荃)	10획	향초 겨자	金,木
❖절			
마디 절(節)	15획	마디 대 규칙	五行
끊을 절(絶)	12획	끊다 막다 그만두다	金,土
끊을 절(切)	4획	끊다 고치다	金,土
끊을 절(截)	14획	끊다 다스리다	金,土
꺾을 절(折)	7획	꺾다 자르다 쪼개다	金,木
훔칠 절(竊)	22획	훔치다	金,
강 이름 절浙	10획	강	金,水
부스럼 절(癤)	20획	부스럼	金,金
밝을 절(哲)	11획	밝다 총명하다 별빛	金,火
❖점			
가게 점(店)	8획	가게 여관	金,水
점 점(占)	5획	차지하다 지키다 점	五行
점 점(點)	17획	점 문자의 말소	金,木

한자	획수	뜻	음양오행
점 점(点)	9획	점(點) 字의 약자	金,木
점점 점(漸)	14획	점점 차츰 나아가다	金,水
끈끈할 점(粘)	11획	끈끈하다 끈기	金,木
젖을 점(霑)	16획	젖다 적시다	金,水
땅 이름 점(岾)	8획	고개 땅 재	金,土
메기 점(鮎)	16획	메기	金,水
❖접			
사귈 접(接)	11획	사귀다 교제하다	金,木
접을 접(摺)	14획	접다 주름	金,木
나비 접(蝶)	15획	나비	金,火
❖정			
정사 정(政)	8획	나라를 다스리는 일	五行
나라 이름 정(鄭)	15획	나라 이름 성씨	金,土
정할 정(定)	8획	정하다 반드시	五行
찧을 정(精)	14획	찧다 아끼다	〃
곧을 정(貞)	9획	곧다 정조 정하다	〃
뜻 정(情)	11획	뜻 정 본성	〃
단위 정(程)	12획	단위 법 법도	〃
네 번째 天干 정(丁)	2획	당하다 성하다	金,火
가지런할 정(整)	16획	가지런하다 정돈	五行
뜰 정(庭)	10획	뜰 집 안의 마당	金,水
조정 정(廷)	7획	조정 관아 관청	金,金
고요할 정(靜)	16획	고요하다 맑다	五行
조용할 정(静)	14획	고요하다 조용하다	〃
우물 정(井)	4획	우물	金,水
정자 정(亭)	9획	정자 머무르다	金,水
마무를 정(停)	11획	머무르다	金,水
드릴 정(呈)	7획	드리다 바치다	金,水
단정할 정(姃)	8획	단정하다	金,木
그림 족자 정(幀)	12획	그림 족자	金,木
칠 정(征)	8획	치다 추하다 만들다	金,金
뺄 정(挺)	10획	빼다 뽑다 이탈	五行
물가 정(汀)	5획	물가	金,水
곧을 정(侹)	10획	곧다	金,金
물이 고일 정(渟)	12획	물이 고이다	金,水
깨끗할 정(淨)	11획	깨끗하다 맑다	五行

한자	획수	뜻	음양오행
물 얕을 정(淀)	11획	물이 얕다	金,水
물 이름 정(湞)	12획	물	金,水
맑을 정(瀞)	19획	맑다	五行
기 정(旌)	11획	깃발	金,木
밝을 정(晶)	12획	밝다 빛 맑다	五行
해 뜨는 모양 정(晸)	12획	해가 뜨는 모양 일출	金,火
나무가 바를 정(柾)	9획	나무가 바르다	金,木
탁자 정(桯)	11획	탁자 걸상 의자	金,木
광나무 정(楨)	13획	광나무	金,木
위성류나무 정(檉)	17획	위성류나무 관상용	金,木
바를 정(正)	5획	바르다 바로잡다	五行
빛날 정(炡)	9획	빛나다	金,火
옥 소리 정(玎)	6획	옥 소리	金,火
옥홀 정(珽)	11획	옥홀 옥	金,金
부추 정(菁)	12획	부추 순무	金,木
밭두둑 정(町)	7획	밭두둑	金,土
눈동자 정(睛)	13획	눈동자	金,火
닻 정(碇)	13획	닻 닻을 내리다	金,木
상서 정(禎)	14획	상서 행복 곧다	五行
허방다리 정(穽)	9획	허방다리 함정	金,火
거룻배 정(艇)	13획	거룻배 작은 배	金,木
평론할 정(訂)	9획	평론하다 바로잡다	金,金
조정할 정(諄)	16획	조정하다	五行
술에 취할 정(酊)	9획	술에 취하다	金,水
못 정(釘)	10획	못	金,金
제기 정(錠)	16획	제기	金,木
쇳덩이 정(鋌)	15획	쇳덩이 판금	金,金
칼 갈 정(鋥)	15획	칼을 갈다	金,金
징 정(鉦)	13획	징	金,金
편안할 정(靖)	13획	편안하다	五行
단정할 정(靚)	15획	단정하다	〃
정수리 정(頂)	11획	정수리	金,木
솥 정(鼎)	13획	솥	金,金
❖제			
건질 제(濟)	17획	건너다, 건지다	五行
마를 제(制)	8획	마르다, 누르다	金,土

한자	획수	뜻	음양오행
표제 제(題)	18획	표제 이마 맨 앞자리	金,木
지을 제(製)	14획	짓다 옷 약	五行
차례 제(第)	11획	차례 숫자 등급	〃
사이 제(際)	14획	사이 중간 교제	〃
어조사 제(諸)	16획	모든 여러 에게	五行
끌 제(提)	12획	끌다 들다	金,木
섬돌 제(除)	10획	섬돌 뜰 도로	金,土
임금 제(帝)	9획	임금 제상 하느님	五行
둑 제(堤)	12획	재 제방 뚝방	金,土
벨 제(劑)	16획	베다 자르다	金,金
제사 제(祭)	11획	제사	金,水
아우 제(弟)	7획	아우 동생	金,木
가지런할 제(霽)	14획	가지런하다	五行
공경할 제(悌)	10획	공경하다	金,木
사다리 제(梯)	11획	사다리	金,木
갤 제(霽)	22획	개다 눈비가 그치다	金,火
굽 제(蹄)	16획	굽 발굽 올무	金,土
울 제(啼)	12획	울다	金,水
배꼽 제(臍)	18획	배꼽 과일 꼭지	金,土
냉이 제(薺)	18획	냉이	金,木
맑은술 제(醍)	16획	맑은술	金,水
삘기 제(荑)	10획	삘기 베다 깎다	金,木

❖ 조

한자	획수	뜻	음양오행
고를 조(調)	15획	고르다 조절 균형	五行
나라 이름 조(趙)	14획	나라 조 성씨	〃
지을 조(造)	11획	짓다 세우다 만들다	〃
끈 조(組)	11획	끈 짜다 배틀	金,木
아침 조(朝)	12획	아침 처음 시작	金,木
새벽 조(早)	6횟	새벽 이른 아침	金,木
가지 조(條)	11획	나뭇가지	金,木
성씨 조(曺)	10획	성씨	五行
조상 조(祖)	10획	조상 할아버지	〃
도울 조(助)	7획	돕다 도움 구조	金,水
잡을 조(操)	16획	잡다 쥐다 부리다	金,木
조수 조(潮)	15획	조수간만	金,水
비출 조(照)	13획	비추다 비치다 햇빛	金,火

한자	획수	뜻	음양오행
둘 조(措)	11획	두다 들다 놓다	金,土
구실 조(租)	10획	구실 세금 세내다	五行
새 조(鳥)	11획	새, 봉황 별 이름	金,火
마를 조(燥)	17획	마르다 말라 말린 것	金,火
마을 조(曹)	11획	마을 관아 관리	金,水
복 조(祚)	10획	복	五行
새길 조(彫)	11획	새기다 꾸미다	金,木
조짐 조(兆)	6획	조짐 점치다 점괘	金,土
말 조(藻)	20획	말 마름 바다	金,水
구유 조(槽)	15획	구유 가축의 밥그릇	金,木
대추나무 조(棗)	12획	대추나무	金,木
낚시 조(釣)	11획	낚시 낚다	金,水
조상할 조(弔)	4획	조상하다 문안하다	五行
빽빽할 조(稠)	13획	빽빽하다 풍족	〃
고할 조(詔)	12획	고하다 알리다 돕다	金,火
배로 실어 나를 조(漕)	14획	배로 실어 나르다	金,水
거칠 조(粗)	11획	거칠다 크다 대략	五行
도마 조(俎)	9획	도마 적대	金,木
바라볼 조(眺)	11획	바라보다 살피다	金,火
아침 조(晁)	10획	아침 조회 처음 보다	金,木
만날 조(遭)	15획	만나다 조우	金,木
험할 조(阻)	8획	험하다	金,金
시들 조(凋)	10획	시들다	金,金
비웃을 조(嘲)	15획	비웃다	金,金
성급할 조(躁)	20획	성급하다	金,火
야천통견 조(繰)	19획	야천통견 야청빛	金,火
손톱 조(爪)	4획	손톱 갈퀴 메뚜기	金,木
정숙할 조(窕)	11획	정숙하다	金,金
전국 조(糟)	17획	전국 술지게미	金,水
벼룩 조(蚤)	10획	벼룩 일찍 일찍이	金,木
면류관 드림 옥 조(璪)	17획	면류관 드림 옥	金,金
독수리 조(雕)	16획	독수리 새기다	金,火
칠 조(肇)	14획	치다 공격하다	金,金

❖ 족

한자	획수	뜻	음양오행
겨레 족(族)	11획	겨레 가계 무리	五行
발 족(足)	7획	발 뿌리 근본 산	金,土

한자	획수	뜻	음양오행
조릿대 족(簇)	17획	조릿대 모이다 떨기	五行
화살 족(鏃)	19획	화살 족(촉)	金,金
❖ 존			
있을 존(存)	6획	있다 안부를 묻다	五行
높을 존(尊)	12획	높다 높이다	〃
❖ 졸			
군사 졸(卒)	8획	군사 하인 집단	〃
졸할 졸(拙)	8획	졸하다 소용없다	〃
갑자기 졸(猝)	11획	갑자기 빨리 급히	金,火
❖ 종			
씨 종(種)	14획	씨앗 혈통 근본	五行
마루 종(宗)	8획	마루 근본	〃
잉아 종(綜)	14획	잉아 모으다	金,木
종 종(鐘)	20획	종	金,金
쇠북 종(鍾)	17획	쇠북 시계	金,金
좇을 종(從)	11획	좇다 순직하다	五行
끝날 종(終)	11획	끝나다 다되다	〃
부스럼 종(腫)	13획	부스럼 부증 혹	金,金
늘어질 종(縱)	17획	늘어지다 용서하다	金,火
옥홀 종(琮)	12획	옥홀 옥	金,金
종려나무 종(棕)	12획	종려나무	金,木
물소리 종(淙)	11획	물	金,水
발꿈치 종(踵)	16획	발꿈치 뒤를 밟다	金,土
상고 종(倧)	10획	상고시대 신인	金,木
권할 종(慫)	15획	권하다 놀라다	金,木
즐길 종(惊)	11획	즐기다	金,火
자취 종(踪)	15획	발자취	五行
❖ 좌			
왼 좌(左)	5획	왼쪽 그르다	金,木
자리 좌(座)	10획	자리 좌석 집 부처	金,水
도울 좌(佐)	7획	돕다 도움 권하다	金,水
앉을 좌(坐)	7획	앉다	金,水
꺾을 좌(挫)	10획	꺾다 결박 묶다	金,金
❖ 죄			
허물 죄(罪)	13획	허물 죄 형벌 재앙	五行

한자	획수	뜻	음양오행
❖주			
주인 주(主)	5획	주인 공경대부	金,木
고을 주(州)	6획	고을 행정구역	金,土
구루 주(周)	8획	두루 골고루	五行
그루 주(株)	10획	그루 나무 곡식 따위	金,木
살 주(住)	7획	살다 거처 사는 집	金,水
구슬 주(珠)	10획	구슬 진주 보석 종류	金,金
붉을 주(朱)	6획	붉다 붉은색	金,火
물댈 주(注)	8획	물대다	金,水
기둥 주(柱)	9획	기둥 기러기발	金,木
섬 주(洲)	9획	섬	金,土
머무를 주(駐)	15획	머무르다	金,水
집 주(宙)	8획	집 동량 하늘	金,水
쇠 부어줄 주(鑄)	22획	쇠를 부어주다	金,金
돌 주(週)	12획	돌다 회전	五行
달릴 주(走)	7획	달리다 빨리 가다	金,火
술 주(酒)	10획	술	金,水
배 주(舟)	6획	술통을 받치는 쟁반	金,金
주낼 주(註)	12획	뜻을 풀어 밝히다	金,水
투구 주(胄)	9획	투구	金,金
빌 주(呪)	8획	빌다 바라다	金,水
지을 주(做)	11획	짓다 만들다	金,土
낮 주(晝)	11획	낮	金,火
부엌 주(廚)	15획	부엌 오리 상자	金,水
심지 주(炷)	9획	심지 등잔불 심지	金,木
명주 주(紬)	11획	명주실	金,木
머뭇거릴 주(躊)	21획	머뭇거리다 주저하다	金,火
얽힐 주(綢)	14획	얽히다 싸다 얽다	金,水
살 주(籌)	20획	투호살	金,木
벨 주(誅)	13획	베다 치다	金,金
거미 주(蛛)	21획	거미	金,金
부추길 주(嗾)	14획	부추기다	金,木
아뢸 주(奏)	9획	아뢰다 상소 모이다	金,火
예쁠 주(姝)	9획	예쁘다	金,火
사람 이름 주(娃)	8획	사람 이름	金,木
단비 주(澍)	15획	단비	金,水

한자	획수	뜻	음양오행
모일 주(湊)	12획	물이 모이다	金,水
맏아들 주(胄)	9획	맏아들 혈통	金,木
다가설 주(遒)	13획	닥치다 다가서다	金,木
밭두둑 주(疇)	19획	밭두둑	金,土
끙거리끈 주(紂)	9획	끙거리끈 밀치끈	金,木
모일 주(輳)	16획	한곳으로 모이다	金,木
진한 술 주(酎)	10획	진한 술 소주	金,水
❖죽			
대 죽(竹)	6획	대나무	金,木
죽 죽(粥)	12획	죽 미음	金,木
❖준			
준걸 준(俊)	9획	준걸 뛰어나다 크다	五行
평평할 준(準)	13획	법도 법 평평하다	〃
칠 준(濬)	17획	치다 깊다	金,水
마칠 준(竣)	12획	마치다 끝나다	金,金
좇을 준(遵)	16획	좇다 순종 복종	金,金
준마 준(駿)	17획	뛰어나고 걸출한 사람	金,木
가파를 준(埈)	10획	가파르다 높이 솟다	金,土
깊을 준(浚)	10획	깊다 치다 빼앗다	金,金
높을 준(峻)	10획	높다 엄하다 길다	金,土
밝을 준(晙)	11획	밝다 이르다	金,火
승인할 준(准)	10획	승인하다 견주다	金,木
농부 준(畯)	12획	농부 농사의 신	金,木
뛰어날 준(儁)	15획	뛰어나다 높다	金,木
꿈틀거릴 준(蠢)	21획	꿈틀거리다 일어나다	金,木
뒷걸음칠 준(逡)	11획	뒷걸음치다	金,水
술통 준(樽)	16획	술통 술 단지 그치다	金,水
준걸 준(寯)	16획	준걸 뛰어나다 재주	金,木
태울 준(焌)	11획	태우다	金,火
영특할 준(雋)	13획	영특하다 살찌다	金,火
❖줄			
풀싹 줄(茁)	9획	풀이 싹트다	金,木
❖중			
가운데 중(中)	4획	가운데 중앙	金,土
무거울 중(重)	9획	무겁다 무게	五行
무리 중(衆)	12획	무리 많은 사람	金,木

한자	획수	뜻	음양오행
버금 중(仲)	6획	버금 가운데	五行
❖즉			
곧 즉(卽)	9획	곧 가깝다 나아가다	〃
곧 즉(即)	7획	곧 가깝다 그치다	〃
❖즐			
빗 즐(櫛)	19획	빗 빗다 빗질하다	金,木
❖즙			
즙 즙(汁)	5획	즙	金,水
노 즙(楫)	13획	노를 젓는 기구	金,木
지붕 이을 즙(葺)	13획	지붕을 이다 덮다	金,水
❖증			
증거 증(證)	19획	증거 증명하다	金,火
증세 증(症)	10획	증세 병	金,金
붙을 증(增)	15획	붙다 더하다 늘리다	五行
찔 증(蒸)	14획	찌다 덥다 무덥다	金,火
보낼 증(贈)	19획	보내다 주다 더하다	五行
일찍 증(曾)	12획	일찍 곧 이에 거듭	金,木
미워할 증(憎)	15획	미워하다 미움	金,金
시루 증(甑)	17획	시루	金,土
건질 증(拯)	9획	건지다 구하다	金,木
김 오를 증(烝)	10획	김이 오르다 찌다	金,火
비단 증(繒)	18획	비단	金,木
❖지			
땅 지(地)	6획	땅 토지	金,土
가를 지(支)	4획	가지 가르다	五行
손가락 지(指)	9획	손 발가락 가리키다	金,木
못 지(池)	6획	못 물길	金,水
발 지(止)	4획	발 멎다 멈추다	金,土
종이 지(紙)	10획	종이	金,木
알 지(知)	8획	알았다 깨닫다	金,火
가질 지(持)	9획	가지다 보전하다	金,水
뜻 지(志)	7획	뜻 의향 마음 분심	金,木
기름 지(脂)	10획	기름 비계	金,土
지혜 지(智)	12획	슬기 지혜 슬기롭다	五行
복 지(祉)	9획	복 하늘이 내린 복	〃
갈 지(之)	4획	가다 -이 -의	〃

437

한자	획수	뜻	음양오행
기록할 지(誌)	14획	기록하다 적다	金,木
가지 지(枝)	8획	나뭇가지	金,木
이를 지(至)	6획	이르다 미치다	五行
이를 지(耆)	10획	이르다	〃
맛있을 지(旨)	6획	맛있다	金,水
지초 지(芝)	8획	지초 버섯의 일종	金,木
사지 지(肢)	8획	사지 팔나리	金,木
늦을 지(遲)	16획	늦다 더디다	金,土
어조사 지(只)	5획	다만 뿐	五行
터 지(址)	7획	터	金,土
잡을 지(摯)	15획	잡다 순으로 쥐다	金,木
담글 지(漬)	14획	담그다 적시다	金,水
발 지(趾)	11획	발 발가락	金,土
공경할지(祗)	10획	공경하다 존경하다	五行
길이 지(咫)	9획	길이 짧고 작은 단위	金,木
숫돌 지(砥)	10획	숫돌 갈다 평평하다	金,金
가미 지(蜘)	14획	거미	金,金
탱자나무 지(枳)	9획	탱자나무 해치다	金,木
폐백 지(贄)	18획	폐백 예물	金,木
물가 지(沚)	7획	물	金,水
구리대 지(芷)	8획	구릿대 지초 향기	金,木
새길 지(鋕)	15획	새기다명심하다	金,金
❖직			
짤 직(織)	18획	짜다 베 짜기	金,木
기장 직(稷)	15획	기장 오곡의 신 농관	金,木
벼슬 직(職)	18획	벼슬 관직 임무,	金,金
곧을 직(直)	8획	곧다 바르다 펴다	五行
일찍 심은 벼 직(稙)	13획	일찍 심은 벼 올벼	金,木
❖진			
나아길 진(進)	12획	전진 나아가다	五行
나아갈 진(晋)	10획	나아가다 억누르다	〃
나아갈 진(晉)	10획	나아가다 억누르다	〃
진압할 진(鎭)	18획	진압하다 억누르다	金,金
참 진(眞)	10획	참 변하지 않다	五行
참 진(真)	10획	참 진실, 진리	〃
떨칠 진(振)	10획	떨치다 일어나다	〃

한자	획수	뜻	음양오행
평고대 진(桭)	11획	평고대 대청	金,木
보배 진(珍)	9획	보배 진귀하다	五行
지지 진(辰)	7획	地支의 5번	金,土
나루 진(津)	9획	나루 나루터 언덕	金,土
늘어놓을 진(陳)	11횟	늘어놓다 늘어서다	五行
볼 진(診)	12획	보다 엿보다 고하다	金,火
벼락 진(震)	15획	벼락 천둥 놀라다	金,木
줄 진(陣)	10획	줄 열 방비 둔영	金,土
벼 이름 진(秦)	10획	벼 나라 이름	金,木
티끌 진(塵)	14획	티끌 흙먼지 속세	金,土
다될 진(盡)	14획	다되다 끝나다	五行
수레 뒤턱 나무 진(軫)	12획	수레 수레 뒤턱	金,木
옥돌 진(璡)	16획	옥돌	金,金
아름다운 돌 진(瑨)	14획	돌	金,金
개암나무 진(榛)	14획	개암나무 덤불 잡풀	金,木
구휼할 진(賑)	14획	구휼 기민 먹이다	五行
꽂을 진(縉)	16획	꽂다 분홍빛	金,火
꽂을 진(搢)	13획	사이에 꽂다	金,木
많을 진(溱)	13획	많다 성하다	五行
홍역 진(疹)	10획	홍역 두창	金,金
성낼 진(嗔)	13획	성내다	金,火
눈을 부릅뜰 진(瞋)	15획	눈을 부릅뜨다	金,火
놀랄 진(唇)	10획	놀라다 놀라는 소리	金,火
다할 진(殄)	9획	다하다 끊다 죽이다	五行
두렁길 진(畛)	10획	두렁길 논두렁 경계	金,土
삼실 진(縝)	16획	삼실 촘촘하다 곱다	金,木
이를 진(臻)	16획	이르다 미치다	五行
더워질 진(陳)	15획	더워지다 사철 쑥	金,木
홑옷 진(袗)	10획	홑옷	金,木
매울 진(塡)	13획	채우다 메우다	金,土
귀막이 옥 진(瑱)	14획	귀막이 옥	金,水
복 받을 진(禛)	15획	복을 받다	五行
❖질			
바탕 질(質)	15획	바탕 성질 그대로	五行
병 질(疾)	10획	병 괴로움 질병	金,水
막을 질(窒)	11획	막다 가득 차다	五行

한자	획수	뜻	음양오행
차례 질(秩)	10획	차례 쌓다 녹 녹봉	〃
갈마들 질(迭)	9획	갈마들 지나가다	〃
넘어질 질(跌)	12획	넘어지다 비틀거리다	金,木
시기할 질(嫉)	13획	시기하다 미워하다	金,火
조카 질(姪)	9획	조카 이질 생질	金,木
꾸짖을 질(叱)	5획	꾸짖다 욕하다	金,金
새살 돋을 질(膣)	15획	새살이 돋나	金,土
차꼬 질(桎)	10획	차꼬 족쇄 속박	金,金
책갑 질(帙)	8획	책갑 책가위	金,木
거머리 질(蛭)	12획	거머리	金,水
어리석을 질(侄)	8획	어리석다 굳다	金,火
사람 이름 질(瓆)	19획	사람 이름	金,木
❖짐			
짐작할 짐(斟)	13획	짐작하다 머뭇거리다	金,火
나 짐(朕)	10획	나	金,木
❖집			
모을 집(輯)	16획	모으다 모이다	五行
모일 집(集)	12획	모이다 만나다	〃
잡을 집(執)	11획	잡다 지키다 가지다	〃
낳을 집(緝)	15획	낳다 잇다 길쌈하다	〃
세간 집(什)	4획	열 사람 집 세간	金,水
샘솟을 집(潗)	15획	샘솟다	金,水
판금 집(鏶)	20획	판금	金,金
❖징			
부를 징(徵)	15획	사람을 불러드리다	五行
혼날 징(懲)	19획	혼나다 혼내주다	金,火
맑을 징(澄)	15획	맑다	五行
❖차			
수레 차(車)	7획	수레 차	金,金
버금 차(次)	6획	버금 다음 둘째	五行
빌 차(借)	10획	빌다 빌리다 돕다	金,水
어긋날 차(差)	10획	어긋나다 실수	金,火
차 차(茶)	10획	차 씀바귀,방가지똥	金,木
막을 차(遮)	15획	막다 가로지르다	金,土
또 차(且)	5획	또 잠간 바야흐로	五行
이 차(此)	6획	이 이에 이곳 이것	〃

한자	획수	뜻	음양오행
깍지 낄 차(叉)	3획	깍지 끼다 엇갈리다	金,木
넘어질 차(蹉)	17획	넘어지다 실패	金,金
차자 차(箚)	14획	차자 상소문 찌르다	金,木
탄식할 차(嗟)	13획	탄식하다 감탄	金,水
우뚝 솟을 차(嵯)	13획	우뚝 솟다 울쑥불쑥	金,土
갈 차(磋)	15획	갈다 연마하다	金,金
실의할 차(侘)	8획	실의하다 뽐내다	金,木
비녀 차(釵)	11획	두 갈래로 낀 비녀	金,金
❖착			
붙을 착(着)	11획	붙다	五行
섞일 착(錯)	16획	섞이다 어지러워지다	〃
짤 착(搾)	13획	짜다 짜내다	金,金
잡을 착(捉)	10획	잡다	金,金
악착할 착(齪)	22획	악착 촉박	金,金
좁을 착(窄)	10획	좁다 닥치다 끼다	金,木
뚫을 착(鑿)	28획	뚫다 끊다 열다	金,火
❖찬			
도울 찬(贊)	19획	돕다 뵈다 뵙다	五行
도울 찬(賛)	15획	돕다 고하다 기리다	〃
기릴 찬(讚)	26획	기리다 칭찬하다	〃
빛날 찬(燦)	17획	빛나다 광휘	金,火
빛날 찬(璨)	17획	빛나다	金,火
먹을 찬(餐)	16획	먹다 음식물 반찬	金,水
반찬 찬(饌)	21획	반찬	金,水
제기 찬(瓚)	23획	제기 술그릇 옥잔	金,木
모을 찬(纂)	20획	모으다 붉은 끈	金,火
정미 찬(粲)	13획	정미 쌀, 밝다	金,木
이을 찬(纘)	25획	잇다	五行
지을 찬(撰)	15획	짓다 시문을 짓다	金,木
끌 찬(鑽)	27획	끌 뚫다 자르다	金,金
맑을 찬(澯)	16획	맑다	五行
숨을 찬(竄)	18획	숨다 숨기다	金,土
빼앗을 찬(篡)	16획	빼앗다 주살로 잡다	金,金
꼬챙이 찬(弗)	8획	꼬챙이 꼬치	金,金
❖찰			
살필 찰(察)	14획	살피다 조사하다	金,火

한자	획수	뜻	음양오행
비빌 찰(擦)	17획	비비다 마찰	金,火
패 찰(札)	5획	패찰 종이 편지	金,木
사찰 찰(刹)	8획	사찰 절 사원, 탑	金,土
감을 찰(紮)	11획	감다 매다 묶다	金,木
❖참			
간여할 참(參)	11획	간여하다 참여	五行
참혹할 참(慘)	14획	잠혹하다	金,金
벨 참(斬)	11획	베다 끊다	金,金
우두커니 설 참(站)	10획	우두커니 서다	金,木
뉘우칠 참(懺)	20획	뉘우치다 고백하다	金,木
구덩이 참(塹)	14획	구덩이 파다	金,土
부끄러울 참(慙)	15획	부끄럽다	金,金
부끄러울 참(慚)	14획	부끄럽다 수치	金,金
참소할 참(讒)	24획	참소하다 해치다	金,金
참람할 참(僭)	14획	참람하다 범하다	金,金
참서 참(讖)	24획	참서 비결 조짐	金,火
빌 참(僣)	14획	빌다 간사하다	金,水
❖창			
창성할 창(昌)	8획	창성하다 왕성하다	五行
비롯할 창(創)	12획	비롯하다 만들다	〃
창 창(窓)	11획	창 굴뚝	金,木
창 창(槍)	14획	창 무기 다다르다	金,木
곳집 창(倉)	10획	곳집 집,창고	金,水
노래 창(唱)	11획	노래 창 말을 꺼내다	金,火
밝을 창(彰)	14획	밝다 뚜렷하다 무늬	金,火
밝을 창(昶)	9획	밝다 환하다 통하다	金,火
푸를 창(蒼)	14획	푸르다 푸른색	金,木
펼 창(暢)	14획	펴다 진술하다 공포	五行
배부를 창(脹)	12획	배부르다 창자 대장	金,土
슬퍼한 창(廠)	13획	슬퍼하다 차다	金,水
찰 창(滄)	13획	차다 싸늘하다	金,水
몸 파는 여자 창(娼)	11획	몸 파는 여자 창녀	金,木
높을 창(敞)	12획	높다 높고 평평하다	金,火
창포 창(菖)	12획	창포	金,木
부스럼 창(瘡)	15획	부스럼 상처 종기	金,金
선창 창(艙)	16획	선창 선실	金,水

한자	획수	뜻	음양오행
불어날 창(漲)	14획	물이 불어나다	金,水
미쳐 날뛸 창(猖)	11획	미쳐 날뛰다	金,火
여광대 창(倡)	10획	여광대 가무 기생	金,火
❖채			
빚 채(債)	13획	빚 채무 빌리다	金,土
캘 채(採)	11획	캐다 묻힌 것을 캐다	金,土
캘 채(采)	8획	캐다 따다 가리다	金,土
거북 채(蔡)	15획	거북 티끌 풀숲	金,木
나물 채(菜)	12획	나물 푸성귀 반찬	金,木
무늬 채(彩)	11획	무늬 채색 고운 색	金,火
영지 채(埰)	11획	영지 무덤	金,土
비녀 채(釵)	11획	비녀	金,金
비단 채(綵)	14획	비단 무늬	金,木
울타리 채(砦)	10획	울타리 작은 성채	金,木
녹봉 채(寀)	11획	녹봉	金,土
울짱 채(寨)	14획	울짱 울타리 성채	金,木
꾸짖을 채(責)	11획	꾸짖다₩ 요구하다	金,火
❖책			
채찍 책(策)	12획	채찍 지팡이	金,木
꾸짖을 책(責)	11획	꾸짖다 요구하다	金,火
책 책(冊)	5획	책 꾀 권	金,木
울짱 책(柵)	9획	울짱 목책 성채	金,木
❖처			
살 처(處)	11획	살다 머물다 쉬다	金,水
아내 처(妻)	8획	아내 시집보내다	金,木
슬퍼할 처(悽)	11획	슬퍼하다	金,水
쓸쓸할 처(凄)	10획	쓸쓸하다	金,金
❖척			
주울 척(拓)	8획	줍다 꺾다	金,水
자 척(尺)	4획	자 법도 길이 법	五行
물리칠 척(斥)	5획	물리치다 가리키다	金,金
새 한 마리 척(隻)	10획	새 한 마리 한 사람	金,火
겨레 척(戚)	11획	겨레 슬퍼하다 도끼	金,木
씻다 척(滌)	14획	씻다 빨다 헹구다	金,水
오를 척(陟)	10획	오르다 올리다	金,火
등성마루 척(脊)	10획	등성마루 등뼈	金,金

한자	획수	뜻	음양오행
파리할 척(瘠)	15획	파리하다 여위다	金,金
던질 척(擲)	18획	던지다 버리다	金,火
바를 척(剔)	10획	바르다 뼈를 바르다	金,金
근심할 척(慽)	14획	근심하다 슬프다	金,水
찌를 척(刺)	8획	찌르다 가시 침	金,金
대범할 척(倜)	10획	대범하다 뛰어나다	金,火
밟을 척(蹠)	18획	밟다 나아가라	金,土
기지 척(坧)	8획	기지	金,水
❖천			
내 천(川)	3획	내 물귀신	金,水
하늘 천(天)	4획	하늘 태양 천체	金,火
일천 천(千)	3획	일천 천 번 많다	五行
일천 천(仟)	5획	일천	金,土
밟을 천(踐)	15획	밟다 걷다 실천하다	金,土
샘 천(泉)	9획	샘 땅에서 솟는 물	金,水
옮길 천(遷)	16획	옮기다 이동	五行
천할 천(賤)	15획	천하다 신분이 낮다	〃
천거할 천(薦)	17획	천거하다 거적 공물	金,水
뚫을 천(穿)	9획	뚫다 구멍이 나다	金,火
얕을 천(淺)	11획	얕다 좁다	金,水
열 천(闡)	20획	열다 밝히다 크다	五行
헐떡거릴 천(喘)	12획	헐떡거리다	金,火
두렁 천(阡)	6획	두렁 길 도로	金,土
멋대로 천(擅)	16획	멋대로 마음대로	五行
어그러질 천(舛)	6획	어그러지다 상치되다,	金,金
팔찌 천(釧)	11획	팔찌	金,金
그네 천(韆)	24획	그네	金,木
옥고리 천(玔)	7획	옥고리 옥팔찌	金,金
❖철			
쇠 철(鐵)	21획	쇠 단단하다	金,金
밝을 철(哲)	10획	밝다 총명하다	金,火
밝을 철(喆)	12획	밝다 총명하다	金,火
거둘 철(撤)	15획	거두다,치우다	金,土
물 맑을 철(澈)	15획	물이 맑다	金,水
통할 철(徹)	15획	통하다 뚫다 환하다	五行
꿰맬 철(綴)	14획	꿰매다 짓다	金,木

한자	획수	뜻	음양오행
바퀴 자국 철(轍)	19획	바퀴 자국 흔적 행적	金,木
볼록할 철(凸)	5획	볼록하다	金,土
그칠 철(輟)	15획	그치다 깁다 멈추다	金,土
깎을 철(剟)	10획	깎다 찌르다	金,金
❖첨			
더할 첨(添)	11획	더하다 보태다	金,水
더할 첨(沾)	8획	더하다 첨가하다	金,水
제비 첨(籤)	23획	제비 심지 미래기	金,火
뽀족할 첨(尖)	6획	뾰족하다 거칠다 끝	金,金
아첨할 첨(諂)	15획	아첨하다	金,火
볼 첨(瞻)	18획	보다 쳐다보다	金,火
달 첨(甛)	11획	달다 단맛	金,土
다 첨(僉)	13획	다 고르다 가려내다	五行
농 첨(簽)	19획	농 죽롱 찌 쪽지	金,木
이를 첨(詹)	13획	이르다 도달하다	五行
❖첩			
이길 첩(捷)	11획	이기다 승전	金,火
표제 첩(帖)	8획	표제 글귀 휘장	金,木
계집 첩(妾)	8획	계집	金,木
겹쳐질 첩(疊)	22획	겹쳐지다 포개다	五行
서판 첩(牒)	13획	서판 계보 공문서	金,木
염탐할 첩(諜)	16획	염탐하다 염탐꾼	金,火
붙을 첩(貼)	12획	붙다 붙이다 접근	金,木
문득 첩(輒)	14획	문득 갑자기 빈번	金,木
속눈썹 첩(睫)	13획	속눈썹 깜작이다	金,火
성가퀴 첩(堞)	12획	성가퀴 성 위의 담	金,土
❖청			
푸를 청(靑)	8획	푸르다 푸른색	金,木
푸를 청(青)	8획	푸르다 젊다	金,木
맑을 청(淸)	11획	맑다 빛이 선명하다	金,火
관청 청(廳)	25획	관청 마을 관아	金,水
청할 청(請)	15획	청하다 청탁 고하다	金,火
들을 청(聽)	22획	듣다 기다리다 받다	金,水
갤 청(晴)	12획	개다 비가 그치다	金,火
우거질 청(菁)	12획	우거지다 무성하다	金,木
청어 청(鯖)	19획	청어	金,水

한자	획수	뜻	음양오행
❖ 체			
몸 체(體)	23획	몸 신체 모양	五行
막힐 체(滯)	14획	막히다 빠지다 남다	金,土
쇠퇴할 체(替)	12획	쇠퇴하다 폐지하다	金,火
맺을 체(締)	15획	맺다 묶다 연결하다	金,木
갈마들 체(遞)	14획	갈마들다 번갈아	五行
미칠 체(逮)	12획	미치다 보내다	〃
살필 체(諦)	16획	살피다 조사	金,火
눈물 체(涕)	10획	눈물 눈물을 흘리다	金,水
머리 깎을 체(剃)	9획	머리를 깎다	金,木
끊을 체(切)	4획	끊다 고치다	五行
몸 체(体)	7획	몸 용렬하다	〃
❖ 초			
풀 초(草)	10획	풀 초원 잡초	金,木
처음 초(初)	7획	처음 시작 첫 최초	金,木
주춧돌 초(礎)	18획	주춧돌	金,金
넘을 초(超)	12획	넘다 뛰어넘다 밟다	金,火
부를 초(招)	8획	부르다 손짓 구하다	金,火
그을릴 초(焦)	12획	그을리다 애타다	金,火
산초나무 초(椒)	12획	산초나무 수추나무	金,木
초 초(秒)	9획	초 시각의 단위	五行
초석 초(硝)	12획	초석	〃
노략질 할 초(抄)	7획	노략질하다 뜨다	金,火
모형 초(楚)	13획	모형 가시나무	金,木
초 초(醋)	15획	초 술을 권하다 식초	金,木
닮을 초(肖)	7획	닮다 골상	金,木
망볼 초(哨)	10획	망보다 작다 잘다	金,火
물에 잠길 초(礁)	17획	물에 잠기다 바위	金,水
파초 초(蕉)	16획	파초 생마	金,木
나무 끝 초(梢)	11획	나무 끝 꼬리	金,木
초 초(酢)	12획	초 신맛 시다	金,木
땔나무 초(樵)	16획	땔나무	金,木
담비 초(貂)	12획	담비 족제빗과 동물	金,土
수척할 초(憔)	15획	수척하다 애태우다	金,金
볶을 초(炒)	8획	볶다 떠들다	金,火
초례 초(醮)	19획	초례 제사를 지내다	金,水

한자	획수	뜻	음양오행
벼줄기 끝 초(稍)	12획	벼줄기 끝 점점, 작다	金,木
노곤할 초(劋)	13획	노곤하다 괴롭다	金,金
풀 초(艸)	6획	풀	金,木
능소화 초(苕)	9획	능소화 갈대 이삭	金,木
❖촉			
재촉할 촉(促)	9획	재촉하다 다가오다	金,火
닿을 촉(觸)	20획	닿다 부딪치다	金,木
촛불 촉(燭)	17획	촛불 등불 화롯불	金,火
나라 이름 촉(蜀)	13획	나라 이름	金,土
부탁할 촉(囑)	24획	부탁하다 맡기다	金,火
우거질 촉(矗)	24획	우거지다 무성하다	金,木
❖촌			
마을 촌(村)	7획	마을 시골 촌스럽다	金,水
마을 촌(邨)	7획	마을 시골 촌스럽다	金,水
마디 촌(寸)	13획	마디 길이의 단위 치	金,木
헤아릴 촌(忖)	6획	헤아리다 미루어	金,火
❖총			
거느릴 총(總)	17획	거느리다 통괄하다	五行
총 총(銃)	14획	총	金,金
무덤 총(塚)	13획	무덤 산꼭대기	金,土
귀 밝을 총(聰)	17획	귀가 밝다 듣다	金,水
괼 총(寵)	19획	괴다 은혜 사랑하다	金,木
모일 총(叢)	16획	모이다	五行
모두 총(摠)	14획	모두 지배하다	金,金
바쁠 총(悤)	11획	바쁘다 급하다 밝다	金,火
바쁠 총(憁)	14획	바쁘다	金,火
차 총(蔥)	15획	파 푸성귀의 하나	金,木
❖촬			
취할 촬(撮)	15획	취하다 모으다 집다	金,木
잡을 촬(攥)	23획	잡다 쥐다	金,木
❖최			
높을 최(崔)	11획	높다 섞이다 성씨	金,火
가장 최(最)	12획	가장 제일 모두	五行
재촉할 최(催)	13획	재촉하다 막다	金,火
❖추			
쫓을 추(追)	10획	쫓다 구하다 내쫓다	金,金

한자	획수	뜻	음양오행
옳을 추(推)	11획	옳다 천거 추천	金,火
가을 추(秋)	9획	가을 결실 성숙한 때	金,金
뺄 추(抽)	8획	빼다 뽑다 당기다	金,木
떨어질 추(墜)	15획	떨어지다 잃다	金,金
송곳 추(錐)	16획	송곳 연장 바늘	金,金
달릴 추(趨)	17획	달리다 빨리 가다	金,火
지도리 추(樞)	15획	지도리 근본 고동	金,木
저울 추(錘)	16획	저울 무게의 단위	金,木
추할 추(醜)	17획	추하다 미워하다	金,金
개오동나무 추(楸)	13획	개오동나무 호두나무	金,木
나라이름 추(鄒)	13획	나라 이름	金,土
두목 추(酋)	9획	두목 익다 오래된 술	金,水
몽치 추(椎)	12획	몽치 망치 방망이	金,金
꼴 추(芻)	10획	꼴 건초	金,木
미꾸라지 추(鰍)	20획	미꾸라지 밟다	金,土
주름 추(皺)	15획	주름 마른 대추	金,金
사철쑥 추(萩)	13획	사철쑥 가래나무	金,木
병아리 추(雛)	18획	병아리 큰 새	金,火
다할 추(湫)	12획	다하다 바닥나다 늪	金,水
꾀할 추(諏)	15획	꾀하다 묻다	金,火
쇠망치 추(鎚)	18획	쇠망치 망치질 치다	金,金
마부 추(騶)	20획	마부 기사 승마	金,火

❖ 축

한자	획수	뜻	음양오행
쌓을 축(築)	16획	쌓다 성을 쌓다	金,水
쌓을 축(畜)	10획	쌓다 모으다 비축	金,火
쌓을 축(蓄)	14획	쌓다 포개다 모으다	金,水
줄일 축(縮)	17획	줄이다 수축	五行
찰 축(蹴)	19획	차다 좇다 발로 차다	金,土
빌 축(祝)	10획	빌다 기원하다	金,水
쫓을 축(逐)	11획	쫓다 내쫓다	五行
굴대 축(軸)	12획	굴대 북 두루마리	金,木
소 축(丑)	4획	소, 地支의 2번	金,土
대나무 축(竺)	8획	대나무 성씨	金,木
악기 이름 축(筑)	12획	악기 이름 줍다, 비파	金,木
대지를 축(蹙)	18획	대지르다 대들다	金,金

한자	획수	뜻	음양오행
❖ 춘			
봄 춘(春)	9획	봄 젊은 때 시절	金,木
참죽나무 춘(椿)	13획	참죽나무	金,木
옥 이름 춘(瑃)	13획	옥	金,金
넉넉할 춘(賰)	16획	넉넉하다	金,水
❖ 출			
날 출(出)	5획	나다 나타나다	五行
물리칠 출(黜)	17획	물리치다 물러나다	金,金
차조 출(朮)	5획	차조 조 삽주	金,金
❖ 충			
충성 충(忠)	8획	충성 진심 진실	五行
찰 충(充)	5획	차다 채우다 막다	〃
벌레 충(蟲)	18획	벌레 곤충의 총칭	金,金
찌를 충(衝)	15획	찌르다 향하다	金,金
빌 충(沖)	7획	비다 공허 가운데	五行
빌 충(冲)	6획	비다 공허 가운데	〃
속마음 충(衷)	10획	속마음	金,木
❖ 췌			
모일 췌(萃)	12획	모이다 이르다	金,木
췌장 췌(膵)	16획	췌장 소화기의 하나	金,土
파리할 췌(悴)	11획	파리하다 근심	金,金
혹 췌(贅)	18획	혹 군더더기	金,土
❖ 취			
취할 취(取)	8획	취하다 돕다	五行
이룰 취(就)	12획	이루다 나아가다	〃
모일 취(聚)	14획	모이다 모여들다	〃
취할 취(醉)	15획	취하다 취기	金,火
달릴 취(趣)	15획	달리다 향하다	金,火
달릴 취(驟)	24획	달리다 빠르다	金,火
불 취(吹)	7획	불다 부추기다 바람	金,木
냄새 취(臭)	10획	냄새	金,金
물총새 취(翠)	14획	물총새 비취색 꽁지	金,火
불 땔 취(炊)	8획	불 때다 불다	金,火
무를 취(脆)	10획	무릎 약하다 무르다	金,木
수리 취(鷲)	23획	독수리 수리	金,火
부리 취(嘴)	15획	부리 주둥이	金,金

한자	획수	뜻	음양오행
장가들 취(娶)	11획	장가들다	金,木
❖측			
곁 측(側)	11획	곁 옆 가	五行
잴 측(測)	12획	재다 헤아리다	金,木
슬퍼할 측(惻)	12획	슬퍼하다	金,水
기울 측(仄)	4획	기울다 우뚝 솟다	金,土
뒷간 측(廁)	11획	뒷간 버금 곁	金,水
❖층			
층 층(層)	15획	층 계단	金,木
❖치			
다스릴 치(治)	8획	다스리다 관리 평정	五行
둘 치(置)	13획	두다 용서하다	金,水
값 치(値)	10획	값 값하다 가지다	金,水
보낼 치(致)	10획	보내다 바치다	五行
이 치(齒)	15획	이 치아 이빨 나이	金,金
부끄러울 치(恥)	10획	부끄럽다, 창피	金,金
어릴 치(稚)	13획	어리다 어린 벼	金,木
어릴 치(穉)	16획	어리다 어린 벼	金,木
성할 치(熾)	16획	성하다 불길이 세다	金,火
우뚝 솟을 치(峙)	9획	우뚝 솟다 언덕, 쌓다	金,土
꿩 치(雉)	13획	꿩	金,火
사치할 치(侈)	8획	사치하다 거만 분수	金,火
밸 치(緻)	15획	배다 꼼꼼하다 깁다	金,木
달릴 치(馳)	13획	달리다 질주 쫓다	金,火
어리석을 치(痴)	13획	어리석다 미치광이	金,火
어리석을 치(癡)	19획	어리석다, 미치광이	金,火
어리석을 치(蚩)	10획	어리석다	金,火
기 치(幟)	15획	기 표식 깃발	金,木
검은빛 치(淄)	11획	검은빛 검게 물들다	金,水
치자나무 치(梔)	11획	치자나무	金,木
검은 비단 치(緇)	14획	검은 비단 검은 옷	金,木
웃을 치(嗤)	13획	웃다 비웃다	金,火
치질 치(痔)	11획	치질	金,水
짐수레 치(輜)	15획	짐수레	金,金
❖칙			
법칙 칙(則)	9획	법칙 곧 법 본받다	五行

한자	획수	뜻	음양오행
조서 칙(勅)	9획	조서 타이르다	金,火
신칙할 칙(飭)	13획	신칙하다 경계하다	金,金
❖친			
친할 친(親)	16획	친하다 사랑하다	金,木
❖칠			
일곱 칠(七)	2획	일곱 7	金,火
옻 칠(漆)	14획	옻 옻칠 검은 칠	金,水
일곱 칠(柒)	9획	일곱 문체 이름	金,火
❖침			
침노할 침(侵)	9획	침노하다 습격하다	金,金
바늘 침(針)	10획	바늘 재봉	金,金
가라앉을 침(沈)	7획	가라앉다 빠지다	金,水
담글 침(浸)	10획	담그다 스며들다	金,水
잠잘 침(寢)	14획	잠자다 눕다	金,水
배게 침(枕)	8획	베개 잠자다 잠	金,水
침 침(鍼)	17획	침 바늘 찌르다	金,金
다듬잇돌 침(砧)	10획	다듬잇돌	金,金
보배 침(琛)	12획	보배 옥	金,金
❖칩			
숨을 칩(蟄)	17획	숨다 틀어박히다	金,水
❖칭			
일컬을 칭(稱)	14획	일컫다 이르다	五行
저울 칭(秤)	10획	저울	金,木
❖쾌			
쾌할 쾌(快)	7획	쾌하다	木,火
쾌 쾌(夬)	4획	결단하다 정하다	木,金
❖타			
다를 타(他)	5획	다르다 다른	五行
칠 타(打)	5획	치다 때리다	火,金
떨어질 타(墮)	15획	떨어지다 무너지다	火,金
온당할 타(妥)	7획	온당하다 편히 앉다	火,水
비탈질 타(陀)	8획	비탈지다 험하다	火,金
길쭉할 타(楕)	13획	길쭉하다	火,木
뱉을 타(唾)	11획	침 침을 뱉다	火,水
낙타 타(駝)	15획	낙타 타조 곱사	火,金
게으를 타(惰)	12획	게으르다 불경스럽다	火,木

한자	획수	뜻	음양오행
키 타(舵)	11획	키 곡식을 고르는 키	火,木
늘어질 타(朶)	6획	늘어지다	火,木
꾸짖을 타(咤)	9획	꾸짖다 혀를 차다	火,金
끌 타(拖)	8획	끌다 당기다	五行
실을 타(馱)	13획	싣다 태우다	火,金
언덕 타(坨)	9획	언덕	火,土
❖ 탁			
부탁할 탁(託)	10획	부탁하다 당부	五行
높을 탁(卓)	8획	높다 뛰어나다 서다	火,木
흐릴 탁(濁)	16획	흐리다 흐림 어두움	火,土
방울 탁(鐸)	21획	방울 풍경	火,金
씻을 탁(濯)	17획	씻다 크다 빛나다	火,水
뽑을 탁(擢)	17획	뽑다 뽑아내다	火,金
쫄 탁(琢)	12획	쪼다	火,金
쫄 탁(啄)	11획	쪼다	火,水
밀을 탁(托)	6획	밀다 밀어내다	火,金
클 탁(倬)	10획	크다 밝다 높다	五行
열 탁(柝)	9획	열다 펼치다 딱따기	火,火
터질 탁(坼)	8획	터지다 갈라지다	火,火
밝을 탁(晫)	12획	밝다	火,火
사람 이름 탁(琸)	12획	사람 이름	火,木
❖ 탄			
숯 탄(炭)	9획	숯 석탄 재	火,木
탄알 탄(彈)	15획	탄알 열매	火,金
여울 탄(灘)	22획	여울 물가 소금밭	火,水
탄식할 탄(嘆)	14획	탄식하다	火,金
탄생할 탄(誕)	14획	태어나다 속이다	五行
읊을 탄(歎)	15획	읊다 노래 한숨	火,火
터질 타(綻)	14획	옷이 터지다,	火,木
평평할 탄(坦)	8획	평평하다 편하다	火,金
삼킬 탄(呑)	7획	삼키다 싸다 감추다	火,水
꺼릴 탄(憚)	15획	꺼리다	火,金
❖ 탈			
벗을 탈(脫)	11획	벗다 옷을 벗기다	火,木
빼앗을 탈(奪)	14획	빼앗다 잃다	火,金

한자	획수	뜻	음양오행
❖탐			
찾을 탐(探)	11획	찾다	火,火
즐길 탐(耽)	10획	즐기다	火,火
탐할 탐(貪)	11획	탐하다 더듬어 찾다	火,火
노려볼 탐(眈)	9획	노려보다	火,火
❖탑			
탑 탑(塔)	13획	탑	火,金
탈 탑(搭)	13획	타다 수레	火,金
걸상 탑(榻)	14획	걸상 의자	火,木
❖탕			
넘어질 탕(湯)	12획	넘어지다 쓰러지다	火,金
쓸어버릴 탕(蕩)	16획	쓸어버리다	火,水
방탕할 탕(宕)	8획	방탕하다 거칠다	火,金
금고 탕(帑)	8획	금고 처자 자손	火,木
❖태			
클 태(太)	4획	크다 심히 매우	五行
클 태(泰)	10획	크다 넉넉하다	〃
모양 태(態)	14획	모양 형상 몸짓	〃
아이 밸 태(胎)	9획	아이를 배다, 잉태	火,水
빛날 태(兑)	7획	빛나다 기름지다	五行
이끼 태(苔)	9획	이끼	火,木
별 태(台)	5획	별 나 기쁘다	五行
위태로울 태(殆)	9획	위태롭다 해치다	火,金
사치할 태(汰)	7획	사치하다	火,火
태풍 태(颱)	14획	태풍	火,木
개으를 태(怠)	9획	게으르다 업신여기다	火,木
볼기칠 태(笞)	11획	볼기를 치다 태형	火,金
나라이름 태(邰)	8획	나라 이름 태나라	火,土
밟을 태(跆)	12획	밟다 짓밟다	火,金
❖택			
집 택(宅)	6획	댁 집 대지	火,水
못 택(澤)	16획	못 진펄 늪	火,水
가릴 택(擇)	16획	가리다 고르다	火,土
❖탱			
버팀목 탱(撐)	15획	버팀목 버티다	火,木

한자	획수	뜻	음양오행
❖터			
펼 터(攄)	18획	펴다 생각하다	火,火
❖토			
흙 토(土)	3획	흙 땅 오행의 하나	火,土
칠 터(討)	10획	치다 벌하다	火,金
토끼 토(兎)	7획	토끼	火,木
토할 토(吐)	6획	토하다 털어놓다	火,木
❖통			
통할 통(通)	11획	통하다 꿰뚫다	五行
큰 줄기 통(統)	12획	큰 줄기 혈통 핏줄	〃
아플 통(痛)	12획	아프다 앓다	火,金
통 통(桶)	11획	통 물건을 담는 통	火,木
대롱 통(筒)	12획	대롱	火,木
서럽게 울 통(慟)	14획	서럽게 울다	火,金
❖퇴			
물러날 퇴(退)	10획	물러나다ₓ 피하다	五行
언덕 퇴(堆)	11획	언덕 높이 쌓다	火,土
무너질 퇴(頹)	16획	무너지다 무너트리다	火,金
바랠 퇴(褪)	15획	빛이 바래다	火,土
넓적다리 퇴(腿)	14획	넓적다리 정강이	火,木
❖투			
던질 투(投)	7획	던지다 주다 보내다	五行
싸울 투(鬪)	20획	싸우다 다투다	〃
통할 투(透)	11획	통하다 극에 달하다	〃
강생할 투(妬)	8획	강샘 시샘 시기하다	火,火
훔칠 투(偸)	11획	훔치다 가볍다	火,金
덮개 투(套)	10획	덮개 한 벌	火,土
❖특			
수컷 특(特)	10획	수컷	火,木
사특할 특(慝)	15획	사특하다 간사하다	火,金
❖틈			
엿볼 틈(闖)	18획	엿보다	火,火
❖파			
물결 파(波)	8획	물결	土,水
물갈래 파(派)	9획	물갈래 갈라지다	五行
깨트릴 파(破)	10획	깨트리다 깨다	〃

한자	획수	뜻	음양오행
잡을 파(把)	7획	잡다 쥐다 손잡이	土,木
땅 이름 파(巴)	4획	땅 이름 바라다	土,土
뿌릴 파(播)	15획	뿌리다 퍼트리다	土,金
할미 파(婆)	11획	할미 늙은 여자	土,木
비파 파(琶)	12획	비파	土,水
고개 파(坡)	8획	고개 비탈 둑	土,土
자못 파(頗)	14획	자못 조금 약간	五行
파초 파(芭)	8획	파초 향초 풀 이름	土,木
긁을 파(爬)	8획	긁다 기다	土,金
방면할 파(罷)	15획	방면하다 그치다	土,火
절름발이 파(跛)	12획	절름발이 절뚝거리다	土,木
비파나무 파(杷)	8획	비파나무 갈퀴	土,木
열릴 파(擺)	18획	열리다 벌여놓다	土,火
❖판			
판가를 판(判)	7획	판가름 나누다 구별	土,火
널빤지 판(板)	8획	널빤지 판목 딱따기	土,木
널 판(版)	8획	널 널빤지	土,木
팔 판(販)	11획	팔다 사다 매매하다	土,土
외씨 판(瓣)	19획	외씨 꽃잎 외씨의 핵	土,木
비탈 판(阪)	7획	비탈 둑 제방	土,土
비탈 판(坂)	7획	비탈 둑 제방	土,土
힘쓸 판(辦)	16획	힘쓰다 갖추다	土,金
금박 판(鈑)	12획	금박	土,金
❖팔			
팔 팔(八)	2획	8 여덟 8번	土,木
입 벌릴 파(叭)	5획	입 벌리다 나팔	土,火
깨트릴 팔(捌)	10획	깨트리다 쳐부수다	土,金
❖패			
깨트릴 패(敗)	11획	깨트리다 무너지다	五行
으뜸 패(覇)	19획	으뜸	〃
조개 패(貝)	7획	조개 돈	土,金
패 패(牌)	12획	패 방 명찰 간판	土,木
찰 패(佩)	8획	차다 노리개 지니다	土,木
이리 패(狽)	10획	이리	土,金
피 패(稗)	13획	피 화본과	土,木
찬불 패(唄)	10획	찬불 염불 소리	土,火

한자	획수	뜻	음양오행
늪 패(沛)	7획	늪 습지 성대한 모양	土,水
강 이름 패(浿)	10획	강 이름	土,水
어지러울 패(悖)	10획	어지럽다	土,火
❖팽			
성씨 팽(彭)	12획	성씨 나라 이름	土,土
부풀 팽(膨)	16획	부풀다	土,水
물소리 팽(澎)	15획	물이 부딪치는 소리	土,水
삶을 팽(烹)	11획	삶다 익힌 음식	土,水
❖팍			
괴팍할 팍(愎)	12획	괴팍하다	土,金
❖편			
엮을 편(編)	15획	엮다 기록하다, 맺다	土,木
편할 편(便)	9획	편하다 문득, 소식	土,水
책 편(篇)	15획	책	土,木
조각 편(片)	4획	조각 한쪽	土,木
치우칠 편(偏)	11획	치우치다 반 절반	五行
채찍 편(鞭)	18획	채찍 매질하다	土,金
두루 편(遍)	13획	두루 골고루 미치다	五行
넓적할 편(扁)	9획	넓적하다 납작하다	土,木
날 편(翩)	15획	날다 빨리 나부끼다	土,火
속일 편(騙)	19획	속이다 기만하다	土,火
❖폄			
넘어질 폄(貶)	12획	넘어트리다	土,金
❖평			
평평할 평(平)	5획	평평하다 다스리다	五行
평평할 평(坪)	8획	땅의 평 숫자	土,土
품평 평(評)	12획	품평	五行
부평초 평(萍)	12획	부평초 개구리밥	土,木
바둑판 평(枰)	9획	바둑판	土,木
물소리 평(泙)	8획	물	土,水
❖폐			
폐할 폐(廢)	15획	폐하다 그만두다	土,金
닫을 폐(閉)	11획	닫다 막히다 잠그다	土,水
허파 폐(肺)	8획	허파 폐장	土,金
해질 폐(弊)	15획	해지다 옷이 낡다	土,木
비단 폐(幣)	15획	비단 폐백 재물	土,木

한자	획수	뜻	음양오행
섬돌 폐(陛)	10획	섬돌 계단 순서	五行
덮을 폐(蔽)	16획	덮다 싸다 숨기다	土,土
짖을 폐(吠)	7획	개가 짖다	土,火
넘어질 폐(斃)	18획	넘어지다 쓰러지다	土,金
사랑할 폐(嬖)	16획	사랑하다 친압하다	土,木
해질 폐(敝)	12획	해지다 깨지다	土,金
❖ 포			
개 포(浦)	10획	개 바닷가 조수	土,水
쌀 포(包)	5획	싸다 쌀자루 보따리	土,木
태보 포(胞)	9획	태보 배 삼 종기	土,木
베 포(布)	5획	베 피류 펴다 깔다	土,木
사로잡을 포(捕)	10획	사로잡다 구하다	土,金
돌쇠뇌 포(砲)	10획	돌쇠뇌 대포	土,金
포도 포(葡)	13획	포도 갖추다	土,金
던질 포(抛)	8획	던지다 버리다	五行
두려울 포(怖)	8획	두렵다 떨다	土,金
안을 포(抱)	8획	안다 품 품에 안다	五行
물릴 포(飽)	14획	물리다 싫증나다	土,水
펼 포(鋪)	15획	펴다 베풀다	土,金
거품 포(泡)	8획	거품 물거품	土,水
밭 포(圃)	10획	밭 들일	土,金
부들 포(蒲)	14획	부들 향포 창포	土,木
포 포(脯)	11획	포 저미어 말린 것	土,土
먹을 포(哺)	10획	먹다 먹이다	土,水
핫옷 포(袍)	10획	겨울옷 도포 상복	土,木
박 포(匏)	11획	박 바가지 악기	土,木
기릴 포(襃)	15획	기리다	土,木
절인 어물 포(鮑)	16획	절인 어물 전복	土,水
펼 포(佈)	7획	펴다	五行
길 포(匍)	9획	기다 엉금엉금 기다	土,木
천연두 포(疱)	10획	천연두 마마	土,金
그령 포(苞)	9획	산딸기 밑동	土,木
달아날 포(逋)	11획	달아나다 체포	土,金
사나울 포(暴)	15획	사납다 난폭하다	土,火
❖ 폭			
사나울 폭(暴)	15획	사납다 해치다	土,火

한자	획수	뜻	음양오행
터질 폭(爆)	19획	터지다 폭발하다	土,火
폭 폭(幅)	12획	폭 단위 너비 넓이	五行
폭포 폭(瀑)	18획	폭포 소나기 거품	土,水
쬘 폭(曝)	19획	햇볕에 쬐어 말리다	土,火
바퀴살 폭(輻)	16획	바퀴살 모이다	土,金
❖표			
겉 표(表)	8획	겉 거죽 외면	土,
우듬지표 표(標)	15획	우듬지 끝	土,木
불똥 튈 표(票)	11획	불똥 튀다 흔들리다	土,火
자루 표(杓)	7획	자루 구기의 자루	土,木
떠돌 표(漂)	14획	떠돌다 물레 떠돌다	土,水
무늬 표(彪)	11획	무늬 호피 밝히다	土,金
표범 표(豹)	10획	표범	土,金
날랠 표(慓)	14획	날래다 빠르다	土,火
흩을 표(俵)	10획	흩다 나누어주다	五行
박 표(瓢)	16획	박 바가지 표주박	土,木
회오리바람 표(飄)	20획	회오리바람 질풍	土,木
빠를 표(剽)	13획	빠르다 표독 협박	土,火
폭풍 표(飈)	21획	폭풍 회오리바람	土,木
표절따 표(驃)	21획	표절 표마	土,火
❖품			
물건 품(品)	9획	물건 품별하다 사물	五行
줄 품(稟)	13획	주다₩ 내려주다 녹	〃
❖풍			
풍성할 풍(豊)	13획	풍성하다 풍년 예도	五行
바람 풍(風)	9획	바람 바람이 불다	土,木
단풍나무 풍(楓)	13획	단풍나무	土,木
욀 풍(諷)	16획	외다 풍자 풍간	土,火
성 풍(馮)	12획	타다 오르다	土,火
❖피			
가죽 피(皮)	5획	가죽 껍질 거죽 겉	土,金
이불 피(被)	10획	이불 잠옷 미치다	土,木
피할 피(避)	17획	피하다 회피	五行
지칠 피(疲)	10획	지치다 피로 병	土,金
저 피(彼)	8획	저 저것 저 사람 그	五行
나눌 피(披)	8획	나누다 쪼개다 열다	〃

한자	획수	뜻	음양오행
비탈 피(陂)	8획	비탈 고개	土,金
간사할 피(佊)	7획	간사하다	土,火
❖필			
반드시 필(必)	5획	반드시 꼭 틀림없이	五行
도울 필(弼)	12획	돕다 도지개	土,水
붓 필(筆)	12획	붓 쓰다	土,木
샘물 흐르는 모양 필(泌)	8획	샘물이 흐르는 모양	土,水
마칠 필(畢)	11획	마치다 끝내다 모두	五行
필 필(匹)	4획	필 짝 벗 맞이하다	〃
필 필(疋)	5획	필 바르다 발 벼슬	〃
칼 장식 옥 필(珌)	8획	칼 장식 옥	土,金
향기로울 필(苾)	9획	향기롭다 채소	土,木
향기로울 필(馝)	14획	향기롭다	土,金
향기로울 필(邲)	8획	향기롭다 말이 많다	土,火
점잖을 필(佖)	7획	점잖다 가득 차다	土,金
❖핍			
가난할 핍(乏)	5획	가난하다 고달프다	土,金
❖하			
강 하(河)	8획	강 내 황하 운하	水,水
아래 하(下)	3획	아래 뒤 아랫사람	五行
여름 하(夏)	10획	여름 하안거	水,火
연 하(荷)	11획	연 책망 규탄	水,火
어찌 하(何)	7획	어찌 무엇 얼마	五行
하례 하(賀)	12획	하례 경축 경사	〃
노을 하(霞)	17획	노을 이내 멀다	水,金
처마 하(嗬)	13획	처마 큰집	水,水
멀 하(遐)	13획	멀다 멀리하다	五行
새우 하(蝦)	15획	새우 두꺼비	水,水
새우 하(鰕)	20획	새우 도롱뇽 고래	水,水
티 하(瑕)	13획	티 옥에 티 허물	水,金
읊을 하(昰)	9획	읊다 여름 다스리다	水,火
큰 집 하(廈)	12획	큰 집 헐소청 곁방	水,水
❖학			
배울 학(學)	16획	배우다 학문 학자	五行
학 학(鶴)	21획	학 두루미	水,火
사나울 학(虐)	9획	사납다 해치다	水,金

한자	획수	뜻	음양오행
희롱할 학(謔)	17획	희롱거리다 농담	水,火
골 학(壑)	17획	골짜기 도랑 골	水,土
❖한			
나라 이름 한(韓)	17획	나라 이름 삼한 한국	五行
한수 한(漢)	14획	한수 강 은하수	〃
한계 한(限)	9획	한계 지경 경계	〃
찰 한(寒)	12획	차나 차갑다 얼다	水,火
날개 한(翰)	16획	날개 금계 비상	水,火
한 한(恨)	9획	한 원한 원통하다	水,金
막힐 한(閑)	12획	막다 막히다	水,土
가물 한(旱)	7획	가물다 가뭄 뭍	水,火
땀 한(汗)	6획	땀 땀을 흘리다	水,火
빨 한(澣)	16획	빨다 빨래하다	水,水
고을 이름 한(邯)	8획	고을 이름 조나라	水,土
틈 한(閒)	12획	틈 사이 들이다	水,火
그물 한(罕)	7획	드물다 새그물 기	水,木
사나울 한(悍)	10획	사납다 성급하다	水,火
넓고 큰 모양 한(瀚)	19획	넓고 큰 모양	五行
❖할			
나눌 할(割)	12획	나누다 쪼개다	五行
비녀 할(轄)	17획	비녀 관장하다	水,金
❖함			
다 함(咸)	9획	다 모두 두루	五行
머금을 함(含)	7획	머금다 넣다 품다	〃
군함 함(艦)	20획	군함 싸우는 배	水,金
함 함(函)	8획	함 상자 편지 갑옷	水,木
빠질 함(陷)	11획	빠지다 떨어지다	水,金
소리 함(喊)	12획	소리 고함	水,火
재갈 함(啣)	11획	재갈 머금다 받다	水,金
젖을 함(涵)	11획	젖다 적시다 담그다	水,水
봉할 함(緘)	15획	봉하다 새끼줄	水,木
우리 함(檻)	18획	우리 덫 올무	水,金
짤 함(鹹)	20획	짜다 짠맛 소금기	水,水
❖합			
합 합(合)	6획	합하다 여럿이	五行
합 합(盒)	11획	합 찬합	水,金

한자	획수	뜻	음양오행
대합조개 합(蛤)	12획	대합조개 개구리	水,水
쪽문 합(閤)	14획	쪽문 규방	水,木
땅 이름 합(陜)	10획	땅 이름	水,土
물고기 많은 모양 합(哈)	9획	물고기가 많은 모양	水,水
문짝 합(闔)	18획	문짝 문을 닫다	水,木
❖항			
항구 항(港)	12획	항구 도랑 뱃길	水,水
막을 항(抗)	7획	막다 저지하다	水,土
항상 항(恒)	9획	항상 언제나 늘	五行
배 항(航)	10획	배 건너다	水,木
목 항(項)	12획	나무 관의 뒤쪽 크다	水,木
목 항(亢)	4획	목 목구멍	水,金
내릴 항(降)	9획	내리다 항복하다	五行
넓을 항(沆)	7획	넓다	水,水
똥구멍 항(肛)	7획	항문 똥구멍	水,水
건널 항(杭)	8획	건너다 물을 건어다	水,水
항아 항(姮)	9획	항아 달에 사는 미인	水,木
항아 항(嫦)	14획	항아 姮의 속자	水,木
거리 항(巷)	9획	거리 복도 도로 길	水,土
차꼬 항(桁)	10획	차꼬 도리	水,木
항아리 항(缸)	9획	항아리 질그릇	水,土
짝 항(伉)	6획	짝 굳세다 맞서다	水,木
❖해			
바다 해(海)	10획	바다 바닷물	水,水
풀 해(解)	13획	풀다 해부 벗기다	五行
해로울 해(害)	10획	해치다 손해 훼방	〃
그 해(該)	13획	그 갖추다	五行
돼지 해(亥)	6획	돼지 地支의 12번	水,木
어린아이 웃을 해(咳)	9획	어린아이가 웃다	水,火
화해할 해(諧)	16획	화해하다 화합하다	水,火
뼈 해(骸)	16획	뼈 해골 정강이뼈	水,金
놀랄 해(駭)	16획	놀라다 어지럽다	水,火
어찌 해(奚)	10획	어찌 어느 무엇	五行
게 해(蟹)	19획	게	水,水
함께 해(偕)	11획	함께 굳세다	五行

한자	획수	뜻	음양오행
만날 해(邂)	17획	만나다 마주치다	〃
지경 해(垓)	9획	지경 경계 끝	水,土
어린아이 해(孩)	9획	어린아이	水,木
게으를 해(懈)	16획	게으르다 느슨하다	水,木
나무이름 해(楷)	13획	나무이름 본보기	水,木
이슬 기운 해(瀣)	19획	이슬기운	水,水
웃을 해(咍)	8획	웃다 비웃다	水,火
❖ 핵			
씨 핵(核)	10획	씨 씨앗	水,木
캐물을 핵(劾)	8획	캐묻다 심문 조서	水,火
❖ 행			
갈 행(行)	6획	가다 걷다 나아가다	五行
다행 행(幸)	8획	다행 행복 행운	〃
살구나무 행(杏)	7획	살구나무	水,木
요행 행(倖)	10획	요행 간사 아첨	水,火
마름 행(荇)	10획	마름 물풀	水,木
기운 행(涬)	11획	기운 끌어당기다	五行
❖ 향			
향할 향(向)	6획	향하다 구하다 창	五行
향할 향(嚮)	19획	향하다 접대 권하다	〃
울릴 향(響)	22획	울리다 음향 명성	〃
향기 향(香)	9획	향기 향기롭다 소리	〃
시골 향(鄕)	13획	시골 마을 장소 곳	水,土
누릴 향(享)	8획	누리다 드리다	水,水
잔치 향(饗)	22획	잔치 연회 대접	水,火
옥 이름 향(珦)	10획	옥	水,金
건량 향(餉)	15획	건량 도시락 군량	水,水
여자 이름 향(婳)	9획	여자이름	水,木
사향 사슴 향(麕)	20획	사향 사슴	水,金
❖ 허			
허락할 허(許)	11획	허락하다 승인 약속	水,火
빌 허(虛)	12획	비다 없다 비우다	水,火
언덕 허(墟)	15획	언덕 터 옛터 기슭	水,土
불 허(噓)	14획	불다 울다	水,火
❖ 헌			
법 헌(憲)	16획	법 가르침 깨우침	五行

한자	획수	뜻	음양오행
바칠 헌(獻)	20획	바치다	〃
추녀 헌(軒)	10획	추녀 처마 집 가옥	水,水
나무이름 헌(櫶)	20획	나무이름	水,木

❖ 헐

한자	획수	뜻	음양오행
쉴 헐(歇)	13획	쉬다 휴식 비다	水,水

❖ 험

한자	획수	뜻	음양오행
증험할 험(驗)	23획	증험 증거 효능	五行
험할 험(險)	16획	험하다 높다 깊다	水,火

❖ 혁

한자	획수	뜻	음양오행
가죽 혁(革)	9획	가죽 피부 투구 북	水,金
붉을 혁(赫)	14획	붉다	水,火
붉을 혁(爀)	18획	불빛이 붉은 모양	水,火
클 혁(奕)	9획	크다 아름답다 차례	水,火
밝을 혁(焃)	11획	밝다 붉다 빛나다	水,火
불꽃 혁(焱)	12획	불이 세차게 타다	水,火

❖ 현

한자	획수	뜻	음양오행
나타날 현(現)	11획	나타나다 나타내다	五行
나타날 현(顯)	23획	나타나다 영달하다	〃
나타날 현(顕)	18획	나타나다	〃
솔 귀고리 현(鉉)	13획	솔 귀고리 활시위	水,金
어질 현(賢)	15획	어질다 착하다	五行
검을 현(玄)	5획	검다 검은빛	水,水
매달 현(縣)	16획	매달다	水,金
매달 현(懸)	20획	매달다 매달리다	水,金
재 현(峴)	10획	재 고개 산 이름	水,土
시위 현(弦)	8획	시위 활시위	水,金
빛날 현(炫)	16획	빛나다 비추다	水,火
악기 줄 현(絃)	11획	악기 줄 거문고 줄	水,木
아찔할 현(眩)	10획	아찔하다 현혹하다	水,火
무늬 현(絢)	12획	무늬 문채 빠르다	水,火
뱃전 현(舷)	11획	뱃전	水,木
팔 현(衒)	11획	팔다 행상 자랑	水,土
팔 현(怰)	8획	팔다	水,土
염탐할 현(俔)	9획	염탐하다 비유하다	水,火
햇살 현(晛)	11획	햇살 해가 나타나다	水,火
햇빛 현(昡)	9획	햇빛	水,火

한자	획수	뜻	음양오행
빛날 현(泫)	8획	빛나다	水,火
옥돌 현(玹)	9획	옥돌	水,金
총명할 현(儇)	15획	총명하다 빠르다	水,火
소리 현(呟)	8획	소리	水,火
불거진 눈 현(睍)	12획	불거진 눈 훔쳐보다	水,火
슬기로울 현(譞)	20획	슬기롭다 영특하다	水,火
❖혈			
폐 혈(血)	6획	피, 물들이다 혈족	水,火
구멍 혈(穴)	5획	구멍 움 구덩이 혈	五行
머리 혈(頁)	9획	머리 목 목덜미	水,木
외로울 혈(孑)	3획	외롭다 나머지 짧다	五行
❖혐			
싫어할 혐(嫌)	13획	싫어하다 의심	五行
❖협			
맞이할 협(協)	8획	맞다 화합 적합	五行
옆구리 협(脅)	10획	옆구리 갈빗대 곁	水,金
옆구리 협(脇)	10획	옆구리 갈빗대 곁	水,金
골짜기 협(峽)	10획	골짜기 산골짜기	水,土
좁을 협(狹)	10획	좁다 좁아지다	水,火
좁을 협(陜)	10획	좁다 산골짜기	水,土
호협할 협(俠)	9획	호협하다 가볍다	水,火
두루 미칠 협(浹)	10획	두루 미치다 퍼지다	五行
낄 협(挾)	10획	끼다 끼우다	水,木
낄 협(夾)	7획	끼다 부축하다	水,木
집게 협(鋏)	15획	집게 가위 칼 장검	水,金
풀 열매 협(莢)	11획	풀 열매 콩깍지	水,木
뺨 협(頰)	16획	뺨	水,木
화할 협(冾)	8획	화하다	水,火
❖형			
모양 형(形)	7획	모양 몸 육체 형세	五行
거푸집 형(型)	9획	거푸집 본보기 모범	〃
맏형(兄)	5획	맏이 형 윗사람	〃
저울대 형(衡)	16획	저울대	水,木
형벌 형(刑)	6획	형벌 죽이다	水,金
빛날 형(炯)	9획	빛나다 밝다	水,火
형통할 형(亨)	7획	형통하다	五行

한자	획수	뜻	음양오행
향기 형(馨)	20획	향기	水,金
개똥벌레 형(螢)	16획	개똥벌레	水,金
노리개 형(珩)	10획	노리개 패옥 갓끈	水,金
나라 이름 형(邢)	7획	나라 이름 성씨	水,土
맑을 형(瀅)	18획	물이 맑다 개천 냇물	水,水
모형나무 형(荊)	10획	모형나무 인삼나무	水,木
줄 형(鎣)	18획	줄 갈다 문지르다	水,金
멀 형(泂)	8획	멀다 차다 차갑다	水,水
멀 형(迥)	9획	멀다 빛나다	水,火
실개천 형(滎)	14획	실개천 물결 연못	水,水
물이 름 형(瀯)	21획	물	水,水
등불 형(熒)	14획	등불 빛나다 밝다	水,火
도리 형(桁)	10획	도리 차꼬 서까래	水,木
빛날 형(炯)	11획	빛나다 밝다	水,火
밝을 형(瑩)	15획	밝다 옥빛	水,火
❖혜			
은혜 혜(惠)	12획	은혜 사랑하다	五行
슬기로울 혜(慧)	15획	슬기 총명	〃
슬기로울 혜(譓)	19획	슬기롭다	〃
슬기로울 혜(譿)	22획	슬기롭다	〃
혜초 혜(蕙)	16획	혜초 난초의 일종	〃
초 혜(醯)	19획	초 식초	水,木
어조사 혜(兮)	4획	어조사	五行
감출 혜(匸)	2획	감추다 덮다	水,土
비 혜(彗)	11획	비 쓸다 청소하다	水,木
신 혜(鞋)	15획	신발 짚신	水,土
별 반짝일 혜(暳)	15획	별이 반짝이다	水,火
지름길 혜(蹊)	17획	지름길 질러가다	水,火
사랑할 혜(憓)	15획	사랑하다 따르다	五行
밝을 혜(寭)	15획	밝다	水,火
❖호			
보호할 호(護)	21획	보호하다 감싸다	五行
클 호(浩)	10획	크다 광대하다	〃
클 호(澔)	15획	크다 광대 모양	〃
클 호(顥)	21획	크다 희다 빛나다	水,火
호경 호(鎬)	18획	호경 빛나는 모양	水,火

한자	획수	뜻	음양오행
좋을 호(好)	6획	좋다 옳다 마땅하다	五行
부르짖을 호(號)	13획	부르짖다	水,火
호수 호(湖)	12획	호수	水,水
서로 호(互)	4획	서로 함께	五行
범 호(虎)	8획	범 호랑이	水,金
호걸 호(豪)	14획	호걸 귀인 호협	水,木
부를 호(呼)	8획	부르다 호통치다 호흡	水,火
지게 호(戶)	4획	지게 지게 문 외짝문	水,木
해자 호(濠)	17획	해자 강 이름	水,水
해자 호(壕)	17획	해자 도랑	水,水
하늘 호(昊)	8획	하늘 여름	水,火
턱밑 살 호(胡)	9획	턱밑 살 멀다	水,木
어조사 호(乎)	5획	어조사 인가 로다	五行
활 호(弧)	8획	활	水,金
흴 호(皓)	12획	희다 깨끗하다 맑다	水,金
흴 호(皞)	15획	희다 밝다	水,金
되 따를 호(扈)	11획	뒤따르다	水,水
병 호(壺)	12획	병 단지 박 투호	水,土
풀 호(糊)	15획	풀 붙이는 풀	水,土
복 호(祜)	10획	복 신이 주는 복	水,水
가는 털 호(毫)	11획	가는 털이나 붓의 촉	水,木
넓을 호(灝)	24획	넓다 콩물	水,水
여우 호(狐)	8획	여우	水,金
산호 호(瑚)	13획	산호 호련	水,水
퍼질 호(濩)	17획	물이 확 퍼지다	水,水
구할 호(護)	23획	구하다 구제하다	五行
물가 호(滸)	14획	물가	水,水
맑을 호(淏)	11획	물이 맑다	水,水
명주 호(縞)	16획	명주 희다 흰빛	水,金
마늘 호(葫)	13획	마늘 호리병박	水,木
표주박 호(瓠)	11획	표주박 병 단지	水,木
나비 호(蝴)	15획	나비	水,火
산 호(岵)	8획	산 산에 나무가 없다	水,土
밝을 호(晧)	11획	밝다 빛나다	水,火
호박 호(琥)	12획	호박 서옥	水,金
지황 호(芦)	8획	지황 부들	水,木

한자	획수	뜻	음양오행
쑥 호(蒿)	14획	쑥	水,木
❖혹			
미혹할 혹(惑)	12획	미혹 의심	五行
혹 혹(或)	8획	혹 혹은 늘 언제나	〃
독할 혹(酷)	14획	독하다 술이 독하다	水,金
❖혼			
섞일 혼(混)	11획	섞다 섞이다 흐리다	五行
혼인할 혼(婚)	11획	혼인하다 결혼하다	〃
넋 혼(魂)	14획	넋 마음 생각	〃
흐릴 혼(渾)	12획	흐리다	水,水
어두울 혼(昏)	8획	어둡다 어두운 밤	水,水
아름다운 옥 혼(琿)	13획	아름다운 옥	水,金
몽둥이 혼(棍)	12획	몽둥이 곤장 묶다	水,木
❖홀			
소홀할 홀(忽)	8획	소홀하다	水,火
황홀할 홀(惚)	11획	황홀하다 흐릿하다	水,火
홀 홀(笏)	10획	홀 가락을 맞추다	水,火
❖홍			
클 홍(洪)	9획	크다 큰물	五行
넓을 홍(弘)	5획	넓다 널리 넓히다	〃
큰 기러기 홍(鴻)	17획	큰 기러기 크다	水,火
붉을 홍(紅)	9획	붉다 붉은빛	水,火
깊을 홍(泓)	8획	깊다	水,水
무지개 홍(虹)	9획	무지개	水,火
수은 홍(汞)	7획	수은	水,金
떠들썩할 홍(哄)	9획	떠들썩하다 노랫소리	水,火
무너질 홍(訌)	10획	무너지다 집안싸움	水,金
횃불 홍(烘)	10획	횃불 불을 때다	水,火
배가 클 홍(舡)	5획	배가 크다	水,木
집이 울리다 홍(谼)	8획	집이 울리다	水,火
돌쇠뇌 홍(鈜)	14획	돌쇠뇌 화살 석궁	水,金
❖화			
될 화(化)	4획	되다 고쳐지다	五行
화할 화(和)	8획	화하다 합치다	〃
재화 화(貨)	11획	재화 물품	水,土
말할 화(話)	13획	말하다 이야기하다	水,火

한자	획수	뜻	음양오행
꽃 화(華)	12획	꽃 색채 빛 꽃피다	水,火
꽃 화(花)	8획	꽃 초목의 꽃	水 ,火
그림 화(畵)	13획	그림 그리다 채색	水,水
그림 화(畫)	12획	그림	水,水
불 화(火)	4획	불	水,火
벼 화(禾)	5획	벼	水,木
재화 화(禍)	14획	재화 불행 재난	水,金
신 화(靴)	13획	신발 구두	水,土
여자이름 화(嬅)	15획	여자이름	水,木
자작나무 화(樺)	16획	자작나무 벚나무	水,木
시끄러울 화(譁)	19획	시끄럽다	水,火
❖확			
굳을 확(確)	15획	굳다 강하다	水,金
굳을 확(碻)	15획	굳다 군세다 땅 이름	水,金
넓힐 확(擴)	18획	넓히다 확장 확대	五行
벼 벨 확(穫)	19획	벼를 베다 거두다	水,金
붙잡을 확(攫)	23획	붙잡다 잡다	水,金
낙숫물 떨어질 확(濩)	17획	낙숫물이 떨어지다	水,水
❖환			
불꽃 환(煥)	13획	불꽃 불빛 밝다	水,火
고리 환(環)	17획	고리 환옥 돌다	水,金
고리 환(鐶)	21획	고리 가락지	水,金
바꿀 환(換)	12획	바꾸다 바뀌다	水,土
근심 환(患)	11획	근심 걱정 우환 병	水,金
돌아올 환(還)	17획	돌아오다 복귀	五行
푯말 환(桓)	10획	푯말 군세다 위엄	水,木
기뻐할 환(歡)	22획	기뻐하다 즐거움	水,火
기뻐할 환(驩)	28획	기뻐하다 또 기쁨	水,火
변할 환(幻)	4획	변하다,요술	水,火
알 환(丸)	3획	알 환 약 둥글다	水,土
부를 환(喚)	12획	부르다 외치다 소환	水,火
벼슬 환(宦)	9획	벼슬 관직 벼슬아치	水,金
흩어질 환(渙)	12획	흩어지다 어질다	五行
흰 비단 환(紈)	9획	흰 비단 맺다	水,木
환어 환(鰥)	21획	환어 홀아비 앓다	水,水
빛날 환(奐)	9획	빛나다 성대하다	水,火

한자	획수	뜻	음양오행
환할 환(晥)	11획	환하다 밝은 모양	水,火
❖활			
살 활(活)	9획	살다 소생 생존	五行
트일 활(闊)	17획	트이다 통하다 멀다	〃
뚫린 골 활(豁)	17획	뚫린 골 열리다	水,火
교활할 활(猾)	13획	교활하다	水,火
어지러울 활(滑)	13획	어지럽히다 교활하다	水,火
❖황			
누를 황(黃)	12획	누르다 누른빛	水,土
임금 황(皇)	9획	임금 천제	五行
거칠 황(荒)	10획	거칠다	水,金
두려울 황(惶)	12획	두려워하다 당황하다	水,金
봉황새 황(凰)	11획	봉황새	水,火
밝을 황(晃)	10획	밝다	水,火
물 깊고 넓을 황(滉)	13획	물이 깊고 넓다	水,水
빛날 황(煌)	13획	빛나다	水,火
어렴풋할 황(慌)	13획	어렴풋하다	水,火
대숲 황(篁)	15획	대숲 피리	水,木
허둥댈 황(遑)	13획	허둥대다	水,火
황홀할 황(恍)	9획	황홀하다	水,火
해자 황(隍)	12획	해자 골짜기	水,土
해자 황(湟)	12획	성지 물에 빠지다	水,水
누리 황(蝗)	15획	누리 황충	水,金
노닐 황(徨)	12획	노닐다 어정거리다	水,火
휘장 황(幌)	13획	휘장 포장 덮개	水,木
밝을 황(愰)	13획	밝다	水,火
밝을 황(晄)	10획	밝다	水,火
책상 황(榥)	14획	책상	水,木
웅덩이 황(潢)	15획	웅덩이	水,土
서옥 황(璜)	16획	서옥 패옥 반원형	水,金
혀 황(簧)	18획	혀 피리 비녀	水,火
어머니 황(媓)	12획	어머니	水,木
하물며 황(況)	7획	하물며 어찌	五行
❖회			
모일 회(會)	13획	모이다 모임 모으다	五行
돌 회(回)	6획	돌다 돌아오다	〃

한자	획수	뜻	음양오행
돌 회(廻)	9획	돌다 빙빙 돌리다	〃
재 회(灰)	6획	불에 타 재가 되다	水,土
뉘우칠 회(悔)	10획	뉘우치다 후회	水,火
품을 회(懷)	19획	품다 품 가슴 마음	水,土
그림 회(繪)	19획	그림 그림을 그린 천	水,木
그림 회(絵)	12획	그림	水,水
강 이름 회(淮)	11획	강 이름 회수	水,水
노송나무 회(檜)	17획	노송나무	水,木
뇌물 회(賄)	13획	뇌물 선물 예물	水,水
그믐 회(晦)	11획	그믐 어둡다 캄캄	水,水
노닐 회(徊)	9획	노닐다 어정거리	水,火
회충 회(蛔)	12획	회충 거위	水,金
회 회(膾)	17획	생고기의 회	水,土
넓힐 회(恢)	9획	넓다 넓히다 갖추다	五行
봇도랑 회(澮)	16획	봇도랑 도랑 냇물	水,土
교활할 회(獪)	16획	교활하다	水,火
가르칠 회(誨)	14획	가르치다 인도하다	水,水
물이 합쳐질 회(匯)	13획	물이 합쳐지다	水,水
물이 많을 회(澮)	16획	물이 많다	水,水
회향풀 회(茴)	10획	회향풀	水,木
❖ 획			
그을 획(劃)	14획	긋다 새기다 나누다	五行
얻을 획(獲)	17획	얻다 잡다 빼앗다	水,水
❖ 횡			
가로 횡(橫)	16획	가로 동서 좌우	五行
종 횡(鐄)	20획	종 종소, 낫	水,金
집 울릴 횡(宖)	8획	집이 울리다 크다	水,火
❖ 효			
효 효(孝)	7획	효도 상복 보모	五行
효 효(爻)	4획	육효 본받다	〃
본받을 효(效)	10획	본받다 드리다	〃
새벽 효(曉)	16획	새벽 밝다 환하다	〃
술밑 효(酵)	14획	술밑 발효 주모	水,水
울릴 효(嚆)	17획	울리다 외치다	水,火
올빼미 효(梟)	11획	올빼미	水,火
으르렁거릴 효(哮)	10획	으르렁거리다	水,火

한자	획수	뜻	음양오행
안주 효(肴)	8획	안주 술안주	水,木
가르칠 효(斅)	20획	가르치다 교육하다	水,水
강 이름 효(涍)	10획	강이나 샘 이름 성씨	水,水
뒤섞일 효(淆)	11획	뒤섞이다 흐리다	水,水
나타날 효(皛)	15획	나타나다 밝다	水,火
높은 기운 효(窙)	12획	높은 기운	水,火
날랠 효(驍)	22획	날래다 군세다,	水,火
❖ 후			
뒤 후(後)	9획	뒤 늦다 뒤떨어지다	五行
물을 후(候)	10획	묻다 기후	〃
두터울 후(厚)	9획	두텁다	〃
두터울 후(垕)	9획	두텁다 厚의 약자	〃
과녁 후(侯)	9획	과녁 제후 후작	〃
임금 후(后)	6획	임금 왕비	水,木
썩을 후(朽)	6획	썩다 부패하다	水,水
목구멍 후(喉)	12획	목구멍 목	水,金
맡을 후(嗅)	13획	맡다 냄새를 맡다	水,金
울 후(吼)	7획	울다	水,火
만날 후(逅)	10획	만나다 사귀다	水,木
과녁 후(帿)	12획	과녁	水,木
따뜻할 후(煦)	13획	따뜻하다 찌다	水,火
옥 이름 후(珝)	10획	옥	水,金
❖ 훈			
공 훈(勳)	16획	공로	五行
공 훈(勛)	12획	공로 업적	〃
향 풀 훈(薰)	18획	향 풀 향기 향내	水,木
가르칠 훈(訓)	10획	가르치다 인도하다	水,水
연기 낄 훈(熏)	14획	연기가 끼다	水,土
연기 낄 훈(燻)	18획	연기가 끼다 불기운	水,土
질나발 훈(壎)	17획	흙으로 만든 악기	水,土
질나발 훈(塤)	13획	질나발(上同)	水,土
연기에 그을릴 훈(黚)	11획	연기에 그을리다	水,土
무리 훈(暈)	13획	무리 해와 달 무리	五行
금빛 훈(鑂)	22획	금빛 투색	水,金
❖ 훙			
죽을 훙(薨)	17획	죽다	五行

한자	획수	뜻	음양오행
❖훤			
원추리 훤(萱)	13획	원추리 망우초	水,木
의젓할 훤(喧)	12획	의젓하다 두려워하다	水,木
따뜻할 훤(暄)	13획	따뜻하다 온난하다	水,火
따뜻할 훤(煊)	13획	따뜻하다 말리다	水,火
서럽게 울 훤(咺)	9획	서럽게 울다	水,火
❖훼			
헐 훼(毁)	13획	헐다 상처를 입히다	土,金
풀 훼(卉)	5획	풀 초목	土,木
부리 훼(喙)	12획	부리 주둥이 말 호흡	土,火
벌레 훼(虫)	6획	벌레	土,金
❖휘			
휘두를 휘(揮)	12획	휘두르다 지휘하다	五行
빛날 휘(輝)	15획	빛나다 광채가 나다	水,火
빛날 휘(煇)	13획	빛나다 빛 굽다	水,火
아름다울 휘(徽)	17획	아름답다 표기	水,火
무리 휘(彙)	13획	무리 모으다	五行
빛 휘(暉)	13획	빛 광채 빛나다	水,火
대장기 휘(麾)	15획	대장기 지휘	水,木
끼릴 휘(諱)	16획	꺼리다 싫어하다	水,金
폐슬 휘(褘)	14획	폐슬(무릎 위의 천)	水,木
❖휴			
쉴 휴(休)	6획	쉬다 그치다 휴식	水,水
끌 휴(携)	13획	끌다 들다 이끌다	五行
경사로울 휴(烋)	10획	경사롭다 행복	水,火
밭두둑 휴(畦)	11획	밭두둑	水,土
이지러질 휴(虧)	17획	이지러지다	水,金
추할 휴(倠)	10획	추하다	水,火
❖휼			
구휼할 휼(恤)	9획	구휼하다 근심하다	水,金
속일 휼(譎)	19획	속이다 간사	水,火
도요새 휼(鷸)	23획	도요새	水,火
❖흉			
흉할 흉(凶)	4획	흉하다	五行
가슴 흉(胸)	10획	가슴	水,土
흉악할 흉(兇)	6획	흉악하다 나쁜 사람	水,金

한자	획수	뜻	음양오행
오랑캐 흉(匈)	6획	오랑캐 흉흉하다	水,金
물살 세찰 흉(洶)	9획	물살이 세차다	水,水
❖ 흑			
흑 흑(黑)	12획	검은색 검다	水,水
❖ 흔			
기뻐할 흔(欣)	8획	기뻐하다 기쁨	水,火
기뻐할 흔(忻)	7획	기뻐하다 즐거워하다	水,火
기뻐할 흔(訢)	11획	기뻐하다 온화 공손	水,火
흉터 흔(痕)	11획	흉터 흔적 자국	水,金
아침 흔(昕)	8획	아침 해뜰 때	水,木
화끈거릴 흔(炘)	8획	화끈거리다	水,火
❖ 흘			
산 우뚝 솟을 흘(屹)	6획	산이 우뚝 솟다	水,土
질 낮은 명주실 흘(紇)	9획	질이 낮은 명주실	水,木
말 더듬을 흘(吃)	6획	말을 더듬다	水,火
이를 흘(訖)	10획	이르다 미치다	五行
❖ 흠			
공경할 흠(欽)	12획	공경하다 부러워하다	五行
하품할 흠(欠)	4획	하품하다 모자라다	水,火
받을 흠(歆)	13획	받다 흠향하다	水,金
❖ 흡			
숨 들이쉴 흡(吸)	7획	숨을 들이쉬다 호흡	水,木
윤택할 흡(洽)	9획	윤택하다 넉넉하다	五行
마치 흡(恰)	9획	마치 꼭 흡사	〃
합할 흡(翕)	12획	합하다 일어나다	〃
❖ 흥			
일 흥(興)	16획	일어나다 일으키다	五行
❖ 희			
빛날 희(熙)	13획	빛나다 넓다 말리다	水,火
빛날 희(熹)	15획	빛나다	水火
기쁠 희(喜)	12획	기쁘다 즐겁다 감탄	水,火
기쁠 희(僖)	14획	기쁘다	水,火
기뻐할 희(憙)	16획	기뻐하다 좋아하다	水,火
기뻐할 희(憘)	15획	기뻐하다 좋아하다	水,火
즐길 희(嬉)	15획	즐기다 놀다	水,火
근본 희(姬)	9획	근본 기원 자국	五行

한자	획수	뜻	음양오행
바랄 희(希)	7획	바라다 드물다	水,水
복 희(禧)	17획	복 경사스럽다 행복	五行
희생할 희(犧)	20획	희생하다	〃
드물 희(稀)	12획	드물다 성기다 적다	〃
성할 희(熹)	16획	성하다 아름답다	〃
상할 희(熺)	16획	성하다 아름답다	〃
놀 희(戲)	16획	놀다 희롱하다 연극	水,火
숨 희(羲)	16획	내쉬는 숨이나 호흡	水,木
햇빛 희(曦)	20획	햇빛 일광	水,火
탄식할 희(噫)	16획	탄식하다 한숨 소리	水,火
쌍 희(囍)	22획	쌍	五行
마를 희(晞)	11획	마르다 말리다	水,火
비슷할 희(俙)	9획	비슷하다 희미하다	五行
몹시 더울 희(嘻)	16획	몹시 덥다	水,火
불빛 희(烯)	11획	불빛	水,火
불 희(爔)	20획	불 불빛	水,火
❖히			
환관 히(閽)	14획	환관 내시	水,木
❖힐			
물을 힐(詰)	13획	묻다 따지다 꾸짖다	水,火

※ 五行은 목화토금수를 말함

　성명학자나 역학인이 작명하는 시대가 그리 오래되지 않은 것이 사실이며 저자도 법봉(法奉)의 제자로 명리학문을 연구하며 한글 초성·중성·종성으로 자음과 모음의 음양오행의 이치와 사주의 용신을 기준하여 대우주와 대자연에 존재하는 모든 만물과 사물의 음양오행이나 사계절의 이치와 천간(天干)을 응용하여 작명하고 분석하여 왔다. 그러나 『훈민정음 해례본』에 근거하여 우수한 훈민정음 한글 초성·중성·종성으로 자음과 모음이 대우주와 대자연에 존재하는 모든 만물과 사물의 이치를 응용하고 형상화하여 가장 맑고 깨끗하고 선명한 음양이나 목화토금수의 기운이 발생하는 근거를 확실하게 제시하였는데도 한글을 올바르고 정확하게 응용한 우리나라의 전통적으로 이어져 내려온 한글 성명학의 서적은 찾아볼 수가 없어 『훈민정음 해례본』에 근거하여 훈민정음 한글의 음양오행의 이치와 명리학문의 음양오행의 이치를 중심으로 한글 성명학의 뿌리를 정립하고자 하는 마음이다.

　명리학문의 주체인 대우주와 대자연에 존재하는 모든 만물과 사물의 이치로 하루의 밤낮으로 24시간과 1년 봄·여름·가을·겨울 사계절 24절기의 난서량한(暖暑涼寒)한 음양오행의 이치와 육친(六親)의 이치를 연구하던 중 간송미술관의 국보 제70호 『훈민정음 해례본』을 만나고부터 '한글 성명학'을 집필하게 되었다.

　예로부터 우리 모든 생활의 근간이 되고 주체가 되는 농사 문화가 바로 봄·여름·가을·겨울 사계절 24절기의 작용과 영향에 의해 흉년과 풍년으로 좌우되어 생활에 변화가 발생하여 사회가 발전하고 국가가 운영되어 왔기 때문에 사계절 24절기가 발생하는 '때와 장소'의 기운 작용과 영향에 따라 모든 만물과 사물의 사람이나 동식물이나 각종 물류의 생사가 좌우되어 생명을 유지하고 존재하는 것이 법칙으로 이 순간에도 하루의 밤낮으로 봄·여름·가을·겨울 사계절 24절기가 끊임없이 발생하는 따뜻하고 포근한 봄과 뜨겁고 무더운 여름과 찌는 듯한 삼복더위 긴 여름과 차고 서늘한 가을과 추워 얼어 동결하는 겨울이 발생하며 음양오행의 기운이 순환하는 이치 속에 우리는 좋든 싫든 순응하고 생명을 유지하고 존재하며 각종 생사고락이 펼쳐지고 있어 대우주와 대자연에 존재하는 사계절 24절기의 이치는 참으로 오묘한 것이다.

앞으로 명리학문의 교재로 우리가 실질적으로 살아가는 대우주와 대자연에 존재하는 모든 만물과 사물의 이치를 대비하여 음양오행(陰陽五行), 천간(天干)과 지지(地支)의 생사(生死), 사계절 24절기와 육친(六親), 육십갑자(六十甲子), 천간용신(天干用神), 격국(格局), 사주정해(四柱正解) 등등을 펴내 국가 미래의 국운을 살리고 국민의 행복한 삶의 기본인 부와 명예를 건강한 몸으로 누리는 데 기여하여 세계에서 가장 강력한 대한민국을 만드는 데 기여하고자 하는 마음이다.

보우 박기순